HERMES

在古希腊神话中，赫耳墨斯是宙斯和迈亚的儿子，奥林波斯神们的信使，道路与边界之神，睡眠与梦想之神，亡灵的引导者，演说者、商人、小偷、旅者和牧人的保护神……

西方传统 经典与解释 **HERMES**
Classici et Commentarii

普鲁塔克集

张文涛 罗晓颖 ● 主编

普鲁塔克的《对比列传》
——探询德性与恶行

Plutarch's Lives:
Exploring Virtue and Vice

［英］达夫 Tim Duff ｜ 著

万永奇 ｜ 译

华夏出版社

西方古典政治哲学经典翻译与研究（一）
（项目编号：106112015CDJXY470010）

"普鲁塔克集"出版说明

  罗马帝国时代的普鲁塔克有最后一位古希腊全才学人之称,他的传世作品是继拉尔修的《名哲言行录》之后最为珍贵的古代文献,引述古希腊作家多达两百五十人,其中约八十人仅见于普鲁塔克的引述,还大量述及古罗马政要和作家。普鲁塔克自己过着闲暇的生活,他的书也是为有闲暇的读者写的,好动的人不是他心目中的读者——整体而言,普鲁塔克的所有作品都带有一种泰然、虔敬的气质,尤其对学问的虔敬。在西方思想史上,普鲁塔克占据着无可替代的位置:被伊壁鸠鲁视为虚妄谎言的宗教神话,在普鲁塔克眼里却蕴藏着悲悯情怀和深刻真理。普鲁塔克深知诋毁宗教的严重后果。正因如此,马克思在凭靠伊壁鸠鲁哲学批判宗教时,把普鲁塔克视为最大敌人之一。

  柏拉图的传人普鲁塔克以文学性写作施教,我们只有在柏拉图式的政治哲学传统中才能真正理解这位哲人及其作品。普鲁塔克的作品很多,可惜流传下来的仅《希腊罗马名人对比列传》和《伦语》——由78篇主题和风格各异的短篇作品构成(据今人考订,10、15、42、48、55、58、76、78诸篇是伪作),但这足以令我们享用不尽。

"普鲁塔克集"将提供普鲁塔克传世作品的笺注体汉译,辅以西方学界相关解读及研究之作,以期普鲁塔克之文迹在汉语学界重光于世。

古典文明研究工作坊
西方典籍编译部戊组

目 录

题 辞 ·· 1

序 言 ·· 3

版本及缩略语 ·· 5

导 言 ·· 1

第一部分　道德教诲方案

第一章　《列传》的方案性陈述 ···································· 19
　第一节　《亚历山大与凯撒传》 ································ 21
　第二节　《尼基阿斯与克拉苏传》 ···························· 31
　第三节　《埃米利乌斯与提摩勒昂传》 ···················· 43
　第四节　《伯利克勒斯与法比乌斯传》 ···················· 48
　第五节　《德米特里乌斯与安东尼传》 ···················· 63
　第六节　结语：普鲁塔克论历史的价值 ···················· 69

第二章　普鲁塔克《列传》中的道德观 ························ 73
　第一节　赞扬与责备：正面列传与负面列传 ············ 75
　第二节　模仿与探询 ·· 92

第三章　普鲁塔克式英雄的灵魂 ···································· 100
　第一节　彼此冲突的理性与激情 ································ 108

第二节	抱负与怒气	115
第三节	和谐与混合的隐喻	125
第四节	性	132
第五节	结语:道德与成功	137

第二部分 探询德性与恶行

第四章 皮洛士与马略传 — 143
- 第一节 伦理背景:不满 — 146
- 第二节 皮洛士与马略:普鲁塔克的诊断 — 152
- 第三节 《皮洛士传》 — 157
- 第四节 《马略传》 — 167
- 第五节 《皮洛士与马略传》中的军事德性 — 171
- 第六节 《皮洛士与马略传》中的悲剧模式 — 174
- 第七节 《皮洛士与马略传》中的对比 — 179

第五章 福基翁与小加图传 — 186
- 第一节 德性、恶行、成功与失败 — 192
- 第二节 苏格拉底的典范 — 200
- 第三节 福基翁 — 205
- 第四节 加图 — 208
- 第五节 加图与斯多亚主义 — 219
- 第六节 对比:普鲁塔克论伽尔巴皇帝 — 225

第六章 吕山德与苏拉传 — 228
- 第一节 吕山德的雕像(《吕山德传》1.1-3) — 230
- 第二节 苏拉的雕像(《苏拉传》2.1-2) — 234
- 第三节 卡利克拉提达斯的雕像(《吕山德传》5.7-8) — 238

第四节　吕山德与卡利克拉提达斯的比较
　　　　　　（《吕山德传》7.5-6） ……………………… 241
　　第五节　吕山德的抚养经历与品性
　　　　　　（《吕山德传》2.1-6） ……………………… 250
　　第六节　吕山德和他的女儿们
　　　　　　（《吕山德传》2.7-8与30.6-7） ………… 258
　　第七节　吕山德的生涯：好还是坏？ ……………………… 261
　　第八节　苏拉：更不道德但更成功？ ……………………… 274
　　第九节　"正式的"比较 …………………………………… 283
第七章　科瑞欧拉努斯与阿尔喀比亚德传 ………………… 290
　　第一节　被强化的道德规范：科瑞欧拉努斯 …………… 292
　　第二节　被强化的道德规范：阿尔喀比亚德 …………… 304
　　第三节　"大善与大恶"：普鲁塔克与阿尔喀比亚德传统 … 314
　　第四节　混乱的道德规范：阿尔喀比亚德 ……………… 325

第三部分　以对比手法写作

第八章　《对比列传》中的对比与多重对比 ……………… 343
　　第一节　"对比"：文学背景 …………………………… 343
　　第二节　普鲁塔克的"对比"：《伦语》 ………………… 346
　　第三节　普鲁塔克的"对比"：《对比列传》 …………… 351
　　第四节　"正式的""对比" ……………………………… 356
　　第五节　轮流讨论一件事："正式的""对比"中的平衡 … 363
　　第六节　结尾的不和谐："对比"与列传之间的矛盾 …… 371
第九章　对比主义的政治学 ………………………………… 405
　　第一节　普鲁塔克与罗马：政治准则 …………………… 411

第二节　以对比方式写作：《伦语》·················· 420
　　第三节　以对比方式写作：《对比列传》·············· 425

附录一　普鲁塔克与祖先 ································ 436
附录二　普鲁塔克与年代学 ······························ 439
参考文献 ··· 443
位置索引 ··· 482
希腊词索引 ··· 517
名词索引 ··· 524
现代作者索引 ··· 534
主题索引 ··· 541

题　辞

致普鲁塔克画像

　　喀罗尼亚的普鲁塔克啊，伟大的意大利人的子孙们建立了你的卓著声名，因为你在你的《对比列传》中把卓越的希腊人与好战的罗马公民拉到了一起。但即使是你也无法写出可与你本人生平媲美的另一部传记。因为没有堪与你匹敌之人。
　　　　——斯科拉斯蒂科斯(Agathias Scholastikos,531—约580)
　　　　《王官选集》16.331

　　……没有比普鲁塔克更好的世俗研究对象了。所有其他教诲(learning)都是私人性的，更适合于大学而非城市，更多地充满了沉思而非实践，在学者们自己中间受到赞美，而非对学者以外的人更有益。但是故事则适合于各种场合，影响所有人，适合于所有时代，教导生者，复兴逝者，就这样，它们超越了所有其他书籍，正如在高尚人物的生平中看出教诲要比在哲人作品中读到教诲更好。
　　　　——摘自诺斯(Thomas North)为《对比列传》
　　　　英译本(1579)所作的序言

序 言

[ix]本书是我的剑桥大学哲学博士学位论文的修订版,该论文于1994年6月在Richard Hunter的指导下完成。我衷心地感谢他的指导与鼓励。也要感谢Paul Cartledge和Christopher Pelling,他们读过的本书手稿比他们可能记得的还要多,并提出了富有洞见的批评。当然,书中存在的任何错误或不当思考均由本人负责。

感谢支持这部著作的学院机构。学位论文是我在基督学院就读研究生期间完成的,我在那里又度过了两个夏天以完成本书。感谢学院现任、前任院长以及学院院士们那时的盛情。也要感谢剑桥大学古典学系的成员与工作人员,因为我一直使用其独一无二的图书馆。感谢英国科学院、德国学术交流总署、剑桥大学杰布基金(the Jebb Fund)的支持。特别感谢我父母的支持。感谢我在雷丁大学(University of Reading)古典学系的同事们给我时间来完成这项课题。关于普鲁塔克《对比列传》(Parallel Lives)的最近的一部英文专著(Wardman 1974)出自我在雷丁的一位前辈之手,这是一个普鲁塔克或许也会喜欢的(参《塞多留传》1.1-8)、令人愉快的巧合。

最后,感谢那些阅读了本书部分或全部章节并提供建议和帮助的人士:感谢Christopher Kelly与Tim Whitmarsh,我不断地受益于他们尖锐的批评和明智的建议;也要感谢John Moles与Jan Opsomer;感谢Tao-Tao Huang,他校读过我的论文;感谢Jeremy Duff、Anthea Harris、Pantelis Michelakis以及Rebecca Preston,他们校读了本书并提出建议;还要感谢另外一些人,特别是 Maria-Stella Aloupie、Maria Antoniou、Peter Clarke 与 Rebecca Clarke、Rosemary Evetts、Yuri Hara、Amalia Karamitrou、Maria Kiniari、Brent[x] Kinman、Hwa-Yong Lee、Helen Raphtopoulos、Vicky Sgardoni、Marina Terkourafi 以及 Yan-Jing Wang。要是没有他们,本书的写作将不会如此愉快。

第六章和第七章较早的缩略版分别发表在 Mossman(1997)第 169-187 页和 Fernandez Delgardo 与 Pordomingo Pardo(1996)第 333-349页(参页352)。第八章的一个早期版本发表于 L. Van der Stockt 主编的《普鲁塔克作品中的修辞理论与实践》(*Rhetorical Theory and Praxis in Plutarch*)(经典研究文库[Collection d'études Classiques])。在所有情况下,本书的版本均为首选。

达夫

于雷丁—剑桥

1999 年 4 月

版本及缩略语

[xiii]普鲁塔克的著作参照 Teubner 本:《列传》是 Cl. Lindskog 与 K. Ziegler 的《普鲁塔克:对比列传》(*Plutarchus*:*Vitae Parallelae*)(三卷本,莱比锡,1914—1939;第二版,K. Ziegler,1957—1971);《伦语》是 M. Pohlenz 等人的《普鲁塔克:伦语》(*Plutarchus*:*Moralia*)(五卷本,1925—1978,部分是第二版)。① 普鲁塔克的抄本以及早期版本的引用方式依照 Ziegler 的缩写。对《列传》的引用依据 Teubner 本,采用 Sintenis 版(1852—1855)的章节与行数划分;读者应注意这些行数的划分与洛布本(见下文)并不一致。对《伦语》的引用,依照惯例,采用 Stephanus 的文本的 Frankfurt 版本(1599)页码。在引用那些结束了许多对对比列传的"正式"对比(Synkriseis)时,同时给出前面两篇列传的标题(如《伯利克勒斯与法比乌斯传》1.4)。

所有的译文均为本人所译,虽然我也曾广泛参考了 B. Perrin 的《对比列传》英译本(*Plutarch's Lives*,剑桥、马萨诸塞和伦敦,1914—1926)以及出于多人之手的《伦语》英译本(*Plutarch's Moralia*,剑

---

① 一些晚近的意大利研究主张,Teubner 本强加了一种既不存在于普鲁塔克原稿中,也未在抄件中保留下来的阿提卡风格;如 Giangrande(1988;1991;1992a 和 b);Gallo(1992a)。关于普鲁塔克的总体风格,参 Weissenberger(1985);Schmid(1887—1997)第四卷,页 635 – 685;Ziegler(1951),页 931 – 938(即 1964,页 293 – 301);Ambrosini(1991);Brenk(1992),页 4426 – 4457;Torraca(1998)。亦比较 Russell(1973),页 18 – 41。

桥、马萨诸塞和伦敦,1927—1969),②两书均收录于洛布古典丛书并多次重印。我也参考了 D. A. Russell(1993)的《普鲁塔克论说文与对话选集》(*Plutarch. Selected Essay and Dialogues*)(牛津世界经典丛书)。

我并未采用希腊人名的传统拉丁化形式,而是选择尽可能准确地音译。这不仅只是某种个人偏好:对希腊进行拉丁化可能是对普鲁塔克文化方案的颠倒,该方案致力于对罗马进行希腊化。③ 在少数情况下,最[xiv]显著的是普鲁塔克本人的例子(在希腊语中是 Ploutarchos:Πλούταρχος),我保留了传统的拉丁化或英语化的形式,因为它们已经广为人知,不宜再作改动(例如 Thucydides、Plato、Aristotle)。

对比列传

《忒修斯与罗慕洛传》(*Theseus and Romulus*)	*Thes.*	*Rom.*
《吕库古与努马传》(*Lykourgos and Numa*)	*Lyk.*	*Num.*
《梭伦与普布利科拉传》(*Solon and Publicola*)	*Sol.*	*Pub.*
《地米斯托克利与卡米卢斯传》		
(*Themistokles and Camillus*)	*Them.*	*Cam.*

---

② F. C. Babitt、W. C. Helmbold、P. H. de Lacy、B. Einarson、P. A. Clement、H. B. Hoffleit、H. Cherniss、E. L. MInar、F. H. Sandbach、N. H. Fowler 和 L. Pearson。

③ 因此,普鲁塔克谈到了 Broutos(Βροῦτος)、Kassios(Κάσσιος)和 Kikeron(Κικέρων),这是布鲁图斯(Brutus)、卡西乌斯(Cassius)和西塞罗(Cicero)的希腊语拼法。如同 Frederick Brenk(Brenk 1992)所做的那样,为了捕捉一种普鲁塔克把罗马历史挪用到希腊文化世界观中的感觉,保留罗马人名的这些希腊语拼法是富有吸引力的。我还没这么大胆过。关于普鲁塔克作品中的希腊和罗马,参下文第九章。

《伯利克勒斯与法比乌斯·马克西穆斯传》

    （*Perikles and Fabius Maximus*）   Per.   Marc.

《科瑞欧拉努斯与阿尔喀比亚德传》

    （*Coriolanus and Alkibiades*）   Cor.   Alk.

《埃米利乌斯·保卢斯与提摩勒昂传》

    （*Aemilius Paulus and Timoleon*）   Aem.   Tim.

《佩洛皮达斯与马克卢斯传》

    （*Pelopidas and Marcellus*）   Pel.   Marc.

《阿里斯泰德与老加图传》

    （*Aristeides and Cato Major*）   Arist.   Cato Maj.

《斐洛波门与弗拉米尼努斯传》

    （*Philopoimen and Flamininus*）   Phil.   Flam.

《皮洛士与马略传》（*Pyrrhos and Marius*）   Pyrrh.   Mar.

《吕山德与苏拉传》（*Lysander and Sulla*）   Lys.   Sulla.

《客蒙与卢库卢斯传》（*Kimon and Lucullus*）   Kimon.   Luc.

《尼基阿斯与克拉苏传》（*Nikias and Crassus*）   Nik.   Crass.

《塞多留与攸门尼斯传》（*Sertorius and Eumenes*）   Sert.   Eum.

《阿格西劳斯与庞培传》（*Agesilaos and Pompey*）   Ages.   Pomp.

《亚历山大与凯撒传》（*Alexander and Caesar*）   Alex.   Caes.

《福基翁与小加图传》

    （*Phokion and Cato Minor*）   Phok.   Cato Min.

《阿基斯、克琉墨涅斯、提贝里乌斯与
盖乌斯·格拉古传》

    （*Agis and Kleomenes and Tiberius
and Caius Gracchus*）   Ag. /Kleom.   Gracchi

《德摩斯梯尼与西塞罗传》

    （*Demosthenes and Cicero*）   Dem.   Cic.

《德米特里乌斯与安东尼传》(*Demetrios and Antony*)　　*Demetr.*　　*Ant.*
《狄翁与布鲁图斯传》(*Dion and Brutus*)　　　　　　　*Dion*　　　*Brut.*

其他列传

《阿拉托斯传》(*Aratos*)　　　　　　　　　　　　　　　　　　　*Arat.*
《阿尔塔薛西斯传》(*Artaxerxes*)　　　　　　　　　　　　　　*Art.*
《伽尔巴传》(*Galba*)　　　　　　　　　　　　　　　　　　　　*Galba.*
《奥托传》(*Otho*)　　　　　　　　　　　　　　　　　　　　　　*Otho.*

伦　语

[xv]

Ad Princ. Inerud.	*Ad Principem Ineruditum*: To an uneducated ruler[《致一位无知的统治者》](Πρὸς ἡγεμόνα ἀπαίδευτον: 779d–782f)
Adv. Col.	*Adversus Colotem*: Against Kolotes[《驳科洛特斯》](Πρὸς Κωλώτην: 1107d–1127e)
Amat.	*Amatorius*: Dialogue on love[《关于爱的对话》](Ἐρωτικός: 784e–771e)
An Seni	*An seni sit Gerenda res Public*: Whether an elderly man should engage in politics[《老年人是否应该从事政治》](Εἰ πρεσβυτέρῳ πολιτευτέον: 783a–797f)
An Virt. Doc.	*An virtus doceri posit*: Whether virtue can be taught[《德性可教吗》](Εἰ διδακτὸν ἡ ἀρετή: 439a–440c)

Ap. Lac.	Apophthegmata Laconica：Spartan sayings［《斯巴达人格言》］(Ἀποφθέγματα Λακωνικά：208a – 242d)
Bellone an Pace	Bellon an pace clariores fuerint Athenienses：Were the Athenians more glorious in war or in wisdom?［《雅典人的荣耀多是赢自战争还是源于智慧?》］(Πότερον Ἀθηναῖοι κατὰ πόλεμον ἢ κατὰ σοφίαν ἐνδοξότεροι：345d – 351b)
Brut. Anim.	Bruta animalia ratione uti：On the fact that beasts are rational［《论动物具有理性的事实》］(Περὶ τοῦ τὰ ἄλογα λόγῳ χρῆσθαι：985d – 992e)
Con. Praec.	Coniugalia praeccpta：Marriage advice［《婚姻准则》］(Γαμικὰ παραγγέλματα：138a – 146a)
De Alex. Fort.	De Alexandri Magni fortuna aut virtute：On the fortune or virtue of Alexander［《论亚历山大的机运或者德性》］(Περὶ τῆς Ἀλεξάνδρου τύχης ἢ ἀρετῆς：326d – 345b)
De Am. Prol.	De amore prolis：On the love of offspring［《论来自子孙的爱》］(Περὶ τῆς εἰς τὰ ἔκγονα φιλοστοργίας：493a – 497e)
De An. Procr.	De animae procreatione in Timaeo：On the creation of the soul in the Timaios［《论〈蒂迈欧〉中灵魂的产生》］(Περὶ τῆς ἐν Τιμαίῳ ψυχογονίας：1012a – 1030c)
De Aud. Poet.	Quomoda adulescens poetas audire debeat：How a young man should listen to the poets［《年轻人应如何听诗》］(Πῶς δεῖ τὸν νέον ποιημάτων ἀκούειν：14d – 37b)
De Cap. ex Inim.	De capienda ex inimicis utilitate：How to benefit from one's enemies［《如何从敌人那里获益》］(Πῶς ἄν τις ὑπ' ἐχθρῶν ὠφελοῖτο：86b – 92e)

De Cohib. Ira	De cohibenda ira: On lack of anger[《论制怒》]（Περὶ ἀοργησίας: 452e – 464d）
De Comm. Not.	De communibus notitiis adversus Stoicos: Against the Stoics on common conceptions[《对斯多亚派一般观念的批判》]（Περὶ τῶν κοινῶν ἐννοιῶν πρὸς τοὺς Στωικούς: 1058e – 1086b）
De Cup. Divit.	De cupiditate divitiarum: On the love of wealth[《论爱财》]（Περὶ φιλοπλουτίας: 523c – 528b）

[xvi]

De Defect. Orac.	De defectu oraculorun: On the obsolescence of oracles[《论神谕的衰微》]（Περὶ τῶν ἐκλελοιπότων χρηστηρίων: 409e – 438e）
De Esu Carn.	De esu carnium: On the eating of meat[《谈肉食》]（Περὶ τῶν ἐκλελοιπότων χρηστηρίων: 993a – 999b）
De Exil.	De exilio: On exile[《论流放》]（Περὶ φυγῆς: 599a – 607f）
De Facie	De facie quae in orbe lunae apparet: On the face which appears in the circle of the moon[《论月面》]（Περὶ τοῦ ἐμφαινομένου προσώπου τῷ κύκλῳ τῆς σελήνης: 920a – 945e）
De Fort.	De fortuna: On chance[《论机运》]（Περὶ τύχης: 97c – 100a）
De Fort. Rom.	De fortuna Romanorum: On the fortune⟨or virtue⟩of the Romans[《论罗马人的机运（或德性）》]（Περὶ τῆς Ῥωμαίων τύχης ⟨ἢ ἀρετῆς⟩: 316b – 326c）
De Frat. Amore	De fraterno amore: On brotherly love[《论兄弟之爱》]（Περὶ φιλαδελφίας: 478a – 492d）
De Garrul.	De garrulitate: On idle talk[《论饶舌》]（Περὶ

	ἀδολεσχίας: 502b – 515a)
De Gen. Soc.	De genio Socratis: On the sign of Sokrates[《论苏格拉底的守护神》] (Περὶ τοῦ Σωκράτους δαιμονίου: 575a – 598f)
De Herod. Malig.	De Herodoti malignitate: On the malice of Herodotos[《论希罗多德的恶意》] (Περὶ τῆς Ἡροδότου κακοηθείας: 854e – 874c)
De Ipsum Laud.	De se ipsum citra invidiam laudando: On inoffensive self-praise[《论不令人讨厌的自我称赞》] (Περὶ τοῦ ἑαυτὸν ἐπαινεῖν ἀνεπιφθόνως: 539a – 547f)
De Is. Et Osir.	De Iside et Osiride: On Isis and Osiris[《论伊希斯与俄赛里斯》] (Περὶ Ἴσιδος καὶ Ὀσίριδος: 351c – 384c)
De Lat. Viv.	An recte dictum sit latenter esse vivendum: Whether 'live unknown' is a good doctrine[《"隐秘无闻的生活"是一个好准则吗》] (Εἰ καλῶς εἴρηται τὸ λάθε βιώσας: 1128a – 1130c)
De Prim. Frig.	De primo frigido: On the first cold[《论冷的原理》] (Περὶ τοῦ πρώτως ψυχροῦ: 945f – 955c)
De Pyth. Orac.	De Pythiae oraculis: Why does the Pythia no longer give oracles in verse[《为什么皮提亚不再吟咏神谕》] (Περὶ τοῦ μὴ χρᾶν ἔμμετρα νῦν τὴν Πυθίαν: 394d – 409d)
De Sera Num.	De sera numinis vindicta: On why the gods are so slow to punish[《论神罚的延迟》] (Περὶ τῶν ὑπὸ τοῦ θείου βραδέως τιμωρουμένων: 548a – 568a)
De Stoic. Repugn.	De Stoicorum repugnantiis: On Stoic contradictions[《论斯多亚派的自相矛盾》] (Περὶ Στωικῶν ἐναντιωμάτων: 1033a – 1057c)

De Superstit.	De superstitione: On superstition [《论迷信》] (Περὶ δεισιδαιμονίας:164e – 171e)
De Tranq. An.	De tranquillitate animi: On tranquillity of mind [《论心灵的平静》] (Περὶ εὐθυμίας:464e – 477f)
De Tuenda Sanit.	De tuenda sanitate praecepta: Advice on health [《健康呵护准则》] (Ὑγιεινὰ παραγγέλματα:122b – 137e)
De Virt. Moral.	De virtute morali: On moral virtue [《论道德德性》] (Περὶ τῆς ἠθικῆς ἀρετῆς 440d – 451d)

[xvii]

De Vit. Pud.	De vitioso pudore: On compliancy [《论顺从》] (Περὶ δυσωπίας:528c – 536d)
Max. cum Princ.	Maxime cum principibus philosopho esse disserendum: On the fact that the philopher ought most of all to converse with leaders [《论哲人尤其应该与当权者交谈》] (Περὶ τοῦ ὅτι μάλιστα τοῖς ἡγεμόσι δεῖ τὸν φιλόσοφον διαλέγεσθαι:776a – 779c)
Mul. Virt.	Mulierum virtutes: Virtues of women [《妇女的德性》] (Γυναικῶν ἀρεταί:242e – 263c)
Non Posse	Non posse suaviter vivi secundum Epicurum: It is not possible even to live pleasantly according to Epikouros [《伊壁鸠鲁的原则使幸福生活不可能》] (Ὅτι οὐδὲ ζῆν ἔστιν ἡδέως κατ' Ἐπίκουρον:1086c – 1107c)
Plat. Quaest.	Platonicae quaestiones: Platonic questions [《柏拉图问题》] (Πλατωνικὰ ζητήματα:999c – 1011f)
Praec. Ger.	Praecepta gerendae reipublicae: Political precepts [《政治准则》] (Πολιτικὰ παραγγέλματα:798a – 825f)
Prof. in Virt.	Quomodo quis suos in virtute sentiat profectus: How to recognize that one is making progress in virtue [《如何意识

	到一个人德性的进步》]（Πῶς ἄν τις αἴσθοιτο ἑαυτοῦ προκόπτοντος ἐπ᾽ ἀρετῇ：75a - 86a）
Quaest. Conv.	Quaestiones convivales：Table talk[《漫谈录》]（Συμποσιακὰ προβλήματα：612c - 748d）
Quaest. Graec.	Quaestiones Graecae：Greek questions[《希腊问题》]（Αἴτια Ἑλληνικά：291d - 304f）
Quaest. Rom.	Quaestiones Romanae：Roman questions[《罗马问题》]（Αἴτια Ῥωμαϊκά：263d - 291c）
Quomodo Adult.	Quomodo adulator ab amico internoscatur：How to tell a flatterer from a friend[《如何区分谄媚者与朋友》]（Πῶς ἄν τις διακρίνειε τὸν κόλακα τοῦ φίλου：48e - 74e）
Terrest. an Aquat.	Terrestriane an aquatilia animalia sint callidiora：Which are cleverer：land animals or sea animals？[《陆地和海洋里的动物哪个更聪明？》]（Πότερα τῶν ζῴων φρονιμώτερα, τὰ χερσαῖα ἢ τὰ ἔνυδρα：959a - 985c）

其他著作

Barigazzi	Barigazzi, A. (1966) (ed.), Favorino di Arelate. Opere (Florence)
Bernardakis	Bernardakis, G. N. (1888—1996) (ed.) Plutarchi Chaeronensis Moralia, 7 vols (Leipzig)
Blass	Blass, F. (1996) (ed.), Antiphonis Orationes et fragmenta, 2nd edn. edited by T. Thaleim (Leipzig)
CIL	Corpus Inscriptionum Lationarum (1986—) (Berlin)

Diano	Diano, C. (1974) (ed.), *Epicuri Ethica et Epistulae* (Florence)
[xviii]	
Diels-Kranz	Diels, H., and Kranz, W. (1972) (ed.), *Die Fragemente der Vorsokratiker*, 2 vols. (Berlin)
Di Marco	Di Marco, M. (1989) (ed.), *Timone di Fliunte* (Rome)
Dindorf	Dindorf, W. (1829) (ed.), *Georgius Syncellus et Nicephorus* (Bonn)
E-K	Edelstein, L. and Kidd, I. G. (1972) (ed.), *Posidonius: the Fragments*, 3 vols (Leipzig)
FGrH	Jacoby, F. (1923—1958) (ed.), *Die Fragmente der griechischen Historiker*, 3 vols. (Berlin, 1923—1930; Leiden, 1940—1958)
Förster[a]	Förster, R. (1893) (ed.), *Scriptores Physiognomonici Graeci et Latini*, 2 vols. (Leipzig)
Förster[b]	Förster, R. (1903—1927) (ed.), *Libanii Opera*, 12 vols. (Leipzig)
Gernet-Bizos	Gernet, L., and Bizos, M. (1955) (eds.), *Lysias: Discours* (Collection des Universités de France: 3rd edn., Paris)
Giannantoni	Giannantoni, G. (1990) (ed.), *Socratis et Socraticorum Reliquiae*, 4 vols. (Naples)
Heinze	Heinze, R. (1892), *Xenokrates: Darstellung der Lehre und Sammlung der Fragmente* (Leipzig). Reprinted Hildersheim, 1965
Hense	Hense, O. (1889) (ed.), *Teletis Reliquiae* (Freiberg im Breisgau)

Hilgard	Hilgard, A. (1901) (ed.), *Grammatici Graeci*, iii (Leipzig)
Hobein	Hobein, H. (1901) (ed.), *Maximi Tyrii Philosophumena* (Leipzig)
IG	*Inscriptiones Graecae* (1913—) (2nd edn., Berlin)
ILS	H. Bessau (1892—1914) (ed.), *Inscriptiones Latinae Selectae* (Berlin)
Jocelyn	Jocelyn, H. D. (1967) (ed.), *The Tragedies of Ennius: The fragments* (Cambridge)
Kassel-Austin	Austin, C., and Kassel, R. (1989) (eds.), *Poetae comici Graeci*, vii. *Menecrates - Xenophon* (Berlin and New York)
Kühn	Kühn, C. G. (1821—1833) (ed.), *Claudii Galeni Opera Omnia*, 22 vols. (Leipzig). Reprinted 1964—1965, Hildesheim
Littré	Littré, E. (1839—1861) (ed.), *Oeuvres complètes d'Hippocrate*, 10 vols. (Paris)
LSJ	Liddell, H. G., Scott, R., and Jones, H. S. (1925—1940), *Greek - English Lexicon* (9th edn., Oxford)
Maehler	Maehler, H. (1987—1989) (ed.), *Pindari carmina cum fragmentis*, 2 vols. (Leipzig)
Marcovich	Marcovich, M. (1978) (ed.), *Eraclito: Frammenti* (Florence). A revised version of English edition, *Heraclitus: Greek Text with a short Commentary* (Mérida, 1967).
[xix]	
Mayer	Mayer, A. (1910) (ed.), *Theophrasti Περὶ Λέξεως Libri Fragmenta* (Leipzig)

Meineke	Meibeke, A. (1855—1857) (ed.), Ἰωάννου Στοβαίου Ἀνϑολόγιον. Ioannis Stobaei Florilegium, 4 vols. (Leipzig)
Migne	Migne, J. - P. (1844—1865) (ed.), Patrologia Latina (Paris)
Nauck, Aristoph.	Nauck, A. (1963) (ed.), Aristophanis Byzantii Grammatici Alexandrini Fragmenta (Hildersheim)
Nauck, TrGF	Nauck, A. (1926) (ed.), Tragicorum Graecorum Fragmenta (2nd edn.) (Leipzig)
OGIS	Dittenberger, W. (1903—1905) (ed.), Orentis Graeci Inscriptiones Selectae, 2 vols (Leipzig)
Page	Page, D. L. (1962) (ed.), Poetae Melici Graeci (Oxford)
Pfeiffer	Pfeiffer, R. (1949) (ed.), Callimachus (Oxford)
Rabe[a]	Rabe, H. (1913) (ed.), Hermogenes: Opera (Leipzig)
Rabe[b]	Rabe, H. (1906), Scholia in Lucianum (Leipzig)
RE	Pauly, A. F. Von, Wissowa, G., and Kroll, W. (1894—1980) (eds.), Real - Encyclopädie der Classichen Alterumswissen - schaft (Stuttgart)
Sandbach	Sandbach, F. H. (1969) (ed.), Plutarch's Moralia, xv Fragments (Loeb Classical Library: Combridge, Mass., and London)
Schöne	Schöne, R. (1911) (ed.), Aeneae Tactici de Obsidione toleranda Commentarius (Leipzig)
SEG	Supplementum Epigraphicum Graecum. Hondius, J. J. E., and Woodhead, A. G. (eds.), Vols. 1 - 25 (Leiden, 1923—1971); Pleket, H. W., and Stround, R. S. (eds), vols. 26 - 27 (Alphen, 1979—1980), and vols. 28 -

	(Amsterdam, 1982—)
SGDI	Collitz, H. , and Bechtel, F. , *et al.* (1884—1915) (eds.), *Sammlung der griechischen Dialekt - Inschriften*, 4 vols. (Göttingen)
*SIG*³	Dittenberger, W. (1915—1924) (ed.), *Sylloge Inscriptionum Graecarum* (3rd edn.)
Spanheim	Spanheim, E. F. (1696) (ed.), Ἰουλιανοῦ αὐτοκράτορος τὰ σωζόμενα. Καὶ τὰ ἐν ἁγίοις Κυρίλλου ... πρὸς τὰ τοῦ ἐν ἀθέοις Ἰουλιανοῦ λόγοι δέκα. *Iuliani imp. opera quae supersunt omnia. Et S. Cyrilli... contra impium Iulianum libri decem* (Leipzig)
Spengel	Spengel, L. (1853—1856) (ed.), Rhetores Graeci, 3 vols. (Leipzig)
SVF	Arnim, I. Von (1903—1924) (ed.), *Stoicorum Veterum Fragmenta*, 4 vols. (Leipzig)
TrGF II	Kannicht, R., and Snell, B. (1981) (eds), *Tragicorum Graecorum Fragmenta*, ii. *Fragmenta adespota; testimonia volumini* 1 *addenda; indices ad volumina* 1 *et* 2 (Göttingen)
TrGF III	Radt, S. (1985) (ed.), *Tragicorum Graecorum Fragmenta*, iii. *Aeschylus* (Göttingen)
TrGF IV	Radt, S. (1977) (ed.), *Tragicorum Graecorum Fragmenta*, iv. *Sophocles* (Göttingen)
Usener	Usener, H. (1963) (ed.), *Epicurea* (Rome)
Us. -Rad.	Usener, H., and Radermacher, L. (1899—1929) (eds.), *Dionysii Halicarnasei Opuscula* (Leipzig)
Voss	Voss, O. (1896) (ed.), *De Heraclidis Pontici Vita et*

	Scriptis(Rostock)
West	West, M. L. (1971) (ed.), *Iambi et Elegi Graeci ante Alexandrum Cantati. Volumen I. Archilochus. Hipponax. Theognidea* (Oxford)
Wimmer	Wimmer, F. (1854—1862) (ed.), *Theophrasti Eresii Opera quae supersunt omnia*, 3 vols. (Leipzig)

导 言

[1] 卢基乌斯·梅斯特里乌斯·普鲁塔克(L. Mestrius Plutarch)的《对比列传》撰写于公元二世纪前半叶。此后,它们一直被广泛阅读,并在经历了二十世纪中期地位的急剧下降后,再度位于人们对古代世界之兴趣的前列。本书试图探讨《对比列传》的两个相关方面:它们的道德教诲(moralizing)意图,以及经常作为普鲁塔克道德观(moralism)之中介的比较结构(comparative structure)。本书将要考察的是《对比列传》探询是非、善恶问题的方式,以及它们促使我们质疑或理解我们世界的方式。

关于普鲁塔克本人的生平,我们从他的作品中了解甚多。他于公元40年到50年间出生于希腊中部喀罗尼亚(Chaironeia)小镇上的一个富有家庭。一则铭文告诉我们,他通过他的友人——执政官弗洛鲁斯(Mestrius Florus)——而获得了罗马公民权,他也使用了后者的名字。普鲁塔克游历广泛,肯定到过小亚细亚、罗马、意大利以及亚历山大里亚。普鲁塔克提到了许多与他有私交的重要人物,其中既有希腊人也有罗马人。但他一生中的大部分时光都在他的家乡喀罗尼亚或其附近度过。他在那里做过几任市政官员;他也是离此不远的德尔斐的一名祭司。① 普鲁塔克逝于哈德良皇帝在位

---

① 参《安东尼传》68.6–8;《德摩斯梯尼传》2.1–4;《政治准则》811c。关于普鲁塔克的生平,参 Ziegler(1949),页4–60(亦见1951,页639–696);Jones(1971),页3–64。关于他的家庭,亦参 Babut(1981)。关于普鲁塔克的罗马公民权:SIG^3 829A。

初期,后者即位于公元 117 年。②

然而,普鲁塔克闻名于世并非是作为一位地方性的政治家,而是作为一位哲人、作家。他的作品数量庞大:现存有超过 70 篇性质多样的著作,被统称为《伦语》(Moralia, Hϑιϰά);而所谓的《拉姆普里阿斯目录》(Lamprias Catalogue)——一份被归于普鲁塔克的著作清单,其年代可能始于公元三或四世纪[2]——更记载了约多一倍的篇目。③ 现存著作的内容从对柏拉图《蒂迈欧》的注疏到政治论文——如《政治准则》、《致一位无知的统治者》,以及道德和科学著作——如《论制怒》或《论冷的原理》。

本书涉及普鲁塔克文学全集的另一部分,这部分可能写于最后:他的传记作品,它们在古代以"列传"(Lives, Βίοι)之名而为人所知。从奥古斯都到维特里乌斯(Vitellius)的一系列罗马皇帝的传记中只有《伽尔巴传》与《奥托传》留存下来,接下来是一系列成对的早期希腊人物与罗马人物的对比列传。《对比列传》写作时间约在公元 96 年——图密善皇帝(Emperor Domitian)驾崩——到公元 120 年前后即普鲁塔克本人辞世之间。④ 已知的二十三卷对比列传中

---

② 可能在公元 120 年左右:Jone(1966),页 63 – 66。Flacelière(1971)将日期推迟至 125 年,但正如 Swain(1991,页 319 – 322)所论证的那样,这不大可能。

③ 关于《拉姆普里阿斯目录》,参 Ziegler(1908)页 239 – 244,(1927)页 20 – 21,(1949)页 60 – 66(亦见 1951,页 696 – 702);Irigoin(1982—1983;1986);Flaceliere 与 Irigoin(1987)页 ccxxviii – ccxxix 及页 ccciii – cccx。

④ 我们知道《德摩斯梯尼与西塞罗传》是第五对(《德摩斯梯尼传》3.1),《伯利克勒斯与法比乌斯传》是第十对(《伯利克勒斯传》2.5),《狄翁与布鲁图斯传》是第十二对(《狄翁传》2.7)。关于《列传》的相对、绝对年代关系可特别参见 Jones(1966)页 66 – 74,部分基于 Stoltz(1929)。亦比较 Ziegler(1949),页 71 – 82 与 262 – 265(亦见 1951,页 708 – 719 与页 899 – 903);Theander(1958);Brozek(1963);Geiger(1981),特别是页 89 – 94。关于对《列传》的相对年代与它们的内容之间关系的反思,参 Van der Valk(1982);Stadter(1983—1984)页 358 – 359,(1989)页 xxvii – xxix,(1992a)页 48 – 51。

有二十二卷存世。第一对对比列传——伊巴密浓达(Epameinondas)和一位西庇阿(Scipios)——的传记已不存于世,但其中可能含有对塞涅基奥(Sosius Senecio)的献词——在现存的列传中,经常有给他的献词;⑤公元96年塞涅基奥执政可能为第一对列传的发表提供了机会。《对比列传》的每一卷都含有一对希腊人和罗马人的对比传记,二者由一篇共同的导言和一篇总结性的比较焊接起来。《对比列传》可能是分批写成并出版的。⑥ 现存的《对比列传》合在一起,覆盖了希腊与罗马很长一段时间的历史,从《忒修斯与罗慕洛传》的"神话"时期,到《德米特里乌斯与安东尼传》的希腊化时期及共和时代晚期。⑦

《对比列传》的影响

[3]《对比列传》似乎一发表就迅速获得成功。在公元二世纪

---

⑤ 《忒修斯传》1.1;《德摩斯梯尼传》1.1;31.7;《狄翁传》1.1;《埃米利乌斯传》1.6;《阿基斯与克琉墨涅斯传》2.9。

⑥ 参Mewaldt(1907)。Piccirilli(1977)页999-1004、(1980)页1753-1755处认为《吕库古与努马传》《忒修斯与罗慕洛传》《地米斯托克利与卡米卢斯传》以及《吕山德与苏拉传》是一起创作的(全集中的编号为6到9),Pelling(1979)证明了《阿格西劳斯与庞培传》《尼基阿斯与克拉苏传》《亚历山大与凯撒传》《福基翁与小加图传》《狄翁与布鲁图斯传》《德米特里与安东尼传》与它们的希腊对照者是一起创作的;比较Pelling(1995b)页312-318,那里回答了Hillard(1987)与Steidle(1990)的批评。

⑦ 另两篇现存的传记《阿拉托斯传》和《阿尔塔薛西斯传》不属于上述两个系列中的任何一个。《拉姆普里阿斯目录》记录了许多其他作品的篇名:《赫拉克勒斯传》(Herakles),《赫西俄德传》(Hesiod),《品达传》(Pindar),《克拉特斯传》(Krates),《戴方托斯传》(Daïphantos)和《阿里斯托米斯传》(Aristomemes)(编号34-39;比较Sandbach残篇6-12)。

晚期,拉丁作家格利乌斯(Aulus Gellius)就频繁地加以引用。⑧ 不久之后,阿特奈奥斯(Athenaios)在他的《哲人席谈》(Sophists at dinner)中似乎也从中有所借用,尽管未曾明言。⑨ 公元三世纪晚期的修辞学家米南德(Menander Rhetor)建议想要成为修辞学家的人应该阅读《列传》(2.392.28 - 31)。在公元四世纪,智术师索帕特罗斯(Sopatros)在其《杂记》(Miscellaneous Extracts)中使用了《伦语》以及《德米特里乌斯与布鲁图斯传》中的内容。⑩ 在拜占庭时期,十二世纪的作家佐纳拉斯(Ioannes Zonaras)为了写他自己的《历史剪影》(Epitome of Histories)而使用了或者可能编撰了《对比列传》中至少某些篇章的概要。⑪

普鲁塔克全部作品中如此大的一部分能保留到现代,主要归功于拜占庭学者普兰诺德斯(Maximos Planoudes)(约 1255—1305),他把《列传》与《伦语》合在一起,编订为几个大型的手抄本。⑫《列传》的拉丁文译本自十五世纪开始在西方出现;到十六世纪,大量的各国语言译本就已经面世。⑬ 其中最重要的可能是 1559 年出版的

---

⑧ 例如《阿提卡之夜》(Attic Nights)1.26.4。他也频繁地引用《伦语》,有时引用希腊原文(如 2.8.1 和 4.11.12),有时以拉丁文加以意译(3.6.1 - 3;4.11.13)。

⑨ 参 Sansone(1988),页 311 - 312。

⑩ 据 Photios, Bibliotheca 161,104a23 - 633。

⑪ Manfredini(1992b 与 1993)。比较 Pelling(1973)。

⑫ Manfredini(1992a)。关于《列传》文本传统的讨论,参 Ziegler(1907),Manfredini(1987)。

⑬ 比较 Fdderici(1928);Teza(1902—1903);Weiss(1953);Lasso de la Vega(1961—1962);Resta(1962);Bergua Cavero(1995)。关于普鲁塔克的流行性,参 Burke(1966)。Criniti(1979)与 Harrison(1992a)页 4675 - 4678 提供了关于对普鲁塔克的接受的书目文献。亦参即将于 1997 年 5 月在米兰和加尔尼亚诺召开的第七届国际普鲁塔克研讨会的论文集。

阿米欧(Jacques Amyot)的法译本。⑭ 不久之后,斯特方(Stephanus)于1572年在巴黎出版了第一个希腊文校订版。诺斯(Thomas North)将阿米欧的法译本译成英文,于1579年出版了英译本《希腊罗马名人传》;⑮莎士比亚后来读到这一译本,并以罗马政治家科瑞欧拉努斯、尤利乌斯·凯撒和马克·安东尼的传记作为其同名戏剧的素材。⑯ 1684到1688年间,[4]德莱顿(Deyden)组织了一批学者,分卷出版了一个新的英文译本。在十七、十八世纪,少有古典作品受到比之更高的重视。⑰

《列传》为什么在十七、十八世纪如此受人欢迎,我们可以提出几个理由。首先,《列传》提供了古典世界的完整图景,既有希腊世界也有罗马世界,从忒修斯一直到伽尔巴皇帝与奥托皇帝。对普鲁塔克来说,共和罗马与希腊城邦的世界已成往昔。普鲁塔克与他的读者们共同分有着对古典时代的兴趣和留恋。其次,普鲁塔克的道德教诲品味与时代的情感正好契合。对这个时代的人们不言而喻的是,历史与传记的作用是在读者心中灌输道德价值观,对普鲁塔克来说同样如此。⑱ 传记作品——通常是明确地模仿普鲁塔克而写就——变得流行起来。⑲ 第三,普鲁塔克的信仰与价值观在这

---

⑭ 比较 Blignières(1851);Aulotte(1965)。

⑮ 关于诺斯的译本,参 Denton(1993)。

⑯ 比较 Shackfort(1929);Spencer(1964);D. C. Green(1978);Miola(1983),页76-205。

⑰ 比较 Scardigli(1987b),页5-9。

⑱ 参见培根《学术的进展》(*Advancement of Learning*)(1605)。

⑲ 大约15世纪的佛罗伦萨学者 Donato Acciaivoli 在一种早期拉丁文版本中甚至添加了他自己创作的一对汉尼拔(Hannibal)与大西庇阿(Scipio Africanus)的列传。这些传记也找到途径进入了后续的版本中,包括阿米欧本和诺斯本,参 Affortunati 与 Scardigli(1992)。关于普鲁塔克佚失的大小西庇阿列传,参下文第一章注4。

一时代得到人们的喜爱:特别是他对人性的德性的强调、对面对逆境时冷静德性的强调,以及他对开明君主制的偏好。例如,《尤利乌斯·凯撒传》中普鲁塔克对弑君之是非的分析,在莎士比亚时代英国的话语中产生了特殊的共鸣。[20] 与此相似,人们推测普鲁塔克反对专制,这使得《提摩勒昂传》、《狄翁传》、《小加图传》在十八、十九世纪的自由主义者和革命者中特别流行。[21] 美利坚合众国的国父们在普鲁塔克的某些列传、特别是《小加图传》、《布鲁图斯传》和《西塞罗传》中,看到了他们自己的共和主义的有力象征。[22]

对传记作为一种独立文学体裁的发展,普鲁塔克的《列传》的影响怎样夸张都不为过。鲍斯韦尔(Boswell)在他的《约翰逊传》(*The Life of Samuel Johnson, LL. D.*)(1791)的导言中宣称他[5]忠诚于普鲁塔克的典范。斯特雷奇(Lytton Strachey)在其《维多利亚时代名人传》(*Eminent Victorians*)(1918)的序言中提出了一种非常普鲁塔克式的选择性(selectivity)。[23] 尽管最近有所谓"详尽"(ex-

---

[20] Miola(1985)。

[21] 关于普鲁塔克在后世的影响,参 Hirzel(1912)页 74-206, Barrow(1967)页 162-176, Gossage(1967)页 67-70, Gianakaris(1970)页 129-150, Russell(1973)页 143-163。关于他在十七、十八世纪的影响,参 Berry(1961,特别是页 1-34)、Howard(1970)以及 Barthelmess(1977)的述评。关于普鲁塔克与蒙田,参 Norton(1906), Konstantinovic(1989)。至于普鲁塔克和卡瓦菲(Cavafy),参 Lavagnini(1989), Harrison(1992b), González González(1994)。关于普鲁塔克和尼采,参 Ingenkamp(1988)。

[22] Reinhold(1975)页 39-41 及(1984), Sellers(1994)页 77-82。

[23] 比较下列著作的标题:J. Spence 的《普鲁塔克式的对比》(*A Parallel in the manner of Plutarch*)(1759), W. C. Taloy 的《现代英国的普鲁塔克》(*The Modern British Plutarch*)(1846), S. C. Chitty 的《泰米尔的普鲁塔克》(*The Tamil Plutarch*)(1859)和 J. Cournos 的《一位现代的普鲁塔克》(*A Modern Plutarch*)(1928)。

haustive)传记的趋势,但现代传记的主流仍然可以意味深长地说是普鲁塔克式的,它的兴趣在于在行动中揭示品性(character)。㉔ 对普鲁塔克来说,传记作者的主要目标就是要揭示他的传主的品性。这一目标可能时常通过叙述传主在政治、治国以及战争等宏大舞台上的行动来实现:普鲁塔克像大多数古人那样,相信通过一个人的所作所为最能揭示其品性。但普鲁塔克也主张,关于传主的家庭生活、教育状况,还有他"闲暇"(off-duty)时光的趣闻轶事和种种细节,或者其他表面上看起来次要的事情,同样能够揭示其品性(参页13-17)。但是,普鲁塔克的传记方案还有第二个、补充性的目标。了解传主的品性是判断他的道德品质(qualities)的前提条件。对普鲁塔克来说,如同在一般性的古代希腊思想中那样,品性具有强烈的道德维度。出于对道德品性的关注,普鲁塔克给他的任务添加了第三个维度,历史叙事的古代读者们很熟悉这个维度:对读者的提升(improvement)。阅读关于历史上某位政治家的叙述,对他的行为与品性作出判断,将指向那种带来道德提升的自我省察。在这个意义上,《列传》是普鲁塔克对道德问题、对正确生活之准则的关切的延伸,我们能在《伦语》中保存下来的很多非传记性论说文中看到这些准则。在《伦语》与《列传》之间,也就是说,在道德理论著作与其他那些在实践中检验、拷问理论的著作之间,有一种根本性的一致。㉕

㉔ 例如 Conquest(1991,页 xv)在他的斯大林传中明确提到普鲁塔克的影响,他引用了普鲁塔克《亚历山大》的序言,作为他没有给出斯大林一生的"详尽年表"而是给出"一幅画像"的理由,他选择素材的标准是"阐明斯大林的天性"。亦参 Vukobrat(1995)。

㉕ 关于《列传》与《伦语》的一致性,比较 Barthelmess(1986)页 61-64,Valgigalio(1992)。

普鲁塔克研究

尽管普鲁塔克的《列传》对传记体裁的影响持续不断,但在二十世纪的大部分时间里,他在学术圈里的地位处于明显的低潮。普鲁塔克[6]命运的起伏反映了关于历史写作的现代观念的变化,以及历史写作与它宣称要描绘的事件之间关系的变化。十九世纪的观念是:历史是一门科学,历史学家在其中的责任是搜集"自己说话"(speak for themselves)的"事实";对于普鲁塔克来说,这些观念是尤其有害的。历史学家们否定了他们自己在历史写作过程中的创造性作用(role),这导致他们忽略或至少轻视了古代历史学家或传记作家们在创作他们的叙事作品时的那种创造性作用。这些古代作者们被当做矿藏,从他们的文学与社会学背景中剥离出"事实"。普鲁塔克的大部分传记都涉及早于他数百年的历史时期,因此有理由认为,它们不如那些更早的、更接近当时的古代文本可靠。因此,在十九世纪与二十世纪早期,普鲁塔克研究变成了一种资料搜寻;他的文本作为文学著作的统一性,以及它们有助于我们认识它们的作者及其时代的价值,都被忽略了。同样地,对《四福音书》的研究也以对资料来源的关注为主。[26]

在这一时期,普鲁塔克被否定的不仅是他作为作者的创造性作用,甚至还有他作为不同资料编纂者的更加机械性的作用。十九世

---

[26] 对《四福音书》的来源—考订(source‑critical)研究进路及其延伸——形式—考订(form‑criticism),在 Dibelius(1919)与 Bultmann(1921)中能最为清楚地看到。比较 Eduard Meyer 在 Meyer(1899)页 1‑87 对《客蒙传》的资料来源考订分析与 Meyer(1921—1923)中对《四福音书》的资料来源考订分析。关于把《四福音书》作为古代传记($\beta i o \iota$),参 Burridge(1992)。

纪和二十世纪早期的学者们假定——这假定几乎肯定是不正确的——普鲁塔克的《列传》以业已存在的政治传记为基础。他们认为,普鲁塔克引用的数百位早期作者——包括伟大的经典作家——都是通过这些中介间接地为普鲁塔克所知;他们还声称,每篇列传只依据一个单一的资料来源写就,所有对其他资料的引用都拷贝自这一来源。所以,每篇列传都被还原成通过某位中间作者而从早期作家那里继承来的一系列毫无联系的片段。他们假定,普鲁塔克几乎不加改动地使用了那些中间作者的著作。[27] 与《四福音书》的情况相同,学者们的注意力集中于每一个文本集群(blocks of text)历经时光、通过连续中介而传递的路径。

作为古代传记研究的第一部主要著作(1901)的作者,弗雷德里克·利奥(Frederick Leo)最为清晰地论证了普鲁塔克对早期传记的依赖。他也试图[7]通过参考普鲁塔克以及几乎与他同时代的苏维托尼乌斯(Suetonius)的文学谱系,来解释普鲁塔克《列传》与苏维托尼乌斯《列传》在形式、重点以及关注点等方面的不同。普鲁塔克传记的结构是时序性的,而苏维托尼乌斯传记的结构则是主题式的;因此,普鲁塔克间接刻画其人物的品格,苏维托尼乌斯则直接刻画。[28] 这位利奥通过提出两种不同的传记传统而进行了解释,据他推测,这两种传统出现于希腊化时期,普鲁塔克与苏维托尼乌斯仅

---

[27] 例如 Strasburger(1938)论《凯撒传》;Westlake(1938)论《提摩勒昂传》;Smith(1940;1944)论《弗拉米尼努斯传》、《埃米利乌斯传》与《老加图传》;Fuhrmann(1960)页 264 – 269、Townend(1964)、Mittelstadt(1967)论《伽尔巴传》与《奥托传》;Ferrarese(1974;1975)论《伯利克勒斯传》;Hillard(1987)论《卢库卢斯传》。

[28] 比较 Weizsäcker(1931)后面部分的假设,认为普鲁塔克作品中那些直接刻画性格的少见段落(eidologische)很可能与那些叙事性段落(chronographische)来自不同的资料来源。参 Gomme(1945)页 57 – 58、Momigliano(1971)页 16 – 17、Polman(1974)页 172 – 173 的批评。

仅是这两种传统的终点。"普鲁塔克式"的时序性传记(chronological biography)被归入亚里士多德学派或"漫步学派",而"苏维托尼乌斯式"的主题性传记(topic biography)则被认为源自叙述诗人与哲人生平的亚历山大时期的著作。

利奥的理论否认了普鲁塔克在建构文本中的任何创造性作用,该理论几乎完全建基于无声的论据(arguments from silence),以及对后古典时期希腊文学的衍生性质(derivative nature)的预设。没有任何证据表明在普鲁塔克或者苏维托尼乌斯之前,已经有了普鲁塔克这一脉或苏维托尼乌斯那一脉的传记,㉙也没有任何依据假定普鲁塔克整体复制了这些著作。从公元前四世纪开始,广义上的传记性著作无疑已经出现,在希腊化时期,这些聚焦于伟大人物的著作当然在继续不断地生产。但我们无法重现这些著作所用的形式或形式的变化范围。无论如何,有证据反对仅仅存在着两种传记传统的说法。萨提洛斯(Satyros)所著的剧作家欧里庇得斯传记的残篇——其时代被确定为公元前二世纪早期,于1912年被发现——便意味深长地采用了对话体,因此它与利奥的两种传记类型均不符合。㉚ 奈波斯(Cornelius Nepos)的《名人传》(*Lives of illustrious men*)在一世纪晚期以拉丁语写就,普鲁塔克知晓这部作品,并肯定受其影响;但即使奈波斯的著作,也是一系列短篇传记,若干篇

㉙ Gerger(1985)页30-65;虽然同样没有足够证据认为——如Geiger所做的那样——这种类型的政治性传记在希腊化时期不存在:Moles(1989)。

㉚ Gallo(1967);Momigliano(1971a),页80-81。关于对利奥的批评,参Gallo(1967),页152-154;Momigliano(1971b),尤参页8-13;Polman(1974),页169-170。关于这一问题的更多参考文献,参Swan(1989c)页328注52,Rosenmeyer(1992)页206注6。比较Piccirilli(1985)。

合为一卷,它并不能简单地被纳入前述一种或另一种假设的类型中。㉛ 普鲁塔克和苏维托尼乌斯之间的区别不应归因于文学传统或[8]他们盲目追随的资料来源的影响,而应归因于他们自身的选择,归因于他们自己关于传记作者的任务以及自身文化身份的观念。㉜

过去半个世纪里,在古代史撰的研究中已经有了翻天覆地的变化,特别是关于普鲁塔克的研究,这与历史研究中的理论进展相一致,并受到它的激励。二十世纪 20 年代以来,一些学者对下述关于普鲁塔克的观念提出了挑战:普鲁塔克仅仅将某种单一的资料来源进行了概括或详尽阐述。㉝ 齐格勒(Konrat Ziegler)在他 1949 年那篇富有影响的论文——重印于《保利古典学百科全书》(Pauly's Real-Encyclopädie)(1951)——中强调了普鲁塔克的创造性:普鲁塔克的《列传》是他本人的阅读与创造性构思的产物。㉞ 当然,坚持认为普鲁塔克直接查阅了他提到的每一位作家的原作是愚蠢可笑

㉛ Ramón Palerm(1994)。奥庇乌斯(Oppius)写他的同时代人尤里乌斯·凯撒的著作可能为苏维托尼乌斯提供了某些范式,参 Townend(1987),特别是页 341 – 342。

㉜ 苏维托尼乌斯传记的形式和内容可能既源自帝政时期的意识形态、罗马的修辞传统,也源自希腊颂歌(enkomion)或传记中的背景。参 Stuart(1928)页 189 – 220,Wallance – Hadrill(1983)页 66 – 72 与页 142 – 158,Lewis(1991a)。苏维托尼乌斯对主题格式的采用可能与他身为学者或行政官员的背景也有关系(Townend 1967,页 84 – 86)。

㉝ Wilamowitz – Moellendorf(1926)页 64 – 68,1955 年英译本;Klotz(例如 1934;1935a;1935b;1938;1941);Zimmerman(1930);Gomme(1945)页 81 – 84;Theander(1959)。

㉞ Ziegler(1949)页 273 – 291(亦见 1951,页 911 – 928);Theander(1951)页 2 – 66 对此也作了强调。

的——尤其在罗马人物列传中,那是他较不熟悉的领域。㉟ 鉴于古代书籍生产的技术,普鲁塔克在某一个时候只能翻开一部资料,这也是可能的;关于其他作者,他很可能依靠自己的记忆或秘书的服务。㊱ 但是,后来的研究已经倾向于肯定,普鲁塔克的确直接知晓大量早期希腊作家,而且他还塑造这些材料以适合于他自己的目的。㊲ 而且,历史理论已经强调了作为解释的写作过程自身的重要性,并且强调了历史学家本人在创造历史过程中的作用。㊳ 历史学家[9]给予不同种类材料的优先性本身就揭示了作者及其社会的预设和价值观。普鲁塔克对古代雅典或共和罗马的建构,既有助于阐明他所描写的社会,也同样有助于阐明他本人身处的社会。作为

㉟ 例参 Pelling(1984b)页 88-89,Delvaux(1988)页 37-48。至于在翻译拉丁文原始资料时的错误,比较 Hardy(1890)页 185-186,Holden(1886)页 xv 注 15,Rose(1924)页 16-18,Russell(1973)页 54 注 27,Townend(1987)页 332 与 339,Gamberale(1995)。但有人——例如 Jones(1971)页 76-77——宣称,普鲁塔克的拉丁文太差劲了,不能直接查阅拉丁资料;这样的主张并不令人信服,比较 Rose(1924)页 11-19,Jones(1971)页 81-87,Babut(1975)页 208,Flacelière(1980)页 114-116,Rosalia(1991)。普鲁塔克在《德摩斯梯尼传》2.2-4 处的郑重声明是一篇 recusatio[拒绝诗]的片段,这篇 recusatio 并没有把德摩斯提尼和西塞罗写成文学人物;它不应当被认真地作为普鲁塔克的拉丁文知识的反映。我还未能阅读 Strobach(1997)(参页 352)。

㊱ Pelling(1979)。

㊲ 广泛参阅:Erbse(1956)页 420-424(=1979,页 501-505);Stadter(1965);Jones(1971)页 81-87;Geiger(1985)页 58-62;Piccirilli(1990b);Walsh(1992)特别是页 231-233;Buckler(1993)。改造来源资料:Russell(1963);Pelling(1979;1980;1985;1990b;1992;1996);de Romilly(1988a)以及 Pelling(1992)注 29 的批评;Stadter(1965),特别是页 125-140。Flaceliere(1968)页 491-498 与 Delvaux(1998)页 27-37 就关于该问题的学术研究史作了概述。

㊳ 例如 Collingwood(1946);Carr(1961),特别是页 1-24;White(1978);Tosh(1991),页 130-151。

一位作家的普鲁塔克已经再度显现出来。㊈

本书的范围

本书试图不把普鲁塔克的《列传》当作历史的矿藏来进行阅读,而是把它当作一个有着自身逻辑的研究领域,这个领域能够阐明普鲁塔克所处时代的精神氛围。本书较少涉及普鲁塔克的叙事的"真实状况(truth-status)",更多地关注叙事如何被建构,以及如何在原初语境下来理解它们。

本书的焦点是普鲁塔克《对比列传》中的伦理话语。普鲁塔克宣称,对其著作的研读将逐渐培养出人的德性。这对一位古代读者来说意味着什么?这一道德目标如何影响对任何一对对比列传的阅读?我的主要观点是,许多篇对比列传的道德思想并非是对普鲁塔克所处社会规范的简单肯定,毋宁说它是复杂的、探索性的、具有挑战性的:我将在第一部分讨论上述观点,并在第二部分通过个案研究进行证明。像那些最好的悲剧一样,《对比列传》邀请读者认真思考、仔细思量。㊵ 它们并没有——或至少没有始终——仅仅详细解释一套价值观念。它们把问题掷还给了读者。某些核心价值无可置疑,但许多列传在道德与德性问题上加入了发人深省的怀疑与不确定性。

㊈ 对色诺芬《希腊史》(*Hellenika*)之艺术统一性的类似承认:Gray(1989),Levy(1990);对狄奥多罗斯《世界史》(*Universal History*)之艺术统一性的类似承认:Sacks(1990;1994);对狄奥尼修斯的《罗马古史》(*Roman Antiquities*)之艺术统一性的类似承认:Fox(1993);对《路加行传》(*Luke-Acts*)之艺术统一性的类似承认:Barrett(1961),Stein(1991)。

㊵ 参页 61 – 62、69 – 70、221 以及 284。

那么,第一部分将讨论普鲁塔克的道德方案。第一章是对现存的方案性陈述(programmatic statements)的一个文本细读。第二章探询了在这些陈述中所展现的方案,特别是"伟大天性(great natures)"理论,同时评估了普鲁塔克是否完成以及如何完成他所宣称的目标——对读者的提升。第三章考察了普鲁塔克关于人的灵魂学的预设,以及贯穿在其道德观点中的价值体系。第二部分,通过对具体某一对列传的一系列个案分析,将在实践中考察普鲁塔克的道德与文学方案。第四章是对《皮洛士与马略传》的研究,第五章是对《福基翁与小加图传》的研究,第六章是对《吕山德与苏拉传》的研究,第七章则是对《科瑞欧拉努斯与阿尔喀比亚德传》的研究。[10]《皮洛士与马略传》的核心是一个相当直接的道德教训,而其他三对列传在某种程度上则都富有挑战性且是成问题的。

在第二部分中,我还试图证明第二个论点:《对比列传》的每一对列传都应该被作为完整的一卷著作来阅读,而不是两篇单独的传记。如果缺少与之配对的另一篇列传,缺少其他组成部分,如小序(prologue)与比较(comparison, *Synkrisis* [对比])——正是它们组成了一本整体性的普鲁塔克的"书",那么,任何一篇列传都无法得到理解。其他研究者已经论证过命名得很恰当的《对比列传》之对比结构(parallel structure)的重要性。厄布斯(Erbse)在 1956 年,晚近的佩林(Pelling)在 1986 年[41]都论证了,对比结构促进了成对列传之间的比较与反差,这一过程本身就阐明、澄清了位于其核心之处的道德问题。然而,这一教训——需要"以对比手法(in parallel)"来阅读《对比列传》——只是偶尔被使用。因此,始于 1809—1815 年(巴黎)由科瑞斯(Adamantios Koraes)开始的把成对列传分开印刷

---

[41] Erbse(1956);Pelling(1986b)。

的现代倾向,应该遭到强烈反对。㊷ 然而,我对普鲁塔克的"对比"(Synkrisis)的理解不止包含了对成对列传的文学与主题统一性的承认。正如后面将会清楚显示的那样,在我的解读中,成对结构(paired structure)也增加了贯穿在许多对列传中的伦理上的不确定性与复杂性。

本书的第三部分则将更细致地考察普鲁塔克的对比方案(parallel programme)或"对比"(synkrisis)的两个方面。第八章考察作为大部分成对对比列传之结语的正式"对比"(synkrisis),这可能是本书最有争议的章节。在我的解读中,这些正式的比较增加了它们所属的普鲁塔克篇章的道德复杂性,它们对前面的叙事以及已经暗示的道德判断提供了某种引人注目的修正。由此,在道德效果与结构上,它们与它们所结束的篇章紧密结合。最后,第九章考察普鲁塔克对比写作方案的文化和政治意蕴。《对比列传》被视为这样的文献:它记录了对于罗马权力(Roman power)的一种希腊式反应,以及把罗马历史纳入希腊价值观与希腊史撰传统的轨道之中的一种希腊式尝试。在这一方面,普鲁塔克是希腊"第二次智术师运动"的推动者们——如普卢萨的狄翁(Dion of Prousa)、路吉阿诺斯(Lucian)、阿里斯泰德(Ailios Aristeides)以及阿里安(Arrian)等人——的先驱。

㊷ 例如企鹅古典丛书(Penguin Classics)系列的译本与牛津世界经典(Oxford World Classics)中即将出版的译本。全球图书馆出版中心(Biblioteca Universa Rizzoli)出版了全集,洛伦佐·瓦拉基金会(Fondazione Lorenzo Valla)最近出版了分卷。

第一部分

道德教诲方案

第一章 《列传》的方案性陈述

　　普鲁塔克的《列传》对"谈话"也是非常有用的,对其他许多不同的教育目标也非常有用。因为其中充满了叙事、俗语、谚语和格言。

　　　　　　　　——修辞学者米南德,II.392.28－31(约三世纪晚期)

　　[13]普鲁塔克宣称,通过《对比列传》,他要揭示他的传主们的品性,并由此提升其读者们的品性。本章中,我将要考查普鲁塔克关于其传记的道德教诲功能的观念。① 然而,我们首先应当注意道德观(moralism)这一概念——像它的内容一样——并不是跨文化的。古希腊人没有与我们抽象的"道德观"或"道德规范(morality)"等同的术语。最接近的表达是与品性有关的词语,如ἦθος[品性]或ἠθική ἀρετή[品性—德性]。② 在希腊思想中,品性有伦理因素,通过是与非、德性与恶行,以及对道德规范的遵循与背离等范畴来理解它,这是通过行为(deeds)表现出来的。因此,古代的品性观念更少地以个人的私人性、内在世界为中心,而更多以行动(ac-

---

　　① 《列传》的道德功能被宣称是毫无疑义的,参 Ziegler(1949)页 266－268(亦见 1951,页 903－905),Averincev(1965),Wolman(1972),Frost(1980),Nikolaidis(1982—1984),Schneeweiss(1985),Rose(1988)。

　　② 通常被译为——有一点点不确切——"伦理"或者"道德"德性。比较下文页 72－76 关于普鲁塔克的论文《论道德德性》(On moral virtue)(Περὶ ἠθικῆς ἀρετῆς)的部分。

tions)以及对行动的评价为中心。③ 在古代希腊思想中,[14]品性与行为之间的联系可以从德性(ἀρετή)这个词中看出来,这个词也含有卓越与成功的意思:对许多希腊人来说,军事上和政治上的成功或失败是品性的中心特征。那么,对普鲁塔克来说,理解品性更少地与某人像什么有关,而更多地与认识正确和错误的行为有关,其结果是想要进行判断和评价的愿望。

《对比列传》全书的正式序言(formal preface)没有保存下来,但是,在许多地方,通常在每对列传的小序(prologues)中,普鲁塔克清楚地陈述了他思考其任务的方式。④ 他在何种程度上实现了他所宣称的目标将是第二章的主题。然而,在本章中,我将考察这些巧妙且微妙的"方案性陈述"中最重要的五个。这里考察它们的顺序并不是它们的出版顺序,⑤但这一顺序能够让我们最好地理解普鲁

---

③ Gill(1983 与 1990)把大多数古代著述,包括普鲁塔克的《列传》,都看作是从某种"品性视角"出发而写成的,在这种视角下,个人的合适反应就是"评价"它们。"个性视角"——在这种视角中合适的反应是"理解"——则更多是现代作品的特征(虽然在不同程度上也存在于荷马史诗与希腊悲剧中,参Gill[1986;1990]页 9-31)。Gill(1996)把这一区分修正为"客观参与者"(objective - participant)人格观念(conceptions of personality)与"主观个人主义者"(subjective - individualist)人格观念之间的差别。那么,在古代著作中,不是通过认同传主对个人自我实现的追求,而是通过承认他行动背后的伦理立场来邀请读者参与进来的。

④ 在佚失的《伊巴密浓达与西庇阿传》的开篇或许有一篇序言,它更充分地阐述了普鲁塔克思考其任务的方式(《拉姆普里阿斯目录》第 7 号;参见残篇 1-2 Sandbach)。关于这一对传记,参 Herbert(1957),Sandbach(1969)页 74-75,Tuplin(1984),Stadter(1989)页 xxviii 注 12。

⑤ 现存 22 对传记中的 13 对都有一篇正式的小序,参下文第八章注 46。在本章详细讨论的这些小序中,《伯利克勒斯与法比乌斯传》可能是第一篇,《亚历山大与凯撒传》以及《埃米利乌斯与提摩勒昂传》紧随其后,而且几乎是同时代的,《尼基阿斯与克拉苏传》与《德米特里乌斯与安东尼传》接近这一系列的终点。参 Jones(1966)页 66-70,以及本书导言注 4。

塔克对他作为传记作者之任务的思考与呈现。

第一节 《亚历山大与凯撒传》

在《亚历山大与凯撒传》的引言中,能够清楚地看到关于《列传》的伦理—教育意图的陈述。这段小序是普鲁塔克作品中最为著名的段落之一,经常被错误地当作普鲁塔克对《对比列传》全书所提出的宣言。

> (1.1)既然我们在本卷中开始叙述亚历山大大帝的生平与凯撒的生平——庞培正是被凯撒推翻的,因为他们的事迹如此之多,所以我们唯一能够写的序言就是请求读者们不要抱怨,如果我们没有报道他们所有著名的事迹,甚至没有对任何一件事迹作详细报道,而只是简要叙述了大部分事迹。(1.2)因为我们写的不是历史,而是传记。最显赫的业绩不一定总能揭示德性或恶行,而像一句话或一个玩笑这样的小事,却比成千上万人阵亡的战役、庞大军团的部署或围城战役更能显示人物的[15]品性。(1.3)因此,正如画家通过最能表现人物品性的面孔和眼神,就能画出逼真的肖像,而无需斤斤于人体的其他部分一样,我也必须得到读者的许可,俾能专心致志于人物灵魂的特征及其表现,并借此描绘他们每个人的生平事迹,而把他们的辉煌与战功留给别人去写。(《亚历山大传》1.1-3)

普鲁塔克在这里从主题和意图两方面区分了《亚历山大与凯撒传》与他所谓的"历史"(ἱστορία)。他撰写这对传记的目标是——明显不同于他把自己与之相比较的历史编撰者——了解道德方面的品性,"揭示德性与恶行"(δήλωσις ἀρετῆς καὶ κακίας)。在古代,人们普遍认为，要了解人们的品性，最好的方式是考察他们的行动（πράξεις）——至少对于政治人物而言，那是指政治和战争方面的"杰出功绩"（比较《德摩斯梯尼传》11.7）。因此，品性分析通常被作为行动叙事的一部分。但普鲁塔克在这里宣称，对他来说，最能展现品性的行动不是那些政治上的伟大行动，而是日常生活与人际交往中的小事。那么，他的叙事更少关注历史撰述在传统上重视的伟大业绩；对于这些，他只简要叙述。相反，他将集中关注历史中的次要细节，关注传主"没有职权"（off-duty）的时刻、他的言辞与玩笑。⑥ 他宣称，[16]这些细节能够最充分地给予读者关于传主品性的印象（impression, ἔμφασις）。⑦

---

⑥ 比较《小加图传》24.1；37.10。这一观念至少可以追溯到色诺芬的《会饮》1.1。比较柏拉图《法义》649d‑652：一个人酒醉时的行为展现了他的品性。关于这一主题，亦参 Moles(1989)，页231‑232。关于言辞比行动更能展现品性，比较《论亚历山大的机运或德性》330e，托名普鲁塔克《王侯将相言行录》172d；亦比较《福基翁传》5.10 与《德摩斯梯尼与西塞罗传》1.4，在那里言语风格与品性相联系。对言辞和玩笑话的强调特别适合于《亚历山大传》，其中有大量揭示品性的话语，例如《亚历山大传》4.10、5.4、14.5；比较 Hamilton (1969)页xlii。比较 Pelling(1997b)页231 注10 涉及《凯撒传》的言辞，以及《吕山德传》22.1‑5、《弗拉米尼努斯传》17.3‑8、《福基翁传》9.1‑10 等处的言辞。

⑦ 比较《客蒙传》2.2；德米特里《论风格》171（Spengel iii，页299‑300）："从一个人的玩笑，也就是说从戏谑或放肆的行为中，也能得到关于品性的印象（τοῦ ἤδους τις ἔμφασις）。"Ἔμφασις（印象）首先有使某物清楚的含义，通常仅仅意味着"指示"或"表现"。但它也经常用于间接的沟通，因此还带有潜在真相的"暗示"或"印象"的含义。在此意义上，它被认为是一种修辞技巧或者比喻（trope）。昆体良把它定义为(《雄辩术原理》8.3.83)"提供一种不同于词语自身所表达含义的更深含义"，比较8.2.11。提贝里乌斯将其定义为"不直陈其事，而以它事暗示之（ἐμφαίνη）"（De Fig. 14, Spengel iii, 65, 28‑29）；亦比较 Rhet. ad Herenn. 4.53、67；又及特里丰(Tryphon)746‑747, Spengel iii, 199, 15‑20，亦见泰奥弗拉斯托斯《论风格》139, Mayer。参 Lausberg(1960), i.450‑453；Grube(1961)页137‑138；Schenkeveld(1964)页129‑131；Sacks(1981)页36‑37；Ahl(1984)页176‑179。

普鲁塔克把他对揭示其传主品性的关注,或者就像他所说的那样,对揭示其"灵魂迹象"(the signs of his soul, τὰ τῆς ψυχῆς σημεῖα)的关注,比作一位肖像画家的关注。⑧ 把一部文学著作比作造型艺术,在传记与颂辞(enkomia)中是一个常见的主题,这是因为书写的言辞不同于任何绘画或雕塑,它能够揭示品性。⑨ 但人们也普遍认为,外表能反映品性。这里的意思是:普鲁塔克宣称,他的亚历山大传记就像一幅好的肖像画那样能够揭示品性。⑩ 普鲁塔克在《小加图传》中再次回到这一比喻(24.1),当时他用下面这些话来为写了一则加图的轶事辩护:"我不会忽略品性的哪怕微小的迹象(τὰ μικρὰ τῶν ἠθῶν σημεῖα),仿佛要勾勒出灵魂的形象(ὥσπερ εἰκόνα ψυχῆς ὑπογραφομένους)一样。"人们认为肖像画家集中关注的是眼神与面容,在眼神和面容中能够最为清晰地看出品性,而忽略或至少不那么仔细地处理身体的其他部分。所以,普鲁塔克宣称,他将集中关注那些显然次要的细节,其他作者没有写过它们,但它们对人物的品性有所暗示;在这样做的过程中,他将(1.3)"把他们的辉煌与战功留给别人去写"(ἐάσαντας ἑτέροις τὰ μεγέθη καὶ τοὺς ἀγῶνας)。对 μέγεθος(尺寸、大小、身高)一词相当不寻常的使用,把我们带回到与肖像画家的比较中:[17]这个词常用于人的尺寸或者"身高",也指

---

⑧ 关于"灵魂的迹象",比较塞克斯都·恩披里柯《皮浪演说要旨》2. 99 - 101 与《驳独断论者》2. 148 - 158;亚里士多德《政治学》1340a32 - 35。比较《阿里斯泰德传》25. 10:τῆς ἐπιεικείας σημεῖα。

⑨ 例如伊索克拉底《埃瓦戈拉斯》73,西塞罗《为阿卡雅辩护》30,塔西佗《阿格里可拉传》46. 3,普鲁塔克《客蒙传》2. 2 - 3;比较伊索克拉底《致尼可克里》36。这样的比喻能够追溯到品达(《尼米安颂诗》5. 1 ff.)。因此雕像并不能给人以真正的荣耀:德摩斯梯尼《演说集》23, 197;普鲁塔克《政治准则》820b - f。言辞比外表更能揭示品性:《老加图传》7. 3。

⑩ 关于用言辞为一个人的品性"作素描",比较路吉阿诺斯《画像谈》3,《亚历山大—伪先知》3。关于 εἰκών ψυχῆς,亦参下文,页 163 - 164。

一般意义上的尺寸。就像肖像画家并不专注于他的绘画对象的身材或尺寸,而更偏爱他们的面容,普鲁塔克也不会专注于他们的"重大"(magnitude)行动或他们的军事成就。⑪

通过专注于揭示细节,普鲁塔克宣称他将"塑造每个人的生平"。"生平"(Life, βίος)在此有双重所指。首先它是一部文学作品,一部传记,用希腊语汇来说它就是"生平"。普鲁塔克把自己描绘成像一位画家一样,通过认真关注细节而"塑造"他正在撰写的传记。但是"生平"也指普鲁塔克的读者们的真实人生,他希望通过他的著作来影响他们,在道德上提升(塑造)他们。通过仔细地"塑造"他的文学传记(lives),普鲁塔克宣称他要"塑造"他的读者的生活(lives)。正如将会清楚显示的那样,"life"一词的双关含义,普鲁塔克在其他地方也加以运用。⑫

《亚历山大与凯撒传》小序强调它将选择那些能揭示品性的细节,而不是叙述政治与军事事件,这在决定研究《列传》的现代路径方面影响巨大。古代思想中历史和传记之间体裁的差别常常被提升为一种普遍陈述(general statement)。这是错误的。普鲁塔克所

---

⑪ 一幅好的肖像能够传达其传主的品性(ἦθος),这一观念很普遍:例如,色诺芬《回忆苏格拉底》3.10.1–8;亚里士多德《诗学》1450a27–29;埃里亚努斯《杂闻轶事集》4.3;普林尼《自然史》35.100。亦比较狄奥多罗斯 26.1.1;佩特罗尼乌斯《讽世录》88;普林尼《自然史》34.58,70;路吉阿诺斯《画像谈》6。参下文第六章注 11。关于眼神特别能够揭示人的品性,比较托名亚里士多德《面相学》806a30、814b1–9。同肖像画家的类比特别适合于《亚历山大传》中的上下文,因为它为4.1–7 埋下了伏笔(比较4.1 处的ἐμφαίνουσιν),在4.1–7,描述亚历山大的外在形象(特别是他的眼睛)所用的词暗示了同品性的联系。关于那一段落,参 Evans(1935)页57–58;Sansone(1980),特别是页64–68。它的相面术内容被 Hamilton(1969)忽略了,也被 Georgiadou(1992b,页4622–4623)所轻视。亦比较和它配对的《凯撒传》4.9 与 17.2,那里也邀请读者进行面相学的读解。

⑫ 关于βίος的一语双关,参下文,页33–34。

使用的术语,尽管本身是揭示性的,但我们不应当认为它们暗示了一种广为接受的、关于历史与传记之间的差别的古代定义。在历史、政治传记以及相关作品形式(如颂辞以及所谓的史撰专著等)之间的界限从来都没有被清楚地划定;毋宁说,这些文体之间的差异留给各位作者自己去解释,以便将他们的著作与竞争者们的著作区别开来。⑬ 这里在"宏大"(large - scale)历史这一特殊意义上所使用的术语ἱστορία,也可以在一般意义上用来指任何类型的叙事。[18] 在其他地方,普鲁塔克似乎也在这一更广泛的意义上把他自己的传记著作称为"历史"。比如,在他的《忒修斯与罗慕洛传》的开头,他宣称(1.2):"在我的《对比列传》的写作中,我已经穿越了那些推理所及(εἰκότι λόγῳ)和确实有史可稽(ἱστορία πραγμάτων)的历史时期。"他接着写道:"我决定再追溯到罗慕洛也不无理由,因为我们的历史(或研究或叙事:τῇ ἱστορίᾳ)已经十分接近他的时代了。"稍后(《忒修斯传》1.4 – 5),他继续写道,"但愿我能将虚构的神话(τὸ μυθῶδες)予以澄清,使之合乎情理,具有历史的外表(ἱστορίας ὄψιν)"。他暗示道,他本人的《忒修斯与罗慕洛传》是历史,或至少具有历史的"外表"。⑭

---

⑬ 关于历史与传记之间的模糊区分,参 Gentili and Cerri(1978),7 – 14 与 27(亦见 1988,页 61 – 68 与页 84 – 85);Geiger(1985),特别是页 18 – 25;Burridge(1992)页 65 – 69。Desideri(1995a)对此稍作补充。

⑭ 关于普鲁塔克本人的著作作为"历史",比较《尼基阿斯传》1.5,《客蒙传》2.5,《法比乌斯传》1.1,《伯利克勒斯与法比乌斯传》1.1,《埃米利乌斯传》1.1,《埃米利乌斯与提摩勒昂传》1.1,《格拉古传》1.1,可能还有《埃米利乌斯传》5.10。Ἱστορία 以及相关联的动词 ἱστορῶ 也被普鲁塔克用来指为他的《列传》所做的研究:《忒修斯传》1.4,《埃米利乌斯传》1.5,《弗拉米尼努斯传》21.15,可能还有《德摩斯梯尼传》2.1。关于 ἱστορῶ 指一般意义上的研究:比较《漫谈录》642d,《论斯多亚派的自相矛盾》1047c,亦参《伯利克勒斯传》13.16。关于 ἱστορῶ 作为"叙述",比较《德摩斯梯尼传》4.1,《德摩斯梯尼与

普鲁塔克在《忒修斯与罗慕洛传》小序中所划分的差异并不是"历史"与"传记"之间的差异,而是很久之前修昔底德所划分的(1.22.4)"历史"与"神话"之间的差异。当然,修昔底德的区分并不比《亚历山大与凯撒传》小序更加强烈地暗示存在一种普遍确定的差异。古代历史概念的范围可以在公元前一世纪的文法学家、迈尔里的阿斯克勒庇阿得斯(Asklepiades of Myrleia)的定义中最为清晰地看到,该定义被塞克斯都·恩披里柯所引用(《驳文法学家》1.252-253)。阿斯克勒庇阿得斯将"历史的"(τὸ ἱστορικόν)区分为三种类型:"真实历史"(ἀληθὴς ἱστορία),它"关涉行动"(πρακτική);"虚假历史"(ψευδὴς ἱστορία),它"关涉虚构与神话"(περὶ πλάσματα καὶ μύθους);以及"貌似真实的历史"(ὡς ἀληθὴς ἱστορία),虽然文本在这里有错误,但他似乎将其与喜剧、哑剧联系起来。阿斯克勒庇阿得斯进一步把有关个人的叙事与有关伟大事件或辉煌功绩(exploits, πράξεις)的叙事区分开来,它们都是"真实历史"的亚类(《驳文法学家》1.253)。⑮ 其他[19]批评家在谈论被认为是虚假叙事的时候,他们普遍不使用"历史"(ἱστορία)这一术语,而偏爱更常用的词"神话"(μῦθος)或"虚构"(πλάσμα);但他们把关于真正发生过的事情以及传统上认为发生过的事情的叙事都纳入历史(阿斯克勒庇

西塞罗传》1.1,《吕山德传》30.8,《佩洛皮达斯与马克卢斯传》1.1,《攸门尼斯传》1.1,《皮洛士传》1.1。在《德米特里乌斯传》1.6 处,ἀνιστορήτως可能同时利用了这些观念。关于ἱστορία的含义,参 Mazzarino(1966)页 136-139,Valgiglio(1987)页 50-62 与(1991)页 27-35。非常遗憾的是,普鲁塔克的著作《如何判断真实的历史》(How to judge true history,《拉姆普里阿斯目录》124)未能留存下来。关于《忒修斯传》1,比较 Ampolo(1990)页 221-223。

⑮ 他把"真实的历史"分为三类:"一类与神、英雄、杰出人士(πρόσωπα θεῶν καὶ ἡρώων καὶ ἀνδρῶν ἐπιφανῶν)有关;一类与地点、时间(τόπους καὶ χρόνους)有关;一类与行动(ἱστορία)有关。"比较狄奥尼修斯《罗马古史》5.48.1。

阿得斯的"真实历史")的范围之中。⑯

诸如"历史"和"传记"这些词语一般意义上的流动性,可以从附加在每部著作上的不同标签中看出来。例如,西塞罗(《布鲁图斯传》112)把色诺芬的《居鲁士的教育》称作"居鲁士的生平和教诲"(Cyri vita et disciplina),而第欧根尼·拉尔修则称它是一篇颂辞(6.84)。约瑟夫斯在提到我们所知道的《犹太战争》这部著作时,用了不同的名称,如《犹太战争》(《犹太古史》1.11,203)、《犹太人的战争》(《犹太古史》13.3.3,72)、《论犹太战争》(《自传》74,412)、《犹太问题》(ἡ Ἰουδαϊκὴ πραγματεία:《犹太古史》13.5.9,173)、⑰以及《犹太大事记》(τὰ Ἰουδαϊκά:《犹太古史》13.10.6,298)等。杰罗姆后来把塔西佗的《编年史》与《历史》描述为《诸凯撒列传》(vitas Casarum)(Comm. In Zach. 3.14.47,1522 Migne)。⑱ 尤为重要的是论战性作品《伊壁鸠鲁的原则使幸福生活不可能》(*It is not possible even to live pleasantly according to Epikouros*)(1093b-c)中,普鲁塔克在一般术语"历史与叙事"下面归入此类的著作清单:希罗多德的《希腊大事记》(the Greek Affairs, τὰ Ἑλληνικά)(也就是《原史》),色诺芬的《波斯大事记》(the Persian Affairs, τὰ Περσικά)

---

⑯ 例如狄奥尼修斯·特拉克斯的注释者(449.11 Hilgard)对亚里士多德《诗学》9 的有趣改编;比较塞克斯都·恩披里柯《驳文法学家》263。其他批评家把真实ἱστορία定义为发生在遥远往昔的事情的叙述,例如西塞罗《论开题》1.27;又及,西塞罗《献给赫伦尼厄斯的修辞学》1.8,13; Aphthonios 2, Spengel, ii, 22, 6-7。参 Ritzenstein(1906)页 90-91, Meijering(1987)页 76-82, Bowersock(1994)页 7-11。

⑰ πραγματεία 大概暗示了 πραγματικὴ ἱστορία,关于这一点,参下文注 47。

⑱ 在ἱστορία的单数形式与复数形式之间似乎没有可分辨的、固定不变的差别:阿特奈奥斯把鲁提利乌斯·鲁弗斯的历史著作称为"history"(168e; 274c),普鲁塔克则将其称为"histories"(《庞培传》37.4)。参 Valgiglio(1987),页 61。

(也就是《居鲁士的教育》),荷马的著作,欧多克索斯(Eudoxos)的《环游记》(Circumnavigations, Περίοδοι),亚里士多德的《建国与政体》(Foundations and Constitutions, Κτίσεις καὶ Πολιτεῖαι),以及亚里士多塞诺斯(Aristoxenos)的《人物生平》(Lives of Men, Βίοι ἀνδρῶν)。普鲁塔克说道,所有这些作品都以令人愉悦的方式为读者叙述了"美好而伟大的事迹"(πράξεις καλαὶ καὶ μεγάλαι)。

普鲁塔克本人的《诸凯撒列传》(Lives of the Caesars)就是这方面的一个例子。如果我们坚持严格的文类区分,那么不将这部著作归入一个单独的类别是不可能的。它应该被认为是"历史""传记"合集,抑或现代批评所发明的一个类别"史撰专著"? 这些文本被意图作为[20]系列作品来阅读,而不是作为单篇作品或与配对的列传一起阅读,因此它们的概念在很大程度上要归因于希腊化时代以来记叙一系列统治者的专著,如埃雷索斯的法尼阿斯(Phainias of Eresos)关于西西里僭主的著作。这样的系列著作可能在每本书中都含有多篇传记,例如,在奈波斯的《名人传》(Lives of illustrious men)与苏维托尼乌斯的《罗马十二帝王传》(On the life of the Caesars, De vita Caesarum)中显然都是如此;这部分地解释了为什么《伽尔巴传》、《奥托传》这样的现存列传与《对比列传》相比,其篇幅相对较短。很可能这两篇现存的列传与佚失的《维特里乌斯传》一起,构成了相对独立的一类;《伽尔巴传》的小序讨论了士兵叛乱的危险,这一危险适用于所有三篇列传;小序中提到十个月之内走马灯似的换了四位帝王(1.8),这证实了:小序中的评论提供了阅读公元68—69年所有三位帝王的传记的方法。相应地,我们可以推测,《奥托传》没有小序,《维特里乌斯传》也没有小序。[19] 而且,《伽尔巴传》与《奥托传》在内容上比后来的《对比列传》更少独立性。与

---

[19] 比较 Georgiadou(1988)页 354–355。抄本与《拉姆普里阿斯目录》

苏维托尼乌斯的版本不同,普鲁塔克的《伽尔巴传》与《奥托传》并未叙述传主从生到死的生活,至少没有在单独一部传记中这样做。奥托与维特里乌斯都在《伽尔巴传》中得到了介绍,也正是《伽尔巴传》描述了他们的品性,并简单勾勒了他们的早年生涯(分别在《伽尔巴传》19–21 与 22.7–23.1 处)。因此,《奥托传》不是从奥托的早年生涯开始的,而是从他夺取权力开始的。[20] 如果这一系列相互关联的文本能被归为传记一类的话,那么它也是与《对比列传》截然不同的另一类传记。

那么,普鲁塔克在《亚历山大传》开篇所提出的传记和历史之间的区分,并不具有普遍性,也并非同样适用于普鲁塔克的全部著作。[21] 它特别属于《亚历山大传》,它是根据这里的语境、普鲁塔克在这里的修辞方案而提出的。确实,《对比列传》其他某些篇目的关注[21]似乎非常接近于这里所呈现的历史编纂的关注:在普鲁塔

(32–33)似乎都没有把三篇传记列为一个单元,就像目录把那些成对的传记列在一起那样;然而,目录或许已经把《伽尔巴传》和《奥托传》列在一起了(Γάλβας Ὄθων Βιτέλλιος , Parisinus gr. 1678; Γάλβας καὶ Ὄθων Βιτέλλιος, Neapolitanus IIIB29)。参 Ziegler(1973)页 xiv–xxi。苏维托尼乌斯的《伽尔巴传》、《奥托传》与《维特里乌斯传》组成了单独一卷。

[20] 虽然在《对比列传》中关于传主未来的成年生涯的预言,或成年生涯在儿时的种种征兆并不鲜见(例如《亚历山大传》5.1–6,6.1–8;《西塞罗传》2.1–5;《阿尔喀比亚德传》2.1–7;《地米斯托克利传》2.1–3;《小加图传》1.3–3.10),但普鲁塔克《伽尔巴传》中并没有记录提贝里乌斯(狄奥·卡西乌斯 57.19.4;塔西佗《编年史》6.20)或奥古斯都(苏维托尼乌斯《伽尔巴传》4.1)对伽尔巴未来的伟大所作的预言。它可能出现在佚失的《提贝里乌斯传》中(《拉姆普里阿斯目录》27)。

[21] 在其他地方偶尔也提出这样的区分:《法比乌斯传》16.6;奈波斯,《佩洛皮达斯传》1.1(比较 Geiger,1985,页 114–115);《阿提库斯传》11.3。

克全部作品中有着各种不同的进路。㉒《凯撒传》就是一个很好的例子,它与《亚历山大传》配对,并紧随其后。㉓ 在这篇列传中,对政治、军事事件的叙述,以及对导致罗马帝制建立的过程——特别是民众对凯撒的支持——的分析,都远远超过了对品性的展现。㉔ 普鲁塔克与苏维托尼乌斯相反,他相当详细地叙述了高卢战争(《凯撒传》15-27),虽然,作为长篇军事叙事,在这篇小序中它显然是要被排除在外的。㉕ 那么,普鲁塔克在《亚历山大传》小序中的话,是特别为它们引导的列传而写的。在写到亚历山大大帝——古代最为常见的主题之一——时,普鲁塔克不得不找出某些方法,来使他的叙事有别于他人的叙事。所以他沉浸于一种演示性的拒绝(staged refusal)或"recusatio"——一种广为人知的文学形式,选择这种形式也是为了给他的传主亚历山大带来更大的荣耀。他宣称关于传主伟大功绩的资料实在太多,以至于无法把它们全部写下来,这是一种赞颂性的惯用语(topos),例如,修辞学者米南德曾推荐过它。㉖

㉒ 关于同时创作的这六部共和晚期君王传记中的历史与伦理兴趣水平的变动,参 Pelling(1980)页 131-139、(1985)页 322-329、(1986a)页 159-163、(1990b)页 29-35。关于多篇《列传》接近于普鲁塔克在这里所呈现的史撰关注(也就是关注伟大功业而不是关注品性),参 Wardman(1971),页 257-261 与(1974)页 2-10、页 154-161,Moles(1988)页 33-35,Piccirilli(1989)页 20,Valgiglio(1992)页 4014。比较塔西佗《阿格里可拉传》10-17 对不列颠的描述,那些描述与我们在标准历史中能发现的描述有很高的相似度。参 Ogilvie 与 Richmond(1967)页 164-166,Goodyear(1970)页 4-5。

㉓ Wardman(1971)页 257-261。

㉔ Pelling(1980)页 136-137 与(1985)页 325-326。

㉕ Pelling(1984b),特别是页 90-91。

㉖ II. 368. 10-12 与 368. 23-369. 2。关于这一惯用语的使用,比较色诺芬《阿格西劳斯传》1.1,修昔底德 2.35,德摩斯梯尼《演说集》60.15,伊索克拉底《论四马队》(De Bigis)39,《约翰福音》20:30、21:25,路吉阿诺斯《德谟纳克斯》

所以《亚历山大传》开头的这一表达,是普鲁塔克把他的《亚历山大传》与同主题的其他史撰著作区分开来的手段之一。它并非是对传记的一个普遍有效的定义。因此波利比乌斯(Polybios)似乎运用了同样的标准——选择性标准(selectivity),但他的目标却相当不同。波利比乌斯宣称,他关于阿该亚将军斐洛波门(Philopoimen)单独的著作,比他在《通史》中的处理(10.21.2-8)要更有选择性。在这部只描写斐洛波门的著作中,波利比乌斯宣称他已经处理了这位将军"年少时的抚养经历与卓越行为"(τὴν τεπαιδικὴν ἀγωγὴν... καὶ τὰς ἐπιφανεστάτας πράξεις),但是对他盛年的成就仅仅作了概述(τοῖς...κατὰ τὴν [22] ἀκμὴν αὐτοῦ...ἔργοις)。在他的历史著作中,他将详细叙述这些伟大功绩。但是波利比乌斯在此所做的区分并不是历史和传记之间的区分,而是——用他的话来说——历史与颂辞(enkomion)之间的区分。㉗ 正如已经论证的那样,关于历史的不同写作形式之间的界限以及加给它们的标签,都仍然是不固定的。

第二节 《尼基阿斯与克拉苏传》

在撰写雅典政治家尼基阿斯的传记时,普鲁塔克面临着与他写亚历山大时同样的问题:如何把他的处理与他前辈们的处理区分开

(Demon.)67,《亚历山大》(Alex.)61,阿里斯泰德《演说集》35.1-2,利巴尼奥斯(Libanios)Antiochikos 6,朱利安《演说集》1.1 Spanheim。比较 Norden(1898)页 595 注 1。

㉗ Pédech(1951)与 Walbank(1967,页 221-222)都讨论了波利比乌斯已佚失的《颂辞》的写作日期和可能的内容。普鲁塔克的《斐洛波门传》——它的基调是相当称颂性的——很可能受到波利比乌斯作品的影响,无论直接还是间接。比较 Pelling(1997c)页 154-166。

来。在《亚历山大传》的开场白中，普鲁塔克所应对的早期作者是模糊的、未提名字的人物。然而，在《尼基阿斯传》刚开篇的地方，㉓普鲁塔克列举了这一次他脑海中出现的那些人的名字：公元前五世纪伟大的雅典史家修昔底德与叙拉古史家菲利斯托斯（Philistos，约公元前430—前356），他们描绘的尼基阿斯形象可以被认为是权威性的。普鲁塔克宣称，他将不会试图挑战这些作者。另一位史家提麦奥斯（Timaios）曾经试图这样做过：他尝试提升修昔底德与菲利斯托斯的语言风格，结果悲惨地失败了。普鲁塔克试图基于其他理由为自己的叙述辩护（1.5）：

> 不管怎样，对于修昔底德和菲利斯托斯业已叙述过的事迹，我当然不能完全忽略不提，因为这些事迹揭示了我的传主在许多重大的苦难经历之下的气质和性格；但为了避免粗心怠惰的名声，我只想一笔带过，省去不必要的细节。可是对于大多数作家没有注意到的，[23]或是漫不经心地提到的，以及在古代祭祀铭文或公共文告中所发现的枝节琐事，我都尽量予以搜集，采用那些有助于了解人物品性和气质的资料，而不是单纯地堆砌一些没有研究价值的素材。

普鲁塔克宣称，他将简单处理尼基阿斯生平中的主要事件或行动（πϱάξεις），即使它们已被修昔底德与菲利斯托斯充分处理过了。然而，他将不会仅仅概述他们的记叙，而将也使用其他那些"大多数人没有注意到"（τὰ διαφεύγοντα τοὺς πολλούς）的材料。这又一次提到了普鲁塔克在文学上的前辈，并没有用特别奉承的语气：可能不仅

㉓ 事实上，《尼基阿斯传》的第一句话作为开篇显得有些奇怪，文本或许有错漏。

指修昔底德与菲利斯托斯,也指其他作者。㉙ 普鲁塔克将会把那些被"普通民众"(the common herd, οἱ πολλοί)忽略的材料也写进来,这一宣称有着悠久的历史。㉚ 在《德摩斯梯尼与西塞罗传》的开篇,也有一个类似的宣称,在那里普鲁塔克说他的叙事(ἱστορία)创作源自那些"不在手边甚至也不在家里的阅读材料,其中许多材料是在外国,并分散在不同的所有者那里"。(《德摩斯梯尼传》2.1)㉛ 在普鲁塔克的论文《论妇女的德性》的开篇,他也作了相同的自我呈现,在那里他宣称他将略过那些广为人知的故事,"除了那些在我之前叙述俗常的、广为人知的传说的作者们没有注意到的、值得听闻

㉙ 如果普鲁塔克特别指的是被修昔底德与菲利斯托斯忽略的材料的话,那么我们期待所出现的词就不是 διαφεύγοντα,而是 διαφυγόντα,如同在《德摩斯梯尼传》2.1 处那样(比较下文注 31);亦比较这里的 ἐξήνεγκε。

㉚ 最显著的是在希腊文学论战中。例如 Kallim. *Epigram* 28 Pfeiffer, *Hymn to Apollo* 105 – 112,以及 Hopkinson(1988)页 86 – 87。Citti(1983)页 100 – 105 正确地强调了短语 οἱ πολλοί 可能的负面含义,在普鲁塔克作品中它常常被用来与正直的(right - minded, οἱ σώφρονες)或类似词汇形成对比(例如《安东尼传》9.5,《德摩斯梯尼传》11.3,《克拉苏传》27.6,《伊壁鸠鲁的原则使幸福的生活不可能》1101d、1102d)。关于语言,比较普鲁塔克《忒修斯传》1.1:在他们的地理著作中,"学者们"(οἱ ἱστορικοί)把那些他们一无所知的地方(τὰ διαφεύγοντα τὴν γνῶσιν αὐτῶν)填塞到自己绘制的地图的边缘"。

㉛ 然而,他接下来通过典型的普鲁塔克式的自谦,从而削弱了这一宣称:他接着写道,人有必要住在一座大城市里,以便让自己拥有那些"作家们不曾注意到,但却更忠实地保存在人们记忆中的细节"(ὅσα τοὺς γράφοντας διαφυγόντα σωτηρίᾳ μνήμης ἐπιφανεστέραν εἴληφε πίστιν)。但是,他本人却选择留在喀罗尼亚,其目的是为了让他的"小镇"或许不会"变得更小"。(《德摩斯梯尼传》2.1 – 2)

的故事"(243d)。㉜

但是普鲁塔克所做的远不止仅仅宣称他要记录[24]那些被以前的作者忽略的事件。他还宣称,那些只有他通过仔细研究才定位的事件尤其重要,因为它们特别能够揭示他的传主的品性。我们已经注意到在《亚历山大与凯撒传》的导言中普鲁塔克是如何描写他自己纳入的那些被其他作者忽略的、有启发意义的材料的(亦比较《庞培传》8.7)。超越伟大事件,或在伟大事件的背后看出参与者的品性,这一宣称并非普鲁塔克所独有。哈利卡纳苏斯的狄奥尼修斯的一段文章提供了富于启发的对比(《致庞培乌斯》6.7,亦见 FGrH 115 T 20a)。㉝ 狄奥尼修斯在这里称颂了公元四世纪的历史学家泰奥庞波斯(Theopompos)不同于其他作家的一种特质,他用以下文字描述了这种特质:

> 这种特质是什么呢?关注每一桩行动,不仅看到并说出对大多数人来说显而易见的东西,而且要考察行动背后的、行动者的隐秘动机,以及行动者灵魂中的激情——这是大多数人不容易分辨的,并且揭示出所有表面上的德性与不被察觉的恶行的秘密。

根据狄奥尼修斯,泰奥庞波斯不同于其他作者之处在于,他不仅记录那些对"大多数人"来说显而易见的东西,而且试图发现"行

㉜ πλὴν εἰ μή τινα τοὺς τὰ κοινὰ καὶ δεδημευμένα πρὸ ἡμῶν ἱστορήσαντας ἀκοῆς ἄξια διαπέφευγεν. 比较菲洛斯特拉托斯《阿波罗尼乌斯传》1.2–3,菲洛斯特拉托斯宣称他为了同"多数人的无知"作斗争而把散落各处的资料汇集到一起。关于普鲁塔克对非文学性资料的运用,参 Ewbank(1982),Podlecki(1988)页 236–237,Buckler(1992),Desideri(1992a)。

㉝ 本段受惠于 Franco(1991)页 125–127。

动背后的、行动者的隐秘动机,以及他们灵魂中的激情"。这些东西是"大多数人"不易了解的。这里隐含的意思是,历史事件粗心的观察者,以及不入流的史家们都只看到事件、外表;需要一位有特别才干的史家才能够揭示行动者们内在的灵魂。通过研究这些事情,泰奥庞波斯揭示了(ἐκκαλύπτειν)德性与恶行的真相:换句话说,他挖掘的远不止事件与行动,并且揭示了他所描写的人的真实品性。狄奥尼修斯接着把泰奥庞波斯所从事的探索研究比作对灵魂的考察(examination, ἐξετασμός),据说在冥府(Hades)会进行这样的考察。

那么,正如狄奥尼修斯对泰奥庞波斯所做的那样,普鲁塔克也宣称他将揭示那些被"大多数人"——即普通观察者与其他作者——忽略的东西:有助于"理解品性和气质"(πρὸς κατανόησιν ἤδους καὶ τρόπου)的材料。他宣称他将[25]不会完全忽视修昔底德与菲利斯托斯写尼基阿斯的材料,但会对此进行概述:这部分是因为,任何人如果想被人看作是严肃的作者的话,这些主要事件都是无法忽略的,但更重要的原因是这些伟大事件中包含着在许多重大的苦难经历之下对"人的气质和性格的指示"(ὑπὸ πολλῶν καὶ μεγάλων παθῶν ⟨ἀπο⟩ καλυπτομένην')。如果我们接受抄本的读法(καλυπτομένην),那么普鲁塔克可能宣称的是,伟大的苦难或经历(πάθη)隐藏了而非展现了品性。这在上下文中几乎说不通,普鲁塔克在上下文中已经为自己纳入那些已被他前辈们叙述过的事件进行了辩护。因此,明智的做法似乎是我们应当校订文本。㉞ 在《亚历山大传》的小序中,普鲁塔克已经宣称,伟大的事件或功业(πράξεις)常常不能揭示品性;这里他似乎正在宣称,它们能够并且

㉞ 有两种校订都是可能的,这两种校订都能给出"揭示"的含义:要么是 ἀνακαλυπτομένην——Jones(1971,页104注4)如此建议,要么是 ἀποκαλυπτομένην——二手的U抄本如此建议。

确实展现了品性,如果那些事件中包含了巨大的苦难,或那些事件强烈困扰了传主的情绪:正是通过观察处于这样的紧张经历之中的尼基阿斯与克拉苏,对他们品性的真实评价才显现出来。㉟ 普鲁塔克在脑海里想的最多的可能是尼西阿斯与克拉苏的临终岁月与死亡。但很明显,他调整了自己的论证来适合于每篇列传的需要。或许有人认为,如果普鲁塔克不叙述战争与战役的话,那么他关于尼基阿斯就没什么可说的了,特别是尼基阿斯参与的西西里远征——修昔底德与现已佚失的菲利斯托斯[的作品]已详细处理过这次远征。㊱ 实际上,值得注意的是,普鲁塔克在实践中类似于修昔底德,或许我们可以推测,也类似于菲利斯托斯,在叙述尼基阿斯的时候把很多笔墨放在西西里远征上。㊲ 普鲁塔克[26]与那些作者的不

㉟ 比较普鲁塔克在《德摩斯梯尼与西塞罗传》3.2处声称权力与权威(ἐξουσία καὶ ἀρχή)最能检验、揭示一个人的品性(τρόπος),"激起所有的激情并展现(ἀποκαλύπτουσα)所有的恶";在《庞培传》31.1,庞培的"行动"(ἔργα)"揭示"了他(ἀπεκάλυπτε)。在《苏拉传》30.5–6,鉴于苏拉在内战及战后的残暴,普鲁塔克讨论了下述问题:权力究竟是导致了他的品性的改变,还是仅仅揭示了他的品性。但矛盾的是,权力所揭示的伯利克勒斯的品性似乎比它本来看上去的样子更好(《伯利克勒斯传》15.1)。亦比较《忒修斯与罗慕洛传》3.1,《攸门尼斯传》9.1–2。

㊱ 普鲁塔克的郑重声明可能至少部分地受到下述愿望的激发:反对一位先前的史家提麦奥斯,这是在史撰作品序言中确立作者能力的手法的传统特征。比较赫卡泰奥斯(Hekataios),*FGrH* 1 F 1;修昔底德,1.20–21;泰奥庞波斯,*FGrH* 115 F 24;哈利卡纳苏斯的狄奥尼修斯,《罗马古史》1.4.1–1.6.2。参 Lieberich(1898)页16;Martin 与 Woodman(1989)页170–171;Moles(1993b),特别是页98–103。波利比乌斯在12.3–16、23–28处详细批评了提麦奥斯。

㊲ 然而,在《阿尔喀比亚德传》中,普鲁塔克似乎更加严格地遵守了他的方案,对于修昔底德最为详尽地叙述的事件只加以简短处理,同时又补充了修昔底德作品中没有的细节。Pelling(1992)认为普鲁塔克期望他的读者们熟悉修昔底德的著作,从而能注意到他本人作品中强调重点的改变。

同之处,事实上,与大多数写过尼基阿斯的作者的不同之处,就在于他对尼基阿斯品性的处理与判断。关于菲利斯托斯对尼基阿斯的态度,我们所知甚少。但修昔底德与提麦奥斯对尼基阿斯的处理——就我们能从狄奥多罗斯的记叙中得知的而言(卷 12 – 13),狄奥多罗斯把提麦奥斯当作关于西西里远征的主要材料来源——比普鲁塔克的处理更加有利于尼基阿斯。普鲁塔克将尼基阿斯刻画成一个相当不好的形象,他这样做似乎偏离了古代传统的主流。对普鲁塔克来说,尼基阿斯是一个胆小、迷信、犹豫不决的人。[38]

所以,普鲁塔克在《亚历山大传》与《尼基阿斯传》两篇列传的小序中宣称他不同于他的前辈们,他的这一宣称基于两个要素。一是他利用了另外的材料——那些标准记叙未曾利用的材料。二是他集中关注品性而非行为。塔西佗也作过类似的宣称(写在他的大体同一时期的《编年史》中)。在《编年史》第四卷中,塔西佗试图把他的著作与那些已经写过共和罗马的史家们区分开来:他心里特别想到的可能是李维。塔西佗声明(4.32)他的《编年史》看起来似乎是"一些小事,过于琐碎而不值得记录"(little things, too trifling to record, parva forsitan et levia memoratu)。这是标准史撰宣称——宣称他的材料"值得记录"或"值得关注"——的悖论性反转。[39] 通常来说,史家们说"值得关注"意味着所谈论的事件具有巨大的政治

---

[38] Piccirilli(1990b 和 c);(1993b),页 ix – xvi。参第二章注 16 以及页 62 – 63。

[39] 在希腊语中常常是 ἀξιόλογος。例如:色诺芬《希腊史》2.3.56,4.8.1, 7.2.1,7.5.21;狄奥多罗斯 4.5;狄奥尼修斯《罗马古史》1.1.2,11.1.5;阿庇安《内战史》4.16。参 Martin and Woodman(1989)页 170。在一对列传叙事部分的结尾处,普鲁塔克常常宣称他已经记录了那些值得铭记的事情(ἄξια μνήμης):《忒修斯与罗慕洛斯》1.1;《科瑞欧拉努斯与阿尔喀比亚德传》1.1;《阿里斯泰德与老加图传》1.1;《德摩斯梯尼与西塞罗传》1.1;《塞多留与攸门尼斯传》1.1;亦比较《法比乌斯传》1.1。

和军事意义,可能包含大规模的伤亡或剧变:这是自荷马以来历史的主要题材。修昔底德说他认为伯罗奔半岛战争比此前任何一次战争都更"值得关注"(noteworthy, ἀξιολογώτατον)时(1.1.1 – 3; 1.21.1),他所暗示的就是这个意思。[40] 塔西佗本人对于他在《历史》开篇处所描写的事件的重大意义也做了同样的宣称(1.2)。[41] 选择"伟大行动"的部分理由在于,人们认为,史家本人的品性以某种方式反映在他对主题材料的选择之中,一个琐屑的主题或许暗示了一个琐屑的心灵。[42] 普鲁塔克——以及塔西佗在《编年史》4.32处——颠覆了[27]这一标准的史撰原则:应当记叙哪些事情。在一个微妙的但却是革命性的变化中,对他们来说"值得关注"的并不是指大规模的事件——诸如战争等等,而是指那些虽然表面上琐碎但却能揭示品性的事件。

塔西佗邀请他的读者"比较"(compare, contendere)他的历史与其他那些书写共和罗马的史家的历史。他不像他的前辈们所做的那样记录那些伟大的事件,而是"在一块狭小的园地里埋头苦干"(inglorious toil in a narrow field, nobis in arto et inglorius labor),[43]仿佛那里没有要描写的战争或重大事件,或者像他宣称的那样,在他处理的那段时间里没有发生战争或重大事件。这本身是一种政治观点:一种对提贝里乌斯统治时期的评价。塔西佗暗示,这个时期没有发生真正伟大的行动——值得史家记录的行动。矛盾的是,正如下面这句话所清楚表明的那样,这也是对他

---

[40] 李维在他的汉尼拔战争记述的序言中也作了类似的宣称(21.1.1 – 3)。

[41] 比较 Martin 与 Woodman(1989)页 169 – 170,他们讨论了塔西佗作品的两个段落之间的对应。

[42] 参下文,页 56 – 58。

[43] 另一个标准史撰宣称——史家将会因为他的著作而获得荣耀——的反转,参 Martin and Woodman(1989)页 172。

本人作为一位历史学家的特殊工作的宣称。"可是",他继续写道:"从这些事件的表层(surface, *introspicere*)往下面看一看并非没有益处(unprofitable, *sine usu*),这些事件乍看起来似乎毫无意义,但它们往往引起了历史上的重大事件。"塔西佗写作的主题是"琐屑的"(trivial, *levia*)。这里暗示的是任何一位史家都能记录重大事件。与普鲁塔克相似,塔西佗特别宣称道,他能看透这些琐屑事件的"表层",发现重大事件发生的原因。正如塔西佗在下一章(4.33)清楚表明的那样,他的著作的焦点——事件的原因,就是参与事件的人的品性。因此,塔西佗没有宣称这部著作中包含"伟大的行动",而是宣称他——不像那些他把自己与之区分开来的其他史家那样——的目光能够超越实际事件,揭示参与者的品性——也就是他要写的那些皇帝以及皇帝身边的人的品性。对塔西佗来说,历史的价值和用处就在于了解过去那些皇帝及皇帝周围的人的品性。⑭

来自泰奥庞波斯与塔西佗的作品中的这些段落说明了普鲁塔克小序中的思想序列,并显示出普鲁塔克小序中的论证运用了经过考验的(well-tried)习俗,来建立他的历史叙事的价值。值得注意的是,不管是普鲁塔克还是塔西佗(《编年史》4.33.1),都把对品性的关注与他们正在写作的叙事的"用途"联系在一起,这一宣称在许多古代作者那里很常见。⑮ [28]《尼基阿斯与克拉苏传》的用途正在于这一点:普鲁塔克对材料的选择将帮助读者理解传主的品性,因此也将有助读者本人在道德上的提升(这一点是被暗示的)。

---

⑭ 色诺芬《希腊史》5.1.4 处已经主张,泰琉提亚斯的声望以及激发这种声望的行为"是一个男儿的成就,比大笔金钱和许多惊险遭遇更值得关注(noteworthy, $\dot{\alpha}\xi\iota o\lambda o\gamma\dot\omega\tau\epsilon\rho o\nu$)"。

⑮ 对普鲁塔克来说,无用的($\ddot{\alpha}\chi\rho\eta\sigma\tau o\varsigma$)叙事是那些无助于了解品性的叙事(比较《提摩勒昂传》15.11 与《狄翁传》21.9)。

《埃米利乌斯与提摩勒昂传》小序中明确提出了这一思路——从理解传主的品性转到提升读者本人的品性。我们待会将要讨论这篇小序。

然而,在讨论那篇小序之前,简单浏览下面两段文字或许是值得的,在这两段文字中,普鲁塔克对他的叙事进行了辩护,并把它与以前作者的叙事区分开来。这两个段落都来自普鲁塔克在贯彻对比创作的原则之前已经写就的列传。第一个段落取自《伽尔巴传》的小序,这部作品是普鲁塔克《诸凯撒列传》作品集的一部分。正如我们早先注意到的那样,《伽尔巴传》的小序似乎可以作为《伽尔巴传》、《奥托传》和《维特里乌斯传》这三篇列传共同的序言。在这篇小序的最后一句话中,普鲁塔克试图为他在接下来的三篇列传中的材料选择进行辩护:

> 细致记叙[46]所发生的每一件事情,这属于那种关注功业的历史,但即使对我来说,忽略那些由于凯撒们所做的事以及别人对他们所做的事而发生的值得关注的事情,也是错误的。(《伽尔巴传》2.5)

普鲁塔克把《伽尔巴、奥托与维特里乌斯传》与"注重实际的历史"(pragmatic history)区分开来,后者是一种主要记叙重大的政治

---

[46] ἀκριβῶς 是"以一种细致的方式"(如伊索克拉底《致腓力二世》 *Ad Phil.* 46,《论四马队》22;亚里士多德《尼各马可伦理学》1104a2,1107b14–16;狄奥多罗斯 1.5.2;狄奥尼修斯《罗马古史》1.5.4,7.66.5,11.1.5;普鲁塔克《客蒙传》2.3:ἐξακριβοῦν)和"准确无误地"(比较修昔底德,1.22.1)。

和军事业绩($πρáξεις$)的历史著述。㊼ 这里暗示的意思是他的著作关注品性甚于重大事件本身(per se)。他将把自己局限于只描述"那些由于凯撒们所做的事以及别人对他们所做的事而发生的值得关注的事情"。普鲁塔克再一次不加限定地使用了"值得关注的"(noteworthy)这一含混术语。虽然没有明确指出,但似乎又一次显示,[29]普鲁塔克宣称,揭示品性以及品性所携带的道德价值正是他的任务和他的叙事的"存在理由"(raison d'être)。而且,《伽尔巴传》小序或许还试图反驳亚里士多德在《诗学》中对历史的判断(9,1451b4-11)。对亚里士多德来说,历史比诗更少哲学意味,因为它处理的是具体($τὰ\ καθ'\ ἕκαστον$;比较$τὰ…καθ'\ ἕκαστα$)而不是普遍($τὰ\ καθόλου$),是"阿尔喀比亚德做过的事或他经历过的事"($τί\ Ἀλκιβιάδης\ ἔπραξεν\ ἢ\ τί\ ἔπαθεν$;比较$ἔργοις\ καὶ\ πάθεσι$)。普鲁塔克的《伽尔巴传》与《奥托传》实际上关注的是当激情不受理性控制的时候,它有多么危险,这两部传记确实显示了历史能够如何传达普遍性的关于道德的真理。㊽

在独立成篇的关于公元前 404 年到前 359 年之间波斯国王阿尔塔薛西斯二世的传记中的一句话,其背后似乎也有着类似的关怀。紧接在这句话之后,普鲁塔克讨论了阿尔塔薛西斯在库那克萨

㊼ 除了后来某些作者的作品之外,这是短语"注重实际的历史"(pragmatic history,$πραγματικὴ\ ἱστορία$)唯一一次在波利比乌斯作品之外的地方出现(但要注意约瑟夫斯《犹太古史》(Ant. Jud.) 13.5.9 和《犹太人的战争》(Jewish Wars) 173 中的$ἡ\ Ἰουδαϊκὴ\ πραγματεία$)。波利比乌斯用该短语以及相关用语来把他的主题题材——军事和政治事件($πράξεις$)——与其他史家的题材区分开来,其他史家写的是家族世系、城邦的建立以及殖民地的建成。狄奥尼修斯 Ad Pomp. 6 正因为这种内容广泛的历史而赞扬了泰奥庞波斯。参 Pédech(1964)页 21-32,Sacks(1981)页 178-186 和页 188-189。

㊽ 关于普鲁塔克对《诗学》的反驳,参下文,页 44-45。关于《伽尔巴与奥托传》,参 Ash(1997)。

的决定性胜利(401)。在处理这一幕时，普鲁塔克面临的是他写《亚历山大传》和《尼基阿斯传》时所面临的同样问题：有一位前辈——这里是指色诺芬——已经相当详细地处理过这次事件(《远征记》1.8)。普鲁塔克以古代文学批评中的标准术语描述了色诺芬记叙的生动性；他坚持认为这是无与伦比的。又一次，普鲁塔克的回应是宣称他将增添他的前辈未能纳入的要素；又一次，他用含混的术语"值得关注的"来解释这种要素。

> 许多人已经报道过这场会战，色诺芬几乎使我们身临其境，他的记叙栩栩如生，使得读者能够感受到双方的激情与危险，全神贯注于所发生的事件，仿佛它们不是发生在过去，而是就发生在现在。鉴于这一原因，除了那些色诺芬未曾注意到的值得关注的事件之外，再把所有的事情重新叙述一遍将是不明智的。(《阿尔塔薛西斯传》8.1)

虽然普鲁塔克在这里没有清楚阐明，但正如在随后的叙述中所显露的那样，他对于独特性的宣称，建立在熟悉的理由上面。首先，他将使用一个色诺芬知道[30](比较《远征记》1.8.26-27)但却忽略了的资料来源：克泰西亚斯的《波斯史》(the *Persika* of Ktesias)。克泰西亚斯是一位确实现身于阿尔塔薛西斯阵营的希腊作家。普鲁塔克利用这一资料来源所描述的居鲁士之死不同于色诺芬的叙述(《阿尔塔薛西斯传》11.1-11)，但实际上，在普鲁塔克这篇列传的很多地方，背后似乎都有克泰西亚斯的记叙的影子，它可能是12至19章的唯一资料来源。其次，普鲁塔克的记叙关注的焦点是品性。他对战斗本身的描写(8.2-11.11)考察了居鲁士——阿尔塔薛西斯叛乱的兄弟与王位觊觎者——的品性，也考察了居鲁士的希腊雇佣军指挥官、斯巴达人克利阿科斯(Klearchos)的品性。居鲁士因为他的鲁莽而受到了批评(例如 8.3 – 6,11.4),这种鲁莽导致他一头扎进敌人的队伍,并且最终在取得了一些相当大的成功之后,丧命沙场。在其他列传中,普鲁塔克也强烈反对一位统帅做出这样的举动,认为这是激情压倒理智的可恶的胜利。克利阿科斯也因为他明确地让激情支配理智($λογισμοί$)而遭到批评。[49] 正如普鲁塔克所诊断的那样,问题在于他的谨慎(cautiousness, 8.6: $εὐλάβεια$),这种谨慎使他避免与国王的军队直接交战。

在《尼基阿斯与克拉苏传》的小序中,普鲁塔克把重点放在对品性的揭示上,而非所描述的事件的重大,以此作为他的著作的显著特征。他的目标是挑选那些能够揭示当事人的品性因而对读者"有用"的材料,一些可能不为其他作家所知的材料。但是关于历史上伟人的品性的知识如何是有用的?我们现在要转到第三个主要段落,在这个段落中普鲁塔克讨论了《对比列传》的目的与价值,或者至少是一对列传的目的与价值。

第三节 《埃米利乌斯与提摩勒昂传》

在《埃米利乌斯与提摩勒昂传》的小序中(《埃米利乌斯传》1.1 – 4),[50]普鲁塔克把他本人描绘成他自己的《对比列传》的典范读者:[51]

---

[49] 参下文,第三章各处,特别是页 82。

[50] 这里不同寻常的是,罗马人物列传位于希腊人物列传的前面。这样一种颠倒也发生在《塞多留与攸门尼斯传》以及《科瑞欧拉努斯与阿尔喀比亚德传》那里。关于其原因,参第七章注 3。洛布版(Perrin 1918)所依照的 Aldine 版由于错误的保持一致的愿望而颠倒了手稿的顺序。

[51] 关于这一段落,参 Desideri(1989)页 199 – 202 与 212 – 213,Den Boer(1985)页 380 – 382。

(1.1)我开始写作《列传》是为了他人,但现在我继续写下去,自己也乐在其中,通过某种方式以史为鉴,[31]来装点人生,模仿那些人物的德性。(1.2)只会有下面这样的结果:当这些人物穿越历史来拜访我们的时候,我们挨个接待他们,并邀请他们,就像一起度日、共同生活一样,我们从所知道的他的最重要、最美好的行动中考察"他有多么伟大,他是一个什么样的人"。(1.3)"啊!除此之外,你还能得到什么更大的快乐?"(1.4)对于品性的提升来说,还有什么方法更加有效?(《埃米利乌斯传》1.1-4)

理想的读者以史为鉴,利用《列传》传主的德性来"装点"人生、模仿塑造他自己的人生,挑选出那些"对品性的提升"(πρὸς ἐπανόρθωσιν ἠθῶν)最为有效的东西。[52] 在下文中,普鲁塔克使用了一个被归于德谟克利特的理论——人们必然会受到好的和坏的幽灵(phantoms)或魂灵(spirits, εἴδωλα)的拜访,与此相反,普鲁塔克用该理论揭示了历史给予人们的自由:避开坏的事物,只聚精会神地关注好的事物(1.4-5)。[53] 这一宣称特别适用于《埃米利乌斯与提摩勒昂传》这对列传,这是赞颂色彩最浓的列传之一,很明确它的传主(1.5-6)是"最佳的楷模"(the best of examples, τὰ κάλλιστα

---

[52] 关于 πρὸς ἐπανόρθωσιν + 属格,比较《如何区谄媚者与朋友》73e,《如何意识到一个人德性的进步》79c,波利比乌斯10.21.4、15.36.3。

[53] 比较《客蒙传》2.3-5,《伯利克勒斯传》1.1-3,《德米特里乌斯传》1.1-3。

τῶν παραδειγμάτων)。(54) 对魂灵的提及,以及开篇处的比喻——普鲁塔克关于他的传主的写作被比作在那些伟人的人格中娱悦——为普鲁塔克此处的宣称赋予了一种神秘主义的特质:历史中的人们不仅仅是仿效的楷模,在某种意义上,他们是依然活着的存在。

在普鲁塔克本人的道德短文《人如何意识到德性的进步》中能够看到可与这一段对照比较的一个段落。普鲁塔克在那里采用了一个古代历史理论中标准性的对比,他警告道:研究哲学、诗和历史不应当仅仅为了乐趣,而应当为了它们能够带来的益处(79c – e)。他说道,[32]这种益处在于品性的提升(improvement of character, ἐπανόρθωσις ἤθους)。普鲁塔克在稍后的地方论证道(84b),模仿(imitation, ζῆλος)以及"做我们所称颂的事"的愿望是对有德之士的合适反应;同样地,一个人应当痛恨恶人(比较《小加图传》9.10)。从普鲁塔克引用的例子中(84e – 85a)很快将清楚地显示出,这些好人——至少在某种程度上——自古代以来已经被视为伟大人物。我们应当热爱好人,即使当他们遭遇了不幸;即使阿里斯泰德被流放、苏格拉底身处穷困、福基翁被宣判死刑,我们也应当称颂他们。"因为那种激发起来的热情(inspiration, ἐνθουσιασμόν),使我们即使面对明显的灾难也不惊骇,而是赞颂并赶超他们(θαυμάζειν καὶ ζηλοῦν),这样就没有人会远离善了。"(85a)在采取任何行动之前,普鲁塔克告诉他的读者,他们应当"把古往今来的好人放在他们眼前,并且问'在这种情况下,柏拉图会怎么做?伊巴密浓达会说什么?吕库古或阿格西劳斯会展现出他们是什么样的人?'就像在镜子前装扮并改造自己那样"(85a – b: οἷον πρὸς ἔσοπτρα κοσμοῦντας

(54) 比较《提摩勒昂传》24.3 与 37.4。关于《提摩勒昂传》作为一部赞颂色彩特别浓的列传,参 Talbert(1974)页 1 – 16, Geiger(1981)页 102 – 103, Swain(1989c)页 319 – 323。

ἑαυτοὺς καὶ μεταρρυθμίζοντας)。

普鲁塔克在这些段落使用镜子的比喻,是为了把他的著作置于道德教化文学的传统中,在该传统中,有德之士的生平有时被当成一面塑造个人自身生活的镜子。(55) 在西塞罗的《论共和国》中,据说一位理想的政治家要提升自己,敦促其他人"模仿他"(to imitate him,ad imitationem sui),并且"通过他的生活与品性的超凡卓越,使他自己对于他的公民们有如一面镜子(speculum)"(2.69)。同样,在托名普鲁塔克的《论儿童教育》中,作者建议父亲们要为了孩子们以身作则(example,παράδειγμα),"从而,通过像看一面镜子那样观察他们父亲的生活,孩子们可以远离卑下的行动和言辞"(14a)。在塞涅卡(《论仁慈》1.1)与爱比克泰德(参阿里安,《论说文集》2.14.21)的作品中,哲人的建议都作为镜子向读者揭示他自己。在其他地方,道德的自我反思也被比作对镜自观(普鲁塔克,《年轻人应如何听诗》42b;Bias in Stob. Flor. 21.11,i,317 Meineke)。(56)

[33]但是,这里所使用的镜子意象还有另外一个含混之处,一部分微妙的含混性联系(a nexus of subtle ambiguities)遍布《埃米利

(55) 关于拉丁、希腊文学中镜子意象的各种运用,参 Mayor(1910)页 71 - 72;Fantham(1972)页 68 - 69;W. McCarty(1989),特别是页 168 - 169。

(56) 塞涅卡(《自然问题》,1.17.4)把真正的、自然的(与人工的相对)镜子描述为由自然提供的镜子:"这样一个人就能够认识自身",丑陋的人能够知道"他在身体上所缺少的能通过德性加以弥补"。特伦斯《两兄弟》行 414 - 416(可能以米南德的原作为基础)似乎是这一观念的幽默运用。任何能够揭示人的真实本性的东西都可以被比作镜子:酒(Aisch. *TrGF* III F 393;阿尔凯奥斯《残篇》333;泰奥庞波斯《残篇》33.3 Kassel - Austin);歌(品达《尼米安颂诗》7.14);时间(欧里庇得斯《希波吕托斯》行 428 - 430);犹太圣经(斐洛《论沉思生活》78,483 - 484 M;Ep. James 1:23);言辞与言论,而非行为与经验(托名普鲁塔克《王侯将相言行录》172d)。比较普劳图斯,*Epidic*,行 383 - 386;亚历山大的克莱门,*Paid*,1.88,150 Potterius。

乌斯传》的开篇。一方面,这里所说的镜子是指有德之人的生平,普鲁塔克据此来修正他自己的生活。但对他的读者来说,镜子就是普鲁塔克本人的文学著作。“历史”与“传记”两词的含混更加强了这一双重含义。“历史”(ἱστορία)在希腊语和英语中都既指过去发生的事情(例如狄奥尼修斯,《罗马古史》,1.2.1),也指对过去的研究或一部记录过去的文学著作。(57) 正如我们已经看到的那样,普鲁塔克在好几个地方把他本人的著作称为“历史”。同样,“传记”(生平,life,βίος)既指一个人的品性与生涯,也指对品性与生涯的文字记录;在这里,既指那些有德之士的生平——普鲁塔克根据他们来塑造自己的人生,也指普鲁塔克正在创作的文学著作,同时还指读者与普鲁塔克本人的人生,它们由此得到提升。(58) 当普鲁塔克谈到“当这些人物穿越历史(through history,διὰ τῆς ἱστορίας)来拜访我们的时候,我们挨个接受并邀请他们”时,这些观念被结合在了一起。(59) 普鲁塔克说他自己亲自拜会这些有德之人;(60)但他是“通过历史”(或者可能“通过研究”)这样做的。对于读者来说,这两层意思也非常契合;通过普鲁塔克本人所著的传记(Lives),一个人能够读到过去那些伟大人物有德性的生活(lives)。但是,在传主的实际生平与德性以及普鲁塔克本人对他们的文学描绘之间的有意识的混同,使得普鲁塔克能够对他的作品的价值作出一个微妙的宣称:他

---

(57) 例如,波利比乌斯,12.28.1-28a10,2.14.7,9.14.1-4,9.25.2。

(58) 比较《德米特里乌斯传》1.5-7以及《提摩勒昂传》15.11,其中也包含着含混性。关于βίος作为普鲁塔克的文学著作,参《伯利克勒斯传》2.5。普鲁塔克在《德摩斯梯尼传》3.1、《狄翁传》2.7、《忒修斯传》1.2以及《客蒙传》2.2等处把他自己的著作称为παράλληλοι βίοι。

(59) 关于διὰ τῆς ἱστορίας,比较托名普鲁塔克《慰阿波罗尼乌斯书》119d。

(60) 比较《如何意识到一个人德性的进步》85c-d——在那里,普鲁塔克敦劝德性的研究者要在自己的房子里接待同时代的好人们——以及塞涅卡在《道德书简》11.8-10处的建议(引用了伊壁鸠鲁,残篇210 Usener)。

的《列传》邀请读者塑造自己,就像直接面对那些有德之人的生平那样。而且,通过把他本人的著作比作镜子,普鲁塔克似乎暗示《列传》也分有镜子的摹仿性质:镜中之像常常被用来描述那些能够很好地反映现实的事物。[61] 这里暗示的意思是,[34] 普鲁塔克的文学性《列传》之所以与他所写的那些人的真实生活几乎无法区分,其原因恰恰在于《列传》如镜子一般的反映性质。[62]

第四节 《伯利克勒斯与法比乌斯传》

在《埃米利乌斯与提摩勒昂传》的小序中,普鲁塔克把他的读者们的道德提升设立为《列传》的一个目标。然而,在那一段中,他并没有清晰地展现这种提升是如何发生的。这个问题在另一对列传,即《伯利克勒斯与法比乌斯传》的导言中也被提了出来。这里才清楚地显示,读者这一方的正确回应就是模仿(imitation)。

普鲁塔克用奥古斯都皇帝的一句妙语(bon mot)作为《伯利克

---

[61] 比较柏拉图《法义》905b,《斐德若》255d,普鲁塔克《陆地和海洋里的动物哪个更聪明?》967d,路吉阿诺斯《De Hist》51。关于一部文学著作,阿尔基达马斯在 Cic. ap. 中以及多纳图斯 De Com 5 中将《奥德赛》称赞为"生活的镜子"。

[62] 或许这里 βίος 在读者心里会有"真实的生活、现实"的含义。注释者们在讨论喜剧与悲剧之间区别的时候,有时会在这个意义上使用 βίος 及其同源词,例如,狄奥尼修斯·特拉克斯的注释者(173.3 – 4 Hilgard)写道:"悲剧中含有关于发生过的事情(πράξεων γενομένων)的叙述与报道,喜剧中则由虚构的真实生活(或日常生活)事件(πλάσματα βιωτικῶν πραγμάτων)所构成。"比较 Meijering(1987)页 88 – 89;亦比较拜占庭的阿里斯托芬关于米南德的评论(249 Nauck = Syrian, In Hermog. 2.23.10 – 11 Rabe"):"啊!米南德!生活!你们两个到底是谁模仿了谁?"

勒斯与法比乌斯传》的开篇：当奥古斯都看见某些非罗马人过分喜爱小狗和猴子这类宠物时，就问道，那些地方的妇女是否都不生孩子；普鲁塔克解释说，这暗示了我们天然的“柔情之爱”（love of affection）不应当集中在动物身上，而应当放在人身上（1.1）。(63) 这则轶事为普鲁塔克提供了一个讨论的起点。正如我们天生充满柔情，我们的灵魂也有一种天然的“对学习与观察的热爱”（love of learning and seeing，1.2：φιλομαθές τι κέκτηται καὶ φιλοθέαμον），并且这种热爱不应该浪费在“不值得学习”（worthy of no study，τὰ μηδεμιᾶς ἄξια σπουδῆς）的景象与声音上。不幸的是，我们的身体感官（physical senses，ἡ αἴσθησις）必须接受触动它们的每一个印象，但我们的心智（intellect，ὁ νοῦς）却能够避开那些无益的事物，只朝向那些有用的事物（比较《德米特里乌斯传》1.1－3）。现在已经清楚地显示出，普鲁塔克心里所想的是对历史的阅读，在传统上它就被宣传为“有用的”“值得学习的”或“值得关注的”。普鲁塔克接下来以微妙、含混的语言继续写道：

> （1.4）这样的事物存在于出于德性而做出的行为之中，它在研究它的人心目中，能够激发模仿它的很大热情。但是，另有一类情况是，当我们爱慕做成的一样东西时，随之产生的并不是一种想要去做它的冲动。恰恰相反，[35]情况往往是：我们喜欢一件作品，却看不起艺匠。譬如说，我们喜欢香水和紫色布料，但是对于制造香水的人和染布的人，我们却认为是粗鄙卑下的家伙。
>
> （2.1）……因为，一件作品虽然完美，让你喜欢，但做出这

---

(63) 另一篇普鲁塔克著作《论对子女之爱》的主题。关于同奥古斯都的话的对比，比较《论制怒》462e，《论兄弟之爱》482c。

件作品的人并不一定就值得尊敬。(2.2)某些事物对观看者来说,既不能产生模仿它的热情,又不能激起赶上或超过它的志向和冲动,这样的事物就是没有益处的。然而,有道德的行为则不然,它能立即对人产生影响,使一个人在赞美它的同时,马上就希望成为做这种行为的那个人。(2.3)幸运所赐予的好东西,我们愿意拥有它、享受它;而出自德性的好事情,我们却喜欢身体力行。前者我们希望从别人那里得到;后者我们则希望别人能从我们这里获益。(2.4)德性是有吸引力的,它能使人立即产生身体力行的冲动,不仅模仿它能使观看者的性格得以形成,就连研究它也能为他提供品性。(《伯利克勒斯传》1.4–2.4)

这里的论证与《埃米利乌斯传》开篇尚未明确发展的思想脉络有可资对照之处:普鲁塔克宣称,不像对其他艺术作品的研究那样,对有德行为的研究——无论是在行动中,还是在写作中——都能引起一种模仿的冲动(impulse, ὁρμή)。[64] 这里的第一人称动词(2.3:我们爱,我们想)[36]为读者——这里被称为旁观者——应当如何思考提供了典范;就像在《埃米利乌斯传》开篇处那样,普鲁塔克把自己描绘成理想读者,仿效历史上的伟人的德性来塑造自己。在乐

---

[64] 比较柏拉图《阿尔喀比亚德前篇》133c 以下;《高尔吉亚》509d–510a;普鲁塔克《论亚历山大的机运或者德性》334d。关于 ζῆλος 作为"效仿",比较《"隐秘无闻的生活"是一个好准则吗?》;波利比乌斯,15.36.3–7:历史研究有两个目标,有用性(utility, ὠφέλεια)与娱悦(enjoyment, τέρψις),因此"所说的事情应当要么是值得效仿的(ζηλωτόν),要么是令人愉快的(τερπνόν)"。关于 ζηλωτόν,参 Walbank(1967)页 496。关于 μίμησις 与 ζῆλος 结合在一起,亦比较波利比乌斯 10.21.4,普鲁塔克《小加图传》9.10(参下文,页 148),《格拉古传》4.5。

趣与有用性之间的对立——这是在历史理论讨论中的标准性对立——贯穿了整个段落。(65) 同样地,这里也存在着感官与心智之间的潜在对立。(66) 因此在 1. 2 处,感官不得不对一切事物都作出反应,无论它是否有用(χρήσιμον),而理智却能专注于那些能够"滋养"(τρέφειν)它的对象。同样地,艺术作品使人愉快(1. 4:χαίροντες…ἡδόμεθα;2. 1:τέρπει…ὡς χαρίεν),但不能带来益处(2. 2:οὐδ' ὠφελεῖ);有德性的行为"通过乐趣"(τῷ χαίρειν)吸引心智朝向它自身的善(1. 3)并鼓励模仿行为。

在其他艺术作品与德性实践之间的对立,建立在柏拉图式观念——德性是一门技艺(τέχνη)——的基础之上,这一对立贯穿了整个段落。(67) 在这一方面,普鲁塔克利用了 work(ἔργον)一词的双重含义。在2. 1 处,它指的是"艺术作品"(work of art),而τὸν εἰργασμένον(the one who worked it[创作它的人])是"艺术家";而在 2. 2 处,the works(τὰ ἔργα)是英雄们的伟大行为,英雄们被称作是τοὺς εἰργασμένους[那些做出这些行为的人]。(68) 除了这个双关含义之外,还有另外一个更为微妙的双关:正是通过普鲁塔克本人的文学著作(literary work),有德性的行为才得到旁观者的注意。在这里,普鲁塔克在他的英雄的

---

(65) 亦比较《如何意识到一个人德性的进步》c – e 以及上文页 31 – 32;《妇女的德性》242f – 243e 以及 Stadter(1965)页 9 – 12,以及我在页 247 – 248 处的讨论。

(66) 在柏拉图作品中很常见,例如《王制》580d – 583a;比较亚里士多德《尼各马可伦理学》1117b30 – 1118a7,1176a1 – 3。

(67) 关于柏拉图作品中的这一观念,参 Gould(1955)页 3 – 46。普鲁塔克在《德性可教吗?》中运用了这一概念(特别是在 440a – b 处);亦比较《德摩斯梯尼传》1. 3,《德米特里乌斯传》1. 4,《妇女的德性》243a – b,《论亚历山大的机运或者德性》335f。

(68) 关于ἔργον在希罗多德作品中既指纪念碑(例如 1. 51. 3;1. 93. 2;3. 41. 1)也指行动,参 Immerwahr(1960)。

德性与他本人的描写之间未作任何区分;通过这种方式,他又一次无声地宣称了他的著作的重要性与模仿性质,这些著作仿佛直接把古人的德性呈现给读者:他的著作(work)就是他的传主的德性。[69] 而且,通过把他本人创作《列传》的文学活动与他的传主的德性行为联系起来,而不是与其他艺术作品联系起来,普鲁塔克巧妙地宣称了《列传》的独一无二。它们与其他艺术作品有质的不同,[37] 因为它们既给人带来乐趣又有益于观者,也就是说,它们鼓励模仿行为,而不仅仅是观察或赞叹。[70]

小序这一小节的最后一句话继续谈到乐趣与益处之间的对立(《伯利克勒斯传》2.4)。这句话过去常常被误解和误译,所以需要更仔细的研读。[71] 在这里,《列传》并没有简单地被等同于它们的传主的德性,而是等同于柏拉图式的"善"(the good, τὸ καλόν)的样式(form)。[72] 从分词 ἠϑοποιοῦν 的双关——这里利用了 ἠϑοποιία 的双重含义——中清晰地显示出,这个"善"(the good)实际上就是《列传》。这里 ἠϑοποιοῦν 首先指"善"——在好人的德性中显现出的——

---

[69] 参看希罗多德的第一篇序言中通过 ἀπόδεξις... ἀποδεχϑέντα 重复而暗示的、与之相当的宣称;关于该宣称,参 Moles(1993b)页 94。

[70] Valgiglio(1992,页 4014-4015)处的论证——普鲁塔克在这一段中坚称他不是在创作一件艺术作品——忽略了它的多重性。

[71] Stadter(1989)在他的导言中(页 xxix-xxx)抓住了某些复杂性:"……不仅仅通过表现(representation)在旁观者身上建立起品性,而且通过合理的行动叙述产生一种道德选择……"(强调为本人所加)。他在此处的注释,以及 Martin(1992)页 299 处的意见,都不太令人满意。

[72] 普鲁塔克似乎已经接受了柏拉图的样式学说(参见《王制》478e-480a;比较 Ross 1951)。在《柏拉图的问题》1001e 与《论〈蒂迈欧〉中灵魂的产生》1023c 处作了简短讨论。在《拉姆普里阿斯目录》中,我们发现有下述标题的著作:《样式在哪里?》(Where are the Forms?)(编号 67)、《物质如何参与样式,它形成第一实体?》(How has matter participated in the Forms, that it makes the first bodies?)(编号 68)。参 Schoppe(1994)与 Ferrari(1996)。

将会在普鲁塔克著作的读者身上产生的积极的"品性塑造"(moulding of character)。[73] 然而,在文学批评话语中,ἠθοποιΐα常常也有"品性描绘"的含义,特别是指赋予一位发言者适合于他或她的言辞。[74] 这个词第二层意思的存在,鼓励读者把"善"的活动看作是存在于文学领域内部的:《列传》通过准确的品性描绘(ἠθοποιΐα)来塑造读者的品性(ἠθοποιΐα)。这个词的第二层意思(品性描绘)也继续巧妙地宣称着它的生动性,正如将会清楚显示的那样,生动性在这里通过"模仿"(mimesis)一词的使用而得到了增强。

我们现在来讨论这个句子中最有争议的部分。普鲁塔克主张,善(τὸ καλόν)——他把《列传》等同于善——塑造品性的方式是οὐ τῇ μιμήσει…, ἀλλὰ τῇ ἱστορίᾳ τοῦ ἔργου τὴν προαίρεσιν παρεχόμενον。乍一读来,意思似乎是,诸如《列传》这种提升道德的叙事对品性的提升,不是通过[38]模仿而是通过"对行动的研究"。这是令人惊讶的,鉴于在同一段落中刚刚强调过德性,以及记述有德行为的文字所激励起的模仿(mimesis):有德行为在旁观者心里培养起模仿的冲动,《列传》则含蓄地培养这种冲动,这与其他艺术形式相反,那些艺术并不能在旁观者心里培养起相应的冲动。那些艺术作品不会产生"模仿的渴望"(μιμητικὸς ζῆλος),也产生不了任何"赶上或超过它的志向和冲动"(ἀνάδοσις κινοῦσα προθυμίαν καὶ ὁρμὴν ἐπὶ τὴν ἐξομοίωσιν)。

---

[73] 在托名亚里士多德的《问题集》30.1,955a32、普鲁塔克《论道德德性》450f、《政治准则》799a–b、814b、《论斯多亚派的自相矛盾》1053d 等处的 Ἠθοποιΐα 与 ἠθοποιός 的意思是"塑造或决定品性"。正如在《努马传》16.4 处那样,ἦθος 作为"好的品性"的积极方面是被考虑的。

[74] 昆体良《雄辩术原理》9.2.58 把 ἠθοποιΐα 与 μίμησις 一同定义为"对他人品性的模仿"(imitation of other people's character, *imitatio morum alienorum*)。赫莫根尼《修辞初阶》9 (Spengel ii, 15) 将其定义为"对一组人物的品性的模仿"(μίμησις ἤθους ὑποκειμένου προσώπου),例如,安德洛玛刻会对赫克托耳说的话。

与此相反,普鲁塔克已经告诉过我们,德性使一个人"赞扬这件行为,并努力赶超做出这些行为的人"。那么,最后一句话(2.4)似乎拾起这些线索,又一次将读者称作是旁观者(observer)或观看者(spectator,θεατήν)。从这一段的整体逻辑出发,我们会想到,对《列传》传主身上所观察到的德性的"模仿"正是普鲁塔克意欲实现的目标。但短语οὐ τῇ μιμήσει似乎否定了这一点。面对这一显而易见的矛盾,或许最好的回应是修订文本,在τῇ μιμήσει前面加上μόνον。⑦⑤ 这将使意思变为"塑造品性不仅通过模仿,而且也通过对行为的研究"。⑦⑥ 然而,也有可能这样的修订是不必要的。有若干例子似乎表明短语οὐκ…ἀλλά 的运用是强调第二个分句,但同时并没有否定第一个分句;换句话说,意思或许是"不仅……而且更"。⑦⑦

无论如何,不管我们是否选择修订文本,普鲁塔克似乎都在主张《列传》的读者将会得到提升,不仅(not just)通过对他读到的有德行为的模仿(mimesis),而且也通过"对行为的研究"。2.2 与 2.4 之间的关系现在能够得到更加清晰的理解。其他艺术作品不会在读者心里培养起任何"模仿的渴望"(μιμητικὸς ζῆλος),也不会产生

---

⑦⑤ Jones(1971),页 103 注 4。

⑦⑥ 这样的修订将不需要在 τῇ ἱστορίᾳ 前面再加上 καί。短语 οὐ μόνον … ἀλλά 用来表示"不但……而且"的意思也并不少见。例如:色诺芬《回忆苏格拉底》1.6.2;柏拉图《斐德若》233e;伊索克拉底《致腓力二世》146;德摩斯梯尼《日冕》26;Kühner(1904)页 257;Denniston(1966)页 3。

⑦⑦ 例如《马可福音》9:37:"……凡接待我的,不是接待我,乃是接待那差我来的。"(… καὶ ὃς ἂν ἐμὲ δέχηται, οὐκ ἐμὲ δέχεται ἀλλὰ τὸν ἀποστείλαντά με.)比较《约翰福音》12:44;《马太福音》10:20。亦比较《哥林多前书》15:10:"我比众使徒格外劳苦。这原不是我,乃是神的恩与我同在。"(… περισσότερον αὐτῶν πάντων ἐκοπίασα, οὐκ ἐγὼ δὲ ἀλλὰ ἡ χάρις τοῦ θεοῦ σὺν ἐμοί.)这句话被奥古斯丁注释为 nec gratia Dei sola, nec ipse solus, sed gratia cum illo。Robertson 与 Plummer 将其意译为(1911,页 342):"不仅仅是我(一个人)做了这一切,是神的恩与我同在。"(强调为本人所加)比较《政治准则》819f。

任何"赶上或超过它的志向和冲动"。他的《列传》将会做到这一点,而且不止做到这一点。它们不仅在读者心中激发起[39]模仿那些他看到《列传》中所描绘的历史伟人的愿望,而且还在他心中激发起一种理性的态度,一种追随全面道德知识的模仿愿望,或者,用普鲁塔克自己的话,"对行为的研究"($τῇ\ ἱστορίᾳ\ τοῦ\ ἔργου$)。实质上,正如贯穿了整篇小序那样,我们在这里也有感官与心智之间、激情与理性之间的对立。《列传》所激起的不仅仅是模仿书中描绘的那些人物的"渴望"或"激奋"(uplift)。那种东西可能只是对历史上的伟人不加反思的一味模仿,因此它在道德有用性和智性价值上都处于一个低得多的水平。但不止如此。普鲁塔克宣称,《列传》不仅激发起模仿的愿望,而且确实能改变或"塑造"品性($ἠθοποιοῦν$)。旁观者实现这一目标的途径是通过不只简单地看,而且也研究、思考、检验——正如普鲁塔克可能曾经说过的那样,运用哲学与理性。

《列传》"通过提供一个$προαίρεσις$"而拥有这种有力的、改变品性的作用。$προαίρεσις$一词的字面意思是指"选择"(choice),但在普鲁塔克的著作中,它通常包括品性的不同方面,普鲁塔克与亚里士多德相似,部分地从选择的角度来看待品性。⑱ 在某种程度上,这是指《列传》传主们的品性以及他们所做出的道德选择,这些都为了读者、旁观者的益处而"提供"给他们。但就$ἠθοποιοῦν$而言,这里有一个双关:《列传》也为读者"提供"了品性、帮助他做出正确的道德选择。那么,

---

⑱ $Προαίρεσις$是亚里士多德的一个关键术语:参《尼各马可伦理学》1111b4–1112a17 和《诗学》1450b8–10,以及 Sherman(1989)页 56–117,特别是页 57–58、79–86、107–117。普鲁塔克本人很熟悉亚里士多德的著作(例如 Babut,1969a;比较 Scardigli,1995b,页 6 注 42),虽然他可能不熟悉《尼各马可伦理学》(Sandbach,1982)。关于普鲁塔克与$προαίρεσις$,参 Wardman(1974)页 107–115,Pérez Jiménez(1995)。在《狄翁传》2.1 与《论神罚的延迟》551e 处,$προαίρεσις$保留了它的主要含义"选择"。

当读者观察、研究过去那些伟大人物的品性时,他自己的品性也得到了塑造。通过做这件事,他得到了 προαίρεσις,得到了做出正确道德选择的能力。这自然地导向模仿,或本来就包含了模仿。普鲁塔克与许多古代思想相一致,将品性(ἦθος)与习惯(ἔθος)联系在一起。因此,模仿必然在每一种品性形成或品性提升理论中都发挥着重要作用。

关于普鲁塔克在这里的论证,他的《科瑞欧拉努斯传》中的一个段落提供了富有启发的对比。普鲁塔克在那里讨论了科瑞欧拉努斯突然改变主意,不对自己国家开战的原因。他自语道:或许,这是神的干预吧。普鲁塔克接着写道,相信这样的神之干预不等于相信神剥夺了我们做出理性选择的能力(32.5: τὸν ἑκάστου λογισμὸν τῆς [40] προαιρέσεως)。毋宁说,神通过产生"导致冲动的观念"(φαντασίας ὁρμῶν ἀγωγούς)从而"改变我们的选择"(moves our choice, 32.7: κινοῦντα τὴν προαίρεσιν);通过这些观念,神并没有"使行动自动发生",而是,如果我们也希望它发生的话,神为我们提供了一个"起点"(beginning, ἀρχήν),并增添信心和希望。神并非作用于我们的身体,但他们激励或控制"我们灵魂中主动活跃的、做选择的那个部分"(32.8: τῆς ψυχῆς τὸ πρακτικὸν καὶ προαιρετικόν)。那么,似乎在《伯利克勒斯传》小序中,普鲁塔克把善(它们通过《列传》发挥作用或存在于《列传》之中)描绘成在读者身上所起的作用类似于神圣干预时刻神的作用。读者作出选择的能力并没有被剥夺;毋宁说,《列传》提供了一个朝向理性道德选择的冲动、起点和观念,而这种理性道德选择将导致行动。⁷⁹

---

⑦⁹ 比较《哲人尤其应该与当权者交谈》776c:"哲学启示……想要把它触碰到的任何东西变得有效(effective, ἐνεργὰ)、积极主动(active, πρακτικὰ)并且富有生气(alive, ἔμψυχα);它给人灌输激励他们的冲动,把他们引向有用事物的判断,以及热爱高贵的品性……"(κινητικὰς ὁρμὰς ἐντίθησι [Reiske: ἐπιτίθησι] καὶ κρίσεις ἀγωγοὺς ἐπὶ τὰ ὠφέλιμα καὶ προαιρέσεις φιλοκάλους…)

值得注意的是,在整个段落中,普鲁塔克巧妙地使得他的《列传》与它们所叙述的历史上的实际事件非常相似,使得作者的活动与读者的活动非常相似。这样一种双关也嵌在普鲁塔克对术语"模仿"(mimesis,字面意思是指"模仿",imitation)的使用中。这一段中的 mimesis 主要指《列传》中所叙述行为的观察者们所做的"模仿"。但普鲁塔克在这里的含蓄宣称——阅读《列传》将激励读者"模仿"——也巧妙地利用了文学性模仿的现有概念。正如在古代历史理论中那样,在柏拉图主义与亚里士多德主义思想中,从事模仿(表现,representation)的人是艺术家。⑧ 对普鲁塔克来说,《列传》的作用就在于它在读者本人身上鼓励模仿。但对这些行动的观察是通过[41]阅读普鲁塔克本人对那些行动的模仿(表现)而发生的。⑧ 通过使用适合于主题对象的风格,历史理论中的模仿似乎暗示了生动的、可能激动人心的表现。因此在有用性与乐趣之间的对立依然存在:普鲁塔克著作的目标并非简单地是,或不仅仅是,"生动的表

---

　　⑧　关于历史理论中的模仿(mimesis),参 Gray(1987a),他给出了狄奥尼修斯与托名朗吉努斯作品中该词用法的例子。该术语的这种用法可能产生于漫步学派,在泰奥弗拉斯托的学生杜里斯(Douris)对埃福罗斯(Ephoros)和泰奥庞波斯所作的批评中能够看到(*FGrH* 76 F 1 = Phot. *Bibl.* 176,121a41 – 63):"在他们自我表达的方式上,他们根本没有进行任何模仿,也得不到任何乐趣,他们唯一关注的是实际的作品(οὔτε γὰρ μιμήσεως μετέλαβον οὐδεμιᾶς οὔτε ἡδονῆς ἐν τῷ φράσαι, αὐτοῦ δὲ τοῦ γράφειν μόνον ἐπεμελήθησαν)。"关于这一段的确切含义一直有许多争论。Gray 主张这里的批评是泰奥庞波斯与埃福罗斯运用了不适合于他们所要描述的事物的语言——这与模仿相反,模仿旨在再造现实。模仿的传统解释是以在读者心中激起强烈情感反应为目标的叙事:Walbank(1972)页 34 – 37,Sacks(1981)页 144 – 170,Fornara(1983)页 124 – 134。比较 Gentili 与 Cerri(1988)页 14 – 33。Walbank(1990,页 258 – 259)与 Gray 持同样的观点。

　　⑧　关于模仿的这两种含义("为了自己做同样的事情"而模仿别人,以及生产"一种活动的玩具或模型"),比较 Russell(1981)页 100 – 101。

现"(模仿,mimesis);它的目标首先是读者品性的提升,正如我们已经看到的那样,这一目标是通过"模仿"(另一种 mimesis)而实现的。

在短语"这种行动的研究"(the investigation of the work, τῇ ἱστορίᾳ τοῦ ἔργου)中,也有着类似的、对作者与读者的活动的一语双关。作者与读者都参与了德性行动(ἔργον 的一重意思)的研究(investigation, ἱστορία)。[82] 但读者通过阅读作者的记叙——ἱστορία 的另一重意思——来研究英雄们的行动。当然,这个记叙就是《列传》(另一个 ἔργον)。[83] 这种对读者必须进行的研究的强调重新拾起了在小序先前的文字中已经提到过的对理性的强调:理性是单纯的感官认知的对立面(1.2)。

这种理性与感官—认知之间的对立在普鲁塔克对读者的称呼中继续存在,他把读者称为"观看者"(spectator)或"观察者"(viewer, θεατής):最常用的希腊用语是 ὁ ἀναγιγνώσκων("读者")。"观看者"一词的使用——这是一个取自舞台表演的比喻——延续了这些章节中非常突出的视觉形象(色彩与雕像),并且强调了在不能给那些观看它们的人带来益处的艺术作品(2.2: τοὺς θεωμένους)与确实有益于"观察者"(τὸν θεατήν)的德性行动之间的对立。但普鲁塔克选择这个词,其中或许有更多至关重要的含义。普鲁塔克通过使用"模仿"(mimesis)一词似乎暗指的那种动人心魄的史撰的一个特征,

---

[82] 比较 1.4, τοῖς ἱστορήσασιν(那些研究的人),Amyot 对 τοῖς ἱστορήμασιν(叙事)的校订。

[83] 同样,修昔底德也暗示,史家与读者双方都参与了同一种对过去的研究(σκοπεῖν)活动(史家:1.1.3,1.22.2-3;读者:1.21.2,1.22.4)。正如 Moles 所言(1993b,页 110):"因此史家对事件的模仿,他的'所视'、'所观'的产物,就像一面镜子,他邀请他的读者们看这面镜子。"关于 ἱστορία 作为"调查"或"研究",参上文,注 14。"研究"含义上的 Ἱστορία 在其他某些地方与景象的观念有关(《论神谕的衰微》419e;《小加图传》12.2;比较《年轻人应当如何倾听诗人》44b),参 Valgiglio(1991),页 27-28。

就是它对生动性(ἐνάργεια)的强调,以及它对视觉形象的运用。按照这类历史作者的看法——这类历史有时被现代批评称为"悲剧性历史",史家就像演说家一样,他们应当致力于尽可能生动地描绘事件,以使得[42]读者似乎真的"看到"它们发生在他的眼前。[84] 普鲁塔克通过自己使用这一意象、使用"模仿"一词,从而强化了他在这句话中想要传递的信息,那就是,他没有从事,或至少不仅仅从事许多所谓"悲剧性历史"学派的史家们所撰写的那种动人心魄的、栩栩如生的叙事。[85] 他希望我们相信,他的叙事有一个更高的目标:品性的提升。

总而言之,在这个有多重含义的、复杂的、微妙的句子中,普鲁塔克宣称通过阅读他的《列传》,他的读者们的品性将会得到提升。他说道,这一目标的实现,不仅是通过读者们模仿他们所读到的有德的行为(一种 mimesis),也不仅仅是由于叙事本身的生动性(另一种 mimesis),而且也通过 ἱστορία,也就是,通过他的叙事、他的研究,以及读者的不懈关注与思考。

那么,普鲁塔克宣称,他本人的文学努力拥有一种完全不同于其他形式或其他作者的文学的价值。如果我们把这一段落与《年轻人应如何倾听诗人》中的一个段落进行比较的话,这一点将会更加

---

[84] 例如,托名朗吉努斯《论崇高》15.2;狄奥尼修斯《吕西亚斯》7, 1. 14. 17 Us. Rad. ;昆体良《雄辩术原理》6. 2. 29。比较 Borzák(1973)。希腊词常常是 θεᾶσθαι:θεατής 的同源词;比较普鲁塔克《阿尔塔薛西斯传》8.1。关于"悲剧性历史",参 Kebric(1977)页 14 – 18,Sacks(1981)页 144 – 170,Fornara(1983)页 120 – 134,Gentili 与 Cerri(1988)页 14 – 33。

[85] 事实上,尽管普鲁塔克对诸如杜里斯、菲拉尔克斯等这些史家的"悲剧风格"多有批评(例如《忒修斯传》32.4,《伯利克勒斯传》28.2,《亚历山大传》75.5),但栩栩如生的描绘、机运的突转,以及对悲剧的模仿——所有这些所谓的悲剧性历史的特征——在普鲁塔克的著作中并没有被回避。关于《论苏格拉底的守护神》中"悲剧性"历史的要素,参 Desideri(1984)页 583 – 585。Mueller(1995)讨论了《伯利克勒斯传》中视觉形象的频繁出现。

清楚。在这两处都使用了类似的观念与意象,来强调对文学作品中呈现的行动与品性进行模仿的危险。诗被比作(17e – 18f)绘画;它是"会说话的画"(painting which speaks, ζωγραφία φϑεγγομένη),[86]一种"模仿的"(imitative)或"表现的"(representational)艺术(μιμητική τέχνη)。然而,明智的读者将会赞扬这种"表现"(模仿,mimesis)——诗人重现现实的技巧——而不会赞扬所表现的卑鄙行为或品性:[87]"让他学着赞扬模仿这些事物的能力与艺术,而否定、责备它所模仿的禀性与行动。"(18c – d)[88]那么,《列传》的特殊价值与其他艺术不同,[43]它们激发起的不仅是赞扬,而且还有模仿;模仿不仅仅是作者的,而且也是读者的。

在《论苏格拉底的守护神》的开篇,普鲁塔克建构了《伯利克勒斯传》小序中的论证的平行对照,以及他期待的那种历史读者的一个例子。这部著作生动地叙述了关于忒拜僭主倒台及他们的斯巴达守备军的事情,也报道了传主们进行的哲学与伦理讨论。它把二者结合到一起:军事—政治叙事与道德探询的结合对《列传》来说也是核心性的。在这部著作的序言中,观赏艺术作品被用作阅读历史的平行对照。发言人阿基德莫斯坚持认为有两种画作的"观者"(viewers, ϑεαταί):一种对他观看的画作只得到一个大致的印象;另一种则仔细观察所有细节,注意好的与坏的。他接着说道:"我想对

---

[86] 普鲁塔克把这一比喻称作是"经常重复的"(oft – repeated)(17f: ϑρυλούμενον)。在《雅典人的荣耀多是赢自战争还是源于智慧?》346f 与《漫谈录》748a 处,他把它归于西蒙尼德。在《如何区分谄媚者与朋友》58b,托名西塞罗《Rhet. Ad Herren》4. 28、39,托名普鲁塔克《De Vita et Poesi Homeris》2. 216、7. 460 Bernardakis 等处都间接提到了它。

[87] 关于普鲁塔克的模仿观,比较 Van der Stockt(1990、1992),页 21 – 55。

[88] διδασκέσϑω τὴν μιμουμένην ταῦτα δύναμιν καὶ τέχνην ἐπαινεῖν, ἃς δὲ μιμεῖται διαϑέσεις καὶ πράξεις προβάλλεσϑαι καὶ κακίζειν.

于现实中的行为也是一样。有些心智相对迟钝的人如果知道事情的要点与结果就会对历史很满意。但有些人热爱荣誉与美(τὸν δὲ φιλότιμον καὶ φιλόκαλον),当他观看由德性与伟大艺术所完成的作品时(τῶν ὑπ' ἀρετῆς ὥσπερ τέχνης μεγάλης ἀπειργασμένων θεατήν),他在细节中得到更大的快乐(τὰ καθ' ἕκαστα)。因为,既然结局与机运有许多共同之处,他在动机与行动本身中观察到了德性对抗所发生的一切事情的努力;也观察到了险境之中勇气的明智行动——当时理性与危机、激情混合在一起(575b‐c)。⑧⑨

一个进一步的说明。通过宣称他的著作有着严肃的道德目标,普鲁塔克把它置于一种牢固确立的史撰传统中。然而,普鲁塔克也可能直接与柏拉图式的和亚里士多德式的模仿观进行斗争。柏拉图在《王制》第十卷中对诗的批评是以关于模仿的术语表达的。首先,诗是对现实的糟糕模仿(mimesis),它"远离真实,处在第三位"(602c2:τρίτον…ἀπὸ τῆς ἀληθείας):它是对真实生活的模仿,真实生活又是对理性世界的模仿(595a1‐602c3)。其次,诗诉诸灵魂的低下的、非理性的部分(602c4‐605c5:τὸ ἀλόγιστον),由此激起观众的情绪,从而伤害他们(605c6‐b)。⑨⓪ 普鲁塔克常常受到柏拉图观点的强烈影响,⑨① 但在对文学的评价方面,他似乎与柏拉图分道扬镳。普鲁塔克不同意柏拉图把大多数种类的诗都排斥[44]在他的理想城邦之外。⑨② 正如我们在《年轻人应当如何倾听诗人》中已经看到

---

⑧⑨ 这部分错漏很多,虽然它的意思足够清楚。关于这一段落,参 Desideri(1984)页 570‐571 的简短评注。

⑨⓪ 亦比较《王制》392c‐398b 处关于从城邦中驱逐模仿艺术的部分。

⑨① 参下文第三章。

⑨② 比较普鲁塔克在《论亚历山大的机运或者德性》328d‐e 处的意见:柏拉图的理想城邦永远也不会变成现实,因为它禁止自然(天性,τὸ αὐστηρόν)。关于普鲁塔克在文学的教育运用方面的观点,比较 Korus(1977)。

的那样,普鲁塔克主张年轻人能够被教导去阅读荷马与悲剧作家,同时在道德方面不受损害;确实,它实际上可以是有益的(15d – 16a)。⑬ 通过采用模仿的语言,普鲁塔克似乎在用柏拉图式的术语来修正柏拉图。

普鲁塔克的文学观似乎与亚里士多德的更加一致。在《诗学》中,亚里士多德已经试图回答柏拉图对诗的批评。对亚里士多德来说,所有的诗都是"模仿的"(《诗学》1447a13 – 1448a25),但这不仅仅意味着在诗当中有一种模仿真实生活的事件或情绪的努力(就像在柏拉图那里诗所做的那样);诗提供了可能性实在(possible reality)的图景;它是一种理想化的表现形式。确实,对亚里士多德来说,这就是使诗有别于历史的东西:诗表现普遍真理,历史表现特殊真理。由于这一原因,诗比历史"更有哲学意味"(《诗学》1451b5 – 7)。它能够表现下面三种事物中的一种:过去或当今的事;人们所说的并且相信的事;或者应该是这样或那样的事(《诗学》1460b8 – 11)。⑭ 悲剧把人描绘得比他们本来的样子更好(1454b8 – 10)。⑮ 值得注意的是,亚里士多德并没有试图基于道德考虑来捍卫诗,也就是说,基于诗可能在读者身上发挥的有益作用。他确实暗示道,在情感上关心传主以及他的境况或许有某种"净化"作用(κάθαρσις),但他这么说的意思并不十分清楚。然而,我们或许能够根据《诗学》中亚里士多德对音乐的评论(1339b11 – 1340b19)来重建他对于诗的道德益处的信念可能是什么。亚里士多德主张,德性

---

⑬ 比较伊索克拉底《致尼可克里》(*Ad Nicocl.*)35,《致德莫尼库斯》(*Ad Demon.*)34。

⑭ 关于这一段落,比较 Ste Croix(1975)。

⑮ 关于柏拉图与亚里士多德的模仿观,参 Russell(1981)页 99 – 113, Gentili 与 Cerri(1988)页 29 – 31, Murray(1996)页 3 – 6。

与"正确地感受愉悦、爱和恨"有关。⑯ "没有什么比学习并习惯于正确判断、为高贵品性与高尚行为而高兴更加重要"(比较《伦理学》1104b12-13;1105a10-12)。音乐中含有对品性与情感的表现($\dot{o}\mu οι\dot{ω}\mu ατα$)与模仿($\mu ι\mu \acute{η}\mu ατα$),所以它本身能够作为一种很好的训练方式,训练人如何对现实本身感到痛苦与高兴,它也因此能够有益于品性与灵魂($\mathring{\eta}\theta ος$ and $\psi υ\chi \acute{η}$)。对于诗的益处,亚里士多德可能也提出了一个相似的论证,诗毕竟更适合于[45]训练听众感受正确的情感,因为,正如亚里士多德所强调的那样(《诗学》1450a15-21),诗表现了行动背景中的品性:悲剧诗的叙事因素将使人们能够看到舞台上表现的情感的原因。⑰ 尽管如此,亚里士多德在《诗学》中对文学的辩护特别把历史排除在外;它也批评了这样的诗:它们的统一性建立在以单个人的生平为中心上面,而不是以单个行动为中心($πρ\tilde{α}ξις$;1451a16-35)。在"修正"柏拉图的模仿观方面,普鲁塔克似乎比亚里士多德更进了一步:传记就像悲剧诗那样,也能具有道德方面的积极功能。⑱

第五节 《德米特里乌斯与安东尼传》

在《伯利克勒斯传》与《埃米利乌斯传》小序中,读者被敦促去模仿后面文学的列传中叙述的真人生平。这句话的含义之一是那

---

⑯ 《政治学》1340a15-16;亦比较《伦理学》1104b4-1105a13。
⑰ Simpson(1988),特别是页289-291。
⑱ 普鲁塔克肯定也很熟悉《诗学》中所陈述的亚里士多德的模仿观,正如他在《雅典人的荣耀多是赢自战争还是源于智慧?》346f-347a处利用了亚里士多德关于模仿的三重标准(《诗学》1447a16-18)所显示的那样。参 Van der Stockt(1992),页27-28。

些生平被叙述的人是值得模仿的,因此,根据定义,他们是好的。实际上,普鲁塔克在《德米特里乌斯与安东尼传》小序中修正了这一方案。这里他为《列传》中包含了坏人——与德性的例子一样的恶行的例子——作了辩护。

在这篇小序中,与《伯利克勒斯传》开篇处的论证相反,普鲁塔克的《列传》与其他艺术结成了同盟,而不是相互对立。但是就像在《伯利克勒斯传》小序中那样,这里也存在着理性与感官(sense-perception, αἴσϑησις)之间的根本对立。然而,这一次,理性与艺术(技艺, τέχναι)等同了起来。普鲁塔克宣称,理性与艺术——也就是,艺术的从业者——二者都具有洞察力。一方面,感官一视同仁地记录冲击它们的所有印象,对于黑与白、冷和硬同样易于接受:

> 但与理性协同一致的艺术能够选择并接受属于它们的东西,逃离、回避不属于它们的东西。它们为了自己着想而有意地思考一些对象,对另一些对象则只偶尔加以考虑,其目的是为了小心、警惕。(《德米特里乌斯传》1.3)

[46]通过了解什么是应当避免的以及什么是应当追寻的,能够更好地从事技艺。因此,医学生们研究疾病,而学音乐的学生们研究不协和音(discord)。普鲁塔克接下来写道:

> 而且,所有技艺中最完美的技艺——节制、正义与智慧——不仅仅包括对美好的、正义的和有用的事物的判断,而且还包括对有害的、可耻的和不公正的事物的判断。所以这些技艺并不赞扬那种夸耀自己毫无为非作歹经验的清白,而认为这是一种愚蠢和无知:对于每一个想要正确生活的人都应该知道的东西一无所知。(《德米特里乌斯传》1.4)

所以普鲁塔克坚持认为,对恶行的了解将有助于德性的实行,这一论证是从一种希腊传统观点中自然地生发出来的,该传统观点把德性与知识联系在一起。在一个巧妙的、自我反思(self-reflexive)的转折中(这在普鲁塔克的小序中很典型),普鲁塔克接着引用了一个反面例证:怎样不贯彻这一原则。普鲁塔克告诉我们,斯巴达人过去常强迫希洛人喝醉,其目的是为了向他们的年轻人示范醉酒的危险。普鲁塔克不赞成这样做:

> 我认为通过扭曲其他人来使某些人变好的做法既不符合人性,也不是一位真正的政治家所应该做的。但对我来说,在我的《列传》的典范人物中插入一两对这样的人物或许并不是坏事:他们行事轻率、身居高位并处在重大事务之中,因为他们的恶行而声名狼藉。(《德米特里乌斯传》1.5)

普鲁塔克补充道,他这样做的目的不是通过在他的作品增加一些变化来愉悦或娱悦他的读者们。毋宁说,他把自己比作两位著名的长笛演奏家,他们常常让他们的学生既看到糟糕的长笛演奏者,也看到优秀的长笛演奏者。⑨ 普鲁塔克总结道:

> [47]通过同样的方式,我认为如果我们同时考察那些卑鄙之人、应予矫正之人的生平,那么我们将会更加满腔热情地阅

---

⑨ 这些长笛演奏者中的一位,伊斯墨尼阿斯,在《伯利克勒斯传》小传中已经被提及(《伯利克勒斯传》1.5),虽然有着不同的目的;在《漫谈录》632c-d、《论亚历山大的机运或者德性》334b、《伊壁鸠鲁的原则使幸福的生活不可能》1095f 等处也被提及。阿波罗尼乌斯在 Phil. Apoll. 5.32 处用了同样的论证鼓励韦伯芗学习他前面那些可怜皇帝的例子,以便学习"如何不去统治"。

读、模仿那些更好人物的生平。(《德米特里乌斯传》1.6)

这里,普鲁塔克要介绍"一两对"不值得模仿的人物的理由是基于下述前提:读者通过运用理性能够分辨德性与恶行。读者不应当对于恶行完全空白或一无所知,而应当通过研究某些"恶行昭著"者的例子,来学习怎样更好地避免恶行,并且更加满腔热情、眼光敏锐地研究有德之士。那么,这里暗含的意思是德米特里乌斯与安东尼将被视为负面的或"威慑性的(deterrent)"例证。[100] 这篇小序拾起并延续了其他方案性陈述中已经观察到的主题;强调的重点又一次在德性与恶行上面,而读者的反应是模仿或者避免。自希罗多德(前言)以来的史家们已经宣称,记录恶人们的行迹是历史的一个功能。塔西佗也宣称为后代记录恶行是他的《编年史》的功能之一(3.65)。在这两个地方,目标都既是纪念性的也是有益的。[101] 或许,普鲁塔克给出"负面典型"的理由的最佳对照是马克西穆斯(Valerius Maximus),后者在他的《嘉言懿行录》(*Memorable Deeds and Sayings*)中已经用一卷的篇幅来记叙应当避免的恶行。

然而,事实上,当普鲁塔克真正开始谈到《德米特里乌斯与安东尼传》的传主时,他没有简单地把他们介绍为反面典型,反而也把他们介绍为柏拉图"伟大天性"(great natures)理论的证明:

(1.7)本卷中将包含"围攻者"德米特里乌斯(Demetrios the Besieger)与"大元帅"安东尼(Antony the Imperator)的传记,

---

[100] Russell(1973),页135。

[101] 关于《编年史》3.65,参 Fornara(1983)页 118–119,以及 Luce(1991),他们主张这里的目标是要纪念好的行为与坏的行为,而不是呈现它们以供模仿或避免(比较昆体良《雄辩术原理》10.1.31)。但这两种需要并不是互相排斥的。

他们二人最能够证明[102]柏拉图的主张:伟大的天性既能为大善,也能为大恶。(1.8)这两个人同样热衷于拈花惹草、酗酒狂欢、穷兵黩武,他们都变得慷慨大方、挥霍无度、傲慢自大,相应地,他们的机运也有许多相似之处。在他们的一生中,他们持续地获得了巨大[48]的成功,也经历了巨大的失败;他们有过辉煌的征服,也遭受过可怕的溃败;他们出人意料地受挫,但一度又有一线生机;他们以相似的方式迈向自己生命的尽头,一个被敌军俘虏,另一个则差点儿被人活捉。(《德米特里乌斯传》1.7-8)

普鲁塔克在这里暗指的或许是柏拉图《王制》中的一个段落,柏拉图在该段落中讨论了真正的哲人的天性(491b-492a)。[103] 柏拉图断言,哲学天性很稀有,而且往往被那些常被赞扬的天性特质(如男子气概、克制精神)以及所谓的善(好东西)(如美貌、财富、体魄强健、家世显赫)所腐化,从而偏离了哲学(491b-c)。在植物与动物世界里,如果缺乏合适的营养,生机最旺盛的种子或生长物所受的伤害也最大。柏拉图接下来写道:

"因为低劣的东西与优秀的东西对立,甚于与不优秀的东西对立。""当然。""我想,这么说有道理,如果最优秀的本性处在越是与其本性相反的生长环境中,它就会变得越是糟糕,甚于平庸的本性。""是这样的。""所以,"我说,"阿德曼托斯,难

---

[102] 关于这一短语,比较《科瑞欧拉努斯传》1.3,《狄翁传》1.3、32.8,《伽尔巴传》1.4。

[103] "伟大天性"的观念也见于:色诺芬《回忆苏格拉底》4.1.4;柏拉图《克力同》44d;《小希琵阿斯》375e;《高尔吉亚》525e;托名亚里士多德《问题集》30.1,953a10-32。

道我们不应该说,以同样的方式,那些本性优秀的灵魂[49]从小受了坏的教育,它们就会变得特别糟糕?或你认为,那些严重的非正义之事和那种纯粹的低劣产生于平庸的本性而不是产生于那种生机旺盛、在培育中被腐蚀了的本性?难道你认为软弱的本性能够成就大事,不管是优是劣?""不能,"他说,"是这么说。""所以我认为我们所确认的哲人的本质,如果获得适合其本性的教育,必然会向全面的德性方面发展并且抵达那里,然而,如果它被播撒、种植和哺育在不适合其本性的环境里,它就会必然向相反的方面发展——除非某一位天神幸好能帮助它!"(《王制》491d-492a)

柏拉图接着讨论了下面这种人:虽然他具有伟大的天性,但他有可能因民众的赞誉而远离了对德性的追求。显然,柏拉图心里所想的是比他年少的同时代人阿尔喀比亚德。柏拉图总结道:

> 从这些人涌现出了那些人,他们对他们的城邦和个人造成最大的危害——或带来最大的好处,如果他们碰巧向那一方向奔流。因为平庸的本性永远做不成任何大事,无论对个人还是对城邦。(《王制》495b)

那么,"伟大的天性"既显现出巨大的恶,也显现出巨大的善:拥有巨大的天生潜能的人利用那种潜能既可以为大善也能够为大恶。德米特里乌斯与安东尼被普鲁塔克描绘成这样的人:他们巨大的天生潜能、"伟大的天性"在坏环境中被扭曲了。[104] 关于这一理论

---

[104] 事实上,普鲁塔克两次提到德米特里乌斯的好的天生特质(εὐφυΐα: 4.5; 20.2)

以及它对于理解普鲁塔克"威慑性"列传的重要意义,将在下一章中有更多的讨论。它与我们将在本书中处理的所有成对传记的阅读也大有关联。[105]

第六节 结语:普鲁塔克论历史的价值

那么,从对《列传》的方案性陈述的分析中能够清楚地看出,对普鲁塔克来说,至少在理论上,撰写或阅读过去那些政治家的事迹,目标是双重的。首先,一个人应当[50]要达到对传主品性的理解。这既涉及关于传主的知识,包括在日常生活中以及在演说与战争中,也涉及对传主的评价:在哪些方面他是好的或坏的? 其次,也更重要的是,普鲁塔克认为关于过去伟大人物的品性的知识将引导读者在他本人的生活中模仿好的、厌恶坏的;对过去的研究是——或至少应当是——一种道德提升活动。[106] 普鲁塔克在他的非传记类著作中将这一理论付诸实践,在那些著作中,他将历史事件与历史

---

[105] 普鲁塔克本人在《论神罚的延迟》551d–552d 处用与柏拉图非常相似的语言重复了伟大天性理论,参页 207–208。他在《吕山德传》2.5 与《阿基斯与克琉墨涅斯传》23(2).6、《论苏格拉底的守护神》575b–c、《伊壁鸠鲁的原则使幸福的生活不可能》1092e–f 等处也利用了这一观念(比较泡萨尼阿斯 7.17.3 论尼禄的部分)。这一观念构成了本书个案研究所考察的全部四对传记的基础。

[106] 在《论神谕的衰微》410b 处,克里奥布罗托斯被说成是"搜集历史来充当哲学的材料"($iστορίαν\ οἷον\ ὕλην φιλοσοφίας$)。关于这一段,参 Flacelière (1974),Brenk(1977)页 90–91。比较《"隐秘无闻的生活"是一个好准则吗?》1129b–c:普鲁塔克讽刺地问道,难道一位像地米斯托克利、卡米卢斯、柏拉图或伊巴密浓达这样的伟大人物应当遵守伊壁鸠鲁主义"隐秘无闻地生活"的准则,"为了不教导任何人,不以他的德性激励任何人,不做一个美好的典范吗?"($ἵνα\ μηδένα\ παιδεύσῃ, μηδενὶ\ ζηλωτὸς\ ἀρετῆς\ μηδὲ\ παράδειγμα\ καλὸν\ γένηται$)。

人物用作"例证"(exempla)来支持他的教导。[107] 例如,在《论心灵的平静》中,他敦劝读者模仿($\mu\iota\mu\varepsilon\tilde{\iota}\sigma\theta\alpha\iota$)过去那些平静地承受机运(fortune)变更的人(467d)。当身处不幸时,一个人应当仔细观察(look attentively, $\dot{\alpha}\pi o\delta\varepsilon\omega\varrho\varepsilon\tilde{\iota}\nu$)那些自身也遭遇类似不幸的著名人物(467e):他引用了罗马帝王、伊巴密浓达、法布里西乌斯(Fabricius)和阿基斯的例子;在文章的其他地方,他使用的例子中还包括亚历山大与埃米利乌斯·保卢斯,作为学习的榜样。在《论不令人讨厌的自我称赞》中,他使用了伯利克勒斯、老加图、亚历山大、阿格西劳斯、福基翁、德摩斯梯尼以及地米斯托克利;在《婚姻准则》中,每一条建议都有一个来自历史、诗或格言隽语的例证加以支持。或许,引用过去的事件来给予读者教诲——在这种情况下,通常是政治性的教诲——在普鲁塔克的《政治准则》中表现得最为清晰。大部分所叙述的事件在《列传》中也已讲述过了。但在这里,事件的安排并没有按照时间顺序;普鲁塔克也没有试图在历史背景下叙述那些事件。毋宁说,这些事件被明确地、专门地用作要加以效仿或避免的行为范例或行为典型($\pi\alpha\varrho\alpha\delta\varepsilon\acute{\iota}\gamma\mu\alpha\tau\alpha$:798b - c),以及用作支持政治—道德教诲方案的证据。[108]

普鲁塔克相信一个人应当模仿有德之士,无论一个人用肉眼观察他们、在想像中观察他们,或通过阅读普鲁塔克本人的文学著作来观察他们。他主张,通过这样的努力,一个人会变得更好。因此,下面这一点并不令人惊讶:在《列传》中[51]普鲁塔克常常强调,一位传主开始了他的德性功业是由于他观察——并且想要模仿——一位同时代人或一位先人。因此年轻时的斐洛波门想要成为伊巴

---

[107] 参 Valgiglio(1992),页 3965 – 3979。

[108] 关于在演说中运用历史事例,比较亚里士多德《修辞学》1393a23 – 1393b4。关于《政治准则》的这一方面,参 Desideri(1991),页 225 – 228。

密浓达的"模仿者"(《斐洛波门传》3.1: ζηλωτής)。普鲁塔克告诉我们,事实上,斐洛波门也确实模仿(ἐμιμεῖτο)了伊巴密浓达的军事德性与廉洁正直,但是,因为他的怒气与喜好争斗(love of strife, φιλονεικία),他无法保持伊巴密浓达"在政治辩论中的和善、庄重与仁慈"(比较4.8)。在《佩洛皮达斯传》中,传主敦劝忒拜的流放人士将特拉绪布洛斯(雅典民主派流放者的领袖)的勇敢与德性作为他们的"典范"(《佩洛皮达斯传》7.2: παράδειγμα)。在后面,普鲁塔克告诉我们,佩洛皮达斯认为当勇士们互相激励去采取行动时他们会更加有用(19.5)——就像被套在一张轭上的马那样,"因为互相之间的竞争与对胜利的热爱将会使精神燃烧起来"。[109] 年轻时的德摩斯梯尼"嫉妒"(ἐζήλωσε)演说家卡利斯特拉托斯的荣耀,崇敬他演说的力量,因此自己也投身于演说术(《德摩斯梯尼传》5.1-5)。年轻的忒修斯受到赫拉克勒斯功绩的激励,也要做出伟大的事业(《忒修斯传》6.8-9;25.5)。以一种相似的方式,年轻的地米斯托克利也被米提阿德在马拉松的成功所激励(《忒修斯传》6.9;《地米斯托克利传》3.4-5);在论说文《人如何意识到德性的进步》中(84b-c),普鲁塔克把地米斯托克利作为一个例子,来说明赞扬与崇敬(ἐπαινεῖν and θαυμάζειν)将如何导向仿效与模仿(ζηλοῦν and μιμεῖσθαι)。类似地,年轻的格拉古(Tiberius Gracchos)也被他的统帅——埃米里阿努斯(Scipio Aemilianus)所激励,据说后者的天性能够产生"许多使人在行动上效仿、模仿的巨大激励"(《格拉古传》4.5)[110]

---

[109] ὅτι συνεκκαίει τὸν θυμὸν ἡ μετ' ἀλλήλων ἅμιλλα καὶ τὸ φιλόνικον.

[110] πολλὰ καὶ μεγάλα πρὸς ζῆλον ἀρετῆς καὶ μίμησιν ἐπὶ τῶν πράξεων. Valgiglio(1992)页4011-4013,Frazier(1995)页148-149给出了更多激励他人模仿的英雄的例子。

那么,阅读有关历史人物的著作对于读者将是有用的,他们将把这些人物的例子作为启发自己的典型,明白什么是要模仿的、什么是要避免的。确实,正如我们已经看到的那样,关于有德之士的知识应当如何作用于观者的灵魂,普鲁塔克的某些传主本人提供了典范。普鲁塔克已经提出了一种非常效用主义的历史价值观。但在实践中普鲁塔克的道德教诲将会如何运作?这是下面一章的主题。

第二章 普鲁塔克《列传》中的道德观
——说教与探询

[52]在我们已经考察过的方案性陈述中,普鲁塔克似乎宣称,如果把其《列传》传主的生涯作为一个整体,他们可以被理解为德性或恶行的典范,并且,在细节层面上,单个行动可以被理解为有德的或是恶的。由于这一原因,《列传》将适合于为了读者自身的完善和熏陶而从中抽提出实践道德教训。在本章中,我试图评估这些宣称在《列传》中是否得到了实现,以及普鲁塔克最初的读者们对他的著作可能作出怎样的反应。下一章将会考察贯穿《列传》全书的道德价值体系。本书的第二部分将由一系列个案研究组成,研究许多不同的对《列传》的道德织理(moral texturing)。

普鲁塔克对其《列传》的道德目标的宣称,尽管在含义的微妙与深度上非同寻常,但就它们在历史的道德功能方面的观念而言,当然并不新奇。宣称史撰具有某种更高的目标,这一宣称历史悠久,可以追溯到修昔底德,它的表达方式常常是效用(utility, ὠφέλεια)与乐趣(pleasure, τέρψις)二者之间的对立。史撰的这两个方面被给予的相对分量是历史理论中争论的主要领域之一,它的思考方式常常是忠诚于希罗多德的还是修昔底德的模式。① 在史家与理论家那里,常常通过"德性或恶行的'范例'"(παραδείγματα或

---

① 比较 Avenarius(1956)页 22 - 29, Fornara(1983)页 104 - 134, Gentili 与 Cerri(1988)页 10 - 33。关于一般意义上史撰作者的道德观,亦参 Brunt (1979)页 312 - 313(亦见 1993,页 182 - 183)。

exempla)这一方式来思考效用。② 史家应当通过在合适的地方分配赞扬与责备,来把他的读者们引向对这些范例的正确反应。③

[53]那么,普鲁塔克的方案性陈述利用了古代文学中,特别是史撰中的标准主题(topoi)。这些陈述把他的著作置于这样的史撰传统中——强调"效用"而非"乐趣"是它的主要目标,这种效用是道德上的,而不是政治或军事上的。在相信历史有用的信念背后是这样的信念,即历史在某种意义上是自身重复的,研究历史的益处就在于识别这些重复的模式(例如,修昔底德 1.22.4;波利比乌斯 9.2.5 – 6)。普鲁塔克通过对比结构的运用而把自己置于这一传统之中,这种对比结构邀请读者识别生活在不同环境(milieux)中的人物生平之间的相似之处。④ 方案性陈述应当也被视为控制读者预期的重要手段。古代著作中的序言性陈述应该被看成是在著作开篇,作者与读者之间"协商"(negotiation)的一部分,它决定了接近文本的方式。它们与开篇的其他特征(如标题、对主题内容的指示以及对前人的暗示等)一起在决定读者的一般预期(generic expectations)上发挥着主要作用。⑤ 因此,每一篇小序都有它自己的曲折之处,帮助读者做好准备去接近后面的一篇或一对《列传》。但这

---

② 例如狄奥多罗斯,1.1.4,16.70.2;约瑟夫斯《犹太古史》17.3.3,60;李维,前言 10;塔西佗《历史》1.3,3.51;游斯丁 *Praef* 4。

③ 比较狄奥尼修斯《致庞培乌斯》3.15;西塞罗《致友人》5.12.4;《论善恶的目的》1.10,36。关于塔西佗《编年史》3.65,参第一章注 101。

④ 比较希罗多德作品中肆心(hubris)与报应(nemesis)的循环重复;修昔底德作品结构的重复模式:参 Rawlings(1981),特别是页 38 – 57;Moles (1993b),页 107 – 108。普鲁塔克在《塞多留传》1.1 – 2 处提到事件的重复发生作为一种可能性——另一种可能性是宇宙是完全随机的,但很难判断这一段的语气。比较《德摩斯梯尼传》3.3 – 5:在两位传主的天性以及降临到他们头上的事情之间的相似性是由 ὁ δαίμων(神,或者可能是天意)所造成的。

⑤ 比较 Fowler(1982),页 106。

些理论宣告在普鲁塔克实际的实践中有所反映吗？所宣称的伦理教育目标中有多少在文本中是可见的呢？

第一节　赞扬与责备：正面列传与负面列传

马上引出的一个问题是，在古代文本中人们期待道德观如何发挥作用？道德观可以是隐含的，也可以是明确的。明确的道德观中包含了直接的作者干预，在古代批评中以"赞扬"或"责备"为特征，在这样的干预中，所叙述的人物的行为或品性都基于道德尺度加以评价，有时会为了读者从中抽提出教训。⑥ 在"劝喻"(exempla)文学的作者那里能够找到许多这样的例子，他们为了明确的教诲目的而使用历史材料。例如，马克西穆斯(Valerius Maximus)[54]列举了许多历史事件来说明具体的德性或恶行。⑦ 第二种形式的道德观中包含了没有直接作者评论的叙事，但道德问题得到了强调，并常常以这样的方式加以呈现：鼓励读者采取赞扬或责备的具体态度。一般而言，古代史撰中的道德观是第二种。例如，李维以这样的方式叙述了高卢人对罗马的劫掠以及后来的重新夺回(5.32.6 – 55.5)，以便隐晦地显示战败是由于道德崩溃，而胜利则是由于德性。⑧ 以同样的方式，撒路斯特赋予他笔下的喀提林许多坏人的特征，把他描绘成罗马道德衰落的一个"范例"(exemplum)。正如David Levene 已经论证过的那样，《朱古达战争》中的道德观要稍微复

---

⑥　例如色诺芬《希腊史》5.4.1；波利比乌斯，1.35.1 – 10；奈波斯《特拉西布鲁斯传》1.1 – 2；《攸门尼斯传》8.1 – 3。

⑦　例如3.1.2 – 3.2，还有9，这些地方都明确地阐明了"坚毅"(fortitudo)这种德性。

⑧　Luce(1971)，页273 – 276。

杂一些,根本主题是道德败坏,这不仅在罗马城中(特别是在 1-4 处),而且在领袖人物越来越严重的堕落中都能够看出来:朱古达、梅特鲁斯(Metellus)、马略和苏拉。每一个人在出场时都得到了正面的描绘,但每一个人都显示出比他的前任更加糟糕的道德败坏。这部著作的结尾之处是马略与苏拉的恶行登峰造极,延续至将来(特别比较 95.4):恶行与堕落的循环仍在继续。⑨

在《列传》主体中——与正式的对比(synkriseis)相反⑩——道德观几乎无一例外地是第二种。但事情常常不止这么简单。正如已经注意到的那样,某些《列传》比其他《列传》更关注传统上与历史联系的伟大事件和功绩,其结果是,对传主的品性与性情(ἦθος 与 τρόπος)的强调相当少,因此减少了批判性评价的机会。有些《列传》确实似乎是在心中已有道德教训的情况下写作的(至少是部分地),例如,《阿里斯泰德与老加图传》《吕库古与努马传》以及《尼基阿斯与克拉苏传》,它们的传主在某种程度上很符合广为人知的典范。然而,一般来说,普鲁塔克的人物更加个性化;他们很少等同于人群类型(stock types)。⑪ 正如我们将会看到的那样,有些《列传》似乎并没有明确地以道德教诲进行教导。本书接下来的许多篇幅将会集中关注这些复杂的、富有挑战性的《列传》。

许多因素阻碍了下面这种对待《对比列传》的进路:寻找一种普鲁塔克似乎承诺的、容易总结的道德教训。[55] 首先,大部分《列传》对于如何理解它们的传主或所叙述的行动的道德地位很少给出明确的指导。普鲁塔克很少介入到叙事中来,指出对错在什么

---

⑨ Levene(1992)。

⑩ 我这里的分析将集中关注《列传》本身能看到的价值观;正式的对比呈现出它们自身的问题,并在第八章中分别得到处理。

⑪ 恕我与 Bucher-Isler(1972)观点不同。比较 Ingenkamp(1992b),页 4624-4631。

地方。而在他确实介入的地方,如《阿里斯泰德传》(6.1 – 5)或《德米特里乌斯传》(42.8 – 11)中关于正义的论说,或《吕山德传》(23.3;比较《阿格西劳斯传》8.5)中关于荣誉之爱的危险的论说,或指出埃米利乌斯身上的知足与节俭所包含的道德讯息(《埃米利乌斯传》5.10),其作用是相当惊人的。⑫ 在少数情况下,作者的判断也被插入到叙事当中,作为传主或"明智的"旁观者的想法。⑬ 但整体来说,道德判断是暗示性的:普鲁塔克期待他的读者识别并询问在什么地方一桩行动会受到赞扬,在什么地方会遭到责备。普鲁塔克通过运用一系列道德信条来塑造他的《列传》,虽然并不清楚读者是否以及在何种程度上分有这些道德信条。在何种程度上,《列传》的价值体系与读者的价值体系相重合?在何种程度上,它是古典希腊价值观的建构物,由此而是历史规划的一部分?鉴于这一时期对古典世界的兴趣再次兴起,普鲁塔克的读者们无疑对这样的古典价值观有着某种熟悉,甚至可能有某种同情,但他们以一种更加间接的方式分享这种古典价值观,而且可能不会想去模仿它们。无论如何,读者往往更加期待亲眼看到所援引的道德范畴,亲自认识到他应当如何判断普鲁塔克的传主们的行为与生平。在通常情况下,所援引的道德范畴是如此的毫无争议,其暗示的意思是如此清楚,以至于读者的反应是可预期的,其道德讯息也是没有疑问的。但是,正如我们在后面几章中将会看到的那样,有些《列传》中充满了道德价值很可疑的事件,以至于不清楚作者打算让读者如何判断传主。

这一现象似乎与普鲁塔克在《德米特里乌斯与安东尼传》开篇处的话相矛盾,他在那里似乎承诺了[会有]一系列成对的列传,它

---

⑫ 比较 Martin(1995),页13 – 14。
⑬ 参下文,页120。

们能被清楚地分为两个类别:好的列传,它们应当被我们模仿;不好的列传,它们应当警示我们不要做什么样的人。⑭ 基于这篇小序,现代评注者们试图把每一对列传归类为负面的或正面的,这种做法是可以理解的。但是鉴于普鲁塔克承认人的天性从来不会完全都是善的(《客蒙传》2.4－5),⑮因此并不奇怪,[56]对于哪些列传应当被看成是负面的并没有一致的意见,这里清楚地显示出这种分类方法的内在困难。《德米特里乌斯与安东尼传》是唯一一对被明确说成是恶行范例的列传;正如我们将会看到的那样,这一观点也有许多问题。其他被认为是负面的成对列传有《尼基阿斯与克拉苏传》⑯《科瑞欧拉努斯与阿尔喀比亚德传》⑰以及《皮洛士与马略传》。⑱ 关于这些列传,都没有一致意见。《斐洛波门传》已经被认为是一个负面的例子,但不同寻常的是,与它配对的列传,《弗拉米

---

⑭ 参上文,页45－49。

⑮ 比较《阿基斯与克琉墨涅斯传》37(16).8;《德性可教吗》439b;《年轻人应当如何倾听诗人》25b－d,26a;《陆地和海洋里的动物哪个更聪明?》964d－e;《论不令人讨厌的自我称赞》545e。

⑯ 尼基阿斯因为他的懦弱、优柔寡断与迷信而受到批评(2.4－6,4.3,4.8,8.2,10.8,22.2;《尼基阿斯与克拉苏传》1.2,2.4,2.6),但他也有许多德性(例如9.6,12.5,14.1,16.3,16.9,17.1,21.6－11;《尼基阿斯与克拉苏传》3.6,5.1)。有些人已经认为负面因素超过了正面因素:Marasco(1976)页22;Nikolaidis(1988),特别是页331－332;Piccirilli(1989)页14－16,(1990b与c),(1993b)页ix－xvi;Titchener(1991);Martin(1995)。Pelling(1992)页35注28不同意这一观点,他论证道,例如,尼基阿斯的犹豫不决在前面的章节中比在修昔底德那里得到更多的强调,但相反,在西西里战败中它却没有被作为一个主要问题。

⑰ Russell(1966b)页37注2,(1973)页108,(1982)页30;Aalders(1982)页9;Marasco与Nikolaidis(参上注)。

⑱ 亦被Nikolaidis(参注16)所提出。

尼努斯传》则提供了一个正面的典范。[19]

事实上,这种把列传归类为负面传记或正面传记的尝试不仅是困难的,而且也可能是误导性的。它奠基于那些方案性段落之上,正如已经论证过的那样,这些段落应当被视为最为紧密地粘附于它们所附属的列传上面,而不能被毫无问题地拿来当作整部《对比列传》的指导。但即使对在小序中暗示了接下来的列传应当被视为德性或恶行的典型的少数几对列传而言,认为其传主全然地善或全然地恶这实际上也是不可能的。很少有传主过着完全无可责备或应受谴责的生活,他们不是德性或恶行的常用样本(stock examples)。

一般来说,普鲁塔克更多地准备去赞扬而不是去批评,这一观点当然是正确的。这样一种做法同他的宽容人格(persona)以及他对人性弱点的理解——他本人的 $\varphi\iota\lambda\alpha\nu\vartheta\rho\omega\pi\iota\alpha$,我们在他的非传记类著作中能看到其表现——相一致。这与关于文学的一种古代共识也是一致的,即这种文学观把一位作者——特别是一位史家——选择书写的题材与作者本人的品性联系在一起。[20] 哈利卡纳苏斯的狄奥尼修斯在他的《罗马古史》开篇(1.1.2 – 1.1.4)[57]非常清楚地表述了这一理论。在他的《致庞培书》后半部分(3 – 6,对他的一篇早年的、现已佚失的论文《论模仿》第二卷的概要叙述)对多位史家的评价中,他也运用了这一文学批评理论。[21] 希罗多德因为他对题材的选择而被认为远高于修昔底德:希罗多德写的是一场光荣的战争,而修昔底德,不光彩地,他写的是一场给希腊人带来苦难的战

---

[19] Walsh(1992),特别是页 217 – 218。他认为《斐洛波门与弗拉米尼努斯传》证明了和谐的重要性以及"热爱争斗"(love of strife, $\varphi\iota\lambda o\nu\epsilon\iota\kappa\iota\alpha$)的危险。

[20] 这一观念在阿里斯托芬的某些段落中能够清楚地看到,特别是在《蛙》行 830 – 1481,埃斯库罗斯与欧里庇得斯的争辩中。亦比较《阿卡奈人》行 410 – 413,《地母节妇女》行 149 – 150。参 Muecke(1982),页 51 – 53。

[21] 关于狄奥尼修斯对这一学说的陈述,参 Fox(1993),页 37 – 38。

争。而且,希罗多德选择在那些赋予叙事以振奋人心的道德讯息的时间点上开始和结束他的历史:对波斯人的侵略从其开端一直追溯到它最终的惩罚。修昔底德的整个叙事是一个有关希腊人之间战争的阴郁故事。狄奥尼修斯对这两位史家的分析中最意味深长的地方是他把他们对题材、开始和结束的时间点的不同选择与他们本人的性情($διάθεσις$)联系起来的方式:希罗多德相当合适地为好事欢喜、为坏事悲伤;修昔底德则"过于详细"地记录了雅典人的错误,并且从来没有,或只是不情愿地提到雅典人的成功。由此狄奥尼修斯认为,修昔底德展现了他对他的祖国的怨恨(《致庞培书》3)。在他的另一篇著作,论说文《论修昔底德》中,狄奥尼修斯把"米洛斯对话(Melian Dialogue)"作为他认为修昔底德对他的祖国怀有恶意的例证,认为它产生自他对祖国的怨恨。据狄奥尼修斯看来,在"米洛斯对话"中,修昔底德让雅典人说出了他们不可能说的话。这里的标准是适宜(appropriateness, $τὸ\ προσῆκον$; $τὸ\ πρέπον$):希腊的解放者,古典历史时代的英雄们,不应当被描写成说出那样傲慢的话。以这种方式呈现他们,显露出修昔底德本人的恶意。

在《致庞培书》(4-5)中,狄奥尼修斯继续在色诺芬的德性品性与他为他的历史而选择的高贵题材之间建立了相似的联系;相反,史家菲利斯托斯(Philistos)选择以西西里僭主狄奥尼修斯一世作为他的传主,这显露了他的恶的品性。菲利斯托斯由此显示出他是一个谄媚、卑鄙、气量狭隘的人,也是一位僭主爱慕者(tyrant-lover)。[22] 狄奥尼修斯对史家泰奥庞波斯(Theopompos)和埃福罗斯(Ephoros)的评论特别有趣。正如在关于《尼基阿斯传》小序的讨论中已经提到的那样,狄奥尼修斯因为泰奥庞波斯揭露隐秘动机、揭

---

[22] $ἦθός\ τε\ κολακικὸν\ καὶ\ φιλοτύραννον\ ἐμφαίνει\ καὶ\ ταπεινὸν\ καὶ\ μικρολόγον.$

示"表面上的德性以及不被察觉的恶行"的洞察力而称赞了他。㉓狄奥尼修斯说道,这使得泰奥庞波斯看起来似乎是怀有恶意的(βάσκανος)——其原因在狄奥尼修斯对其他史家的评论中已经说得[58]很清楚了。㉔但狄奥尼修斯为泰奥庞波斯作了辩护:他就像一位医生,只处理身体中有病的部分而不去管健康的那一部分。换句话说,泰奥庞波斯对他的传主的批评是公正的,并没有夸大其辞。

可能正是古代文学批评思想的这一支流,以及它的内在信念——业已过去的古典时代是光荣的,没什么可提建议的地方——影响了普鲁塔克,使他不去批评他的《列传》的传主。正如狄奥尼修斯对泰奥庞波斯、希罗多德的评论已经清楚表明的那样,对坏人的批评能够,也应当是好的史家的保留节目的一部分。但过多的批评,对好人或对那些在公元二世纪之前已经成为希腊文化及其辉煌历史的代表或"象征"的人的批评,任何可能在一般意义上抨击古典希腊形象的事情,都使史家有可能被指控为怀有恶意,也就是说,对那些被批评者怀有偏见。这种关于史家任务的观念恰恰存在于约瑟夫斯在他本人的《自传》中的某些话语背后(65,339)。这里他解释了他为什么在《犹太战争》中对于那些可能会促使人们不信任犹士都(Justus)的事情保持沉默。他说道,虽然史家必须说出真相,但对他来说不"过于严苛地"(too bitterly)审查个人的罪行是可允许的——他补充道,这不是出于要袒护他们的偏见,而是因为他本人

㉓ 参上文,页24。
㉔ 奈波斯表达了他的惊讶:泰奥庞波斯与提麦奥斯一样,都赞扬了阿尔喀比亚德;这两个人在正常情况下都是"强烈辱骂性的"(奈波斯《阿尔喀比亚德传》11.1:maledicentissimi)。普鲁塔克《吕山德传》断言道,泰奥庞波斯赞扬的言辞应当被特别认真地对待:"因为他更偏爱批评而不是赞扬"(《吕山德传》30.2)。路吉阿诺斯 *De Hist* 59 因为过多的批评而攻击了泰奥庞波斯。

的"节制"。㉕ 普鲁塔克本人在论文《论希罗多德的恶意》中攻击希罗多德时也运用了这一进路,从而不同意狄奥尼修斯对希罗多德的正面判断。这里普鲁塔克把下述事实——希罗多德记录的历史事件不利于某些希腊城邦——用作希罗多德本人恶的品性(κακοήθεια)的证据;以一种令人难忘的表达方式,表明希罗多德是一位蛮族的爱慕者(barbarian-lover, 857a:φιλοβάβαρος)。㉖ 当然,普鲁塔克由此含蓄地把他本人呈现为一位博爱主义者与希腊主义者。㉗

所以,几乎可以肯定的是,普鲁塔克认为一位有德性的史家的任务就是尽可能地记录那些好的、令人振奋的事件。在那些进行批评的地方,就像泰奥庞波斯所作的批评那样,它必须是公正和恰如其分的。但应当要避免去批评那些整体上好的人(basically good men),[59]特别是古典希腊历史上的英雄。描写坏人而不留下这样的印象——一个人分有或同情他们的恶——或不产生一个悲惨的、根本不是振奋性的控告非常困难。因此,很可能普鲁塔克没有写过像泡萨尼阿斯(公元五世纪斯巴达摄政者)、马其顿的腓力二世(亚历山大的父亲)或腓力五世这些人。这种对史家任务的理解似乎暗含在普鲁塔克为《客蒙与卢库卢斯传》写的小序的那些话语中,[那些话语]也对这种理解作了总结。这里他宣称没有人的生活无可指责或纯洁无瑕(ἀμεμφῆ καὶ καθαρὸν)。在一个人的生活中所发生的错误(或过失?[sins]:ἁμαρτίας)或缺陷——无论是出于激情还是"政治上的必要性"(political necessity, πολιτικῆς ἀνάγκης),他会认为那是"白璧微瑕而不是纯粹的卑鄙邪恶"(shortcomings in a

---

㉕ οὐ διὰ τὴν πρὸς ἐκείνους χάριν ἀλλὰ διὰ τὴν αὑτοῦ μετριότητα.

㉖ 在《论亚历山大的机运或者德性》344b处,同样的言辞被应用到机运上面。在现存的希腊文献中,它没有在其他地方出现。

㉗ Luce(1989),页21-23;Marincola(1994),页192-193。关于普鲁塔克对希罗多德相当不利的观点,亦参Hershbell(1993)。

particular virtue rather than the wickednesses of vice, ἐλλείμματα μᾶλλον ἀρετῆς τινος ἢ κακίας πονηρεύματα)。这些不要被过于清楚地刻画,"正如出于对人类本性的尊敬,因为它不能生产出绝对好的东西,也没有谁的品性无可辩驳地转向德性"(《客蒙传》2.3-5;比较《论希罗多德的恶意》855c-856d)。如果说热衷于记录恶行能够被认为表现了作记录的史家的恶意品性,普鲁塔克在这里宣称他有一种相反的品质:"人道"(humanity, φιλανθρωπία)——一位有教养的人所应该有的对待他的人类同胞的宽宏与同情。在同一段落中谈到"尊重人性"(αἰδουμένους ὑπὲρ τῆς ἀνθρωπίνης φύσεως)时,他几乎是同样直接地这样说。"人道"是《列传》中的英雄们身上反复出现的一种德性,正如我们已经注意的那样,它也是普鲁塔克本人人格的一个重要部分。

那么,正如其他方案性陈述那样,《客蒙与卢库卢斯传》小序应当首先被视为适用于它所引介的那对传记,这是正确的。事实上,普鲁塔克在这里的宣称——道德上的失败应当被视为德性中的缺点,而不应当被视为恶——或许首先最为特别地适用于卢库卢斯。这一段紧跟在一段长长的、赞颂性的引言之后,这段引言简单叙述了卢库卢斯为普鲁塔克本人的城邦喀罗尼亚所做的好事,当时因为一些罗马士兵被谋杀,喀罗尼亚在罗马统治者面前遭到控告(比较《客蒙传》1.1-2.2)。这一段落从对卢库卢斯大理石塑像的描写以及关于造型艺术或传记中表现人物的正确方式的思考中发展而来。那么,普鲁塔克暗示,他写《卢库卢斯传》是作为一份献礼,感谢后者站在普鲁塔克家乡一方的仁慈干预。普鲁塔克可能也认为,[60]出于要同非常正面的《客蒙传》保持平衡的愿望,他应当淡化卢库卢斯的过失。后来,在《卢库卢斯传》中,比起普鲁塔克本来可能会做的那样,他确实对卢库卢斯作了更有利于传主的处理。卢库卢斯为暴虐的道德观提供了一个明显的机会。在其他作者那里,以及在普鲁塔克作品中的其他地方,他被呈现为老年过分享受、奢侈的典型。㉘ 但在这篇列传中,普鲁塔克选择了淡化卢库卢斯最广为人知的特征。这些特征在 39–41 处得到了讨论,㉙但在后面的章节中,他又被恢复了名誉(42.1–4)。与这篇列传一开始就呈现的主题相一致,他的房子不是享乐与奢侈的中心,而是希腊学问的中心。㉚

所以,我们可以提出一些特别针对这篇文本的理由,来解释为什么普鲁塔克专注于淡化卢库卢斯的过失:正如他的其他小序那样,他在《客蒙与卢库卢斯传》开篇处的言辞应当被最为紧密地与它们引介的《列传》联系在一起。但贯穿这一段落的、对这篇《列传》的传主怀有同情的整体格调确实似乎在所有《列传》中都能发现。作为一位道德家,普鲁塔克并不像他的其他方案性陈述可能会引导我们预期的那样严格或严酷。这是非常重要的。普鲁塔克不愿意明确指出或过分详细地描述他的英雄们的恶行与失败。把恶

㉘ 其他作者:维勒伊乌斯,2.33.4;阿特奈奥斯,274e–f,543a。普鲁塔克《老年人是否应该从事政治》785f–786a,792b–c。

㉙ 比较 Lavery(1994),页 267–270。

㉚ 例如 1.6–8,29.6。参 Swain(1990b)页 143–145,(1992b);Pelling(1997a)页 239–242。Jones(1982)把 ἀντετάττετο (42.3) 理解为"对立的",如果这一理解是正确的话,那么,普鲁塔克似乎已经把卢库卢斯想像为活跃地与最重要的哲人进行哲学辩论(比较 Barnes,1989,页 90–92)。在先前的地方,普鲁塔克说元老院已经把卢库卢斯想像成庞培的僭政的"对立面"(ἀντίταγμα) (38.2):正如 Christopher Pelling 已经对我指出的那样,卢库卢斯为了另一种对立而放弃了一种对立。比较卢库卢斯将其房屋开放为有文化希腊人的"希腊大厅"(Greek prytaneion, πρυτανεῖον Ἑλληνικόν)的善举(《卢库卢斯传》42.2),这与客蒙把他的房屋开放为雅典人的"公共大厅"(public prytaneion, πρυτανεῖον κοινόν)形成对照。关于这一隐喻,比较柏拉图《普罗泰戈拉》337d。关于这些列传之间的可资对比之处,参 Fuscagni(1989),页 43–52。

看成是"德性中的缺点"的这一观念,㉛是对谴责恶行的冲动的根本约束,其他方案性陈述似乎已经暗示了这种冲动。普鲁塔克没有写过像苏维托尼乌斯的《尼禄传》或路吉阿诺斯的《亚历山大传》那样的完全负面的传记。在介绍一对现存的、被明确说成是负面典型的列传时,普鲁塔克诉诸柏拉图的"伟大天性"理论,这方面是意义重大的。正如我们已经看到的那样,这一理论在《王制》491d-492a处得到最为清晰的阐述,在普鲁塔克的论文《论神罚的延迟》中得到了重复(551e-552d),该理论把巨大的恶行[61]与伟大的德性的根源都呈现在同一类人身上——那些拥有伟大天赋的人。㉜ 差异是由教育和环境决定的。通过把德米特里乌斯和安东尼同这一范式联系起来,普鲁塔克不仅暗示了他们天赋的伟大,而且也暗示了一种不那么负面地看待他们的恶的方式。尽管如此,正如普鲁塔克本人在《德米特里乌斯与安东尼传》小序中暗示的那样,他们仍然被认为是坏人,是"恶行"(κακία)的范例。柏拉图本人在出自《王制》的那个段落中——普鲁塔克对我们提到了该段落——似乎暗示,对于伟大的天性来说,其选择是十分严酷的,无论是好的选择还是坏的选择:"坏[坏的养育、坏的教育]与好的对立,甚于坏与不好的对立"(491d: ἀγαθῷ γάρ που κακὸν ἐναντιώτερον ἢ τῷ μὴ ἀγαθῷ)。那么,在普鲁塔克看来,德米特里乌斯和安东尼都是恶人、恶行的范例,但他们是走错了路的好人,而不是天生就坏。他们是有着

㉛ 参 Martin(1995)。关于对《尼基阿斯与克拉苏传》1.4 处相当不同的理解,在那里恶被描述为"品性的一种不平衡与不调和"(a sort of inequality and incongruity of character, ἀνωμαλίαν εἶναί τινα τρόπου καὶ ἀνομολογίαν),参下文,页 270-271。

㉜ 比较《政治准则》819f,在那里"荣誉之爱"(love of honour)被说成是"与其说是懒散、谦卑的品性中固有的,倒不如说是非常坚强、冲动的品性中固有的"。参页 45-49 与页 207-208。

伟大天生潜能的人,但他们的潜能被他们的环境和自身的弱点败坏了。

那么,这是一条理解《德米特里乌斯与安东尼传》道德内容的路径。正如我们已经看到的那样,这是一对被明确介绍为恶行范例的传记。但是,正如 Christopher Pelling 已经论证的那样,它在实践中并没有显得完全负面。[33] 在《安东尼传》的前面几章中有许多事例,在那里叙事是用道德评价的术语表达的。例如,在 6.6 – 7 处普鲁塔克说安东尼忽视那些受到冤屈的人,愤怒地听那些与他商量的人说话,而且还有着通奸的名声,[34] 所有活动上都带有隐含的道德批评。与此形成对照的是,在 14.4 – 5 处说他在凯撒死后"非常精明地并且像一位真正的政治家那样"(very shrewdly and like a true politician, ἐμφρονέστατα…καὶ πολιτικώτατα) 控制着危机,但此后立即被追求荣耀的愿望引上歧路。当涉及放逐问题时,普鲁塔克在作出道德判断时是特别直言不讳的,当时三巨头(安东尼也在其中)正就应当处死哪些人的问题进行交易。在一个不常见的第一人称插语中,普鲁塔克宣称:"我认为没有什么比这次交易更残酷、更野蛮。"(19.4)然而,在这篇《列传》的后面部分,特别是在引入克娄帕特拉后(25.1),赞扬与责备的语调消退了。兴趣完全在一位伟人的倒台以及导致他倒台的性格特征上。在结尾处,读者的同情完全在安东尼与克娄帕特拉身上,因为他们陨亡而陷入悲痛之中。[62]这里的印象是一种悲剧的印象———一位伟人被那些恰恰使他成为伟人的特质毁灭了;当读者注视着英雄不知不觉地走向他自己的陨落时,

---

[33] Pelling(1980)页 138,(1988b)页 10 – 18。

[34] κακῶς ἐπὶ γυναιξὶν ἀλλοτρίαις ἤκουε;比较《德米特里乌斯传》14.4 以及《德米特里乌斯与安东尼传》1.4 处的对照。

舞台上方笼罩着即将来临的毁灭之感。㉟ 这里没有简单的道德教训。鉴于安东尼与克娄帕特拉的同盟提供了将其呈现为一个简单的道德典范的可能性,这是令人惊讶的。

Luigi Piccirilli 已经建议我们应当在普鲁塔克本人提及的两类列传("正面的"与"负面的"——也就是《德米特里乌斯与安东尼传》)之外再加上第三种中间类型:那些没有被明确地说是"负面的"但对传主进行了相当不利的刻画的列传。㊱ 他将会把《尼基阿斯与克拉苏传》与《科瑞欧拉努斯与阿尔喀比亚德传》归入这一类。这是一个没有必要的修正。《德米特里乌斯与安东尼传》并非完全负面。它的主题属于那类"伟大天性"者的传记,那些人的伟大天性基本上都是转向恶行而不是德性。我们或许可以假定,普鲁塔克笔下的所有人物都可以被认为具有"伟大天性",但普鲁塔克引入这一学说是为了解释那些生涯被特别玷污的人。这一标题明确地用于其他几位道德地位可疑的人物。年轻时的地米斯托克利被用这种方式加以描述,虽然这里也暗示了他后来提升了自己。他是"不平稳、不稳定的,因为他的天性是不纯粹的"(uneven and unstable, since his nature was unadulterated, $τῇ\ φύσει\ καθ'\ αὑτὴν\ χρώμενος$)。

㉟ 比较《德米特里乌斯与安东尼传》中对舞台意象的运用:De Lacy(1952)页 168 – 171;Pelling(1988b)页 21 – 22;Mossman(1992)页 100、103;Andrei(1989)页 78 – 82 与下文页 125。正如 Pelling 所指出的那样,首要作用是强化围绕在两个奢华人物身上的戏剧氛围,但它也暗示了即将到来的危机。Swain(1992a)也使人们注意到《安东尼传》中的许多特征,这些特征通常与古代小说联系在一起:在某种意义上,安东尼与克娄帕特拉是爱情故事的传主;道德教化在很大程度上是缺失的。文体记录(generic register)的这种多变性是普鲁塔克列传的一个特征:在《马略传》中,马略的流放中含有许多小说要素(《马略传》35.8 – 40.14)。

㊱ Piccirilli(1990a)页 xxix – xxxiv。但后来 Piccirilli(1993b)页 xiii – xiv 处简单地给《尼基阿斯传》加上了负面列传的标签。

这种天性，缺乏理性或教育（ἄνευ λόγου καὶ παιδείας），会产生趋向善和恶两方面巨大的习惯改变，而且常常堕落成更坏的那种，正如他本人后来经常承认的那样，他说道，即使是最不听话的小马，当它们得到所需要的教育和训练（παιδείας καὶ καταρτύσεως）时，也会变成良驹（《地米斯托克利传》2.7）。一如既往，品性的不稳定或邪恶与糟糕的教育被联系在一起。正如我们将会看到的那样，在普鲁塔克关于其他变坏的"伟大天性"的讨论中也援引了类似的联系，那些变坏的"伟大天性"组成了本书的个案研究。科瑞欧拉努斯、阿尔喀比亚德，以及吕山德明确地是这样的天性。皮洛士，很可能还有马略和苏拉，他们隐含地是这样的天性。[63]本书中讨论的另外一对传记的传主，福基翁，特别是加图，在他们身上也具有某种"伟大天性"。㊲

然而，很可能随着《列传》写作的进展，普鲁塔克更愿意在他的英雄们的画像中引入更多的负面因素。Piccirilli 提出，《列传》在他的三个类别中的分布可能与它们的写作顺序有关。虽然 Piccirilli 的三分类别没有必要，但下面这一点无疑是正确的：所有那些普鲁塔克似乎认为是误入歧途的伟大德性的例证，或有着明显负面元素的列传，也就是《科瑞欧拉努斯与阿尔喀比亚德传》、《尼基阿斯与克拉苏传》、《德米特里乌斯与安东尼传》以及《皮洛士与马略传》，似乎是在普鲁塔克的规划末期写就。根据 C. P. Jones，这四对列传（可能还有《斐洛波门与弗拉米尼努斯传》，一对因为它的负面元素而受到关注的列传）位于普鲁塔克所著的现存《列传》中的最后七对之中。㊳ 这显然并非巧合：所有内含一种颇具挑战性的道德观的成对列传（除一对以外）——它们也构成了本书的个案研究（《皮洛

㊲ 参四至七章。

㊳ Jones(1966)，页 66–68。亦参 Andrei(1989)，页 39。

士与马略传》《福基翁与小加图传》《吕山德与苏拉传》《科瑞欧拉努斯与阿尔喀比亚德传》）——都写于普鲁塔克的规划的晚期。㊴这几对富有挑战性的列传——它们的传主身上有着某种变坏了的伟大天性——中多数列传所写的人物都生活在普鲁塔克所认为的、他们国家的黄金时代之外，而生活在他认为践行德性更加困难或权力诱惑非常巨大的时代，这当然也不是巧合。吕山德是一位希腊化时代国王的原型（proto - Hellenistic king）；皮洛士是一位真正的希腊化时代的国王：普鲁塔克认为希腊化时代的国王特别容易犯过度自信与肆心（hybris）的错误。㊵ 与他们配对的另外两位传主，苏拉与马略，生活在罗马统治者获得过多的个人权力的时代：不难看出普鲁塔克为什么要把这些人与它们的希腊对照者配成对。福基翁与加图都见证了他们自己城邦的毁灭，普鲁塔克承认，他们生活的时代与德性的践行格格不入（《福基翁传》1 - 3）。科瑞欧拉努斯生活在罗马历史的早期，在希腊文明的影响［64］到来之前（《科瑞欧拉努斯传》1.6），㊶他的不完备的教育以及道德堕落并不令人意外。只有阿尔喀比亚德来自他的国家的古典时期，普鲁塔克展示出，即使对他的同时代人来说，他也是多么的独一无二、难以预测。

所以德米特里乌斯与安东尼并没有被看成是完全负面的典型。毋宁说，他们也是变坏了的伟大天性——而不单纯是恶的典型。这

㊴ 唯一的例外似乎是《吕山德与苏拉传》，其中提到奥科迈诺斯之战（公元前 86 年）时说这场战争发生在"几乎两百年"之前（《苏拉传》21.8），因而它的写作时间被确定在公元 114 年之前，通过交叉引用（cross - references，《吕山德传》17.11；《伯利克勒斯传》22.4），在创作顺序上它被定位在第七对列传与第九对列传之间。参导言，注6。

㊵ 参下文，页 115 - 116。

㊶ 普鲁塔克似乎已经把意义深远的希腊文化影响的开端定于公元前 211 年叙拉古之战（例如《马克卢斯传》21.7）。参 Swain(1990b)，页 131 - 132。

当然——至少部分地——是普鲁塔克的愿望(显得仁慈宽厚而不是充满恶意)的结果。但不只如此。正如一个明确的"坏榜样"并不是百分之百的坏,所以"好榜样"——像伯利克勒斯、亚历山大这些人——显得也不是百分之百的好。即使在这些普鲁塔克对其传主们最为嘉许的列传中,也仍然有着含蓄的批评。[42] 因此,伯利克勒斯——他的列传开篇是普鲁塔克关于模仿之重要性的著名长篇论述,他也是在普鲁塔克的所有传主中得到最为正面处理的之一——在某些情境中似乎下降到平均水准之下,特别是他在处理同麦加拉人的争端时(《伯利克勒斯传》30.1 – 32.6)。[43]

这种差异当然是一种程度的差异,好与坏的程度。普鲁塔克的《列传》毕竟没有——正如后面几章将会论证的那样——提供毫无压力的(comfortably)好人或坏人。那么普鲁塔克为什么选择以这种对偶法的方式呈现其《列传》呢?他为什么把他的《德米特里乌斯与安东尼传》介绍为属于单独的一类"负面的"、拥有伟大天性的人的列传呢?这个答案应该与下面这个相关问题的答案相同:为什么在某些列传中,特别是在《伯利克勒斯与法比乌斯传》与《埃米利乌斯与提摩勒昂传》中,普鲁塔克选择暗示说——而在后一部列传中则是选择直接声明(《埃米利乌斯传》1.5 – 6)——它们的传主是德性的典范。这两个宣称是同一枚硬币的两面。重要的、值得我们注意的是这两个宣称中共同的东西。首先,这两个宣称都邀请读者聚焦于道德问题、聚焦于是与非的问题。阅读普鲁塔克的历史叙事要通过这个透镜。实际上,普鲁塔克在《德米特里乌斯与安东尼传》小序中的宣称与在其他方案性陈述中一样。他强调道,德性处于这篇文本的核心。普鲁塔克对他以前的方案性变化进行了一次

---

[42] Piccirilli(1989),(1990a),页 xxxi – xxxii。

[43] Martin(1995),页 15 – 16。

扭转，现在聚焦于恶和它的威慑价值。但方案并没有改变：传主的道德品性与读者的道德反应[65]仍然是核心性的。㊹ 其次，《德米特里乌斯与安东尼传》的小序与《伯利克勒斯与法比乌斯传》、《埃米利乌斯与提摩勒昂传》的小序都共同分有对读者的实践反应的强调。普鲁塔克清楚地表明，读者将会使所有这些列传的对道德问题的敏感性，有一个实践上的目标。正如普鲁塔克所说的那样，读者的反应是要在他本人的生活中模仿他所看到的、在他眼前展现的德性的榜样，学习避免再犯那些恶的行为。措辞与概念思考方式都简单而鲜明。

或许可以认为，普鲁塔克在写作《列传》的过程中，首先被那些正面的典型所吸引，但随着其写作的进展，他开始意识到他必须要多写一些负面的列传：把马克·安东尼、科瑞欧拉努斯或马略描写成德性的典范是非常困难的。㊺ 但普鲁塔克在引入"伟大天性"这一观念时，不仅仅是要为自己写那些品性不太好的人的传记提供一个正当性的辩护。这些人物——本书的焦点——使得普鲁塔克有机会探询关于是与非的复杂问题。普鲁塔克的方案性陈述将他置于古代史撰理论的主流之中，把历史还原为德性与恶行的二元对立。但正如在本研究的过程中将会显现的那样，事实上，普鲁塔克本人的著作与这一简单的还原并不一致。道德——德性与恶行——对于《列传》来说是核心性的，对于阅读《列传》也应当是核心性的。但《列传》常常证明了，关于何处是善、何处是恶，什么是最佳的行动路线的问题，并不像普鲁塔克的理论思考所暗示的那样简单或容易分辨。普鲁塔克《列传》中的亚历山大并不像演说辞《论亚历山大的机运或者德性》中的亚历山大那样，单纯地是希

㊹ 比较 Andrei(1989)，页 38–39。
㊺ 比较 Brenk(1992)，页 4381。

腊文化(παιδεία)的卫士(champion)、理想的哲人—王;㊻也不像他在库提乌斯·鲁弗斯或斯多亚派作者(如塞涅卡)的作品中那样,是滥饮和专制的危险性典范。《亚历山大传》呈现了一幅复杂的图像。黑暗面——常常由悲剧性的联系标志出来——与更加正面、更加常见的把亚历山大作为所有希腊事物象征的希腊式呈现同时并存。㊼这幅图像发人深省,往相反的方向控制、拉扯着读者的同情。

第二节 模仿与探询

[66]关于《列传》的道德阅读中所包含的困难,其中一个因素是模仿问题:读者如何"模仿"他在那些英雄——他读了他们的传记——身上看到的德性?《列传》的传主无一例外都是政治家和军人。普鲁塔克也有描写哲人或文学人物的选择;有一个悠久的描写这类人的传记写作传统,通常与亚里士多德学派(漫步学派,the Peripatos)有关。㊽但相反,普鲁塔克选择了行动之人。或许,普鲁塔克认为重大事件与危机的压力为品性分析提供了一个更好的舞台。㊾他显然似乎也分有着把公共事务置于私人领域之上的希腊传统。论文《哲人尤其应该与当权者交谈》(776a–779c)特别清晰

㊻ 比较 Humbert(1991),页 175–181。
㊼ 关于普鲁塔克《列传》中亚历山大的两面,参 Wardman(1955)页 100–107,Mossman(1988)。关于《列传》中的亚历山大作为希腊文化的教化者(civilizer)与拥护者(devotee),比较《亚历山大传》5.7–8、7.1–8.5、26.1–7、47.6。
㊽ 比较 Momigliano(1971a),页 66–73。
㊾ 参上文页 25。比较 Jones(1971),页 103–104。

地陈述了他的信念:哲学应当有实践目标。㊿ 他似乎也已经信奉只有当一个人过着一种"行动"生活时,真正的德性才是可能的,也就是与沉思生活(ὁ θεωρητικὸς βίος)相反,参与政治的生活(a life of political involvement, ὁ πρακτικὸς βίος)。这显然正是《雅典人的荣耀多是赢自战争还是源于智慧?》中所强调的地方。而且,下述猜想似乎是合理的:普鲁塔克写作《列传》的目标之一是提供一部希腊与罗马世界的政治与军事史,这部历史可以在把希腊与罗马的历史与归宿并列齐观的"世界史"(universal histories)传统中加以查看。为了这样一个方案,选择历史上那些伟大的行动之人就很自然。

但是这把当代的读者置于何地呢?在何种意义上,模仿历史上伟大人物的生活对他来说是可能的?对公元二世纪早期的某些希腊人来说,罗马政府中的高层职位确实是向他们开放的,有些人还肩负着相当重要的军事责任。除了普鲁塔克的题献者塞奈基奥(Sosius Senecio)之外,还有些罗马人也可能阅读《列传》:对他们来说,这样的职位或许是理所当然之事。因此,对于这些人来说,在伯利克勒斯或法比乌斯的政治与军事行动中,或许有某些东西可以模仿。[67]但是,对于大多数普鲁塔克的读者来说,时代已经变了。在《政治准则》的若干段落中,普鲁塔克显示出,他本人非常清醒地意识到,现代政治家在希腊城邦(polis)中的角色远远不同于古典时代政治家的角色。例如,罗马统治的现实意味着,战争与和平事务不再在他的控制之内(805a,813d–814c,824c–d)。因此,即使普鲁塔克确实设想他的读者是地方上的贵族和政治家,对《列传》传

㊿ 亦参《老年人是否应该从事政治》、《伊壁鸠鲁的原则使幸福的生活不可能》与《"隐秘无闻的生活"是一个好准则吗?》。在《论心灵的平静》465c—466a处,普鲁塔克批评了伊壁鸠鲁主义者躲避公共生活(ἀπραξία)的理想。

主的政治与军事行动的模仿,在某种意义上也是不可能的。(51) 我们或许可以把普鲁塔克的演说辞,与短文中的更加新式的(up - to - date)、可马上应用的道德观拿来进行对比,在那些文本中,“信息”是确定无疑的。

但问题不止于此。普鲁塔克常常似乎有意地避免与当时的生活进行比较。(52) 例如,公元一、二世纪时希腊城邦世界非常强调公共捐献是一种德性,这在《列传》中并没有得到反映。(53) 事实上,尽管普鲁塔克相信战争不再与他的大部分读者有关,但许多《列传》的重点依然完全是军事上的:例如,比较一下苏维托尼乌斯《神圣的尤利乌斯传》与普鲁塔克《凯撒传》中给予尤利乌斯·凯撒的战争的相对篇幅。正如 Christopher Pelling 已经指出的那样,普鲁塔克避免提及当代,这在《斐洛波门传》中尤为清楚。(54) 在这里,尽管普鲁塔克把关于希腊的争吵与不和的刺耳言辞放入希腊的旁观者的口中——如弗拉米尼努斯于公元前 196 年宣称从希腊治下获得自由(《弗拉米尼努斯传》11.3 - 7),但普鲁塔克避免在希腊的争吵与罗马的干预之间建立联系。这样一种暗示与普鲁塔克在《政治准则》中的建议非常契合,在那里,罗马干预的危险作为为什么必须避免这样的争吵的主要理由而被加以引述(《政治准则》814e - 815b)。他只在《斐洛波门传》的一个地方建立了这种联系:当时斐洛波门力劝狄奥法尼斯(Diophanes)不要进攻斯巴达,因为这有引来罗马

(51) 比较 Gossage(1967),页 49。

(52) 参 Pelling(1995a)。比较奈波斯作品与当时的关联(例如《攸门尼斯传》8.2 - 3);Dionisotti(1988);Millar(1988)。

(53) 虽然参照 Moles(1992)页 293 - 294 提出的观点,认为《伯利克勒斯传》中含有一个对图拉真皇帝的含蓄恳求,希望他建造一些工程,来与雅典的伯利克勒斯竞争。

(54) Pelling(1995a),页 213 - 217。

人或安条克的干预的危险(《斐洛波门传》16.2)。但实际上,普鲁塔克接下来有意地把斐洛波门对斯巴达的进攻(《斐洛波门传》16.1－8)与罗马的干预分离开来,对于罗马的干预,这次进攻——至少部分地——是有责任的(17.1－7);16.9处谈到斯巴达在罗马的允许之下,接续了阿该亚联盟,这一部分奇怪地[68]与前面关于斐洛波门的进攻的叙事以及后面关于罗马干预的叙事分开了。

《西基昂的阿拉托斯传》(公元前三世纪)是一个相关的例子。这部传记并不是《对比列传》中的一篇:像《阿尔塔薛西斯传》一样,它也独立成篇。它处于《对比列传》的主体之外,这可能要归因于它不同寻常的开篇。普鲁塔克指名道姓地对某位波利克拉底(Polykrates)——一位当时的阿拉托斯的后人——发言。他向波利克拉底保证说,他把他([译按]这里及后面的“他”指波利克拉底)的著名先人的传记寄给他,不是因为他还不了解阿拉托斯。事情远非如此,普鲁塔克还讨好性地向他保证说,波利克拉底始终“努力按照他本人家族中最高贵的榜样来塑造他的生活”(1.3)。(55) 毋宁说,普鲁塔克把这篇传记寄给他是为了对他的儿子们有所益处(1.5):“为了让你的儿子波利克拉底与皮托克勒斯能够从他们自己的榜样(*ὀκείοις παραδείγμασιν ἐντρέφωνται*)得到滋养,正如他们听到、读到那些有益于他们的东西并加以模仿(*ἅπερ αὐτοὺς μιμεῖσθαι προσήκει*)。”(56) 对波利克拉底的直接发言,以及直接指出那些显然想从这篇列传所提供的榜样身上学习的人的名字,这些都不同寻常。但这里对教诲性道德观的宣称在其他地方也很常见:当读者“模仿”这篇传记中所包含的“榜样”时,这篇传记将使他们得到提升。确实,这篇《列传》里有某些强烈的道德要素。最后一章中写到了由于腓力五世的

(55) *πρὸς τὸ κάλλιστον ἀφομοιοῦντι τῶν οἴκοθεν παραδειγμάτων τὸν βίον.*

(56) 关于规劝人要模仿祖先,比较伊索克拉底《埃瓦戈拉斯》(*Evag.*)77。

恶行而降临到他头上的惩罚：他本人蒙受耻辱，他的家系也由于他儿子被处决而灭亡；相反，“阿拉托斯的后裔直到今日仍在西基昂与佩勒尼繁衍”(54.7－8)。这里蕴含的信息似乎是善最终取得了胜利。但一位西基昂精英人士的两个儿子、生活在罗马帝国治下的两位阿拉托斯的后裔，他们应该如何“模仿”一个身为阿该亚联盟领袖、声名基于军事功绩的人呢？换句话说，当在读者与传主、(预期的)模仿者与被模仿者身处的情境之间存在这样一条鸿沟时，基于对榜样的模仿的道德方案应该如何发挥作用呢？

Christopher Pelling 提出，一篇道德教诲文本可能作用的方式有两种截然不同的模式，借此他已经对这一问题提出了一条可能的解决路径。他将其中的一种模式称为“规劝性”道德观，另一种是“描述性”道德观。运用“规劝性”(protrepic，源自προτρέπειν，敦劝)或说明性道德观的文本，或明确或含蓄地带有某种要被付诸实践的建议或命令。“描述性”或探询性道德观则发生在那些提出道德问题[69]但并不试图指导行动的话语中。因此，正如 Pelling 论证的那样，《安东尼传》(至少第二部分)中的道德观，以及像《庞培传》这样的其他列传多个部分中的道德观更少地与明确的赞扬和责备有关，更多地与“指出关于人类天性的伦理真相有关”。(57) 正是这种对人类生活的现实，以及它所引发的道德困境的温和探询——比如说，比泰奥弗拉斯托斯的《品格论》更加温和、微妙和复杂得多——处于普鲁塔克的《列传》的核心，并构成它最有价值的特征。“道德观”(moralism)可能并不是描述普鲁塔克实践的最好英文用词，它暗示了一种规劝的、说教的、第二人称的话语。正如本书一开头所提到的那样，希腊人代之以谈论品性，它本身也有一个道德维度。因此，对品性进行简要描绘，即使不作明确的道德告诫或“赞扬与责

(57) Pelling(1988b)，页 10－18，特别是页 15－16。

备",也是在激发普鲁塔克所期待的那种伦理兴趣。正如 Pelling 提出的那样,悲剧提供了这种道德观的一个很好的对比参照。索福克勒斯的《安提戈涅》与道德问题有关,即使它并不含有诫令,但它提供了反思的材料,这种反思最终可能会影响读者的行为。[58]

那么,普鲁塔克《对比列传》的道德织理常常属于这种微妙而含蓄的类型。因此,在《安东尼传》中,我们在一位伟人的心灵状态与脆弱中看到的感性兴趣,更适合于普鲁塔克的道德观的这一模式。在《安东尼传》第二部分中没有道德诫命或明确的叙述判断。但是,虽然安东尼没有被塑造为德性或恶行的典范,但这里仍然有道德反思的材料,读者为了他自己的生活可以从中学习到某些东西。而且,即便在这篇列传中,普鲁塔克也确实,至少是部分地,用一系列"无时间性的"道德范畴来建构世界:理性对激情的控制、野心或争吵的危险、以正确方式控制"民众"的必要性。所有这些道德问题或许都能引起普鲁塔克的读者们的共鸣,即使他们本人身处的情境与他们所读的传主的情境截然不同。《安东尼传》读起来更像一部悲剧或一部小说,而不是一篇道德论文。它提出了深刻的道德问题,但它对理解传主和[70]判断传主给予了同样的关注。用 Gill 的术语来说,这种兴趣既是针对"个性"的也是针对"品性"的。[59]

那么,普鲁塔克的方案性陈述在那类给读者以期望的文本中似乎是有些误导性的。我们无法确定,普鲁塔克本人是否意识到在他

---

[58] Pelling(1995a),页 206 – 208。修昔底德的历史中也含有这种道德观。正如 Rutherford(1994)已经指出的那样,修昔底德的读者将得到的,不只是政治统治方面的实践教训:他也将会对人类的天性、政治的运作方式以及战争的变迁兴衰有更多的理解。这些教训或许没有明显的实践应用性(例如 2.47、3.82)。

[59] 参上文,第一章注 3。

的宣称与他实际上的实践之间的鸿沟。我们应当记住,方案性陈述或许应当被更加紧密地与它们所附属的那些《列传》联系在一起;它们的普遍适用性(general applicability)比有时所猜想的要更加局限。但是,正如我们已经看到的那样,方案性陈述更加重要的作用是把《列传》置于一种特别的史撰传统中。或许下述现象是很自然的:在实践中对道德问题的探询有时比所宣告的要更加微妙。这正是普鲁塔克著作的长处之一。他的道德观不是一系列处方,比起处方来,它要更加有趣、更加多样、更加富有挑战性。

有一些取自当时智识生活的经典化哲学通货(philosophic currency)的价值观,它们被持续强化,很少受到挑战:特别是政治家灵魂中理性相对于激情的优先性,这将是下一章的主题。有些《列传》在它们所提出的问题上也是相当直接的。本书个案研究的第一个对象《皮洛士与马略传》就是这样的列传。作为普鲁塔克最后写就的几对列传之一,它是一个很好的道德教诲文本,显示了普鲁塔克把历史上没有关联的两个人物的叙事重新加工、整合进一个单元(unit)的周全、仔细,这个单元向那些——与这些列传的传主相似——具有"伟大天性"的人揭示了不满(discontent)这种恶德的危险。

其他列传使我们更加深入地反思,当一个人试图从道德维度评判伟大人物时,在实践中出现的困难和矛盾之处。接下来的章节正是要聚焦于这些富有挑战性的、有难度的列传。它们和《皮洛士与马略传》一样,在普鲁塔克全部作品中的年代顺序都是在晚期,它们的传主与皮洛士、马略相似,也都被认为是具有"伟大天性"的人。除了阿尔喀比亚德以外,这些人都来自普鲁塔克认为践行德性是困难的或成问题的时代。在不够理想的政治生活条件下,妥协有时难道不是必需的?这正是普鲁塔克在《福基翁与小加图传》中邀请我们去问的问题。进一步地,道德规范的严格要求与城邦利益之间是什么关系？吕山德、苏拉与阿尔喀比亚德似乎都[71]为了服务于他们的国家而破坏了道德准则。正如细节研究将会证明的那样，从《吕山德与苏拉传》与《科瑞欧拉努斯与阿尔喀比亚德传》中很难提取简单的道德教训。相反，这些列传似乎都预示着要推翻所应用的任何道德系统：苏拉因为使用了更大的暴力而比吕山德更加成功；雅典人不知道要如何评价阿尔喀比亚德，他的巨大缺点——他的善变与讨好人的能力——为雅典赢得了胜利。在这些列传中，我们看到普鲁塔克处于他的最佳状态：温和地质疑是与非之间的传统界限。道德观是多对列传的主要特征，并为作品提供了明确的"存在理由"。但那是一种挑战性的道德观。普鲁塔克邀请我们思考道德问题，但简单的回答、简单的典范，并非总是紧随其后。

第三章 普鲁塔克式英雄的灵魂

——普鲁塔克与柏拉图式的灵魂学

[72]在开始对成对列传(在那些列传中道德价值得到探询,并受到挑战)的个案研究之前,我们暂停一下,思考贯穿于普鲁塔克著作之中的价值体系以及遍布作为整体的《列传》中的总体道德框架的某些方面,或许是值得的。这一框架的作用是强化某些关键价值,它们在所有列传中都是隐含的:对这些规范的僭越或坚守既决定传主的道德地位,又强化规范自身。《列传》中隐含的价值体系或许与普鲁塔克在柏拉图式思想方面的背景有关——特别是关于人类灵魂学的柏拉图式的概念。①

在他的《论道德德性》(On moral virtue, Περὶ ἠθικῆς ἀρετῆς)一文中,普鲁塔克在他的人类灵魂观念方面对柏拉图的依赖得到最为清晰的陈述。② 这篇著作的目标是抨击斯多亚派关于灵魂的单一本

---

① 这一问题非常复杂:普鲁塔克显然也受到当时的柏拉图学派与漫步学派的影响,同时也受到柏拉图的文本与亚里士多德的文本的影响(关于这一点,比较他的《柏拉图的问题》与《论〈蒂迈欧〉中灵魂的产生》,以及 Jones 1916)。参下注。

② 这篇文本中哲学性影响的真正性质是个有争议的问题。Babut (1969a,页 61 - 76)与 Opsomer(1994)都主张柏拉图是主要的灵感来源,尽管其与亚里士多德的《尼各马可伦理学》有着某些引人注目的相似之处。Donini (1974,页 63 - 125)、Becchi(1975;1978;1981;1990b,页 27 - 49)强调了这篇著作在当时漫步学派与中期柏拉图主义思想中的位置,特别是鉴于它对相对立的激情(μετριοπάθεια)之间的中道学说的强调,以及对反对斯多亚派的不动心(apatheia)的论争的强调。

性的观念,以及斯多亚派坚持把情感上的冷漠(insensibility to emotions)——或毋宁说情感的消灭或去除(apatheia)——当作一种理想的做法。这篇文本的语言与观念是伴随着作者心里的这一论战目标而被选择的,③但尽管如此,它仍然很好地描绘了普鲁塔克带给他的《列传》创作的灵魂学预设。在这部著作的开篇(440d‑e),普鲁塔克开始研究的主题是与"沉思"德性(contemplative virtue, θεωρητικὴ ἀρετή)相对的"道德"或"品性"德性(ἠθικὴ ἀρετή)的性质(nature)。他在论文的一开头就写道,道德德性"把激情作为它的材料(τὸ μὲν πάθος ὕλην [73] ἔχειν)、把理性作为它的形式(τὸν δὲ λόγον εἶδος)"。普鲁塔克问道,在这种德性的践行中所涉及的是灵魂的哪个部分:理性部分还是非理性部分?在简略讨论并摒弃某些斯多亚派哲人的观点之后(440e‑441d),普鲁塔克总结道,毕达戈拉斯、柏拉图与亚里士多德是正确的,他们认为灵魂被分成两个部分:一个理性的部分(τὸ λογιστικόν)和一个非理性或激情的部分(τὸ ἄλογον或τὸ παθητικόν);理性的部分应当领导并引导非理性的部分(441d‑442c)。普鲁塔克提到,非理性的部分被柏拉图进一步再分为欲望(τὸ ἐπιθυμητικόν)的部分和血气(τὸ θυμοειδές)的部分。普鲁塔克在这里想到了柏拉图《王制》中对灵魂的三分。对柏拉图来说,"欲望"完全是灵魂的非理性部分,只能对身体的本能做出反应。灵魂的"血气的"部分(τὸ θυμοειδές),或"血气"(θυμός),对柏拉图来说就是对是非感(a sense of right and wrong),特别是对冤屈感(a sense of being wronged)作出情绪性反应的部分。正是"血气"导致怒气、愤慨、羞愧与抱负。所有这一切,如果出现在正确的情境中,那么它们是好的,也确实是必要的;但是如果"血气"——它在本性上是非理性的——没有恰当地服从于理性,那么它所引发的情绪将是不受控

---

③ Babut(1969a),特别是页2‑43与页54‑80。

制的,也是有害的。④ 普鲁塔克捍卫了这一学说:血气会引发一些必要的情绪,例如,战斗或做爱的情绪;虽然它本质上是非理性的,但它能够被训练成服从理性(442c – 443d)。事实上,普鲁塔克在论文的其他部分倾向于不谈论灵魂的"血气"部分,而代之以简单地谈论激情或非理性。⑤ 但他在这篇论文中清楚地表明,激情——当被理性严格控制的时候——对于德性的践行是必需的。在论文的其他地方,在理性与激情之间所作的更加根本性的区分使得关于灵魂三分的柏拉图式术语黯然失色。德性存在于达到对立激情之间正确的"中道",也就是说,激情要通过理性所强加的秩序或指导而达到和谐。

在443c – d处,普鲁塔克简单描画了品性是如何形成的,以及教育的作用是什么:

> 因此,品性(ēthos)的命名很合适。因为粗略地描绘的话,品性是非理性部分的一种特质。它被如此命名是因为非理性部分被理性塑造,通过习惯(habit, ĕthos)获得这种品质与差异。理性并不想[74]完全去除激情(因为这既是不可能的,也不是更好的),而是给它加上一些边界与秩序,植入一些伦理德性,这些德性并不是激情的缺乏(apatheia,不动心)而是激情的均衡与中道。(《论道德德性》443c)

普鲁塔克认为,品性(ἦθος)是灵魂的非理性部分的一种"品质",当灵魂的非理性部分受到理性(reason, λόγος)的塑造或不受理

---

④ 特别参见《王制》439e – 440d, 442a – c。比较 Gill(1985),特别是页6 – 12。

⑤ 普鲁塔克把"血气的"与"欲望的"部分折叠成单一的"非理性的"部分,这是漫步学派哲学与中期柏拉图主义哲学的特征。参 Vander Waerdt(1985),特别是页379 – 380。

性的塑造时，通过习惯化（habituation，ἔθος）而获得。⑥ 换句话说，一个人的品性（ἦθος），他践行"道德德性"（ἠθική ἀρετή）的能力，依赖于他的灵魂的理性部分能够在何种程度上通过习惯影响、改变他的灵魂非理性部分。贯穿这篇文本，如在其他地方那里一样，普鲁塔克注意到了天性（nature，φύσις）与品性（character，ἦθος）之间常见的古代区分。一个人的天性是他与生俱来的；一个人的品性与他的天性有关，但也受他习惯上所过的那种生活以及理性对它施加作用的程度的影响，而变得更好或更坏。⑦ 普鲁塔克接下来写道，灵魂具有能力（capacity，δύναμις）、激情（passion，πάθος），以及已获得的状态（acquired state，ἕξις）。后者是习惯化的结果："已获得的状态（ἕξις）是非理性部分（τὸ ἄλογον）的能力的一种坚强而稳定的境况，它由习惯（ἔθος）产生：如果激情受到理性糟糕的训练（schooled，παιδαγωγηθῇ），将会产生恶；如果受到很好的训练，将会产生德性。"（443d）⑧品性形成的最关键时期是童年，因此良好教育在普鲁塔克作品中的重要性，就如同在柏拉图思想中那样。当激情被控制在合

---

⑥ 柏拉图与亚里士多德都认为品性（ἦθος）通过习惯化（ἔθος）而形成：例如，柏拉图《法义》792e（ἐμφύεται…τὸ πᾶν ἦθος διὰ ἔθος）；亚里士多德《尼各马可伦理学》1103a11 – b25（特别是 1103a17 – 18：ἡ δ' ἠθική ［ἀρετή］ ἐξ ἔθους περιγίνεται, ὅθεν καὶ τοὔνομα ἔσχηκε μικρὸν παρεκκλῖνον ἀπὸ τοῦ ἔθους），EE 1220a38 – 1220b7，MM 1185b38 – 1186a8。比较托名普鲁塔克《论诗教》2f – 3b；普鲁塔克《论饶舌》511e。

⑦ 参看下文页 119 与页 230。关于本性与品性，比较《论神罚的延迟》551d、562b。参 Dihle（1956）页 63 – 64 与 84 – 87；Bergen（1962）页 62 – 94；Russell（1966a）页 144 – 147（亦见 1995，页 83 – 86）；Wardman（1974）页 132 – 137；Brenk（1977）页 171 – 181；Gill（1983）页 473 – 474、478 – 481；Swain（1989a）。

⑧ 比较《论制怒》中的论证。怒气是一种激情（πάθος），它一旦被激发起来，用理性（λόγος）来控制它将是特别困难的（453d – 454b）；用更详细的话来说，它产生了灵魂中的一种坏状态（ἕξις）。这篇文章的大半篇幅包含了关于如何使一个人习惯于不发怒的建议（参下文，页 87 – 89）。

适的界限之内时,伦理德性就被植入到了非理性部分中(444b‐c)。

[75]在文章的结尾处(451b‐452d),普鲁塔克回到了教育与习惯化的主题。⑨ 非理性是人类天性不可或缺的部分,不能被完全去除,但需要培养和教育:"所以人也享有非理性因素(τὸ ἄλογον),在他的体内天生就有一个激情(πάϑος)的源泉,不是作为一个偶然的拥有物,而是作为一个必需品,它不应当被完全去除,但需要照顾和教育(care and education, ϑεραπείας καὶ παιδαγωγίας δεομένην)。"普鲁塔克坚称,当激情被理性控制时,它对于德性的践行是必需的:"当激情(τὰ πάϑη)被驯服,变得易于引导时,理性(ὁ λογισμός)会利用激情(τὰ πάϑη),而不是削弱或切除灵魂中作为理性仆人的那个部分"(451d)。⑩ 比驯化的动物有用得多的是"激情这种动物(the animals of the passions, τὰ τῶν παϑῶν ϑρέμματα),当它们与理性一前一后地工作,并在德性身边奋力拼搏的时候:血气(spirit, ϑυμός),如果它是节制的、伴随着勇气、对邪恶的正当憎恨……"(451d‐e)。由于这一原因,普鲁塔克接着写道,立法者们在他们的城邦中灌输了爱荣誉(φιλοτιμία)与爱竞争(ζῆλος)的激情,也由于这一原因,教师们也利用指责与赞扬的痛苦与快乐来提升归他们管的年轻人(452b)。⑪ 教育(παιδεία)就是理性(λόγος)与习俗或法律(νόμος)对年轻人情感的适当作用(452c‐d)。

《论道德德性》揭示了普鲁塔克在《列传》中的某些最典型、最重要的关注。《列传》中清楚地表明了他对"道德德性"感兴趣,对

---

⑨ 比较 Babut(1969a,页 38‐43),他看到了《论道德德性》451b‐452d 与此前篇章之间的矛盾。

⑩ καὶ τοῖς πάϑεσι δεδαμασμένοις χρῆται καὶ χειροήϑεσιν ὁ λογισμός, οὐκ ἐκνευρίσας οὐδ' ἐκτεμὼν παντάπασι τῆς ψυχῆς τὸ ὑπηρετικόν. ἐκνευρίσας 清楚地暗指柏拉图《王制》411b,449f 处更加明确地引用了《王制》的这个地方。

⑪ 他在这里无疑特别想到了吕库古(比较《吕库古传》25.5;托名普鲁塔克《斯巴达风俗》238a‐b)。

那些涉及正确行动的德性感兴趣，而不是对更理论性的"沉思德性"感兴趣。《列传》所涉及的正是行动中的德性。确实，构成本书个案研究的许多列传的核心正是理论上的德性与事务世界中实践要求之间的冲突。正如《列传》中所表明的那样，《论道德德性》也揭示了普鲁塔克的人类灵魂学观念中的若干关键要素。首先，他把人的灵魂看成是理性与激情之间发生潜在冲突的场所。他反对灵魂的性质是单一的这一斯多亚派观点，而主张来自理性和激情的相反冲动能够同时对灵魂施加影响（比较446f-448c）。这一分析自然地导向[76]《列传》中某些最为重要的主题。特别是，一位英雄在何种程度上牢固地服从理性、控制他的激情，是普鲁塔克始终感兴趣的问题，其中也带有隐含的道德命令。其次，普鲁塔克主张，激情对于德性的践行是必需的，但它必须要受到理性的严格控制。正如我们将会看到的那样，在《列传》中，普鲁塔克承认像抱负或竞争这样的情绪是行动的必要刺激。在少数情况下——在亚历山大大帝那里表现得最为显著，普鲁塔克采用了柏拉图的术语：灵魂的"血气因素"。血气因素提供了德性行动的冲动，但它也容易导向傲慢与暴行。但总体来说，在普鲁塔克的《列传》中，强调的重点在于控制的必要。激情是危险的力量，当传主是年轻人时，它或许是必要的，但在一位成熟政治家的生活中，它的作用很小或不起任何作用。因此，在使用了柏拉图的术语"血气"的地方，它通常是指不受控制的血气，很少指与德性协调的血气。强调的重点有所差异的原因至少部分地是由于文学语境的不同。《论道德德性》的反斯多亚派性质使得普鲁塔克打算要反驳斯多亚派的"不动心"学说，该学说声称要避免所有的情感。[12] 在《列传》中，普鲁塔克对待激情的态度事

---

[12] 关于普鲁塔克与斯多亚派的"不动心"，参 Babut(1969b)页319-333，Spanneut(1994)页4704-4707。

实上更接近于斯多亚派的立场。

第三,《论道德德性》论证了普鲁塔克思想中在无法控制激情与缺乏教育之间的联系,这是《列传》中的一个突出主题(例如《梭伦传》21.2)。这里的思想是柏拉图式的。教育对于训练灵魂的"血气"部分($τὸ\ θυμοειδές$)、使其服从理性来说是必需的。《王制》卷二与卷三中用了许多篇幅来讨论适合于柏拉图的城邦中想像的护卫者的道德教育,这些护卫者的特征是他们的"血气"本性(374d – 417b)。[13] 但对教育的巨大强调是普鲁塔克自己的,这种强调反映了教化(paideia,教育、文化)在希腊人于公元二世纪定义自身的方式中所扮演的重要角色。对普鲁塔克来说,当涉及罗马英雄的时候,这一强调尤其明显:教育[77]($παιδεία$)对普鲁塔克来说,正如对同一时期的其他作者那样——如普卢萨的狄翁(Dion of Prousa,例如《演说集》32.3、48.8)和阿里斯泰德斯(Ailios Aristeides,例如《泛雅典演说》225 – 231)——特别是一种希腊现象。[14] 对普鲁塔克来说,教育似乎包括关于希腊语言的知识以及对希腊经典的阅读。普遍认为,希腊的传主们受益于良好的希腊教育。普鲁塔克确实在某

---

[13] 关于柏拉图式的教育观念,参 Gill(1985);亦比较《王制》441e – 444a、548b – c、549a – b、606a。在《西塞罗传》32.7 处,在批评西塞罗流放期间灰心失望(这被描述成其哲学原则的失败)时,普鲁塔克说道:"公众的意见($δόξα$)具有巨大的力量,把理性像染料那样从灵魂中洗掉。"这里显然是指《王制》429b – 430b 处柏拉图把教育比作染料。参 Moles(1988),页 180 – 181。用柏拉图式的术语来呈现西塞罗的消沉,这强调了他并没有能够按照他的哲学理想生活,这是《西塞罗传》的一个主题(关于这一主题,参 Swain,1990c,页 194 – 197)。关于这一比喻,比较《吕库古与努马传》4.9。

[14] 希腊文学文化的自觉展现是公元二世纪的一个值得注意的特征。比较 Reardon(1971)页 3 – 11,Bowie(1991),Frézouls(1991)页 143 – 145,Anderson(1993)多处。

处详细叙述了一位希腊人物的教育,⑮但他对这种教育的实际作用几乎没有兴趣。正如 Christopher Pelling 与 Simon Swain 已经精彩地论证过的那样,普鲁塔克对于罗马人在何种程度上获得了希腊教育或文化这一问题,有着更多的兴趣。⑯ 在涉及罗马人的地方,希腊教育的水平被用来解释是否成功地坚持理性对激情的统治,例如,卢库卢斯成功地控制了他的荣誉之爱(《卢库卢斯传》1.5 – 6),而西塞罗则失败了(《西塞罗传》32.5 – 7)。一位罗马人对待希腊教育的态度本身也被用作道德评价的一个项目(例如,《老加图传》23.1 – 3)。⑰ 正如后面的章节将会论证的那样,这在《科瑞欧拉努斯传》与《马略传》中能够尤为清楚地看到。

对普鲁塔克来说,教育,以及由此而来的控制激情的能力,给个人带来了一系列广泛的德性,de Romilly 把这些德性称为 douceur。⑱ 对于不同品质的这种松散的类聚可用许多词语来表达,最常用的是"和善"(gentleness)或"冷静"(calmness, πραότης)和"仁慈"(humanity, φιλανθρωπία)。前者的一般观念基本上是"自我约束"(self – restraint),也就是对激情的控制(比较《科瑞欧拉努斯传》21.1)。除了一般观念之外,它还携带着多种其他观念:平和、节制(temper-

---

⑮ 比较希腊哲学教育在普鲁塔克笔下的吕库古治下斯巴达的中心地位(例如 14.1),它本身是"一个践行哲学的城邦"(《吕库古传》31.3: πόλις φιλοσοφοῦσα)。参 Schneeweiss(1979)。

⑯ 至少对那些生活在叙拉古之战以后的人来说是这样,普鲁塔克认为那个时候希腊的影响才开始发挥作用。参上文第二章注 41。

⑰ 关于《列传》中的教育,参:Pelling(1989);Swain(1989a)页 62 – 66 和(1990b),以及(1990a)页 140 – 144 的部分概括。

⑱ de Romilly(1979),特别是页 275 – 307。

ance, σωφροσύνη)、忍耐(forbearance)、使用合法手段而不是暴力手段。[19] 对普鲁塔克来说, φιλανθρωπία 的含义是一种对其他人类成员心怀仁慈、同情的品质,这种品质是一个文明国家或文明人士所应当具有的;这暗示了希腊教化(paideia)的好处(《弗拉米尼努斯传》5.6-7),以及——对一个社会来说——希腊风俗的存在(《皮洛士传》1.4;《斐洛波门传》8.1)。尤其是,它带有[78]和蔼、仁慈以及慷慨等含义。[20] 通过这两个词或它们的同义词的同时出现,这两种品质常常被联系在一起。[21] Douceur 的品质常常在身体外表上反映出来,恰如它的对立面严酷与发怒那样。[22] 这是普鲁塔克最感兴趣也最为明显地从一种道德观点进行判断的人类活动领域之一;它是一种不仅支配了他对《列传》传主的看法,而且在贯穿《伦语》全书的他本人的人格中也显著表现出来的价值。[23]

第一节 彼此冲突的理性与激情

事实上,关于理性与激情的论说,在《列传》中甚至比本分析所显示的那样更加无处不在。理性与激情之间的对立对《安东尼传》显然很重要。安东尼抛弃了他与谋杀凯撒的人的和解性立场,其原

---

[19] Martin(1960)。关于《伯利克勒斯传》中的 πραότης,亦参 Stadter (1975),页 81-85。我已经依照 Ziegler 的文本把它拼成 πραότης(但请参看下文注 62);Nikolaidis(1980)主张正确的拼法是 πραότης。

[20] Martin(1961)。

[21] 例如《小加图传》23.1;《阿里斯泰德传》23.1。

[22] Douceur:《伯利克勒斯传》5.1;《法比乌斯传》17.7;《格拉古传》2.2;《斐洛波门传》20.3;《庞培传》2.1;《论制怒》455b。严酷:《马略传》2.1。

[23] 比较 de Romilly(1988b)。

因是野心。这是《列传》中最常见的一种激情:"但没过多久,他从民众那里得到的荣耀(ἡ παρὰ τῶν ὄχλων δόξα)使他远离这些理性思考(reasonings, λογισμῶν),想着一旦把布鲁图斯打倒,他将无可争议地成为头号人物。"(《安东尼传》14.5)后来正是他对克娄帕特拉充满激情的爱(ἔρως)毁了他自己:

> (36.1)那个可怕的诅咒——他对克娄帕特拉的爱——沉睡了很长时间,显然被他的更好的理性思考所平息和抑制了,但在他快到叙利亚的时候,它又死灰复燃,获得了信心。(36.2)最后,正如柏拉图所言,就像灵魂中那头不服从、倔犟的野兽那样,他踢开了所有能够拯救他的好计划,派丰提乌斯·卡庇多去把克娄帕特拉接到叙利亚。(《安东尼传》36.1-2)

这一段用了柏拉图式的术语,事实上也特别提到了柏拉图,说他是把激情比作野兽这一意象的来源。这个地方肯定是指柏拉图《斐德若》中的一段(253c-254e),㉔在那里,[79]理性努力控制灵魂的非理性部分,被比作一位驭手努力控制一匹倔犟的马(比较255e-256a)。从普鲁塔克在其他地方对此处的引用能够判断出,他显然熟知这一段落。㉕ 安东尼对克娄帕特拉的激情毁了他为他

㉔ 比较《王制》588e-591d 处,把激情比作野兽,在好人身上,它可能是被驯化的(591b)。

㉕ 《安东尼传》36.1-2;《论道德德性》445b-c;《论苏格拉底的守护神》588f;《柏拉图的问题》1008c-d、1009b;比较《伽尔巴传》6.4;《健康呵护准则》125b;《论制怒》453c。用马来代指激情是普鲁塔克作品中一个常用的比喻:比较《年轻人应当如何倾听诗人》31d,《如何意识到一个人德性的进步》83a-b,《论道德德性》442d,可能还有《论制怒》459b。比较 Fuhrmann(1964)页 141-143, Opsomer(1994)页 46-47。鉴于在这一时期许多作者那里都能够看到的对

的帕提亚战役而做的准备工作,因为他渴望回去和她共度冬天;普鲁塔克告诉我们,"他不是他自己的理性的主人(οὐκ ὄντα τῶν ἑαυτοῦ λογισμῶν),而像是在某种药剂或巫术的控制之下"(37.6)。在后来的战役中,安东尼事实上做得很好,也重新获得了他的一些道德声望;特别是在他的亚美尼亚盟友阿塔伐斯得斯(Artavasdes)背信弃义之后,他又坚持了理性对激情的领导:

> 现在所有人都很气愤,敦促安东尼报复亚美尼亚人。但他经过理性思虑之后,既没有责备阿塔伐斯得斯的背叛,也没有撤回对后者一贯的友好与尊重,因为当时他的军队已疲惫不堪,物资也很匮乏。(《安东尼传》50.5)

普鲁塔克作品中还有其他许多平行的、可资对比的段落。对普鲁塔克来说,在烦扰的情境面前,一个人是保持他的理性(λογισμοί)还是被激情(πάθος)所战胜,这是一个重要的道德指示器。例如,凯撒的心理状态得到细查的几个时刻之一就是在横渡卢比孔河时;这里,讨论又一次用理性与激情的话语来作为框架。[26] 很显然,普鲁塔克认为横渡卢比孔河是一个生死攸关的时刻。按照普鲁塔克的

《斐德若》的高度了解(Trapp 1990),以及一般性的对柏拉图的高度了解(De Lacy 1974),因此,可以期待,普鲁塔克的读者能够理解这一典故。《斐德若》是普鲁塔克《关于爱的对话》的模板,他在749a、751d-e、764a(Brenk 1995a)处直接引用了它,也是《论神谕的衰微》419a-e处的模板(Dušanic´ 1996)。在《德米特里乌斯与安东尼传》中,普鲁塔克也在《德米特里乌斯传》1.7、32.8处、《安东尼传》29.1处明确引用了柏拉图。

[26] 意味深长的是,普鲁塔克在两个地方把凯撒的癫痫(比较 Benedikton 1994)称作一种πάθος(17.2 与 53.6),这种强调在苏维托尼乌斯(《神圣的尤利乌斯传》45.1)或阿庇安(《内战史》2.16.110)那里并没有出现。

叙述,当凯撒接近卢比孔河时,"他越来越陷入理性思考(reasoning, λογισμός),他接近那个可怕的事件,被他的冒险的巨大程度搅得激动不安"。他放慢了速度,最后停下来了:"他的心里有着巨大的分裂(He was greatly divided within himself, πολλὰ μὲν αὐτὸς ἐν ἑαυτῷ διήνεγκε),在沉默中[80]他把他的决定改过来、改过去,他的目标也随之经历了一次又一次的改变。"(32.6)他合计了(adds up, ἀναλογιζόμενος)这次渡河将会给全人类带来的灾难,以及这些灾难将会多么强烈地增加他的声望(32.7)。侵入意大利在这里被描述为,由于对荣耀的渴望而做的一桩不道德的行为。凯撒不确定他接下来要做什么,这在苏维托尼乌斯与卢坎的著作中也有记载,而且可能来源于所有这三位作者都共同参考的一处资料来源。㉗ 普鲁塔克把它解释为在他的理性与他的渴望或激情之间的一场斗争,《论道德德性》446f–448c处设想过这种斗争。这里强调的重点不在于凯撒的动机是什么,而在于他的犹豫与不安的事实,这些事实反映了他内在的道德斗争。比较皮洛士在即将入侵意大利时的不安(《皮洛士传》14.14):虽然他知道"他把多少幸福抛在身后"(ὅσην ἀπέλειπεν εὐδαιμονίαν),但他无法抛弃他的计划。对皮洛士来说,就像凯撒那样,爱荣誉(φιλοτιμία)的激情压倒了理性。㉘ 这一负面看法在接下来的一句话中(32.8)得到了证实,当时普鲁塔克就像在其他列传中常常做的那样,把柏拉图式的道德哲学术语运用到凯撒的行动上面:"最终,在某种激情的推动下(μετὰ θυμοῦ τινος),他抛开了一切思考,把自己交付给未来(as though giving himself up from

---

㉗ 《神圣的尤利乌斯传》31–33;卢坎《内战史》1.185–203。参 Tucker (1988)。

㉘ 普鲁塔克作品中这样的犹豫不决场景十分罕见,参 Frazier(1995),页151–154。

reasoning to the future, ἀφεὶς ἑαυτὸν ἐκ τοῦ λογισμοῦ πρὸς τὸ μέλλον）……他急速地跨过了河……"凯撒的激情战胜了他的理性——这在普鲁塔克眼中是一个毁灭性的陈述。㉙

Λογισμοί 常常必须要译为"计划"，但它总是带有"理性"、"理性的行为"的含义。㉚ 在《阿尔塔薛西斯传》中，因为居鲁士的雇佣军统帅克利阿科斯在库纳克萨没能与敌军的主力交战而遭到了批评："他就像一个人，由于当下的恐惧，而抛弃了他为了全体成功而制定的理性计划（τοὺς περὶ τῶν ὅλων λογισμούς），放弃了远征的目标。"（《阿尔塔薛西斯传》8.4) [81] 在对提摩勒昂的批评中有一个非常紧密的平行对比，提摩勒昂因为公众不赞成他刺杀他的兄长——僭主提摩法尼斯（Timophanes）——而陷入绝望之中，普鲁塔克为此批评了他：

> 通过这种方式，除非一个人的决定从理性与哲学那里得到额外的坚定与力量，否则当它们落实到行动中时，它们会被改变、清除，很容易受到偶然的赞扬与责备的影响，偏离了他本人

㉙ 普鲁塔克接下来叙述了凯撒在渡河前的那个晚上，梦见他和他的母亲乱伦（32.9）。在普鲁塔克的资料来源中（可能是 Oppius。比较苏维托尼乌斯《神圣的尤利乌斯传》7.2；狄奥·卡西乌斯 37.52.2），这一事件的位置要更早一些，普鲁塔克已经移动了它的位置，而且，更加意味深长的是，他避免提及苏维托尼乌斯给予这一事件的有利解释（征服世界）。对普鲁塔克来说，正如他在其他地方利用梦和神谕经常做的那样，这个梦并不是用来预言事件，而是用来说明灵魂学与品性：凯撒入侵他的国家时的自我怀疑在这个扰乱人心的梦中爆发了，在这个梦中，他侵入了另一处被禁止的领地。这强调了他渴望权力的野心与他的道德不安的程度。参 Brenk（1975）页 346,（1977）页 225 - 227。或许这个梦也暗示了他后来被谋杀：比较《狄翁传》55.1 - 4。

㉚ 例如《小加图传》55.4、68.6。在少数情况下，只有"计划"这种译法似乎是恰当的，例如《德米特里乌斯传》44.7。关于《科瑞欧拉努斯传》34.3 处的矛盾，参下文页 215。

的理性计划。(《提摩勒昂传》6.1)㉛

遵守计划是德性的标志,而抛弃计划则是道德脆弱的标志。例如,庞培(《庞培传》61.4)在他同凯撒的战争中受影响而偏离了他本人的 λογισμοί(理性思考)——因为这一弱点,他在"对比"中遭到严厉的批评(《阿格西劳斯与庞培传》4.3 – 11)。㉜ λογισμοί 在这里最主要的含义是"计划",但完整的语境将会清楚地显示出,在理性与激情之间有一种根本性的对立(比较《庞培传》67.7;《凯撒传》33.6):

> 因为不可能阻止普遍的恐惧,没有人允许庞培履行他自己的理性计划,每个人无论陷入什么样的激情——恐惧、痛苦、绝望——都会带着这种情绪,用它来影响庞培。(《庞培传》61.4)

这种表达方式在《伯利克勒斯与法比乌斯传》中也特别常见,在那里,两位政治家抵御对手进攻时的平静(calm, πραότης)是一个特别的主题。因此,当伯利克勒斯不理会人们在阿提卡被入侵时的痛苦以及民众因此而对他发起的攻击时,据说他已经"运用了他自己的理性计划"(λογισμοί)并且克制住不去作战(33.6)。在《法比乌斯传》中,公元前 218 年特雷比亚河畔战败的消息引起如此巨大

㉛ 比较《马略传》28.2(在页 118 – 119 引用了)。比较《凯撒传》66.3,在那里重大事件所引发的激情据推测去除了卡西乌斯的(比较 Alfinito 1992)伊壁鸠鲁主义原则。

㉜ 在《阿格西劳斯与庞培传》4.8 处,阿格西劳斯之所以成功是因为他不像庞培,他跟随他本人的"最好的理性思考"(τοῖς ἀρίστοις ὡς ἐβούλετο λογισμοῖς)。

的惊恐,以至于"在如此巨大的打击面前理性的计划($λογισμοί$)无法坚持不变或维持下去"(《法比乌斯传》3.6)。汉尼拔试图迫使法比乌斯应战,想迫使法比乌斯考虑安全而抛弃他的理性计划"(5.4),但他并没有成功。尽管军队中有[82]许多不满,尽管他的骑兵官弥努基乌斯(Minucius)攻击他,但法比乌斯在一个显然与《伯利克勒斯传》33 形成对照的段落中宣称,"如果我因为害怕嘲笑和辱骂而放弃我自己的理性计划,那我可真成了一个更怯懦的胆小鬼了"(5.7)。保卢斯(Aemilius Paullus)与汉尼拔确实在坎奈交战过,结果是可以预料的,但他最后的遗言是让伦图卢斯(Cornelius Lentulus)报告(16.8):"他至死都坚持他自己的理性计划。"在19.3 处,虽然马克卢斯的战术截然不同、富有攻击性,但法比乌斯据说依然坚守他最初的理性计划。最终,在《伯利克勒斯与法比乌斯传》的对比部分,普鲁塔克说,法比乌斯时期罗马所经受的极度艰难显示了他的"决心非常坚定……是一位伟人,他既没有打乱也不曾抛弃过他自己的理性计划"(《伯利克勒斯与法比乌斯传》1.5)。

那么,激情必须被理性所控制。普鲁塔克特别关注在两种情境下考察他的英雄们在这方面的行为。第一种情境是一位亲人的死亡。㉝ 第二种情境是在战争的高潮时刻。我们已经提到普鲁塔克对居鲁士在战斗中的冒失所表达的不满。在《佩洛皮达斯传》中,普鲁塔克用更加明确地取自理性与诸激情的话语的术语,表达了这一不满(《佩洛皮达斯传》32.9):㉞

㉝ 例如《梭伦传》7.5-6;《伯利克勒斯传》36.7-9;《布鲁图斯传》15.5-9;《埃米利乌斯传》36.1-9;《埃米利乌斯与提摩勒昂传》2.10。比较柏拉图《王制》387d-388a,603e-604d。

㉞ 比较《佩洛比达斯与马克卢斯传》3.6-8,《吕山德与苏拉传》4.3-5,《福基翁传》6.2,《斐洛波门与弗拉米尼努斯传》1.7;比较阿里安《亚历山大远征记》6.13.4。

当佩洛皮达斯看到他[费莱阿的亚历山大]时……他无法用理性抑制他的怒火,而是一看到便怒火中烧,把他的身体以及他事业的领导权都托付给他的血气,他远远地冲在其他士兵前面,向前跑着,大声叫喊着向僭主提出挑战。

正是在这种可能扰乱人心的情境的压力之下,一个人真正的德性才能够显现出来;这或许是为什么考察政治家的生平而不是诗人或哲人的生平,更适合于普鲁塔克的德性观念的原因之一。㉟

第二节 抱负与怒气

[83]在传主必须控制的所有激情之中,抱负(ambition)受到最为持久的关注。㊱ 对普鲁塔克来说,抱负是一种含混的品质。其概念通过许多相关词汇及它们的同根词加以表达,最常见的如"爱荣誉"或"爱地位"(φιλοτιμία),还有"爱胜利"(φιλονικία)与"爱成为第一"(τὸ φιλόπρωτον)。在一种更为负面的意义上,普鲁塔克使用了那些带有更强烈批评意味的词,如"爱争斗"(φιλονεικία)"爱荣耀"(φιλοδοξία),甚至还有"对荣耀的狂热"(δοξομανία)与"自负"(μεγαλαυχία)。这一系列概念的含混性可以在"爱胜利"以及更加

㉟ 参上文页66。

㊱ 关于普鲁塔克作品中的 φιλοτιμία,比较:Wardman(1955)页105–107,(1974)页115–124;Bucher–Isler(1972)页12–13、31、41、58–59;Frazier(1988a)。亦比较 Walsh(1992)页219–220,关于它的含混的道德地位。

负面的"爱争斗"这些词上的含混性中最为清晰地看出来。㊲ 在普鲁塔克的时代,这两个词是否被认为是不同的词,以及传统的拼法是什么样的,都并不清楚。普鲁塔克的手稿,如同其他作者的手稿一样,似乎把这两个词用作同义词。早在公元前三世纪,ει 与 ι 的发音是一样的。㊳ 因此,普鲁塔克是否想与胜利——或者更加负面地,与争斗——联系起来,这常常并不清楚。这种含混性可能是有意为之。

柏拉图认为对荣誉的爱产生自灵魂的"血气"部分,这个部分虽然是非理性的,但它能被理性所训练,从而与理性协调一致地行动。那么,爱荣誉就既是行动所必要的刺激,也是必须被严格控制

㊲ φιλον[ε]ιχία 与 φιλοτιμία 常常一起出现。例如:《法比乌斯传》25.3;《埃米利乌斯传》22.4;《论顺从》532d。比较 Pelling(1996)页 xlix。在《斐洛波门传》3.1 与《斐洛波门与弗拉米尼努斯传》1.4 处不常见的是,φιλον[ε]ιχία 与不那么受谴责的 φιλοτιμία 形成对照。

㊳ 比较 Allen(1987),页 66。Aulus Gellius(《阿提卡之夜》7.8.1)就 -νιχ-/-νειχ- 说过一句双关话。与 νίχη 的含义联系在古典阿提卡作家那里是很明显的(但请比较色诺芬《斯巴达政制》4.1-6)。然而,在普鲁塔克的时代,同 νεῖχος 的含义联系是很常见的,常常取代了与更早的 νίχη 的含义联系(比较 Schmidt 1882, i. 386-91)。这肯定是《阿格西劳斯传》5.5 处的情况,在那里,宇宙中 νεῖχος 与 ἔρις 的必要性被用来作为一个类比性的论据,为把 τὸ φιλότιμον καὶ φιλόν[ε]ιχον 引入斯巴达辩护。《斐洛波门传》17.7 也是相似的。参 Adam(1902), ii. 343; Nikolaidis(1980)。正如 Pelling(1997c)页 130-131 处所主张的那样,也有可能是这种情况:在普鲁塔克的时代,只有一个单词——可能被拼成 φιλονιχία——能用作上面两种意思中的任一种或同时兼具两种意思。Ziegler 选择保留两个单词(例如,印刷了 ἀνδρεία 与 ἀνδρία 这两种拼法)。我不同意 Ziegler 在《阿尔喀比亚德传》21.6、《伯利克勒斯传》31.1、《卡米卢斯传》40.1、《阿格西劳斯传》5.5、《阿格西劳斯与庞培传》1.7、《斐洛波门传》3.1、《斐洛波门与弗拉米尼努斯传》1.4、《漫谈录》724b 等处的选择。

的危险激情。㊴ 这是"富有血气"（spirited, θυμοειδής）的人（《王制》548c）㊵和[84]把地位与竞争当成最高的目标的城邦——对他来说斯巴达是其原型——的特征（545a）。在普鲁塔克那个时代的希腊社会中，抱负似乎也处于一个含混的地位。在当时致敬的铭文中，"爱荣誉"与相关用语如"爱荣耀"（love of glory, φιλοδοξία）等常常以正面意义出现。㊶ 但普卢萨的狄翁（《演说集》4, 16 - 32）能够攻击那些"爱荣誉的人"（τὸν φιλότιμον）。

对普鲁塔克来说，爱荣誉也是一种含混的品质。普鲁塔克确实偶尔承认它积极的一面，即为德性行动提供动机，特别是在涉及年轻人的地方。㊷ 它被看作一种必要的灵魂动力，携带着一种正面的或中性的道德价值，就像地米斯托克利与忒修斯这两个例子那样，他们为先辈的成就所鼓舞。㊸ 和柏拉图一样，普鲁塔克也把它看成是斯巴达城邦与斯巴达教育的特殊特征；㊹ 它是阿格西劳斯与吕山

㊴ 在亚里士多德那里也很相似。例如《尼各马可伦理学》1107b21 - 1108a2 与 1125b1 - 25。

㊵ 普鲁塔克采用了这一术语。例如《科瑞欧拉努斯传》15.4（参页 210 - 211）；《亚历山大传》26.14。

㊶ Frézouls(1991)，页 141。

㊷ 例如《论道德德性》451b - 452d；《科瑞欧拉努斯传》4.1 - 2。相反，爱荣誉对老年人来说是不合适的：《卢库卢斯传》38.3；《马克卢斯传》28.6；《弗拉米尼努斯传》20.1 - 2；《马略传》2.4、34.6、45.10 - 12。普鲁塔克在《老年人是否应该从事政治》785c - d、791c、793d、794a 等处批评了老年政治家身上过分的抱负。

㊸ 参上文，页 51。比较《佩洛皮达斯传》31.6，在那里普鲁塔克说佩洛皮达斯受到获得荣耀的渴望的鼓舞，试图把色萨利的希腊人从费莱阿的亚历山大的统治下解放出来。然而，他也被怒气所驱动（31.5），这使得他在战场上鲁莽地死去（32.9 - 11）。

㊹ 《吕山德传》2.2 - 4。比较《阿基斯与克琉墨涅斯传》23(2).3 - 5；《论道德德性》452d。

德的关键特征。㊺ 抱负通常被看成是一种负面的力量,当失去控制时,它对个人与社会都是毁灭性的。㊻ 在《阿基斯、克琉墨涅斯与格拉古传》的小序中,普鲁塔克详细叙述了爱荣誉对年轻人的好处(《阿基斯与克琉墨涅斯传》1.1 – 2.8),他也指出了过分的政治抱负的危险,那个时候人们"拒绝认为光荣的事情是荣耀的,而认为荣耀的事情就是好的"(2.3)。㊼ 在《阿格西劳斯传》的开篇,普鲁塔克讨论了下列断言:既然争斗与竞争(strife and rivalry, νεῖκος…ἔριν)是宇宙中的必要原则,那么,在一座城邦之中,爱荣誉与爱争斗(τὸ φιλότιμον καὶ φιλόνεικον)也是通往德性的必要刺激(ὑπέκκαυμα τῆς ἀρετῆς)。但是,普鲁塔克总结道,过分的爱争斗"会给城邦惹麻烦、带来许多危险"(《阿格西劳斯传》5.5 – 7)。抱负的这两面在接下来的叙事中得到了很好的证明。阿格西劳斯与吕山德的竞争几乎[85]被证明是灾难性的(《阿格西劳斯传》7.1 – 8.7)。㊽ 但他对亚洲光荣而成功的远征是出于对荣誉的渴望而做出的(9.2),他在亚洲对性欲诱惑的抵制——对普鲁塔克来说,这是一个值得高度称赞的行动——也归因于他对胜利的爱(φιλονικία),这使他"像一位年轻

㊺ 例如《阿格西劳斯传》2.3,7.4,8.5;《吕山德传》2.4,19.1 – 2,23.3、7。亦参页 177 – 180 与页 194。

㊻ 它在《客蒙传》17.9 处被描绘成"所有激情中最占优势的"(πάντων ἐπικρατοῦσα τῶν παθῶν)。在《政治准则》819f 处,爱荣誉会特别影响"有活力、年轻的(或冲动的:νεανικαῖς)品性"。

㊼ 荣耀仅仅"宛如德性的影像"(τῆς ἀρετῆς ὥσπερ εἰδώλῳ),就像伊克西翁试图去拥抱的云朵,他认为那是赫拉(《阿基斯与克琉墨涅斯传》1.1 – 2)。伊克西翁在普卢萨的狄翁《演说集》4.123、130 – 131 处也是过分爱荣誉的象征。

㊽ 比较相配对的传记《庞培传》中庞培同梅特鲁斯、卢库卢斯的竞争,这里面有可资对比之处:《庞培传》29.1 – 7,30.3 – 31.13。关于这一点,参 Hillman(1994)页 273 – 277。

人那样"(νεανικῶς)与他的欲望作斗争(11.6)。然而,恰恰是他同忒拜的竞争最终给他的城邦带来了灾难(23.11–24.3;28.1–8)。

亚历山大与凯撒,他们的列传构成了普鲁塔克作品单独的一卷,他们是一对典范,显示了抱负的益处与危险。亚历山大的品性是(4.7)特别"富有血气的"(θυμοειδής)。那么,并不意外的是,我们在他身上(4.8)发现了一种"对荣誉的爱"(φιλοτιμία),这通过一系列他童年时期的早熟行为的轶事得到了说明(例如4.8–9.4)。其中一则轶事是他驯服他的马——布克法拉斯被描绘得(6.6)与亚历山大很像,"充满血气"(πληρούμενον θυμοῦ)。这则轶事引向对亚历山大本人的教育的讨论。普鲁塔克告诉我们,腓力看到"亚历山大的天性(φύσιν)难以被击败(δυσνίκητον),因为他反抗强迫,但却很容易为理性(λόγου)引导去服从义务职责"。所以他召唤亚里士多德做亚历山大的老师,因为他认为亚历山大的训练"就像索福克勒斯所说的那样,是一件需要多方约束和引导的事情"(7.1–2)。骑手意象的运用清晰地显示了在布克法拉斯"充满血气"的天性、对合适教育的需要与亚历山大的天性、对合适教育的需要之间的联系。它也鼓励读者用柏拉图《斐德若》中训练"充满血气的马"的观点来看待亚历山大的教育,该观点似乎如此强烈地影响了普鲁塔克(253c–254e)。[49] 亚历山大的良好教育将他的抱负引导到一条光荣的路线上:正是他满怀抱负与血气的天性推动他进行伟大的征服、追寻他的文明使命。[50] 普鲁塔克告诉我们:

> 因为机运(τύχη)眷顾着他,使他的目标坚定,他的灵魂的

---

[49] 参上文,页78–79。

[50] 关于亚历山大献身于希腊教化,以及《列传》中他的文明使命,参上文,第二章注47。

血气部分(τὸ θυμοειδὲς)，又使他对胜利的爱(τὴν φιλονικίαν)即便在无法完成的任务中也毫不动摇，以至于它不仅要打败敌人，还要叫时间和空间都向他臣服。(26.14)

但亚历山大充满血气与抱负的天性从来没有被完全控制过。这早在他劫掠忒拜城时就已经很明显了——这桩行动要归因(13.2)于"血气"(θυμός)。特别是，亚历山大的抱负使得[86]他和他的朋友们翻脸。正如普鲁塔克所言，"提交给他的许多控告使他变得十分严酷……尤为重要的是，当他本人受到批评时，他丧失了他的理性(ἐξίστατο τοῦ φρονεῖν)，变得残酷、冷酷无情，因为他已经变得更加热衷于荣耀(δόξαν)，甚过生命或王权(42.3-4)"。正是他的充满抱负与血气的天性导致他杀了他的朋友克雷托斯(Kleitos)(51.10)。他在生命的末期堕落成僭政，并有了认为自己拥有神性的错觉。[51] 因此，抱负既能导向伟大的行动，也能导致灾难。

抱负的含混地位在凯撒的生涯中也能看到。凯撒对权力的热望在那篇列传很早的地方就得到介绍(3.2-3;4.7-8;5.8-9;7.1-4，特别是7.2)，并构成了贯彻始终的主题。在描绘凯撒的抱负时，普鲁塔克引用了凯撒在经过一个高卢小镇时所发表的意见，说他宁愿在那里成为第一(πρῶτος)也不愿在罗马成为第二(11.3-4)。[52] 重要的是，他被激励去模仿亚历山大的行动，后者正是相配对的列传的传主(11.5-6)。[53] 正是凯撒的抱负成为他在高卢的行

---

[51] 关于普鲁塔克的亚历山大与凯撒的道德堕落，参 Harris(1970)页193-197。

[52] 这则轶事没有被其他作者提到过，但可能和接下来的那则轶事一样，来自奥庇乌斯(Oppius)。参 Townend(1987)，特别是页338。

[53] 同样的主题在苏维托尼乌斯那里也能看到(《神圣的尤利乌斯传》7.1)，它可能也源自普鲁塔克的资料来源之一。

动原因(17.2,22.6,23.2),也在他获取最高权力之后为他的计划、建筑工程与成就提供了动机。㊴ 普鲁塔克告诉我们:

> 他的许多成功,并没有把他天生的对事业的激情与对荣誉的爱(τὸ φύσει μεγαλουργὸν αὐτοῦ καὶ φιλότιμον)转变为对他所取得的成就的享受,而是作为对将要发生的事情的助推(ὑπέκκαυμα)与鼓励,刺激他取得更大的成就、热爱新的光荣(καινῆς ἔρωτα δόξης),仿佛他已经用完了他手头的东西。这种激情(πάθος)就是同自己的竞争(ζῆλος),就像同别人的竞争一样,也是一种为了即将到来的事物而反对已经获得的事物的竞赛(字面意思是,对胜利/冲突的爱:φιλονικία)。(58.4-5)

但正是同一种品质——抱负,激励他努力去获取最高权力,也导致了他的倒台。值得注意的是,"对新的荣耀的爱"这一短语稍后在"对王权的爱"(60.1:ὁ τῆς βασιλείας ἔρως)这一短语中得到了再现,普鲁塔克认为那是凯撒最终不得人心、遭到刺杀的原因。㊵ 凯撒的抱负这一主题[87]在这篇列传快要结束的时候得到最为清晰的陈述,当时普鲁塔克简略地总结了他对凯撒的看法:"……关于他冒着巨大危险毕生追求后所取得的权力和统治,他享用的只有虚名以及引起同胞公民忌妒的荣耀(δόξαν)。"(69.1)因此,在某种程度上,凯撒是荣耀所带来的幻觉和虚假承诺的典型范例。㊶

㊴ 凯撒对平民们慷慨赠与的举动也被意味深长地称为 φιλοτιμίαι (6.1, 6.3;比较5.9)。关于作为恩惠行动的 φιλοτιμίαι,比较 Frazier(1988a)页114-116 与页125-126。

㊵ 关于在贬义上的 ἔρως τῆς δόξης,比较路吉阿诺斯《Peregrinus》1 与 38 (μόνος οὗτος ὁ ἔρως ἄφυκτος)。

㊶ 比较 Steidle(1951),页13-24。

怒气是另一种普鲁塔克认为最为危险的激情(例如《论兄弟之爱》481b-c)。对柏拉图而言,怒气起源于灵魂的"血气"部分,也是它最具特征性的品质;确实,θυμός 常常被柏拉图用来指怒气。㊼虽然怒气常常是破坏性和非理性的,但柏拉图承认它在有德之人的灵魂中有其正当作用。有很多时候,理性会命令一个人发怒,例如当他受到不公正的对待或必须要战斗的时候。在这些时候,血气与灵魂的理性部分结为同盟,可能会反对欲望(例如《王制》439e-441c)。因此,对柏拉图来说,"血气"以及它所诱发产生的怒气对于那些参与战争的人是必要的,对于勇敢(ἀνδρεία)这种品质也是必不可少的,㊽虽然它们必须始终要被冷静或自我约束(πραότης)所中和(《王制》375b-c)。亚里士多德也愿意承认在有些情况下发怒是正当的。他把一个人身上使他只在适当的时候使用怒气的品质称为"冷静"(calmness, πραότης),他将其定义为"怒气方面的中道"(μεσότης περὶ ὀργάς:《尼各马可伦理学》1125b26),即在易怒(irascibility, ὀργιλότης)与过分温顺的"缺乏怒气"(ἀοργησία)——亚里士多德自造的词——之间正确的中间路线。㊾

在《论道德德性》中,普鲁塔克承认了正当、合理的怒气在理论上的可能性(例如 448d)。在这一段中意味深长的是,他用了一个更加少见的词 θυμός,这个词有着柏拉图式的联想含义。但在普鲁塔克著作的其他地方,特别是在《列传》中,怒气(ὀργή)对他来说几乎总是错的,它暗示了激情的失控;对他来说正确的中间路线是"缺乏怒气"的品质(ἀοργησία):它不是一种应受责备的没有能力发怒,而是一种值得赞扬的怒气激情的缺乏。就怒气这种激情而言,它与更

㊼ 关于这一联系,比较《王制》439e: τὸ δὲ δὴ τοῦ θυμοῦ καὶ ᾧ θυμούμεθα…

㊽ 例如《王制》375a,410b-412a,441e-442a。

㊾ 参 Nikolaidis(1982);亦比较 Galinski(1988)页 328-338。

广义的"冷静"(πραότης)完全相同:无论在何种情况下,时刻省察激情的能力。[60] 普鲁塔克实际上也写过一部[88]题为《论制怒》(《论缺乏怒气》,On Lack of Anger, Περὶ ἀοργησίας)的著作,在这篇对话中,他把这种品质视为理想,这篇对话也与斯多亚派塞涅卡的文章《论愤怒》有许多相似之处。[61] 其主题是如何运用理性来控制破坏性的怒气发作。普鲁塔克在这里用了柏拉图式的术语θυμός,既指灵魂的血气部分,更特别指该部分发怒的倾向,但他认为它的作用完全是负面的。谈话者之一,苏拉(不是那位独裁者)评论了他在他的朋友方达努斯(Fundanus)身上已经注意到的对发怒倾向的降低。他的评论是用熟悉的普鲁塔克式话语(关于理性与激情)来表达的:

> 你因为你的美好天性而拥有的那些德性,现在成长、增长得如此之多,我认为这并不令人惊讶。但当我看到你猛烈、暴躁的发怒倾向已经变得如此平静、服从理性,我不禁想对你的血气说:"天哪,你已经变得多么温和![《伊利亚特》22.373]"(《论制怒》453a-b)[62]

苏拉接着说,方达努斯的灵魂就像一块已经耕作过的土地(κατειργασμένη),因此它获得了一种"能够产生很多行动的柔滑与深

---

[60] Becchi(1990a)认为普鲁塔克并没有修正亚里士多德的立场,而毋宁说修正了后期漫步学派的观点,该观点承认怒气在提供灵魂行动的推动力上有其作用。

[61] 《论制怒》很可能在开始写作《列传》之前就已经完成了。参 Jones (1966) 页 61-62。关于这篇文本,比较 Ingenkamp(1971) 页 14-26, Becchi (1990a)。

[62] 关于激情——特别是怒气——与热相联系,亦参《论制怒》457a,《老年人是否应该从事政治》788f。关于亚历山大的禀性与热的反复联系,参下文页 187。我这里按照 Teubner 文本印成 πραότης(参上文注 19)。

度"(ἐνεργὸν ἐπὶ τὰς πράξεις)。他接下来用了一个医学比喻：

> 因此,很明显你的灵魂的血气部分并没有因为年龄导致的衰败而减弱,也不是自己消退的,而是因为它受到某种良好理性的控制。(《论制怒》453b)⑥

苏拉请方达努斯(453c)解释一下,他用了什么"药物"使他的血气(τὸν θυμόν)变得"如此服从控制并更加温柔,如此温和并[89]服从于理性"(οὕτως εὐήνιον καὶ ἁπαλὸν καὶ τῷ λόγῳ πρᾷον καὶ ὑπήκοον)——这可能是暗指柏拉图《斐德若》中那个著名的段落(参上文)。苏拉在表露出一丝勉强之后,解释道(453d - 454a),关键是人终其一生(θεραπευομένους βιοῦν)都应当接受"治疗"(treatment)。理性(λόγος)不应当被当作一种药,只有当一个人生病时才吃,而应像好的食物一样,对那些已经习惯于它(οἷς ἂν γένηται συνήθης)的人来说,它能在长时间里使人形成一种非常好的"状态"(ἕξις)。因为,方达努斯主张,一旦血气被激发起来后,再用理性压制它将是很困难的,所以我们必须注意事先给我们的灵魂储存好哲学原理。即使对于勇武的践行来说,怒气(θυμός, ὀργή)也没有任何位置(458d - e)。正如我们将会看到的那样,《科瑞欧拉努斯传》能够被看作是理论性的《论制怒》的实践对应,证明了当怒气失去控制,不受理性或教育的抑制时会发生什么。

---

⑥ 希腊语 λόγων 带有下面两个词的含义:理性的思想,合理性。正如 Jan Opsomer 对我指出的那样,与 αὐτομάτως(一个明显带有伊壁鸠鲁主义色彩的术语)的对立是标准的(例如《论伊希斯与俄赛里斯》369c;《为什么皮提亚不再吟咏神谕?》398b;《论神谕的衰微》420b、426d、435e)。

第三节 和谐与混合的隐喻

那么,抱负与怒气是《列传》中的一些最常见也最致命的激情。普鲁塔克认为,抱负携带着特别的道德危险是因为它会引发社会不和、破坏城邦的和谐,而这正是普鲁塔克在《对比列传》和他本人的《政治准则》(例如 823a – 825f)中关心的主要问题之一,也是公元二世纪人们所关注的问题之一。[64] 普鲁塔克对政治家的合作[65]以及全体阶层的和谐赋予了很高的价值。例如,努马的明智与公正的方法最有价值的结果是,他在所有罗马公民中建立起了和谐(《吕库古与努马传》4.15)。普鲁塔克极为直言不讳地批评这样的人:他们的个人抱负导致危害城邦的竞争。[66] 普鲁塔克显然意识到古典时期持续不断的城邦间与城邦内部的战争这一现实,但他似乎把希腊世界的和谐当作一种理想,由此反映出公元二世纪在希腊世界中能看到的强烈的文化认同感。[67] 城邦内部的和谐[90]不仅意味着治

---

[64] 关于普鲁塔克作品中的和谐,比较 Wardman(1974)页 57 – 63。关于和谐作为当时人们的关怀,参 Jones(1971)页 111 – 119,Sheppard(1984—1986)页 241 – 252。

[65] 例如《政治准则》809b – 810a,816a – 817c。比较《地米斯托克利传》11.1,12.6 – 8;《客蒙传》17.9。

[66] 例如《吕山德传》23.3;《苏拉传》4.6;《阿格西劳斯传》8.5 – 7;《庞培传》29.4。

[67] 《地米斯托克利传》6.5;《客蒙传》19.3 – 4;《弗拉米尼努斯传》11.3 – 7;《斐洛波门与弗拉米尼努斯传》1.2;《阿格西劳斯传》15.2 – 4。比较《阿拉托斯传》24.5 – 6(论阿该亚联盟)与《论神谕的衰微》401c – d。在《客蒙传》3.1 与 18.1 处,希腊城邦之间的战争被描述成内战(ἐμφύλιαι στάσεις 或 ἐμφύλιοι πόλεμοι)。关于普鲁塔克的泛希腊主义,亦参 Aalders(1982)页 18 – 19。当然,

邦者彼此之间合适的关系,而且也意味着民众与治邦者之间的合适关系。最好的景象似乎是在这样的地方:民众服从治邦者,治邦者反过来温和地统治——但也是坚定地统治,以抵御那些蛊惑民心者的攻击。⑥⑦ 对普鲁塔克来说,这种坚定统治的一个很好的例子是伯利克勒斯。在早年运用非特征性的"蛊惑民心的"方法获取权力之后(《伯利克勒斯传》7－14),⑥⑨伯利克勒斯采纳了普鲁塔克称之为贵族制与王政的统治(15.1:*ἀριστοκρατικὴ καὶ βασιλικὴ πολιτεία*;比较9.1)。就像在许多其他列传中那样,普鲁塔克在这里更感兴趣的不是政体的形式,而是统治者的道德品质,⑦⓪正如下文中(15.1－3)明确叙述的那样,伯利克勒斯在这些品质上远远高于他人。⑦① 在《德

泛希腊主义理想从古典时期开始就得到了利用,例如:希罗多德,8.144.2;伊索克拉底《泛希腊集会辞》81;《致腓力二世》127;比较 Dillery(1995)页41－98。关于把城邦间的战争视作 *στάσις*,参:希罗多德,8.3.1;柏拉图《王制》470b－471c。亦参 Walbank(1951)页51－54(亦见1985,页11－13)。

⑥⑦ 例如《福基翁传》2.6－9;《阿基斯与克琉墨涅斯传》1.3－4,2.5－6;《伯利克勒斯传》2.5。关于普鲁塔克对政治领导者的看法,参 Carrière(1977)页238－241,Aalders(1982)页28－36,De Blois(1992)页4600－4611。《努马传》20.7－12 提供了一幅理想的领导者的图像,在他身上"王者的权力与哲人的洞见统一起来":这样一位统治者是德性的典范(*παράδειγμα*),人们无需被迫地服从他(比较《吕库古传》30.4)。这里的思想是柏拉图式的(《法义》711d－712a,《王制》473c－e;比较波利比乌斯,12.28.2)。

⑥⑨ 关于伯利克勒斯的生涯中的蛊惑民心阶段,比较 Breebaart(1971),Stadter(1987)页258－260。

⑦⓪ 比较 Aalders(1982)页28－36。在这一时期的文献作品中,其他地方几乎没有真正的关于政体的辩论(例如普卢萨的狄翁所作的关于王权的演说);重点在于君主统治的道德品性。参 De Blois 与 Bons(1992),页172－173。

⑦① 修昔底德 2.65.6－9 对此作了详细阐述;比较 Stadter(1989),页90－91。

摩斯梯尼传》14.3–6处,普鲁塔克同样把一位治邦者的坚定统治描述为"贵族制的",这是一个柏拉图式与亚里士多德式的用语,指最好的人的统治,无论政体的实际形式是什么。⑫

除了城邦内部的和谐之外,普鲁塔克对个体灵魂内部的和谐也赋予了很高的价值。有一个段落暗示了这两种不同层次的和谐之间的联系,并阐明了这样一种重要性——普鲁塔克将其归附于教育并以此作为一种控制激情的手段,那就是《努马传》3.6–7:

> (3.6)努马来自名叫库雷斯的那个赫赫有名的萨宾人城市。罗马人就根据城名给他们自己以及与之合并的萨宾人取了他们众多名字当中的一个[91]:"奎里特斯"(Quirites)……(3.7)他天生在品性上就是混合良好(well-mixed)的,他甚至用教育、忍受苦难以及哲学来使自己变得更加温和,不仅去除灵魂中那些被轻视的激情,而且也去除那些在野蛮人中享有良好声誉的暴力和贪欲,他认为真正的男子气概就是通过运用理性在自我内部克制自己的激情。

这里我们看到一个运转良好的城邦,在那里和谐——或者更具

---

⑫ 例如柏拉图《王制》544e;《默涅克塞努斯》238c–d;亚里士多德《政治学》1293b30–1294a25。在《王制》445d处,柏拉图说道,根据进行统治的人数,理想城邦的政制能够被加上"王政"或"贵族政制"的标签;对柏拉图来说,是一个人统治——像人们通常认为在《王制》中的那样(540d,587c–d)——还是若干人共同统治并不重要。而且,对普鲁塔克来说,就像对亚里士多德那样(《政治学》1288b1–2),王者之相(kingliness, τὸ βασιλικόν)主要指品性,而不是指政制的位置。例如《努马传》20.8–12;《阿基斯与克琉墨涅斯传》34(13).3,34(13).9,45(24).3;《苏拉传》12.11;《庞培传》2.1;《克拉苏传》2.8(抄本异文作 βασιλικήν:比较色诺芬《齐家》21.10, ἤθους βασιλικοῦ);《小加图传》9.5(抄本异文作 βασιλικήν)。

体地说,是"混合"(mixing)——既在领袖的灵魂中,也在城邦内部发挥作用。对正确混合的强调最终来自柏拉图,普鲁塔克在把城邦描写为在一定程度上是人类灵魂的宏观放大时也追随了柏拉图:这一观念最为清晰地体现在柏拉图灵魂与城邦的三分理论中,它也是《王制》中许多关于灵魂的讨论的背后依据。⑬ 普鲁塔克也受到柏拉图《蒂迈欧》的影响,在那里,混合与音乐和谐的隐喻——把理性的与非理性的混合在一起——被用来描述世界灵魂与人类灵魂的产生。普鲁塔克在其评注性的《论〈蒂迈欧〉中灵魂的产生》中采用了灵魂的"混合"与"和谐"这一术语,他在《论道德德性》中也是这样做的。⑭ 在后一篇作品中,普鲁塔克宣称,在一位节制的人的灵魂中,"非理性是与以说服(persuasion)和惊人的冷静为装饰的理性相协调的,也与之混合($\sigma\nu\gamma\kappa\acute{\varepsilon}\varrho\alpha\tau\alpha\iota$)"(《论道德德性》446d);德性是对立激情之间的中道,就像高音与低音的和谐(444e)。在《列传》中,普鲁塔克多次把灵魂的适当混合($\varkappa\varrho\tilde{\alpha}\sigma\iota\varsigma$)描写为良好品性的重要决定因素,它作为一个道德指数而发挥作用。有时一个人的品性($\check{\eta}\vartheta o\varsigma$)简单地被说成是"混合的"或"混合良好的",⑮或相反地被说成是"未混合的(unmixed,$\check{\alpha}\varkappa\varrho\alpha\tau o\varsigma$)"——这个词[92]含有道德批评的意味。⑯ 一个人的品性甚至也可以被比作"未混合的酒"。⑰ 这

---

⑬ 特别是页 435 以下。比较 Neu(1971)。

⑭ 例如《论道德德性》440d,441d-442a,451d-f;《论〈蒂迈欧〉中灵魂的产生》1025a-c,1026a-c。Jan Opsomer(我很感激他的建议)论证了这两部著作中普鲁塔克的(柏拉图式的)思想的统一性(Opsomer 1994)。

⑮ 例如《提摩勒昂传》3.5;《狄翁传》52.6;《布鲁图斯传》1.3。

⑯ 例如《福基翁传》6.1;《马略传》2.1;《如何区谄媚者与朋友》49e;《婚姻准则》142b。比较《科瑞欧拉努斯传》15.4。当普鲁塔克用 $\check{\alpha}\varkappa\varrho\alpha\tau o\varsigma$ 这个术语时,他心里想到的或许是 $\dot{\alpha}\varkappa\varrho\bar{\alpha}\sigma\iota\alpha$(缺乏混合)以及更常用的道德术语 $\dot{\alpha}\varkappa\varrho\alpha\sigma\iota\alpha$(缺乏自我控制:$\dot{\varepsilon}\gamma\varkappa\varrho\acute{\alpha}\tau\varepsilon\iota\alpha$ 的反义词)这两个词的联想含义。

⑰ 例如《小加图传》46.1:$o\tilde{\iota}\nu o\nu$ $\check{\alpha}\varkappa\varrho\alpha\tau o\nu$。

些段落中的某些段落把灵魂的合适混合与它的反面呈现为教育的结果;⑱这里的思想再一次是柏拉图式的。⑲ 基于同人的品性的类比,一个城邦也能被说成是混合良好或混合糟糕的。⑳ 因此,当普鲁塔克在《客蒙传》15.12 处说到"未混合的民主"(ἄκρατος δημοκρατία)时,他的语调是否定性的。㉑

这些特征中有许多在《佩洛皮达斯传》中的一个段落里都能看到(19.1–5)。早先的忒拜立法者们(19.1),想要缓和他们立法对象的"充满血气与未混合的天性"(τὸ φύσει θυμοειδὲς αὐτῶν καὶ ἄκρατον),"加入长笛(mixed in, ἀνεμείξαντο)",并培养他们爱上摔跤,从而"混合(blending, συγκεραννύντες)年轻人的性情"。由于这一原因,他们崇敬"阿瑞斯与阿芙洛狄特的女儿"(也就是和谐女神,Harmony),㉒因为:

> 在好战与尚武品质被特别地联系起来并与拥有说服力与魅力的人有关的地方,城邦里的所有事物都会通过和谐被带入一种最有韵律、最有秩序的状态中。(《佩洛皮达斯传》19.2)

---

⑱ 例如《布鲁图斯传》1.3;《马略传》2.1;《科瑞欧拉努斯传》15.4。

⑲ 例如《王制》412a,441a–442a,443d–444a,549b,591c–d。比较 Gill(1985),页 12–15、21–24。

⑳ 例如《埃米利乌斯传》4.4;《吕库古传》7.1;7.5;《伯利克勒斯传》3.2;比较《斐洛波门传》8.3;西塞罗《共和国》2.69。注意在普鲁塔克的政治思想中,"混合政体"的观念并不具有突出地位。参 Aalders(1968)页 124–126;Carsana(1990)页 47–55。它作为一种政府的理想形式而出现(比较亚里士多德《政治学》1273b37–38),但它局限于久远的过去(例如在《梭伦传》18.1,《吕库古传》5.11、7.1 等处),或者是一种无法企及的理想(《狄翁传》53.4)。

㉑ 比较柏拉图《王制》410d,491e,545a;亚里士多德《政治学》1296a2–3,1312b35–36,亦比较 1273b37–38。

㉒ 比较赫西俄德,《神谱》行 933–937、975–977。

接下来的离题话(19.3 – 5)是关于忒拜神圣军团(Theban Sacred Band)的,它被描写成和谐合作的典范。⑧

事实上,普鲁塔克对"混合良好的"品性之益处的强调,起源于他对人类生理学的理解:这个词有时被用来指元素的物理混合,而不是指灵魂中理性与非理性的形而上学或隐喻性和谐。普鲁塔克在《论道德德性》中论证了身体对非理性部分的影响,因此,身体可能也决定了[93]人与动物的性情(450e – 451b)。这里他跟随了柏拉图的、亚里士多德的以及波塞多尼奥斯(Poseidonian)的思想,⑭但也与当时的思想相一致,这些思想可以在盖伦的体液理论(humoral theories),以及以劳迪凯亚的波勒蒙(Polemon of Laodikaia)为代表的相面术(physiognomics)中看到。⑮ 这些体液理论是普鲁塔克频繁使用医学隐喻来描述好的治邦者行动背后的依据,这些隐喻本身与将城邦视为人的宏观放大的柏拉图式观念有关。⑯ 需要治邦者/医

---

⑧ 关于《佩洛皮达斯传》19,亦参 Wardman(1974)页 59 – 61。

⑭ 例如柏拉图《蒂迈欧》69b – 71d,88b;亚里士多德《前分析篇》2.27, 70b1 – 37;波塞多尼奥斯,残篇 153 E – K(亦见盖伦, *De Plac. Hipp. et Plat.* 5.464 Kühn)。参 Babut(1969*a*)页 54 – 62。

⑮ 关于相面术,参 Evans(1935,1941,1945,1969),Barton(1991),Gleason(1995)。

⑯ 例如《梭伦与普布利科拉传》3.2;《吕库古传》4.4;《客蒙与卢库卢斯传》2.7;《卡米卢斯传》9.3;《伯利克勒斯传》7.7(参 Sansone 1988,页 312), 15.1;《小加图传》20.1,47.2;《布鲁图斯传》55.2;《狄翁传》37.7;《狄翁与布鲁图斯传》2.2;《阿格西劳斯传》30.2;《庞培传》55.4;《阿格西劳斯与庞培传》2.3;《马克卢斯传》24.2;《凯撒传》28.6;《阿基斯与克琉墨涅斯传》31(10).7;《阿基斯、克琉墨涅斯与格拉古传》4.3;比较 Fuhrmann(1964)页 238 – 240, Quet(1979)页 64,Boulogne(1996)页 2775。这幅图景可以追溯到柏拉图。比较 Dodds(1959)页 327 – 328(论《高尔吉亚》503d5 – 505b12),Jouanna(1978)页 82 – 91。

生加以注意的城邦内部的疾病通常是分裂与不和，⑧⁷这相当于人体内部引起疾病的体液不调和。普鲁塔克思想中身体和谐与人际关系之间的联系能够在《论兄弟之爱》478f－479b 处特别清楚地看到。这里，家庭内部的同胞之情（fellow‐feeling, ὁμοφροσύνη）的价值通过与身体中元素和谐（concord, ὁμόνοια 与 συμφωνία）的重要性的比较而得到阐明，身体中元素的和谐被说成会产生"最好、最甜蜜的混合和和谐"（the best and sweetest mexing and harmony, τὴν ἀρίστην καὶ ἡδίστην κρᾶσιν...καὶ ἁρμονίαν）。反之，他主张疾病是由身体内部的不和谐所导致的，他用一些经常出现在政治语境中的词语（πλεονεξία καὶ στάσις）来描述这种不和谐。⑧⁸

那么，人体内部不同元素的混合有时被看成是生理性的。亚历山大的身体的混合（κρᾶσις），被说成是热烈而激昂的（hot and fiery, πολύθερμος and πυρώδης），这明确地对亚历山大的品性提供了一种解释（《亚历山大传》4.5－7）：他嗜好饮酒（ποτικός）并且充满血气（θυμοειδής）。⑧⁹ 在其他时候，混合在一种更加隐喻的意义上，被用来暗示潜在对立的性格特征的和谐混合——另一个带有强烈道德意味的因素。例如，在《福基翁传》2.6－9 处，明智的政府被描述为严正（austerity, τὸ σεμνόν）与通情达理（reasonableness, τὸ ἐπιεικές）的良好混合。⑨⁰ 在这里，正如在许多其他例子中那样，[94]音乐性和谐的隐喻（ἐμμελής 以及相关词汇）是与混合（κρᾶσις）的观念结合在一

---

⑧⁷　例如《科瑞欧拉努斯传》12.5;《斐洛波门传》18.2;《政治准则》815a－b,818b,818d－e,824a,825d。

⑧⁸　关于普鲁塔克的医学理论，比较 Tsekourakis(1989)，Boulogne(1996)。在人的灵魂与城邦之间性质的联系在普鲁塔克著作的其他地方也反复出现，特别是在《伽尔巴与奥托传》中:例如《伽尔巴传》1.1－7,6.4。参 Ash(1997)。

⑧⁹　比较 Sansone(1980)。

⑨⁰　比较《伽尔巴传》1.3;《阿拉托斯传》4.1。

起的。⑨¹ 对普鲁塔克来说,理想的品性似乎是"硬"与"软"的元素的混合。正如我们将会看到的那样,这正是福基翁在他的列传全篇中被呈现的方式。⑨² 非理性对理性的恰当服从有时也被隐喻性地从混合方面加以描述(《论道德德性》446c – d)。这些论点中有许多在《论道德德性》451f 处得到了阐述,在那里理性与非理性的恰当关系是通过与音乐性和谐以及医学——其目标在于高与低、冷与热的恰当"混合"——进行比较而阐明的。

第四节 性

在处理一位传主的性生活(sex – life)时,适合用同理性和激情相关的观念关系(the nexus of ideas)。⑨³ 然而,事实上,普鲁塔克一般来说对性并不感兴趣——就涉及他的《列传》传主而言。这是令人惊讶的。自从弗洛伊德的著作出版以来,性欲已被认为是人的天性中必不可少的成分,因此也成为现代传记的基本主题。普鲁塔克本人在《亚历山大传》的开篇处宣称,对于刻画品性来说,传主"没有职权的"时候的轶事被认为特别有用。而且,普鲁塔克本人在他的非传记性著作中,对性的评价(婚姻内部以及外部的、异性的和同性的)以及两性之间的关系有着深刻的兴趣。这一兴趣在其《关于

---

⑨¹ 例如《佩洛皮达斯传》19.2;《布鲁图斯传》1.3;《伽尔巴传》1.3;《论顺从》529a。这一思想也是柏拉图式的。参上文注 79 以及 Dodds(1959)页 260 中的例子。

⑨² 亦参《梭伦传》15.1;《科瑞欧拉努斯传》15.4;《尼基阿斯传》2.4(从尼基阿斯的怯懦中提炼出一种德性?)。

⑨³ 在《论道德德性》442e – f 处,在巨大的性诱惑面前的自我控制就是以这种方式被看待的。

爱的对话》(Dialogue on love, Ἐρωτικός)以及《婚姻准则》(Marriage advice, Γαμικὰ παραγγέλματα)中最为清晰地显露了出来。[94]

把普鲁塔克与较他年少的罗马同时代人苏维托尼乌斯进行比较是有意义的。在叙述凯撒的生平时,苏维托尼乌斯记录了别人对凯撒的指控:苏拉任执政官期间,凯撒在国外旅居时成了比提尼亚国王尼科美得斯(Nikomedes)的同性情伴(《神圣的尤利乌斯传》2)。后来,在他的《神圣的尤利乌斯传》的分析部分(49.1－52.3),苏维托尼乌斯详细讨论了关于凯撒的性生活的这一指控以及相似的指控。相反,普鲁塔克[95]在他的《凯撒传》中根本没有提到这些。这一省略指明了两位传记作家之间的一个主要区别。苏维托尼乌斯常常记录并讨论关于帝王性行为(sexual conduct)方面的轶事(例如《神圣的奥古斯都传》68－69.2,71.1;《提贝里乌斯传》43.1－45);相反,普鲁塔克几乎从来不谈性方面的事情。这该如何解释?

对苏维托尼乌斯而言,他提到性方面的事情并不是出于纯粹的好奇或为了散播丑闻。他根据一系列主题来评价每一位帝王以及他是否适于统治,这些主题反映了当时罗马人对于统治者所需德性的理解。[95]在这些道德范畴当中就有性方面的自我控制,这是衡量一个人是否具有可敬的男性德性的关键之处。对于道德败坏的指控运用了两种不同系列的联想。首先,性欲的暴力或非法满足带有古代关于僭主行为的联想含义;色欲是舞台上或修辞学校中原型式

---

[94] 关于这些文本,比较 Brenk(1988 与 1995a), Aguilar(1990—1991), Foucault(1986)页 193－210, Montano(1991), Patterson(1992), Goldhill(1995)页 144－161。

[95] 参 Wallace－Hadrill(1983),特别是页 126－174。

帝王或僭主的常见特质。⑯其次，断言某位对手犯有下列过错——异性交往或主动同性性行为过多，或者在同性性行为中是被动的一方——这些都把他与一系列被认为只适合于女人的、与传统的罗马男子的品质如自制、信心以及庄重(gravitas)等相反的品质联系起来。在性方面的被动以及缺乏自制与懦弱、奢侈联系在一起，这些品质与女性的、受支配的、低劣的相关联，总的来说不适合于一位罗马精英阶层的成员。⑰

苏维托尼乌斯笔下关于性行为不检的轶事的惯常内容，可以通过这些轶事在评价帝王的政制以及他是否适合统治时的核心作用得到解释；它们对抗着传统罗马人关于男子气概以及婚姻诠释的背景。⑱值得注意的是，除《神圣的奥古斯都传》之外，所有传记中这些轶事都出现在传记的"公共"部分，而不是"私人"部分。因此，苏维托尼乌斯与塔西佗相似，常常注意记录受帝王诱惑的那些女人的高贵的社会地位(例如《神圣的尤利乌斯传》50)；性行为(sexual

---

⑯ 例如，西塞罗《诉维若斯》1.14，2.1.82：tyrannum libidinosum crudelemque；Prov. Cons. 6；《共和国》2.45-46。参 Dunkle(1967)，特别是页161-169，(1971—1972)页15-19；Seager(1967)页7、15。僭主与色欲之间希腊式的联想在这里显然很有影响。比较希罗多德，3.80.5(以及 Fisher 1992，页346-348)；欧里庇得斯《祈援女》行447-455；柏拉图《王制》573d；亚里士多德《政治学》5.1314b30-36(以及 Fisher 1992，页27-31)；波利比乌斯，6.7.7-8。

⑰ 因此，西塞罗既谴责了克劳狄乌斯异性交往过多(*Harr. Resp.* 9, 38；*Dom. Sua* 92；《为塞斯提乌斯辩护》16-17)，也谴责了他在同性交往中的被动(*Harr. Resp.* 42；*Dom. Sua* 49)。参 Edwards(1993)，特别是页3-32与页63-97。关于放荡(immorality)作为谩骂主题(topos of invective)被用来指控别人，亦参 Süss(1910)页249-250，Krenkel(1980)，Morgan(1979)论 Cat. 112。关于怯懦与女子气之间的常规意义关联，参西塞罗 *Pro Mur.* 31，苏维托尼乌斯《奥托传》12.1，塔西佗《编年史》13.30.2。

⑱ 参 Bradley(1985)。

act)本身并不是至关重要的,但是,[96]这种"僭主式"行为所导致的对精英们的有意冒犯至关重要。同样的,对于记录帝王们在性方面扮演被动角色的例子,苏维托尼乌斯与塔西佗都很感兴趣。这样的行为说明了,一个在性方面扮演女性角色的男人(men)不适合于统治人(男人)。在那些传记中,比如在《尼禄传》中,苏维托尼乌斯开展了对这一问题有组织的攻击,这种材料是不可或缺的。⑨

鉴于普鲁塔克在《亚历山大传》小序中就轶事材料的价值所说的话,他总体来说对他的传主们的性生活缺乏兴趣这一点特别令人惊讶。他不愿意纳入这样的材料,这或许能够部分地用他公开宣称的意愿(不作不必要的批评)(《客蒙传》2.3 – 5)以及他富有人性、体谅人的人格来解释。或者,换句话说,正是在对挖掘有关传主的流言蜚语的拒绝中,普鲁塔克的《列传》最为清晰地展现了政治传记在颂辞(enkomion)中的文类起源:虽然他的《列传》的道德状况常常远非简单的,但其中没有一篇全是攻击。那么,某些对性问题的最为详尽的处理是在这样一些个案中——在那里传主的自我控制(ἐγκράτεια)征服了他的激情而不是相反:最为显著的是亚历山大(《亚历山大传》21.1 – 22.6)与阿格西劳斯(《阿格西劳斯传》11.6 – 10;比较《如何意识到一个人德性的进步》81a)。⑩

但是,普鲁塔克不愿意纳入性方面的材料,不能仅仅用他更倾

---

⑨ 僭主的色欲:28.1 – 2;自己做男妓:29。比较塔西佗《编年史》15.37.4。参 Wallace – Hadrill(1983)页 142 – 174。关于《尼禄传》,参 Barton (1994)。

⑩ 在《阿格西劳斯传》11.6 – 10 处所叙述的这一事件,其意图或许是为了让读者回想起《亚历山大传》21.1 – 22.6 处的相似事件(可能恰好创作于《阿格西劳斯传》之前:Jones 1966,页 67),从而把阿格西劳斯呈现为一位原型——亚历山大,这一主题在这篇列传从头至尾都是很突出的(特别是在 15.3 – 4 处)。

向于不批评他的传主这一事实来加以解释。毕竟,一般来说,像尼基阿斯、科瑞欧拉努斯或马略这些人并没有被塑造成一个特别光辉的形象。这或许是因为普鲁塔克不认为性特别能揭示传主的品性。但鉴于普鲁塔克在其他地方对理性与激情的关注,鉴于希腊人倾向于把僭越性的性行为与僭主、女人或蛮族联系起来,这似乎是不太可能的。或许正是因为他认为性方面的材料不适合于历史叙事。[100] 因此,当性方面的材料得到讨论时,它一般是因为这样的行为与传主在战争与政治的宏大舞台上的生涯有着直接关联。这正是为什么要提到安东尼对克娄帕特拉的激情——[97]或者在相配对的传记中提及德米特里乌斯的放荡行为——的原因。概念框架依然是理性与诸激情的关系(例如《安东尼传》36.1–2),但他们的性欲激情对他们的生涯所产生的毁灭性影响似乎才是他纳入这些材料的标准。[102] 伯利克勒斯同阿斯帕西娅的交往在《伯利克勒斯传》(24)中得到了讨论。但这里的关键问题并不是该交往揭示了伯利克勒斯的品性——例如他缺乏自制,而在于这一交往的政治效应。阿斯帕西娅被认为是公元前440年向萨摩斯宣战的起因。这件事情本身就带有负面含义:伯利克勒斯的外交政策受到一位女人的影响,而且是一位异邦女人。[103] 同样地,普鲁塔克提到阿里斯泰德与地米斯托克利少年时的激情($πάθος$),他们都想赢得某位克奥斯的斯特

---

[100] 比较奈波斯为他写外族将军的书所作的序言,在序言中他似乎为纳入一些与他的传主的政治或军事行动无关的轶事而道歉:他预言道,有些人,或许会发现"这类描写很轻佻,配不上伟人们的品性"(hoc genus scripturae leve et non satis dignum summorum virorum personis)。关于这句话的解释,参 Geiger(1985)页113,比较页66。

[102] 例如《德米特里乌斯传》1.8,9.5–7;《安东尼传》36.1–7,53.5–11;《德米特里乌斯与安东尼传》3.1–5。

[103] 比较 Blomqvist(1997)。

西劳斯(Stesilaos of Keos)的欢心;但他并没有仅仅把它用作一则本身引人兴味的轶事,而是用它来解释他们后来在人生中的竞争(φιλονεικία)(《阿里斯泰德传》2.3 – 4;《地米斯托克利传》2.2)。性方面的行为很少作为本身可以反映品性的材料而被纳入进来;对于普鲁塔克在《列传》中对政治家价值的评判,它本身也没有发挥非常重要的作用。更为重要的是,在面对他的同僚与人民时,以及在战争与和平时期,他是如何表现的。因此,僭主或蛊惑民心者的传统原型的重要性以及对军事战役的强调才是《凯撒传》的重点所在,而不是那些流言蜚语;普鲁塔克或许认为它们对于史撰叙事是不适合的,其动机也是出于恶意的精神。

第五节 结语:道德与成功

最后一部分已经论证过,虽然普鲁塔克可以使对传主的性行为的分析非常好地吻合关于理性与激情的论说,但他依然使它服从于对传主身为政治家或统帅的行动成败的关注。这非常重要。与普鲁塔克对传主灵魂学的关注相平行——有时相矛盾——的是对成功或失败的关注,以及对传主在政治和战争的宏大舞台上的行动的重要意义与后果的关注。普鲁塔克对军事成功的颂扬在论文《雅典人的荣耀多是赢自战争还是源于智慧?》中表露得最为清晰,在那里他主张古典时代雅典人的军事成就应该先于艺术与文化的成就而得到颂扬。[104] 当然,[98] 这篇著作是一篇展示性演说(display - speech),因此不一定反映了普鲁塔克的成熟观点:他或许同样能够

---

[104] 参 Frazier(1990)页 168 – 177。对优于艺术劳作的行动的偏爱也是柏拉图式的(例如《王制》598d – 602b)。

主张相反的观点。但实际上,那里所显示的态度,对军事成就的正面评价,在《列传》中也能清楚地看到。在《列传》中,许多篇幅被用来描述战役与战争。有时,这样的军事叙事确实服务于揭示传主品性的目的,特别当描述传主年轻时的冒险经历的时候;例如,对老加图在西班牙和温泉关(Thermopylai)的胜利的叙述(《老加图传》10-14),含蓄地把他描绘成这样的形象:勇敢、果断、清廉,有一点点自夸。[105] 但战争事迹并非总是以这种方式被使用。对普鲁塔克来说,德性($ἀρετή$)始终不可避免地保持着它与军事的联结关系(military association);军事技巧与成功本身就值得赞颂。因此,他给予凯撒的军事战役的关注比苏维托尼乌斯所给予的多得多,特别是高卢战争(《凯撒传》15-27)。[106] 普鲁塔克对这一时期的长篇记叙的基调是赞颂性的,特别是这一部分的开始篇章,它宣告了一个新的开始;在那里,通过明确地把凯撒与其他将军进行比较,从而揭示出凯撒的伟大——这是一个广为人知的赞颂修辞格(trope)(15)。接下

---

[105] 亦比较《佩洛皮达斯传》4.5-8;《格拉古传》4.5-6,23(2).1-3。

[106] 苏维托尼乌斯只在《神圣的尤利乌斯传》24.3-25.2处简短地处理了凯撒在高卢的征服;《神圣的尤利乌斯传》57-70处理了凯撒作为统帅的个人品质;它们并没有叙述他的战役。他的简短叙述把凯撒的战争呈现为没有必要的,并且集中关注的是凯撒在何种程度上拓展了帝国的疆域。苏维托尼乌斯在其他地方也关注这一点。参《神圣的奥古斯都传》21.1-3;《卡里古拉传》43-47;《神圣的克劳狄传》17.1-3;《尼禄传》18;《神圣的韦伯芗传》8.4。总体而言,相较于内战(《神圣的尤利乌斯传》34.1-36;《神圣的奥古斯都传》9-17.3),苏维托尼乌斯只给予对外战争很少的篇幅(《神圣的奥古斯都传》20-23.2;《提贝里乌斯传》16.1-17.1)。内战与帝王如何对待精英贵族(比较《神圣的奥古斯都传》19.1-2)以及军事风俗的变化有着直接关联(《神圣的奥古斯都传》24.1-25.4;《提贝里乌斯传》18.1-19),军事风俗则与帝王同军队的关系有关。参 Wallace-Hadrill(1983)页129-131。

来是一些轶事,显示出凯撒是一位完美的将军(16－17)。[107] 这种对军事成功的赞颂在正式的"对比"中尤为清晰,在那里,成功常常被处理为一种道德上的肯定,其程度与传主手头能够支配的资源规模成反比。[108] 这是对成功的高度评价;有些时候以严格的道德为代价而取得的成功,或不具有正确的灵魂构造的益处的成功,使得某些《列传》如此有趣,如此的具有问题性(problematic)。我们现在就要转向对这些问题性列传的个案研究。

---

[107] 这类轶事中有许多都说明了保留品质(stock qualities)(亦比较 12.4,18.5,34.7－8,48.3－4,54.4,57.8)。它们可能来源于奥庇乌斯(Townend 1987),但在相配对的列传中,在亚历山大的行为中也能看到一个特别的平行对比(例如《亚历山大传》21.1－7,24.10－14,39.1－13,42.5－10,43.5－7,44.3－5,59.1－5,60.14－15)。

[108] 例如《佩洛皮达斯与马克卢斯传》1.4－2.3;《斐洛波门与弗拉米尼努斯传》2.1－6;《伯利克勒斯与法比乌斯传》1.1－5;《埃米利乌斯与提摩勒昂传》1.1－5。

第二部分

探询德性与恶行
——个案研究

第四章 皮洛士与马略传

[101] 我们对《对比列传》中的道德观进行个案研究的第一对列传中,含有清晰的、很大程度上毫无疑义的道德讯息。《皮洛士与马略传》几乎没有提出什么整体解释的难题。单一的道德主题贯穿了这两篇列传。放在一起,它们构成了对不满的危险性(the dangers of discontent)的说明和警告。虽然普鲁塔克从来没有明确说过下面这一点,但皮洛士与马略应当很可能被看成是"伟大的天性":具有非凡天赋,也确实取得了巨大成就的人,但他们的品性被坏的环境或坏的教育所败坏。因此,他们发挥了普鲁塔克在《德米特里乌斯与安东尼传》小序中所暗示的那一类特别的负面典型的功能。

关于这两篇列传的资料来源必须要说一句,这一主题对于所有普鲁塔克《列传》的分析都是相关的。在写作《马略传》的过程中,虽然普鲁塔克明显地用了某些袒护马略的资料,但列传的大部分毫无疑问地用了不利于马略的资料——主要是苏拉的回忆录与鲁弗斯(Rutilius Rufus)的记述。① 因此,提出下列问题就合情合理:普鲁塔克总体上对待马略的敌意态度,是否仅仅是他在他的资料中所发现的那些东西的结果。关于他对皮洛士的处理也可以问一个相似的问题。普鲁塔克关于皮洛士的构想(把他看成是一个被不满情绪

---

① 通过阅读波塞多尼奥斯,普鲁塔克很可能间接了解鲁提利乌斯·鲁弗斯的著作。关于《马略传》的资料来源,参 Corbellini (1976), Scardigli (1977), Sordi (1991)。

所推动的人)或许——虽然这远不能确定——来自漫步学派作者萨摩斯的杜里斯(Douris of Samos),一位较皮洛士年长的同时代人。杜里斯肯定是——至少间接是——《德米特里乌斯传》的资料来源之一。值得注意的是,普鲁塔克对德米特里乌斯品性的描绘与对皮洛士的描绘有某些相似之处。② 因此,普鲁塔克[102]是不是仅仅把他的来源资料强调的重点"剽窃"(lifted)到他自己的叙事当中来? 这种说法可能有些许的正确性。但正如近来许多《列传》的研究著作所坚持的那样,在我们能观察的那些地方,普鲁塔克并没有简单地追随他的资料来源的强调重点。他作为文字艺术家的创造性不应当被遗忘,③而且,恰恰在选择使用哪些资料这一问题上,普鲁塔克似乎发挥了他本人的创造性。在他写亚历山大大帝的著作中,这一点特别清楚。在那篇著作中,他出于不同目的选择了不同的资料来源。④ 事实上,从《皮洛士与马略传》统一的道德焦点上也能清楚地看出,普鲁塔克并不是他的资料来源的牺牲品:他已经选择去探询幸福与不满的道德问题,通过他对皮洛士和马略这两位人物的呈现,他持续一贯地做着这件事。普鲁塔克的原创性最为清晰地体现在,他把他的两位传主各自独立的生涯创造成了一个统一的

---

② 关于对德米特里乌斯的道德描绘,参下文,页 116 – 118。关于杜里斯作为《德米特里乌斯传》的间接资料来源,参 Sweet(1951)页 179 – 181,Kebric (1977)页 55 – 60,Andrei(1989)页 43 – 44 与页 47 – 48。关于杜里斯作为《皮洛士传》的可能资料来源,参 Kebric(1977)页 59 注 31,以及下文页 125。杜里斯也是另一部希腊人物列传《攸门尼斯传》的资料来源之一,参《攸门尼斯传》1.1。

③ 参页 8 – 9,尤其与《德米特里乌斯传》相关,因此也与《皮洛士传》相关,参 Andrei(1989)页 61 – 71。

④ 只与演说有关的"通俗"(Vulgate)传统,关于这部列传,通俗的以及源自阿里斯托布洛斯(Aristoboulos)与克雷塔科斯(Kleitarchos)的传统,比较 Rubina Cammarota(1992)页 120 – 124。

整体——他们的生涯发生在不同的出身背景下,并被不同的资料来源所记录。值得注意的是,《马略传》46.1–5 处总结性的哲学反思(参下文)——它表述了这两篇列传的道德寓意——在关于马略的其他任何资料中都独一无二,几乎肯定出自普鲁塔克本人的思考。

那么,这两篇列传必须成对地来阅读,这一观念对普鲁塔克的所有《对比列传》都适用,它也是本书的一个主要主题。这两篇列传同时创作和出版,它们共同组成了单独的一卷,并且——像普鲁塔克的《对比列传》中所有成对的列传一样——作为一个文学与道德单元而发挥作用。这种成对创作手法——在这种手法中,通过两位时间、地点、文化方面都不相同的传主(一位希腊人和一位罗马人)的生平(传记),而探询同样的主题——是普鲁塔克对传记艺术最具原创性的贡献之一。它也是他的道德教诲技艺(moralizing craft)的一个关键特征。通过在两个不同的例证(manifestations)中观察同一个道德问题,能够获得更大的理解。[5] 在本案例中,这两篇列传被放在一起,探询了幸福这一主题:真正的幸福到底在哪里?

在许多对列传前面都有一篇"正式的"(formal)小序,它介绍了与这两篇列传相关的主题;在大部分列传后面则附有一篇"正式的"比较(formal comparison),或"对比",两位主人公的道德德性或恶行,以及他们在实践中的成功或失败都会被拿来进行比较。不同寻常的是,这两个要素在这对列传中[103]都是缺乏的。缺少正式的导言并没有什么异常,在现存的 22 对列传中,只有 12 对有这样的开篇。但这对列传为什么——与其他三对列传一起(《地米斯托克利与卡米卢斯传》、《科瑞欧拉努斯与阿尔喀比亚德传》以及《亚历山大与凯撒传》)——缺少正式的"比较",其原因并不清楚。要

---

[5] 关于《对比列传》中"对比"的重要性,比较 Erbse(1956),Pelling(1986b)。下文第八章中将会讨论这一主题。

么是普鲁塔克出于某些原因选择不写,要么是它在手稿流传过程中遗失了。这正是我们将要探讨的问题。⑥

尽管这对列传缺少小序与比较,但它们作为单独一卷的统一性不应当受到怀疑。⑦ 这两篇列传都传达了同样的讯息:幸福在于对一个人所拥有的东西感到满意,而不在于竭尽全力去争取更多。幸福($εὐδαιμονία$)是最高的(par excellence)哲学论题:亚里士多德在他的《尼各马可伦理学》中已经问过同样的问题(1095a14 – 1102a4)——什么是幸福?对这一问题的回答是所有希腊哲学探询的主要目标之一。⑧ 这两篇列传的核心都是这个主题:对当下福佑(blessings)的不满,这种不满导致贪婪和对未来无节制的期望。在马略与皮洛士这两个例子中,它导致了无休止的战争。贪婪($πλεονεξία$)、希望($ἐλπίς$)以及对新的或伟大行动($καινά$或$μεγάλα\ πράγματα$)的渴望是这对列传的主旨。

第一节 伦理背景:不满

这对特别的《列传》的道德—哲学关怀似乎是从大众哲学的老

---

⑥ 参下文,页 252 – 255。关于成对的列传是如何开头的,参 Stadter (1988);Rosenmeyer(1992)的用途要小一些。

⑦ Erbse(1956)页 404 – 405(亦见 1979,页 485)简短地提到这对列传中主题的统一性,在于传主的野心与不知止息、他们的个人勇气,以及他们对文化事务的反对;Costanza(1956)页 153 – 154 给出了一个相似的清单,他把缺少小序和比较假定为缺少最后的修订,这并不令人信服。Kuhn(1976)页 23 – 24 与 Mossman(1992)对《皮洛士传》以及 Carney 对《马略传》(1958;1960;1961b;1962 各处;1967,页 9 – 13)所作的其他研究都没有注意到这些列传中主题的统一性。

⑧ 例参 Annas(1993)。

生常谈中提取出来的,而不是来自特别的柏拉图式传统。不满于某人命运(lot)的这种恶(vice),在犬儒主义者与其他作者所著的许多希腊化时期的"讽刺文"(diatribes)中是一个常见主题。在公元前四世纪,不满的人(the discontented man, μεμψίμοιρος)⑨已经作为泰奥弗拉斯托斯笔下的"人物"之一出现了;泰奥弗拉斯托斯把不满(μεμψιμοιρία)定义为"对已经被给予的东西进行不合适的挑剔"(unsuitable fault – finding with what [104] has been given)(《人物素描》17)。⑩ 在那些现存的处理不满恶习的讽刺文与论说文中,它常常与πλεονεξία联系在一起,后者带有贪婪以及竞争性地嫉妒他人的双重含义(比较柏拉图,《王制》349b – 350c)。这里的联系是原因与结果的关系:贪婪,特别是对钱财的贪婪,导致不满。

所有这些在犬儒主义者特勒斯(Cynic Teles)的讽刺文《论自足》(On self – sufficiency, Περὶ Αὐταρκείας;公元前三世纪后期)中都能看到,这篇文章似乎大量利用了折衷派哲人波律斯特涅斯的彼翁(Bion of Borysthenes)的作品,他本人是皮洛士的同代人。与《皮洛士与马略传》特别相关的是这样的诫命——利用当下的福佑(make use of present blessings)以及(对《马略传》特别重要)欣然接受老年:"根据手头所拥有的(at hand, τὰ παρόντα)东西来采取行动。你已经变老了,不要追寻年轻人的生活了"(p. 6. 13 – 15 Hense)。⑪ 特勒斯的诊断与这对列传的关注也有关:"当我们实际上在奢侈品上花费很多的时候,我们没有能力对手头所拥有的东西(τοῖς παροῦσιν)

---

⑨ 字面上的意思是指"责备自己机运的人"。机运在《皮洛士与马略传》中发挥着重要作用。比较《皮洛士传》16. 14, 30. 2;《马略传》39. 6, 40. 9, 45. 12, 46. 9;以及下文页 123 – 124。

⑩ ἐπιτίμησίς τις παρὰ τὸ προσῆκον τῶν δεδομένων.

⑪ καὶ σὺ πρὸς τὰ παρόντα χρῶ. γέρων γέγονας· μὴ ζήτει τὰ τοῦ νέου.

感到满足。"(p. 7. 7 – 8 Hense)⑫伪造的希波克拉底的第十七封信也把贪婪与不满作为原因与结果联系在一起。当作者对人们在"不重要的"事情上(περὶ τὰ ἀσπούδαστα)的活动进行长篇讨论时,他谈到两种与普鲁塔克所描绘的皮洛士有关的活动:反复的结婚、离婚以及没有必要的战争(ix. 362,8 – 11 Littré):

> 他们匆忙地和女人结婚,但不久之后他们就抛弃了她们;他们相爱,然后他们憎恨;怀着欲望,他们生下孩子,然后等孩子长大了他们又抛弃了孩子。这种空虚的、无理性的匆忙是什么?与疯狂毫无区别?他们发动内战,不选择休息……

提尔的马克西莫斯(Maximos of Tyre)同样也把对财富的贪婪看成是不满的原因(《论说文集》15. 1a – d Hobein)。在贺拉斯的第一《讽刺诗》中也能看到同样的组合。⑬ 对贺拉斯来说,正如在《讽刺诗》接近结尾的地方清楚显示的那样(108 – 121),贪婪是下面这种不满的原因:对财富的欲望以及比别人拥有更多东西的相关欲望,使人们对他们现在拥有的好东西感到不满。

这就是《皮洛士与马略传》中普鲁塔克关注贪婪(πλεονεξία)的希腊伦理思想的背景。而他把[105]这种贪婪归因于——至少在马略身上——灵魂中理性的缺失(这本身是教育缺失的结果)。这是一种典型的普鲁塔克式的做法。⑭ 事实上,所有这些主题都在另一部(可能更早的)普鲁塔克著作《论心灵的平静》(On tranquillity of

---

⑫ ἡμεῖς οὐ δυνάμεθα ἀρκεῖσθαι τοῖς παροῦσιν, ὅταν καὶ τρυφῇ πολὺ διδῶμεν.

⑬ 不满:1 – 40,108 – 121;贪婪:41 – 107。参 Fraenkel(1957),页 90 – 95;Rudd(1966),页 20 – 21。

⑭ Swain(1990b),页 138 – 139。

mind, Περὶ εὐθυμίας)中得到清晰的陈述。⑮ 这部著作肯定利用了伊壁鸠鲁主义者的资料,如阿布德拉的德谟克利特所作的同名著作,⑯可能还有斯多亚派的帕奈提奥斯(Stoic Panaitios)的同名著作。⑰ 但是,颇有意义的是,在呈现方式与主题材料上,它与犬儒派的讽刺文也有许多相似之处。⑱ 既然它的道德关怀与《皮洛士与马略传》的如此接近,那就值得进行仔细一些的探询。在一段书信体的导言之后,普鲁塔克陈述了他的论题:

要给予一个人不受烦扰的心灵或平静的生活,金钱、名声或法庭上的权力有什么用呢? 除非对那些已得到它们的人来说,使用它们是令人愉快的;除非没有它们的时候,也从来不会因此而产生对它们的渴望。除了理性之外,还能有其他解决方法吗? 当灵魂的激情与非理性部分经常爆发时,理性已经习惯并被训练得会去迅速抑制它们,并且不允许它从当下的东西中离开、被扫荡而去。(《论心灵的平静》465a – b)⑲

---

⑮ Jones(1966)页 62 – 63 处主张《论心灵的平静》出版于公元 107 年之后。《皮洛士与马略传》似乎属于最后完成的对比列传之列(前揭,68;比较《马略传》29.12 处未实现的诺言:要写一部梅特卢斯·努米地库斯传记),因此,它可能晚于《论心灵的平静》。

⑯ Hershbell(1982),页 84 – 89;Tsekourakis(1983),页 77 – 79。

⑰ Gill(1994),页 4624 – 4631。

⑱ Heinze(1890),页 507 – 509;Tsekourakis(1983),特别是页 77 – 117。例如把 470b 同特勒斯 43 Hense、把 470f – 471a 同特勒斯 12 – 13 Hense 进行比较。

⑲ 普鲁塔克在《塞多留与攸门尼斯传》2.1 – 5 处涉及同一个论题,在那里他因为攸门尼斯没有能力在和平中生活而批评他。普鲁塔克说道(2.5),"一个偏爱贪婪而非偏爱安全的人是热衷于战争的"(φιλοπόλεμος μὲν οὖν ὁ τῆς ἀσφαλείας τὴν πλεονεξίαν προτιμῶν);比较《尼基阿斯与克拉苏传》4.1 – 2。

正如在《皮洛士与马略传》中经常出现的那样,发洪水的河流或海上风暴这样的意象,总是同对所缺之物(what is absent, τὰ ἀπόντα)的爱联系在一起。满意的心灵作为"风平浪静的"(waveless)大海这一意象让步给了灵魂激情部分的意象,它被对于缺乏之物的欲望给"清扫掉了"——如果没有训练有素的理性的抑制作用的话。把灵魂比作平静的[106]或风暴肆虐的大海是谈论满意与不满的常见方式。⑳ 普鲁塔克总结道,一个人必须预先注意我们的理性(reasonings, λόγοι),以便它们得到适当的训练,来控制这些野狗(我们的激情)(465b–c)。

普鲁塔克接着写道:不满不能通过改变一个人的生活方式、结婚或获取法庭上的更大影响来进行治疗(466a–d),这些改变并不能使灵魂免除使它悲伤的真正原因,那就是:"对事情缺乏经验,不通情达理(unreasonableness, ἀλογιστία),以及没有能力或不知道怎样正确运用现在已有的东西(what is present, τοῖς παροῦσιν)。"(466c)满意的关键差不多就是理性,亦即对事物价值的正确评价。理性使一个人能够淡然地承受好运与厄运(466d–467a;474c–475c)。正如柏拉图极力主张的那样,一个人不应因一件事而过于兴高采烈,又因另一件事而过于沮丧——毕竟即使像罗马帝王、伊巴密浓达、法布里修斯(Fabricius)、斯巴达的阿基斯以及哲人斯提尔波(Stilpo)

---

⑳ 例如,《论道德德性》446d;《论动物具有理性的事实》989c:一头猪对奥德修斯所作的关于满意的长篇演说的一部分。参第欧根尼·拉尔修 10.37(ἐγγαληνίζων τῷ βίῳ),他引用了伊壁鸠鲁《致希罗多图斯》p.4 Usener 与 10.83(γαληνισμός), p. 32 Usener。比较 Thévenaz(1938)页 120–121;Clay(1972),特别是页 64–65。哲人即使在风暴中也能保持平静(γαληνός),就像一头猪一样(波塞多尼奥斯,残篇 278 E–K;亦见第欧根尼·拉尔修 9.68)。亦比较第欧根尼·拉尔修 9.45(引用了德谟克利特)与 Timon 残篇 63–64 Di Marco(亦见塞克斯都·恩披里柯《驳伦理学家》141)。

这样的伟人也会遭受不幸(467a–468a)。即使在不幸中,一个人也应当集中关注仍在手边的好东西,而不是集中关注那些已经丧失的东西(468f–469d)。普鲁塔克引用了哲人塔索斯的安提帕特罗斯(Antipatros of Tarsos)的例子:他在弥留之际计算他的福佑时,甚至没有忽略他从奇里乞亚到雅典的美好航行(469d–e)。同样,一个人应当在福佑在场时感激它们,而不是当它们不在时想到它们;我们应当提醒自己,对病人来说健康有多么宝贵,对战争中的人来说和平有多么宝贵(469e–470a)。一个人应当避免嫉妒地盘算他人享受的福佑(470a–471c)。一个人应当控制他的冲动,不要"在我们的希望中瞄准那些对我们来说过于伟大的事物"(aim in our hopes at things too great for us, μειζόνων ἐφιεμένους ταῖς ἐλπίσιν)。人们因为自爱(φιλαυτία)而试图做不可能的事情,自爱"使他们热衷于成为第一、在每一件事情上都想取得胜利,并且使他们不知足地参与每一件事情"(πάντων ἐπιδραττομένους ἀπλήστως)。幸福是自己制造的,每个人在自己的灵魂中都有一个满意(contentment)与不满(discontent)的储藏室(store-rooms, ταμιεῖα)(473b)。普鲁塔克接下来写道:

> 当好东西存在的时候,蠢人们会忽视、忽略它们,因为在他们的思想中,他们总是要朝着未来拼命努力。但聪明人通过记忆,能够把那些不再[107]存在的好东西活生生地显现在他们眼前。当下的那些好东西,它只允许我们在最短的时间中触摸它们,然后就逃离我们的感官,对蠢人来说,它们似乎与我们不再有关,甚至不再是我们的了。(473b–c)

是健忘剥夺了我们对当下或过去福佑的感激:

那些人在他们的记忆中不保存也不回忆过去的好东西,而任由它们飞走,事实上他们使自己每天都处于缺乏与空虚的状态,并依赖明天,仿佛去年与前天、昨天的那些好东西与他们没有任何关系,也根本不会再降临到他们头上。(473d – e)

在在场的(which are present, τὰ παρόντα)好东西与不在场的(which are absent, τὰ ἀπόντα)好东西之间的对比,是论述满意(on contentment)的伊壁鸠鲁主义传统的一个特征,[21]该对比在这篇文章中反复出现(例如 469e – f;474d),确实就像它在《皮洛士与马略传》中反复出现那样。最后,我们转到这篇列传上来。

第二节 皮洛士与马略:普鲁塔克的诊断

正如我们已经提到的那样,《皮洛士与马略传》没有正式的小序,在结尾也没有正式的"对比"(synkrisis),但这两篇列传的道德讯息在《马略传》的最后一章中(46)得到清晰的陈述,这一章构成了这两篇列传的完结。最后一段的存在或许有助于解释为什么没有"正式的""对比"。它围绕着在聪明人与蠢人之间的含蓄对比(synkrisis)——这种对比在《论心灵的平静》中也很常见(473b – c)——而被建构起来。两位哲人,柏拉图与——意味深长地——安提帕特罗斯,被引入进来提供了正面的典范:他们感激并列举[108]命运赐予他们的福佑(46.1 – 2)。颇为典型的是,普鲁塔克把这一

---

[21] 例如,德谟克利特残篇 191 与 202 Diels – Kranz,西塞罗《论善恶的目的》1.17 – 19、57 – 63,以及《图斯库兰讨论集》5.95,它们都讨论了伊壁鸠鲁主义理论。参 Gill(1994),页 4611。

部分的好典范与坏典范同理性的存在或缺乏联系了起来:据说柏拉图所列举的福佑中"首先是他生而为人而不是动物——它们天生就没有理性;其次是他生而为希腊人而不是蛮族"(46.1)。[22] 安提帕特罗斯在《论心灵的平静》中已经出现过了,意味深长的是普鲁塔克使用了同一则轶事:这位哲人临终之前在他的病榻(death-bed)上数算他的福佑(469d)。这两个段落之间语言上的相似性强烈提示,在它们背后有着相同的资料来源,或者,普鲁塔克在《皮洛士与马略传》中重新使用了他在研究《论心灵的平静》时初次碰到的那些材料。普鲁塔克解释道,安提帕特罗斯的举动仿佛对于命运的每一份礼物都要感恩,并且应当在记忆——心灵的"储藏室"(store-room, ταμιεῖον)——中储存起来。

与这两位哲人相反的是那些"健忘而愚蠢的人":

(46.3)另一方面,健忘而愚蠢的人则让所发生的事情随时间一起流逝。既然他们什么都没有、什么都把握不住、总是缺乏好东西但又充满希望,因此他们转脸望着未来、拒绝现在。(46.4)可是,机运能够阻止前者([译按]指未来),却拿不走后者([译按]指现在)。虽然如此,他们抛弃了机运现在所给予的,仿佛那是属于别人的,但他们又梦想着变化无常的未来。他们所得到的结果可以预料。(46.5)因为在他们为他们的外在福佑打下一个基础——一个用理性和教育构建的基础——之前,他们把这些福佑收集在一起,堆积起来,即便这样也不能满足他们的灵魂那贪得无厌的胃口。(《马略传》46.3–5)

---

[22] 第欧根尼·拉尔修1.33把这句话归于泰勒斯(泰勒斯残篇 A.1 Diels-Kranz)。

正如我们已经看到的那样,把福佑比作应当保存在我们记忆中的液体这一比喻,以完全相同的方式以及几乎一模一样的语言在《论心灵的平静》中被使用(473b‑e)。㉓ 普鲁塔克已经[109]在这里给它增添了一个比喻:把不满者比作"充满希望的"(full of hopes, πλήρεις ἐλπίδων)。在讨论人的灵魂学时,普鲁塔克很少使用πλήρης (full,充满)这个词;当他用这个词的时候,它通常指激情的负面影响。㉔ 对普鲁塔克来说,不受控制的激情通常是糟糕的教育与缺乏理性的结果,这里正是这种情况:㉕在蠢人已经"为他们的外在福佑放下一个底座与基础——一个用理性和教育制成的底座"之前,㉖他们不稳定的灵魂已经被福佑所压倒,对于这些福佑他们并没有做好准备,这些福佑也把他们导向不满。这里隐含的意思是,缺乏教育是皮洛士和马略的不满与贪婪的重要因素。事实上,当有缺陷的教育这一主题在希腊人物列传中被呈现时,㉗该主题一如既往地没有进一步发展,在有缺陷的教育与传主的失败之间也没有建立任何联系;但糟糕的教育与道德缺陷之间的联系在《马略传》中是非常清晰的:

㉓ ταμιεῖον, ὑπεκρεῖ, στέγειν, κενός. "空虚"(empty, κενός)也是一个在讨论不满的段落中常常与对虚假荣耀的热爱相联系的词语,例如,伊壁鸠鲁残篇 422 Usener,在《论动物具有理性的事实》989b‑f 处反复出现。

㉔ 例如,《科瑞欧拉努斯传》31.5;《法比乌斯传》5.5;《弗拉米尼努斯传》7.4;《庞培传》69.7;《亚历山大传》6.6, 75.2 (δίκην ὕδατος … ἀναπληροῦν ἀβελτερίας καὶ φόβου τὸν Ἀλέξανδρον,显然清楚地表明了这一比喻是关于容器与液体的,但文本非常值得怀疑)。亦比较柏拉图《高尔吉亚》493d‑494c。

㉕ 比较《论心灵的平静》465b‑c, 466d, 466f, 474d, 475a。

㉖ 比较《吕库古与努马传》4.12 关于教育作为城邦建筑中的水泥(cement)的论述。亦比较《致一位无知的统治者》780a‑b:"没有受过良好教育的(uneducated)将军和领袖常常被他们内在的无知所摆布、推翻。因为他们在不平坦的基座上高高地建立了他们的权力(βάσει οὐ … κειμένῃ πρὸς ὀρθὰς),所以他们带着它跟跄而行(συναπονεύουσι)。"

㉗ 《皮洛士传》1.4, 2.6, 6.7,特别是 8.6‑7。

(2.2)据说他从来没有学习过希腊文学,也没有在任何重要的事情上使用过希腊语,他说学习一个成为别人奴隶的民族的文学是可笑的……(2.4)如果有人曾经说服马略向希腊的缪斯与美惠三女神献祭,那他就不至于给自己身为将军与政治家的最辉煌的生涯,加上一个最为丑陋不堪的结尾。他使自己搁浅在最不成熟且野蛮的老年,这是由于[110]激情的影响、不合时宜的对职务的爱恋以及不受控制的贪婪。这些东西很快将会在他的实际行动中显现出来。(《马略传》2.2-4)㉘

这个比喻令人印象深刻:马略"使自己搁浅在最不成熟且野蛮的老年",㉙这个比喻指向马略生命终点的船难意象(45.10: ἐξοκείλαι),㉚正如最后一句话清楚显示的,它也指出了理解马略生平

㉘ 关于此种意义上的 ἐπιθεῖναι τελευτήν,参《地米斯托克利传》31.5: ἐπιθεῖναι τῷ βίῳ τὴν τελευτὴν πρέπουσαν。但亦比较路吉阿诺斯《Peregy》33。

㉙ ὠμότατον。ὠμός 指"原始的、不成熟的、未煮过的",通过词义扩展常常指"野蛮的、残酷的"。但荷马有一次谈到过 ὠμὸν γῆρας(《奥德赛》15.357),赫西俄德也谈到过(《劳作与时日》行 705),这似乎是指"过早的"老年,是"未成熟的"(例如水果等)的词根的不同的喻义扩展。普鲁塔克可能同时想表达这里所考虑的两种意思:对句(couplet) ἀγριώτατον 的后半句确证了野蛮(这种同义反复在普鲁塔克作品中非常常见:比较 Brenk 1992,页 4446-4447),并且普鲁塔克确实把马略描写成夭亡者,至少在他本人眼中是这样(45.12)

㉚ 比较《卢库卢斯传》38.3,在那里马略作为一个政治家的例子而被引用,马略不像卢库卢斯,他在政治中停留过久:"对荣耀和权力怀着难以餍足的欲望(ἀπληστία δόξης καὶ ἀρχῆς),虽然已到垂暮之年,但他还和年轻人在政治上竞争,让自己搁浅(aground,ἐξώκειλε) 在那些可怕的行动以及比行动更加可怕的苦难(sufferings,πάθη)上。"关于 ἐξοκέλλω εἰς(字面意思是"搁浅"[run aground on]。希罗多德,7.182;亚里士多德,《动物志》631b2)作为比喻,亦比较伊索克拉底《战神山议事会颂》18(以及 φερομένην);波利比乌斯,7.1.1;托名普鲁塔克《论儿童教育》5b。

的方式。㉛ 再一次,普鲁塔克使用了洪水这一比喻来描述不满。但这里的意象特别令人印象深刻,因为它颠覆了传统的把老年比作港口(harbour, λιμήν)或下锚(anchorage, ὅρμος)的比喻。㉜ 普鲁塔克暗示道,马略船难的原因是他的灵魂没有被理性或教育所掌控,而是被激情所掌握。㉝ 这一讯息是清楚的,对于普鲁塔克来说也毫不奇怪:灵魂中缺乏教育与理性导致贪婪、过度的野心,最终导致灾难。我们在《科瑞欧拉努斯传》中将会发现一个类似的强调。

最后一段清楚显示,这些列传中的贪婪并不是对财富的贪婪,而是对成功、胜利与荣誉的竞争性渴望。正是这种贪婪把皮洛士和马略引向不必要的、最终是毁灭性的战争与冲突。那么,皮洛士与马略的生平强化了我们已经追踪的、贯穿于全部普鲁塔克《列传》的价值体系。在这一价值体系中,野心是高度危险的——如果说在某种程度上必要的话。㉞ 对贪婪与过分自信的危险的类似关注,也贯穿在修昔底德的历史之中。作为[111]这两位作者的特征,修昔底德所作的分析主要应用于城邦,普鲁塔克所作的分析则主要应用在个人身上:㉟ 成功会导致过度自信;过度自信的人不自量力,最终

㉛ 关于类似的指向叙事本身的引用,用来支持最初的道德描述,参《伯利克勒斯传》2.5,《客蒙传》3.3,《庞培传》23.6 与 46.4,以及 Hillman(1994),《阿基斯与克琉墨涅斯传》2.9,《阿拉托斯传》10.5;比较《漫谈录》697e。

㉜ 赫拉克利特(评注家)《荷马问题》61.5;伊壁鸠鲁《论老年残篇》108 Diano;比较普鲁塔克《老年人是否应该从事政治》785e。

㉝ 比较柏拉图《斐德若》247c,253c–254e,255e–256a。

㉞ 实际用语 φιλοτιμία 与 φιλονικία/φιλονεικία(关于它们,参上文页 83)在《皮洛士与马略传》中并不是核心性的,虽然它们确实出现过:《皮洛士传》30.1;《马略传》2.4,10.9,34.6,45.10–11。

㉟ 因此,修昔底德对城邦内斗(strife, στάσις)的强调与普鲁塔克对个人竞争(rivalry, φιλονικία/φιλονεικία)与个人间一致意见(agreement, ὁμόνοια)的存在或缺失的兴趣相对应。

沦为战争兴衰(the vicissitudes of war, τύχη)的牺牲品。这是一段传统的格言(piece of wisdom),在肃剧中非常常见。阿奇达莫斯(Archidamos)(修昔底德,1.80.1-1.81.6)警告斯巴达人避免这一点(比较1.78.1-2,1.83.3,1.84.2)。㊱克里昂(3.39.3-4)和狄奥多托斯(Diodotos)都提出了关于米提列涅人(Mytileneans)的类似观点(3.45.1-7);如同在普鲁塔克《皮洛士与马略传》中那样,贪婪、傲慢、不切实际的希望,以及爱欲(πλεονεξία, ὕβρις, ἐλπίς,以及ἔρως),都同得意洋洋(elation, τὸ ἐπαίρεσθαι)、野心膨胀的行为,以及由此导致的失败的原因联系在一起。㊲斯巴达使节在第四卷中也警告雅典人注意这一点。㊳对修昔底德来说,雅典人的希望(hope, ἐλπίς)的后果就是灾难性的西西里远征;正如我们将会看到的那样,普鲁塔克在《皮洛士传》中也将继续探索西西里与过度自信和灾难间的修昔底德式联想。

第三节 《皮洛士传》

野心与贪婪的主题在《皮洛士传》中很早就被引入。伊庇鲁斯

㊱ 比较 1.42.2-4 和 1.120.3-4 处科林斯使节所说的话。

㊲ 特别比较 3.45.5-6: ἥ τε ἐλπὶς καὶ ὁ ἔρως ἐπὶ παντί, ὁ μὲν ἡγούμενος, ἡ δ' ἐφεπομένη…καὶ ἡ τύχη ἐπ' αὐτοῖς οὐδὲν ἔλασσον ξυμβάλλεται ἐς τὸ ἐπαίρειν.

㊳ 4.17.4(αἰεὶ γὰρ τοῦ πλέονος ἐλπίδι ὀρέγονται διὰ τὸ καὶ τὰ παρόντα ἀδοκήτως εὐτυχῆσαι);4.18.2-4。雅典人拒绝了这一提议:4.21.2(τοῦ δὲ πλέονος ὠρέγοντο); 4.41.4(οἱ δὲ μειζόνων τε ὠρέγοντο); 4.65.4(ἡ παρὰ λόγον τῶν πλέονων εὐπραγία αὐτοῖς ὑποτιθεῖσα ἰσχὺν τῆς ἐλπίδος)。这些段落中的许多段落在 Hunter(1973)页74-82 中得到了讨论;比较 Proctor(1980),特别是页 68-69。关于修昔底德与雅典人的肆心(hubris),比较 de Romilly(1977)页 46-62,Fisher(1992)页386-411。关于ἐλπίς在修昔底德作品中常常作为不切实际的希望而不是合乎理性的期待,亦参 Huart(1968)页 141-151 与页 334-335。

人力劝皮洛士(5.14)杀死篡位者涅俄普托勒摩斯(Neoptolemos),"并且不要以拥有小部分王国为满足,而要运用他的天赋从事更伟大的事业"($μειζόνων\ πραγμάτων$)。发生在马其顿的事件很快提供了放纵他的希望的机会(6.2)。不久之后,皮洛士发现他自己与德米特里乌斯势不两立,后者已经兼并了很多地区;用普鲁塔克的话来说,其原因是"专制统治中固有的疾病,贪婪"(the disease innate in despotisms, greed, 7.3: $τὸ\ σύμφυτον\ νόσημα\ ταῖς\ δυναστείαις,\ ἡ\ πλεονεξία$)。在稍后的地方(9.6),当皮洛士宣称他将把他的王国留给宝剑最锋利的那个儿子时,普鲁塔克又一次评论了贪婪($πλεονεξία$)的危险。[112]在德米特里乌斯已经被除掉之后,皮洛士开始与他的新邻居吕西马科斯(Lysimachos)发生冲突。普鲁塔克问道,对于那些贪婪的人来说,即使最大的自然边界都不能给他们的贪婪设立一个限制($ὁρίζειν$),㉟现在当他们如此接近时,他们又如何能够和平相处呢($ἀτρεμεῖν$)?密谋与嫉妒是他们灵魂中所固有的($ἔμφυτον$)(12.2—5)。论点表达得再清楚不过了,用普鲁塔克的话来说,皮洛士"不适应和平与平静"(12.8: $οὐκ\ εὖ\ πρὸς\ ἡσυχίαν\ πεφυκώς$;比较《马略传》31.3)。最终,当皮洛士被赶回伊庇鲁斯时,普鲁塔克评论道:

> (13.1)机运赐给他机会去不受困扰地享受他所拥有的东西,过宁静的生活,统治他自己的领土。(13.2)但他认为不去找别人的麻烦,或者不被别人找麻烦,同样都是令人难受的无聊,他就像阿喀琉斯那样,㊵无法忍受闲暇……(13.1—2)

㉟ 皮洛士和马略都不知道在什么地方为自己的野心设立边界($ὅρος$):《皮洛士传》12.3,30.3;《马略传》34.6。越过自然的边界可以被看作是一种肆心的行为:希罗多德,7.24,8.28;修昔底德,6.13.1。比较 Cornford(1907),页204。

㊵ 关于在这篇列传中,阿喀琉斯作为皮洛士的典范,参 Mossmad(1992)。

正如这一段所显示的那样,普鲁塔克对皮洛士的问题的诊断是无聊(ennui):他认为静止不动是"令人难受的无聊"(sickeningly boring, ἄλυν τινὰ ναυτιώδη)。正如我们已经注意到的那样,对一个人机运的不满是希腊讽刺文的一个论题,虽然并不知道在普鲁塔克之前该论题是否曾被应用到皮洛士身上。[41] 这种意义上的"无聊"概念在存世文献中似乎直到公元前一世纪才出现。[42]

因此,普鲁塔克接着写道(13.3),皮洛士追寻"新的任务"(πράγματα καινά),他在罗马同他林敦人的战争中找到了新任务,他林敦人请他帮助他们,他们相信他在所有国王中最有闲暇(σχολὴν…πλείστην)并且也是最好的统帅(13.4)。皮洛士没有能力忍受和平,这一点最为清晰地展现在接下来的章节[113](14.1 – 14)——他和他的文官齐尼阿斯(Kineas)之间的对话中。齐尼阿斯提问的效果类似于苏格拉底式提问法;皮洛士经历了一种迷茫的困惑(confused perplexity)或困境(aporia):他无法反驳齐尼阿斯的论证——更多的征服并不能增加他的幸福,但是,普鲁塔克说道(14.14),"虽然他意识到他正在抛弃着多少幸福,但他没有能力放开他对他所渴望的东西的希望(ὧν δ' ὠρέγετο τὰς ἐλπίδας)"。而且,

---

[41] 保存在斯托拜俄斯(Stobaios)著作(*Fl.* 55.5, ii, 332 – 333 Meineke;亦见 fr. 74 Kassel – Austin)中的阿提卡喜剧作家斐勒蒙(Philemon)的一部名为《皮洛士》的剧作片段可能是一个例子,把皮洛士的生平用作一个手段来反思幸福的真正性质。但丝毫不能确定这个标题中的皮洛士与普鲁塔克列传的传主是同一个人。

[42] 卢克莱修, 3.1060 – 1067;贺拉斯《抒情诗》1.8, 1.11;比较塞涅卡《书简》24.26。伊壁鸠鲁(fr. 496 Usener/103 Diano = 塞涅卡《书简》24.22)与恩尼乌斯(《残篇》99.195 – 202 Jocelyn)或许已经使用了无聊这一概念;芝诺(*SVF* 1.246)用ἄλυς这个词也很可能想表达这一含义。关于ναυτιώδης,比较塞涅卡《书简》24.26。关于所有这些,参 Toohey(1987;1988)。关于无聊这一概念的历史,参 Kuhn(1976),特别是页 23 – 24 有关《皮洛士传》的地方。

这一场景有着智者与僭主会面的传统故事的许多特征。许多这样的会面在希罗多德《历史》中占据着显著地位,最著名也最有影响的是梭伦与克洛伊索斯之间的会面(1.30-33;比较普鲁塔克《梭伦传》27.1-9)。在传统故事中,正如这里一样,它通常以对话的形式被讲述,㊸智者就什么是真正的幸福这一主题向僭主提出建议。这一点常常是被忽视的,僭主肆心的傲慢与贪婪导致后来的灾难:克洛伊索斯被神的嫉妒所驱动去攻打居鲁士。同样地,阿塔巴诺斯(Artabanos)警告薛西斯不要攻打希腊(7.10-18),他忽略了这一建议,结果导致灭亡。㊹ 这里在叙事中纳入这些传统主题,具有三重作用。首先,皮洛士被显示为——像故事中的僭主一样——意识不到真正的幸福在什么地方(这是作为整体的《列传》的一个重要主题)。他同这些故事中的僭主的联系强化了普鲁塔克在他与过度的野心、贪婪之间反复建立的联系,并且暗示了一种僭主式的肆心。其次,齐尼阿斯在这里作为"智慧的建议者"的角色,与开始时(14.1-3)对他所作的良好刻画结合起来,暗示他的观点要被当作是——至少在某种程度上——普鲁塔克的作者评论,他的观点提供

㊸ 对话也是讽刺文的一个特征,这种作品形式常常处理的是这里正在探究的关键问题:满意的重要性。参 Tsekourakis(1983),页 30-31。

㊹ 关于智者与僭主的主题,参 Lattimore(1939)与 Gray(1986),特别是页 118-122(关于色诺芬的《希耶罗》)。建议者常常警告了一般意义上的肆心或傲慢的危险(希罗多德,7.10.ε.2,7.16.α.2);被希望或成功所鼓舞(lifted up, ἐπαίρεσθαι)的危险(希罗多德,7.10.ε.2,7.18.4;修昔底德,6.11.6,6.12.2);渴望过多的东西或缺乏的东西的危险(希罗多德,7.16.α.2,7.18.2;修昔底德,6.9.3,6.10.5,6.13.1)。关于齐尼阿斯插曲的直接资料来源,参 Garoufalias(1979)页 315-316 注 43,以及 Marasco(1983)页 226-229;后者评述了齐尼阿斯这里所表达的思想与德米特里乌斯在《德米特里乌斯传》52.3-4 处所表达的思想之间的相似之处(参下文),认为这两个段落都源自萨摩斯的杜里斯。它也含有在讽刺文中的常见要素(尽管 Lévêque[1957,页 276 注 7]不同意这一点):Tarn(1913)页 237 注 53 将它与 Teles 32.5 ff Hense 联系在一起。

了对皮洛士品性缺陷的权威诊断,以及关于这对列传所探询的道德论题的陈述。㊺ 第三,故事的传统形式鼓励读者预期后面会发生灾难,灾难也确实发生了。[114]如果同李维对汉尼拔的处理进行比较将很有启发。汉尼拔被刻画成是肆心的,最终逐渐认识到他本人的贪婪和自负是他的毁灭的原因(李维,30.23-30)。汉诺(Hanno)扮演着智慧的建议者的角色,他试图警告汉尼拔,要他不要入侵意大利——但徒劳无功(21.3;21.10)。㊻

皮洛士在意大利遭受了严重打击,他"陷入了新的希望"(ἐλπίδας…καινὰς),这"分割了他的目标"(22.1)。到达的信使给他提供了征服西西里与马其顿两个地方的机会。他痛斥机运(τύχη)一下子给了他两个采取"伟大行动"的机会,并"认为出现两个机会就意味着失去了一个,他在他的理性思考中犹豫了很久"(22.3-4:διηνέχθη τοῖς λογισμοῖς πολὺν χρόνον)。皮洛士又一次经历了"困境",一种判断的瘫痪状态;这样的怀疑、犹豫时刻在普鲁塔克的《列传》中是很少有的,㊼一般是某种道德崩溃的信号。㊽ 最后,他入侵了西西里,因为西西里似乎提供了"更大的功业"(greater matters, μειζόνων…πραγμάτων)。在那里"他想要的东西马上就稳稳地落入他的手中"(22.6),并且,"想要更伟大的东西"(πλειόνων ἐφιέμενος),他拒绝了同迦太基的和平条约(23.2)。正是他的宏伟规划使得他在西西里像僭主一样行事,也使得当地的居民对他产生了敌意:

他被好的机运以及他手头拥有的实力所鼓舞,追寻他从一

㊺ 恕我与Garoufalias(1979)页64-65处观点不同。
㊻ Mader(1993)。
㊼ Frazier(1995),页151-154。
㊽ 特别比较《凯撒传》32.6-8(参上文,页79-80)。

> 开始就已经为之启航的希望,首先想要得到利比亚……他募集水手,但并没有通情达理地或温和地对待那些城邦,而是像一个暴君一样,对它们愤怒地使用暴力和惩罚。(《皮洛士传》23.3)

最终皮洛士被赶出了西西里和意大利,普鲁塔克给出了他本人关于皮洛士生涯的结论,把它作为一位不具名的旁观者的思考:

> 他被认为在政治技巧、军事力量以及胆略方面,远远超过和他同时代的其他君王;但他凭行动而赢得的东西又因希望而丧失了,由于热爱尚未拥有的东西,他无法安全地守住他已经拥有的东西。(《皮洛士传》26.1)

[115]"对尚未拥有的东西的热爱"(love of what is absent, ἔρως τῶν ἀπόντων:比较《马略传》45.11)这个短语可能是一句谚语。㊽ 关于皮洛士野心过大的西西里计划的叙述,可能会使读者想起修昔底德书中雅典人对西西里的远征:这是关于军事自负的最具权威性的章节(locus classicus)。㊾ 类似的语言再次出现。㊿ 事实上,修昔底

㊽ 例如,品达《皮提亚颂诗》3.19–23;修昔底德,6.13.1;吕西亚斯,12.78;忒奥克里托斯,10.8。

㊾ 皮洛士想要征服利比亚这一观念或许在哈利卡纳苏斯的狄奥尼修斯的著作中也能发现,那也是普鲁塔克的资料来源之一(比较拜占庭的斯特凡努斯,在该词项下,Ὠκεανός,引用了狄奥尼修斯第16卷)

㊿ 比较修昔底德,6.6.1:ἐφιέμενοι τῆς πάσης ἄρξαι;6.8.4:τῆς Σικελίας ἁπάσης,μεγάλου ἔργου,ἐφίεσθαι;6.13.1:δυσέρωτας τῶν ἀπόντων(比较6.11.5–6;《皮洛士传》26.1);6.15.2(比较 6.90.2);6.24.3:ἔρως ἐνέπεσε τοῖς πᾶσιν ὁμοίως ἐκπλεῦσαι(一个非常强烈的比喻:比较6.13.1,3.45.5);ἐν…τῆς…ἀπούσης πόθῳ ὄψεως καὶ θεωρίας;εὐέλπιδες;6.24.4:διὰ τὴν ἄγαν τῶν πλεόνων ἐπιθυμίαν;6.31.6:ἐπὶ μεγίστῃ ἐλπίδι τῶν μελλόντων πρὸς τὰ ὑπάρχοντα(比较6.30.2)。

德似乎在尼基阿斯对联军的两次演说中把他描写成一位明智的建议者,[52]从而把野心过大的民众类比为一位僭主。[53]

从西西里和意大利回来之后,皮洛士在马其顿赢得了成功,但普鲁塔克告诉我们(26.14)"在他的事务安全、可靠地安顿之前,他又在心里向往着其他希望并因此而大受鼓舞"(ἠωρεῖτο τῇ γνώμῃ πάλιν πρὸς ἑτέρας ἐλπίδας)。从而开始了他在伯罗奔半岛的战役,这场战役导致了他的死亡。在他的生命即将结束之际(30.2 – 3),普鲁塔克描述他向阿尔戈斯(Argos)进军,他"命中注定"要死在那里,因为他总是"把希望堆在希望上面"(piled hope on hope, ἐλπίδας ἐξ ἐλπίδων ἀεὶ κυλίνδων),总是追寻新的成功,从来不让"失败或胜利为他对自己和别人的烦扰(his troubling himself and others, τοῦ ταράττεσθαι καὶ ταράττειν)设立界限"(limit, ὅρον)。[54]

事实上,普鲁塔克把皮洛士描绘成一个被贪婪与不满毁掉的人,他似乎认为这幅画像是作为群体的希腊国王们的特别特征。他把希腊化时代呈现为从假定由亚历山大大帝达到的希腊力量与内部和谐的顶峰开始下降:鉴于普鲁塔克厌恶希腊城邦之间的冲突与对抗,这个强调是我们能够预料的(比较《弗拉米尼努斯传》11.3 – 7;《阿格西劳斯传》15.2 – 4)。领土接壤的希腊国王们总是处于战争状态,像宇宙中的元素一样(《德米特里乌斯传》5.1;比较《皮洛士传》7.3)。[55] 希腊国王们被刻画成这样一个群体——他们追求的

---

[52] Marinatos(1980)。

[53] 雅典人的统治在前面已有两次被称作是一种"僭政":2.63.2(被伯利克勒斯);3.37.2(被克里昂)。

[54] 比较 13.2,14.13。

[55] 意味深长地,在《论罗马人的机运〈或德性〉》316e – 317c 处,普鲁塔克用了一个类似的比喻证明罗马对世界的征服是正当的,该比喻改编自柏拉图《蒂迈欧》28b 与 31b – 32b。参下文,页 300 – 301。

是普鲁塔克有时[116]称之为“虚假荣耀”的东西:过分的荣誉,它通常由不情愿的民众所给予。(56) 他把亚历山大的继任者们穿上国王的服装、做出国王的仪态比作悲剧演员们穿上皇室戏服。(57) 普鲁塔克对希腊化时期国王们接受神圣荣誉称号和光辉头衔尤其持批评态度。(58) 在《论心灵的平静》中,他把某些国王的这种妄自尊大的倾向用作反对不满的警告:他解释道,人们总把自己与那些在自己之上的人作比较;因此国王们把他们自己与神相比较,几乎希望他们能够制造雷鸣与闪电(比较《致一位无知的统治者》780f)。“因此”,他总结道,“因为他们总是为他们够不到的东西的缺乏而悲叹,他们从来不为他们够得到的东西而感恩”(《论心灵的平静》470b)。(59)

那么,毫不奇怪的是,普鲁塔克笔下的“攻城者”德米特里乌

---

(56) 例如,《阿里斯泰德传》6.1-5;《德米特里乌斯传》10.2-13.3,25.6-8;《阿基斯与克琉墨涅斯传》34(13).2-3;《致一位无知的统治者》799f-780b。

(57) 例如《德米特里乌斯传》18.1-7,41.5-7;《论亚历山大的机运或者德性》337d-e。

(58) 《德米特里乌斯传》10.2-13;《阿基斯与克琉墨涅斯传》34(13).3,37(16).7;《论亚历山大的机运或者德性》338a-c。在《论伊希斯与俄赛里斯》360c-d 处,除了其他东西之外,普鲁塔克还把对短暂的神圣荣誉的渴望同接受者的过度自信(ἐξαρθέντες)、愚蠢(ἀνοία)以及空虚(κενότης)联系在一起。参上文注 23。

(59) 比较 Aalders(1982),页 22-23。在《庞培传》中,普鲁塔克把这一分析延伸到共和国元首庞培和凯撒身上。命运不能满足他们的渴望(ἐπιθυμία),即使是占有罗马帝国的半壁江山也不能满足他们;他们不像神,不能分享权力(《庞培传》53.10)。在法萨卢斯战役之前,明智的旁观者们反思了贪婪(πλεονεξία)与对竞争的热爱(φιλονεικία),它们已经阻止了庞培和凯撒在和平中享受地球上最好的那块地方(70.1-3)。

斯，另一位希腊化时期的国王，符合与皮洛士类似的模式。(60) 德米特里乌斯起步很好。当他是一个年轻人时，他击败了基勒斯领导下的托勒密军队，他释放了战俘来偿还欠托勒密的人情。普鲁塔克赞扬性地评论道："他之所以为他的胜利高兴，不是因为他将会拥有的东西（οἷς ἕξειν），而是因为他将要送出的东西"（《德米特里乌斯传》6.4）。他试图"解放整个希腊"（8.1；比较10.1－2；《德米特里乌斯与安东尼传》2.3）。但正如普鲁塔克在他的列传小序中已经宣称的那样，也正如我们可以假定皮洛士与马略所是的那样，德米特里乌斯是一个"伟大的天性"，在他的人生旅途中，他良好的天生品质被败坏了（1.7－8）。(61) 成功导致肆心，他在性方面的暴力与过度体现了这一点。正如普鲁塔克在小序与本卷的"对比"中所指出的那样，肆心是德米特里乌斯与安东尼所共有的品质之一，如同无度地沉溺性欲一样（《德米特里乌斯传》1.8；《德米特里乌斯与安东尼传》3.1－2）。(62) ［117］他从他的父亲安提哥努斯那里继承了国王的头衔与衣着，领着亚历山大的其他继任者来效仿（18.1－4）。普鲁塔克评论道，这一改变"刺激了人们的精神（φρόνηματα）并振奋了（lifted up，ἐπῆρε）他们的观念，在他们的生活与对待他人的方式中引入了傲慢与夸耀，就像悲剧演员们还改变他们的步态、语调、躺卧的方式和对别人说话的方式，来适应他们的戏服"（《德米特里乌斯

(60) 关于德米特里乌斯的道德堕落，比较 Andrei（1989）页 68－71。关于普鲁塔克总体上对希腊化时期的历史持不利的看法，参《论亚历山大的机运或者德性》336f－337a，《老加图传》8.12－14 以及《攸门尼斯传》13.5－6，所有这些地方在 Geiger（1995*b*）页 183－185 处都被引用了。

(61) 参页 45－49。

(62) 关于德米特里乌斯在性方面的古怪举动，亦比较《德米特里乌斯传》2.3，9.5－7，19.4－5，19.10。

传》18.5)。(63) 当他被宣布为希腊的总统帅(commander - in - chief)时,他因为他现有的好运与权力而振奋(lifted up,ἐπαιρόμενος),甚至认为他自己比腓力和亚历山大更出色(25.4 - 5)。同样地,描述塞琉古一世——德米特里乌斯决定和他结盟,但后来(典型地)又陷入冲突之中——所用的语言,在我们的皮洛士研究中已经是很常见的了。尽管拥有了大片疆域,但塞琉古仍然认为他本人如此穷困、像个叫花子,以至于他要求德米特里乌斯放弃提尔和西顿两座城市(32.7)。普鲁塔克用柏拉图《法义》736e 处文字的一段意译总结道:

> 他为柏拉图的主张提供了清晰的证据支持(provided clear support,λαμπρὰν...μαρτυρίαν),一个人如果想要真正的富裕,那么他不应当增加他的财产,而应当减少他的过度欲求(insatiability,ἀπληστία),因为无止境地热爱财富的人永远不会免于贫困或匮乏(《德米特里乌斯传》32.8)。

塞琉古被写成了贪婪的危险的范例,德米特里乌斯也越来越符合这一范例。失败在成功之后接踵而来,正如小序已经预告的那样,这使得德米特里乌斯明确地成为机运之不可靠的例证(35.3 - 6)。但是当战败的消息传来时,他心里又充满了"关于新的伟大事业的其他希望"(35.6:ἑτέρας πραγμάτων καινῶν καὶ μεγάλων ⋯ ἐλπίδας)。后来,他拒绝了和平的机会,他和皮洛士一样,"不能很好地适应和

(63) 普鲁塔克总结道,这导致他们在他们的判决中变得更加严酷(18.6 - 7)。普鲁塔克后来评论道,德米特里乌斯并不是一个真正的国王,因为他忽视了国王最重要的责任——分配正义(42.8 - 11)。Tatum(1996)页 141 - 143 处也注意到,在普鲁塔克关于德米特里乌斯国王式的体格外表,与他不配做国王的品性的叙述之间暗含着某种对比。

平"(41.1)。

最后,在他人生末年的囚居生活中,德米特里乌斯沉溺于饮酒和赌博。普鲁塔克对此给出了两个可能的理由(52.2 – 4),这两个理由都揭示了普鲁塔克本人的道德观念,这两个理由的核心都是在未来的希望与当下的现实之间的对立,这种对立对《皮洛士传》是如此核心性的。普鲁塔克解释道,第一种可能性是,德米特里乌斯喝酒是为了"不让自己清醒地反思现在(ἀναλογισμοὺς τῶν παρόντων),并且用醉酒来遮掩他的思想",考虑到普鲁塔克对于理性优先地位的关心(52.3),这是一个极为不利的论断。作为第二种可能性,[118]普鲁塔克陈述了他已经放入齐尼阿斯口中的对皮洛士的判断的一个版本,作为他本人关于德米特里乌斯的作者观点:

> (52.3)或者他认识到这是他长久以来渴望并追求的生活,但他由于愚笨和空虚的荣耀而愚蠢地错过了。他已经给自己带来了许多麻烦,也给别人带来了很多麻烦,他过去在军队、舰队和兵营中寻求善,现在他出乎意料地在无所作为、清闲与休息中发现了它。(52.4)对那些品性既卑鄙又愚蠢、一文不值的国王们来说,除了战争和危险之外还会有其他下场吗?——不仅仅因为他们追求奢华和享乐而不是德性和善,而且还因为他们甚至不知道如何合适地享受和纵情奢华。(《德米特里乌斯传》52.3 – 4)

第四节 《马略传》

马略与皮洛士很相似,也被描绘成没有能力保持安静,这是不满和野心的结果,这种野心——正如普鲁塔克所强调的那样——令人震惊地到老都没有减弱(《马略传》2.4;34.6)。[64] 在马略这里,这一失败与有缺陷的教育联系在一起。正如我们已经看到的那样,这些主题在这篇列传的开篇得到最为清晰的阐述,那一段明确提供了理解接下来的行动的方式(《马略传》2.1-4:参页 109-110)。普鲁塔克对马略的描绘尤其是负面的。西庇阿的一句评论激励年轻的马略投身政治生涯,"被希望所鼓舞"(4.1: ἐπαρθέντα ταῖς ἐλπίσιν; 比较 8.8)。马略因为在反对朱古达及抗击意大利的日尔曼入侵者的战争中的胜利而赢得了辉煌的声望,他前所未有地连续担任过五次执政官——因为一次凯旋便持续地立于成功之中。但是,普鲁塔克清楚地表明,在他生涯的顶峰,他也不满足。

> (28.1)就这样,马略结束了他的第五次执政官任期。但他渴望担任第六次执政官的心理比任何首次担任的人都更加强烈,他努力追求大众的欢心,为了赢得喜爱,他对群众[119]百般逢迎,他的所作所为不仅与他的职位的尊严和等级相悖,而且也与他本人的天性相悖,因为他想要变得随和,成为群众的一员,当时的他就天性而言一点儿也不像这样。(28.2)所以他们说道,因为他很爱荣耀,他在面对政治生活或暴民的骚扰时非常怯懦;当他参加公民集会时,他在战斗中的沉着与坚定就不见了,他被偶然的赞扬和指责弄得心神大乱。(《马略传》28.1-2)

在渴望重新当选执政官的过程中,普鲁塔克笔下的马略追求民众的欢心,贬低了他的职位和他本人。正如 θεραπεία 和 χάρις 这两个

---

[64] 在《卢库卢斯传》38.3 处,马略被同卢库卢斯作了对比,后者在老年确实退隐了。参上文,注30。

词的使用所暗示的那样，描述马略的行动所用的词语把他与希腊的“典型人物”（谄媚者和蛊惑民心者）联系在一起。马略直到现在都是无畏的统帅、坚定的政治家（4.6－7），但这里，他在普通大众的非难面前颤抖了。在《如何区分谄媚者与朋友》中，普鲁塔克主张，谄媚者最重要的诊断标准是其品性的不稳定，其方式是他改变自己以迎合其谄媚对象的品性，他努力获得后者的好感（51a－53b），他“灵活善变”（supple to change）（《如何区分谄媚者与朋友》51c：ὑγρὸς…μεταβάλλεσθαι）。那么，马略的行动就是谄媚；更糟的是，它是对普通民众的谄媚，这是一种普鲁塔克认为特别应受谴责的行动。(65) 对普鲁塔克来说，马略的行动不仅与品性不相符，而且“完全违背了他本人的天性”（contrary to his own nature，παρὰ τὴν ἑαυτοῦ φύσιν）——鉴于古代人认为天性永远不变，所以这是一个相当令人吃惊的表达方式。(66) 他的不光彩行为的原因是对荣誉的爱所滋养的不满。正如普鲁塔克接下来所言，“他逃到大众的善意和宠爱中去寻找庇护，拒绝了为了成为最伟大人物而做最好之人的可能性”（28.5）。他由此与“贵族们”（aristocrats，οἱ ἀριστοκρατικοί）发生了冲突，特别是和努米狄库斯（Metellus Numidicus），“他曾经[120]经历过马略的忘恩负义，就天性来说，因为他德性高洁，任何人如果卑鄙地试图讨大众的欢心、把享乐用作蛊惑民心的手段，都会成为他的敌人”（28.6）。因此，马略被迫与不讲道德的萨图尔尼努斯（Saturninus）结为同盟，从而开始了他机运的衰落。

继在萨图尔尼努斯事件（Saturninus affair）中遭受羞辱之后（29

---

(65) 关于罗马人物列传中的这一主题，参 De Blois（1992），页 4590－4599。普鲁塔克的叙述忽略了罗马政治体系的现实，该体系中包含有民众对执政官的选举；历史上的马略必须要赢得某种程度上的民众支持。关于罗马历史的这种扭曲，参下文，页 302－303。

(66) 与品性（ἦθος）相对。关于这一主题，参上文，页 74。

-30),马略又试图挑起同米特里达提斯(Mithridates)的战争。普鲁塔克解释道(31. 3),“就天性而言他不适合于和平,也不适合于公共事务”(*ἀφυὴς…πρὸς εἰρήνην καὶ ἀπολίτευτος*),他已经通过战争而崛起。现在,他认为由于不行动和平静(inactivity and quiet,*ὑπ' ἀργίας καὶ ἡσυχίας*),他的影响力和名望正在逐渐消退,他寻求从事新事务的机会(*καινῶν πραγμάτων ἀρχάς*)。此后,尽管年事已高,但马略仍然试图获取同米特里达提斯的战争的指挥权,但他没有成功。普鲁塔克呈现了旁观者的想法,当他们看到马略在战神广场(the Campus Martius)努力训练的时候,对他的行动有两种不同的反应和两种截然相反的评价;正如通常那样,普鲁塔克期待读者分有他称之为“最优秀人士”的那些人的判断:(67)

> 有些人看到他这样做很高兴,他们常常走下去观看他和人竞争、搏斗。但最优秀的人士,当他们看到他时,不禁怜悯他的贪婪和对荣誉的爱,因为,虽然他从一贫如洗到富可敌国,从毫无权力到权倾朝野,但他却不知道如何为他的好运设立一个界限。他无法满足于被人赞扬,不能在和平和安静中享受已有的东西。相反,他好像还一无所有,还前往卡帕多奇亚(Kappadokia)和黑海,慢慢地拖着他伟大的晚年,追寻成功与光荣。(《马略传》34. 6)

马略就像皮洛士一样(《皮洛士传》12. 3,30. 3),即使在老年也

(67) 例如《忒修斯传》17. 1-2;《弗拉米尼努斯传》11. 3-7;《尼基阿斯传》26. 4-6;《克拉苏传》27. 6;《福基翁传》37. 1-2;《小加图传》26. 5;《庞培传》70. 1-7;《皮洛士传》26. 1;《马略传》34. 6-7。亦参页 55 与 Pelling(1988b),页 40。

不知道如何给他的好运设立一个界限(bound,ὅρος)。有些人所认为的健康的"对荣誉的爱"实际上是更加负面的"渴求更多"(craving for more)与"对荣耀的爱"(love for glory)(πλεονεξία与φιλοδοξία)。

最终,在他生命即将终结之时,在他的病榻上,马略饱受幻觉之苦,在幻觉中他认为自己已经获得了同米特里达提斯的战争的统帅权(45.10)。[121]普鲁塔克再一次评论了野心与不满的特别混合,这种混合是马略的特征,也是皮洛士的特征(45.11-12):

> (45.11)作为他对职位的爱以及他的竞争意识的结果,对这些行动的这样一种可怕的、无法慰藉的激情深深地植根在他心底。(45.12)所以,虽然他已经活了70年,成为第一个七次当选执政官的人,已经拥有一所房子和足以立刻使许多王国满足的财富,但他仍然抱怨他自己的命运,说他在渴望中过早辞世,还没有实现他的愿望。(《马略传》45.11-12)

第五节 《皮洛士与马略传》中的军事德性

像普鲁塔克《列传》的所有传主一样,皮洛士和马略都拥有伟大的潜能——"伟大的天性"。但这一潜能在皮洛士和马略身上没有充分实现,只在他们品性的一个方面转化成了德性:军事领域。斐洛波门、弗拉米尼努斯以及科瑞欧拉努斯都是这样,这些人的教育完全是军事教育。(68) 和科瑞欧拉努斯相似,马略也不知道如何在和平时期或政治生活中行动(比较《皮洛士传》12.8),普鲁塔克认

---

(68) 《斐洛波门传》3.1-5;《弗拉米尼努斯传》1.4;《科瑞欧拉努斯传》1.3-2.2;《皮洛士传》8.3-7;《马略传》2.1。

为,这是所有成功的统帅在他们不再掌权时都要面对的危险(《庞培传》23.5–6)。⑥⑨ 普鲁塔克强调了这两个人的勇敢,这种品质在他们很年轻的时候就展现出来了:马略在他第一次参加的努曼提亚战役中就赢得了大西庇阿的敬重(3.2),皮洛士在伊普索斯战役中赢得了德米特里乌斯的敬重(4.3–7)。这两个人都参加并赢得了个人决斗。⑦⓪ 在这些决斗的第一场中(《皮洛士传》7.5–9),皮洛士战胜了潘陶科斯(Pantauchos),这场决斗的模式令人想起荷马式的个人决斗。⑦① 皮洛士参加这场决斗的部分原因是想要"通过勇气而非流血去创造他本人的阿喀琉斯式的荣耀":正如在这篇列传中频繁出现的那样,皮洛士的军事成功常与他的假想祖先阿喀琉斯联系在一起。⑦② 后来,[122]他向他的敌人马其顿的安提哥努斯·哥那塔斯(Antigonos Gonatas)提出挑战,邀请他参加个人决斗,安提哥努斯拒绝了(31.3–4)。这一插曲预示了皮洛士英雄式的一生的终点,并使他与安提哥努斯形成对比,正如这篇列传最后一章将会表明的那样,后者更加智慧也更加温和,其获取将军职位的手段也不是基于个人的非凡才能。⑦③ 皮洛士的这三次个人决斗在其他地方都没有被提及,也没有证据表明,亚历山大的继任者们比他们的先辈们更多地参加了个人决斗,关于后者参加个人决斗的情况事实上

---

⑥⑨ 比较《庞培传》46.1–4;《科瑞欧拉努斯传》1.4,15.4–7;《马略传》6.3,28.1–5,32.2。参 Wardman(1974)页 93–100;Hillman(1992)页 128–135。

⑦⓪ 《皮洛士传》7.5–9,24.4–6,30.9–11,比较 34.1;《马略传》3.3。

⑦① 关于荷马式决斗的文类特征,参 Fenik(1968)。

⑦② 例如,《皮洛士传》1–2,7.7,13.2,17.1–6。参 Mossman(1992)页 95 以及全书各处。

⑦③ 这则轶事可能来自卡迪亚的希洛尼摩斯(Hieronymos),但其中所暗示的对皮洛士的领军方式的批评肯定是普鲁塔克同意的。

仍是未知的。⑭ 普鲁塔克选择在《皮洛士传》中强调个人决斗的作用,似乎既是为了赋予皮洛士的军事活动以一种史诗式的、阿喀琉斯式的联想,也是为了制造同马略的对比:这两个人都是英勇的战士⑮——因为马略也参与过个人决斗(3.3)。正是由于这场决斗,西庇阿预言他将成为下一位伟大的罗马将军(3.4-5),正如安提哥努斯已经"发掘了"(talent-spotted)皮洛士,汉尼拔也宣称他是所有将军中最优秀的(8.4-5)。⑯

这两个人的勇武常常用航海方面的比喻来表达。这一比喻不仅把这两个人联系了起来,而且也把他们的军事伟业与毁灭他们的不满联系在一起。他们的成就都与同洪水搏斗联系在一起。当皮洛士还是个婴儿的时候,他就艰难地被人运过一条汹涌的河流以逃脱追兵(2.3-8)。在他前往意大利的途中,他也遭到了风暴的袭击,他跳下船,游到岸边,这显示了他的勇敢(15.3-8)。同样地,风暴与航海方面的比喻在《马略传》中也被反复用于描述日耳曼部落带来的威胁,这一比喻也运用了城邦的船喻。⑰ 而且,正如我们已经注意到的,对于象征性地表现内在的不满而言,风暴比喻并不是

---

⑭ 恕我与 Hornblower(1981)页 194-196 处观点不同。

⑮ 虽然马略的个人决斗在其他地方都没有被记载,但有证据表明,在公元前二世纪后期的罗马,个人决斗并不鲜见,在同北方敌人的战争中尤为常见:参 Oakley(1985),特别是页 392-399、404-410。

⑯ 马略从梅特鲁斯那里所接受的赞助(《马略传》4.1)以及他通过婚姻进入了凯撒家族(6.4),这些都使人想起皮洛士作为一名年轻人被挑选出来迎娶贝勒尼基(Berenike)之女安提哥妮(Antigone),以及他从托勒密那里所接受的帮助(《皮洛士传》4.6-5.1);比较《皮洛士传》9.1-2 所列举的皮洛士后来的王室婚姻。

⑰ 船喻:11.1,14.1,16.2,20.9,23.1,26.2。城邦之船:11.1,14.1,23.1。参 Carney(1960)页 24-25。关于城邦船喻的悠久历史,参 Nisbet 与 Hubbard(1970)页 179-180,Meichsner(1983)。

一种不常见的方式,因此用这一意象来标志这两个人机运的衰落并不令人惊讶。在《皮洛士传》23.7处,皮洛士扬帆远去,没有能力征服西西里,这被描述为一艘"被风暴抛来抛去的船"(storm-tossed ship,νεὼς ταραχθείσης)。最后,[123]导致皮洛士之死的阿哥斯混战被用"风暴与海浪"(storm and surf,34.1:χειμῶνα καὶ κλύδωνα)这样的词加以描述。《马略传》开始与结尾处的反思性段落中也通过运用与海洋有关的比喻,在马略最伟大的成功——日耳曼战争——与他野蛮的老年之间建立了类似的联系。⑱ 由此,过分的野心、老年与航海意象被联系在一起。

第六节 《皮洛士与马略传》中的悲剧模式

在这两篇列传中都有着很强的宿命感,皮洛士和马略受到比他们更强大的力量的牵引,走向他们命中注定的终点。这两个人都拥有某些个性特质:个人勇气,与之相结合的是不愿意保持安稳平静,这些特质既导致他们的成功也导致他们最终的衰落。同样的个性特质既与成功也与失败相联系,这种联系的确是普鲁塔克传记更为普遍的特征,⑲但贯穿这些列传的、赋予它们以独特的悲剧特质的正是一种即将到来的毁灭感——戏剧性的反讽。皮洛士与齐尼阿斯的对话鼓励读者预期接下来会发生灾难。悲剧性反讽在对 tyche 的频繁提及中最为清晰地显现出来。这两个人都经历了机运的巨

---

⑱ 2.4:ἐξοκείλας;45.1-4:关于苏拉胜利的消息就像风向的转变,马略受到困扰;45.7:他被一位(意味深长地)"来自海上的"信使所带来的新消息弄得心惊肉跳;45.10:ἐξοκείλαι。

⑲ Pelling(1986b)页 87-96;(1988b)页 13。

大改变,这被直接归于 tyche 的作用。⑧⁰ 但是,尽管 tyche 在《列传》中常常指偶然或天命,但这里它似乎更可能是指我们在悲剧中所遇到的非个人的机运。⑧¹ 同索福克勒斯《俄狄浦斯王》的比较是很吸引人的。⑧² Judith Mossman 已经论证了《皮洛士传》中如何运用悲剧性联想来暗示英雄的负面特征。⑧³ 事实上,随着列传的进展,皮洛士越来越多地扮演着一位悲剧英雄的角色:被机运驱使着,机运通过他本人的道德弱点发挥作用,坚定不移地走向一个不可避免地导致灾难的目标。机运是"无可逃避的"(inescapable,30.2:ἄφυκτον;比较16.14),这句不祥之言建立了一种悲剧式的反讽,这种反讽给皮洛士最后一次冒险蒙上了阴影。在他死亡临近时,[124]各种征兆倍增(29.1-4;30.5;31.7;32.8-10)。皮洛士本人,则像许多悲剧英雄那样,直到身陷险境时都无视这些预兆。悲剧式反讽在下面这个时刻最为强烈:皮洛士无视对梦境的一个不利解释,并且宣称(改动了赫克托耳在《伊利亚特》12.243 处的话)"最好的征兆只有一个:为皮洛士而战"。⑧⁴ 这件事情揭示了即使在出现不祥预兆的时候,他也没有能力避免战争;也标志了在对阿哥斯的考虑不周的进攻中,他向他命中注定的终点又前进了一步。但更为重要的是,

---

⑧⁰ Brenk(1977)页181 列举了《马略传》中 tyche 的出现。皮洛士和马略都不对机运带来的善感到满意:他们是 μεμψίμοιροι。参上文注9。

⑧¹ 关于《列传》中的 tyche,比较 Brenk(1977)页145-183;Swain(1989b;1989c;1989d)。

⑧² 比较 Mossman(1992)页102。

⑧³ Mossman(1992)。关于其他列传中的悲剧特征,亦参 Mossman(1988)关于《亚历山大传》的悲剧特征,Braund(1993)关于《克拉苏传》的悲剧特征,以及 De Lacy(1952)关于《列传》中的悲剧特征。

⑧⁴ εἷς οἰωνὸς ἄριστος ἀμύνεσθαι περὶ Πύρρου,用 Πύρρου 替换了荷马的 πάτρης (《皮洛士传》29.4)。这一行诗也以更短的形式在《论亚历山大的机运或者德性》333c 处被引用。

荷马的语境给皮洛士在伯罗奔半岛的战役投下了不祥的阴影:赫克托耳将会后悔他忽视了波吕达玛斯要他撤退的建议,他的蛮勇最终导致他死在阿喀琉斯手里。在这篇列传中,到目前为止皮洛士一直与阿喀琉斯联系在一起;这次变成与赫克托耳相联系是意义重大的。

在《马略传》中,悲剧模式甚至更加清晰。列传通过在开篇就提到他最终的结局(2.4),从而建立了悲剧式反讽。机运在引导马略通过他的成功和挫折走向他命定的终点的过程中扮演着更重要的角色。在一位罗马"史鉴"(exemplary)历史作家马克西穆斯(Valerius Maximus)那里,马略这个人物是机运浮沉的典型。在普鲁塔克的作品中,这一主题与野心、不满联系在一起。正如 Frederick Brenk 所言,"马略不断地受到预兆的驱动,这些预兆先是把他托举到做梦都没有想到的成功,然后让他妄自尊大,最后把他猛掷进绝望的深渊"。[85] 马略的一生可以看成是一系列的循环,在这些循环中,肆心(这个词在9.2处被使用了)后面紧接着就是灾难,在许多情况下,灾难被称为报应(nemesis)。[86] 在 39.6 处,明图尼的治安官们把马略赶出城,让他听天由命(meet his destiny, τὸ μεμορμένον),并祈祷神明不要因为他们的行为给他们带来报应(nemesis)。在 40.9 处,马略把他本人时运(fortune, μεταβολή)的起落比作迦太基的机运(fate, τύχη)。[87]

皮洛士和马略的时运在他们穿的衣服上也有所反映。在《皮洛士传》中,衣着被用作一种道德指示器:皮洛士的勇气通过他的山羊

---

[85] Brenk(1977)页 192。例如《马略传》4.1, 8.8, 36.7 – 11, 38.9, 45.3 – 12。

[86] 《马略传》10.2, 23.1, 26.5: πρᾶγμα νεμεσητόν。

[87] 人事的无常是这些列传的一个主题:比较《皮洛士传》34.8;《马略传》23.1。

角头盔(goat-horned helmet)象征性表现出来(11.11:τῷ τε λόφῳ διαπρέποντι καὶ τοῖς τραγικοῖς κέρασιν);像阿喀琉斯一样,当他和一位同伴交换盔甲的时候,灾难几乎降临到他的军队头上,直到他再次披戴上盔甲(17.1-6)。但这种华美的头盔也可能是一个负面特征,暗示了皮洛士身上的某种"悲剧式的"傲慢;这里可能也存在关于τραγικός的两种含义的双关(来自τράς[山羊][125]和τραγῳδία[悲剧])。⑧⑧对普鲁塔克来说,炫耀性的展示——常常包括精美的衣着(例如《阿基斯与克琉墨涅斯传》37[16].7)——有时会同悲剧舞台上的表演相比较,暗示着傲慢以及外表与现实之间的距离。同悲剧舞台的比较在这一时期的用法中能够暗示过多的浮华。⑧⑨正如我们已经注意到的那样,普鲁塔克的《德米特里乌斯传》也分有着这些列传的一些道德关怀,在这部作品中,精致的衣着标志着德米特里乌斯的傲慢;粗劣的衣着标志着他的谦卑。当德米特里乌斯在一次出乎意料的攻击中被抓住时,他穿着一件"廉价的小斗篷"(cheap little cloak,χλαμύδιον εὐτελές)逃跑了(《德米特里乌斯传》9.7),当时他正等着美女克拉特西波丽丝(Kratesipolis)前来相会。后来,当他

---

⑧⑧ 关于对 τραγικός 一词的类似双关,比较柏拉图《克拉底鲁》408c;朗格斯,4.17.2(以及 Hunter 1983,页 89);路吉阿诺斯 Gall.10。

⑧⑨ 普鲁塔克《德米特里乌斯传》41.5-7;《阿拉托斯传》15.3;路吉阿诺斯 Gall 24;《亚历山大—伪先知》5,12;比较狄奥多罗斯,5.31.1;哈利卡纳苏斯的狄奥尼修斯《罗马古史》6.70.2。关于路吉阿诺斯 Gall 24,注释家解释道,公鸡的夸耀被称为"悲剧""是因为悲剧中的事物是夸耀性的(κομπά)"(94.8-9 Rabe[b])。参 De Lacy(1952);Kokolakis(1960)页 85-87;Anderson(1976)页 18-19。这一时期的悲剧戏服是特别华美的,它包含了带衬垫的衣服和厚重的靴子(κόθορνοι或ἐμβάται)。比较路吉阿诺斯 Jupp. Trag 41 处对达米斯(Damis)的描述:οἶς ἐκεῖνοι σεμνύνουσι τὴν τραγῳδίαν。参 Kokolakis(1960)页 100-106;比较菲洛斯特拉托斯《阿波罗尼乌斯传》41.5-7。普鲁塔克把没有真正权力的国王或君主比作扮演国王的演员:《伽尔巴传》1.7-8;《论亚历山大的机运或者德性》337d-e。

的军队想叛逃到皮洛士那里去时,他们戴上了花环;相反,德米特里乌斯穿着粗陋的衣服逃走了(11.11-13)。⑨⁰ 在《德米特里乌斯传》41.5-7 处,德米特里乌斯的精致衣着与此形成对照,普鲁塔克再一次把它与悲剧联系起来(比较 18.5,上文)。当德米特里乌斯决定再次逃跑时,普鲁塔克说道,"他来到他的帐篷(tent, σκηνή:一个带有舞台联想含义的词),仿佛他不是国王,而是一个演员,穿上一件黑斗篷而不是那件悲剧戏服(χλαμύδα φαιὰν ἀντὶ τῆς τραγικῆς ἐκείνης),不为人知地偷偷溜走了。"(《德米特里乌斯传》44.9)。⑨¹ 这一描写的某些方面很可能来自萨摩斯的杜里斯,他的记述无疑影响了《皮洛士传》和《德米特里乌斯传》,他也作为所谓的悲剧性历史的倡导者而广为人知,这种历史对戏剧性的、使人感动的、轰动性的地方给予了高度重视。⑨² 然而,即使普鲁塔克确实从杜里斯那里获得了这些希腊列传的某些材料,但同样的原则在《马略传》——实际上还有《安东尼传》——中的应用,都是普鲁塔克本人的创造。⑨³ 凯旋式袍服标志着[126]马略的傲慢(12.7)。他让女预言家玛莎穿着带有金色扣子的双层红上衣,⑨⁴拿着装饰着花环和彩带的

---

⑨⁰ 狄奥多罗斯注意到德米特里乌斯的精美衣着,但并没有把它与悲剧联系起来(19.81.4,20.92.3)。

⑨¹ 比较 Cavafy,《国王德米特里乌斯》(出版于 1906),以这一段为基础,它出色地抓住了这种基调。关于《德米特里乌斯传》中的舞台比喻,比较 De Lacy(1952)页 168-171,Mossman(1992)页 100 与页 103,Andrei(1989)页 78-82。比较上文页 62 注 35。

⑨² 例如 Kebric(1977)页 14-18。关于"悲剧性历史",参上文,页 41-42。

⑨³ 关于《安东尼传》中杜里斯的轰动性描述,比较《安东尼传》26.1-3 与《阿尔喀比亚德传》23.2 处保存下来的杜里斯著作片段(*FGrH* 76 F70)。

⑨⁴ 根据 Chamoux(1974,页 83-85),玛莎的 φοινικὶς διπλῆ 是一件红色披风,"折成双层"把它变成一件斗篷(chlamys)——一种希腊军事装束(比较布塔达的吕库古《诉利奥克拉特》40)。

矛展示在众人面前(比较《佩洛皮达斯传》29.8),可能也具有相似的效力(17.2-5)。意味深长的是,提及这一展示的方式是把它作为一出戏剧(δρᾶμα),正如有些人认为的那样,马略本人在其中也扮演了一个角色(συνυποκρινόμενος);我们应当认为这是一个负面判断。⑨⑤ 马略的成功以精美的衣着作为标志(22.2-5);另一方面,裸露则标志着他衰落的最低点。在38.2处,他被人从他藏身的池塘里拉出来,赤身裸体,全身裹满泥浆。当他回到意大利时,就像一位野人:他"穿着普通的服装、留着自逃亡的那天起就没有剪过的头发"去见秦纳,拒绝了提供给他的执政官权标(insignia)。普鲁塔克说道,他的外表"令人惊骇"(frightful, φοβερός),而且,"他的沮丧情绪揭示出他的血气(spirit, θυμός)并没有变得谦卑,毋宁说被他的挫折弄得野蛮残暴"(41.6)。这令人回想起2.1处普鲁塔克对他的雕像所作的描绘,在那里他的外貌已经反映了他严苛、酷虐的品性。

第七节 《皮洛士与马略传》中的对比

正如在普鲁塔克《列传》中经常发生的那样,读者被鼓励借助第一篇列传来阅读第二篇列传,进行比较和对比。这样一种阅读方式强调了两位传主以及两篇列传之间的差别,强调了第二篇列传对第一篇列传的模式的背离。⑨⑥ 在这对列传中,通过马略背离皮洛士所建立的模式的方式,阐明了马略更加强烈的冷酷。皮洛士建立了

---

⑨⑤ 在其他地方,普鲁塔克把对大众迷信的操纵比作一出戏剧:《努马传》8.10;《地米斯托克利传》10.1;《吕山德传》25.2,26.6;《塞多留传》11.2,20.1。参 Berardi(1990)页148。

⑨⑥ 第一篇列传常常建立起一个典范,第二篇列传对此进行利用:Pelling(1986b)页93-96。

伟大的军事领导人的模式：他无法停止战争，他的希望把他引向灾难；他富有人性地进行统治(8.8–12;11.8–9;20.10)，只是在生命即将终结之时，他的行动才像一位僭主(23.3)。然而，马略不仅与敌人斗争，也与他自己的同胞进行斗争，并开始了恐怖统治。与此切合的是，他死时精神错乱，皮洛士则英勇地死在战场上。

有几个对比的事件强化了这一差别。在他们对预兆的解释中能够发现这样的对比。正如我们已经看到的那样，皮洛士忽视[127]对梦的不利解释(29.4)。这一事件揭示出他没有能力停止战争，并暗示了即将到来的灾难。与此相对的是马略对维尔凯莱战役(Vercellae)前的预兆的解释(26.4)，那里强调的重点在于他与他的同僚卡图卢斯的竞争。神明不满的预兆紧随其后：

> (26.4)当马略举行了祭献仪式并且祭品已经让他看过之后，据说马略确实大声喊道："胜利属于我。"(26.5)不过，根据苏拉这一方的记载，当攻击已经开始时，马略经历了一次神明的愤怒[报应](nemesis)，因为他们说一个巨大的尘暴升起来了，不出所料，两支军队都被遮住了；当马略冲在他的军队的前面急匆匆地追击时，他没追到敌人。(《马略传》26.4–5)

结果是卡图卢斯的军队承受了战斗的主要压力，他宣称他赢得了胜利。马略如此好辩，在战斗之后，关于谁赢得了胜利爆发了一场争吵(27.6–10)。

这两个人对待各自儿子的方式也揭示出马略更加冷酷无情。在苏拉进军到罗马之后，马略坐船去了奥斯提亚(Ostia)，抛弃了他的儿子，几乎将他置于死地——由于好运和一位管家的忠心，他儿子逃到了非洲(35.8–12)。皮洛士在一次伏击中失去了他的儿子托勒密(《皮洛士传》30.5–6)，普鲁塔克强调了他的悲痛，在极度痛苦中他投身战役,并且比之前更加狂热地战斗,"用屠杀来填充自己"(fills himself with slaughter, ἐνεπίμπλατο φόνου)。他在搏斗中徒手杀死了斯巴达人埃乌尔科斯(Eualkos)(30.7-11),后者的死亡被描述为是对他作为英雄的儿子的献祭(ἐναγισμός)。⑰ 马略则是后来对他的同胞公民倾泻他的怒火:他的血气(θυμός)日复一日地增长,开始嗜血,他追捕他怀疑的每一个人(43.7)。通过展示秦纳(Cinna)更为温和的态度(43.2)——他对屠杀感到腻烦(sated with slaughter, 43.7:μεστὸς τοῦ φονεύειν)——[128]马略的残暴被清晰地展现出来。⑱

"对比"(synkrisis),往往不仅在成对列传的水平上发挥作用,而且在每一篇列传的内部也发挥着作用。列传的传主与那些次要人物形成对立。在《马略传》内部的内在比较强调了传主的道德缺陷。我们已经注意到与秦纳以及与柏拉图和安提帕特罗斯的这种"对比"(synkriseis)。在23.5处,下面这句评论中带有对马略的含蓄责难:"卡图卢斯更少关注他本人的名声,更多关注他的同胞公民们的名声。"最为核心的"对比"是同梅特卢斯的比较。列传的前面部分简单勾勒了这两个人之间的嫉妒的历史,以及为此而加在马略身上的责备。在日耳曼战争之后,马略决定流放梅特卢斯,因为后

---

⑰ 或许可以回想在帕特罗克洛斯的火葬柴堆上的阿喀琉斯的人祭(《伊利亚特》23.175-176)以及亚历山大为了纪念赫费斯提翁而杀死科萨亚人(Kossaioi)(《亚历山大传》72.4):Mossman(1992),103页。ἐναγισμός特别是指给死去的英雄或冥府的神明的祭献,而不是给奥林匹亚神的祭献。关于其中的区别,参希罗多德,2.44.5;亚里士多德,《雅典政制》58.1;泡萨尼阿斯,2.10.1,2.11.7,8.34.3;赫利奥多罗斯(Heliodoros)2.35.2;比较 Harrison (1922)页55-65,以及 Casabona(1966)页204-208。

⑱ 意味深长的是,在阿庇安的著作(《内战史》1.73)中,秦纳执政期间给罗马城造成恐慌的自由奴隶完全与秦纳联系在一起;在普鲁塔克作品中,他们则只和马略联系在一起(43.4-6与44.9-10)。比较 Corbellini(1976)。

者已经经历过马略的忘恩负义,也因为梅特卢斯是民众的谄媚者的敌人(28.6)。马略用萨图尔尼努斯的"平均地权法"(agrarian law)以及它的强制性誓言,为梅特卢斯设下了一个"无法摆脱的陷阱"(ἀπάτην…ἄφυκτον)(29.4)。在一个暗示着神明之报应(nemesis)的巧妙转折中,事实上正是马略和他的儿子——后者与皮洛士相似——将要面对"无法摆脱的机运"(46.9;比较39.6)。[99] 梅特卢斯的坚定意志得到了强调。他是一个毫不动摇的人(a steadfast man,29.5:βέβαιον ἄνδρα)——这是通过源自品达的一个引文而被强调的事实。梅特卢斯拒绝向 Lex Apuleia 发誓,正如普鲁塔克所言,他"忠实于他的品性"(remaining true to his character, ἐμμένων τῷ ἤθει),并且准备承受任何机运而不为卑鄙苟且之事"(29.8)。相反,马略的道德缺陷被强调了,特别是他的口是心非和阿谀奉承。意味深长的是,在流放期间,梅特卢斯把他的时间用于哲学研究(29.12)——这同缺乏教育的马略形成了直接对比。[100]

当马略参加罗马围城时(42.1-9),普鲁塔克又一次运用了比较,虽然这一次更加发人深省。屋大维(Octavius),马略的一位对手,

---

[99] 关于机运,参上文,页 103-104 及页 123-124。

[100] 也不像受过良好教育的西塞罗(《西塞罗传》32.5-7)。把梅特卢斯描绘得这么好,毫无疑问在很大程度上是由于鲁提利乌斯·鲁弗斯,他反对马略,因此是一个梅特卢斯派(参上文注1)。关于梅特卢斯对他流放的反应,西塞罗(《致友人》1.9.16)也拒绝作出不利的记述,西塞罗还像普鲁塔克一样,肯定了梅特卢斯的良好品性。然而,普鲁塔克确实知道撒路斯特(至少,他知道《喀提林阴谋》以及《历史》。参 Moles 1988 页 29;Peter 1865 页 61-64、106-109、112-114;Moreno 1992,特别是页 141-142)。撒路斯特的《朱古达战争》对梅特卢斯作了不利的刻画。普鲁塔克也可能以希腊文阅读了撒路斯特:《苏达》(Ζηνόβιος 词项下)记载了哈德良统治期间,某位 Zenobios 把撒路斯特的《历史》翻译成了希腊文;《皮洛士与马略传》可能写于哈德良登基之后,参上文注15。

据说(42.7)他保持住了[129]执政官职位的尊严(dignity, πρόσχημα)，使其"免受谄媚逢迎的损害"(free from flattery, ἀκολάκευτον)，这与马略在28.1处降低它的尊严(παρὰ τὸν ὄγκον καὶ τὸ κοινὸν ἀξίωμα τῆς ἀρχῆς)形成直接对立。然而，普鲁塔克论证道，马略和秦纳之所以能够在公元前87年拿下罗马，其部分原因是他们的对手拒绝稍微偏离法律的字面含义：屋大维拒绝释放奴隶，而梅特卢斯则拒绝了士兵们所提出的一项特别命令，从而打击了士气(42.4-6)。普鲁塔克评论道："屋大维损害了他的事业，这与其说是由于缺乏技巧(skill, ἀπειρίᾳ)，不如说是由于过分遵循正义(ἀκριβείᾳ τῶν δικαίων)；他忽略了那些必需的事情，其所作所为使每一个人的利益都受到伤害。"(42.4)⑩这里可能提出了一个道德观点：或许在这样的情况下，应当舍弃法律的精确？⑩ 关于这一问题，普鲁塔克在《福基翁与小加图传》以及《吕山德与苏拉传》中说得更多，这两篇列传是本书下一章的主题。

不同寻常的是，马略不仅与他本人列传中的次要人物形成对照，而且还隐含地与皮洛士所接触交往的罗马人形成对照。他们是有德之士，例如，法布里修斯(Fabricius)展示了他自己不受威胁与贿赂的摆布，并且拒绝以不正当手段采取行动：他向皮洛士报告了一个要杀害他的阴谋(《皮洛士传》20.1-21.6)。在这一背景的映照下，马略的缺陷突出地显示出来。⑩ 马略本人的冷酷无情也含蓄地与他所接受的善意形成了对比。马略被俘之后被押送到了明图尼(38.2)，一位骑兵被派去杀他。当这位刺客到达时，马略的眼中

---

⑩ οὐ τοσοῦτον ἀπειρίᾳ τοῦ Ὀκταβίου τὰ πράγματα βλάπτοντος, ὅσον ἀκριβείᾳ τῶν δικαίων προϊεμένου τὰ χρειώδη παρὰ τὸ συμφέρον.

⑩ 参下文，特别是页131-133。

⑩ Swain(1990b)，页137-138。

似乎喷出了火,一个响亮的声音喝道:"你胆敢杀害盖乌斯·马略?"(39.1—4)。这位刺客逃走了。据说他是"一位高卢人或辛布里人";这里提到他的种族马上令人想起马略对北方蛮族的胜利以及给罗马带来的好处。这一事件与对皮洛士之死的描写直接形成对比,在那里皮洛士用"可怕的眼神"瞪着那位刺客,这足以使对方延迟下手,但不足以阻止它(《皮洛士传》34.6)。马略后来的遭遇要更好一些。明图尼的官员们被这一征兆所震慑,他们改变了心意,释放了马略,让他去撞见"他的机运"(39.5—9)。因此他活了下来。后来,在罗马,局势发生了改变。马略派士兵去杀某位安东尼乌斯(Antonius)。当士兵们进了房间的时候,安东尼乌斯的话是如此"令人着迷、富有魅力"[130](enchantment and charm, σειρὴν καὶ χάρις)(这是马略所缺乏的素质:32.2),以至于没有人能下手去做这件事(44.6)。最后,安尼乌斯(Annius),这群士兵的首领,不得不亲自砍下安东尼乌斯的头。马略在相似的情境下曾经受到过怜恤,但他没有给安东尼乌斯任何怜恤。[104]

《马略传》以马略的儿子结尾(46.6—9)。普鲁塔克简短地叙述了他的品性,他建立了新的、同样野蛮的僭政,他为了避免落入苏拉手中而在普拉内斯特(Praeneste)自杀,这些都为《马略传》提供了强烈的封闭式结尾(closed ending)。最后这一部分,是主体叙事的某种补遗,在结构上相当于《马略传》开头一章中对罗马人名字的讨论。[105]《列传》的结尾常常会叙述传主后人的简短历史,这提供了

---

[104] Carney(1960)在页28—29分析了普鲁塔克在这里的叙述技巧。

[105] 普鲁塔克在这里(46.8)提到小马略的绰号,"阿瑞斯(马尔斯)之子"(παῖς Ἄρεως),这令人想起开头第一章中对罗马人姓名的讨论,并且强化了结束语;比较Carney(1960),页26。普鲁塔克在《科瑞欧拉努斯传》11.2—6处也讨论了罗马人的名字,他可能还写过一部名为《论三个名字,哪一个是最重要的?》(On the Three Names, Which Is Most Important?)的书(《拉姆普里阿斯目录》100)。

看待传主生平的更宽广的视角,也给出了对于其子孙的判断。小马略的品性和他父亲的品性一样:残暴(cruelty, ὠμότης;比较 2.4)与酷虐(bitterness, πικρία;比较 2.1),这使得他杀害了"那些最优秀、最受敬重的公民们"(46.7)。与马略和皮洛士相似,他也热衷于战争;他的机运也像他们一样,是无可逃避的(inescapable, 46.9:ἄφυκτα)。⑩ 小马略短暂的统治(regnum)与他的自杀标志着马略家族的灭亡,马略或许也是普鲁塔克笔下所有英雄中最为人耻笑的一个。

---

⑩ 比较《皮洛士传》16.14,30.2;《马略传》39.6。

第五章 福基翁与小加图传

[131]《皮洛士与马略传》中提供的道德讯息相当简单直接,它同时贯穿于两篇列传中。《福基翁与小加图传》则要更加复杂,它为道德解读提供了更多的困难。这里,普鲁塔克面对的问题是:在现实政治生活中,是否存在绝对的善和绝对的恶?当不同的道德诫命相互冲突时会怎么样?个人道德与公共利益(public interest, τὸ συμφέρον)之间是什么关系?普鲁塔克似乎承认这样的可能性:一位政治家在他的价值观上作出妥协或许是合适的。德性合适地发挥作用或许要依赖于正确的情境;在极端危险的时候,妥协或许也是一种英勇。①

这些问题不仅对于《福基翁与小加图传》是核心性的——②正如下一章将会证明的那样,它们对于《吕山德与苏拉传》也是核心性的。它们在其他列传中也被提出过。例如,我们知道,普鲁塔克不赞成迷信,认为那是对理性的否定,但我们看到他有时赞同一位

---

① 比较《阿基斯、克琉墨涅斯与格拉古传》4.2-3,在那里,普鲁塔克谴责克琉墨涅斯没有好的借口就暗杀了他的政治对手:"除非在极端需要的情况下(in the most dire necessity, τῆς ἐσχάτης ἀνάγκης),否则使用刀(blade, σίδηρον)既不是医生的标志也不是政治家的标志"(注意在手术刀/刀剑上的一语双关)。其隐含的意思是在危难时刻,这样的野蛮行为可能是正当的。关于 ἡ ἐσχάτη ἀνάγκη,比较《小加图传》47.2。

② 正如 Frazier(1995)在页 159、168-169 处已简短提及的那样。

政治家为了实现一个更远大的目标而去操控大众非理性的恐惧。③有几次,他赞扬领袖人物,理由是他们为了适应他们城邦的实际情况而调整了法律。因此,虽然普鲁塔克因为吕库古阻止斯巴达人从事商业而赞扬他,但他也因为梭伦没有奉行同样的方针而赞扬梭伦;他解释道,雅典的经济状况不允许这样的政策(《梭伦传》22.1—3)。同样,普鲁塔克称赞了阿格西劳斯,因为他没有按照法律所要求的那样,惩罚那些在留克特拉战役中逃跑的人;普鲁塔克评论道,"通过[132]让法律在那一天睡着了",他既救了他的国家也救了法律本身(《阿格西劳斯传》30.2—6;《阿格西劳斯与庞培传》2.3—4)。同样的观点在《马略传》中以相反的形式被提出来,正如我们已经看到的那样,普鲁塔克在那里论证道,马略和秦纳之所以能够在公元前87年攻克罗马,部分原因是他们的对手们"过分拘泥地遵守正义(too scrupulous observance of justice, ἀκριβείᾳ τῶν δικαίων)";普鲁塔克告诉我们,屋大维的行动"由于忽略了必需的事情而违背了每个人的利益(παρὰ τὸ συμφέρον)"(42.4)。④ 由于这样的原因,更加理想主义的狄翁没能解放西西里,而更加务实的提摩勒昂则成功了。⑤

在其他几个例子中,普鲁塔克似乎暗示,目标或许能够为手段辩护:不正义——或至少是变通规则——能够得到原谅,如果结果

---

③ 例如《努马传》4.12;《法比乌斯传》4.4—5.1;《狄翁传》24.1—10;《伊壁鸠鲁的原则使幸福生活不可能》1101d;比较《埃米利乌斯传》17.1—13。参Berardi(1990)。在他的政治论文中,普鲁塔克有几次赞成把成功归因于应负责的神明,以此作为避免嫉妒的手段:《论不令人讨厌的自我称赞》542e—543a;《政治准则》816e。

④ 参上文,页129。

⑤ 关于提摩勒昂与狄翁,比较 De Blois(1992),页4604—4605。

对城邦有益的话。⑥ 普鲁塔克在讨论罗慕洛抢夺萨宾妇女(《忒修斯与罗慕洛传》6.2–3)和克拉苏进攻帕提亚(《尼基阿斯与克拉苏传》4.3–4)时,采取的就是这一路线。以一种类似的方式,普鲁塔克似乎赞同阿里斯泰德的决定,尽管他有着正义的名声(《阿里斯泰德传》2.6,4.1–8,5.6,6.1–5,7.7),但他决定不逮捕那些在公元前479年被怀疑图谋推翻雅典民主的人(13.2),"因为如果进行公正的调查(τοῦ δικαίου),而不采取权宜之计(expediency, τοῦ συμφέροντος),那就不知道有多少人牵涉在这个阴谋之内"。当阿里斯泰德宣称地米斯托克利烧毁希腊联军舰队(或造船所:ναύσταϑμον)的计划"得利(expedient, λυσιτελεστέραν)无以复加,而失义(unjust, ἀδικωτέραν)亦莫之为甚"时,公正与利益之间的关系问题再度浮现(22.3–4)。民众拒绝了这个计划,普鲁塔克评论说,这证明了他们对正义的热爱。但在稍后的地方,普鲁塔克提到阿里斯泰德在外交政策上愿意把利益放在正义之前,特别是在雅典和她的同盟城邦打交道的时候。这里,阿里斯泰德实际上鼓励雅典人要破坏他们的誓言,"以对他们有利的方式(to their advantage, ᾗ συμφέρει)处理事务"。这种做法的道德性被置于含混的境地。我们听到这样的话:"事务,看来似乎要求雅典人进行强有力(ἐγκρατέστερον)的统治";不清楚这个词应当被理解为"伴随着更多的控制"(对于联盟城邦)还是"伴随着更多的自我控制",而且,如果是前者的话,也不清楚作者是否也分有这一观点(25.1)。然而,普鲁塔克记录了泰奥弗拉斯托斯的观点,后者认为,虽然阿里斯泰德在他的个人事务上"恪守正义"(strictly just, ἄκρως ὄντα δίκαιον)(25.2),但在公共生活中,"他的行动与他的国家政策相一致"(πρὸς τὴν ὑπόθεσιν τῆς πατρίδος),他说那

---

⑥ 正如 Nikolaidis(1995,特别是页311–312处)以及 Frazier(1995,页155–160、165–170)所主张的那样。他们讨论了这些段落中的一些。

里面[133]需要很多实际上的不正义(ὡς συχνῆς καὶ ἀδικίας δεομένην)。普鲁塔克接着(25.3)引用了公元前454年阿里斯泰德支持把提洛同盟的财富转移到雅典的例子,阿里斯泰德本人宣称,这件事是不正义的,但有利可图(οὐ δίκαιον μέν, συμφέρον δέ)。关于如何看待阿里斯泰德的政策,普鲁塔克并没有给出清晰的指导,但是,意味深长的是,在一个以正义闻名的人士的列传中,他提出了道德与国家利益是否可调和的这一问题。

《福基翁传》处理的是雅典在马其顿日益增长的实力面前丧失独立的这一历史时期,同稍早的《德摩斯梯尼传》进行对比会很有启发,两篇列传处理的几乎是同一时期。⑦ 在《德摩斯梯尼传》的一个重要的反思性段落中(13.1–14.1),普鲁塔克把德摩斯梯尼与同时代的其他演说家进行了比较,比较的结果对德摩斯梯尼有利:他没有从原则上动摇过,而是始终一贯地把荣誉(honour, τὸ καλόν)放在利益(expediency, τὸ συμφέρον)之前;其他领导人,包括福基翁在内,都受到了批评,因为他们为了保全城邦而在价值观上进行了妥协。然而,在《福基翁与小加图传》中,普鲁塔克采取了一种相反的观点。⑧ 福基翁愿意为了他的城邦的利益,同马其顿的腓力以及后来的马其顿领导人——如安提帕特罗斯(Antipatros)、尼卡诺(Nikanor)——进行和解,他为此受到了称赞。与此相反的是,加图对共和晚期三头执政采取了毫不妥协的态度,这是一种灾难性的政策。这对列传的对比(syncritic)结构要求我们进行对比和比较。

关于雅典城邦在公元前四世纪的对外政策,《德摩斯梯尼传》

---

⑦ 在创作顺序上,《德摩斯梯尼与西塞罗传》是第五对列传(《德摩斯梯尼传》3.1);《福基翁与小加图传》在这一序列中相对较迟:Jones(1966),页66–70。

⑧ Gomme(1945)在页72–73注意到了这一点。

和《福基翁传》给了我们两个不同的评价。我们发现在《德摩斯梯尼传》中福基翁受到了批评,这一事实暗示,在《福基翁传》中普鲁塔克并没有简单地成为他的资料来源的牺牲品。正如狄奥多罗斯著作的第 16-18 卷展现的那样,对福基翁的古典传统似乎特别嘉许:他的反民主政策被描绘成一种"节制",而且,正如我们将会看到的那样,普鲁塔克也发展了这一解释。⑨ 但普鲁塔克肯定意识到一种不同的传统———一种亲民主的(pro-democratic)、反对福基翁的传统。这种传统在奈波斯的《福基翁传》中保存了下来。普鲁塔克对这位作者相当了解。⑩ 而且,在更早的《德摩斯梯尼传》中,对公元前四世纪相当不同的呈现表明,虽然普鲁塔克[134]选择在《福基翁传》中追随一种有利于福基翁的传统,但他意识到——在其他地方也准备跟随———一种相反的传统。⑪ 这样一种双重呈现证明,普鲁塔克倾向于从不同角度去呈现同一个材料或同一个伦理问题。这能够通过下面这一点加以部分解释:普鲁塔克愿意在某个人物本人的列传中比在其他地方对他更富同情;但它也提出了某些重要问题,这些问题似乎扰乱或挑战了简单的道德准则。行动的德性路线永远是自明的吗?或许道德规范并非总是简单

---

⑨ 关于评价福基翁的古代传统以及它的准确程度,参 Bearzot(1985)页 11-67 或(1993)页 100-142。

⑩ 参下文,页 228,注 71。关于奈波斯的《福基翁传》,参 Bearzot(1985)页 50-57 或(1993)页 116-119。

⑪ 例如《德摩斯梯尼传》14.1:"福基翁拥护的是不被称赞的政策,他似乎更偏爱马其顿(οὐκ ἐπαινουμένης προϊστάμενος πολιτείας, ἀλλὰ δοκῶν μακεδονίζειν)";然而,普鲁塔克接下来称赞了福基翁的勇气与正义,与德摩斯梯尼的怯懦恰成对照,他引用了法勒隆的德米特里乌斯作为他的资料来源。后者可能是普鲁塔克《福基翁传》中许多反民主的、支持福基翁的要素的来源(参下文注 40)。那么,在写《德摩斯梯尼传》时,普鲁塔克已经知道他后来在写《福基翁传》时将会用到的资料,但在这里他选择不跟随该资料所强调的重点。

或单一的;或许,至少在某种程度上,它依赖于一个人的观点:在某些情况下,特别是在巨大危机中,它并不仅仅在一条行动路线中;同样的例子既能用来说明毫不妥协的德性,也能用来说明它的对立面——妥协。

在《斐洛波门与弗拉米尼努斯传》这对列传中能够发现一个有趣的对比。在这里,普鲁塔克再一次证明了他从不同角度看待问题的能力;他既从一位罗马统帅的视角,也从一位与之作战的希腊人的视角呈现了罗马对希腊的征服。普鲁塔克在这些列传中清楚地表明,罗马对希腊的征服是神的意志(《斐洛波门传》17.2;《弗拉米尼努斯传》12.10);⑫但他似乎仍然赞扬了斐洛波门在捍卫希腊自由时的个人勇气(特别是在 17.3),虽然他认为这最终是无效的,而且,至少部分地是对冲突的爱(love of strife, $\varphi\iota\lambda o\nu\varepsilon\iota\kappa\iota\alpha$)的结果。⑬ 类似地,在《狄翁与布鲁图斯传》中,凯撒的个人统治也是神授的,⑭但布鲁图斯依然因为他反对凯撒而受到赞扬(《狄翁与布鲁图斯传》3.6-11)。像他们之前的福基翁那样,斐洛波门和布鲁图斯本来能够妥协;像小加图那样,他们拒绝了。在斐洛波门与弗拉米尼努斯之间的"对比"(synkrisis)的结尾(《斐洛波门与弗拉米尼努斯传》3.4),普鲁塔克宣称,弗拉米尼努斯对希腊人的宽大是高贵的($\gamma\varepsilon\nu\nu\alpha\tilde{\iota}\alpha$),但斐洛波门对他的反抗以及他对自由的爱,是"更加高贵的"($\gamma\varepsilon\nu\nu\alpha\iota\acute{o}\tau\varepsilon\rho\alpha$)。头脑清醒地[135]采取权宜之计,以及罗曼蒂克式地不惜一切代价坚持德性,这两种行为都有其吸引力。

---

⑫ Swain(1989b),页 284-285。

⑬ Walsh(1992),特别是页 221-226;比较 Jones(1971),页 100-102。

⑭ 《布鲁图斯传》47.7;《狄翁与布鲁图斯传》2.2。比较《客蒙与卢库卢斯传》1.1;《安东尼传》56.6。亦参 Swain(1989b),页 288-292。

第一节 德性、恶行、成功与失败

这两篇列传比大部分列传都更加紧密地遵循在纲领性陈述中所确立的原则。确实,把轶事与语录作为揭示品性的最好线索加以强调(例如在《亚历山大传》1.1–3 处),这在这两篇列传的普鲁塔克陈述中也再次出现(《小加图传》24.1;37.10);这两篇列传中都含有大量的轶事和语录。因此,这些列传更加关注的是揭示这两个人物的道德品性(ἦθος),而不是按照年代顺序叙述他们所参与的历史事件。对年代顺序缺乏兴趣,这一点在《福基翁传》前面的章节中尤其明显;按照年代顺序的叙事直到 12.1 才随着腓力二世登上舞台、福基翁前往优卑亚岛(公元前 350 年)而开始。⑮ 在《小加图传》中,强调的是个人因素而非政治因素。因此,内战的起因被追溯到加图拒绝同庞培通过婚姻结盟(30.9–10),庞培随后娶了凯撒的女儿(31.6);凯撒与庞培结盟背后的政治原因被弱化了。⑯ 普鲁塔克塑造这里的叙事来传达和强化道德教训。福基翁和加图被呈现为好的政治家,与他们那些自私自利的同时代人(特别是德马德斯、凯撒和庞培)形成对照。因此,例如,福基翁拒绝接受来自亚历山大的礼物这一事件(《福基翁传》18.1–5)得到了详细处理。被详细处理的还有下面这个令人难忘的场景:当马其顿的使节们看到福基翁的妻子亲自揉面团,而他本人亲自从他的井里汲水洗脚时,他们

---

⑮ Bearzot(1985)页 17–21 或(1993)页 92–96。现存的古典文献中没有材料清晰地显示福基翁在这一日期之前的行动。

⑯ Pelling(1986a),页 163 注 13。这与几乎同时创作的其他六部共和晚期列传中完全不同的兴趣正好相反(例如《凯撒传》的政治兴趣)。比较页 21 注 22。

惊呆了;这引出福基翁所作的关于下述哲学教义的一段谈话:智慧的人所渴望的仅仅是足以满足他的基本需要的东西,不需要更多。⑰ 这个故事的要点是说明对待财富的适当态度,以及成为一位国王的"朋友"的正确方式。普鲁塔克暗示道,福基翁不是马其顿人的"奉承者"——与德马德斯相反,后者[136]始终被用作福基翁的衬托。⑱ 这一事件在历史上是否确有其事是可疑的,但它体现的道德教训——如何同国王或其他权势人物打交道——在所有时期的希腊政治与道德话语中都是重要的。它以作者的评论结束,"所以在这笔钱向希腊人展示出那位不想要这笔巨款的人比提供它的人更富有之后,它又从雅典回去了"。⑲ 与此相似,在《小加图传》中,关于喀提林事件的叙述(22.1 – 23.5)也不是为了追求对它的起因或过程的历史理解,而是为了一种道德的戏剧场景,在这一场景中,加图是英雄,凯撒是恶棍。⑳ 加图全心全意地为城邦献身,这一点在前面的篇章中已经揭示出来了(特别是在 16 – 21 处),它在这个道德故事中又得到了体现。㉑

在叙述这两篇列传时,普鲁塔克面临着这样的难题——对于一位道德教诲作者来说根本性的难题:在历史中好人并非始终都是胜

---

⑰ 关于普鲁塔克的叙事有片断化为自足的、戏剧性的场景的倾向(例如《凯撒传》9 – 10 处的玻娜·得亚事件),参 Frazier(1992)。

⑱ 这一对比贯穿《福基翁传》的全篇:福基翁是节制的,而德马德斯则是奉承马其顿人的马屁精(1.1 – 3,16.5,17.5 – 10,20.6,30.4 – 5),虽然他肯定不是他们真正的朋友(22.5,30.8 – 10)。

⑲ 参 Bearzot(1984),特别是页 83 – 85。这件事在托名普鲁塔克《王侯将相言行录》188f、埃利安《史林杂俎》1.25 与 11.9 等处都有记述。福基翁在《论爱财》525b – c 处也出现了,在那里,他与德马德斯形成对比,后者是一个没能从他的财富中得到任何好处的贪婪者的样板。

⑳ Pelling(1985),特别是页 326 – 327。

㉑ 比较《小加图传》41 – 42 处对公元前 55 年的选举的类似处理。

利者。虽然他们很有德性,但福基翁和加图最终都失败了。在其他地方,在论文《论神罚的延迟》中,普鲁塔克讨论了相关的一个难题:为什么恶人常常飞黄腾达。关于神为什么没有干预进来惩罚恶人、终止他们的罪行,普鲁塔克提出了几个理由:或许神想要给他们时间让他们悔改(551c – 552d);有时候神利用恶人带来无法预见的善(552d – 553d);或者,他在等待着那个他能用最适合于罪行的方式惩罚他们的时刻(553d – f);而且,重要的是,罪行本身、他自己对犯罪的意识,常常就是对他最有力的惩罚(553f – 556e)。在《如何意识到一个人德性的进步》84f – 85a 处,普鲁塔克追随一条相关的线索,到达最终的论证:他坚称,无论在什么情况下,好人的德性都值得模仿。[22]

在这些列传中,普鲁塔克试图通过显示有德之士死后都获得了荣耀,以及他们的死最终都得到了复仇,来处理他们失败与死亡的难题:福基翁的死在雅典引起了悔恨,他的遗体后来被带回到雅典并举行了公共葬礼;他的雕像被树立起来;指控他的人[137]后来被民众或福基翁的儿子杀了,暗示神为有德之士复了仇(《福基翁传》37 – 38)。[23] 加图的死让全乌提卡的人都为之悲痛,他们为他举行了盛大的葬礼,甚至他的对手凯撒也为他的死感到痛惜(《小加图传》71 – 72)。[24] 这样的死后"补偿"(restitution)在普鲁塔克作品中

---

[22] 参上文页 32。

[23] 关于《列传》中神意的复仇,参 Brenk(1977),页 261 – 275。关于利用死后敌人受到惩罚的事实来表示对死者的赞赏这一写作手法,比较色诺芬在对那些雅典将军被审判后所作的结语,他们在 Arginousai 之后被处决了(《希腊史》1.7.35)。事实上,福基翁恢复名誉是僭主法勒隆的德米特里乌斯所为,而不是民众所为:Bearzot(1985)页 242 – 250 或(1993)页 145 – 148。

[24] 阿庇安(《内战史》2.99)与狄奥·卡西乌斯(43.11.6)——或许他们与普鲁塔克利用了相同的资料来源——后来都把乌提卡民众为加图举行的公共葬礼用作展现加图德性的证据。

并非不常见。㉕ 这样一种补偿虽然在某种意义上提供了一种更强的终止感、一个在道德上更加令人满意的结尾——既然善最终获得了胜利或至少得到了承认,但它在另一种意义上是非常令人烦扰的。这样一些死后"补偿"的例子与许多对列传后面的最后对比(synkriseis)相当类似,它们引入了一个新的、不协和的音符,列传以这些音符结束。

普鲁塔克用来解释好人失败的另一个策略是利用机运(tyche)的概念,在这里是指命运(fate)或神的意志。㉖ 在这对列传的很长的小序中,这两个人都被说成具有很高的德性,但之所以不成功是因为他们所生活的环境。㉗ 关于福基翁,作者说了这样的话:

> (1.4)希腊的机运使得福基翁的德性暗淡无光,以至于声名扫地,因为在希腊所处的那个时期,她被分配了一个强大、勇武的对手…(1.6)这样巨大的力量已经被授予命运,她反对好

㉕ 许多列传都以追述传主的后裔结束(例如《地米斯托克利传》32.1 – 3,6;《老加图传》27.7;《安东尼传》87.1 – 9;《小加图传》73.2 – 6),表明有死后的荣誉作为奖赏(例如《地米斯托克利传》32.4 – 6;《吕山德传》30.5 – 6;《德摩斯梯尼传》30.5)或者他的敌人最终遭到了报复(例如《佩洛皮达斯传》35.1 – 12;《西塞罗传》49.5 – 6 以及 Moles 1988,页 24;《凯撒传》69.2 – 14,关于这一点参下文页 255;《塞多留传》27.6 – 7;《攸门尼斯传》19.3)。《福基翁传》的结尾(38.1 – 4)结合了所有这些元素。亦参《忒修斯传》36.1 – 6;《努马传》22.1;《普布利科拉传》23.4 – 5;《卢库卢斯传》43.3 – 4;《法比乌斯传》27.3 – 4;《斐洛波门传》21.3 – 9;《德摩斯梯尼传》30.5 – 31.6。关于这些段落中的某些段落,以及普鲁塔克不在传主逝世的那一刻结束列传的倾向,参 Pelling(1997a),页 228 – 236。

㉖ 关于《列传》中的机运,参上文页 123。

㉗ 比较《提摩勒昂传》6.1 – 5:好事情必须要在深思熟虑之后,以坚定的信念去做,这样如果不成功我们也不会后悔。福基翁被作为一个例证加以引用。

人,并没有给予好人以他们应得的荣誉与谢忱,[138]相反,她给他们带来了一些恶劣的谩骂与诽谤,从而减弱了人们对他们的德性的信心。(《福基翁传》1.4-6)

据说加图同机运进行了长期但最终不成功的斗争(3.4: μέγαν ἀγῶνα τῇ τύχῃ περιέστησεν)。[28] 同样的观点在加图本人的列传中也由加图亲口说出(《小加图传》53.3),当时他宣称,在神的举动中有许多反复无常之处,并且晦暗难测(πολὺν ἔφη περὶ τὰ θεῖα πλάνον εἶναι καὶ ἀσάφειαν),因为,当庞培决定加入他的阵营、为捍卫他的国家的自由而战斗时,他的好运就抛弃了他(προλέλοιπε τὸ εὐτυχεῖν)。[29] 在《福基翁传》28处,马其顿守备军强行驻扎雅典,使得普通民众疑惑神为什么要抛弃雅典。在普鲁塔克作品中,明智的旁观者头脑中的反思通常被用来指导的读者反应。[30] 在这个例子中,"大多数人"的反思有多少分量并不那么清楚,但是,从小序中所强调的重点来看,我们或许可以设想普鲁塔克分有了他们的感受:神意已经抛弃雅典了。

普鲁塔克在处理狄翁和布鲁图斯的列传时似乎是沿着一条相似的路线。在这对列传的小序中(《狄翁传》1.3),普鲁塔克宣称,他们的生涯说明了:成功的政治生涯需要同力量(strength, δύναμις)和好运(good fortune, τύχη)相结合的智慧和公正。普鲁塔克告诉我们(2.1):"他们的机运,就降临到他们头上(what befell them, τοῖς συμπτώμασι)的那部分来说是相同的,但他们的选择(τοῖς προαιρέσεσιν)则不那么

---

[28] 卢坎已经把加图处理成一位同机运以及机运庇护的人(protégé)(凯撒)进行英勇斗争的有德之士。参 Friedrich(1938)。

[29] 这一抛弃与战役中庞培本人抛弃(ἐκλελοιπότα)意大利相联系(《小加图传》53.3),也是后者的反映。

[30] 参上文,页120。

相同。"他接下来讨论了在这两个人生命旅程中出现在他们眼前的异象,通过勉强接受琐罗亚斯德教的教义,普鲁塔克总结道,恶的精神出于嫉妒而攻击好人,试图使他们偏离德性之路(2.5–6)。这一段令人印象深刻,因为普鲁塔克在其他地方并没有赞成这一学说,而且,在他的论辩性的《论迷信》中,他否认了恶的精神的存在,该教义恰恰与这种否认相反。对普鲁塔克来说,他引入这一奇异教义的理由和他在《福基翁与小加图传》中引入背运(hostile fortune)这一观念的理由相同:虽然他们的德性为人公认,但正如他在《狄翁传》2.2处所承认的那样,这些人并不成功。

尽管传主的德性为人公认,但机运(τύχη)无常,[139]关于对这一点的类似强调,我们应当比较《埃米利乌斯传》[31]和《塞多留传》。在后一篇列传的开篇,普鲁塔克讲述了历史与记录之间的巧合现象,有点儿开玩笑地说某些最有计谋的将军是"独眼龙",塞多留确实也是这样。他接着说道,塞多留比其他那些将军都更出色;他"在聪明才智上毫不逊色于他们中的任何人,但在机运(τύχη)上比他们都要差,他总是发现他对付机运比对付他公开的敌人还要难得多"(《塞多留传》1.9–10)。[32] 与此相似,在《论苏格拉底的守护神》的开篇,发言者也承认,对于成功,机运能起到与德性同样大的作用。[33]

所以,普鲁塔克似乎允许的对福基翁和加图的历史的一种解释

---

[31] 参 Swain(1989c),特别是页 323–327 与页 334;Desideri(1989),页 204–212。

[32] 比较《尼基阿斯传》17.4,在那里尼基阿斯与雅典人在西西里的失败被归于"实际上来源于神或机运的某种反对力量"(比较《阿基斯与克琉墨涅斯传》60[39].1)。

[33] 参上文 43 页。比较《斐洛波门与弗拉米尼努斯传》2.2:"弗拉米尼努斯在罗马实力达到顶峰时(ἀκμὴν ἐχούσῃ)利用了罗马的实力,而斐洛波门在希腊已经衰败的时候达到他的顶峰(τῆς Ἑλλάδος ἤδη φθινούσης ἐπακμάσας,对抄本的读解:关于文本,参 Pelling[1997c]对应处笺注)。

是：他们都很勇敢，由于机运的反对而失败。但小序暗示了另一种解释。在福基翁和加图他们所处的不那么理想的境况中，普鲁塔克暗示正确的路线是中庸之道。普鲁塔克主张，当城邦情况糟糕的时候，好的政治家必须用温和来调和他的直率，否则他将只会激怒他的听众们，正如光会刺激发炎的眼睛一样。他必须采取一条类似于太阳的路线，这条路线"既不和天空有同样的运动，也没有和它完全相反"(ἄντικρυς ἐναντίαν καὶ ἀντιβατικήν)；它有着一条弯曲的路线，以一种"平滑、弯曲、盘旋的螺旋线"(smooth, flexible, and winding spiral, ὑγρὰν καὶ εὐκαμπῆ καὶ παρελιττομένην ἕλικα)运动，从而保护了所有的东西，并产生了"最好的混合"(《福基翁传》2.6)。普鲁塔克说道，因此，政治家应当在和民众打交道的时候把强硬与柔和结合起来(2.7-9)。他在反对公众意愿时不应当"严厉而残暴"(harsh and cruel, ἀπηνὴς καὶ σκληρὸς)，对他们的错误也不能过于迁就。为了给城邦带来利益(τὸ συμφέρον)，明智的政府必须要在需要的地方让步；这样的明智政府拥有"严肃与通情达理的混合，这是如此难于获得"(2.8: τὸ σεμνὸν ἔχουσα τῷ ἐπιεικεῖ δύσμεικτον)。[34] "如果已经得到了这种混合"，普鲁塔克接着说道(2.9)，"那么这将是所有节奏与和声的最协调和最有音乐性的混合 [140] (ἡ πάντων μὲν ῥυθμῶν, πασῶν δ᾽ ἁρμονιῶν ἐμμελεστάτη καὶ μουσικωτάτη κρᾶσις)，实际上据说神就是通过这种混合来管理宇宙，不是用强迫，而是通过说服和理性来引入必需的东西。"他接着写道：

(3.1)这些境遇也发生在小加图身上。因为他的品性不能说服民众，也不能取悦民众，所以，就受民众拥戴而言，他在他

---

[34] 关于混合品性的理想，参上文页90-94。

的生涯中并没有辉煌过。㉟（3.2）西塞罗说他之所以在参选执政官中失败是因为他从事政治的方式好像他生活在柏拉图的"理想国"中，而不是在罗慕洛的那些人渣后裔中。但我认为发生在他身上的事情，与发生在那些不合时令的水果上面的事是一样的。（3.3）因为正如人们会愉快地、赞赏地看着那些水果，但不会食用它一样，当加图的老式道德出现的时候，罗马已经在腐化生活和卑劣习惯中过了很多年，所以加图的道德有着巨大的荣耀与声名，但由于他的德性的分量与规模对那个时代来说格格不入，所以它并不符合需要。（《福基翁传》3.1－3）

普鲁塔克接着写道，加图同机运进行了一场好的但最终不成功的战斗。那么，他当然既是有德的也是不幸的，而且也是不明智的。加图的"老式天性"（old-fashioned nature, ἀρχαιοτροπία）与他的时代格格不入。㊱加图在同大众打交道时，没有达到在那种情况下所需要的、强硬与温和的完美混合。他的品性是有德性的，这毫无疑问，但他严格的德性把他导向无益的拒绝妥协，这对他本人和他的城邦都有害。正是在这一问题上，即这两个人在品性与政策中达到理想混合的能力，普鲁塔克将要对他们作出评判。从3.8－9处对这两个人相似品性的概括介绍中能够清楚地看出这一点：

[141]（3.8）但这两个人的德性，即使直到细小、不可分割

㉟ 比较《塞多留传》18.3处：ἤνθει τότε μάλιστα πρὸς δόξαν。鉴于接下来有一个关于植物的比喻，Ἀνθέω 在现在这个段落中特别合适。Χάρις 暗示了魅力，悲哀地是，加图缺乏这种魅力；但 πρὸς χάριν 也有"迎合"大众的含义，比较《加图传》5.3,50.3。

㊱ 因为福基翁以伯利克勒斯、阿里斯泰德以及梭伦为榜样的治国实践（7.5－6。关于这一点，比较 Tritle 1987, J. T. Roberts 1987）显然是成功的。

的差别,在他们的品性上也都显示出同样的烙印、形状以及共同的色彩混合。这么说吧,仁慈等量地与严格相混合、勇敢等量地与谨慎相混合;关注他人与为他人无畏献身相结合,避免恶与渴望正义相结合。所以我们需要非常精细的理性探讨,像一件器具,来分辨、发现这些差别。

这就是普鲁塔克在这里挑出来的这两个人把对立品质结合起来的能力。这些品质被收集起来并在接下来的叙事中得到了证明,㊲从而也强化了这两篇列传之间的平行性(parallelism),并促进了二者间的对比。事实上,普鲁塔克强调了发现福基翁与加图的品性之间的差别的困难性,以及需要"精细的理性探讨"来做这件事,这本身是一个微妙的宣称,宣称在他本人的叙事(紧跟在这句话之后)中含有某些洞见。㊳ 福基翁与加图是非常相似的人:献身于哲学,严肃而宽容。但通过普鲁塔克的比较分析,他将揭示出至关重要的差别:加图的哲学把他导向一种几乎是傲慢的固执。用我们的话来说,福基翁有所妥协,但加图没有。

第二节　苏格拉底的典范

贯穿这两篇列传并为二者之间提供了实质联系的一个主题,是苏格拉底的形象。这两个人同苏格拉底的比较强调了加图与福基翁二人之间的对比。很可能正是这一苏格拉底式主题,最先为普鲁塔克提供了比较这两个人的动力。普鲁塔克对苏格拉底这一人物有着特别的兴趣,为他写了三部著作:现存的《论苏格拉底的守护

㊲　Geiger(1988),页254–256。
㊳　比较在《阿里斯泰德与老加图传》1.1处关于在阿里斯泰德与老加图之间发现差别的难度的强调。

神》,以及[142]《苏格拉底的辩护》(Defence of Sokrates)和《论对苏格拉底的指控》(On the condemnation of Sokrates),它们都列在《拉姆普里阿斯目录》中(序号189–190)。㊴ 但这两篇列传中的苏格拉底式对比或许已有可能在普鲁塔克的资料来源中找到。关于《福基翁传》,主要的资料来源可能是一位漫步学派作者,如法勒隆的德米特里乌斯(Demetrios of Phaleron),或更加不确定地,斯穆尔纳的赫尔米普斯(Hermippos of Smyrne)。㊵ 这一资料大概影响了奈波斯的《福基翁传》,这部传记也把福基翁与苏格拉底联系在一起(4.3)。狄奥多罗斯则没有这样做。普鲁塔克在《小加图传》中的苏格拉底式要素的来源很可能是特拉塞亚·帕埃图斯(Thrasea Paetus),普鲁塔克在《小加图传》25.2和37.1处引用了他,他的记述或许以鲁弗斯(Munatius Rufus)的回忆录为基础。㊶ 无论如何,普鲁塔克暗示,

---

㊴ 关于公元一、二世纪对苏格拉底的广泛兴趣,参 Döring(1979)。
㊵ 德米特里乌斯:Tritle(1992)页4290–4294;Bearzot(1993)页100–106。赫尔米普斯:Bearzot(1985)页26–34。亦参 Gehrke(1976)页232–236。
㊶ 比较 Scardigli(1979)页136、139;Geiger(1993)页299–304;Delvaux(1993)。特拉塞亚对加图之死的描写似乎以苏格拉底之死为模板,这样做是为了把加图描绘成一位烈士,虽然这种比较可能也是很常见的。例如:西塞罗《图斯库兰讨论集》1.71–4;塞涅卡《书简》67.7,71.16–17,98.12,104.27–33。此外,特拉塞亚本人的实际死亡可能以苏格拉底和加图之死为榜样。无论如何,塔西佗《编年史》16.34–35对此事的记述——可能源于阿茹勒努斯·鲁斯提库斯(Arulenus Rusticus)(比较塔西佗《阿古利可拉传》2.1)——中含有大量与他们之死的比较;比较塔西佗《编年史》15.64,塔西佗在描写塞涅卡的自杀时提到了苏格拉底之死。特拉塞亚·帕埃图斯与阿茹勒努斯·鲁斯提库斯的记述,符合尼禄与多米提安统治时期的写作潮流,当时,作为政治反抗的一种形式,在暴政下死去的伟大人物的生平被详细记叙,对他们的死亡给予了特别的注意:比较普林尼《书信集》5.5.3,8.12.4;塔西佗《阿古利可拉传》2.1;参 Geiger(1979b)页61–65。在尼禄与多米提安统治时期,加图这一人物形象被作为反对君主制的典型(比较塔西佗《编年史》16.22.2处科苏提亚努斯·卡皮托的话),但随着图拉真继位,它已经失去了其政治意义:Syme(1958),i.28。

福基翁、加图和苏格拉底在很多地方都相似,特别是在他们的死亡方面。《福基翁传》最后一章中清楚地表明了这一联系(《福基翁传》38.5):

> 人们对福基翁所做的事,再一次使希腊人[42]想起曾经对苏格拉底做过的事,因为他们认为,这一次城邦所遭受的罪恶和不幸与前面那次非常相似。

下一句话以一个 δέ 开始了《小加图传》,这个词接续了这里的 μέν,[43]确立了这样的预期——他将会与苏格拉底相似。[143]这一对比的效果既提升了福基翁和加图的名望,也强调了他们之死的不公正。具体的对比之处很多。开篇对这两个人所作的描绘使人想起柏拉图的《会饮》——普鲁塔克无疑很熟悉这篇著作[44]——中阿尔喀比亚德给出的苏格拉底形象。例如,福基翁被明确地说成曾经在学园里做过柏拉图和色诺克拉底的学生(4.2;比较14.7)。据说无论天气如何,这两个人穿的衣服都比人们认为正常的少一些,且

---

[42] 是希腊人而非历史上更加可能的雅典人。对普鲁塔克来说,古代雅典人在某种程度上被看成是作为整体的希腊人的代表。

[43] 用 μέν 与 δέ 把同属一对的两篇列传联系起来,这种做法并非不常见:例如《埃米利乌斯传》39.11 与《提摩勒昂传》1.1;《吕库古传》31.10 与《努马传》1.1;《吕山德传》30.8 与《苏拉传》1.1;《德摩斯梯尼传》31.7 与《西塞罗传》1.1;《客蒙传》19.5 与《卢库卢斯传》1.1。虽然没有用 μέν 和 δέ,但在《德米特里乌斯传》53.10 与《格拉古传》1.1 中,与前面一篇列传的联系是被明确点出的。

[44] Jones(1916)页 139–142 以及 Helmbold 与 O'Neil(1959)页 61 列出了普鲁塔克著作中影射《会饮》的地方。进一步参看页 216–218。

到处闲逛而不穿鞋子(ἀνυπόδητος;《福基翁传》4.4;《小加图传》6.6;44.1)。⑮加图的朋友骑马而他自己步行这一画面(5.7),使人想起《会饮》221a 处的苏格拉底和阿尔喀比亚德。而且,加图对饮酒的喜爱——这可能是对加图有传统敌意的一个细节——被转换成一种完全苏格拉底式的旨趣:在饮酒时整夜讨论哲学(《小加图传》6.2 - 3)。⑯加图拒绝接受因为他参与同盟者战争(Social War)而颁发给他的奖赏,这令人想起苏格拉底在《会饮》220e 处类似的拒绝。加图被描绘成(25.3)拥有许多"爱慕者和崇拜者"(lovers and admirers, ἐρασταί καί θαυμασταί)。这一相当惊人的充满爱欲的形象使人想起《会饮》的爱欲主题,以及《会饮》217a - 219d 处所记述的阿尔喀比亚德引诱苏格拉底的尝试。这两个人在危急关头——特别是他们的死亡关头的平静,是另一个苏格拉底式的特征。在公元前 59 年的暴乱期间,在其他元老已经逃离之后,加图平静地从广场上退下来(32.4)。普鲁塔克描述这件事所用的词语,使人想起《会饮》221b 处苏格拉底在得利翁之战后的撤退。⑰对于加图与苏格拉底的对比,最为明显的鼓励出现在 46.1 处,在那里,法沃尼乌斯被

---

⑮ 加图和苏格拉底一样,激起了人们对他的不同寻常的习惯的兴趣:《小加图传》5.6,6.6;比较《会饮》174a,220b - d。贺拉斯记录了加图的"冷峻的容颜与裸露的双脚"(《颂歌》2.1.12)。关于对苏格拉底的类似描绘,参阿里斯托芬《云》,行 102 - 104,行 362 - 363;色诺芬《回忆苏格拉底》1.2.1,1.3.5 - 13,1.6.2。

⑯ 令人回忆起阿尔喀比亚德对苏格拉底的描绘(《会饮》220a),以及《会饮》结尾(223b - d)苏格拉底在饮酒方面的壮举。关于对加图以及饮酒的不利处理,比较 Martial 2.89;普林尼《书信集》3.13 把关于加图酗酒的传统归因于凯撒的《反加图》。塞涅卡感到有必要回答人们对加图酗酒的指控(《论心灵的平静》1.9,17.4)。

⑰ 这两个人都在敌军丛中撤退,平静地环顾四周。或许也有一个荷马式的榜样在《小加图传》32.4 背后(ἀπήει βάδην):比较《伊利亚特》13.516 处伊多墨纽斯的撤退(βάδην ἀπιόντος)。

说成是加图的一位朋友和崇拜者,"就像从前人们所说的法勒隆的阿波罗多洛斯对苏格拉底那样"。

在他们的死亡中,这种对比最为清晰(《福基翁传》36-37;《小加图传》64-70)。像苏格拉底一样,尽管其他人情绪激动,但这两个人依然保持平静。[144]福基翁和苏格拉底一样,都是饮毒芹汁而死(36.3-7;比较《斐多》116b-118a)。⁴⁸ 普鲁塔克对福基翁之死的记叙与柏拉图对苏格拉底之死的记叙有两处不同,这两处不同强调了对福基翁的处决中有更多的恶。首先,苏格拉底死时,身边围着他的朋友们,而福基翁则同他的朋友们一起被杀害了。其次,在城邦舰船驶往得洛斯时,苏格拉底的死期被往后推迟了(《斐多》58a-c);福基翁的死期则没有因为当时发生的节庆而往后推迟(37.1-2)。普鲁塔克评论道:"所有那些没有彻底变野蛮的人,或灵魂没有完全被暴怒或妒忌所败坏的人都清楚地知道,没有再多等一天,在举行庆典的时候没有让城邦免于公开行刑的污染,这是多么不敬神的行为!"(37.2)⁴⁹正如在普鲁塔克作品中时常出现的那样,明智的旁观者的观点为读者提供了一个典范。加图与苏格拉底一样,以哲学讨论开启他的死亡(67.2-3,关于斯多亚派的悖论;69.1-5)。他没有饮毒芹汁而死,而是用自己的剑做了了断。但是,像苏格拉底一样,他也有活下去的机会,但他拒绝了,尽管他的朋友试图劝阻他(他们从他身上把剑拿走,只是后来又还给了他:68.2与70.1);他坚决要死(64.4)。最后,在晚餐之后(68.2)——过后还有一次(70.2),加图读了柏拉图的对话《论灵魂》(也就是《斐多》),这篇对话记述了苏格拉底之死以及在他死前关于灵魂不

---

⑱ 关于普鲁塔克对于《斐多》的了解,参 Jones(1916),页142-144。

⑲ 关于"公开行刑"(public murder, δημόσιος φόνος),比较索福克勒斯《安提戈涅》行36。

灭的哲学讨论。在第二次读了这篇文本之后,加图陷入了沉睡,这可能是想要让读者回想起苏格拉底在他的死亡之前的沉睡,这沉睡令克力同大为吃惊(柏拉图,《克力同》43b-c)。㊿

同苏格拉底的这一联系,既有助于确立《福基翁与加图传》的道德基调——整体来说是赞扬与尊重的——也有助于强调他们的死亡的不公正。它也暗示了应当以哲学理想为背景,对这两个人的政治行为进行衡量。[145]与大众打交道时强硬与柔和的理想混合,在序言中被单独挑出来,构成评价与衡量这两个人的标准。

第三节　福基翁

福基翁,一位热心的民主反对者,他被描绘成完全符合小序中所设立的明智政府的典范。在专横的严酷与过分的温和这两个极端之间的"中道"理想贯穿了整篇列传。这在5.1处福基翁温和仁慈的品性(προσηνέστατος ὢν καὶ φιλανθρωπότατος)与他相当严酷的不

㊿ 在《福基翁传》与《小加图传》之间还有更多相似之处。这两个人都拒绝了礼物(《福基翁传》18.1-8;《小加图传》11.4)。这里的相似,就像他们简朴的生活方式之间的相似一样(《福基翁传》18.1-8;《小加图传》12.2-13.5),可能是标准主题(standard topoi)在这两个人身上应用的结果。但值得注意的是,虽然福基翁的德性赢得了普遍的赞赏,但加图对他的朋友们来说显得是可笑或讨厌的,这是本篇列传的一个主要主题。其他相似之处包括:拒绝加在他们身上的个人荣誉,但不拒绝为他们的委托人请求帮助(《福基翁传》18.6;《小加图传》39.4);他们通过在亚历山大和小庞培身上施加影响使他们平静,从而避免杀戮(《福基翁传》17.5-8;《小加图传》55.6;在这种情境下都发生了κατεπράϋνεν);他们都和一位安提帕特罗斯有交往;他们列传的最后一章都提到,他们的儿子在性方面行为不检——虽然加图的儿子在腓力比之战中英勇牺牲从而挽回了自己的名声(《福基翁传》38.3-4;《小加图传》73.2-6)。亦参 Bearzot(1993),页85-88。

悦表情、严厉言辞之间的对比中被清楚地显示出来(比较 5.2 – 10)。与此相似的是在 6.1 – 3 处，通过与更为年长的将军查布里阿斯(Chabrias)的含蓄比较，福基翁的平和性情得以揭示。普鲁塔克用这样的话描述了查布里阿斯：

> 查布里阿斯在平常日子里是迟钝的、行动缓慢的，但在会战中他会血气旺盛、狂暴，常常与最勇敢的战士一起向前猛冲，这对他来说太冒险了……

相反，福基翁被描述成(6.3)"同时既可靠又活跃"(at the same time safe and active, ἀσφαλὴς…ἅμα καὶ δραστήριος)，而且据说他既在查布里阿斯拖延的时候给他注入信心，也会去除"他不合时宜的过度冲动"(untimely intensity of his impulse, τὴν ἄκαιρον ὀξύτητα τῆς ὁρμῆς)。接下来的事件说明了福基翁天性中勇敢、活跃的一面，包括他频繁反对雅典民众的意愿(8.1 – 10.4)，特别是他们发动战争的要求。

下面这些文字开始转向下一节对其仁慈和不过度的阐明(10.5)：

> 我认为，下面这件事虽然困难，但肯定并非不可能：同一个人，就像酒一样，既甜美又严肃(酸涩)。

下面几章显示了他对他的敌人并不怀有个人敌意(10.6 – 9)，也显示了他在盟邦中的名望(11)。在优卑亚战役期间，他在敌军面前展现出一种得体的沉着(sangfroid)（与他的同盟者埃雷特里亚的普鲁塔克相反），为了支援被击败的盟军而[146]管束他的军队不要追击(13.1 – 6)。在他从优卑亚回去之后，据说盟邦怀念他的善良(goodness,χρηστότης)和公正(justice,δικαιοσύνη),雅典人则怀念他的经验(experience,ἐμπειρία)和气势(vigour,ῥώμη)。普鲁塔克将福基翁与将军卡瑞斯(Chares)进行了含蓄的对比,后者由于在拜占庭所激起的恐惧与不信任而一事无成,而福基翁被派出时受到了热烈的欢迎(14.3 –8;关于对比,比较5.2)。雅典军队受到福基翁本人富有德性的混合品质的激励,变得(14.7)"不仅在他们的行为上无可指责、温和节制,而且在战斗中热情高涨……"(οὐ μόνον ἀνεγκλήτους ταῖς διαίταις καὶ σώφρονας,ἀλλὰ καὶ προθυμοτάτους ἐν τοῖς ἀγῶσι…)。意味深长的是,福基翁在拜占庭受到欢迎被描写成部分地是他同勒翁(Leon)友谊的结果,后者和他一样,也是学园的一位成员。据普鲁塔克,在喀罗尼亚战败与腓力逝世之后,福基翁说服雅典人谋求与亚历山大建立和平,并且由于他对这位帝王的个人影响而促成了这件事(16.5 –17.9)。(51) 他建议亚历山大要么完全停止战争,要么把战争转向"针对蛮族"(17.7)。

福基翁品质中"硬"与"软"的混合这一主题贯穿整篇列传。安提帕特罗斯取得胜利之后,福基翁在雅典进行了强硬而温和的统治,在这些记述中尤其清楚地展现了该主题(29.5):通过温和而合法地统治(πρᾴως καὶ νομίμως),他让温文有礼、教养良好的人士(τοὺς…ἀστείους καὶ χαρίεντας)拥有权力,并说服那些惹是生非的人满足于私人生活。在安提帕特罗斯死后,他成功地使尼卡诺——卡桑德罗斯的将军——对雅典人"温和而亲切"(πρᾷον…καὶ κεχαρισμένον),并说服他作为赛事主持者慷慨地馈赠城邦财物(31.3)。后来,当雅典将军德基洛斯(Derkylos)试图逮捕尼卡诺时,明显是福基翁让他逃跑了。福基翁本人为他的行动所作的辩护与普鲁塔克对他的批

(51) 事实上,在狄奥多罗斯笔下,从亚历山大那里获得和平的是德马德斯(17.15),普鲁塔克似乎在《德摩斯梯尼传》23.4 –6 处肯定了这一点。

评——这篇列传中唯一一处普鲁塔克似乎不赞成福基翁的地方——都意味深长。福基翁说道(32.6)“他信任尼卡诺,认为尼卡诺不会造成危害;但是无论如何,他宁愿被人认为受到了错待(to be wronged,ἀδικούμενος)而不是错待他人(to be doing wrong,ἀδικῶν)”。普鲁塔克评论道:“对一个只追求个人利益的人来说,这一宣称或许似乎光荣而高尚;但如果有人危及他的城邦的安全,当时他也身为将领和执政官,我认为,这样的人违背了更加重大、更加尊贵的责任,那就是对于他的同胞公民的公正。”(32.7)[147]个人道德与治邦技艺的要求之间的冲突在《小加图传》中将会得到发展。除了这件事之外,福基翁很符合普鲁塔克关于节制的从而是好的统治者的理想。(52) 33.1–12 处福基翁从权力顶峰跌落导致雅典城中良好秩序的终结,集会上出现了奴隶和外国人、不合法的审判,以及使用刑罚的建议(34.3–35.5)。由此,福基翁卓有成效的统治被含蓄地强调了。

第四节　加图

已经提到的那些在福基翁与加图的生平、品性之间的许多相似之处,鼓励读者按照前者所建立的标准去衡量后者。其结果是使人们注意到加图在何种方式上偏离了福基翁所建立的值得称赞的典范。加图像福基翁一样,在他的列传中也得到非常正面的处理。(53)

---

(52) 关于福基翁的政制,事实上是一种以马其顿为靠山的寡头政治。参 Bearzot(1985)页 183–200。

(53) Valgiglio(1992)页 4035–4036 列出了加图被明确赞扬的段落,直接被作者或被他人赞扬。

像福基翁一样,加图把仁慈、温和与在反对声中坚持自己原则的能力结合在了一起。加图的兄弟凯皮欧(Caepio)因他的自制(self-control, σωφροσύνη)与节制(moderation, μετριότης)而闻名,他公开表示他本人的品质与加图的品质比起来微不足道(3.10)。在加图的第一次政治演讲中(5.3),他把严厉的情绪和"一种引人注意的魅力(χάρις)"结合在一起,他的"混合的品性"把"某种愉悦和微笑"(a sort of pleasure and smile, ἡδονήν τινα καὶ μειδίαμα)与庄重(solemnity, τὸ σεμνόν)结合在一起。㉞ 当加图的兄弟死在色雷斯时,他的巨大悲痛——有些人认为他的行动"带有过多的激情,超出了哲学的限度"(ἐμπαθέστερον…ἢ φιλοσοφώτερον)——是一个令人担心的信号,此刻被用来表明"在这个人的不屈与坚定之中有多少温柔与感情"(11.3-4)。㉟ 在他起诉穆雷纳时(21.10),他被描绘成"捍卫正义时凶猛而可怕,但随后又对每一个人友善而和蔼"。㊱

[148]对加图在马其顿担任军事护民官时的行为的描述特别重要。据说他并不仅仅想展现他本人的德性——在生命的后期他堕入这一放纵之中——而是渴望使他的部下像他一样。所以加图在同他们打交道时,既使用恐惧也使用理性,既使用奖赏也使用惩罚(9.5-6)。普鲁塔克告诉我们——其措辞使读者回想起当年福基

㉞ 对加图演说的描绘很符合普鲁塔克在《政治准则》802e-803b处,关于一位好的政治家的演说应该是什么样子的推荐(Geiger 1971,在此处的注释提到了该处)。普鲁塔克在这篇列传中接着(5.4)评论了加图洪亮的声音以及他能够终日演讲的能力。正如 Geiger 所指出的那样,在《政治准则》804b-c处普鲁塔克把这一点作为一位政治家的必备素质提出来了,并举了加图作为例子。

㉟ ὅσον…ἀγνάμπτῳ καὶ στερρῷ τοῦ ἀνδρὸς τὸ ἥμερον ἐνῆν καὶ φιλόστοργον.

㊱ χαλεπὸς ὢν καὶ φοβερὸς ὑπὲρ τῶν δικαίων, εἶτα πᾶσιν εὐνοϊκῶς καὶ φιλανθρώπως προσφερόμενος. 比较46.5。比较 Geiger(1988)页255(亦见1993,页317-318)。

翁在拜占庭任将军时所取得的类似成功(《福基翁传》14.7)[57]——其结果是"很难说他究竟使他的部下更加和平还是更加好战,更加热情还是更加公正。因为他们对于敌人显得如此可怕,对于盟军显得如此和善,对于做错事非常懦弱,对赢取赞誉则雄心勃勃"(《小加图传》9.7)。加图通过分担士兵们的艰难而赢得尊重,"他比所有指挥过士兵的人都更像士兵",但在品性上"他胜过了过去所有曾被称为将军或统帅的人"(9.9)。普鲁塔克接着写道:

> (9.9)通过这种方式,在没有任何人意识到的情况下,他同时在他的部下身上激发起了善念(good-will)。(9.10)因为只有通过纯粹的善念和对作为德性化身的人的尊重,才能产生真正追求德性的愿望。那些只空口称赞好人但不爱他们的人,站在一边敬畏他们的名望,但并不尊崇他们的德性也不去模仿它。(《小加图传》9.9-10)

普鲁塔克似乎是在暗示,加图在他的军队中激发起的善念不仅仅是对他的行动的赞许,而且是一种真正的爱,这种爱引发出想成为像他一样的人的愿望。这一段的用语使人想起前面《伯利克勒斯与法比乌斯传》小序中的用词,以及普鲁塔克作品其他地方有时表达历史用途时所用的语言。[58] 那么,加图对其军队所产生的影响似乎是预期《列传》要在读者身上产生影响的典范。而且,加图本人似乎是真正热爱好人。因为就在这次讨论之后,普鲁塔克描述了加图如何努力寻找哲人阿特诺多罗斯(Athenodoros),并且喜出望外地

---

[57] 注意 προϑυμοτάτους(《福基翁传》14.7)、προϑυμοτέρους(《小加图传》9.6)以及 διαίταις(《福基翁传》14.7)、δίαιταν(《小加图传》9.9)的重复。

[58] 参上文页36。比较5.3处的 χάρις ἀγωγὸς ἀκοῆς。

说服他在军营中——后来在罗马——和自己住在一起(10.1–3;16.1)。但除了这个正面的真相之外,普鲁塔克在这一讨论中也陈述了一个负面的真相:除非一位有德之士能激发观察他的那些人的尊重,否则他的德性毫无用处。[149]在他后来的生命中,加图将越来越符合这一负面范式。列传的进展将会显示出,普鲁塔克这一方相当少见的作者插话预见了加图缺乏吸引力的僵化的德性。它预先警告读者要注意加图在哪些方面不符合正面典型,我们从一位普鲁塔克传主那里可能期待这样的正面典型。他将成为一个受人赞颂的人,但不是让人模仿的人。只有到他在乌提卡的最后时光,当他无路可退、败局已定的时候,他的德性才再一次赢得了真正的赞颂与模仿。然后,乌提卡的民众"觉察、渴望并称颂他的德性"(64.3),(59)斯塔提利乌斯(Statyllios)也拥有了加图式的品质特征(高傲而固执)(*ὑψηλός ἐστι καὶ ἄτρεπτος*),并且愿意和他一起死(66.6–8)。

当然,如果普鲁塔克曾经想把加图写成一个完全负面的典型,他本来可以把加图同凯撒的对立描绘成完全是恶意和嫉妒。在普鲁塔克著作的其他地方,罗马变成君主政体被描写成是对共和国弊病的必要"治疗"(例如《狄翁与布鲁图斯传》2.2;《凯撒传》28.6),甚至,正如先前已经提到的那样,被描写成天命或神意。(60) 但这篇列传事实上承认了加图反对君主政体有正当理由,即使他在进行一场对抗机运、无法获胜的战争(《福基翁传》3.4)。在某种意义上,加图是英雄,凯撒、庞培以及他们的部下都是反面角色。庞培的同

---

(59) *σαφεστάτη γὰρ ὡς ἔοικεν αἴσθησις τότε παρέστη καὶ πόθος καὶ θαῦμα τῆς τοῦ Κάτωνος ἀρετῆς.*

(60) 参上文页134。

盟者,保民官梅特卢斯被赋予了暴烈的蛊惑民心者的全部属性。⑥

但加图的情形并非如此简单。普鲁塔克揭示出,加图对不法行为的无畏反对源于他从事哲学。除了同苏格拉底对比之外,在这篇列传中加图还经常被拿来和其他哲人或哲学联系在一起。⑥ 在加图身处乌提卡的最后时光,他的同伴中有哲人在场这一点得到了强调,⑥这些苏格拉底式的相似之处[150]占据了主导地位。在普鲁塔克作品的其他地方,传主同哲学的联系是一种正面的道德品质(例如《努马传》20.8–12),⑥但在《小加图传》中,这一简单的道德真理受到了挑战,因为加图人生中的错误恰恰来自他的哲学。⑥ 通

---

⑥ ϑρασύς;26.4 与 29.1。在普鲁塔克作品中,ϑρασύτης是蛊惑民心者的一个常用绰号,比较 Pelling(1988b)关于 2.6 部分的注以及(1992)页 38 注 56。例如克里昂《尼基阿斯传》2.3;比较《论希罗多德的恶意》855b;斯特拉托克勒斯《德米特里乌斯传》11.5;克劳狄乌斯《凯撒传》9.2;《庞培传》46.8,48.8;《安东尼传》2.6;比较阿里斯托芬《骑士》,行 134、193、303–304、637。

⑥ 4.1–2;10.1–3;16.1;20.2;21.7;54.8;57.4。

⑥ 65.11;67.3–4;68.2;69.1–5;70.1。在 65.10–11 处,"斯多亚派哲人阿波罗尼德斯"和"漫步学派哲人德米特里乌斯"被一起提及,还有一位斯塔提利乌斯,他被劝阻不要和加图一起死(比较 66.6–8;73.7)。对漫步学派哲人德米特里乌斯的提及提供了另一个同《福基翁传》的联系,因为对于那篇列传来说,漫步学派哲人法勒隆的德米特里乌斯是资料来源之一(参上文注 40)。那位斯塔提利乌斯也可能被认为就是《布鲁图斯传》12.3 与 51.5–6 提到的"伊壁鸠鲁主义者斯塔提利乌斯"(抄本中作 Στάλλιος)——恕我与 Babut(1969b)页 188–189 处的意见不同。如果是这样的话,鉴于普鲁塔克在《加图传》结尾处对哲学的兴趣,那么普鲁塔克在《小加图传》中没有强调斯塔克提利乌斯同哲学的联系就非常奇怪了。

⑥ 比较 Wardman(1974),页 211–220。关于普鲁塔克赋予一位政治家的哲学教育的重要价值,比较《哲人尤其应该与当权者交谈》。在那些写亚历山大大帝的论说文中,他被描绘成政治家—哲人的典范,最终是以柏拉图的哲人—王为模板,正如狄翁与布鲁图斯在他们各自的列传中那样。

⑥ Swain(1990c),页 197–198;Pelling(1989),页 229–230。

过《福基翁传》中对哲人色诺克拉底(柏拉图的学生,公元前339—前314年担任学园的领导者)的处理,读者对此已有所准备。在《福基翁传》27.1-4处,这位有德之士的在场据说惹怒了安提帕特罗斯,使他反对雅典人;这与福基翁激发起的信任正好相反(27.5-9;29.4)。后来色诺克拉底拒绝了雅典公民权,因为他基于原则而反对马其顿支持的福基翁政府,虽然这部分的叙述热情洋溢地描述了福基翁此时给城邦带来的和谐与良好秩序(29.5-6)。色诺克拉底高度哲学性的原则在现实政治(Realpolitik)的世界中不合时宜。

加图德性的不合时宜,以及他没有能力赢得真正的仰慕者,这两点在这两篇列传的小序中已经显现出来了。普鲁塔克在那里告诉我们,政治家应当以太阳为榜样,太阳的运转轨迹是一条曲线,它以一种"平滑、弯曲、盘旋的螺旋线"运动(《福基翁传》2.6)。政治家在同民众打交道时应当能够变通(2.7-9)。加图的品性根本不是"能够变通的"。确实,加图的特征在于相反的品质:他"毫不变通"(ἄτρεπτος;1.3)。⑥⑥ 在其他地方,这也是普鲁塔克不欣赏的一种品质,⑥⑦但在这篇文本的语境中,它甚至不仅仅是一种负面品质。⑥⑧正如普鲁塔克在小序后面部分清楚表明的,加图的毫不变通不适合于他所生活的环境。他在他的当代人心里激发起了尊敬,但没有激发起想要模仿他或注意他的真正愿望。那么,最终,加图是一个失败者,一位具有伟大德性的人——普鲁塔克从来没有否认过这一点,但在普鲁塔克似乎如此清晰地在福基翁身上阐明的这一点上,即在混合严厉与和善并在必要时妥协的能力上,加图失败了。

---

⑥⑥ 正如在不同年代的梅特卢斯·西庇阿(29.1)与斯塔提利乌斯(66.7)那样。

⑥⑦ 参下文页210。

⑥⑧ 关于加图的毫不变通及其可能的斯多亚联系,参下文页155-158。

[151]确实,严厉与和善品质的混合对普鲁塔克来说通常是均衡(well - balanced)品性的标志,加图实际上从来没有完全做到这一点。对加图来说,严厉有时会在怒气与激情的突然发作中显现出来,这种特征与他的哲学自负相对立。我们已经提到,他在他的兄弟之死这件事上的过度悲伤,如何被有些人认为不符合他要做一位哲人的宣言。在那件事上,普鲁塔克诉诸品性的混合来为加图开脱(11.3 -4)。但种子已经在读者的心里种下了。在此之前,当他还是一个年轻人的时候,加图如此愤怒地反对梅特卢斯·西庇阿,按照普鲁塔克所言,梅特卢斯"抢了他的女人",以至于他用抑扬格的诗歌来辱骂对方(7.1 -2)。甚至更早,当他还是一个孩子的时候,因为看到一个小男孩在游戏中被关了起来而勃然大怒(μετ' ὀργῆς ἔχων),从而破坏了一场生日聚会(2.6 -8)。这件事揭示出他值得夸赞的追求正义,但也揭示出他的固执、没有能力分辨出应用他的正义原则的正确时刻,以及在控制激情上的困难。在关于喀提林同谋者的机运的辩论中,加图开始斥责凯撒以及元老们的意见转为"更加温和、仁慈"(milder and more humane,πρᾳότερον…καὶ φιλανθρωπότερον)的趋势。加图"带着愤怒与激情"(μετ' ὀργῆς καὶ πάθους)发言(23.1)。在生命的终点,当加图决定自杀时,他发现他的剑被从他身上拿走并藏起来了。在暴怒中,他打了他的奴隶一个嘴巴——他打得太重了,以至于手瘀青后来不得不进行包扎(68.5;70.4)。这件事意味深长,因为发怒时打奴隶恰恰是论制怒的哲学短文(例如普鲁塔克本人的作品或塞涅卡的作品)所谴责的。(69) 这桩行为与加图的哲学原则之间的矛盾,通过对下述事实的着力刻画而得到了强调:在这件事的

(69) 例如《论制怒》459a -460c,意味深长地,在那里福基翁作为不在发怒时采取行动的例子而被引用(也就是那次,他阻止雅典人在亚历山大大帝逝世时采取轻率的行动:459e -f);塞涅卡《论愤怒》3.5.4。

间歇中,他坐下来读柏拉图。与此相似,在他生命的终点,加图以一阵大声的急速发言结束了一场关于斯多亚主义学说——只有好人才是自由的——的讨论,他的大声发言让每个人都沉默了(67. 3 –4)。

加图的哲学原则在晚期共和国的世界中不合时宜。因此,加图在字面上恪守法律条文——在为竞选职位而游说时禁止使用提名员(nomenclatores)(8. 4 –5)(70)——这件事,即使对那些赞成这条法律的人来说,也冒犯了他们:“因为他们越清楚地看到他的做法有多么正直(rectitude, τὸ καλόν),就越为自己难于模仿它(τὸ δυσμίητον)[152]而沮丧。”以同样的方式,加图在公元前 51 年的执政官选举中失利了,因为他更喜欢捍卫他本人的尊严(ἀξίωμα),拒绝为赢得职位而进行游说(49. 6)。加图习惯于一个人旅行,只有两个仆人在前面为他打前站,这一习惯在安条克导致了一场不光彩的事件(12 –13)。(71) 庞培与库里奥二人都很尊敬他,但都不让他陪同(14. 1 –8);加图的在场(14. 5)使庞培感到自己就“像一个受审的治安官”(like a magistrate liable to scrutiny, ὥσπερ οὐκ ἀνυπεύθυνος ἄρχων)。(72) 后来在塞浦路斯(36. 4 –5),加图在拍卖托勒密的财富时想要为城邦获得最好的价钱,这使得他的做法好像不信任他的朋友们,特别是穆纳提乌斯,这使他们很苦恼。在为了他的归来而举办的欢迎仪式上,他没有对人群致意,这里甚至暗示了他的骄傲(39. 2;比较 44. 11)。(73)

加图的极端德性在高层政治世界中有着重要的负面影响。他在公元前 62 年回到罗马竞选护民官,尽管他一开始并不乐意,他这

---

(70) 这使读者想起福基翁拒绝为了赢得职位而进行游说(《福基翁传》8. 1)。

(71) 关于普鲁塔克对这一事件的叙述,比较 Bellemore(1995)。

(72) 关于这一短语,比较柏拉图《法义》761e:δικαστὴν δὲ καὶ ἄρχοντα ἀνυπεύθυνον οὐδένα δικάζειν καὶ ἄρχειν δεῖ。

(73) 也出现在维勒伊乌斯 2. 45. 5 处,可能来源于凯撒的《驳加图》。

样做的目的是为了阻止梅特卢斯·奈波斯(Metellus Nepos),后者是庞培的同盟者,也参加了竞选(20.3-8)。作为护民官,他在公元前62年建议给贫民提供谷物救济,以此来阻止凯撒把不满的贫民都拉到他的阵营那边。普鲁塔克赞同这一妥协:"很显然,通过这一人道、仁慈的行动,威胁被去除了。"(26.1)但加图的节制并没有持续。当护民官梅特卢斯在公元前62年建议让庞培带着军队从东方回来,把罗马从凯撒手中解救出来的时候,加图反对这一措施。他声称,只要他活着,庞培就永远不能带着军队进入罗马(26.5)。普鲁塔克在这里一如既往地把他本人的判断作为节制的旁观者的思想呈现了出来。他告诉我们,元老院认为梅特卢斯或加图都脑子不清醒,他们都没有运用"导向安全的理性思考"(reasonings conducive to safety, λογισμοῖς ἀσφαλέσιν)。梅特卢斯的政策是"疯狂(madness, μανία),这种政策在过多恶意的驱使下(through an excess of wickedness, δι' ὑπερβολὴν κακίας),冲向所有事物的毁灭与混乱"。这里的用语援引了亚里士多德主义的节制观念,梅特卢斯与加图都没有做到。因为元老院认为加图的政策是"捍卫正义与公正的德性的狂乱"(ἀρετῆς ἐνθουσιασμός, ὑπὲρ τῶν καλῶν καὶ δικαίων ἀγωνιζομένης),通过其词源学与用法,在希腊语中都暗示了神圣的启示,但缺乏理性在这里似乎也是能够预见的。稍后,加图更加节制了。当梅特卢斯逃跑加入庞培阵营时,[153]他阻止元老院通过革除梅特卢斯的职务来羞辱他。普鲁塔克告诉我们,大多数人都认为这是一个仁慈的行动,并且特别是一个节制(μετριότης)的行动;但对那些明智的人(sensible, τοῖς φρονίμοις)来说,不惹恼庞培似乎"正当而有利"(29.4)。但稍后,加图又出于原则拒绝了庞培的提议——娶他的一个侄女为妻从而与他结为同盟(也可能是他的女儿。普鲁塔克告诉我们在他的原始资料中有矛盾之处)。因为这件事,加图不仅被他的朋友和家人批评,而且也被作者本人批评:"如果加图不那么在意庞培的细小过失,以至于让他犯下最严重的过错、把他的权力与另一个人的权力合在一起的话,那么下面这些事情都不会发生[在加图拒绝庞培之后,庞培后来与凯撒结为同盟]。"(30.9–10)在接下来的一章中(31),加图反对批准庞培在东方的行为以及土地分配,这件事据说导致庞培与克劳狄乌斯结成同盟并把凯撒拉到他那边去了,"加图本人在某种程度上要为这一后果负责"(31.2)。[74] 在32.8–11处,关于妥协的论证出自西塞罗之口,并被加图在35.1处进行了重复;在那里,加图确实作了妥协,他被认为是成功的。加图最初对任命庞培为独任执政官(sole consul)这一紧急措施的反对,特别是从合法性的角度来呈现的:"加图最初反对这样做,他说,法律不应当从庞培那里寻求安全感,庞培应该从法律这里寻求安全感"(47.1)。作者对于罗马后来非法行为日益猖獗的描述,以及把描述城邦疾病的医学语言归于加图之口(47.2),这两点都暗示了加图后来的思想转变应当被认为是正确的。[75] 加图不像庞培,他确实看到了凯撒的实力日益增长的危险性,并且决定参与公元前51年至关重要的执政官选举,"其目的是剥夺凯撒的武装或因他的阴谋而宣判他有罪"(49.2)。[76] 但是,正如已经提到的那样,在实际游说

---

[74] Pelling(1989)在页228–229提到在加图对婚姻结盟的反对中的"原则与可行性之间的冲突";Frazier(1995)页159处也有类似表述。

[75] 因此,加图短暂地与医生等同起来,医生这一角色在《列传》中始终携带着一种正面的道德力量。关于这一比喻,参上文页93。

[76] 比较更早的时候,加图为了不让梅特卢斯当护民官而于公元前61年参选护民官(20.3–8)。在《尼基阿斯与克拉苏传》3.4处,加图因为这一更早的行动而与地米斯托克利一同受到赞扬,后者为了得到将军职位而收买了一位差劲的候选人(比较《地米斯托克利传》6.1–2);尼基阿斯本人则因为犹豫不决、让克里昂得到了斯法克特里亚(Sphakteria)战役的指挥权而受到批评(《尼基阿斯与克拉苏传》2.4–3;6;比较《尼基阿斯传》8.5–6)。参下文页271–273。关于这些段落,比较Frazier(1995),页158–159。

中他拒绝在他的尊严上作出妥协让步,这导致他竞选失败(49.1 – 6)。西塞罗斥责他,因为他没有努力"通过友好的交往赢得民众"(win the people over by friendly intercourse, 50.2: οὐδ' ὑπῆλθεν ὁμιλίᾳ [154] φιλανθρώπῳ τὸν δῆμον),⁷⁷加图回答道,他知道他的行事方式或品性(τρόπος)得罪了民众,但明智的人都不会改变自己的品性来取悦他人(50.3: πρὸς ἑτέρων χάριν)。⁷⁸

最后,在法萨卢斯溃败之后,在非洲,加图拒绝从西庇阿和瓦鲁斯(他们是他法律上的上级)手里接管剩余的共和国军队的指挥权,他说他不会破坏法律,他们正同破坏法律的人进行战斗来捍卫这些法律,他作为一位代理副执政官(pro-praetor),不会把自己放在在场的代理执政官(pro-consul)之前(57.6)。⁷⁹又一次,加图的行动保全了他的个人德性,却损害了共和国一方。因为很快,西庇阿计划屠杀所有的乌提卡居民,并决定迫使凯撒和他作战,他这样做是出于固执(out of obstinacy, ὑπ' αὐθαδείας),也违背了加图的建议(58.7)。普鲁塔克告诉我们,加图后悔交出了指挥权,"他意识到西庇阿不会很好地作战,而且如果他取得意料之外的成功,他作为胜利者也不能节制地对待公民们"(58.10)。事实上,加图担心他已经将西庇阿变成了另一个僭主。普鲁塔克告诉我们,加图判定战争是"由于统帅们的缺乏经验和轻率"而失败;然而,如果由于好运而取得了胜利,"他将不会留在罗马,而要逃离西庇阿的严酷与苛刻——他已经对许多人作出了可怕、傲慢的威胁"(58.12)。西庇

---

⁷⁷ 动词 ὑπέρχομαι[τὸν δῆμον] 通常被普鲁塔克用来指通过礼物或诌媚(例如《伯利克勒斯传》7.4;《卢库卢斯传》6.4;比较《皮洛士传》4.7)或欺骗(《狄翁传》14.5)而取得的胜利。

⁷⁸ 比较《福基翁传》3.1 处(上文)关于加图缺少声望与χάρις的文字。

⁷⁹ 在稍早的时候(55.5),他曾经试图把指挥权交给西塞罗——"作为一位前任副执政官交给一位前任执政官",西塞罗拒绝了。

阿不出意料地在塔普苏斯战败了,伴随着这次战败,共和事业与加图想去保护的法律也毁灭了。在加图对西庇阿的处理中可能还有一个更深的反讽。正是西庇阿抢走了年轻加图的新娘,迫使他发怒、破口大骂(7.1-2)。加图现在允许西庇阿继续保有在非洲的指挥权,他把对法律的尊重置于私人怨恨之上。反讽的是,如果加图的行为少一点哲人气,多放纵一点他的激情,会更有利于共和国以及他宣称要保护的法律。

《福基翁与小加图传》是普鲁塔克《列传》中最富道德意味的列传之一。但简单的道德解读会受到挑战。加图毫无疑问是他的列传的传主。但他也并非无条件地就是应当加以模仿的榜样。那么,问题来了:为了政治的必要性,什么时候需要牺牲原则呢?虽然普鲁塔克显然赞扬[155]加图对凯撒独裁的反对,认为这是有德且正当的,但他暗示道,在实践中加图应当进行妥协。福基翁在雅典可能取得胜利的时候与马其顿作战(例如12-15,25),那篇列传也清晰地证明了他个人的勇气。但一旦时势变得不可避免,他也接受了马其顿对雅典的统治(例如16.1-8)。通过这一政策,他能够改善它的更加苛刻的方面,并且很好地治理雅典(29.4-5)。然而,加图拒绝妥协。[80]

第五节　加图与斯多亚主义

关于过分僵化地遵从哲学理想的危险,普鲁塔克在这篇列传中的信息或许与下述事实有关:加图遵从的哲学是斯多亚式的。确

---

[80] 这两篇列传的最后几章都提供了看待这两个人(或至少看待他们家族)的令人困扰的新视角。参下文页255。

实,加图被西塞罗、塞涅卡、卢坎等人认为是斯多亚主义的代表。[81]普鲁塔克在其他地方,在他的非传记作品中,偶尔也抨击斯多亚主义的极端观点。例如,在论文《如何意识到一个人德性的进步》中,普鲁塔克攻击了下述斯多亚派信念:德性没有等级之分,一个人要么完全拥有德性,要么完全缺乏德性。这一学说恰恰切除了道德教育的要点,实际上也切除了普鲁塔克本人文学方案的要点。我们已经提到他在《论道德德性》中对斯多亚派关于灵魂的观点的攻击。这些单方面的(one-sided)攻击或许并不能代表普鲁塔克对待斯多亚主义的理性观点。[82] 在普鲁塔克连接性列传《阿基斯与克琉墨涅斯传》关于斯巴达的克琉墨涅斯三世部分的开始处,可以发现关于普鲁塔克态度的更具揭示性的暗示(23[2].2-6)。在这里,普鲁塔克说,克琉墨涅斯曾经跟随斯多亚派哲人波里斯提尼斯的斯费罗斯(Sphairos of Borysthenes)学习哲学。这一经历的作用是"点燃他的荣誉之爱"($\varphi\iota\lambda o\tilde{\omega}\ \tau\iota\mu\iota\alpha$),普鲁塔克暗示,这一品质是斯巴达人的典型特征。他评论道:"斯多亚派学说对伟大、活跃的天性是有些危险和冒险的,但当它同深邃、[156]温和的品性混合起来时,就会在最大程度上有助于它适当的善(proper good)。"(23[2].6)[83]那么,

---

[81] 例如西塞罗《斯多亚派的悖论》2;塞涅卡《论智者之坚定》2.1,7.1;卢坎《内战记》2.380-391。参 Goar(1987)页 35-49。

[82] 参上文页 76。其他反对斯多亚主义的论文包括:《论斯多亚派的自相矛盾》《斯多亚派的话比诗人还要荒谬》(这篇文章只有摘录传世)以及《对斯多亚派的一般观念的批判》。《拉姆普里阿斯目录》中还有其他六篇反斯多亚派的论文在列(《拉姆普里阿斯目录》59、78、148、149、152、154)。然而,我们应当提防下述想法:普鲁塔克完全反对斯多亚派的学说。关于普鲁塔克与斯多亚主义,参 Barrow(1967)页 103-105,Babut(1969b),Cherniss(1976),Hershbell(1992)。

[83] ὁ δὲ Στωϊκὸς λόγος ἔχει τι πρὸς τὰς μεγάλας φύσεις καὶ ὀξείας ἐπισφαλὲς καὶ παράβολον, βαθεῖ δὲ καὶ πράῳ κεραννύμενος ἤδει μάλιστ' εἰς τὸ οἰκεῖον ἀγαθὸν ἐπιδίδωσιν.

斯多亚主义或许对那些“伟大天性”之人有危险的作用。通过这一点，我们将可能理解那些因为天性而倾向于处于极端位置的人，无论是好还是坏，在他们的极端主义中或许会受到斯多亚主义的极端（偏激）学说的危险鼓励。我们或许也应当把这一论述与柏拉图对那些走上歧路的“伟大天性”所作的经典刻画联系起来。普鲁塔克采纳了这一刻画：(84)这样的人天生拥有巨大的能力，但是，由于环境糟糕，他们在保持天性的过程中并没有获得一种有德性的、安定的品性。普鲁塔克似乎暗示道，斯多亚主义对那些还没有发展出稳定品性的伟大天性者来说是一种危险的影响。当然，他在这一段中讨论的是斯多亚主义对克琉墨涅斯的影响，特别是对年轻的克琉墨涅斯的影响。但普鲁塔克在《小加图传》中所描绘的小加图形象似乎也意指他具有某种意义上的“伟大天性”。

正如我们已经看到的那样，在这篇列传中，通过暗示、文学模仿以及对比等方式与加图相联系的最重要的哲人是苏格拉底。事实上，普鲁塔克在明确陈述加图是一位斯多亚主义者时有所保留，普鲁塔克似乎想把这对列传作为这样一篇文章，即论述了一般意义上过于严苛地遵守哲学教义的危险之处，而不是要特别攻击斯多亚主义。毕竟，色诺克拉底这位《福基翁传》中的严正哲人是一位学园派而不是斯多亚主义者。但值得注意的是，斯多亚主义的学说与加图不顾后果地恪守个人德性是一致的。(85) 斯多亚派在不同罪行之

---

(84) 关于这一短语，参上文页 47 – 49 与页 206 – 210。

(85) Babut(1969b)页 174 – 175 引用了爱比克泰德《手册》8 和《谈话录》2. 14. 7，3. 24. 106，3. 26. 8，以及西塞罗《论善恶的目的》5. 7. 20。Babut 提出加图把政治生活作为“一个好人的合适任务”（the proper task for a good man, 19. 3：ἴδιον ἔργον ἀνδρὸς ἀγαθοῦ）的选择是典型的斯多亚派的。这在读书人的思想中不如说是一个常识，这也能够在柏拉图《王制》中的哲人王观念中看到，在普鲁塔克的短文《老年人是否应该从事政治》中得到了最好的证明。

间不作任何程度上的区分,对他们来说,一个人为了在两害中取其轻而在原则上作出妥协是不可思议的。正如普鲁塔克所记录的那样,加图生平的若干其他方面使人想起斯多亚派的学说。⑧⑥

就在这篇列传的开头,普鲁塔克告诉我们,加图的品性是"刚正不屈、不动感情、在任何事情上都毫不动摇"(1.3: ἄτρεπτον καὶ ἀπαϑὲς καὶ βέβαιον ἐν πᾶσιν)。情感的完全缺失[157](apatheia,不动心)是一种斯多亚主义的理想,普鲁塔克在他的论文《论道德德性》中(特别是在451b – 452d处)反驳了这一理想。⑧⑦ 然而,我们应当注意,在福基翁即将死亡之时,同样的品质也被归于福基翁(36.1):显然在那个地方这并不是意指斯多亚主义的一个专门术语。普鲁塔克的观点可能是,加图天生的固执由于他投身于斯多亚主义而得到了鼓励和增强。对加图的斯多亚主义最清晰的指称发生在此处:据说加图年轻时就已成为"一位斯多亚哲人"、推罗的安提帕特罗斯的朋友。他献身于斯多亚主义的"政治与伦理学说",据说他"极度(或过度?:ὑπερηγαπηκώς)热爱存在于正义中的善的形式,那是固定的,也不会由于仁慈或善意而改变(ἀτενὲς καὶ ἄκαμπτον)"

---

⑧⑥ 参 Babut(1969b)页 169 – 175。对比《布鲁图斯传》,那篇列传中对布鲁图斯特别的哲学忠诚甚少着墨;他完全是行动中的"哲人"(Pelling 1989,页 222 – 226)。

⑧⑦ 关于普鲁塔克对不动心的看法,参上文第三章注12。Geiger(1971)页 130 – 131 认为 ἄτρεπτος(比较66.7处的斯塔提利乌斯)和 ὁρμαί(1.4)是斯多亚派的术语(SVF 2.158;3.140 及其后)。加图无所畏惧是本列传中的一个持续主题,从儿童时期的轶事开始:2.1.5,3.3 – 7,27.1 – 28.3,32.4,33.1 – 2,41.6 – 8,43.2 – 7;参 Geiger(1988)页 251 – 252(亦见1993,页312)。

(4.2)。⑧ 我们已经注意到他对斯多亚哲人阿特诺多罗斯的挚爱(10.1-3;16.1)。他在法庭上由于曾投身于斯多亚主义而遭到嘲笑(21.7)。普鲁塔克曾经提到加图的"制度"(regime,5.5：$\H{a}\sigma\kappa\eta\sigma\iota\varsigma$；比较4.3)——又一个斯多亚主义的专门术语。⑧ 加图的制度包括练习公共演说、训练自己完成身体忍耐方面的壮举以及在疾病中的自制(4.3-4;5.5-8)。正如我们已经看到的那样，这里主要暗示的是苏格拉底在身体上的忍耐力，这一点由于柏拉图的《会饮》而广为人知，但此处或许也暗示了加图的斯多亚主义。关于加图的自杀，或许也可以说同样的话。哲人拥有终结自己生命的权利是一个重要的斯多亚主义信条，加图的自杀，在尼禄统治下的"斯多亚反对派"(Stoic opposition)成员的自杀中将能够找到模仿者。而且，普鲁塔克说加图在死前曾简短讨论过所谓的斯多亚悖论，也就是只有好人才永远自由，而所有的坏人都是奴隶(67.2-3)。⑨

在加图的行为中还有其他对于斯多亚主义的暗示。普鲁塔克认为，加图一生中最成问题的事件之一是同他妻子马西娅(Marcia)离婚，并且在婚内时就把她送给他的朋友霍腾修斯[158](Hortensius)(25.1-13)。普鲁塔克用这样的文字介绍了这一事件："在他

---

⑧ $\tau o\~{u}~\kappa\alpha\lambda o\~{u}~\tau\grave{o}~\pi\varepsilon\rho\grave{\iota}~\tau\grave{\eta}\nu~\delta\iota\kappa\alpha\iota o\sigma\acute{u}\nu\eta\nu~\dot{\alpha}\tau\varepsilon\nu\grave{\varepsilon}\varsigma~\kappa\alpha\grave{\iota}~\H{a}\kappa\alpha\mu\pi\tau o\nu~\varepsilon\dot{\iota}\varsigma~\dot{\varepsilon}\pi\iota\varepsilon\acute{\iota}\kappa\varepsilon\iota\alpha\nu~\H{\eta}~\chi\acute{\alpha}\rho\iota\nu~\dot{u}\pi\varepsilon\rho\eta\gamma\alpha\pi\eta\kappa\acute{\omega}\varsigma$。关于斯多亚思想的不会腐化的法官，参亚历山大的克莱门《杂文集》7.45.3,858,Potterius；SVF 3.639；西塞罗《为穆雷纳辩护》60-61。比较 Geiger(1971)页144-145。

⑧ Geiger(1971)页149 提到斯多亚派哲人迦太基的赫里鲁斯(Herillos of Carthage)和赫拉克莱阿的狄奥尼修斯(Dionysios of Herakleia)的两部著作 $\Pi\varepsilon\rho\grave{\iota}~\dot{a}\sigma\kappa\acute{\eta}\sigma\varepsilon\omega\varsigma$(分别参 SVF 1.409 与 422)。

⑨ 正如 Babut(1969b)页171 所指出的那样，乌提卡民众在加图生命的最后时日看待他所用的措辞，取自斯多亚派的真哲人观念，真哲人始终是"自由的"和"不会被击败的"，无论有什么外在的不幸降临到他身上。比较60.1；64.7-9;71.1。

人生的戏剧中,可以说,这一部分已经是成问题的、难于解释的"(25.1: προβληματῶδες⑨¹...καὶ ἄπορον)。在霍腾修斯死后,他重新娶了她。普鲁塔克告诉我们,现在她是"一位非常富有的寡妇"(52.5)。凯撒指控加图,说他为了利益而把自己的妻子送给别人(52.6–7)。普鲁塔克反驳了这一指控,但他总结道,"他的婚姻大事是否是通过其他方式而没有处理好,这是值得思考的"(52.8: ἐπισκεπτέον)。事实上,霍腾修斯最先想要娶加图的女儿。霍腾修斯用来为他的请求辩护的那些术语,也是斯多亚主义者为他们自己忽视传统道德礼仪——特别是婚姻中的礼仪——而辩护时所用的术语:"在人看来,这样的事情是奇怪的,但在自然看来,它是光荣的、与政治家相称的。"(25.5)⁹²加图本人认为这样的论证有正当理由;作者已经告诉我们,加图过去常常使自己习惯于"只为那些可耻的事情感到羞耻,而忽视那些被别人看不起的事情"(6.6: ἐπὶ τοῖς αἰσχροῖς αἰσχύνεσθαι μόνοις, τῶν δ' ἄλλως ἀδόξων καταφρονεῖν)。

那么,从这篇列传中浮现出的哲学的含混形象——加图不惜一切代价对德性的有害追求——或许与下述事实有关:所讨论的哲学是斯多亚主义的哲学。正如普鲁塔克在《论道德德性》452a 处清楚表明的那样,对恶的痛恨(μισοπονηρία)可能是过度的,这是一种极端而不是中道。而且,人们有时会把实际上仅仅是脾气乖戾(《论制

---

⑨¹ Geiger(1971)在此处的注释指出了加图同马西娅离婚是一个辩论的常用题材(例如昆体良《雄辩术原理》3.5.11),因此,罕见词 προβληματῶδες 可能也带有"冒充为一个 πρόβλημα"或辩论题材的意思。

⑨² δόξῃ μὲν γὰρ ἀνθρώπων ἄτοπον εἶναι τὸ τοιοῦτον, φύσει δὲ καλὸν καὶ πολιτικόν。比较《论斯多亚派的自相矛盾》1045a: μηδὲν ἄτοπον μηδὲ παρὰ φύσιν εἶναι τῶν τοιούτω; SVF 3.743–756。Geiger(1971),页 236 处指向 SVF 3.728,认为那里提供了妇女公有是斯多亚派学说的证据。赫拉克勒斯,斯多亚思想中的一位英雄,把他的妻子给了他的助手伊俄劳斯(普鲁塔克《关于爱的对话》754d–e;狄奥多罗斯 4.31.1)。

怒》456f:τὸ δύσκολον)或怒气(462e-f)或恨意(《论兄弟之爱》482c)认作是疾恶如仇。加图过分追求德性、过分疾恶如仇,使他看不到妥协的必要性。与我们推测认为由像特拉塞亚·帕埃图斯(Thrasea Paetus)这样的作者对加图所作的赞颂性处理相比,这篇列传有着重要的不同,对特拉塞亚·帕埃图斯来说,加图是元老院反对元首制的象征。普鲁塔克认识到这个为其原则而死的人的英雄主义;但从公元二世纪的视角看来,加图已经成为误入歧途的极端主义的例证。⑨³ 盲目地坚持原则或许并非总是最佳路线。⑨⁴

第六节 对比:普鲁塔克论伽尔巴皇帝

[159]在《诸凯撒列传》中,普鲁塔克对伽尔巴皇帝已经采取了相似的处理方法。普鲁塔克对伽尔巴的描写,比苏维托尼乌斯在他的《伽尔巴传》中的描写要正面得多,但又远远不像塔西佗在他的《历史》中所描述得那样正面。⑨⁵ 在这一方面,它符合《客蒙传》开头(2.3-5)所提出的写作方案:既不隐藏也不过分纠缠于传主的过错。⑨⁶ 对普鲁塔克来说,伽尔巴就像加图一样,是一位有德之士的典范,他对德性的追求导致了他本人的死亡和他的城邦的毁灭。

普鲁塔克和其他写伽尔巴的作者一样(例如苏维托尼乌斯《伽

---

⑨³ 参上文注41。

⑨⁴ 塔西佗也提出这一观点:《阿古利可拉传》42.4;亦比较《编年史》4.20.2-3,6.10.3,6.27.4。

⑨⁵ 关于苏维托尼乌斯对伽尔巴的负面处理,参 Della Corte(1967)页115-127。关于塔西佗岔开话头为伽尔巴辩护,参 Shochat(1981)。

⑨⁶ 例如,他并没有淡化伽尔巴统治初期丑恶的谋杀(《伽尔巴传》15.1-9)。

尔巴传》12.1 – 13；塔西佗《历史》1.18.20)，把伽尔巴政权的失败归因于他的过分吝啬(16.1 – 5)。预示了这部分的一个段落，使得解读这部分的方式更加清晰。在3.4处，普鲁塔克说道，伽尔巴作为一位公民的朴素生活方式和避免铺张浪费，⑰在他成为皇帝之后会被认为是"吝啬"(stinginess, μικρολογία)。对普鲁塔克来说，在考虑到金钱和用钱时，避免铺张浪费(τὸ περιττόν)是一个重要的德性(例如《论爱财》523d – 524a 与 527a – f)。但德性必须要适应于一个人生活的环境与时代。对公民个人来说，朴素的生活方式值得赞扬；但对帝王来说，德性则并非如此简单。生活方式的朴素与在花钱上的小心都是好的品质；拒绝对不受管束的军队给予慷慨的赏赐更是如此。但正是这些好品质导致了伽尔巴的死亡。

普鲁塔克在21.2处最为清晰地显示了他对伽尔巴的赞扬，当时伽尔巴选择收养皮索而不是他的私人朋友奥托，据说这件事显示出"他把公共利益放在他的个人利益之上"(πρὸ τοῦ ἰδίου τὸ κοινὸν τιθέμενος)，他要收养的不是最得他欢心的人，而是对罗马人最有用的人"。当他在会场遭到奥托军队的伏击时，他平静地离世，对刺杀他的人说道："下手吧，如果这对罗马人民更好。"(27.1)我们或许能够猜想，伽尔巴临终言辞的不利(unfavourable)版本——被塔西佗(《历史》1.41)和苏维托尼乌斯(《伽尔巴传》20.1)作为另一个版本而记载——已经被禁止了。⑱但普鲁塔克版本的伽尔巴讣告(29.1 – 5)更加微妙：这幅图像所描绘的是一位好人，[160]他的德性不适合于他的事业。普鲁塔克把伽尔巴与其他参与推翻尼禄的人士进行了有利于他的比较(29.2)，而且，伽尔巴在领导过程中严守纪律的作风也同西庇阿、法布里修斯和卡米卢斯的作风形成了对

---

⑰ τὸ δ' εὔκολον αὐτοῦ τῆς διαίτης καὶ φειδωλὸν ἐν δαπάναις καὶ ἀπέριττον.

⑱ 参 Townend(1964)，页359 – 360。

比(29.4)。这种比较在苏维托尼乌斯或塔西佗的作品中都没有出现。但不幸的是,随着普鲁塔克叙述的进展,尽管在军事事务上,伽尔巴是一位"纯粹的老式统帅"(unmixed imperator of the old style, ἄκρατος…καὶ ἀρχαῖος αὐτοκράτωρ),但在控制他的自由民方面,他做的并不比尼禄更好(29.5)。再一次,作者提醒我们想起加图,他的"老式天性"(ἀρχαιοτροπία)与他所生活的时代格格不入(《福基翁传》3.3),他最终也并没有获得"硬"与"软"品质的合适混合。《伽尔巴传》与《小加图传》相似,都说明了德性并非总能保证成功,在政治生活的现实中,妥协常常是必需的。

第六章　吕山德与苏拉传

[161]普鲁塔克在某些列传中似乎使传主的道德地位成为一个问题。在这些列传中,普鲁塔克对吕山德和苏拉的处理是第二个例子。① 当 Christopher Pelling 给这里的道德观贴上"描述性"而不是"评价性"标签的时候,他认识到了这些列传所提出的问题,因为这里的道德观更关注的是指出人性中的真实,而不是呈现一个模仿或避免的榜样。② 事实上,虽然文本中没有直接的教诲,但评价性判断依然受到鼓励;传主们被从伦理的视角加以观察。但这些判断相互矛盾,直到结尾,一对传主的伦理地位似乎都有意保持着含混。

Frederick Brenk 讨论了普鲁塔克对苏拉的描绘中的矛盾,把它归于资料来源的矛盾性质,他认为那些资料把普鲁塔克拉向相反的方向:③列传的道德含混性是缺乏反思,以及在不同资料之间协调不充分的结果。④ 但是,正如我们已经提到的那样,普鲁塔克常常并没有简单地追随他的资料来源所强调的重点。这对列传缺乏道德明晰性并不是因为资料来源;毋宁说,普鲁塔克似乎是有意地让人们很难从这篇文本中抽提出简单的道德教训。

---

① 关于《吕山德与苏拉传》的写作日期,参上文页 63 注 39。
② Pelling(1988a)页 274。
③ Brenk(1977)页 265-267。比较 Stadter(1992a)页 43。
④ 比较 Gallotta(1987)页 169-172 处关于塔西佗对日耳曼尼库斯的处理的类似断言。事实上,对日耳曼尼库斯的呈现是由他在《编年史》中所扮演的结构性角色而决定的,作为一种陪衬来揭示提贝里乌斯的恶。参 Devillers(1993),Pelling(1993)。

关于这一点或许可以提出好几个理由。首先,吕山德与苏拉的列传在道德上的暧昧既反映了机敏与狡诈的品质,也反映了外表与真实之间的反差,普鲁塔克认为这种反差对这两个人物来说是核心性的。构建这两篇列传的方式似乎是有意模仿传主的品性与生平。其次,普鲁塔克在这里处理的是这样的人物:比起他笔下的许多其他人物,他们的生平所提供的、进行典范式处理的[162]可能性要小得多。正如已经提到的那样,尽管在《德米特里乌斯传》小序中提出了相当简单化的断言(《德米特里乌斯传》1.6),但普鲁塔克似乎并不情愿写完全负面的列传。通过拒绝把吕山德和苏拉视为完全的"坏人"(比较《客蒙传》2.4-5),普鲁塔克被迫寻找能够正面评价他们行为的方式,或者至少,能够对他们的行为进行不同解释的方式。事实上,如德米特里乌斯和安东尼一样,普鲁塔克似乎也认为吕山德和苏拉是具有"伟大天性"的人:具有为善和为恶的巨大潜力。因此,追问这对人物的道德问题,要比某些方案性陈述引导我们预期的更加复杂和具挑战性。特别是,《吕山德与苏拉传》像《福基翁与小加图传》一样,强调了个人德性与国家利益之间、无效的善行与有效的恶行之间的冲突。⑤ Philip Stadter 在近期的一份研究中令人信服地主张,这些列传放在一起强调了野心与暴力的危险。正如 Stadter 坚持认为的那样,在这里还有一个递进,吕山德身上的坏品质在苏拉身上达到了顶峰。⑥ 事实上,这些列传所传达的道德信息更加复杂。道德上的成功和政治上的成功是相对的,并且是相互对立的。在这对列传的核心有一个悖论:吕山德虽然在德性上比苏拉更成功,但最终在城邦事务上却不成功;苏拉在道德上不

---

⑤ 参上文,第五章,特别是页 131-133。
⑥ Stadter(1992a)。单独的《吕山德传》的道德教训,Russell(1966a)页 151-154(亦见 1995,页 90-94)和 Pelling(1988a)页 268-274 也有所考察。

那么成功,但在城邦事务中的成功恰恰因为他更冷酷无情。

第一节　吕山德的雕像(《吕山德传》1.1–3)

《吕山德与苏拉传》没有正式的小序。这对列传的开篇是对吕山德雕像的描述,它矗立在德尔斐的阿坎修斯人宝藏室外面:

> [163](1.1)阿坎修斯人在德尔斐的宝藏室外面刻着这样的铭文:"布拉西达斯和阿坎修斯人,以从雅典人那里获得的战利品而建。"由于这一原因,许多人认为神庙里倚门而立的大理石雕像就是布拉西达斯。但那其实是吕山德的雕像:仿效古代战将的样式,留着很长的头发,还有一大把胡须。(1.2)事情并不像有些人说的那样,因为阿尔基弗斯人(Argives)大败之后在悲痛中剃光了他们的头发,斯巴达人正好相反,胜利使他们得意洋洋,让他们把头发留得很长,也不是因为巴克齐亚迪家族从科林斯逃到拉克岱蒙的时候把头发剃掉了,看上去又卑贱又丑,所以斯巴达人才渴望留长头发,相反,这一习俗能够追溯到吕库古。(1.3)而且他们说,吕库古说过长头发使容貌俊美的人更加美丽,难看的人更加可怖。

这一开篇提醒读者注意在作为整体的这对列传中的许多重要主题。把雕像鉴定为吕山德这一过程中的困难在开始就暗示了对他下任何结论的困难。我们必须假定,普鲁塔克有很好的理由断言这尊雕像是吕山德而不是布拉西达斯,⑦但这里描写它所用的词语

---

⑦　比较 Bommelaer(1981),页 13–14。

似乎使得任何正面的鉴定都很困难:这尊雕像没有被赋予任何个人特征,而是被呈现为一个古典斯巴达人的形象。那么,在何种方式上这尊雕像是"吕山德的塑像"(Λυσάνδρου εἰκονικός)?普鲁塔克在这里似乎对εἰκών(形象,representation)的两个相关含义作了文字游戏,第一种含义是身体的画像或雕像,第二种含义是比喻性的,一种相似或比喻。⑧ 这尊雕像在第二个更广泛的含义上被理解为吕山德的"画像"(image):它传递出关于他的一个重要真相(truth)。⑨ 普鲁塔克确实[164]在《小加图传》24.1处利用了该词的比喻义,当时他谈到"品性的细微表露"(small signs of character, τὰ μικρὰ τῶν ἠθῶν σημεῖα)就像"灵魂的画像一样"(like an image of the soul, ὥσπερ εἰκόνα ψυχῆς)。⑩ 这将与普鲁塔克的下述通常做法相一致:他描写雕像或人物的外表不是为描写而描写,而是为了揭示品性,有时候外表被显示为品性很好的指示器,有时候它则是误导

---

⑧ Mossman(1991),页108–111。关于比喻意义上的εἰκών,是一种柏拉图式的用法(例如柏拉图《会饮》215a,《法义》644c,《高尔吉亚》493d;比较阿里斯托芬《云》559,《蛙》905–906)。比较普鲁塔克《德米特里乌斯传》45.3–4;《驳科洛特斯》1115e;《论神谕的衰微》416d;《柏拉图的问题》1001c–d,1007c,1029d。Εἰκονικός暗示了在一尊人像雕塑中的个性化表现:《狄翁与布鲁图斯传》5.2;普林尼《自然史》34.16(关于这一点,比较 Hyde 1921,页54–55)。关于基于εἰκών的含义所进行的文字游戏,比较路吉阿诺斯的著作Εἰκόνες[《形象》],它既指所产生的妇女的精神与言语形象,也时常暗指塑像与雕像,以及用这些塑像所作的比较。

⑨ 比较米拉的尼古拉《修辞初阶》1, Spengel, iii, 453, 19–20:"所以一则神话(fable, μῦθος)是一段虚假的传说,它通过被令人信服地放在一起,表现了(represents, εἰκονίζων)真实。"比较阿福索尼乌斯(Aphthonios)1, Spengel, ii, 21, 2–3;西昂(Theon)《修辞初阶》1, Spengel, ii, 59, 21–22。

⑩ 关于短语εἰκών ψυχῆς,比较《西塞罗传》49.2;《小加图传》24.1;德米特里乌斯《论风格》227, Spengel, iii, 311, 26–27。比较上文页16。

性的。⑪ 正如将会清楚显示的那样，吕山德的道德地位是含混的，就像他的雕像很难被鉴定一样。意味深长的是，吕库古的话（1.3）——长头发使得俊美的人（the fine, καλοί）更加美丽，丑陋的人（the ugly, αἰσχροί）更加可怖——提出了这个问题：吕山德本人应当被认为是好人还是坏人。正如 Philip Stadter 已经指出的那样，καλός 或 αἰσχρός 这两个词能够既指道德品性也指外表。⑫ 这一问题没有得到明确的回答，但它是整篇列传的基础。

这尊雕像也暗示了在吕山德非正统的行为方式与传统的斯巴达价值观念之间的张力，这种张力随着列传的进展将会变得更加清楚。雕像把吕山德呈现为一位传统的斯巴达人；随着列传的进展，吕山德的行为显得与斯巴达人有很大不同，在 2.4 处对此有明确的叙述（亦比较 8.5;20.8）。通过若干次岔开话头来描写斯巴达传统中的要素，这一张力得到了强调，这些离题话的作用是把吕山德与传统背景进行对比。关于斯巴达的财富（17.1-11）以及斯巴达人传递秘密信息的方法（19.8-12）的讨论也有这样的功能；⑬被明确鼓励的、在吕山德与传统的斯巴达人卡利克拉提达斯之间的比较

---

⑪ 好的指示器：《地米斯托克利传》22.3;《阿尔喀比亚德传》4.1;《马略传》2.1;《论亚历山大的机运或德性》II. 335b。普鲁塔克常常把概括性的、非特征性的外表描述用作揭示品性的关键：Georgiadou（1992b）页 4617-4618。比较 Le Corsu（1981）页 271，以及 Blomqvist（1997）页 83-84：只有品性善良的女性才是美丽的。误导性的：《福基翁传》5.1；比较《斐洛波门传》2.1-6;《德米特里乌斯传》2.2,41.5-8,44.9；De Lacy（1952）页 168-171；Tantum（1996）页 141-143。含混的：《阿格西劳斯传》2.1-3.9;《阿格西斯与庞培传》2.1-2；Tantum（1996）页 146-149。关于雕像作为对外表的导引的不可靠性：《亚历山大传》4.1-3;《伯利克勒斯传》3.3-4。关于一般意义上普鲁塔克对雕像及体型外表的运用，参 Wardman（1967,1974）页 140-152, Mossman（1991）, Georgiadou（1992b）, Tatum（1996）。

⑫ Stadter（1992a），页 42。

⑬ 密码棒（skytale）。关于密码棒，参 Kelly（1985）。

(7.5)的作用也是这样。⑭ 在这一部分,对斯巴达人发型的讨论(1.2-3)也起到了同样的效果。⑮ [165]《吕山德传》很大的篇幅是用来显示吕山德多么不像一个传统的斯巴达人。

事实上,这座个人胜利纪念碑的存在显示出,吕山德在多大程度上逾越了斯巴达人平等主义规范。⑯ 确实,这篇列传的开篇对布拉西达斯的提及确立了吕山德本人行为的典范;像布拉西达斯一样,吕山德将会用非传统的方法来为斯巴达赢得巨大的胜利。布拉西达斯在海外的胜利使他达到拥有个人声望和权力的特殊地位,也使他被同僚们嫉妒(例如,修昔底德4.108.7);吕山德符合这一模式。⑰ 后来,当吕山德在德尔斐树立起他本人的雕像时(18.1),他的个人权力达到顶峰这一点变得显而易见。此后不久,吕山德的自我夸耀显得他达到了这样的程度:他被某些同盟城邦授予神圣的荣誉头衔,在萨摩斯被完全神化了(18.5-6)。⑱ 再一次查明关于吕

---

⑭ Pelling(1988a)页269-270以及页272注32。亦比较《吕山德传》2.3-4与30.7。Bernini(1988)与该主题的关联要小一些。

⑮ 普鲁塔克沉默地修正了希罗多德(1.82.7-8),或许是在对修昔底德1.20.3的模仿之中。关于斯巴达人的发型,比较菲洛斯特拉托斯《阿波罗尼乌斯传》8.7.6。

⑯ 参Cartledge(1987)页82-86。关于历史上的吕山德,亦参Lotze(1964),Bommelaer(1981)。

⑰ 恕我与Mossman(1991)页111处的观点不同,布拉西达斯的作用不仅仅是作为斯巴达传统的代言人与吕山德相对立,而且也作为吕山德所达到的个人声望崇高地位的典范:授予布拉西达斯的许多荣誉头衔预示了授予吕山德的那些头衔。

⑱ Badian(1981)页33-38试图表明吕山德在他生前没有接受神圣的荣誉头衔。与之相反的是Habicht(1970)页3-7(亦见1956,页3-7)及页243-244,后者对普鲁塔克的记叙给予了更多的信任。比较Cartledge(1987)页82-86关于德尔斐的"海军都统纪念碑"的部分。关于这一问题的争论,参Sanders(1991)页274-278。

山德的真相是困难的:这里引用了德尔斐的阿那克桑德里德斯(Anaxandrides of Delphoi)[19](18.3),因为他记述道,吕山德在德尔斐有一个秘密的贮钱室。[20] 这一记述既没有被接受也没有被否认,普鲁塔克仅仅指出该记述与其他吕山德贫穷的证据相矛盾(比较2.2)。

第二节 苏拉的雕像(《苏拉传》2.1—2)

吕山德与苏拉道德地位的含混性是通过贯穿这对列传的反复出现的雕像主题来传达的。在《苏拉传》接近开篇的地方,普鲁塔克讨论了苏拉的体格外表(2.1—2)。[21] 普鲁塔克告诉我们,苏拉的雕像并没有传达出其眼睛吓人的寒光:

> [166](2.1)他的体型外表在他的雕像中大体能看出来;除了他双眼的灰色——这种灰色令人胆寒而且非常纯正,他面孔的肤色使其看起来更加可怕。(2.2)他的红皮肤上满是疮斑,非常粗糙,红色与白色相间分布。

苏拉的雕像与吕山德的雕像一样,也是欺骗性的。苏拉的肤色使他的眼神"更加可怕"($\varphi o\beta\varepsilon\rho\omega\tau\acute\varepsilon\rho\alpha\nu$)这句话,使得同吕山德的雕像

---

[19] 从《希腊问题》292f—293a 以及对阿里斯托芬《财神》行925 和欧里庇得斯《阿尔克斯提斯》行1(*FGrH* 404 F.3—5)的评注来判断,阿那克桑德里德斯(或达斯)似乎写了一部德尔斐史。他或许也被认定就是阿莱克桑德里德斯,一位年代不明的希腊史家。

[20] 比较《吕山德传》25.3 与 Bommelaer(1981)页205。

[21] 参 Stadter(1992a),页42—43。

进行的对比更加显而易见,这句话是《吕山德传》1.3 处吕库古的名言的回声(φοβερωτέρους)。我们再一次要面对艺术表现与真实品性之间的鸿沟。㉒

描述苏拉真实外表的用词——"严酷而纯正"(bitter and unmixed, πικρὰν καὶ ἄκρατον, 比较 τραχύ),主要与品性而非外表有关,㉓接下来的讨论主题正是苏拉的品性。外表与品性在这里——在《列传》中常常如此——被隐秘地关联在一起。他的外表——并没有被他的雕像充分表现出来——和他的品性都让人不喜欢。事实上,在这一描述背后很可能有一种相面术理论作为支撑,虽然它的含义还很不清楚。后来,在《苏拉传》5.11 处,一位迦勒底占卜者确实对苏拉的面容给出了明确的相面术解读。闪烁的或灰色的眼睛(ὀφθαλμοὶ γλαυκοί)可以被解释为懦弱(托名亚里士多德《面相学》812b3-4)和缺乏仁慈(波勒蒙 i,246 Förster^a)的标志。那些肤色白的人可以被认为是懦弱的(托名亚里士多德《面相学》812a13),那些肤色红的人可以被认为是急性子(ὀξεῖς:前揭 812a21)。对波勒蒙来说(i,244 Förster^a),白脸庞上有红色大斑点标志着英勇和易怒。㉔普鲁塔克讨论了发生在同盟者战争期间的一件事,从这段讨论中能够特别清楚地看出苏拉品性的矛盾之处。外表再一次与品性关联起来。占卜者们宣称一位"外表上独一无二"(ὄψει διάφορος)的人将

㉒ 比较《为什么皮提亚不再吟咏神谕?》397f:在留克特拉战役期间,"吕山德的石像上也被野生的灌木和杂草所覆盖(ἐξήνθησεν),遮住了脸"。如果同2.1-2 所描述的苏拉的外表进行某种对比(特别是比较 ἐξήνθε),轶事的现在这种形式似乎是现成的。参下文注 155。

㉓ 关于品性的"纯正"(unmixed, ἄκρατος),参页 91-92。关于 ἄκρατος 与 πικρός 的连用,比较《陆地和海洋里的动物哪个更聪明?》964e。

㉔ Evans(1941)页 104-105;(1969)页 56-57。关于普鲁塔克与相面术,亦参页 17 注 11 以及页 92-93。

会使城邦[167]摆脱困境,苏拉宣称他本人就是那个人(《苏拉传》6.12 – 13)。在稍后的地方(6.14),普鲁塔克通过这样描述苏拉而重复了这一短语:他的品性"不稳定且变化多端"(uneven and at variance with himself, ἀνώμαλός τις … καὶ διάφορος πρὸς ἑαυτόν)。㉕ 然后,苏拉品性中的变化无常——隐秘地与他的外表相关联——在接下来的讨论中得到了说明:他没有理由地赐予他人荣誉和辱骂,他对待他人时在谄媚和残暴这两方面都缺乏节制,在对他的军队的罪行作出反应时,他的尺度经常变化,或残暴或放纵(6.15 – 17)。

雕像这一主题在这篇列传的其他地方也多次出现。苏拉对荣誉的爱(φιλοτιμία)以及他同马略迅速增长的冲突都与下面这件事相联系:他在一枚戒指上刻了博库斯献俘的情景(εἰκών)(3.8 – 4.1)。同样的观念结合在6.1 – 2处也能看到,当时博库斯在卡皮托山上设立了表现(εἰκόνες)㉖同一场景的雕像,这使得马略大为光火。苏拉在他的东部战役之后,返回意大利途中遇见的那位萨提尔似乎要被当作他的品性的隐喻(《苏拉传》27.2 – 4)。这次会面发生在一个神话般的场景中(27.2),在那里溪流中有火在永恒燃烧,这暗示了这一场景的隐喻性质。这位萨提尔被描述为"就像雕刻家和画家们所描绘的那样"(οἷον οἱ πλάσται καὶ γραφεῖς εἰκάζουσιν),考虑到贯穿这对列传的反复出现的图像(images, εἰκόνες)主题,这个短语提醒我们注意隐喻性解读的可能性。㉗ 这位萨提尔的嗓音是"粗哑的,而且像是马的嘶鸣与羊的咩咩叫的混合"(τραχεῖάν τινα καὶ μάλιστα μεμειγμένην ἵππου τε χρεμετισμῷ καὶ τράγου μηκασμῷ):这一描述使人

㉕ Stadter(1992a)页51注7注意到了身体素质与道德品质之间的相互作用。

㉖ εἰκόνες是抄本的读法。Cobet将其校勘为Νίκας(与《马略传》32.4 相协调),鉴于εἰκών主题在这对列传中反复出现,应当拒绝这一校订。

㉗ 关于隐喻意义上的 εἰκόνα πλάττειν,亦比较柏拉图《王制》588b – d。

回忆起苏拉粗糙、有大块色斑的容貌,它本身也指示着他的品性(2.2)。萨提尔,或西勒诺斯(seilenoi)(这两个名字常常被互换使用)的主要特征是他们嗜好饮酒、性欲旺盛,常常以希腊词 ὕβρις 来表达:这些特征在苏拉身上也能发现。这位萨提尔在火泉旁睡觉的时候被抓住了,或许可以想像他喝醉了,醉酒正是苏拉的恶行之一(《苏拉传》2.5,26.4,36.1)。传统上,人们会在泉水旁遇到萨提尔和西勒诺斯,在他们借睡眠来醒酒的时候抓住他们。㉘ 会面的地点,[168]是在宁芙(Nymphs)的圣地,这是发现萨提尔的合适场所,也暗示了苏拉在性方面的放纵。㉙

在这对列传的结尾,普鲁塔克再次用一尊雕像来传达含混性和反复无常。在38.3处,作者告诉我们,人们用乳香和肉桂雕刻成苏拉和一位扈从的雕像(εἴδωλα),以便在他的葬礼上用。㉚ 被翻译成"雕刻"的词是 πλασθῆναι,该词也带有伪造或虚构的含义,在《吕山德

㉘ 例如色诺芬《远征记》1.2.13;维吉尔《牧歌》6.13 – 26,据塞尔维乌斯(《维吉尔〈牧歌〉评注》6.13)以特奥庞普斯的著作为依据(*FGrH* 115 F 74 – 5);奥维德《变形记》90 – 99;菲洛斯特拉托斯《阿波罗尼乌斯传》6.27。

㉙ 萨提尔或西勒诺斯常常被认为是在追逐精灵女神(例如,荷马《阿芙洛狄忒颂》行262 – 263)。阿波罗尼乌斯同精灵女神的相遇(参上注)也发生于精灵女神的圣地。这里对萨提尔的提及使人想起另一个西勒诺斯,吕山德把这个男孩作为他的计谋的一部分,去争夺斯巴达的王位(《吕山德传》26.1 – 6)。一如既往,这种联想的作用是揭示这两个人之间的差异:吕山德参与政治密谋,苏拉则沉醉于醇酒和妇人。

㉚ 事实上,据希罗多德所言(6.58.3),在葬礼上使用雕像(image,εἴδωλον)是斯巴达国王的特权之一,如果他们的尸体无法从战场上拿回来的话。比较 Schaefer(1957);Hartog(1980)页166 – 170(亦见1988,页152 – 156)。苏拉在这里似乎获得了吕山德没有得到的荣耀,尽管后者试图获取皇室权力(《吕山德传》12.1以及下文注107,24.3 – 26.6,30.4;《吕山德与苏拉传》2.1 – 4,以及 Bernini 1985)。这强化了这对列传的核心悖论之一:苏拉更大的残忍导致了他更大的"成功"。

传》14.7、25.5 与 26.5 处该词的同根词也带有这一含义(亦比较《苏拉传》27.3)。纪念像也可以是欺骗性的,这对列传结束于它开始的地方。

第三节　卡利克拉提达斯的雕像(《吕山德传》5.7–8)

接替吕山德担任海军统帅的是卡利克拉提达斯,通过同他进行含蓄的(在7.5处)和明确的对比,吕山德的品性部分地得到描绘。用另一个人物来凸显传主品质的手法在普鲁塔克作品中并不罕见。但在这篇列传中,作者打算让读者赞颂这两个人物中的哪一个并不完全清楚。在5.7–8处,描绘了卡利克拉提达斯到达作战区域时的情景,他的纯正的斯巴达性(ἀρετή)被比作一位英雄雕像的美(从这些列传中反复出现的图像主题和它们的含混性来看,这意味深长):

> [169](5.7)因此,他们看到卡利克拉提达斯时并没有立刻高兴起来,当时他来接替吕山德担任海军统帅;后来当他已经通过明显的证据显示出他是最正直、最高贵的人时,他们也并不为他的领导方式而高兴,他的领导方式有着某种多里安式的朴素和诚挚。(5.8)但是尽管他们称颂卡利克拉提达斯的德性,如同他们会称颂一座英雄雕像的美一样,但他们怀念吕山德的热心,思念他对他的同志们的钟爱,这对他们如此有用,[31]

---

[31] τὸ φιλέταιρον καὶ χρειῶδες. Smits(1939)在此处将 χρειῶδες 注释为 τὴν χρείαν,引用了 2.4 处,在那里吕山德 διὰ τὴν χρείαν("在需要的情况下",虽然可能也有"贫困"的含义:比较 2.2)承受压迫性的权威。Tim Whitmarsh 已经为我指出在《克拉苏传》3.3 处有一个平行对照(τὸ ῥητορικὸν καὶ χρειῶδες εἰς ⟨τοὺς⟩ πολλούς),这个重名法似乎是指"对多数人有用的修辞术"。

以至于当他坐船离开时,他们黯然神伤,开始落泪。

　　这里对雕像比喻的运用使人想起《吕山德传》1 处的雕像:是卡利克拉提达斯,而非吕山德,才是真正的斯巴达人,他真正配得上被比作一尊斯巴达雕像;他身上表里如一。在后面的章节里,卡利克拉提达斯很高的道德水准被用来与吕山德的实用主义策略形成对照。㉜ 他不愿意从小亚细亚城邦那里强夺钱财(6.3)。卡利克拉提达斯被描述成(6.4)慷慨和高尚的(ἐλευθέριος καὶ μεγαλόφρων);因此,卡利克拉提达斯不同于吕山德,在从波斯人那里要钱来发动针对其他希腊人的战争这一主意面前,他逡巡不前。㉝ 对卡利克拉提达斯来说,局势是以简单的希腊—蛮族二分的观点来看待的;希腊人不应当打希腊人(6.8),我们或许能够假定普鲁塔克的读者会被期待同意这一观点。㉞

　　但《吕山德传》似乎反对这种明确的道德反应。虽然卡利克拉提达斯的德性受到了赞扬,但也暗示了它的无效。在这一方面,普鲁塔克追随色诺芬作品中的暗示,在《希腊史》中,色诺芬对下面两个人物的道德反应仍然是矛盾的:高贵的卡利克拉提达斯以及不道德但更成功的吕山德。㉟ 然而,普鲁塔克使得这种道德含混性更加明确。这是通过两种方式而实现的。首先,把卡利克拉提达斯的德性比作一尊雕像,虽然在某种意义上这当然是赞美性的,但这无疑具有两面性。在《伯利克勒斯与法比乌斯传》的小序中(《伯利克勒斯传》1.2 - 2.4),普鲁塔克主张在艺术作品与德性的作品之间存在

㉜ Pelling(1988a),页 269 - 270。

㉝ 他用了别有用意的词 κολακεύειν,可能是追随色诺芬《希腊史》1.6.7。

㉞ 参上文页 89。

㉟ Moles(1994),比 Due(1987)更加微妙的方案。

本质差异，因为后者会诱发模仿，而前者只会诱发赞美。㊱ 因此，[170]把卡利克拉提达斯的德性等同于一件艺术作品可以被理解为一种批评；这里盟邦对卡利克拉提达斯的"称颂"与他们对吕山德的"怀念"之间的对立清晰地显示出其含义。而且，卡利克拉提达斯并没有被比作任何一件普通的艺术作品。一尊 ἄγαλμα 特别指一尊祭祀雕像，㊲在这里是指一位被奉为神明的英雄的雕像。这一比喻是赞美性的，暗示他的德性似乎几乎是神圣的。㊳ 但它也暗示卡利克拉提达斯远离实际行动的世界，或许也暗示了他的不屈的顽固：正如将会清楚显示的那样，他缺乏"巴结"（cultivate）他人（θεραπεία）的能力，而吕山德和苏拉都具有这种能力。㊴ 普鲁塔克在这里质疑简单化理解（认为卡利克拉提达斯优于吕山德）的第二种方式是简短地、几乎未作准备地提到他在阿吉纽西战役中阵亡（7.1），这使他的斯巴达式德性和他的战败与死亡紧密地并列在一起。卡利克拉提达斯的意图是要"配做一个斯巴达人"（worthy of Sparta, ἄξια τῆς Λακεδαίμονος διανοηθείς）；通过他的"正义、高尚和勇

㊱ τὸ θαυμάσαι：《伯利克勒斯传》1.4，比较 2.2。参上文页 34 – 35。

㊲ 参 Bloesch（1943）。ἄγαλμα 的主要意思（阿里斯托芬《地母节妇女》行 773：πᾶν ἐφ' ᾧ τις ἀγάλλεται）可能在这里也得到了暗示（比较欧里庇得斯《疯狂的赫拉克勒斯》行 357 – 358）。关于 ἄγαλμα、ἀνδριάς 以及 εἰκών 之间的差异，参 Nock（1930）页 3 注 2（亦见 1972，页 204 注 5），（1933）页 138 注 8（亦见 1972，页 346 注 8）；Kerényi（1962）页 168 – 171。

㊳ 比较：把卡利罗亚（Kallirhoe）描写为整个西西里的 ἄγαλμα（查里顿 1.1.1 – 2），"因为她的美丽不是属人的而是属神的"。这段描写的开篇是一系列明确和含蓄的语言，把卡利罗亚比作女神。参 Scott（1938）页 383 – 386。亦比较《地米斯托克利传》22.3；《亚历山大传》21.11。

㊴ 例如《吕山德传》2.4,4.3；《苏拉传》5.4,6.14,6.17,10.6,12.12 – 14。在普鲁塔克作品中，Θεραπεία 及其同源词是描写谄媚的标准用语：例如《吕山德传》19.2；《哲人尤其应该与当权者交谈》776b,778a – b。关于《吕山德与苏拉传》中的 θεραπεία，参 Pelling（1988a）页 272 – 273, Stadter（1992a）页 44 – 45。

敢"(δικαιοσύνη, μεγαλοψυχία, 和 ἀνδρία),他跻身最优秀的希腊人之列。但是,尽管如此,卡利克拉提达斯需要为斯巴达的一次主要战败负责,而且他从他的船上消失了(disappeared, ἠφανίσθη),正如他如此突然地从叙事中消失一样。⑩

第四节　吕山德与卡利克拉提达斯的比较 (《吕山德传》7.5–6)

稍后,在吕山德回到作战现场时,作者让不同同盟者群体在心里对吕山德和卡利克拉提达斯进行了直接比较(7.5–6):

> [171](7.5)对那些热爱他们的领袖身上的朴素与高贵品性的人来说,吕山德和卡利克拉提达斯比起来,似乎不道德且狡诈,运用不同颜色的伪装在战争中变化多端,只在有利可图时才颂扬正义,如果无利可图,就会不计毁誉便宜行事,认为有利就是高尚,他不认为天生的真就比假更好,而是根据当时的需要来判断真和假的价值。(7.6)他讥笑那些要求赫拉克勒斯的后裔在战争中不得运用欺骗手段的人士,他说道:"狮皮要是不够用,必须得凑上一块狐狸皮。"

---

⑩ Ἀφανίζεσθαι(消失)是描写在海上或在河上失踪的一个常用单词:比较修昔底德 8.38.1;普鲁塔克《克拉苏传》19.5。色诺芬——普鲁塔克在这里的资料来源——要更加明确一些,他写道:ἀποπεσὼν εἰς τὴν θάλατταν ἠφανίσθη(《希腊史》1.6.23)。普鲁塔克在《佩洛皮达斯传》2.2–3 处的评论暗示他确实认为卡利克拉提达斯在阿吉纽西战役中的信心是错误的(西塞罗在《论义务》1.84 处确实也这样认为)。关于类似地通过简短提及一位次要人物的死亡来削弱前面的讨论,比较《德米特里乌斯传》21.4–5。

乍看起来,这一强调吕山德运用诡计的比较,似乎可能是批评性的,尽管作者在何种程度上支持这一判断还不清楚。普鲁塔克作品展示出吕山德不以更加公开、高贵的方式战斗——但他是成功的。贯穿这对列传,作者展示出高贵的道德与成功并非总是相伴相随。

但这一段中含有更多的含混性。在希腊人和罗马人的思想中,欺骗与诡计的运用并非总被认为在道德上是错的,毋宁说它的道德地位可协商,既能进行正面评价也能进行负面评价。㊶ 事实上,战争中运用诡计常被认为是优秀统帅的标志之一。㊷ 欺骗(deception, ἀπάτη;比较 8.5;《苏拉传》28.1 – 2)与狡诈(guile, δόλος)是"军事计谋"的标准词汇,它们的语调由语境确定。无论如何,欺骗敌人可以被认为是正义的。㊸ 从色诺芬在《骑兵术》4.7 – 5.15 处的建议中能够特别清楚地看到在公元前四世纪对军事欺诈进行这样一种正面解读的可能性,在那里,暗指欺骗或诡计的语汇被用来描述精明的骑兵统帅的行动。㊹ 色诺芬的《居鲁士的教育》在居鲁士和他父亲冈比西斯的对话中(1.6.1 – 2.1.1),详细探询了[172]如何看待计

㊶ 参 Hesk(1997)最为全面而精妙的研究。接下来的内容是独立思考的产物。

㊷ Wheeler(1988)。

㊸ 色诺芬《回忆苏格拉底》4.2.15 – 17;《居鲁士的教育》1.6.27 – 40;安多基德斯《演说集》3.33 – 34;普鲁塔克《如何从敌人那里获益》91b – c;比较柏拉图《王制》382c,548a。

㊹ 这些词汇中包括 ψεῦδος(假象:4.7,5.8),ἐνέδρα(埋伏:4.10,12),κλέπτω(偷窃或隐藏:4.17,5.2,5.7),μηχανή(计谋:5.2 – 3,5.9 – 10,5.14),ἀπάτη(欺骗:5.5,5.10 – 12,5.15)以及 τέχνη(技巧:5.14)等词的同源词。亦比较 Aineias Taktikos 39 – 40;残篇 52,56 – 8 Schöne。

谋这一问题。⑤ 在公元前四世纪，人们经常就史诗英雄奥德修斯——以狡猾和欺骗为特征⑥——展开关于应当如何看待计谋的辩论。⑦ 在幽默对话《论动物具有理性的事实》中，⑧ 当一头猪同奥德修斯争论动物比人更有德性时，普鲁塔克利用了这一传统。在某个地方，他谴责了奥德修斯，因为后者在战斗中运用了诡计，这与奥德修斯嘲笑的动物们简单直接的战斗方法相反。奥德修斯为此而受到谴责的行为与吕山德的行为非常相似："……你已经通过欺骗和计谋(deceits and devices, δόλοις καὶ μηχαναῖς)把那些只知道简单、高贵的战争手段(a simple and noble method, ἁπλοῦν καὶ γενναῖον)、对诡计(deception, ἀπάτης)和谎言(lies, ψευδῶν)毫无经验的人引入歧途；你给你的无耻(unscrupulousness, πανουργία)冠以德性之名，那种德性最不承认自己无耻。"(987c)那么，奥德修斯在战争中对诡计的运用可以以负面的方式得以呈现。但很可能该段落的部分幽默感来源于它的悖论性质：奥德修斯因为某些事受到谴责，那些事通常是赞扬他的原因。无论如何，欺诈既可以被赞扬也可以被谴责。

狡猾与诡计多端尤其被认为是斯巴达人的特征。它们可以被负面解释：背信弃义是公元前五世纪雅典人在喜剧和悲剧中攻

---

⑤ Hesk(1997)，页115-133。

⑥ 例如比较Walcot(1977)。

⑦ 例如柏拉图的《小希庇阿斯》以及安提斯替尼在埃阿斯和奥德修斯之间的辩论(残篇Ⅴ A 53-54 Giannantoni)。参Hesk(1997)，页111-115。希庇阿斯把阿喀琉斯描述为 ἀληθής τε καὶ ἁπλοῦς，把奥德修斯描述为 πολύτροπός τε καὶ ψευδής (365b)。在对话的结尾，奥德修斯显示出他比阿喀琉斯更加智慧也更加优秀。

⑧ Περὶ τοῦ τὰ ἄλογα λόγῳ χρῆσθαι：双关语 ἄλογα λόγῳ 在翻译中丢失了。

击斯巴达的主要准则。⁴⁹ 它们也可以被呈现为非斯巴达人的特征,与假定的"多里安式的"素朴相反,普鲁塔克把这一观点写成是那些看到吕山德替代正直的卡利克拉提达斯的人的想法(《吕山德传》5.7,7.5–6)。埃福罗斯把斯巴达将军德尔库利达斯的狡猾描写为与斯巴达式的率直(Lakonic straightforwardness)相对立(*FGrH* 70 F 71)。⁵⁰ 普鲁塔克本人也把[173]阿该亚的斐洛波门用来对付克里特人的欺诈手段,描写为只属于非伯罗奔半岛的人:"他没有进行任何直接的或堂堂正正的作战(ἁπλοῦν τινα καὶ γενναῖον πόλεμον)——你本来或许期待一位伯罗奔半岛人或阿卡狄亚人会这样做,但他装出克里特人的品性(put on the Cretan character, τὸ Κρητικὸν ἦδος:比较《吕山德传》20.2),用他们的方案(schemes,σοφίσμασι)、计谋(tricks,δόλοις)、花招(wiles)与埋伏(ambushes)来对付他们。"(《斐洛波门传》13.9;比较《斐洛波门与弗拉米尼努斯传》2.4)

但在其他语境中,狡猾可以被呈现为一个好的斯巴达人的标志。因此,在色诺芬《阿格西劳斯》的叙事部分中,提萨斐尼斯因为

---

⁴⁹ 例如欧里庇得斯《安德洛玛刻》行445–453;《祈援女》行187;阿里斯托芬《吕西斯特拉塔》行628–629;《阿卡奈人》行307–308;《和平》行622–624 以及行1063–1067;比较 Grossman(1950)页182 及其后(non vidi);Hesk(1997)页12–51;亦比较 Bradford(1994)页70–77,关于修昔底德作品中表里不一作为斯巴达人的一个特征(例如2.39.1;比较希罗多德,9.54.1)。

⁵⁰ "因为在他的品性中没有丝毫斯巴达精神(Λακωνικόν),也没有丝毫率直,而有着许多无耻和野蛮(πολὺ τὸ πανοῦργον καὶ τὸ θηριῶδες)。所以斯巴达人实际上称他西绪福斯。"色诺芬——埃福罗斯在这里的资料来源——似乎是赞赏德尔库利达斯的狡猾的,(《希腊史》3.1.8);比较 Kane(1990),页4。关于埃福罗斯作为反斯巴达主义者,参 Tigerstedt(1965),页208–222。关于埃福罗斯作为普鲁塔克的一个资料来源,参 Herbert(1958),Smits(1939)页13–19。

在战争正式爆发之前食言而受到批评(《阿格西劳斯》1.12);但一旦宣战,阿格西劳斯对诡计的运用就成为好的用兵术的标志。色诺芬评论道,"当已经宣战的时候,诡计就因此变成正当和公正的,他显示出提萨斐尼斯在诡计方面是个孩子"(1.17)。[51] 在《阿格西劳斯》结尾对德性的讨论中,在智慧(wisdom, σοφία)这一标题下,色诺芬赞扬了阿格西劳斯,因为他在"有机会的地方"运用诡计(6.5)。普鲁塔克在他的《阿格西劳斯传》中对阿格西劳斯运用诡计同样持正面评价:例如,在《阿格西劳斯传》9.3 处,普鲁塔克说阿格西劳斯运用了一个"正当的诡计"(just deception, ἀπάτη δικαία)。[52] 吕山德在战争中对"谎言"的运用(7.5)也要求好恶参半的解读:ψεῦδος 的复合词通常描述策略(例如波利艾努斯 3.9.32),很可能已经构成军事计谋的一个专业词汇的一部分(比较狄奥多罗斯 20.17.5)。[53] 显然,无论如何,正是吕山德的精明(shrewdness)——几乎是狡猾(cunning, δεινότης)——[54]以及他的良好计划(good planning, εὐβουλία)共同导致在伊哥斯波塔米的胜利(11.12)。在《塞多留与攸门尼斯传》的开篇(《塞多留传》1.8),普鲁塔克提到一些最有名

---

[51] 比较《希腊史》3.4.11 – 12,5.4.48;《远征记》2.6.7。

[52] 比较普鲁塔克对色诺芬《阿格西劳斯》1.29 处的微妙改动,把 οὐκ ἐψεύσατο 改为 οὐκέτι ψευδόμενος (普鲁塔克《阿格西劳斯传》10.1),从而明确说明了阿格西劳斯此前对诡计的运用。亦比较柏拉图的"高贵的谎言"(《王制》414b – c: γενναῖόν τι ἓν ψευδομένους)。

[53] 比较《苏拉传》15.5;《阿格西劳斯传》10.1。关于 δόλος 与 ἀπάτη,比较 Wheeler (1988)页 30 – 32 与页 105 – 106;关于以 ψευδ 为前缀的词,参前揭,页 38 – 41 与页 43。关于吕山德的描写很可能使普鲁塔克的读者想到斯巴达的秘密行动队(Krypteia)。关于秘密行动队,参 Vidal – Naquet (1968)页 953 – 955(亦见 1981,页 153 – 155),Cartledge (1987)页 30 – 32。

[54] 关于 δεινότης 同诡计的含义联想,比较波利比乌斯,4.8.3 以及 Wheeler (1988)页 36 – 37。

的古代将军，通过狡诈和精明而赢得他们的胜利（δόλῳ … μετὰ δεινότητος）。(55)

［174］那么，这一段中用在吕山德身上的词语并不必然带有轻蔑的语气：它们的道德地位同时对正面和负面开放。对吕山德的描述——说他是不道德的（unscrupulous，πανοῦργος）和狡诈的（subtle，σοφιστής）——带有类似的含混性。(56) 在公元前四、五世纪雅典文学作品中πανουργία所包含的轻蔑含义，(57)似乎在后面时期的许多例子中丧失了（例如波利比乌斯 5.75.2），虽然《苏达》（πανοῦργος词项下）里说阿提卡主义者（Atticists）继续在这一含义上使用它。这一单词也可以被用作一种赞美。(58) 而且，普鲁塔克认为它是一种被斯巴达教育系统所鼓励的品质（《吕库古传》17.5－6）。这个词在《吕山德与苏拉传》中仅有的再次出现也同样带着含混性。哈利卡纳苏斯的克里昂（Kleon of Halikarnassos）为吕山德写的演说辞被长官克

---

(55) 比较塞多留的狡猾：《塞多留传》10.3，11.2。地米斯托克利在增强雅典防御中对斯巴达人的欺骗，以及阿尔喀比亚德在公元前 419 年对斯巴达使节的欺骗，都以某种接近于赞扬的笔调得到呈现：《地米斯托克利传》19.1－3；《阿尔喀比亚德传》14.6－15.2；《科瑞欧拉努斯与阿尔喀比亚德传》2.1－5。佩洛皮达斯通过秘密行动对忒拜的解放也得到了赞扬：比较《佩洛皮达斯与马克卢斯传》1.6。

(56) 关于πανουργία，比较 Wheeler（1988）页 33－35 以及页 107－108；关于σοφιστής，前揭，页 27－28。

(57) 例如欧里庇得斯《阿尔喀比亚德》行 766；《希波吕托斯》行 1400；阿里斯托芬《骑士》行 249；修昔底德 3.82.7。

(58) 例如米南德《公断》行 535，以及 Gomme 与 Sandbach（1973）对应处的笺注；比较普鲁塔克《年轻人应当如何倾听诗人》28a：κομψὸν … καὶ πανοῦργον；《漫谈录》673f。

拉提达斯（Ephor Kratidas）描述为⑤⁹ συντεταγμένον πιϑανῶς καί πανούργως："令人信服地且不道德地"或"令人信服地且聪明地"被放在一起(30.5)？Σόφισμα可以被用于军事或政治计谋。⑥⁰ 普鲁塔克把它用在塞多留在战争中的速度、狡猾和诡计多端(τάχος, ἀπάτη, ψεύδη)上面：他是一个σοφιστής δεινότατος（《塞多留传》10.3）。⑥¹ 但σοφιστής这个词，与这里的强调——强调吕山德更看重利益而非严格的真假宣称(strict claims of truth and falsehood)——结合起来，使人想起公元前四、五世纪对智术师们所作的批评：他们能够使更弱的或道德水准更低的论证显得更强。⑥²

这句名言或格言显示出吕山德把自己暗中比作狐狸(7.6)，对这句格言的记述继续保持着含混性。狐狸因狡猾而闻名：例如，[175]品达像这里一样把狮子的勇敢与狐狸的狡猾进行对比（《地

---

⑤⁹ 将抄本的异文Λακρατίδαν修订为Κρατίδαν。在《斯巴达人的格言》中的一个对比段落中（《斯巴达人的格言》229f），大部分稿本都写作Κρατίδην，在一则铭文中，一位叫这个名字的人（克拉提达斯，Kratidas）被证明是斯巴达城邦科提尔塔（Kotyrta）的长官（SGDI 4,36,34 – 35,页690）；比较 Piccirilli(1993a)页28 – 29。Fraser与Matthews(1997,页257)列举了该词在斯巴达以外地区的铭文中的另外三次出现。拉克拉提达斯这个名字在斯巴达是无与伦比的（例如在 Bradford 1977 中），虽然它似乎出现在阿尔戈利斯的迈萨纳出土的一则铭文中（SEG 37,320:[Λ]ακρατε[ίδ]α）。关于基于《斯巴达人的格言》的一处异文对本列传所作的类似校勘，比较下文注95（《吕山德传》2.8）。

⑥⁰ 例如《梭伦传》15.2;《法比乌斯传》5.4;《阿格西劳斯与庞培传》2.3;《论罗马人的机运〈或德性〉》320e;比较修昔底德5.9.5。

⑥¹ 比较《塞多留传》11.2处的σοφιστικῶς。

⑥² 例如普罗泰戈拉（亚里士多德《修辞学》1402a23）、欧绪德谟（柏拉图《欧绪德谟》272a）、阿里斯托芬（《云》）所描绘的苏格拉底。参 Dover(1968)，页 xxxvii – xl，以及 Guthrie(1969)，特别是页 32 – 40。在公元一、二世纪，σοφιστής这个词常被普鲁塔克和其他作者用作辱骂：Stanton (1973)页 351 – 358；Brunt(1994)页 27,42 – 43。

峡赛会颂》4.45–47）。⑬ 接下来吕山德杀害米利都民主派的故事（8.1–3），作为对这句格言的说明也非常合适。⑭ 吕山德通过假装对他们毫无伤害，从而把他们引诱到他的陷阱中。比较奥庇安对狐狸的描述（《捕鱼术》2.107–119）：狐狸为了引诱鸟攻击自己会装死或装睡。吕山德的欺骗手段被用διεποίκιλλε一词（字面意思是"使多样化、装饰"）加以描述。⑮ 从ποικιλ-这一词根而来的单词的字面意思是"多种颜色的"或"多样化的"，但它们也有狡猾的含义，⑯ 荷马史诗中的奥德修斯经常被称为ποικιλομήτης。⑰ 像πανοῦργος一样，Ποικίλος也是描述狐狸的一个常用修饰词。⑱ 从与《亚历山大传》59.6–7处的对比中能够清楚地看出，吕山德的欺骗可以被认为是应受责备的，在那里一个类似的行动被说成是亚历山大军事功绩的一个"污点"（stain, κηλίς），但对狐狸狡猾的赞扬也同样有可能。⑲

---

⑬　比较《梭伦传》11.5–8 West；伊索《寓言》192；阿里斯托芬《吕西斯特拉塔》行 1269–1270；《和平》行 1067–1068；柏拉图《王制》365c；埃里亚努斯《论动物的本性》6.24；比较普鲁塔克《地米斯托克利传》21.7。这里或许对斯巴达的教育的"兽化"（bestializing）效应也有所暗示：比较亚里士多德《政治学》1388b12 与 30–31，以及 Hesk（1997）页 24–25。

⑭　在 19.3 处它又一次不按年代顺序地被引入了。参下文，附录 2。

⑮　关于该词，参 Decker（1951）。

⑯　柏拉图《会饮》218c；《法义》863e；斯特拉波 7.3.7, C 301。比较阿尔喀比亚德作为变换颜色的变色龙：《阿尔喀比亚德传》23.3–6。亦参 Hesk（1997）页 22–23。

⑰　《伊利亚特》11.482；《奥德赛》3.163, 13.293。

⑱　Ποικίλος：伊索《寓言》119。πανοῦργος：亚里士多德《动物志》1.1, 488b20–21；托名亚里士多德《面相学》6, 812a16–17。比较普鲁塔克《陆地和海洋里的动物哪个更聪明？》971a。

⑲　例如，在阿尔基罗库斯，残篇 174、185、201 West 中。比较伊索《寓言》6；柏拉图《王制》365c。关于狐狸的联想，参 Bowra（1940），Detienne 与 Vernant（1974）页 41–45（亦见 1978，页 34–37）。

由某位安德罗克莱德斯(Androkleides)记录的第二句格言(8.5)——否则将不为人知——圆满结束了关于吕山德的欺骗这一小节,这句格言显示出吕山德对誓言毫不在乎(indifference, εὐχέρεια):

[A]根据安德罗克莱德斯的记载,"用距骨游戏欺骗孩子、用誓言欺骗成人"正是他的方针,由此他模仿了萨摩斯的波利克拉底(Polykrates of Samos)。[B]虽然一位将军模仿僭主不对,但拉科尼亚人像对待敌人那样对待神明也不对,不,甚至更加蛮横暴虐——因为他[176]这个利用誓言来欺骗敌人的人承认他畏惧敌人,但藐视神明。⑦

[A]处的这句话在其他地方也被归于吕山德(例如普卢萨的狄翁,《演说集》74.15)。[B]处的判断——吕山德的狡猾行为对于一位斯巴达将军来说是不合适的——可能被设计用来使读者回想起修昔底德1.95.3处,所记载的对泡萨尼阿斯的批评。㊆ 但并不清楚,这一判断只代表安德罗克莱德斯的观点,还是说读者被期望也分有这一判断。它既使作者与所表达的对吕山德的批评保持距离,也增加了对吕山德行为作出道德判断的持续性困难。

欺骗这一主题继续贯穿这篇列传的始终。当法那巴佐斯(Pharnabazos)用欺骗手段来对付吕山德时,吕山德开始从权力顶峰跌落了(20.1–5)。吕山德死后,他推翻斯巴达城邦的计划还是被

---

⑦ 柏拉图也提到过,欺骗可以与对敌人的恐惧联系在一起(《王制》382d)。参Hesk(1997),页101–109。
㊆ 比较泰奥庞波斯对法拉克斯的批评,后者是狄奥尼修斯一世的一位斯巴达谋士:"甚至斯巴达人法拉克斯也过上了奢侈的生活……并且如此放肆无度地寻欢作乐,以至于根据他的生活方式,称他是一位西西里的希腊人要远比根据他的家乡称他是一位斯巴达人更加合适。"(FGrH 115 F 192)。

密藏了,尽管阿格西劳斯有(30.4)揭露"他到底是一个什么样的公民"的欲望(what sort of a citizen he really was, οἷος ὢν πολίτης διαλάθοι)。⑫ 吕山德死在哈里阿托斯(Haliartos)附近的"狐狸山"(Hill of Foxes, Ἀλώπεκον)这件事(29.11 – 12),似乎是他的奸诈行为的报应,他本人已经把这种行为与狐狸的行为联系在一起。⑬ 欺诈也是苏拉分有的一种特质(例如28.1 – 6)。而且,再次出现狐狸与狮子的对比表明了该主题的延续性(《苏拉传》28.6)。苏拉的对手卡尔波声称:"在同苏拉灵魂中的狐狸和狮子开战时,更让他烦恼的是狐狸。"

第五节　吕山德的抚养经历与品性(《吕山德传》2.1 – 6)

[177]在《吕山德传》差不多开篇的地方,从关于其抚养经历和品性的讨论中,也能看出吕山德品性的内在含混,以及对他下道德判断的困难(2.1 – 6):

---

⑫　对来自悲剧舞台的意象的运用,也有助于人们对环绕在吕山德四周的欺骗产生深刻的印象:比较 Pelling(1988a)页 273。关于普鲁塔克对悲剧意象的运用,亦参页 62 注 35、页 123 注 83 以及页 125。

⑬　在其他地方,一位普鲁塔克笔下的传主的死亡地点或死亡方式,对我们理解他的品性偶尔也有着某种象征意义。阿格西劳斯——普鲁塔克把他与阿伽门农联系在一起(《阿格西劳斯传》6.6 – 9)——像与他配对的庞培一样(《庞培传》67.5),死在北非海岸上所谓的"墨涅拉俄斯港"(40.3);西塞罗则被他的被释奴隶斐洛逻各斯(Philologos 学者)出卖,据说他抚养并教育后者(《西塞罗传》48.2)——对那些试图从罗马政治现实中撤回到希腊文化世界的政治家的终极讽刺。参 Moles(1988)页 35 – 36、151、200;Pelling(1989)页 222。

第六章 吕山德与苏拉传 251

(2.1)据说吕山德的父亲阿里斯托克勒托斯(Aristokletos)并非王室成员,虽然他属于赫拉克勒斯后人(Herakleidai)家族的另一支。(2.2)但是吕山德在贫穷中长大,并显示出他像其他人一样遵守民众的习俗、有男子气概、超越所有的享乐——除了良好的行动为那些光荣而成功的人带来的那种欢乐之外。(2.3)在斯巴达,年轻人屈服于这种欢乐一点也不丢人……(2.4)那么,通过他的斯巴达式训练,对荣誉和胜利的爱牢固地被灌输在他心里,他的天性不应当为此受到过多批评。另一方面,似乎出于天性,他比斯巴达人通常所做的那样更倾向于巴结有权势的人,在需要的时候愉快地承受权威的压迫。有些人认为这一品质是政治精明的重要部分。(2.5)而且,当亚里士多德宣称伟大天性的人——如苏格拉底、柏拉图和赫拉克勒斯——都有忧郁的倾向时,他也写道,吕山德一开始并没有,但在老年也开始忧郁了。(2.6)对他来说最特别的是,虽然他自己对贫穷甘之如饴,绝不会被金钱所控制或被金钱腐化,但他让他的国家充满了财富和对财富的爱。

这篇列传开篇直接分析品性的这一小节[178]——这是普鲁塔克传记的一个常见特征——在这里有着好几个功能。[74] 首先,它指

---

[74] 普鲁塔克可能以泰奥庞波斯的著作为基础。阿特奈奥斯提到大多数作者记载吕山德以他的奢侈的生活方式而闻名(《哲人席谈》543b-c)。然而,他引用泰奥庞波斯《希腊史》的第十卷(FGrH 115 F 20),提出了不同的观点:"他[吕山德]热爱辛勤劳作,既能巴结(cultivate, θεραπεύειν)普通人(private individuals)也能巴结国王,他严于自律(self-restrained, σώφρων),超越于所有享乐之上。无论如何,虽然他成为几乎整个希腊的主人(比较《吕山德传》16.1),但我们将会清楚地看到,他在任何一个城邦里都没有纵情声色之娱,也没有在错误的时候贪杯大醉。"

出了这对列传中意义非凡的多种品性—品质:⑦"爱荣誉"和"爱胜利"(2.4),巴结人的能力,以及忧郁的倾向(2.5;字面意思是"黑胆汁")。普鲁塔克对最后这种特质的理解似乎以[托名]亚里士多德在《问题集》中的理解为基础(30.1,953a10 - 955a40),他直接引用了后者。忧郁暗示了一种倾向于暴力与愤怒的禀性,这两种品质在列传接下来的部分,特别是在 28.1 处得到了充分说明:"由于在晚年陷入忧郁,他经常大发脾气。"⑦普鲁塔克特别写道(2.1),吕山德的父亲是赫拉克勒斯后人家族的一员,但不是王室成员,这句话预示了这篇列传中的另一个重要主题,也就是吕山德对王权的渴望。⑦

⑦ Pelling(1988a,页 269 - 270)把这一小节描述为对这些品性—品质相当粗略的呈现,随着列传的进展,这些品性也逐渐被重新定义。

⑦ 关于吕山德的怒气,比较 19.1 - 6、22.1 - 5、24.1 - 2、27.4。在其他地方,普鲁塔克把胆汁(bile, χολή)和怒气联系在一起:《论制怒》457d,458e;残篇 157.2 Sandbach。关于忧郁,参 Toohey(1990),Padel(1995)页 47 - 54。当时的医学作者倾向于把忧郁与消沉(depression)联系在一起。但在非医学作者那里,最重要的性状是疯狂(例如普鲁塔克《驳科洛特斯》1123b;Toohey,1990,页 150 - 151)。因此,Cruserius 所建议的对《吕山德传》2.5 处的修订是没有根据的:他建议把 Ἡρακλέους——也被托名亚里士多德所列举的一位忧郁者——修订为 Ἡρακλείτου,后者是一位著名的消沉者(Flacelière 1970)。亚里士多德(《尼各马可伦理学》1150b25 - 8)谈到了"忧郁症患者"(melancholics, μελαγχολικοί),说他们容易"失去控制"(ἀκρασία),他们"太过于激动而无法等待理性"(too vehement to wait for reason, διὰ τὴν σφοδρότητα οὐκ ἀναμένουσι τὸν λόγον):比较吕山德在哈利阿托斯灾难性的进军,其背后的原因是他没有能力"按兵不动"(to remain inactive, ἀτρεμεῖν:《吕山德传》28.6)。比较托名希波克拉底《论神圣的疾病》18(亦见 VI,394 Littré);普鲁塔克《如何意识到一个人德性的进步》81f - 82a。关于《吕山德传》2.5,亦比较 Bommelaer(1981)页 56 - 57,以及 Sansone(1980)页 67。

⑦ 关于普鲁塔克在他的列传的开篇对传主祖先的结构性运用,参下文附录 1。

这一小节的第二个功能是暗示吕山德的道德含混性。据说,吕山德"比斯巴达人通常所做的那样更倾向于巴结有权势的人"(2.4)。这样一种奉承他人的倾向——这对列传中反复出现的主题(苏拉本人也经常迎合军队或民众)——在普鲁塔克作品的其他地方是一种完全负面的品质。[78] 但对吕山德的任何轻易的谴责都被作者后面的陈述削弱了:有些人认为讨好有权势者这一能力[179]是政治精明(political shrewdness, πολιτικὴ δεινότης)的重要部分。与此相似,普鲁塔克通过追随[托名]亚里士多德的榜样,把吕山德容易发怒的倾向与忧郁联系起来(2.5),从而使这种倾向既有利也有弊。普鲁塔克明确地向读者提到[托名]亚里士多德《问题集》中对忧郁的经典分析。在那里,作者把忧郁与"那些在哲学、政治、诗或艺术等方面杰出(outstanding, περιττοί)的人"联系在一起,并举了诸如赫拉克勒斯、吕山德、埃阿斯、柏勒洛丰、恩培多克勒、柏拉图和苏格拉底这样的例子(953a14-29)。作者接下来谈到了那些忧郁者的体质中的混合状态(mixture)的多样性,这在他们体内产生了多种不同的精神与身体上的效应。他总结道(955a36-40),所有忧郁者就天性来说都是"杰出的"(outstanding, περιττοί)。普鲁塔克似乎已经把这一段落解释为"伟大天性"学说的重述,并把περιττός(不寻常的、杰出的,甚至反常的)作为"伟大天性"的同义词。有些人,由于他们天生的资质,他们在智力和能力上超乎寻常。这可能会导向巨大的善,如柏拉图或苏格拉底那样,或导向疯狂的突然发作,如埃阿斯或赫拉克勒斯那样。通过向我们提到《问题集》的这一段落,普鲁塔克能够把吕山德与希腊历史上三个最伟大的人物——苏格拉底、柏拉图和赫拉克勒斯——联系在一起,并把他的最坏的品质与

---

[78] 关于罗马人物列传中的这一主题,参 De Blois(1992)页4590-4599。

他拥有"伟大天性"——像他们一样——联系在一起。⑦⑨ 而且,吕山德节俭与廉洁的好品质被下面这句悖论性的陈述(2.6)削弱了:虽然他本人不受腐化,但他使斯巴达充满了财富和对财富的爱。这个悖论倒转了所有正常的道德规划。

那么,吕山德的"对荣誉的爱和对胜利的爱"是什么呢? 在普鲁塔克作品的其他地方,年轻人身上的抱负在道德上是成问题的:它是一个好东西,但并非没有危险。⑧⓪ 下面这条命令增加了评判吕山德的难度:不要因为这一品质而"过多地"责备他,因为它由他的斯巴达式教育而产生(2.4)。⑧① 关于斯巴达社会中赞誉与责备所占据的中心地位的讨论(2.2-3),[180]已经引出了对吕山德的品性作出批评性评价的可能性。但这里的结果是含混的——我们是否要因为吕山德对荣誉的爱而责备他? 在普鲁塔克对居鲁士的处理中,φιλοτιμία有好的含义("大公无私、有公共精神"),⑧② 正是这一动机促使吕山德为他的舰队要求额外的报酬(4.6);意味深长的是,色诺芬并没有将吕山德的行动归因于这一品质(《希腊史》1.5.2-

---

⑦⑨ 关于《问题集》30.1,参 Klibansky、Panofsky 与 Saxl(1964)页 18-41; Padel(1995)页 55-57。比较《后分析篇》2.13(97b15-25),在那里,阿尔喀比亚德、阿喀琉斯、埃阿斯、吕山德以及苏格拉底都被假设性地作为"灵魂之伟大"(μεγαλοψυχία)的例子:前面三位的特征是"无法忍受不名誉",后面两位的特征是"不受机运好坏的影响"。关于"伟大天性",参上文页 47-49 以及页 206-210。

⑧⓪ 参我在上文页 84-87 处的讨论。

⑧① 关于这一段,比较 Pelling(1988a)页 269 与页 272-273。对普鲁塔克来说,正如对柏拉图那样,野心特别与斯巴达相联系;参我的讨论(前注)。普鲁塔克在这里似乎坚持认为吕山德的天性本身并不是极度野心勃勃的,而是他作为一位斯巴达人的抚养经历形成了他野心勃勃的品性。然而,在后面普鲁塔克似乎又暗示吕山德本人的天性就是野心勃勃的(23.3)。

⑧②˙ 关于这一含义,参 Robert(1940)页 276-280,Frazier(1988a)页 123。亦比较 Whitehead(1983)页 60-70。

7),这是一个普鲁塔克式的关怀。后来(6.2),作者说卡利克拉提达斯想要证明吕山德的 φιλοτιμία 是自负而空虚的(boastful and empty, ἀλαζονικὴν καὶ κενήν)。作者是否也同样持有卡利克拉提达斯的负面判断,这并不清楚。

一个修昔底德式的回想进一步发展了吕山德形象的道德复杂性。6.3 处吕山德对卡利克拉提达斯的机智回答(不是他而是其他人掌管着舰队),使读者想起修昔底德笔下克里昂所作的类似回答(修昔底德 4.28.2)。[83] 克里昂的回答的背景,是雅典民众大会就在皮洛斯岛上的军事行动所展开的辩论(修昔底德,4.27–28)。在这场辩论中,克里昂批评了尼基阿斯与其他将军对战役的指挥,结果导致他被迫违背自己的意愿来亲自指挥。吕山德同克里昂的联系,以及(通过暗示)卡利克拉提达斯与尼基阿斯的联系乍看上去对吕山德极为不利,因为在其他地方,普鲁塔克对克里昂的呈现甚至比修昔底德的呈现更加负面。[84] 但接着,像克里昂在皮洛斯岛那样,吕山德也成功了,尽管他有道德缺陷。这又一次引出了如何评判吕山德这一整体难题。因为他似乎把他的国家放在第一位:据说他后来(21.7;比较 24.1)得到了这样的名声(reputation, δόξα),即他奋斗

---

[83]《吕山德传》6.3: ὅτι οὐκ αὐτὸς ἀλλ' ἐκεῖνος ἄρχοι τῶν νεῶν; 修昔底德, 4.28.2: οὐκ ἔφη αὐτὸς ἀλλ' ἐκεῖνον στρατηγεῖν。这个修昔底德式的回想并没有出现在色诺芬《希腊史》1.6.3 中,后者是普鲁塔克的主要资料来源之一。然而,色诺芬确实把一个相似的短语,放入伊哥斯波塔米战役之前对阿尔喀比亚德说话的雅典将军们之口(《希腊史》2.1.26),在那里它的作用是贬低发言者;普鲁塔克只把它给予了堤丢斯一个人(《吕山德传》10.7)。

[84] 例如《尼基阿斯传》2.2–3,8.5–6;《尼基阿斯与克拉苏传》3.5;《德米特里乌斯传》11.2。至于修昔底德有关克里昂的文字,参修昔底德,2.65.10,3.36.6,4.28.5,以及 Woodhead(1960)。

"不是为了他人,也不是为了剧场表演,⑧⁵而是为了斯巴达的利益"(οὐ πρὸς ἑτέρων χάριν οὐδὲ θεατρικῶς ἀλλὰ πρὸς τὸ τῇ Σπάρτῃ συμφέρον)。⑧⁶普鲁塔克认为,为了一个人的国家利益而奋斗是斯巴达道德准则中最高的善。阿格西劳斯把这用作[181]他在埃及内战中改变立场的托词(《阿格西劳斯传》37.9–11):普鲁塔克告诉我们,虽然这样的行动可以被最为公正地称为背叛(προδοσία),但是,他接着说道,斯巴达人除了维护城邦利益之外,不理解其他形式的公正(37.11;比较《阿尔喀比亚德传》31.8)。色诺芬笔下的阿格西劳斯已经用同样的论证,来为腓比达斯(Phoibidas)对忒拜非法的、该受天谴的但又是成功且出人意料的进攻辩护。⑧⁷而且,意味深长的是,这种短语(τὸ τῇ πόλει συμφέρον)在公元二世纪赞颂性铭辞中似乎是标准性的。⑧⁸一位高贵但失败的英雄,或者一位把他的国家带到实力顶峰的骗子,哪一个更好?吕山德并没有表现出传统的斯巴达式价值观,但他不像卡利克拉提达斯,他给斯巴达带来了好处。这是《吕山德传》提出的主要道德问题之一:个人德性与冷酷无情地捍卫国家利益,何者更好?

两桩事情引出了国家利益如何与道德规范相协调这一问题,在这两桩事情中我们被含蓄地鼓励把吕山德与几位次要人物进行比较。在伊哥斯波塔米战役之前,斐洛克勒斯(Philokles)(应为失败

---

⑧⁵ 关于普鲁塔克作品中悲剧剧场的负面含义,参 De Lacy(1952),以及上文页 123–126。

⑧⁶ 事实上,吕山德的对外政策以建立个人霸权为目的:Bommelaer(1981)页 115 与 Cartledge(1987)页 90–94。

⑧⁷ 色诺芬《希腊史》5.2.32;比较 5.4.32 关于斯佛德里阿斯(Sphodrias)的部分。

⑧⁸ 例如 OGIS,220,5–8;IG xii.5,278;IG v.1432,33;Robert(1927),页110。

第六章　吕山德与苏拉传　　**257**

负责的雅典将军之一)被刻画成(9.7)是那个劝说雅典公民大会砍下所有敌俘右手大拇指的人。⑧⁹那么,像吕山德一样,斐洛克勒斯把他的国家的利益置于严格的正义诉求之上。战争之后,斐洛克勒斯的死亡在一个很简短的场景中得到了叙述,该场景的高潮是对他的令人难忘的描绘:他洗了澡,穿上色彩鲜艳的斗篷,挑衅性地领着他手下的人赴死(13.1-2)。吕山德问他,他认为自己应受什么样的惩罚——"因为他曾经对他的公民们提出过关于希腊人的那样的建议",他的回答是,他愿意遭受吕山德如果战败将会遭受的惩罚。在这两个人之间的平行对比明白无误。他们都是伟大的爱国者,准备不顾一切地给他们的祖国带来胜利。⑨⁰

另一个提供来与吕山德作对比的人物,是雅典政治家特拉墨涅斯(Theramenes),他作为一位政治上的骑墙派而广为人知。在雅典被占领之后,特拉墨涅斯为自己辩护,反驳人们对他的批评:他不应该对斯巴达人提出的投降条约屈服,容许雅典的城墙被夷为平地。特拉墨涅斯答道(14.10),他的行动是为了"公民的安全"(ἐπὶ σωτηρίᾳ τῶν πολιτῶν)。据推测,特拉墨涅斯[182]因为与吕山德一样愿意把权宜手段放在荣誉之前,从而拯救了他的国家。野心、与权势人物的结交、忧郁、在国家利益问题上冷酷无情,甚至经济上的廉洁,所有这些品质在普鲁塔克笔下的吕山德形象中都是成问题的。坏品质或许并没有那么坏,好品质也未必有那么好。

---

⑧⁹ ἀντίχειρα。需要更正色诺芬(《希腊史》2.1.31),他说要砍下的是右手(χεῖρα)。关于这些事件,比较 Ducrey(1968),页64-68。

⑨⁰ 他们两个人都打破了战争的惯例。比较如上,特别是页289-295。对比庞培的仁慈:《庞培传》28.4-7,《阿格西劳斯与庞培传》3.2-3。

第六节　吕山德和他的女儿们
(《吕山德传》2.7–8 与 30.6–7)

吕山德品性中内在的含混性,以及在德性与国家利益之间进行调和这一难题,对接下来的两则轶事(2.7–8)是核心性的。这两则轶事很好地说明了本列传中的轶事所提出的某些典型难题。它们也含有一个重要的文本症结(textual crux):

> (2.7)当僭主狄奥尼修斯送几件昂贵的西西里衣服给吕山德的女儿们时,他没有接受它们,说他害怕他的女儿们因为这些衣服而显得丢人。(2.8)但不久之后,当他作为使臣,从同一座城邦被派往同一位僭主那里时,僭主给他送来两件袍服,让他挑一件他更喜欢的带给他女儿,他说她本人将会挑一件更好的,就把两件衣服都拿走了。

第一则轶事记载了叙拉古僭主狄奥尼修斯一世(公元前405—前367)给吕山德送来几件衣服作为给她女儿的礼物,吕山德拒绝了这些礼物,"说他害怕他的女儿们因为这些衣服而显得丢人"。(αἰσχραί),这一双关语使人想起本列传开篇几行中类似的双关语:关于形体上的丑陋与道德上的丑恶(αἰσχρός)这两个意思的一语双关(1.3)。如果在吕山德身上确实发生过这样的事,那么一定是他被派往以弗所之后发生的,这是公元前408年晚期或407年早期的事,虽然直到下一章才叙述他到达以弗所。[91] 正如通常那样,年代

---

[91] 这件事可能发生在公元前405年晚期或404年早期:Bommelaer(1981)页73–75、177–178。

顺序的[183]准确性输给了描绘品性的兴趣。⑫但无法肯定这个故事原来的传主就是吕山德。轶事的细节根据讲述轶事的目的而改变，与轶事相联系的人名也可能改变或遗漏。⑬事实上，在托名普鲁塔克的《王侯将相言行录》(Saying of kings and commanders)218e处，这件轶事也被说成是关于阿基达莫斯的。

第二则轶事的文本(2.8)是有疑问的。按照抄本的记载，传主应该是吕山德；在分句末尾出现的 πρεσβευτής，自然地被作为[Λύσανδρος]的同位语，而不是作为一个新的主语。⑭然而，这种读法有着相当大的困难。如果这两句话的主语是同一个人，那么 ἐκ τῆς αὐτῆς πόλεως（从同一座城邦）这一短语就是多余的；而且，虽然在第一则轶事中已经提到了两个女儿，在 30.6 - 7 处也用了复数，但在第二则轶事中只提到一个女儿。如果文本可靠的话，那么这是贯穿整篇列传的道德含混性的又一个醒目例证：吕山德在这里被加上一种恶（贪欲），在前面的讨论中(2.6)明确说过他不会屈服于贪欲。看起来文本似乎有错误，πρεσβευτής 应当指第二位使节，他的行为与吕山德正好相反。基于普鲁塔克《斯巴达人的格言》(Ap. Lac. 229a)⑮以及狄奥多罗斯 14.10.2 - 3 的某些抄本，Sansone 的建议——以 Ἀρίστας 取代 πρεσβευτής 或给 πρεσβευτής 加上 Ἀρίστας——

---

⑫ 参下文，附录 2。

⑬ 关于轶事容易脱离原初语境的趋势，参 Fairweather(1974)页 266 - 270,(1984)页 323 - 327; Saller(1980)页 73 - 82; Dover(1988)，特别是页 48 - 49。

⑭ 尽管 Renehan(1981)持此观点。

⑮ 关于基于《斯巴达人的格言》(229f)对本列传进行校订的另一个例子(《吕山德传》30.5)，参注 59。事实上，《斯巴达人的格言》所有的印刷版本都错误地追随 Bernardakis，把 Ἀρίστας 校订为 πρεσβευτής，其目的是为了和《吕山德传》2.8 处的手稿异文相一致。

或者 Renehan 的建议——在 πρεσβευτής 后加上 τις——应当被采纳。⑯ 这一节现在包含在吕山德与第二位不知名的使节之间的含蓄"对比",这一比较的作用是揭示吕山德的廉洁。但它也强化了下述悖论(2.6 处有明确阐述):尽管吕山德个人很有德性,但他的胜利在他的国人心中鼓起了财富之爱,从而伤害了他的国家。吕山德并不腐败,但是(ἀλλ'),因为他的行为,那些继他之后的人是腐败的。这正是后面一件事的寓意。在那里吕山德把一批战利品送回斯巴达(16.1),[184]他的这一行为被含蓄地与吉利普斯试图偷盗这批战利品(16.2-4)的行为进行了对比。前者的正直显得更加清晰,尽管他的地位提供了巨大的诱惑。但接下来的一段讨论,强调了继吕山德的胜利之后财富的大量涌入对斯巴达的有害影响(17.1-11)。⑰ 虽然吕山德本人很有德性,但他伤害了他的国家。

在列传的结尾,关于吕山德女儿们的轶事被再度提起。吕山德死后,他的贫困大白于天下,按照普鲁塔克所言,这使得他的德性(ἀρετή)更加显明(30.2)。这件事在斯巴达恢复了吕山德死后的名誉,但这种恢复被吕山德革命计划的暴露所削弱(30.3-5)。因此,在他死后,斯巴达加在他身上的荣誉头衔在多大程度上是认真的,这并不清楚。当局强迫他的女儿们的勉强的求婚者和她们结婚,他们现在则因为她们一贫如洗而想打退堂鼓(30.6-7)。对狄奥尼修斯轶事(2.7-8)的回忆为本篇列传提供了一个强有力的结尾,有一种绕了一圈的感觉。正如开篇那样,结尾处也是这样,通过提到吕山德的女儿们而提出他的道德地位问题。乍一看来,这个故事似乎

---

⑯ Sansone(1981); Renehan(1981)。狄奥多罗斯先把人名写成是 Ἄριστος (14.10.12),后来写成 Ἀρέτης (14.70.2),二者可能都是 Ἀρίστας 的错误形式。比较泰奥庞波斯对法拉克斯的描写(上文注 71)。

⑰ 对这些事件的叙述,以及后面关于财富在斯巴达的讨论(16.1-17.11),可能源自埃福罗斯: Alessandri(1985)。

以正面方式呈现了吕山德。引入死后的荣誉头衔是普鲁塔克常常用来说明他对传主的赞赏的一种策略,无论他死时的情境是什么样的。⑱ 但含混性也并不遥远。虽然在普鲁塔克的《列传》中,财务上的廉洁是一种德性,阿里斯泰德就是例证(例如《阿里斯泰德传》24.1-7),但让家人一贫如洗并不是一种德性,正如对阿里斯泰德的这种做法的批评所显示的那样(《阿里斯泰德与老加图传》3.2-5)。⑲

第七节 吕山德的生涯:好还是坏?

描述吕山德抵达以弗所的那一章(3)显著增加了评价他的难度。从《吕山德传》2.7-8处关于狄奥尼修斯的"无时间性的"轶事——以一种超越年代顺序的方式被讲述——到吕山德进入爱奥尼亚的行动场景的转折,是通过一个句法复杂的长句完成的(3.1-2)。[185]这个句子以Λύσανδρον一词为顶点,把吕山德的到达标记为一个重要的戏剧性时刻。更加意味深长的是给予这一节叙述的赞辞气息。作者阐述了吕山德到来之前以弗所遭受的苦难;正是因

---

⑱ 参上文页 136-137。

⑲ 在普鲁塔克的思想中,对政治家来说,廉洁是一种重要的德性。参《梭伦传》27.3-7;《佩洛皮达斯传》30.8-13;《伯利克勒斯传》15.3;《伯利克勒斯与法比乌斯传》3.5-6;《福基翁传》18.1-8;《埃米利乌斯与提摩勒昂传》2.8-9;《斐洛波门传》15.6-12。参 Wardman(1974)页 79-86;Panagopoulos(1977)页 205-207 以及页 225;Desideri(1985)。比较德摩斯梯尼,他收受哈尔帕卢斯(Harpalos)的贿赂,结果导致自己身败名裂并被流放(《德摩斯梯尼传》25.1-26.4;比较 Pecorella Longo 1995,页 130-134);西塞罗"对财富的蔑视"(ὑπεροψία χρημάτων)与德摩斯梯尼的腐败截然相反(《德摩斯梯尼与西塞罗传》3.2-4.1)。

为这类事情,修辞家米南德(II. 378. 17 – 26)建议举办一场赞颂演说来欢迎一位贵人(a dignitary, a λόγος ἐπιβατήριος)的到来。吕山德为一个衰落中的城邦带来了新的繁荣。意味深长的是,这里的许多细节在伊索克拉底对埃瓦戈拉斯回到萨拉米的赞颂性记叙中也有出现,在很多地方用词也相当类似(《埃瓦戈拉斯》47 – 50)。萨拉米沦为一个"蛮族化"的城邦(《埃瓦戈拉斯》47: ἐκβαρβαρωμένην),也就是说,它丧失了它的希腊性;以弗所也有沦为这样城邦的危险(《吕山德传》3. 3: κινδυνεύουσαν ἐκβαρβαρωθῆναι)。⑩ 萨拉米对技艺(skills, τέχναι)一无所知,既没有商埠(trading port, ἐμπόριον),也没有港口(harbour, λιμήν);吕山德用贸易使以弗所的港口恢复生气(《吕山德传》3. 4: ταῖς μὲν ἐμπορίαις τοὺς λιμένας αὐτῶν ἀνέλαβεν),用商业使店铺和作坊(字面意思是技艺: τέχνας)都能赚钱(亦比较《卢库卢斯传》2. 4 – 5)。埃瓦戈拉斯建造了三层战船(triremes: τριήρεις ἐναυπηγήσατο),并通过其他"备战措施"或"建筑"(ἄλλαις κατασκευαῖς)强化了城邦的防卫;吕山德被描写为(《吕山德传》3. 4)已经"准备在那里建造三层战船"(ναυπηγίαν τριήρων ἐκεῖ κατασκευασάμενος)。这两个段落都提到城邦今天的繁荣景象,这种繁荣被直接归功于传主(《埃瓦戈拉斯》50;《吕山德传》3. 4),这是显示传主是许多好事情(πολλῶν αἴτιος)的"原因"的赞颂性做法的一种变体。⑩

---

⑩ 关于阻止蛮族化,比较柏拉图《法义》692e – 693a。对普鲁塔克来说,把希腊教化(παιδεία)带给那些缺少它的人,这特别值得赞扬。这是在对亚历山大的描写中——特别是在《论亚历山大的机运或者德性》中的两篇演讲中——的一个关键主题(Humbert 1991),在《提摩勒昂传》中也能看到(例如35. 1)。

⑩ 例如,托名亚里士多德《亚历山大修辞学》3, 1426b7。

这些使人想到赞辞的地方，其作用是什么呢？[102]再一次，正如对修昔底德笔下的克里昂(6.3)的提及那样，文学暗示增加了《吕山德传》整体的道德复杂性。赞颂性主题鼓励读者对吕山德有积极的回应。接下来的章节继续着这种非批评性的描绘，表明他成功地对局势作出反应，他正因为这一局势而被派遣。他成功地使居鲁士加入斯巴达一方，并且通过在[186]观念上(at Notion)击败雅典人，从而终结了阿尔喀比亚德的政治生涯(4.1-5.4)。但紧接着就描述了他对城邦中寡头派冷酷无情的支持(5.5-6)。在本列传的其余部分，吕山德并没有被呈现为一位值得赞扬的人物。例如，色诺芬没有描写的吕山德传统中的不利因素都被包括了进来。[103]最初对读者的欺骗——本篇列传开始似乎要以正面方式呈现吕山德——很适合于所描绘的吕山德形象：他这个人的惯用手段就是欺骗，关于他很难作出任何确定的道德评价。

关于伊哥斯波塔米战役的叙事之后的那一小节毫无疑问是赞颂性的。战争之后，吕山德的成功在一个段落中得到了总结，该段落的引人注目之处在于其中含有很多最高级的词语(11.11-12)：

---

[102] 很可能普鲁塔克在这里对伊索克拉底的《埃瓦戈拉斯》进行了直接的模仿(比较《吕山德传》11.8)。普鲁塔克无疑很熟悉伊索克拉底的某些作品，例如，在《吕库古传》16.10与17.5-6处能够辨认出《泛希腊集会辞》的影响(比较 Manfredini 与 Piccirilli 1980，页263-265)，《雅典人的荣耀多是赢自战争还是源于智慧？》350d 处明确引用了《泛希腊集会辞》86处。亦参 Helmbold 与 O'Neil(1959)页49；De Blois 与 Bons(1992与1995)。

[103] 破坏誓言：8.4-5(亦参狄奥多罗斯10.9.1；波利艾努斯1.45.3)；在雅典建立三十僭主专制：15.6(亦参亚里士多德《雅典政制》34.2-3；吕西阿斯12.71-76；狄奥多罗斯14.3.4-7)。这两次行动都没被色诺芬提及。参 Krentz(1989)中关于色诺芬《希腊史》2.1.15，2.1.28，2.3.2，2.3.7 等处的多个注释。关于有关吕山德的负面传统的源头，参 Keen(1996)，他提出阿格西劳斯在吕山德死后试图抹黑后者的声誉。

仅仅在一个小时之内,他就以他良好的计划和精明($εὐβουλία$ 与 $δεινότης$),结束了一场在长度和强度上都无与伦比的战争。这一夸张段落的作用是清楚地标记出叙事第一部分的结束。在自第 19 节叙述他的衰落之前,接下来的部分(12-18)显示吕山德正处于他权力的顶峰。[104] 这一段在内容和语言上都使人想起修昔底德在 1.138.2-3 处对地米斯托克利的称颂,该处同样以它的最高级词语而引人注目。[105] 它也可能有意地让读者回想起修昔底德的 1.1.1-3 和 1.23.1-3,修昔底德在那里详细阐述了他正在描写的战争的无与伦比的伟大之处。这些使人回想起修昔底德作品的地方,其作用是强调吕山德的成就的重要意义。它也暗示了理解接下来关于陨星的引人注目的离题话(11.13-12.9)的一种方式。这段离题话以这样一句话开场(11.13):有人认为吕山德的胜利是"神圣的"($θεῖον$;比较 18.4-6 处加在他身上的神圣荣誉称号)。有人说,[106]

---

[104] 关于最高级作为结束标志(比较修昔底德 3.86,7.87),参 Smith(1968)页 183。关于一般意义上的结束,比较 Fowler(1989)。

[105] 可能也是广为人知的。无论如何,它在《致阿美乌斯》4 处被狄奥尼修斯引用。

[106] $ἦσαν\ δέ\ τινες\ οἱ\ ...\ λέγοντες$。普鲁塔克用这样的短语来引入他本人不能担保其真实性的传闻(比较 Pauw 1980,页 90-91)。例如 $λέγεται$(《亚历山大传》2.2,21.6;《凯撒传》8.3-4;《忒修斯传》12.5);$λέγουσι$(《罗慕洛传》18.6,21.5;《伯利克勒斯传》30.1);$ὡς\ λέγουσι$(《吕库古传》4.4);$ἔνιοι\ λέγουσι$(《罗慕洛传》17.2);$φασι$(《梭伦传》5.5;《苏拉传》27.3);$ἔνιοί\ φασι$(《梭伦传》7.2);$ὡς\ ἔοικε$(《阿尔喀比亚德传》17.5;《伯利克勒斯传》30.2;《西塞罗传》48.2)。亦参 Pelling(1992)页 32 注 4 中的更多例证。李维作品中"dicitur"的用法也是类似的(例如 1.35.2,1.55.5,9.3.9,22.43.4)。在少数情况下,这样的短语也可能标记着从本节主要资料来源之外的其他资料中引入一段话(Townend 1987,页 332-341,关于《凯撒传》15-17 的地方)。

人们看见两颗双子星在战争中伴着[187]吕山德的舰船(12.1),⁽¹⁰⁷⁾在这一报告之后紧接着就是一长段讨论(12.2-9),讨论对于陨星各种各样不同的解释,例如,据说有一颗陨星在战争期间已经落在伊哥斯波塔米。在讨论的结尾(12.9),作者本人提出了它的相关性这一问题,他用了这样的话:"但对于这些事情的详细讨论属于另一种作品形式"(ταῦτα μὲν οὖν ἑτέρῳ γένει γραφῆς διακριβωτέον)。⁽¹⁰⁸⁾那么,这段明显的离题话的作用是什么呢?修昔底德已经提到,许多自然灾害的同时发生,标志了伯罗奔半岛战争的伟大。⁽¹⁰⁹⁾这一章的意义是否也类似?

在《列传》中有许多这样的例子:叙事被关于其他话题的讨论所打断,那些话题显然与列传的主题无关。在某种意义上,这一现象可以被看作是这一时期古物学知识中广博兴趣的证明,关于这一点,普鲁塔克的《罗马问题》、《希腊问题》以及目录上他的那些佚失著作都是例证。⁽¹¹⁰⁾离题话也常常被普鲁塔克用作结构标志,把叙事

⁽¹⁰⁷⁾ 通过暗示吕山德追逐个人统治或神圣性的热望并非完全没有实现,从而继续保持着含混性:被一颗双子星的图像所伴随,是每一位斯巴达国王的特权(希罗多德 5.75,以及 Cartledge 1987,页 109)。

⁽¹⁰⁸⁾ 关于离题话之后的类似道歉,参《梭伦传》20.8;《吕库古传》15.8;《阿里斯泰德与老加图传》4.4;《科瑞欧拉努斯传》11.6;《亚历山大传》35.16;《狄翁传》2.7,21.9;《提摩勒昂传》15.1;比较《西塞罗传》1.6;比较 Leo(1901)页 152-153;Van der Valk(1982)页 322-324。

⁽¹⁰⁹⁾ 或许其目的是为了胜过希罗多德的宣称——后者宣称波斯战争期间在希腊发生的灾难数量异常得多,正如公元前 490 年提洛岛上的地震所证明的那样(希罗多德 6.98.2)。

⁽¹¹⁰⁾ 关于古物研究,参 Rawson(1972),(1985)页 233-249。普鲁塔克的 Περὶ ἡμερῶν 在《卡米卢斯传》19.6 处被引用了(《拉姆普里阿斯目录》150)。

的某一部分与其他部分分隔开来,⑪这当然也是这段离题话的功能之一。然而,David Sansone 对《亚历山大传》中关于原油的离题话(35.1 – 16)的分析表明,对一种新物质明显不必要的描写,事实上与普鲁塔克对亚历山大暴烈脾气和品性的呈现紧密相关(4.5 – 7),它符合把亚历山大与火联系起来的段落连结(a nexus of passages)(例如2.3;3.5 – 6;38.4 – 8)。⑫ 那么,关于陨星的多种竞争观点的讨论,与本列传其余部分之间是否也存在类似的联系?

一般来说,普鲁塔克似乎并不认为天象反映了神意;例如,他好像对阿格西劳斯不在乎日蚀很赞许(《阿格西劳斯传》17.4 – 5),亦对阿那克萨哥拉[188]教导伯利克勒斯不要对"空中的事情"(the things up in the air, τὰ μετέωρα)感到惊异很赞同。关于科学的正确理解(ὁ φυσικὸς λόγος)使人不会认为自然现象是某种征兆(《伯利克勒斯传》6.1;比较《埃米利乌斯传》17.7 – 13)。但在某些情况下,看到对这类现象的预言性解释与科学的解释并存,他有所准备。⑬而且,在其他地方,普鲁塔克把人类政治世界中的事件与宇宙中的

---

⑪ Pelling(1996),页 xxix。在他未发表的英文版论文中,Pelling 提到了其他例证:《科瑞欧拉努斯传》11.2 – 6,14.2 – 6,32.4 – 8,38.1 – 7;《阿尔喀比亚德传》16 与 23;《安东尼传》4,24,70;《凯撒传》15 – 17;《德米特里乌斯传》19 – 20。

⑫ Sansone(1980)。

⑬ 例如《伯利克勒斯传》6.2 – 5;《狄翁传》24.1 – 10;比较《佩洛皮达斯传》31.3 – 4,普鲁塔克是否赞同这种预言性的解释这一点在那里并不清楚。参 Brenk(1977)页 38 – 48;Berardi(1990)页 155 – 162;Desideri(1992c)页 80 – 84;Pérez Jiménez(1992)。在《尼基阿斯传》23.1 – 9 处,尼基阿斯因为他的迷信而受到了批评,因为他不知道日蚀正确的物理原因;普鲁塔克补充道,无论如何,尼基阿斯对它所给出的预言性解释是不正确的,从而兼顾了两个方面。关于布鲁图斯所见到的异象的含混性,参《狄翁传》2.2 – 6;《布鲁图斯传》36.1 – 7,37.7,48.2 – 5;Moles(1985b)。关于普鲁塔克运用异象来刻画人物的品性,参 Brenk(1977),页 214 – 235。

事件联系在一起,或在类比层面上,⑭或通过显示人类世界的巨大变化在天体世界中会反映出来或被天体世界所预言。因此,天象上的预兆确实似乎伴随着提摩勒昂对西西里的征服(《提摩勒昂传》8.1-8;28.2-4),以及凯撒在法萨卢斯的胜利(《凯撒传》43.3-6)。在那里,意味深长的是,预兆是紧接在预言之后被叙述的,预言说在人事上将会有巨大的变更和革命($\mu\varepsilon\tau\alpha\beta o\lambda\acute{\eta}$ 和 $\mu\varepsilon\tau\acute{\alpha}\pi\tau\omega\sigma\iota\varsigma$)。天象上的预兆也与凯撒之死相伴(《凯撒传》69.4-5)。在这些事件中,普鲁塔克确实——不同寻常地——看到了神意的运作。⑮ 我们可能也会想到西塞罗在第拉奇昂(Dyrrachion)经历的地震(《西塞罗传》32.4),预言者们把这次地震解释为改变($\mu\varepsilon\tau\alpha\beta o\lambda\acute{\eta}$)的信号。事实上,正是《苏拉传》中的一个段落最为清晰地鼓励读者把这里的陨星理解为人事巨大改变的反映,这种改变是吕山德对雅典的胜利所带来的。在《苏拉传》7.3中,用这样的语言描述了以护民官苏尔皮基乌斯(Sulpicius)和苏拉对罗马的进军为开端的内战:

> 并且当苏拉动身去他的军营处理剩余的事务时,马略本人待在家里,图谋发动最具破坏性的内战,这次内战给罗马造成的伤害比此前所有战争加在一起还要大,确实正如天神们预先向他们揭示的那样。

[189]本段中对内战前所未有的破坏性的强调,鼓励读者把它与《吕山德传》中的那个段落联系起来(11.11-12)。《苏拉传》中的这个段落接着描述了一系列预兆,并给出了某些伊特鲁里亚预言

---

⑭ 例如《论罗马人的机运〈或德性〉》316e-317c;《福基翁传》2.6-9;《德米特里乌斯传》5.1;《阿格西劳斯传》5.5;亦比较《论神谕的衰微》416d。

⑮ Brenk(1977)页163-169;Swain(1989b)页279-292,(1996a)页151-161。

者所作的解释:它们标志着(《苏拉传》7.7)"世代的变更以及一个新的时代"(a change of generation and a new age, μεταβολὴν ἑτέρου γένους…καὶ μετακόσμησιν)。这些预言者说,历史被分成八个时代或"大年"(great years),从一个时代到另一个时代的转变会有一个征兆作为标志。⑯ 这一理论也出现在对话《论神谕的衰微》中克里奥布罗托斯(Kleombrotos)未具名的报告人的教诲中(421c)。在同一篇作品稍早的地方(419e - 420a),一位"神明"(deity, δαίμων)的死亡据说会伴有闪电和其他天上的预兆。《吕山德传》12 处讨论的现象或许也可以被认为标志着人类事务的重要变化——据推测可能是古典雅典霸权的终结。陨星这一形象也可能暗示了吕山德征服的神速与活力;在《论罗马人的机运或德性》的一个值得注意的段落中,亚历山大大帝被比作一颗从东方疾驰向西方的星星(326a - b)。

直到第十八章,吕山德形象的主体是与野蛮、诡计相结合的军事成功。然后,接下来这一小节是静态的品性分析(18.4 - 19.6),在这里,吕山德被描绘成正处于权力的顶峰。⑰ 普鲁塔克以这样的话开始了品性描述(18.4):

因此,在那时吕山德比他前面的任何一位希腊人都更有权势,并且似乎被赋予了甚至比他的权势更大的高傲和自满。

接下来的许多品性描述都是负面的。2.4 处预示的荣誉之爱再次出现了,但现在它与高傲和残酷结合在一起(19.1 -6)。吕山

---

⑯ 关于这一理论,参 Brenk(1977),页 187 注 3。
⑰ 普鲁塔克常常在一个人物成功(他的 ἀκμή)的顶峰加入关于他的重要描述,见 Polman(1974)。关于政治人物的机运循环,参《卢库卢斯传》38.3 - 4。比较下文附录 2。

德接受的神圣崇拜将他呈现为希腊化时期国王们的先驱,对于这些国王的炫耀和故作姿态,普鲁塔克似乎是如此看不起。但这幅图像在某些地方再次含混不清。吕山德所展示出的 φρόνημα 和 ὄγκος (18.4),这里被译成"高傲和自满",是含混的品质。它们[190]可以被认为是正面的。例如,普鲁塔克曾带着赞许的语调写道,伯利克勒斯从他同阿那克萨戈拉的交往中获得了 φρόνημα 和 ὄγκος("高贵心灵与尊严");⑬根据普鲁塔克(《政治准则》803b),ὄγκος 在一位政治家的演说中是非常重要的。⑲ 而且,吕山德给了诗人安提罗科斯一笔馈赠(18.7),他的这一行为显然符合《论亚历山大的机运或者德性》333d—335e 处关于国王应当如何对待诗人的典范。然而,下一则轶事(18.8—9)表明他颁了一个奖给"某位赫拉克莱阿的尼克拉托斯"(a certain Nikeratos of Herakleia, Νικηράτου τινὸς Ἡρακλεώτου),⑳ 而不是给科洛封的安提马科斯(Antimachos of Kolophon),这应当被看作是批评吕山德的。安提马科斯的《吕得》(Lyde)确实遭到卡利马科斯的批评(例如《残篇》398 Pfeiffer),但它得到了柏拉图的赞扬(赫拉克莱德斯·庞提科斯《残篇》91 Voss;西塞罗《布鲁图斯》191),也得到了公元前三世纪其他诗人的赞扬,如阿斯克勒皮亚德斯(《王官选集》9.63),后者似乎把他视为仅次于荷马的诗人,虽然他因为他的冗长啰嗦而遭到批评;普鲁塔克似乎在其他地方也表达了对安提马科斯的这些看法(《提摩勒昂传》36.3;《论饶舌》513a—b)。而且,哈德良据说也喜欢安提马科斯的著作(《哈德良传》

---

⑬ 《伯利克勒斯传》4.6;比较《伯利克勒斯传》7.6;《法比乌斯传》4.3。

⑲ 比较《卡米卢斯传》7.1;《亚历山大传》48.3。关于这些词语,亦参 Bucher-Isler(1972),页 16—18。

⑳ 这里的 τινός 可能表示轻蔑。比较索福克勒斯《菲罗克忒忒斯》行 442。

16.2;狄奥·卡西乌斯,69.4.46)。㉑ 这里提到柏拉图对安提马科斯的支持(18.9);这暗示吕山德的决定应当被认为是一个坏决定;吕山德将被认为是柏拉图所暗示的"无知者"之一:他缺少识别天才的理性,相反,他支持一位失败者。涉及竖琴演奏家阿里斯托努斯(Aristonous)的那件事(18.10)似乎更加含混。阿里斯托努斯宣称,如果他再度胜利,他将"宣称他是吕山德的人"(Λυσάνδρου κηρύξειν ἑαυτόν)。阿里斯托努斯似乎是在暗示他在官方声明中已经称自己是吕山德的儿子。吕山德的回答"做我的奴隶?"(ἢ δοῦλον;),有意地把这个父名的属格曲解为表示一位奴隶的主人。㉒ 这是傲慢还是对谄媚者的打击?

在20.8处把吕山德比作马的比喻中,或许能够看到另一个关于道德含混性特别微妙的例子。吕山德在斯巴达被法那巴佐斯告发,他宣称为了祭献阿蒙神他必须[191]要离开斯巴达。㉓ 普鲁塔克接着写道:

> 但大多数人相信他把神明当借口,此外他还害怕民选长官们,他既不能忍受在家的束缚也不能忍受被统治,他向往某种漫游和闲逛,就像一匹马从没有限制的牧场、草原回到它的马厩,又被拉着去做它惯常的工作。

这一比喻是作为"多数人"的想法而呈现的:再一次,普鲁塔克

㉑ Vessey(1971);Knox(1985)页112-116。比较Krevans(1993)关于安提马科斯对卡利马科斯的影响;Alan Cameron(1995)页303-338。

㉒ Robert(1967)页21-22引用了好几个来自帝国时期纸草文献与铭文的例子,在那些例子中,获胜的运动员们在忠诚展示仪式上(a show of loyalty)不会自己宣告胜利,而是会让另一个人——特别是国王——宣告自己(指国王本人)是胜利者。希罗多德笔下的大米提亚德在奥林匹克战车竞赛中让庇西斯特拉图宣告自己是胜利者(希罗多德6.103.2)。但正如Robert注意到的那样,《吕山德传》18.10中属格的使用是独一无二的。

㉓ 关于这一事件,比较Malkin(1990)。

似乎使他本人与对吕山德的一种特别的价值判断保持距离,虽然在其他列传中他确实经常把"多数人"——也就是,明智的多数人——用作他本人观点的代言人。⑭ 吕山德像一匹"不能忍受被统治"(οὐδ' ὑπομένων ἄρχεσθαι)的马这一比喻,把他呈现得不像一位传统的斯巴达人。例如在《阿格西劳斯传》1.2 – 3 处,斯巴达的教育系统(agoge)据说是"训练年轻人接受统治"(train youths to be ruled, παιδεύουσαν…τοὺς νέους ἄρχεσθαι)。出于这一原因,普鲁塔克接着写道,西蒙尼德称斯巴达为"人中的服从者"(subduer of men, δαμασίμβροτος,《残篇》111 Page),因为它使它的公民们顺从,"像那些从一开始就被管束的马儿一样"(ὥσπερ ἵππους εὐθὺς ἐξ ἀρχῆς δαμαζομένους)。⑮ 吕山德不能忍受束缚,因此在这一点上他不像一位传统的斯巴达人。但拒绝忍受奴隶状态对古典希腊的自我表现来说是核心性的。最值得注意的是,埃斯库罗斯让阿托萨在《波斯人》中把希腊比作一位美丽的女人,她扔下了奴隶制的轭(181 – 199)。那么,把吕山德比作一匹不受管束的马,其含意是含混的。而且,这一比喻也使人想起荷马的明喻,在该明喻中帕里斯(《伊利亚特》6.506 – 511)和赫克托尔(15.263 – 268)都被比作马;νομός/νομή 和 φάτνη 这两个词在荷马和普鲁塔克作品的段落中都出现了;σύνηθες 使人想起荷马的 εἰωθὼς λούεσθαι 和 ἤθεα。古代评注者被下述事实——同一个荷马明喻既用在赫克托尔身上也用在帕里斯身上——所震惊:⑯普鲁塔克的读者要决定哪一个典范——帕里斯或赫克托尔——更适合于吕山德。[192]这里再一次呈现了两种相互

---

⑭ 参上文,页 120 注 67。

⑮ 比较《吕库古传》22.1,另一个把斯巴达人比作马的属类比喻。

⑯ 阿里斯东尼科斯评注《伊利亚特》6.506 – 511。他认为(评注 15.263 – 264)比起帕里斯来那个明喻更不适合于赫克托尔。

冲突的理解吕山德的方式。⑫

当叙事继续时(21.1),普鲁塔克说吕山德已经"艰难地获得了他的豁免权(release,ἀφεθῆναι),并扬帆远航";ἀφεθῆναι重复了明喻的 νομῆς ἀφέτου:马回到它的草原上去了。然后发生了一次该明喻词的反转。正如普鲁塔克所呈现的那样,泡萨尼阿斯试图在雅典削弱吕山德的权力,这导致雅典完全从斯巴达的控制下解放出来(21.2—7)。⑬ 吕山德的政策被证明是正确的。泡萨尼阿斯则受到这样的指责(21.7),"当平民在寡头制下受到管束时,他给了平民自由,从而使他们再度变得粗野、势力强大"。⑭ 吕山德是那匹不受管束的斯巴达马;这里,他是那个成功"管束"雅典平民的人。后来,泡萨尼阿斯在雅典的政策失败之后,吕山德又一次达到他的影响力的顶峰,他也再一次被刻画,这次是通过一系列名言(22.1—5)。引入这些名言(22.1)是为了显示他"在他的言辞中非常冷酷,使那些反对他的人害怕"(τῷ λόγῳ θρασὺς καὶ καταπληκτικὸς πρὸς τοὺς ἀντιτείνοντας)。但这未必是一种批评。吕山德对他的国家理由的坦率捍卫,被含蓄地与前一章中泡萨尼阿斯灾难性的两面派手法进行了对比。⑮

---

⑫ 关于另一个同赫克托尔比较的例子,参《布鲁图斯传》23.3—7。在那里,布鲁图斯与赫克托尔之间隐微的平行对应,是贯穿该列传对布鲁图斯的有利呈现的一部分。

⑬ 事实上,雅典仍然必须要为提伯戎公元前400—前399年在亚洲的远征贡献兵力;如果用那个时代的术语来表达,那就是,雅典已经获得了"自治"(autonomy,αὐτονομία)但没有获得独立(independence,ἐλευθερία)。

⑭ ἐγκεχαλινωμένον τῇ ὀλιγαρχίᾳ τὸν δῆμον ἀνεὶς αὖθις ἐξυβρίσαι καὶ θρασύνασθαι。关于管束民众,比较《伯利克勒斯与法比乌斯传》1.4 与《老加图传》27.3,如同这里一样,在这两处都提到对平民(demos)的"胆大妄为"(audacity,θρασύτης)或"肆无忌惮"(outrageousness,ὕβρις)的控制(亦比较《伯利克勒斯传》7.8),平民已经僭越了它的自然地位:Fuhrmann(1964),页141—143。关于这一意象,比较塔西佗《编年史》5.3.1。

⑮ 比较 Wardman(1974)页153。

这引出了一个有趣的问题,该问题在我们评价读者对吕山德的道德反应时尤为重要。因为他赢得他的胜利时所打败的是雅典。在公元二世纪,雅典在一种特别的意义上被视为希腊文化的中心。[131] 一个人对待雅典的方式具有特别的重要性;这一点在这两篇列传最后的对比中被明确提出(《吕山德与苏拉传》5.5)。[193]雅典战败所携带的情感负荷(emotional charge)在短暂的场景转换中有所反映,这次场景转换暂时把读者从胜利的斯巴达一方传送到失败的雅典人一方:这样的转换在关于特拉墨涅斯(14.9–10)和奥托吕科斯(Autolykos, 15.7–8)的轶事中都能看到。《吕山德传》也聚焦于"希腊人的自由"这一问题。吕山德在运用这一传统宣传说法时的空洞虚伪[132]在 13.8–9 处被清晰地陈述了。这里,普鲁塔克告诉我们,人们认为喜剧诗人泰奥庞波斯(Theopompos)[133]是在胡说,因为他把斯巴达人比作酒吧侍女,她们首先给希腊人"一杯非常甜美的自由饮料",然后在里面加了醋(ἥδιστον ποτὸν τῆς ἐλευθερίας γεύσαντες ὄξος ἐνέχεαν);事实上,普鲁塔克说道,"那滋味从一开始就苦涩不堪"(εὐθὺς γὰρ ἦν τὸ γεῦμα δυσχερὲς καὶ πικρόν)。[134] 这些话在 15.5 处再次

---

[131] Bowie(1970)页 28–30(亦见 1974,页 195–197);Spawforth 与 Walker(1985);Frazier(1990)页 175–177;Swain(1997)页 175–187 论述了普鲁塔克将雅典视为柏拉图主义中心的观点;比较 Bowersock(1969)页 17–18。亦比较关于雅典的旅行著作(periegetical works),例如某位狄奥多罗斯与赫利奥多罗斯的著作(分别是 *FGrH* 372 与 373)。关于普鲁塔克对雅典的了解,参 Podlecki(1988)。

[132] 比较 Seager 与 Tuplin(1980)。

[133] Bruce(1987)页 3–4 处建议删去 κωμικός,这样所谈到的泰奥庞波斯就是史家泰奥庞波斯而非诗人泰奥庞波斯。关于史家泰奥庞波斯,参上文注 74 以及下文注 161。

[134] 关于自由作为一种饮料,比较柏拉图《王制》562c–d 以及普鲁塔克《伯利克勒斯传》7.8,在描述政治制度时对 ἄκρατος(未混合的,此处作"绝对的、完全的")的使用的延伸。参页 91–92。

出现并得到强调,在那里带着明显的反讽,记录了盟邦的想法——"那一天是自由的开端"(ὡς ἐκείνην τὴν ἡμέραν ἄρχουσαν τῆς ἐλευθερίας),这是对色诺芬《希腊史》2.2.23 处的改写。对吕山德的胜利的赞颂性展示被微妙地颠覆了。在普鲁塔克的作品中,军事成功一般都被视为其本身就是一种积极的道德成就。[135] 但这里提醒读者,吕山德的胜利正是针对雅典和希腊人的胜利。这里制造出一种张力,它增加了吕山德的道德地位的含混性。

第八节 苏拉:更不道德但更成功?

Philip Stadter 所注意到的《吕山德与苏拉传》的特征之一,是吕山德品性和行为上的坏特征在苏拉身上达到顶峰的方式。[136] 吕山德和苏拉的生涯具有许多相似之处:他们都出身贫贱,后来成为成功的统帅;他们都在小亚细亚地区以及——更为重要的——普鲁塔克本人的家乡波俄提亚打过仗;[137]他们都征服过雅典;他们

---

[135] 参看我在页 97-98 处的讨论。
[136] 参上文页 162。
[137] 这或许是普鲁塔克为什么把这两个人物配成一对的原因。关于他对波俄提亚地区的特别兴趣,比较 Flacelière(1946);Jones(1971)页 3-12;Aalders(1982)页 14-17;Buckler(1992)页 4801-4808。《拉姆普里阿斯目录》表明普鲁塔克曾写过三位波俄提亚诗人的传记(编号 35-37:赫西俄德、品达和克拉特斯;比较残篇 9-10 Sandbach),写过论勒巴得亚的特洛佛尼乌斯的神谕的著作(编号 181),也写过论普拉提亚的雕像庆典的著作(编号 201;比较残篇 157-158 Sandbach)。关于普鲁塔克对波俄提亚当地资料的明显了解,亦比较 Westlake(1939)页 12-15,(1985c)页 121-123;Hamilton(1994)。然而,Westlake 主张,普鲁塔克只是通过阅读泰奥庞波斯才对《吕山德传》28.1-30 背后的波俄提亚历史资料有了二手的了解。

都[194]严酷地对待他们的敌人,在回到家乡之后都试图对城邦进行革命性的变革。通过与吕山德的含蓄比较,苏拉的更为强烈的残忍野蛮得到了强调。就我们对这两个人的道德评价而言,这一"对比"具有某些深远的含义。因为,正如普鲁塔克有意地把这两个人生涯中的重大事件相提并论而清楚表明的那样,苏拉是成功的,尽管他更不道德,事实上他的成功恰恰就是因为他更不道德。

吕山德行为的特有特征在苏拉身上达到了极点。这些特征之一是对荣誉的爱($\varphi\iota\lambda o\tau\iota\mu\iota\alpha$)。对荣誉的爱就本身在普鲁塔克的《列传》中是一种常见的品质,但在这对列传中,它被强调为具有特别的毁灭性(特别是在《吕山德传》23.3;《苏拉传》4.6,7.2)。另一个这样的特征是这两个人身上傲慢与恭顺的矛盾结合:他们奉承那些他们想从其处获利的人的能力,他们掌权时又对那些人冷酷无情。吕山德对荣誉的爱如此强烈,以至于它把他引向欺骗和暴虐:他奉承居鲁士,与竞争对手阿格西劳斯争吵,试图贿赂德尔斐女祭司;他掌权时变得傲慢,试图改变政制。苏拉所做的远不止这些。他的容貌就暗示了他的性情会更加严酷。他在更大规模上运用残暴手段,发动了针对其竞争者的内战。与吕山德的个人廉洁相反,苏拉沉溺于奢华生活和不光彩的风流韵事。苏拉实际上洗劫了德尔斐的宝库。苏拉的奉承并非指向与他结盟的王子,而是指向平民(demos)和他自己的部下,与他的奉承相结合的还有粗俗,以及对卑俗友伴的爱。

苏拉的残暴比吕山德的残暴要恶劣得多。后者的屠杀是针对敌人的,苏拉的屠杀则针对他的同胞,以及雅典人民。两个紧密的动词的对比清楚地表明了苏拉更为残暴:在读到苏拉洗劫雅典(《苏拉传》14.5:$\mathit{\check{\omega}\sigma\tau' \, \dot{\alpha}\rho\iota\vartheta\mu\grave{o}\nu \, \mu\eta\delta\acute{\epsilon}\nu\alpha \, \gamma\epsilon\nu\acute{\epsilon}\sigma\vartheta\alpha\iota \, \tau\tilde{\omega}\nu \, \dot{\alpha}\pi o\sigma\varphi\alpha\gamma\acute{\epsilon}\nu\tau\omega\nu}$)及放逐公民(31.1:$\mathit{\varphi\acute{o}\nu o\nu \, o\ddot{\upsilon}\tau' \, \dot{\alpha}\rho\iota\vartheta\mu\grave{o}\nu \, o\ddot{\upsilon}\vartheta' \, \ddot{o}\rho o\nu \, \dot{\epsilon}\chi\acute{o}\nu\tau\omega\nu}$)这些地方时,读者

会想起《吕山德传》19.4 处描写的吕山德对爱琴海诸城邦中民主派反对者"不计其数的屠杀"(φόνος οὐκ ἀριϑμητός)。苏拉的残暴也通过下面两幅图景的再次出现而被揭示出来：洪水(flood, ῥεῦμα)与疾病(νόσημα)。这些比喻最早出现是为了刻画苏拉的放纵、不道德的生活(2.6)：

> [195]这种放纵所导致的败坏的结果似乎是他爱好风流韵事、大肆骄奢淫逸，⑱即使到老年也没有在这方面有所克制。

他的放荡的生活方式的结果被描述为一种疾病(νόσημα)。⑲ 这个词的主要含义是比喻性的——普鲁塔克常常用出自医学的比喻来描述人的灵魂或城邦的状态。⑳ 但这里也暗示了苏拉不光彩的生活确实引起了身体上的疾病，他因而深受其苦，前面已经对这些疾病有所暗示(2.2)。后来，这一联系得到了证实(36.1 – 4)。无论如何，在这里，苏拉品性中的放荡与疾病清晰地联系在了一起，并且这种联系被两个来自医学领域的比喻所强化。Ἄνεσις("放纵"，laxity)字面意思是指"放松的、松弛的"(例如菲洛斯特拉托斯《阿波罗尼乌斯传》5.28)，比喻义为"放纵"(indulgence)或"放肆"(licence)(例如亚里士多德，《政治学》1269b41；菲洛斯特拉托斯《阿波罗尼乌斯传》5.32)；它也可以是一个医学专业术语("松弛"，re-

---

⑱ 比较吕山德"对誓言的毫不在乎"(《吕山德传》8.4：περὶ τοὺς ὅρκους εὐχέρεια)。

⑲ 这种译法把 νόσημα 当作补语，它建立在 Holden(1886)页 60 的解释的基础之上。Perrin(1916)页 329 译作："事情仿佛是这样，正是这种放纵在他身上造成了对风流韵事的病态沉溺……"这将要求 νόσημα 有一个冠词。

⑳ 参上文页 93。

mission;比较盖伦,7.424.3,7.463.9 Kühn)。⁽¹⁴¹⁾ Ῥύσις(流动,flow)更明显是比喻性的。它可能暗示了不受抑制的情绪或激情。⁽¹⁴²⁾ 它也很可能有医学上的含义。⁽¹⁴³⁾ 它也用来引入洪水这一意象,该意象在暴力流血事件的语境中再次出现,暴力流血事件是苏拉生平的特征。米特里达提斯的将军阿凯劳斯,据说在穿越波俄提亚地区的进军中,(11.7)他"像洪水一样"(like a flood, δίκην ῥεύματος)到来。在关于雅典被占领之后的大屠杀的描写中(14.5–6),这一比喻用以表达大屠杀的规模。⁽¹⁴⁴⁾ 在奥科迈诺斯战役之后,鲜血溢满沼泽(21.8),正如鲜血曾经溢满雅典城郊;如同在雅典那样,这次屠杀的遗迹在普鲁塔克那个时代依然能够看到。在同阿凯劳斯的会面中[196],苏拉提到波俄提亚(22.7),说那里"因为尸体太多而无法通行"(impassable because of the number of corpses, ἄβατον⋯ὑπὸ νεκρῶν πλήθους)。在放逐中,喀提林在阿波罗圣泉中洗他沾满鲜血的双手(32.4)。

同样,疾病这一意象也贯穿《苏拉传》全篇,在残暴这一语境中反复出现。因此在4.6处,描述马略与苏拉之间的敌意时所用的词语继续使用了这一比喻:

⁽¹⁴¹⁾ 比较 Durling(1993),页54。

⁽¹⁴²⁾ 比较《伊壁鸠鲁的原则使幸福的生活不可能》1093b: ἀκρασία τις εἶναι καὶ ῥύσις ἐκβιαζομένη τὸν λογισμόν;《科瑞欧拉努斯传》34.3。

⁽¹⁴³⁾ 比较希波克拉底《格言集》(3.27.5 = 1v,500 Littré)中的αἵματος ῥύσις;《马可福音》5:25(《路加福音》8:43 以及《马太福音》9:20[αἱμορροοῦσα]可能都以《马可福音》为基础)。

⁽¹⁴⁴⁾ 比较据说在雅典被占领的纪念日那天对非比喻性的神话性洪水的提及;这一日期上的巧合在《吕山德传》15.1处也有平行对应,在那里,雅典投降据说与萨拉米战役发生在同一天(塞浦路斯;Badian 与 Buckler,1975)。

他们二人之间的敌意最初的基础和开端⑭⑤是如此细小而孩子气。后来通过血腥内战和无可救药的冲突⑭⑥，它把他们导向僭政和全面的动乱。这证明欧里庇得斯是一位智者，他明了城邦的疾病，他劝告人们当心对荣誉的爱，那是最具破坏性的神，对那些和它打交道的人来说，它是一个恶魔。⑭⑦

普鲁塔克在这里意译了欧里庇得斯《腓尼基妇女》的第 531 - 534 行，在那里荣誉之爱(φιλοτιμία)被描述为"最坏的神明"(τῆς κακίστης δαιμόνων)。在 7.3 处，ὀλεθριωτάτην 和 δαιμόνιον 这两个词再次出现：苏拉向罗马的进军，以及公元前 88 年所发生的事件被扎成一个事件之结(nexus of events)，这个事件之结的起因是对荣誉的爱。暴力、流血以及不讲道德继续与有关疾病的比喻一起出现。在 6.16 处，苏拉没有因为杀害使节而惩罚他的军队，他说他的军队会变得更加狂热，因为他们会努力补救(remedy, ἰωμένοις)他们所做的错事。在 9.4 处，执政官布鲁图斯和塞维利乌斯受到苏拉军队的虐待，他们声称骚乱无法被阻止但它是"不可救药的"(ἀνήκεστον)。后来，雅典僭主阿里斯提昂(Aristion)——他的灵魂中据说充满了放荡和残酷——被描述为拥有米特里达提斯的最坏的疾病和激情(νοσήματα καὶ πάθη)，像一种"致命的疾病"(νόσημα [197] θανατηφόρον)那样牢

---

⑭⑤ 比较《地米斯托克利传》3.2：地米斯托克利对阿里斯泰德的敌意"似乎有一个孩子气的开端"(δοκεῖ παντάπασιν ἡ πρὸς τοῦτον ἔχθρα μειρακιώδη λαβεῖν ἀρχήν)；比较《阿里斯泰德传》2.3。关于 μειρακιώδης (字面意思指"年轻人所特有的")用作"愚蠢的"或"不负责任的"，亦比较柏拉图《王制》466b；波利比乌斯 2.68.2, 10.33.6, 11.4.7；Eckstein(1955)页 140 - 150。

⑭⑥ 这一不常见的短语在《马略传》44.4 处也能看到，也是在疾病隐喻的语境中；比较 Carney(1960)页 25 注 5。但对盖伦与希波克拉底作品的分析没有发现它的平行对比。

⑭⑦ 比较 Stadter(1992a)页 44。

牢附着在雅典身上(13.2)。这里的比喻与暴力、无道德相联系:阿里斯提昂作为苏拉的某种平行对照而存在(比较2.3-8)。

然而,只有到接近本篇列传的结尾,这一疾病与洪水意象的充分意义才清楚地显露出来。在36.3-4处,导致苏拉死亡的疾病得到了描述,此前在2.2与26.4处已简短地作过介绍。据说疾病因为他放荡的生活方式而恶化;2.6处的含混性现在有了额外的意义:无道德和疾病合二为一。苏拉的肉体被蛆虫($φϑεῖρες$)啃噬;他的衣服和食物[148]不断地被血水浸满(36.3: $ἀναπίμπλασϑαι\ τοῦ\ ῥεύματος\ ἐκείνου\ καὶ\ τῆς\ φϑορᾶς$),最终(37.5-6),他因为在他的卧室中杀人而兴奋,在这样的兴奋中死于血管爆裂($τὸ\ ἀπόστημα\ ῥήξας, πλῆϑος\ αἵματος\ ἐξέβαλεν$)。疾病、血、暴力在这里达到顶峰。苏拉,这个依靠暴力生活的人,遭遇了适合他的死法。[149] 紧接在苏拉之死的描写之后,普鲁塔克简短地列举了死于同一种疾病的其他一些人,他称这种疾病为 phtheiriasis[虱病](36.5-6)。[150] 这个人名清单可能源于亚里士

---

[148] $σιτίον$。或者我们应该像 Philip Stadter 已经向我建议的那样,把它读为 $σιτλίον$(一个水桶)?

[149] 比较普鲁塔克把马略之死与他雄心勃勃、不知满足的品性联系起来的方式:参上文页120-121;关于西塞罗之死,参上文注73。苏拉梦见他的儿子和妻子召唤他过一种没有劳苦和烦扰的生活(37.3):正如 Pelling(1999)所主张的那样,一个宁静得出奇的梦境使我们对苏拉的描绘变得更加复杂。

[150] 根据 Carney(1961a),这是梅毒;根据 Keaveney 与 Madden(1982),这是疥疮。Africa(1982)正确地怀疑了这类试图进行诊断的尝试。苏拉由蛆虫致死这一传统的终极资料来源(在普林尼《自然史》7.138,11.114,26.138;泡萨尼阿斯1.20.7,4.33.4)可能是反苏拉的宣传:由蛆虫致死已经成为一种文学上的传统主题,通过它,可以把道德上令人满意的结局加在邪恶的独裁者和不敬神的人身上。例如:希罗多德4.205;泡萨尼阿斯9.2-4;《使徒行传》12:23;比较路吉阿诺斯《亚历山大》59;赫拉克利亚的门农,FGrH 434 F 1.2.4-5。正如 Ziehen(1898)提到的那样,苏拉之死的传统说法可能起源于他对罗马人民所作的评论(阿庇安《内战史》1.101),当时他把自己比作一位被蛆虫

多德,⑮¹《吕山德传》中普鲁塔克关于那些忧郁症患者的讨论可以算是它的平行对照(《吕山德传》2.5),在那里,正如我们已经看到的那样,普鲁塔克明确地把他的资料来源归于[托名]亚里士多德(《问题集》30.1,953a10–32)。在苏拉死亡的背景下,提醒吕山德易怒是合适的,因为苏拉之死本身也是怒气发作而引起的(37.5–6)。这提醒读者,苏拉的愤怒比吕山德的愤怒更偏激也更暴烈。⑮²

[198]苏拉不仅更暴烈,也更贪婪。吕山德在财务方面的廉洁在他的列传全篇都得到了强调。《苏拉传》开篇提到苏拉的前任科内利乌斯·鲁菲努斯(Cornelius Rufinus)(1.1),这表明了《苏拉传》中腐败主题的重要性,科内利乌斯·鲁菲努斯因为拥有太多的银盘而在公元前275年从元老院被放逐。通过提到某位前任来预示对传主来说至关重要的品质,是普鲁塔克的一种常用手法。⑮³根据普鲁塔克,苏拉和吕山德一样,出身贫穷,⑮⁴但是,正如后面清楚表明的那样,吕山德在财务方面的正直在苏拉身上并没有重现。苏拉从德尔斐拿钱(12),因为流放者的财富而谴责他们(31.10–12),他

(φϑείϱες)咬过两次的农夫,要是它们再咬一次他会烧了它们。

⑮¹ 《动物志》5.31,556b–557a。

⑮² 普鲁塔克把公元前135–132年西西里奴隶暴动的领袖攸努斯作为虱病患者的最后一个例子而提及,这意味深长。攸努斯像苏拉一样,被人认为想要当国王(狄奥多罗斯34/35.2.23)。值得注意的是,阿庇安在《内战史》1.101处(参上文注150)提到关于苏拉是否渴望王权的辩论。

⑮³ 参下文附录1。

⑮⁴ Reams(1984)已经证明了苏拉在他的早年并不贫困。他提出普鲁塔克误解了证据。Badian(1976,页37–38)认为这种不准确来自苏拉本人的回忆录。无论如何,关于苏拉的贫困的记录便于普鲁塔克将这两个人对待财富的态度进行对比:他们两个都从同样的起点起步。

无所顾忌地在放荡生活上浪费钱财(2.3 – 6;36.1 – 2)。[159] 而且,开篇关于苏拉前任的腐败的描述,接续了《吕山德传》结尾处关于吕山德死后才发现他的贫穷的描写。这里有两个完全不同的发现。《苏拉传》中的短语(1.1)"他的不名誉比他的名誉更加显而易见"($\tau\tilde{\eta}\varsigma\ \tau\iota\mu\tilde{\eta}\varsigma\dot{\epsilon}\pi\iota\varphi\alpha\nu\epsilon\sigma\tau\acute{\epsilon}\varrho\alpha\nu\gamma\epsilon\nu\acute{\epsilon}\sigma\theta\alpha\iota\ \tau\grave{\eta}\nu\ \grave{\alpha}\tau\iota\mu\acute{\iota}\alpha\nu$),重复了几行之前《吕山德传》结尾处的用词(30.2),在那里,据说吕山德的贫穷被发现"使得他的德性更加显而易见"($\varphi\alpha\nu\epsilon\varrho\omega\tau\acute{\epsilon}\varrho\alpha\nu\ \dot{\epsilon}\pi o\acute{\iota}\eta\sigma\epsilon\ \tau\grave{\eta}\nu\ \dot{\alpha}\varrho\epsilon\tau\grave{\eta}\nu$),前一语境中的$\dot{\epsilon}\kappa\kappa\alpha\lambda\upsilon\varphi\vartheta\epsilon\tilde{\iota}\sigma\alpha$被后一语境中的$\dot{\epsilon}\pi o\acute{\iota}\eta\sigma\epsilon$接上了。对护民官苏尔皮基乌斯(Sulpicius)的提及继续着这一主题(《苏拉传》8)。普鲁塔克告诉读者,苏尔皮基乌斯通过了一条法令,禁止元老院成员放债超过 2000 小银币。然而,在苏尔皮基乌斯死后,人们发现他本人放债超过三百万(8.4)。苏尔皮基乌斯的功能是作为吕山德的对立面,吕山德死后,人们发现的是他的贫穷而不是贪婪。吕山德也再一次用于预示苏拉的贪婪。但矛盾的是,正如"正式的""对比"(synkrisis)将强调的那样(3.7 – 8),正是吕山德的行为而不是苏拉的行为把贪婪引入了他的城邦。

[199]关于吕山德在伊哥斯波塔米的海战胜利的描写(《吕山德传》10 – 11),以及关于苏拉在喀罗尼亚邻近地区陆战的描写

---

[159] 德尔斐神谕以及传主对待它的态度在这两篇列传中都起着重要作用。在普鲁塔克作品中,吕山德贿赂神谕的尝试被详细描述了,而狄奥多罗斯对此没有给出任何细节(14.13),奈波斯(《吕山德传》3)的记叙对吕山德的不利程度要小得多。正如 Brenk(1977,页 245 – 246)所指出的那样,这使读者对《苏拉传》12.6 以下部分苏拉对神谕的轻蔑对待有所准备。普鲁塔克似乎错过了一个进一步把苏拉与吕山德联系起来的机会,他没有记述给予苏拉的神谕,这个神谕几乎可以肯定来自德尔斐:参阿庇安《内战史》1.97,以及 Balsdon(1951)页 8 – 9。或许普鲁塔克仅仅是不知道阿庇安的资料来源,但他为什么选择某些特征而不是另一些特征来进行对比,这一点仍然不清楚(参上文注 22)。

(《苏拉传》15 - 19),通过密切对比这两者而突出了一个类似的悖论。虽然古代战争叙事常常被写成一种固定程式,其结果是某些标准特征重复出现,[156]但普鲁塔克对伊哥斯波塔米海战与喀罗尼亚陆战的记叙中,细节的一致性仍然是很显著的,特别是考虑到前一场战争发生在海上,后一场发生在陆地上。[157] 共同特征包括敌人轻视其统帅的武力(《吕山德传》10.4;《苏拉传》16.2 - 6),敌人的无纪律性导致他们从营地四散逃窜(《吕山德传》11.7;《苏拉传》16.6 - 8),在苏拉与吕山德身为唯一统帅的地位与敌方多位统帅的地位之间的对比(《苏拉传》16.6 中的 $πολυαρχίαν$ 接续了《吕山德传》10.6 中的 $μοναρχουμένη$)。最值得注意的是,对苏拉的军队冲锋时穿越它和敌人之间的空地的描写方式(《苏拉传》18.4: $τὸ\ μέσον\ διάστημα\ τῷ\ τάχει\ συνελών$),重复了关于斯巴达舰队在雅典人出海之前迅速逼近他们的类似描写(《吕山德传》11.5: $τὸ\ δὲ\ μεταξὺ\ τῶν\ ἠπείρων\ διάστημα\ \ldots ταχέως \ldots συνήρετο$)。[158]

这些类似之处把吕山德在伊哥斯波塔米的胜利与苏拉在喀罗尼亚的胜利,置于这两位英雄列传中的平行时刻。然而,关于苏拉在波俄提亚地区喀罗尼亚的胜利,令读者想起的不仅是吕山德在伊哥斯波塔米的胜利,还有他在哈里阿托斯以及波俄提亚耻辱的失败。这一次,这些回忆的作用不是强调这两个人之间的相似之处,而是揭示差异——具体来说就是,吕山德已经被他的胜利所托举,到达如此显赫的个人权力的高度,但他与苏拉相反,最终是不成功的。因此,《苏拉传》16.8 处阿凯劳斯的军队对帕诺佩乌斯(Pan-

---

[156] 例如 Gray(1987b)。

[157] 它们在 Hammond(1938)页 188 - 201 处并没有被注意到,Hammond 在那里的讨论大部分以《苏拉传》15 - 19 为基础。

[158] Holden(1886)在讨论《苏拉传》18.4 时,给出了这一短语在《卢库卢斯传》28.2 与《马略传》8.3 处的平行对照。

opeus)和勒巴得亚(Lebadeia)的劫掠,使人想起吕山德在战败之前对勒巴得亚的劫掠(《吕山德传》28.2),而且,更加特别的是使人想到他在帕诺佩乌斯的葬礼(29.4)。苏拉两次成功地使军队赶在敌人前面进入一座城市(16.11–13,帕拉波塔米;16.14–15,喀罗尼亚)。吕山德在哈里阿托斯没能做到这一点,结果导致他丧生(28.5–10)。预言和神谕是《苏拉传》的一个常见特征,有些预言苏拉胜利的预言和神谕被记述下来(17.1–4)。这些神谕和[200]哈里阿托斯战役之后所记叙的神谕完全不同(29.5–12),后者预言吕山德将会死在那里。

在这两次战役的记叙中,尤其不同寻常的是对战场的详细描写,这导致了神话性离题话,即基于每一战场诸特征之一的名字:对于吕山德在哈里阿托斯的战败,是基索萨之泉,狄奥尼索斯是婴孩的时候在这里洗濯,拉达曼提斯曾住在这里(《吕山德传》28.7–9);对于苏拉在喀罗尼亚附近的胜利,是位于图里翁(Thourion)的图里翁的阿波罗(Apollo Thourios)神庙(《苏拉传》17.7–8)。毫无疑问,这些离题话要部分地归功于普鲁塔克对他家乡喀罗尼亚附近的郊野地区的特别了解。然而,这些离题话在这两段叙述中都出现在同样的地方,它们的作用是更加明显地把吕山德在哈里阿托斯的失败,与苏拉在喀罗尼亚附近的胜利联系起来。这两段插曲之间的相似性强调了他们之间的主要区别:苏拉是胜利者,而吕山德在邻近的地方被杀死了,他的军队也战败了。

第九节 "正式的"比较

最后,这两篇列传后面"正式的"比较或"对比"(synkrisis)并没有解决这两篇列传所提出的道德问题;事实上,"对比"增加了道德化理解中的困难。正如后面将会清楚显示的那样,这正是普鲁塔克的"对比"一再出现的特征:"对比"常常给出与叙事本身所暗示或陈述的历史截然不同的版本或解释。[159] "对比"的开头三章表明吕山德比苏拉更有德性。吕山德在一个健康的城邦中通过德性占据他的职位,不像苏拉,是通过武力攫取并把持权力的(《吕山德与苏拉传》1.1 – 7);吕山德所计划的对政制的改变是合理的,与苏拉对城邦的非法颠覆相反(《吕山德与苏拉传》2.1 – 4);吕山德在不义之举上更加温和(《吕山德与苏拉传》2.5 – 7),而且他也没有借职务之便中饱私囊(《吕山德与苏拉传》3.1 – 5)。令人惊讶的是,作者告诉我们(3.2),吕山德从来不做"放纵或年少轻狂"的事(wantoness or of youthful irresponsibility, οὐδὲν ἀκόλαστον οὐδὲ μειρακιῶδες),并且"避免人们用这样的谚语说他:在家为狮、出门为狐"(Lions at home but foxes abroad)。这句谚语暗示了下述信念,自泡萨尼阿斯以降,斯巴达的国王和统帅在海外任职时,都符合斯巴达道德观念的传统标准。[160] 这一陈述令人困惑,[201]因为列传中显示出吕山德把这句谚语用在他自己身上(7.6),而且,他的行为据说是"清醒的、拉哥尼亚式的、克制的"(sober, Lakonic, and restrained, σώφρονα καὶ Λακωνικὴν καὶ κεκολασμένην)。[161] 这样一种描述与列传中所呈现的吕山德形象一点也不吻合。这一评价显然部分地被"对比"的修辞结构的要求所激发,"对比"轮流为每位传主辩护。而且,普鲁塔

---

[159] 参下文,第八章,特别是页 263 – 286。

[160] 关于这句谚语,参 Cartledge(1987)页 49 – 50。这句话显然是谚语性的:比较阿里斯托芬《和平》行 1189 – 1190,以及评注家的评论。

[161] 这些关于吕山德的正面观点很可能来自泰奥庞波斯的《希腊史》,它似乎对吕山德持相当赞许的态度,虽然对他所建立的帝国却并不如此(恕我与莫米利亚诺[1931]的观点不同)。关于泰奥庞波斯,以及对《吕山德传》13.8 的可能的校订,参上文注 74 与 133,以及 Bruce(1987)。

克确实似乎相信,苏拉的行为比吕山德的行为具有更多的年轻人的不负责任:τὸ μειρακιῶδες,这里在吕山德身上被否认的词,已经被用来描述苏拉同马略的战争的起因(《苏拉传》4.6)。但称吕山德的行为是"拉哥尼亚式的",引发了一系列问题。这篇列传的部分兴趣是揭示吕山德作为一位斯巴达人的地位在多大程度上是成问题的。

在"对比"的第四章中,天平向苏拉倾斜。作者提醒我们记起,苏拉在政治上是成功的而吕山德并不成功这一悖论。确实,苏拉在城邦事务上是成功的,部分原因是他是如此残忍、道德上如此不成功。而且,吕山德更为道德的行为对城邦的伤害比苏拉的大得多。这一悖论是《吕山德与苏拉传》的核心。正如我们已经看到的那样,吕山德在财务上的诚实导致他自己的国家开始有了腐败这一事实,在《列传》开篇就被直接指出(《吕山德传》2.6),后来通过吉利普斯试图行骗加以证明(16.2 – 4);接下来关于斯巴达的财富以及吕山德引入外国钱币的坏影响的讨论(17.1 – 10),都清楚地揭示了这一事件的含义。在正式的"对比"中(《吕山德与苏拉传》3.6 – 8),这一悖论再一次被着力指出。好的道德品质对其社会有坏影响,反之亦然。

普鲁塔克在对比的后半部分试图寻找有利于苏拉的材料,他的这一考虑增加了叙事与对比之间的不和谐感。首先,吕山德因为毫无必要地丧命战场而受到很长篇幅的批评(4.1 – 5)。对普鲁塔克来说,由于鲁莽行为而导致的传主不必要的死亡似乎特别令人反感。事实上,在《佩洛皮达斯与马克卢斯传》这对列传的开篇,普鲁塔克明确表达了他对那些毫无必要地死在战场上的将军们的厌恶(《佩洛皮达斯传》1.1 – 2.12)。他指责这种死法的理由之一是,他在其中看到了在控制激情方面的失败。[162] [202]然而,佩洛皮达斯

---

[162] 参上文,页30 与页82。

和马克卢斯的勇武仍然受到了赞扬(《佩洛皮达斯与马克卢斯传》3.8);这里却没有把这样的赞扬给予吕山德。而且,虽然对吕山德之死相当不公正的批评占用了如此多的篇幅,但苏拉之死根本未被提及。这令人惊讶,因为在《列传》中苏拉之死被表现得——正如我们已经看到的那样——特别肮脏。我们或许会期待,它比吕山德的死亡更糟糕,会受到普鲁塔克的指责;但普鲁塔克对此未置一词。难道读者肯定不会更喜欢苏拉无价值的死亡,胜过吕山德在战斗中愚蠢但勇敢的死亡?

在"对比"的最后一节,普鲁塔克提出这样的论点:苏拉的军事成就比吕山德的更值得赞扬,因为它们是通过反对敌对的本国政府而取得的(《吕山德与苏拉传》5.1-2)。这一分析估量了每一位传主从他的国家能得到的资源支持,这在"对比"中是一种常见的分析。[163]但在这里,苏拉对他的政府的反对或许显然是从负面而非从正面角度加以解释。而且,苏拉在转向他在罗马的私敌之前先彻底击败了米特里达提斯(5.3),他在这一举动中把他的城邦更大的利益放在他本人的利益之上,他为此受到了赞扬。这样一种解释虽然其本身并非不合情理,[164]但它似乎与此前的叙事部分所引发的怀疑相矛盾,此前的叙事部分说苏拉与米特里达提斯签订和约,是为了能够迅速转向同芬布利亚及罗马政府的战争(例如《苏拉传》23.3-5,24.7)。[165]

正式"对比"的最后一部分处理了这两位传主对待雅典的方式(《吕山德与苏拉传》5.5)。在这里,苏拉因为给予城邦自由而受到

---

[163] 参页98与页263。

[164] 例如,维勒伊乌斯·帕特库鲁斯也曾提出这样的解释(2.24.4)。

[165] 在其他地方,普鲁塔克记述道,苏拉的副官卢库卢斯在已经控制住米特里达提斯的时候故意让后者逃脱(《卢库卢斯传》3.4-8)。比较 Badian (1958)页272注3。

称赞,而吕山德则因为"夺走民主制并任命了最为野蛮、非法的僭主"而受到批评。这非常令人困扰。普鲁塔克的讨论与史实大相径庭,和他本人的叙事所强调的重点也相互矛盾。吕山德确实在雅典建立了三十僭主统治,但他并没有像苏拉那样劫掠雅典。在《苏拉传》中,与公元前86年苏拉攻下雅典相伴的那次大屠杀受到浓墨重彩的描绘;被屠杀的人的鲜血淹没了凯拉米克斯地区以及更远的郊区,所留下的标记在普鲁塔克那个时代依然能够看到(《苏拉传》14.5-7)。Frederick Brenk 认为,由于某些不为我们所知的原因,普鲁塔克想为苏拉辩护,使其免受[203]针对他的最严厉的批评。[166] 不管是真是假,我们确实知道,普鲁塔克的一位朋友,《论制怒》与《论月面》中的发言人是一位叫苏拉的人,他可能是独裁者苏拉的后裔。然而,如果这是普鲁塔克的目标的话,这一工作完成得并不十分有效,因为前面的叙事对苏拉在雅典的残暴以及可耻的死亡都已经给予了非常充分的处理;事实上,普鲁塔克的叙事对这次劫掠的暴虐之处所给予的强调比李维的概述多得多。[167] 然而,我们或许也可以认为这种不和谐本身在道德方案中有着重要的功能。在列传与"对比"之间令人震惊的对立,迫使读者在评判善恶方面承担

---

[166] Brenk(1977)页 265-267;比较上文页 161。

[167] 比较泡萨尼阿斯 1.20.7,9.33.6。在李维的概述中(第81卷),并没有说雅典遭到洗劫,毋宁说苏拉使其重新拥有"自治权和财产"(libertatem et quae habuerat reddidit);在阿庇安的著作中(《米特里达提斯战争》38-39),苏拉洗劫了雅典,但赦免了自由民。在《卢库卢斯传》19.5 中,普鲁塔克让卢库卢斯——他没有能力把被攻占的阿米索斯城从大火中解救出来——嫉妒苏拉,因为他曾经有能力"解救"雅典。然而,普鲁塔克在本列传中所描绘的苏拉形象确实比它本来的样子更加正面。苏拉常常被呈现为一位优秀的统帅,许多传统的惯用语被用在他身上。这幅画像(在《政治准则》806e 处也能看到)可能来源于苏拉本人的《回忆录》,关于这部著作,尤其要参看 Valgiglio(1975);Lewis(1991b,1993)页 665-666;Ramage(1991)页 93-95。

更加主动的角色。这样的判断并非总是很容易,而且,在使吕山德和苏拉的道德地位成为问题的过程中,"对比"拾起并接续了贯穿这两篇列传的一个重要主题。

"对比"以及作为整体的《吕山德与苏拉传》这对列传最后的字句,虽然在某种意义上提供了这一卷的"结束性"结尾,但也强调了本卷核心性的、未解决的道德困境:德性上成功(用希腊术语来说,控制自我)[168]的要求与政治上成功(控制他人)的要求之间的冲突。这里的措辞意味深长:

> 是时候思考下面这个问题了:如果我们宣称苏拉更加成功,但吕山德犯下的罪行更少,并且如果我们给后者颁发自制和节制方面的头奖、给前者颁发将才和勇武方面的头奖,我们是不是并没有偏离事实太远?(《吕山德与苏拉传》5.6)

全卷就这样结束了。对读者评价普鲁塔克的最终判断的邀请,以及其中所暗示的疑问,或许反映了[204]"对比"和作为整体的全卷所激发的暂时性与疑问之处。[169] 从头到尾,读者都被鼓励要作出道德判断,但正如最后一句话似乎暗示的那样,并没有出现把行动和人简单地划分为"好"或"坏"的类型。事实上,这对列传的道德含义比一个简单的榜样更有挑战性,在许多方面也更令人满意——至少对现代读者来说是这样。吕山德显然是这两个人当中更好的那个,他在政治上并不成功;苏拉通过更大规模地使用暴力,在吕山

---

[168] 参下文页211。

[169] 关于类似的用词,比较《斐洛波门与弗拉米尼努斯传》3.5,以及我在下文页268-269处的讨论。那里似乎也有由动词ἁμαρτάνειν构成的复合词的一语双关。

德失败的地方成功了。吕山德把财富归还给斯巴达城邦,他在这方面的诚实对斯巴达的伤害比苏拉的贪婪对罗马的伤害更大。这里提出了两个非常重要的问题。首先,在何种程度上,对城邦的服务本身就是一种善?当个人德性的要求与一个人的城邦利益(*τὸ τῇ πόλει συμφέρον*)相冲突时会发生什么?其次,当一位好人恰恰通过他的德性伤害了他的城邦、一位坏人恰恰因为他的邪恶而成功时,道德方案会怎么样?

第七章 科瑞欧拉努斯与阿尔喀比亚德传

[205]在已经考察过的两对列传中,普鲁塔克似乎使读者很难从中抽提出道德教训。第三个例子是《科瑞欧拉努斯与阿尔喀比亚德传》,①这对列传似乎既强化了道德规范,也挑战了它:毫不奇怪的是,普鲁塔克认为这两个人都拥有"伟大的天性"。一方面,《科瑞欧拉努斯与阿尔喀比亚德传》可以作为一个道德故事供人阅读,这个故事强调了教育($παιδεία$)的重要性,以及对那些缺乏教育的人的影响:科瑞欧拉努斯糟糕的教育,使他没有能力控制那些毁灭他的激情——特别是愤怒($ὀργή$)以及对荣誉的爱($φιλοτιμία$)。而且,恰恰因为他的伟大,科瑞欧拉努斯像普鲁塔克笔下的其他传主一样,沦为群众嫉妒的牺牲品。与哈利卡纳苏斯的狄奥尼修斯对科瑞欧拉努斯的生涯的记述的比较(《罗马古史》6.92 - 8.62)——普鲁塔克可能直接利用了它——将会揭示普鲁塔克如何重塑他的材料来强调这些主题。② 基于这一理解,阿尔喀比亚德与科瑞欧拉努斯截然相反。他在苏格拉底手下接受了教育,这与他在掌控民众方面更大的成功含蓄地联系在了一起。

然而,《阿尔喀比亚德传》虽然强化了道德规范,但它本身似乎

---

① 事实上,普鲁塔克把科瑞欧拉努斯称为盖乌斯·马修斯。我遵循现代惯例使用他的家庭名科瑞欧拉努斯。

② Peter(1865)页 7 - 17;Russell(1963)。狄奥尼修斯在《科瑞欧拉努斯与阿尔喀比亚德传》2.4 处被引用过一次。

也对它们提出了挑战。部分原因是,这篇列传也揭示了我们在《福基翁与小加图传》与《吕山德与苏拉传》中已经观察到的成功与德性之间的冲突:虽然阿尔喀比亚德拥有科瑞欧拉努斯所缺乏的德性(教育与和善),但他的机运最终也是一样的——他们都作为流放者死于异国他乡。但此外还有一个困难之处:不能对阿尔喀比亚德作出客观的道德判断,是《阿尔喀比亚德传》的一个关键主题。这篇列传似乎挑战了判断的真正含义。《阿尔喀比亚德传》比《科瑞欧拉努斯传》更加复杂,可能正是由于这一原因,普鲁塔克把希腊人物列传放在罗马人物列传后面,颠倒了《列传》的正常顺序:[206]科瑞欧拉努斯提供了简单的模式,在相当程度上更具挑战性的《阿尔喀比亚德传》则与这一模式形成对照。③

---

③ 在手稿中,罗马列传放在前面的只有《埃米利乌斯与提摩勒昂传》、《塞多留与攸门尼斯传》和《科瑞欧拉努斯与阿尔喀比亚德传》等几对。这似乎反映了这几对列传的内在逻辑。正如 Pelling 所提出的(1986b,页 94–96;1988b,页 23–26),普鲁塔克想把不太复杂的列传放在前面,颠倒通常的顺序;第一篇列传建立了一种模式,第二篇列传对其进行了拓展。比起认为这些成对列传不同寻常的顺序是由于后来抄写者或校订者的错误,这种解决方案似乎是更可能的。亦参 Geiger(1981)页 104 以及 Ziegler(1907)页 26–32 处更早的讨论。Stiefenhofer(1914—1916)在页 470–471 注 24 处的论证认为,正式的"对比"中,在科瑞欧拉努斯之前先提到阿尔喀比亚德的名字,确保了《阿尔喀比亚德传》在这对列传中是第一篇,这种看法是错误的:在那些列传顺序毫无疑义的成对列传中,先提到第二篇列传的情况也并不鲜见:《忒修斯与罗慕洛传》1.1;《吕库古与努马传》1.1;《客蒙与卢库卢斯传》1.1;《阿格西劳斯与庞培传》1.2;《佩洛皮达斯与马克卢斯传》1.1;《阿基斯、克琉墨涅斯与格拉古传》1.2;比较《塞多留与攸门尼斯传》1.1。关于对比列传的顺序,亦参 Van Der Valk(1982)页 326–327,Valgiglio(1992)页 4029。

第一节 被强化的道德规范:科瑞欧拉努斯

《科瑞欧拉努斯传》以对科瑞欧拉努斯四位祖先的讨论开篇。普鲁塔克提到,其中一位是国王,还有两位把充足的用水引入罗马,而第四位,马修斯·肯瑟里努斯(Marcius Censorinus),在两次当选监察官之后,说服民众决定任何人都不得再次当选监察官(1.1)。正如在普鲁塔克作品中常见的那样,祖先用以提供一个典范,传主则通过并参照这种典范而受到评判。④ 正如在后面的篇章中清楚显现的那样,科瑞欧拉努斯为他的城邦做出了巨大的贡献,像他的祖先一样;但他也造成了巨大的危害——这本身就是那些"伟大天性"没有得到适当教育的人的一个特征(柏拉图《王制》495b)。而且,科瑞欧拉努斯不像他的祖先肯瑟里努斯,他明显没有能力与民众保持良好关系。科瑞欧拉努斯一生的关键就是他没能担任高官。

普鲁塔克接下来讨论了科瑞欧拉努斯的成长经历(《科瑞欧拉努斯传》1.2-3):

(1.2)我们接下来要写的盖乌斯·马修斯,幼年丧父,成了一名孤儿,由他的寡母抚养成人。然而,[207]虽然身为一名孤儿一般而言有许多不利之处,但它不会妨碍一个人成为出类拔萃的正派人,但有些没出息的家伙徒劳地指责、责备自己的境遇,他们说是大人的疏忽毁了他们。(1.3)有些人坚持认为,即使天性是高贵、优秀的,但如果缺少教育,它也会在好果实之外结出许多坏的果实,就像没有得到良好照料的农田一样,对那

---

④ 参下文,附录1。

些人来说,同一位马修斯也可作为证明。

那么,科瑞欧拉努斯的天性是优良的,没有因身为孤儿而被毁。⑤ 但是,普鲁塔克说道,他的优良天性被缺乏教育所扭曲。科瑞欧拉努斯证明了(ἐμαρτύρησε)缺乏教育所带来的糟糕结果:这是一个完全普鲁塔克式的主题,⑥他也是该主题的范例。但不止如此,科瑞欧拉努斯还是"伟大天性"者的范例。从普鲁塔克再次使用的关于植物生命的比喻可以清楚地看到,普鲁塔克是有意为之,这个比喻的原初语境是《王制》491d–492a处柏拉图关于"伟大天性"的讨论。柏拉图认为,一粒种子越有活力,它受不善培育的伤害就越大;"最佳天性"的结果会最糟糕。同样,天赋(εὐφυέστατοι)最好的灵魂受糟糕教育的伤害最大。"因此我认为",柏拉图总结道(492a),"我们所假定的哲人的天性,如果得到了合适的教导,必定会成长而达到完满的德性;但是,如果它被播种、栽植、培养在不合适的环境中,将会产生相反的结果。"⑦

那么,科瑞欧拉努斯对普鲁塔克来说就是一位"伟大天性"之人:既能为大善,也能为大恶。在普鲁塔克作品中,"伟大天性"理论在论文《论神罚的延迟》中得到最为充分的处理。这里普鲁塔克对某些作恶者逃脱惩罚这一事实所作的解释,是假定神能看出来他们也能做巨大的好事。人类并没有始终允许神的计划顺利实施:意

---

⑤ 阿尔喀比亚德也是早年丧父,参《阿尔喀比亚德传》1.1–2。关于普鲁塔克作品中的这类儿童,参 Salvioni(1982)。

⑥ 参上文页 73–78,以及页 108–110。亦参 Russell(1963)页 23 与页 27(亦见 1995,页 361–362 与页 370);Swain(1990b)页 136–137;比较 Pelling(1989)页 206–207。

⑦ 关于这一段落以及一般性意义上的"伟大天性"理论,参上文页 47–49。

味深长地是,普鲁塔克选择的例子之一是阿尔喀比亚德,如果他还活着的话,他本能够给他的城邦带来巨大的好处,但遗憾的是,由于他明显的僭主倾向,他被雅典人流放了(552b)。普鲁塔克接着写道:

> 因为伟大天性绝不会产生渺小的东西,而且由于它们热情洋溢,它们体内的精力与活力无法保持平静,⑧但是在形成持久和稳定的品性之前,它们在潮水中漂泊不定。一个对农业一无所知的人,当他看到一块土地[208]上杂草和灌木丛生、野兽出没、污水横流、泥浆满地时,他不会喜欢这块地。而对于一个已经学会了分辨和判断土壤的人来说,这些方面恰恰显示了这块土地的力量、肥沃与松软。同样地,伟大天性一开始总是会长出很多奇怪的、无价值的枝芽。我们无法忍受它们的粗糙与多刺,认为我们应该立即把枝芽剪掉。但一位更有判断力的人实际上能从这些事情中看到这块土地优秀而高贵的性质,他会等待它们成熟,等待它的天性产生合适果实的季节。(《论神罚的延迟》552c–d)

这些农业方面的比喻使人想起《王制》的关键段落。⑨ 典型的是,在这一段与《科瑞欧拉努斯传》中,普鲁塔克都把成熟的过程与通过理性和教育产生良好的果实联系在一起。⑩ 来自《论神罚的延

---

⑧ ἀργεῖν 与 ἀ-έργον 的语源学联系是很重要的:拥有伟大天性的人总要完成某种"功业",或善或恶。关于休耕地的 ἀργεῖν,比较色诺芬《居鲁士的教育》1.6.11。

⑨ 在《论动物具有理性的事实》987b 处,被变成猪的格里卢斯(Gryllus)也用了同一个比喻;比较《德摩斯梯尼传》1.3。

⑩ 关于对成熟(ἡλικία)的强调,比较柏拉图《王制》487a。

迟》的那个段落所强调的是,如果加以合适的照料,经过合适的时间,即使看起来是坏人的人也可能会变好,如同看起来贫瘠的土地也会变肥沃一样;确实,同样是伟大的品质,他们可以特别坏,而如果加以合适的照料,他们也会变得特别好。在列传的开篇,科瑞欧拉努斯被呈现为这一理论的反面典型。他拥有"优秀而高贵的天性",但缺少他所需要的合适的教育,因此他就类似于未经耕作的荒地。

普鲁塔克接着指出了缺乏教育给科瑞欧拉努斯带来的品性中的缺陷(《科瑞欧拉努斯传》1.4–5):

> (1.4)他在所有事情上都具有坚定的毅力且不屈不挠,这使得他完成了许多伟大的功业;但因为他沉溺于纯粹的激情与毫不退让的竞争,对那些和他打交道的人来说,他并不是那么容易相处或平易近人。相反,人们赞扬他对享乐、痛苦与金钱的漠然(insensibility),称之为自制、公正、男子气概,但在政治关系中,他们对此深感厌恶,认为那是冒犯人的、没有教养的、寡头式的。(1.5)因为人们能从缪斯那里得到的最大好处,就是通过理性和教育来驯化他们的天性,借助理性、避免过度来获得节制。

正是这些品质,科瑞欧拉努斯在控制他的"纯粹的激情"(unmixed passions, θυμοῖς ἀκράτοις)以及"毫不退让的竞争"(unbending rivalries, φιλονικίαις ἀτρέπτοις)方面的无能,他的固执和不易接近,在列传的后面部分将会导致他拿起武器反抗自己的祖国。科瑞欧拉努斯并非没有德性:他对享乐、痛苦与金钱诱惑的漠然(insensibility, ἀπάθεια)足以作为证明。但是,正如对小加图那样,这些品质导致了危险的极端主义,而且,虽然它们可能会激发起别人勉强的尊敬,但它们并不像真正的德性那样,能够激发起爱或模仿的愿望。在"对比"中,普鲁塔克宣称,因为他的傲慢与疏远,"他被人赞颂,却不受人爱戴"(《科瑞欧拉努斯与阿尔喀比亚德传》3.6)。⑪ 在小加图那里——他确实激发起爱⑫——极端主义被教育所缓和;在科瑞欧拉努斯这里,显然并非如此。科瑞欧拉努斯也没有能力把他的"漠然"($ἀπάθεια$)延续整个一生。事实上,他被激情($πάθος$)所控制:普鲁塔克似乎几乎一语双关地使用了$ἀπάθεια$(远离激情)的字面含义。在普鲁塔克对科瑞欧拉努斯的军事训练的描述中,这是非常清楚的。科瑞欧拉努斯天生就对战争"充满激情"(2.1:$ἐμπαθὴς$ $γεγονὼς$ $πρὸς$ $τοὺς$ $πολεμικοὺς$ $ἀγῶνας$)。科瑞欧拉努斯从孩童期就操练兵器,但他特别重视他摔跤的能力——他的'天生和天然的武器'($τὸ$ $σύμφυτον$ $ὅπλον$ $καὶ$ $συγγενές$)。在受教育之前,科瑞欧拉努斯更依赖天性,依赖天生的力气和忍耐力,而不是依赖理性或被教授的东西。柏拉图认为,没有神的干预,[210]一个人不可能摆脱坏环境的不利影响(《王制》492a;492e – 493a)。然而,在普鲁塔克的《论神罚的延迟》中,据说神准备推迟对下面这类人的惩罚,"他们的恶行就本质而言并非十恶不赦或不可救药"(551d:$οἷς$ $οὐκ$ $ἄκρατος$ $οὐδ'$ $ἄτρεπτος$ $ἡ$ $κακία$ $πέφυκε$)——对这些"伟大天性"的人来说,存在会发生更好的事的希望。对科瑞欧拉努斯而言,他受的教育很糟糕,缺乏理性,倔强顽固,丝毫没有这样的希望。⑬

事实上,普鲁塔克轻微地缓和了他的批评,他说道,在科瑞欧拉努斯那个时代的罗马,只有与军事事务有关的那部分德性才受到尊

---

⑪ $περὶ$ $τὴν$ $θαυμαζομένῳ$ $μὴ$ $φιλεῖσθαι$.

⑫ 《小加图传》9.9 – 10。参上文页 148 – 149;比较页 36。

⑬ 后来(15.5),他被描述为$ἀτενής$(酷烈的、倔强的、顽固的)。关于这些被指责的天性,比较《论顺从》529a:$ἡ$ $ἄτρεπτος$ $καὶ$ $ἀτενὴς$ $διάθεσις$;比较《苏拉传》30.4。

重。作为证据,他引用了下述事实:用来指德性的拉丁词语(virtus)实际上指男子气概(manliness, ἀνδρεία),这只是真正德性的一部分(1.6)。随着列传的进展,这一洞见对科瑞欧拉努斯将具有特别的重要意义。科瑞欧拉努斯重视男子气概。当他是一位士兵时,这对他很有帮助:他的"不知疲倦的力气"(2.2: τὴν…ῥώμην…ἄτρυτον)⑭是不可战胜的;但它也是科瑞欧拉努斯败落的原因:正如对德米特里乌斯和安东尼——另外两位具有"伟大天性"的人——那样,同样的品质既是长处也是弱点。

首先,正如在普鲁塔克作品中的年轻人身上经常发生的那样,科瑞欧拉努斯容易被好胜(φιλονικία)这种激情所左右,这是完成伟大功业的激励(4.1 – 4)。⑮ 但这一品质的负面影响很快就清楚地显现出来,当时,在一次重大的军事成功之后,科瑞欧拉努斯想要担任执政官的努力遭到了拒绝。他本人和元老院都愤怒地作出反应。科瑞欧拉努斯的愤怒被明确地与他糟糕的教育联系在一起:

> [211]面对已经发生的一切,他自己并没有节制地或温和地采取行动,因为他极其放纵他灵魂中充满血气、好胜的那一部分,虽然这一部分有其伟大、庄严之处,但他灵魂中有分量的、自我克制的部分——政治德性的主要成分——并没有通过理性和教育与之相混合。科瑞欧拉努斯不知道,试图与政治事务及政治人物打交道的人最应当避免固执,正如柏拉图所言,固执与孤独相伴随;这样的人应当热爱克制,克制会被某些人大加嘲笑。(15.5)但科瑞欧拉努斯始终是一个简单、固执的

---

⑭ 有一个抄本(γ)写作 ἄτρεπτον,在科瑞欧拉努斯的军事德性与他的顽固之间建立了更加明确的联系。

⑮ 参上文页84 – 87。

人。他认为在每个方面胜过每个人是一件有男子气概的事,而不是虚弱和软弱,这导致血气像一个肿块那样从灵魂混乱、受伤的部分爆裂开来。因此他怀着对民众的激烈情绪和怨恨离开了。(《科瑞欧拉努斯传》15.4 – 5)

普鲁塔克开篇关于科瑞欧拉努斯品性的讨论中的许多关键术语在这里再次出现。缺少理性和教育,科瑞欧拉努斯没有能力节制地($\mu\varepsilon\tau\varrho\iota\omega\varsigma$)采取行动,相反,他变得充满激情。这一分析毫无疑问是柏拉图式的:科瑞欧拉努斯是"充满血气的"($\vartheta\nu\mu o\varepsilon\iota\delta\eta\varsigma$)人的一个例子。正如我们已经提到的那样,柏拉图认为"血气"以及它的体现——愤怒,是那些投身战争的人的一种必要品质,是勇敢($\dot{\alpha}\nu\delta\varrho\varepsilon\iota\alpha$)的一种关键品质。但"血气"必须被平静或自制($\pi\varrho\alpha\iota\sigma\tau\eta\varsigma$)所调和,对于平静和自制而言,教育与理性至关重要,这样愤怒才能以正确的方式被运用(《王制》440d – 442d)。⑯ 由于缺乏教育,科瑞欧拉努斯的灵魂并不拥有自制的适当混合。⑰ 普鲁塔克明确提到柏拉图关于远离固执($\alpha\dot{v}\vartheta\dot{\alpha}\delta\varepsilon\iota\alpha$)、准备与人相往来并且不要怀有怨恨的警告(《书简》4,321c),"正如柏拉图所言,它与孤独相伴随",⑱这证实了普鲁塔克是在来自柏拉图哲学的价值体系内创作的。然而,科瑞欧拉努斯错误地认为男子气概($\dot{\alpha}\nu\delta\varrho\varepsilon\iota\alpha$)——他所理解的德性的唯一形式(1.6)——只在于"在每个方面胜过每个人"(15.5)。事实上,在许多希腊思想中,德性在于控制自我

---

⑯ 比较 Pelling(1996)页 xxviii。

⑰ 比较 1.4 处他的"不加混合的激情"。对比《布鲁图斯传》1.3 处的布鲁图斯。关于品性的混合,参上文页 90 – 94。

⑱ 在《阿尔喀比亚德与科瑞欧拉努斯传》3.3 处也引用了这句话。在《狄翁传》8.4,52.5 处,普鲁塔克在它的原初语境中使用了这句话:柏拉图建议狄翁警惕傲慢。《如何区分谄媚者和朋友》69f – 70a。

(mastery of oneself, κρατεῖν ἑαυτοῦ 或 ἄρχεσθαι)。⑲ 不出意料地,科瑞欧拉努斯的态度的结果是"血气"(θυμός),在这里,愤怒这种激情(比较 1.4)[212]在他离开广场时所表露的对民众的怨恨中体现了出来。

普鲁塔克在这里的思想序列和表达方式,紧密追随他的论文《论制怒》中的思想序列和表达方式。⑳ 事实上,其相似性是如此明显,普鲁塔克在写这些列传时必定利用了他早些时候为写这篇论文而使用的资料,无论是直接利用还是凭借记忆。科瑞欧拉努斯被看作是文中所阐明的理论的具体例证。在《论制怒》456f 处,普鲁塔克认为血气(θυμός,怒气,激情)的性质是"既不高贵也不男子气,其中也不含有任何庄严或伟大的东西"。㉑ 普鲁塔克接着写道,大多数人把怒气的混乱(confusion, τὸ ταρακτικόν)错当成活力,把它的威胁性行为(τὸ ἀπειλητικόν)错当成自信,把它的顽固(τὸ ἀπειθές)错当成力量。有些人甚至把怒气的残酷(ὠμότης)错当成伟大,把它的无情(τὸ δυσπαραίτητον)错当成强健,把它的阴郁(moroseness, τὸ δύσκολον)错当成疾恶如仇。这将是科瑞欧拉努斯的悲剧。科瑞欧拉努斯认为,他的愤怒、怨恨、无礼以及不服管束是伟大和男子气的标志。事实上,它们揭示了科瑞欧拉努斯那十分有缺陷的品性。普鲁塔克接下来写道,人们赞扬发怒的人,但实际上他们的狂怒和怨恨揭示了

---

⑲ 特别是:色诺芬《回忆苏格拉底》5.1 – 5;《齐家》12.9 – 14;《阿格西劳斯传》10.2;亦比较柏拉图《斐德若》231d,233c;《高尔吉亚》527d;伊索克拉底《致尼可克里》29,39;普鲁塔克《亚历山大传》21.7;《论亚历山大的机运或者德性》337f;《为什么皮提亚不再吟咏神谕?》404a;《致一位无知的统治者》780b – c。参福柯(1985)页 75 – 77 与页 170 – 174。

⑳ 在页 87 – 89 处有所讨论。

㉑ 关于愤怒作为男子气概(ἀνδρεία)的对立面,亦参来自普鲁塔克的《论愤怒》(《拉姆普里阿斯目录》93)的残篇 48.19 Sandbach。Nikolaidis(1991),在页 172 讨论了这些段落。

他们"彻底的渺小和软弱"(比较《佩洛皮达斯传》21.6)——我们已经看到科瑞欧拉努斯的同时代人如何赞扬他,而同时又厌恶他的粗野(《科瑞欧拉努斯传》1.4)。普鲁塔克接下来写道,愤怒(θυμός)来源于灵魂中的疾病与软弱:

> 正如肿胀是肉体遭受创伤的结果[pathos],因此,在最软弱的灵魂中,一心想着使别人遭受伤害会产生愤怒,愤怒的程度与产生它的灵魂的软弱程度是成比例的。(457a–b)

普鲁塔克接着写道,在受到诽谤的时候,那些灵魂最软弱的人最容易发怒:妇女、病人、老人,[22]那些受到不幸折磨的人,以及那些追求"空洞的光荣"(empty glory, ὁ κενόδοξος)的人。但普鲁塔克引用了品达的两行诗[213](残篇210 Maehler),宣称在所有这些人中最容易发怒的,是那些"在城邦中追求荣誉之爱的人,它们造成显而易见的痛苦"。他接着写道:

> 通过这种方式,愤怒经常通过软弱而产生,从灵魂最混乱、最痛苦的部分中产生。愤怒并非如有些人所言,像是灵魂的肌肉,它更像灵魂的紧张与痉挛,在保卫自己的冲动中过于激烈地奋起反抗。(457b–c)

罕见的是,普鲁塔克完全不同意柏拉图的观点,或许正是由于

---

[22] 比较453b。在其他地方,普鲁塔克认为老年人比年轻人更不容易发怒:《论道德德性》450f;《老年人是否应该从事政治》788f。参 Nikolaidis (1991),页171–172。

这一原因,他在这里避免提及柏拉图的名字。[23] 但普鲁塔克似乎参考了柏拉图在《王制》411b 处的文字,在那里,在讨论充满血气的人(spirited man, ὁ θυμοειδής)时,柏拉图认为某种数量的"血气或怒气(θυμός)是勇敢所必需的,并称血气为灵魂的肌肉(sinews, νεῦρα)"。但对普鲁塔克来说,至少在《论制怒》中,"血气"或怒气没有任何地位。普鲁塔克接着写道,男子气概(ἀνδρεία)常常错误地被人认为与平静(πραότης)毫无关系,然而,事实上,平静——其含义指理性的行为——与男子气概携手同行。正如普鲁塔克用来自赫拉克利特的一句引文(残篇 70 Marcovich)所说明的那样,愤怒或许难以战胜,这句引文他在讨论科瑞欧拉努斯时也将使用(《科瑞欧拉努斯传》22.3)。[24] 但是,事实上,战胜一个人的灵魂中的愤怒是"伟大和胜利的力量"的标志。普鲁塔克巧妙地重新利用了柏拉图更早的明喻和修正,他总结道,这种力量"具有一种针对激情的判断力(judgements, κρίσεις),事实上就像肌肉和肌腱那样"(457d)。那么,对普鲁塔克来说,科瑞欧拉努斯为之自豪的德性——男子气概——并不是在愤怒中展现出来,愤怒毋宁说是一个软弱、混乱的灵魂的标志,也是——通过暗示——一个不拥有正确判断力或理性的灵魂的标志。

科瑞欧拉努斯的愤怒与固执导致了他的审判,并被公共陪审团判决流放。民众欢呼雀跃,元老院则有些沮丧。普鲁塔克接着写道(21.1):

---

[23] 事实上,在《论道德德性》中,普鲁塔克确实同意,激情可以是有用且必要的(参页 75),他赞许地引用了将激情比作肌肉的比喻(449f),他本人也使用了这一比喻(451d)。

[24] 亚里士多德在《尼各马可伦理学》1105a7–8 处似乎也暗指这句话。

[214] 但马修斯本人表现得很勇敢,并不沮丧,无论是举止、步态还是面容,都很镇定。在所有那些受到影响的人中间,他似乎是唯一一个对自己的机运没有感觉的人:这不是因为理性或自制,也不是因为他节制地承受已经发生的一切,而是因为他心里充满了怒气和愤慨。

一副"不变的"(fixed)面容($καθεστηκὸς$ 或 $συνεστηκὸς$ $πρόσωπον$)常常被普鲁塔克用来作为平静(calmness, $πραότης$)的标志。㉕ 然而,这里的论点在某种程度上是悖论性的:虽然科瑞欧拉努斯表现出了自制的所有征象,但他事实上仍身在激情的剧痛之中。㉖ 我们又一次看到科瑞欧拉努斯在遵守理性方面($λογισμός$)的无能,与导致他起而反对自己祖国的愤怒之间的联系。又一次,瑞欧拉努斯没有能力"节制地承受已经发生的一切"($φέρειν$ $μετρίως$ $τὸ$ $συμβεβηκός$)。当我们在数行之后读到科瑞欧拉努斯吩咐他的母亲和妻子"节制地承受已经发生的一切"($φέρειν$ $μετρίως$ $τὸ$ $συμβεβηκός$)时,普鲁塔克对他的责难是非常清楚的:这正是他本人没能做到的事情(1.5,15.4,21.1)。普鲁塔克的资料来源狄奥尼修斯已经把科瑞欧拉努斯描写为一位确实很平静、不动声色的人了(7.67.2);普鲁塔克强调了他

㉕ 《法比乌斯传》17.7;《阿拉托斯传》40.4;《论罗马人的机运(或德性)》317c;《政治准则》800c。面部容貌的变化,特别是脸色的变化,表明激情——如恐惧(例如《阿拉托斯传》29.7–8)或愤怒(《伽尔巴传》23.5)——是受到控制的。相反,在《马略传》6.6 处,一张"不变的"脸是信心的标志;比较《论神罚的延迟》550d–e,551a,552c。关于步态与眼神作为品性的表征,比较托名亚里士多德,《面相学》808a12–16;撒路斯特《喀提林阴谋》15.5。

㉖ 比较《苏拉传》30.4,在那里,苏拉不变的面容($ἀτρέπτῳ$ $καὶ$ $καθεστηκότι$ $τῷ$ $προσώπῳ$)不是平静的标志,而是对怜悯的麻木。

认为隐藏在科瑞欧拉努斯的平静外表之下的愤怒。㉗

在整部列传中,普鲁塔克对科瑞欧拉努斯的处理不同于狄奥尼修斯的方式之一,就是这种对愤怒的强调。㉘ 科瑞欧拉努斯的"血气"与愤怒($\vartheta\upsilon\mu\acute{o}\varsigma$;$\acute{o}\varrho\gamma\acute{\eta}$)在其他人身上也滋养了同样的一些品质。首先,在民众身上可以看到,他们变得对科瑞欧拉努斯和元老院怒气冲冲(17.4,18.2,19.1,19.4)。愤怒是科瑞欧拉努斯奔往沃斯基(Volsci)这一行动背后的驱动力,当地的人们本身就充满对争斗的热爱($\varphi\iota\lambda o\nu\varepsilon\iota\varkappa\acute{\iota}\alpha$)㉙和对罗马人的愤怒($\acute{o}\varrho\gamma\acute{\eta}$)(21.5–6)。后来,贵族们也变得对科瑞欧拉努斯充满怒气(29.4)。普鲁塔克引用了赫拉克利特的一句名言作为解释(22.3),这句话他在《论制怒》的相关段落中已经用过(457d):"同激情战斗是困难的,因为无论它想要什么,[215]它总以灵魂的代价把它买到。"(赫拉克利特《残篇》70 Marcovich)这是一个不祥的预言;最终沦为科瑞欧拉努斯狂热暴怒牺牲品的正是他自己的人生。然而,目前这一愤怒的结果是罗马的苦难与失败,以及在元老院与民众之间不和的增加,对普鲁塔克来说后者同样值得谴责(27.4–6)。意味深长的是,当科瑞欧拉努斯最后对他母亲的恳求确实作出让步时,他并不是受理性的影响,而是被当时场景的情绪($\pi\acute{\alpha}\vartheta o\varsigma$)所打动(34.3):

当科瑞欧拉努斯看出他的母亲走在最前面时,虽然他想保

㉗ 比较页23–25,《尼基阿斯传》1.5处普鲁塔克宣称他要揭示"多数人"没有注意到的东西。

㉘ 例如30.1,30.7;《科瑞欧拉努斯与阿尔喀比亚德传》2.4–6,4.4,5.1。参Russell(1963)页27–28(亦见1995,页370–371);Pelling(1996)页xxii–xxxv。

㉙ Ziegler印成$\varphi\iota\lambda o\nu\iota\varkappa\acute{\iota}\alpha$(21.6),但同$\acute{o}\varrho\gamma\acute{\eta}$的组合暗示词根$\nu\varepsilon\tilde{\iota}\varkappa o\varsigma$在这里是特别被考虑的。参上文页83注38。

持在那些不可动摇、无法变更的理性思考之中,但看到这一景象,他被激情所征服,陷入惶惑之中,他无法坐着等他们走近,而是迅速跳下来,跑着去迎接他们……他既没有吝惜他的眼神,也没有吝惜他的拥抱,可以说,他听任自己被激情的洪流卷走。

当然,在这里存在某种悖论。科瑞欧拉努斯没有能力对其保持忠诚的那些理性思考是不道德的和顽固的,他所屈服的激情最终迫使他回到正确的道路上。

第二节 被强化的道德规范:阿尔喀比亚德

阿尔喀比亚德在许多方面与科瑞欧拉努斯截然相反。天性上,阿尔喀比亚德并没有不同:像科瑞欧拉努斯一样,阿尔喀比亚德也富有激情,在那些激情中,"对胜利的爱"(τὸ φιλόνικον)与"对成为第一的爱"(τὸ φιλόπρωτον)最为强烈(2.1)。但阿尔喀比亚德也能够调整自己的行为方式来迎合、取悦那些他打交道的人(23.3–6)。那么,阿尔喀比亚德远不是一位倔强、不屈的战士,而科瑞欧拉努斯正是这样的人。阿尔喀比亚德是一个非常愿意接受劝告的人。但在他与科瑞欧拉努斯之间最重要的区别是,他不像科瑞欧拉努斯,阿尔喀比亚德接受过教育——而且不是从什么普通教师那里。阿尔喀比亚德受到当时最好的教师、哲人苏格拉底的教育。虽然阿尔喀比亚德不断被他的追求者、爱慕者拐走,他们被他的美貌所吸引,但他坚持回到苏格拉底身边(6.1;比较1.3)。[216]在苏格拉底与其他爱慕者之间的对比,在他们身边的享乐、谄媚与他身边的教育之间的对比,统摄了列传前面的章节(3.1–6.5)。虽然阿尔喀比亚德的其他爱慕者被他的美貌所打动(4.1),但苏格拉底看到阿尔喀比亚德在德性方面的潜能(τῆς πρὸς ἀρετὴν εὐφυίας)。其他爱慕者追求并提供享乐;苏格拉底是"一个这样的爱慕者:他不追逐㉚无男子气概的享乐,也不乞求亲吻和抚摸,而是努力暴露阿尔喀比亚德灵魂的弱点,指摘他空虚而愚蠢的傲慢"(4.3)。普鲁塔克在这样一句话里清晰地阐述了这一道德教训,这句话的结构使人想起他对科瑞欧拉努斯可悲的缺乏教育的严厉批评(《科瑞欧拉努斯传》1.5):

> 因为机运从来没有用那么多所谓的好东西围住或隔开其他人,以至于他不会受到哲学的影响㉛,也不会受那些放肆刻薄言辞的影响。(《阿尔喀比亚德传》4.2)

虽然阿尔喀比亚德对荣誉的爱(love of honour, φιλοτιμία)和对荣耀的爱(love of glory, φιλοδοξία)使他有陷入其爱慕者的谄媚之中的危险(6.4),但苏格拉底通过理性手段使他摆脱了虚荣(6.5):"用理性来挤压和压榨他(pressing and crushing him with reason, πιέζεν τῷ λόγῳ καὶ συστέλλων),苏格拉底把他变得谦卑、懂得害怕,因为他知道了他在德性方面缺乏多少,是多么的不完善。"这里描述苏格拉底在阿尔喀比亚德身上的教育影响所用的摔跤方面的比喻,使

㉚ 关于追逐年轻人的爱慕者和智术师们,Russell(1997)在页110注16提到柏拉图《智术师》221–222, 231d,《法义》831b,色诺芬《论狩猎》13.9。

㉛ ἄτρωτον使人想起科瑞欧拉努斯的ῥώμην...ἄτρωτον(《科瑞欧拉努斯传》2.2)

人想起作为科瑞欧拉努斯纯粹体育和军事训练的特征的摔跤比赛(2.1)。[32] 阿尔喀比亚德从最卓越的哲人那里得到的真正的哲学教育,与科瑞欧拉努斯的体育训练形成鲜明对比。[33] 这些对摔跤的提及可能也会使人想起柏拉图《会饮》中阿尔喀比亚德的叙述(217b–c),他叙述他在摔跤时试图引诱苏格拉底。在《阿尔喀比亚德传》的许多其他地方,《会饮》的影响都清晰可见。[34] 但在 4.4 处简短暗示的苏格拉底同阿尔喀比亚德的一次摔跤,[217]已经被转换为强调苏格拉底在他身上的教育影响的隐喻。普鲁塔克集中关注他们关系的教育方面而不是爱欲方面。[35] 然而,普鲁塔克确实频繁谈到苏格拉底对阿尔喀比亚德的"爱"(ἔρως)。[36] 这可以被当作是隐喻性的,但其语言无疑是暗示性的。最终,或许也是意味深长地,

---

㉜ 比较 4.3:πιεζοῦντος;6.2:λαβὰς παρέχειν。亦比较阿尔喀比亚德真正的摔跤:《阿尔喀比亚德传》2.2–3,4.4。普鲁塔克在《论道德德性》452d 处提到色诺克拉底把哲学比作摔跤的比喻(= 色诺克拉底《残篇》2 Heinze);比较第欧根尼·拉尔修 4.10。

㉝ 关于普鲁塔克赋予哲人对传主的影响的特殊价值,参上文页 150 注 64。

㉞ 比较页 143。Russell(1966b)页 40(= 1995,页 196)提到《阿尔喀比亚德传》6–7 处同《会饮》以及柏拉图《阿尔喀比亚德前篇》104a、105b 处极其相似:例如《阿尔喀比亚德传》6.1 与《会饮》215e(比较《如何意识到一个人德性的进步》84d),216a–b;《阿尔喀比亚德传》6.5 与《会饮》216a;《阿尔喀比亚德传》7.3–6 与《会饮》219e–221c(参下文)。比较《阿尔喀比亚德传》4.2 与《会饮》218a 处阿尔喀比亚德的言辞:… πληγείς τε καὶ δηχθεὶς ὑπὸ τῶν ἐν φιλοσοφίᾳ λόγων。Jones(1916)页 139–142 以及 Helmbold 与 O'Neil(1959)页 61 只提到 6.1 与 7.3–6 处暗示了柏拉图的作品。

㉟ 正如 Littman 所论证的(1970,页 271–275)那样,事实上没有理由认为苏格拉底与阿尔喀比亚德之间的关系不是肉欲的。

㊱ 4.1,4.3,6.1;比较 4.4,5.1 处的 τοῖς ἄλλοις ἐρασταῖς;亦比较 6.2。但亦请比较《论道德德性》448e,在那里好教师们的学生们被称为"情人"(lovers,ἐρασταί),而不是被爱者,这显然是一个比喻性用法。

普鲁塔克让这个问题保持含混。㊲

阿尔喀比亚德从苏格拉底那里接受教育,他的品性又与科瑞欧拉努斯非常不同。科瑞欧拉努斯固执、不易接近;阿尔喀比亚德能够取悦民众,赢得他们的支持,而且他不会对怨恨和愤怒让步。对这两篇列传进行比较阅读将能清楚地看出这一点,他们故事中基本的相似之处——他们都是反对自己祖国的叛徒——以及普鲁塔克引入的他们之间许多有意的对比都鼓励读者作这样的阅读。特别是,同一个人,安塞米昂之子安吕图斯(Anytos son of Anthemion),在两篇列传中都出现过:在《阿尔喀比亚德传》4.4－6 处,安吕图斯是那些在阿尔喀比亚德那里遭受过蛮横对待的众多爱慕者之一;而《科瑞欧拉努斯传》(14.6)在关于罗马选举贿赂的讨论中提到他是第一个把这种做法引入雅典的人。正如我们将会看到的那样,许多这样的对比是为了揭示这两位传主之间的差异,这也是普鲁塔克《列传》中的常见做法。

关于这种对比,对这两个人早年军事功绩的叙述提供了非常清晰的例子。㊳ 关于阿尔喀比亚德年轻时在波提岱亚和得利翁战役(Potidaia and Delion)中的行动的叙述(《阿尔喀比亚德传》7.3－6)改编自柏拉图的《会饮》(219e－221c)。㊴ 普鲁塔克追随柏拉图写道,苏格拉底在波提岱亚战役之后保卫了阿尔喀比亚德,但阿尔喀

㊲ 普鲁塔克关于鸡奸的严肃想法(considered views)很难确定,参 Goldhill(1995)页 144－161 处对《关于爱的对话》的讽刺性理解。

㊳ 普鲁塔克提到这两个人时都说他们"还是个年轻人"(ἔτι μειράκιον ὤν)。这一强调并不被李维所分有,他暗示科瑞欧拉努斯要年长得多(2.34.10)。

㊴ 很可能也受到安提斯替尼的《阿尔喀比亚德》的影响:参《残篇》VA 200 Giannantoni, Dittmar(1912),页 83－90,以及 Giannantoni(1990)页 348－349。也受到伊索克拉底《论四马队》29 的影响:参 Russell(1966b),页 41(亦见 1995,页 197)。

比亚德却因为判决者的偏心而获得了勇敢奖章。[218]为了对比这些功绩,普鲁塔克已经富有想像力地发挥了他在狄奥尼修斯作品——他的主要资料来源(8.29.4)——中发现的一个暗示。这个暗示显示年轻的科瑞欧拉努斯在反对塔尔昆的雷吉路斯湖战役(the battle of Lake Regillus)中英勇战斗,保卫了一位倒下的战友(《科瑞欧拉努斯传》3.1-3),并像阿尔喀比亚德一样,因为他的行为而赢得了花环。[40] 在狄奥尼修斯那里,这件事只是在涉及科瑞欧拉努斯流放期间所作的一次讲演时被简短提到,但对普鲁塔克来说,它提供了一个重要对比的基础:其重要之处在于他在这两个叙述中建立起来的差异。科瑞欧拉努斯由于在保卫同胞公民的行动中的勇敢而赢得他的奖赏;阿尔喀比亚德本人则被人保卫,通过他与正确的人交往的能力而赢得奖赏。当然,正是这种对比构成了这对普鲁塔克列传的核心:科瑞欧拉努斯拥有巨大的军事才能,但没有能力赢得民众的心;另一方面,阿尔喀比亚德赢得了所有人的支持。普鲁塔克在描述这两个人时所引用的柏拉图的文字的不同语调,也清楚地显示了这一差异。正如我们已经看到的那样,关于科瑞欧拉努斯,他引用了柏拉图对固执的警告,说它"与孤独相伴随";关于阿尔喀比亚德,引文(来自《斐德若》255d)提到他对苏格拉底的爱(4.4)。

　　同样的一些差异也成为另一个对比的基础。科瑞欧拉努斯最重要的军事成就是攻克科瑞欧利(Corioli)(《科瑞欧拉努斯传》8.1-6)。在把敌人赶回城里后,科瑞欧拉努斯和几个同伴冲进了城

---

[40] 事实上,科瑞欧拉努斯的第一次军事作战($πρώτην\ στρατείαν$)不可能像普鲁塔克说的那样(3.1)是雷吉路斯湖战役:参 Russell(1963)页23-24(亦见1995,页362-363)。普鲁塔克把这场战役移到科瑞欧拉努斯人生的早年,使得他迈入军事舞台的那一刻更加令人难忘,并且使叙述更加合理。关于普鲁塔克对年代学的态度,参下文附录2。

门;敌人重新集结,但他和他的随从在里面砍杀,战胜了他们的仇敌。这件事在阿尔喀比亚德对塞林布里亚(Selymbria)的进攻中可以找到对应之处(《阿尔喀比亚德传》30.3–10)。这里,阿尔喀比亚德被叛徒带进了城门,他发现他和几位同伴被隔绝在敌人的城墙后面,他大声叫喊要求谈判,以使他的军队有时间能赶到。又一次,其差异意味深长:阿尔喀比亚德那天不是通过武力而是通过聪明的策略赢得了胜利。

更深层次的对比点强调了他们被流放之后机运的差异。普鲁塔克记叙了在罗马的一个预兆(《科瑞欧拉努斯传》24–25),这个预兆可能改编自狄奥尼修斯7.68–73。某位拉提尼乌斯(Titus Latinius)做了一个梦,在梦里宙斯(按照普鲁塔克的称呼)神秘地宣称他对那位领导他队伍的舞者感到恼怒。[219]在调查之后,人们得出结论,神之所以恼怒是因为祭献他的游行队伍遇到了一位遭受残酷鞭打的奴隶。奴隶的主人得到了惩罚,队伍重新游行了一次。这件事可在关于公元前407年阿尔喀比亚德在厄琉西亚秘仪(Eleusinian Mysteries)的庆祝活动的叙述中,找到相似点(《阿尔喀比亚德传》34.3–7)。自从德克莱亚加强防卫以来,它们还是第一次在陆上以完整的游行队伍来庆祝。这两次游行在两篇列传中占据着相似的位置,但它们的语调非常不同。虽然这两个人都被流放,但阿尔喀比亚德通过更强的与民众交际的能力,成功地使民众把他召回到他出生的城邦,并领导了朝向厄琉西斯的欢乐游行;由于被人指控戏仿厄琉西斯秘仪,他的堕落真正结束了——至少就此刻而言。然而,《科瑞欧拉努斯传》中游行举行的时候,科瑞欧拉努斯仍然在与他的祖国开战;它与科瑞欧拉努斯本人没有联系,但却给叙事投下浓重的阴影。

科瑞欧拉努斯是作为一个领导别国军队的敌人回到罗马的。他的到来所引起的恐慌使得民众与元老院互相和解,并派出使节去与他达成和解(《科瑞欧拉努斯传》30.1－3)。然而(30.7),科瑞欧拉努斯完全拒绝了他们友善而节制的言辞(λόγους ἐπιεικεῖς καὶ φιλανθρώπους)。科瑞欧拉努斯的回答带有个人的性格特征,普鲁塔克告诉我们,"在他自己这方面,他怨恨、愤怒地以他曾经遭受的痛苦作答(τὰ μὲν πικρῶς ὑπὲρ ἑαυτοῦ καὶ πρὸς ὀργὴν ὧν ἔπαθε),在代表沃尔斯基那方面,他回答得像一位将军……"与此相反的是阿尔喀比亚德回到雅典时的情形。人群蜂拥着去看他(《阿尔喀比亚德传》32.1－4)。民众后悔他们过去那样对待他。与民众的后悔相匹配的,是阿尔喀比亚德在集会上节制的演讲。这次演讲使人想起科瑞欧拉努斯的演讲,并将它与科瑞欧拉努斯的演讲进行对比(33.2):"他先是感伤、痛惜他本人所经受的痛苦(τὰ μὲν αὑτοῦ πάθη),然后对民众进行了一些微小的、温和的指责,他把整件事都归于某种恶的机运以及他本人的嫉妒之魔。"

那么,正如在"对比"中明确陈述的那样(《科瑞欧拉努斯与阿尔喀比亚德传》2.4－6),阿尔喀比亚德被野心而不是被愤怒所驱使。与科瑞欧拉努斯对待民众的极度无礼相反的是阿尔喀比亚德同他们的良好关系,以及他激发信赖和忠诚的能力。科瑞欧拉努斯是固执的;阿尔喀比亚德在争取人缘方面则是一位大师,他的变化比变色龙更多(23.3－5)。像阿尔喀比亚德一样,科瑞欧拉努斯本来或许也是一位优秀的演说家,但他不能使自己讨好民众;另一方面,阿尔喀比亚德的言辞充满了魅力(《科瑞欧拉努斯传》39.6;《阿尔喀比亚德传》10.3－4)。他们之间的这种对比在"对比"中被强烈地揭示出来(3.3－6;4.7－5.1)。正是品性上的这种差别——部分原因是科瑞欧拉努斯有缺陷的[220]教育——导致阿尔喀比亚德在流放中被召唤回国,而科瑞欧拉努斯则没有。㊶

㊶ 在这两篇列传之间还有其他一些可对比的地方。他们两个都在紧要

所以，这对列传强有力地揭示了糟糕的教育与过分愤怒的有害结果。在这方面，科瑞欧拉努斯是一个负面典型，是对于缺乏教化的潜能之危险性的一个警告。科瑞欧拉努斯是一个伟大的人，吊诡的是，正是他的非凡品质导致了他的败落。那么，科瑞欧拉努斯似乎给下述柏拉图式观念增添了分量："伟大天性"既能产生巨大的恶行，也能产生巨大的德性。阿尔喀比亚德避免了科瑞欧拉努斯的许多错误，并成为一个更为正面的典范。尽管如此，道德教训并不像它本来可以的那样清晰。一如既往，虽然普鲁塔克在这对列传的每一篇中都处理了教育或缺乏教育的主题，但只是在罗马人物列传中他才探询了它的后果。㊷ 普鲁塔克从来没有清楚地说明，阿尔喀比亚德如何从他做苏格拉底的学生的经历中获益。㊸ 而且，阿尔喀比亚德被描写为一位特别不情愿的学生。阿尔喀比亚德在教育的吸引力与享乐和野心的吸引力之间摇摆(4.2;6.1-5)；他终究被野心所驱动，他所过的人生因为其目无法纪(lawlessness, παρανομία)和大起大落(unevenness, ἀνωμαλία)而广为人知:6.3-4;16.1-9。虽然在这两篇列传中有关于教育的道德教训，但就像在普鲁塔克作品中常见的那样，它远远不是简单直接的道德教训。

关头到达了并赢得了胜利:《科瑞欧拉努斯传》9.1-9，追随狄奥尼修斯《罗马古史》6.93;《阿尔喀比亚德传》27.2-6。罗马人认为科瑞欧拉努斯已经被打败了，所以当他们看到科瑞欧拉努斯时，他们一开始是沮丧的。这一细节在狄奥尼修斯笔下没有出现，但与阿尔喀比亚德的到达最初在他那一方引起的绝望形成对比。在流放期间，这两个人都对他们自己的国家发动了战争，并参与了秘密交易。根据某些人的说法，科瑞欧拉努斯派一位冒牌控告者(κατήγορον)去煽动罗马人反对沃尔斯基(《科瑞欧拉努斯传》26.3;《科瑞欧拉努斯与阿尔喀比亚德传》2.4)；阿尔喀比亚德也派控告者(τοὺς…κατηγορήσοντας)去反对弗里尼科斯(25.9)。

㊷ Swain(1990b)页129-145;在(1996a)页140-144处作了部分概括。
㊸ 比较Pelling(1990a), 页232-235。

这些列传也强化了普鲁塔克某些更为一贯的道德和政治关怀。这些关怀中的第一个,就是城邦内部冲突的危险。对普鲁塔克来说,民众与议事会之间的冲突,是政治家必须努力减小的危险(《政治准则》823f – 825a);它是同心同德(like – mindedness,ὁμόνοια)的反面,同心同德是一位好的政治家能够带来的主要好处之一。㊹ 科瑞欧拉努斯和阿尔喀比亚德都给这样的冲突火上浇油。在《科瑞欧拉努斯传》5.4 处最先看到这一点,在那里,科瑞欧拉努斯反对放宽严苛的债务法,字面意思是"过分的强度与规定性"(the excessive intensity and prescriptiveness,τὸ σύντονον ἄγαν καὶ νόμιμον)。这里对语词的选择使人想起[221]1.5 处关于科瑞欧拉努斯的教育的讨论:他拥有的天性没有受到理性教育去"接受节制、抛弃过度"(δεξαμένην τὸ μέτριον καὶ τὸ ἄγαν ἀποβαλοῦσαν)。因此,这令读者将他对民众的反对与他有缺陷的教育联系起来。民众与议事会之间的冲突是《科瑞欧拉努斯传》的中心主题(1.1;5.1 – 7.4;12.1 – 21.6;24.1)。一次次地,只有当战争爆发时和谐才回来。或许在一个德性等同于男性气概(ἀνδρεία;1.6;比较 15.7)的国家中,这很自然。在《阿尔喀比亚德传》中,我们也同样看到一个分裂的国家,虽然其程度要轻微一些;阿尔喀比亚德不时利用这些分裂来达到他自己的目的,例如在公元前 411 年,他使舰队中的寡头派与民主派互相争斗(25.3 – 26.6)。

这些列传强调的第二个更普遍的道德真相是民众的嫉妒的危险,它能够毁掉一位成功的政治家。普鲁塔克在这两篇列传中都展现了民众如何能具有他们的政治家的品性特征:科瑞欧拉努斯以他

㊹ 关于普鲁塔克作品中 δῆμος-βουλή 的二元对立,参页 302 – 303。关于 ὁμόνοια,参页 89 – 90。

本人的愤怒感染了罗马人;㊺阿尔喀比亚德使民众像他一样野心勃勃、反复无常。㊻但是,尽管有这些差异,但民众的嫉妒($\phi\theta\acute{o}\nu o\varsigma$)这一主题依然贯穿了这两篇列传。在《科瑞欧拉努斯传》中,它被引入某些情境,而在狄奥尼修斯著作中,在那些地方并不存在民众的嫉妒;㊼正是这种嫉妒导致科瑞欧拉努斯没能当选执政官(15.1－3),最终,民众被保民官的攻击所煽动,从而导致了科瑞欧拉努斯的流放。阿尔喀比亚德也因为民众的嫉妒而遭遇了他的败落。他不像科瑞欧拉努斯,虽然被流放过一次,但他再一次赢得了民众的支持,重新获得他们的欢心;但最终,像科瑞欧拉努斯一样,他与那些煽动民众对他怀有愤怒、怨恨的大众领袖发生了冲突(35.3－4;36.1－4)。虽然在教育上他比科瑞欧拉努斯更优越,在魅力和掌控大众的能力上也优于后者,且这种优越性在正式的对比中得到非常清晰的呈现,但阿尔喀比亚德最终遭遇了与科瑞欧拉努斯相同的机运。事实上,他相对于科瑞欧拉努斯的优越性,以及雅典人亲手对他的处理的不公正之处,使得民众的嫉妒与激情对政治领导人的危险更加显而易见——在整部《列传》中,这一主题都是普鲁塔克倾心关注的。科瑞欧拉努斯或许是自作自受;阿尔喀比亚德的命运则是一出悲剧,但这出悲剧揭示了关于世界——特别是政治世界——运作方式的一个教训。㊽

㊺ 民众:《科瑞欧拉努斯传》17.4,18.2,19.1,19.4;元老院:29.4。
㊻ Pelling(1992)页 21－24,(1996)页 li－lvii。关于阿尔喀比亚德的野心与民众的野心之间的联系,比较《阿尔喀比亚德传》17.2。
㊼ 例如 10.7,13.6,31.1;比较 2.2。参 Russell(1963),页 25(亦见 1995,页 366－367)。
㊽ 那么,阿尔喀比亚德的命运可以被理解为"描述性道德观"(参页 68－69)的一种形式:它教导了关于人类境况的一个真理。关于大众的嫉妒,比较《伯利克勒斯与法比乌斯传》。

第三节 "大善与大恶":普鲁塔克与阿尔喀比亚德传统

[222]那么,这对列传强调并强化了普鲁塔克思想中最为核心的某些价值关怀:教育的重要性,以理性来控制激情——特别是愤怒——的必要性,以及国家内部嫉妒与不和的危险。与科瑞欧拉努斯相比,阿尔喀比亚德可以被认为起着一个正面典范的作用。但普鲁塔克笔下的阿尔喀比亚德仍然是一个极具问题性的人物。既然在公元前四、五世纪对阿尔喀比亚德的描写中,他的问题性的地位始终如一,那么这一情况并不出人意料。如何看待阿尔喀比亚德,是公元前五世纪晚期雅典政治的中心问题:他应当因为雅典的衰落而受到指责,还是城邦应当因为流放他而受到指责?在阿里斯托芬的《蛙》中,这是一位从冥间回来的诗人将不得不争论的问题(行1420-1457)。修昔底德对阿尔喀比亚德的处理揭示了关于他的这种不确定性。他暗示道,阿尔喀比亚德私人生活的不合习俗,以及他过分膨胀的个人野心,导致雅典人怀疑他想当僭主(6.15.3-4)。但修昔底德也认可阿尔喀比亚德对雅典的服务(例如8.86.4),通过关于庇西斯特拉图斯僭政的离题话(6.53.3-60.1),他甚至似乎暗示道,雅典人因为阿尔喀比亚德僭政式的目标就匆忙指控他是愚蠢的:僭政并不一定都是坏的。⁴⁹ 色诺芬——写作时间在公元前四世纪早期——描写了公元前407年,当阿尔喀比亚德从流放地坐船回雅典时,雅典人民就如何处置他的问题展开了辩论,有人说他是最好的公

---

⁴⁹ Palmer(1982)。关于一般意义上修昔底德对阿尔喀比亚德的处理,参Westlake(1968),页9-10与页212-260。没有必要和Brunt(1952)一起揣测修昔底德在阿尔喀比亚德第二次流放期间实际遇到过后者:参Westlake(1985b)。

民，有人则说他要为雅典的所有麻烦负责（《希腊史》1.4.13－17）。(50)

由于各种原因，围绕阿尔喀比亚德这一形象的辩论，直到公元前四世纪在政治上依然很重要。首先，在公元前四世纪早期，他的儿子被牵涉进几桩法律案件，在这些案件中，庭辩双方都利用了关于老阿尔喀比亚德的文字记载。因此，伊索克拉底的演讲《论四马队》（On the Team of Four）[223]——以阿尔喀比亚德之子的名义所著——赞扬了阿尔喀比亚德对城邦的服务，并把他描绘成民主的捍卫者。(51) 对阿尔喀比亚德的这一正面评价似乎在埃福罗斯（Ephoros）所著的历史中得到了延续，至少从狄奥多罗斯（Diodoros）著作中（12－14卷）我们能够作此判断。另一方面，对阿尔喀比亚德的若干攻击——为了诋毁他的儿子——从这一时期流传了下来：(52)吕西阿斯所作的演讲《诉阿尔喀比亚德》（《演说集》14；比较《残篇》30－31，Gernet－Bizos）以及在安多基德斯全集中保留下来的同名演讲（《演说集》4）。后一篇演讲宣称它曾在一次流放大会上被发布，但它几乎肯定要么是公元前四世纪的政治小册子——可能由安多基德斯所作，要么是更晚的修辞练习。(53) 无论如何，这两篇演讲都

(50) 那个正面的形象被给予了更多的篇幅（13－16）；Canfora（1982）认为文本有错乱。

(51) 普鲁塔克肯定知道这次演讲，他在《阿尔喀比亚德传》12.3处提到了它。

(52) 比较 Turchi（1984）。

(53) 参 Burn（1954）；Furley（1989）；Prandi（1992），页258－260与页269－270注25；Gribble（1994），页119－140；Edwards（1995），页131－136。普鲁塔克可能读过这篇演讲；这或许就是他在《阿尔喀比亚德传》13.3处提到的那篇演讲，虽然他把它归于某位斐阿克斯——很可能就是阿里斯托芬在《骑士》行1377－1380以及修昔底德在5.4－5处提到的那位斐阿克斯，他的名字在贝壳放逐法的陶片上出现过。在托名普鲁塔克《安多基德斯传》（835a）中，这篇演讲似乎被称为《反驳斐阿克斯的辩词》（Defence against Phaiax）。Burn（1954）认为这篇演讲与普鲁塔克的《阿尔喀比亚德传》都基于共同的资料来源。

把阿尔喀比亚德描绘成一个想当僭主的人、三十僭主之一克里提阿斯的伙伴，一位既给他的城邦带来巨大好处也造成巨大灾难的人。(54) 并不奇怪的是，在这一背景下，阿尔喀比亚德同苏格拉底的交往，可以被认为对于苏格拉底的追随者来说是非常尴尬的：智术师波利克拉底（Polykrates）就因为这一原因而攻击苏格拉底。(55) 柏拉图与其他苏格拉底作品的作者们，如犬儒主义者安提斯替尼、斯非托斯的爱斯基尼斯（Aischines of Sphettos）在他们各自名为《阿尔喀比亚德》的著作中，(56)以及色诺芬在他的《回忆苏格拉底》中，都致力于使苏格拉底与一个显然能被描绘成反民主分子的人解除关系。色诺芬在其《回忆苏格拉底》的开头两章中将此确立为他的目标（特别是 1.2.12）。(57) 到了公元前四世纪中期，阿尔喀比亚德已经获得了一种几乎是神话般的地位。德摩斯梯尼在他的演讲《诉梅狄阿斯》（Against Meidias）（《演说集》21,143－150）中，顺带把阿尔喀比亚德用作一位既有着傲慢的行为（ὕβρις），也对城邦作出巨大贡献的人的例子：[224]阿尔喀比亚德已经成为一个判例案件的人物（test

(54) 例如吕西阿斯《诉阿尔喀比亚德》16、30。

(55) 波利克拉底的著作——伊索克拉底（*Busiris* 4）称之为《对苏格拉底的攻击》（*Σωκράτους κατηγορία*）——已经佚失，但从色诺芬《回忆苏格拉底》对它的回应中，以及公元四世纪利巴尼奥斯的回应中，可以重新建构它的某些论证。参 Dodds（1959），页 28－29。

(56) 关于安提斯替尼的《阿尔喀比亚德》（残篇 VA 198－202，Giannantoni），参 Giannantoni（1990）页 347－349。阿特奈奥斯记载道，安提斯替尼说过（534c＝残篇 VA 198，Giannantoni）——意味深长地——阿尔喀比亚德未受良好教育（*ἰσχυρὸν αὐτὸν καὶ ἀνδρώδη καὶ ἀπαίδευτον καὶ πολμηρὸν καὶ ὡραῖον ἐφ᾽ ἡλικίας* ⟨*πάσης*⟩）。关于爱斯基尼斯，参 Dittmar（1912）；Giannantoni（1997）。

(57) 参 Erbse（1961），页 258－266。

-case figure),一个需要加以思索并辩论的观念。(58)

普鲁塔克对阿尔喀比亚德的见解,最重要的是受柏拉图的影响,柏拉图的阿尔喀比亚德形象同样是问题性的。(59) 柏拉图在《高尔吉亚》、《会饮》以及《阿尔喀比亚德前篇》——如果这篇对话确实由柏拉图所著——中,对阿尔喀比亚德的描绘的焦点是展示他在哲学与权力的诱惑之间摇摆不定。(60) 阿尔喀比亚德是一个拥有巨大天赋的人,但他并没有获得为了合理利用他的能力所需要的哲学教育,所以,柏拉图暗示,苏格拉底不能为他的失败负责。但正是《王制》中的阿尔喀比亚德形象,最为清晰地矗立在普鲁塔克的阿尔喀比亚德形象背后。我们已经看到,普鲁塔克的科瑞欧拉努斯被明确等同于柏拉图式的"伟大天性"这一类人。事实上,在柏拉图《王制》491b-492a 处对伟大天性的讨论中,他心里特别想着的似乎是阿尔喀比亚德。他接着论证了年轻人被大众不恰当的谴责和赞扬所毁灭的主要方式(492a-493a)。大众无法从事哲学,因此他们谴责那些从事哲学的人(493e-494a)。柏拉图现在给出了关于那些可能因为不合适的环境,而被从哲学那里拉走的人的画像。毫无疑问,这幅画像意在使人们想起阿尔喀比亚德。(61) "这种天性"的特征

(58) 在公元前三世纪,萨摩斯的杜里斯与萨提罗斯都写过阿尔喀比亚德;他们的著作只有少数片断留传下来。普鲁塔克知道这两位作者。有关阿尔喀比亚德的古代文学传统,参 Gribble(1994)以及 Prandi(1992)页 257-281 处的简短叙述。亦比较 Hatzfeld(1951)页 35-58。

(59) 关于普鲁塔克《阿尔喀比亚德传》的资料来源,参 Levi(1955)页 218-227,以及更为有用的,Russell(1966b)页 37-38(亦见 1995,页 191-192)处的简短讨论;(1973),页 106-108。

(60) Gribble(1994),页 228-247。关于《阿尔喀比亚德前篇》的真伪问题,比较前揭,页 260-263。

(61) 比较 Adam(1902)关于 494c、494d、495b(以及 519b、239a)的多个注释;Gribble(1994),页 238-240。

包括:学习迅速、良好的记忆力、信心以及宽宏大量。即使在还是一个男孩的时候,阿尔喀比亚德也要是"第一名",特别是他的身体"天生地"(φυῆ)像他的灵魂一样卓越(494b)。[62] 作为一个年轻人,他将会被那些预见到他未来权力的人所奉承、讨好(προκαταλαμβάνοντες καὶ προκολακεύοντες τὴν μέλλουσαν αὐτοῦ δύναμιν)。苏格拉底问道,我们会期待一位年轻人在这样的条件下如何行事——特别是如果他来自一个伟大的城邦,富有、家世高贵、外表英俊、身材魁梧(494b-c)?他自己回答了这一问题:

> 难道你不认为他将会充满无边无际的希望,认为他有能力处理希腊人和[225]蛮族双方的事务,他将由此大肆抬高自己,充满装腔作势和空虚的、无意义的傲慢?(494c-d)

阿尔喀比亚德的傲慢以及他的海外帝国梦想——特别是在西西里甚至非洲——在公元前五世纪的传统中是常识。阿里斯托芬讽刺了他的装腔作势。所有这些特征都被普鲁塔克在他的《列传》中捡拾起来了。[63] 柏拉图继续写道,"某个人",可能会过来,有礼貌地告诉某人这样一个真相:"他缺乏理智,但他需要理智,而理智是不可获得的,除非一个人像奴隶那样去努力获取它。"(494d)但他将要么拒绝听取忠告,要么,如果他听的话,他很快也将会被他的同伙从哲学那里拉开(494d-495a)。那个"某个人"显然就是苏格拉

---

[62] 安提斯替尼也注意到了阿尔喀比亚德身体上的美(参上文注56)。
[63] 征服海外的野心:修昔底德 6.90.2(比较普鲁塔克《阿尔喀比亚德传》15.2);托名柏拉图《阿尔喀比亚德后篇》141a-c。傲慢(φρόνημα):修昔底德 5.43.2,6.16.1-6.17.1;柏拉图《阿尔喀比亚德前篇》104a。装腔作势:阿里斯托芬《马蜂》44-46(比较普鲁塔克《阿尔喀比亚德传》1.6-8)。关于阿尔喀比亚德可能的僭主抱负,参下文注81。

底,这幅画像也很符合《会饮》和《阿尔喀比亚德前篇》中的阿尔喀比亚德,在普鲁塔克的列传中它也被继续使用。柏拉图笔下的苏格拉底总结道:

> "那么,你现在看一看,"我说,"我们说的有没有错,正是这种具有哲学天性的品质,当受到不良培育时,它会以某种方式脱离(对哲学的)追求,就像那些所谓的好东西一样——财富,以及所有此类资源?""是的,"他说道,"我们说的是对的。""我的好朋友,"我说,"这就是在追求最好的事业方面最好的天性被毁灭、被败坏的方式,正如我们所肯定的那样,这种天性毕竟是非常罕有的。从这些人中既能涌现出给他们的城邦和个人带来最大危害的人,也能涌现出那些做出最大贡献的人——如果他们碰巧向那个方向奔流的话。因为渺小的天性永远做不了什么大事,不管是对个人还是对城邦。""完全正确。"他说。(柏拉图《王制》495a – b)

[226]由此,柏拉图回到了"伟大天性"学说上来,现在清楚了,他特别想着的是阿尔喀比亚德。他比所有其他雅典人都更有资格被说成"给他的城邦带来最大的危害也带来最大的好处"。正是这种含混性占据了普鲁塔克的《阿尔喀比亚德传》——一篇真正的柏拉图式文本——的核心。

在其他文本中,普鲁塔克也谈到阿尔喀比亚德,说他是一位"具有伟大天性的人"。正如已经提到的那样,这正是《论神罚的延迟》552b处的寓意(参上文页207)。在《尼基阿斯传》中,阿尔喀比亚德被比作埃及的土壤(9.1),这种土壤因其卓越(δι' ἀρετήν)而能够同时产生许多与致死的毒药混合的好药材(这句引文来自荷马的《奥德赛》4.230),考虑到与"伟大天性"的讨论相关联的、多次出现的农业方面比喻,这意味深长。"以同样的方式",普鲁塔克接着写道,"阿尔喀比亚德的天性——以其全部的力量和聪明才智向两个方向奔流(ἐπ' ἀμφότερα πολλὴ ῥυεῖσα καὶ λαμπρά)——提供了进行巨大革新的理由":这很清楚是暗指柏拉图《王制》495b 处。但是,当普鲁塔克在《阿尔喀比亚德传》接近开篇的地方,讨论阿尔喀比亚德容易被谄媚所左右,以及苏格拉底努力教他哲学时,他最为清晰地表明了他遵循这一柏拉图式模型。虽然阿尔喀比亚德的其他爱慕者被他的美貌所打动(4.1),但苏格拉底热爱并从而肯定的是他在德性方面的潜能(τῆς πρὸς ἀρετὴν εὐφυΐας;比较 6.1)。普鲁塔克继续写道:

> (4.1)[苏格拉底]……担心他的财富和公众名望,以及用奉承和讨好来期待他们的公民、外国人和盟友中的乌合之众。因此苏格拉底倾向于保护他,就好像不让一株开花的植物糟蹋了它自己、败坏了它天生的果实一样。

因为阿尔喀比亚德良好的天性(ὑπ' εὐφυΐας),他选择了苏格拉底,而不是他的其他爱慕者。普鲁塔克在一句可能来自弗里尼科斯(Phrynichos)的悲剧引文中写道:"他蜷缩着,像一只战败的公鸡,低垂双翼。"(4.3)[64]他认为苏格拉底的工作是"真正由神所提供的服务,为了照料和拯救年轻人"(4.4:τῷ ὄντι θεῶν ὑπηρεσίαν εἰς νέων ἐπιμέλειαν εἶναι καὶ σωτηρίαν)。[227]根据普鲁塔克在《致一位无知的统治者》中所言(780d),这句引文来自学园派哲人波勒蒙(Polem-

---

[64] ἔπτηξ' ἀλέκτωρ δοῦλον[未刊稿:δοῦλος Ziegler,义项 E]ὣς κλίνας πτέρον (TrGF II. 408a),也被普鲁塔克在《佩洛皮达斯传》29.11 与《关于爱的对话》762e 处引用。关于 δοῦλος 的这种用法,作为斗鸡比赛中战败的鸟,比较阿里斯托芬《鸟》行 71–72,以及 Dunbar(1995)页 158。

on),在它的原初语境中是指爱(ἔρως)。可能其原初语境是指苏格拉底对阿尔喀比亚德的爱;无论如何,这里的思想可能最终来自柏拉图《会饮》中的苏格拉底讲辞(204c – 221b)。⑥ 在普鲁塔克看来,这是一个很好的对苏格拉底的颂辞。它再现了苏格拉底本人在其审判上的辩护(《申辩》30a),⑥但也使苏格拉底本人类似于神的干预,柏拉图说这种干预是把像阿尔喀比亚德这样的人,从他的社会的腐化影响中拯救出来的唯一方式(《王制》492a 与 492e – 493a)。

那么,普鲁塔克追随柏拉图以及更广阔的传统,把他笔下的阿尔喀比亚德描写成一位"具有伟大天性的人"——既能为大善也能作大恶的人。普鲁塔克作品中的其他"具有伟大天性的人",如科瑞欧拉努斯,是变坏的伟人;但阿尔喀比亚德的道德地位稍微复杂一些。关于如何评价阿尔喀比亚德以及他的行动的问题被不断提出,主要因为其他人对他的反应是列传中如此核心的部分。但普鲁塔克对阿尔喀比亚德的处理,似乎暗示了不可能得到令人满意的道德判断:普鲁塔克笔下的阿尔喀比亚德让人很难以通常的德性、恶行范畴对他进行分类,并且他似乎身处任何道德纲要之外,甚至对它们提出挑战。普鲁塔克似乎暗示,他身处道德体系之外。普鲁塔克在这篇列传中作出的唯一明确的判断,是指出他一贯的变化无常(consistent inconsistency),⑥以及他容易被野心所左右(2.1;比较

---

⑥ 它在《忒修斯与罗慕洛传》1.6 处也被引用,用来指阿里亚德涅对忒修斯的爱。参 Flacelière(1948),页 101 – 102;Ampolo 与 Manfredini(1988),页 342。

⑥ ἐγὼ οἴομαι οὐδέν πω ὑμῖν μεῖζον ἀγαθὸν γενέσθαι ἐν τῇ πόλει ἢ τὴν ἐμὴν τῷ θεῷ ὑπηρεσίαν.

⑥ 阿尔喀比亚德的变化无常,是普鲁塔克对他的描绘中少数几个持续一贯的特征之一:在 Pelling 的术语学中,阿尔喀比亚德的品性是围绕这一品质而"整合的"(Pelling 1988a,页 257 – 274;1990a,页 235 – 240)。关于普鲁塔克拒绝对阿尔喀比亚德下明确的判断,比较 Piccirilli(1989)页 11 – 14。

《尼基阿斯传》9.1)。亚里士多德在举例说明他的观点(《诗学》9, 1451b10 – 11)——历史与具体($τὸ\ καθ'\ ἕκαστον$)有关而非与普遍($τὰ\ καθόλου$)有关——时,选择了阿尔喀比亚德的生涯,这可能意味深长:他认识到了从"阿尔喀比亚德所做的事或他所拥有的经历"中总结出普遍真理的难度。

毫无疑问,普鲁塔克列传中的阿尔喀比亚德,似乎邀请读者将他与普鲁塔克笔下的普通谄媚者(比较《科瑞欧拉努斯与阿尔喀比亚德传》1.3 – 4)或"许多人的朋友"这类人进行对比;确实,在《如何区分谄媚者与朋友》中(52e),普鲁塔克明确把他引用为谄媚者[228]($κόλαξ$)和蛊惑人心者($δημαγωγός$)的例子。[68] 但是,正如我们已经看到的那样,正是他的魅力、易变性,以及奉承他人的能力这些典范性的坏品性使他赢得了成功。魅力($χάρις$)——普鲁塔克经常使这个词带有奉承或使下级满意的负面含义(例如《埃米利乌斯传》3.6;《苏拉传》31.1)——确实是描述阿尔喀比亚德以及他的行动的关键词(《阿尔喀比亚德传》1.6,10.3,24.5;《科瑞欧拉努斯与阿尔喀比亚德传》3.4,5.1),但只有在"对比"中,它才确实似乎带有这样的负面含义(《科瑞欧拉努斯与阿尔喀比亚德传》1.4)。因此,阿尔喀比亚德到底是一个好榜样还是一个坏典型,这并不清楚。这可以解释为什么现代学者们很难决定,阿尔喀比亚德应当被视为一个学习的榜样还是远离的典型。[69] 在现实中,他两者都不是,或许正是普鲁塔克在这里没有试图使阿尔喀比亚德适应于任何"典型的"模式这一事实,导致读者心里对阿尔喀比亚德的个性具有强烈的感受。普鲁塔克笔下的阿尔喀比亚德——他最令人难忘的人物

---

[68] 参 Russell(1973),页 95 – 96、123 – 124。参下文页 235。
[69] 参上文页 56。

之一——首先是一个个体。⑦ 如果这里有任何道德教训的话,那就是,道德范畴并不是永远发挥作用——特别是对于伟人而言。

普鲁塔克对阿尔喀比亚德的描绘,在很大程度上要归功于关于阿尔喀比亚德这个人物的多种多样的文学传统,以及关于他的价值的各种对立评价。但普鲁塔克已经把矛盾的传统转化为对阿尔喀比亚德的认识,认为他是一个充满矛盾的人。普鲁塔克显然是在他的资料来源中发现了这种处理方式最初的提示:将阿尔喀比亚德处理为一个充满矛盾的人物、一个谜。例如,萨提罗斯(Satyros)注意到他的改变自己适应环境的能力(阿特奈奥斯534b;比较普鲁塔克《阿尔喀比亚德传》23.3 - 5)。奈波斯似乎在他的《阿尔喀比亚德传》中使用了许多与普鲁塔克所用的相同的资料,他也在一定程度上分有这种观点。⑦ 在奈波斯的传记开篇,阿尔喀比亚德的品性被分析为能力与恶行的混合,"结果是每个人都惊讶于如此大的差异,如此不同的天性能够存在于一个人身上"(1.4)。稍后,奈波斯以同样的语气评论道,"他不仅使他们心里充满[229]最大的希望,而且使他们心里充满恐惧,因为他既能给他们带来很大的伤害,也能

---

⑦ 用 Gill 最初的术语来说(参页13),《阿尔喀比亚德传》中的兴趣在于个性(personality)而不是品性(character)。《阿尔喀比亚德传》是少数几篇延伸处理了传主的童年和教育的列传之一,其作用不仅仅是预示了传主成年的品质:阿尔喀比亚德是被个性化的。参 Pelling(1990a),特别是页224 - 231。

⑦ 奈波斯直接引用了修昔底德、特奥庞波斯和提麦奥斯(11.1 - 2)。普鲁塔克在写其他列传时使用了奈波斯(他在《马克卢斯传》30.5,《卢库卢斯传》43.2 与《格拉古传》21.3 处被引用;比较 Geiger 1985,页 117 - 120;Moles 1993a,页77、79),但他可能不是《阿尔喀比亚德传》的资料来源:奈波斯的传记要短得多,其中的某些细节在普鲁塔克的列传中被省略了,如果前者是后者的直接来源的话,这是无法解释的(例如,关于阿尔喀比亚德在色雷斯的据点,参奈波斯《阿尔喀比亚德传》7.4 - 5。比较普鲁塔克《阿尔喀比亚德传》36.5。关于他死时在场的那位来自阿卡狄亚的客人,参奈波斯《阿尔喀比亚德传》10.5)。

给他们以很大的帮助"(3.5)。奈波斯像普鲁塔克和萨提罗斯一样,也注意到阿尔喀比亚德的适应性(11.3－5)。而且,普鲁塔克《阿尔喀比亚德传》35.3－5处对阿尔喀比亚德的失败的原因——他本人的声望——的重要评价,与奈波斯《阿尔喀比亚德传》7.2－3处的评价非常相似。然而,在这两处叙述之间的差异是惊人的。在开篇的品性描绘之后,奈波斯传记中的阿尔喀比亚德形象完全正面;他被赋予了德性,而没有恶行。[72] 鉴于奈波斯在《前言》与《伊巴密浓达传》(1.1－2)中对文化相对主义理论的明确支持,即使阿尔喀比亚德对波斯和色雷斯风俗的模仿(11.4－6;比较普鲁塔克《阿尔喀比亚德传》23.3－6),在奈波斯作品中也可能被认为毫无问题。阿尔喀比亚德的这一正面形象至少部分地是由于下述事实:奈波斯没有引入任何轶事材料,那些材料对我们解读普鲁塔克《阿尔喀比亚德传》的过程中明确问题起到如此重要的作用。而且,他没有呈现任何复杂性,这种复杂性是普鲁塔克的叙述非常核心的特征,并阻止了任何简单的道德结论。因此,在他的整篇列传中,奈波斯很明显相信阿尔喀比亚德的动机是对他的祖国的爱。这在4.6处是特别令人惊讶的,在那里他认为阿尔喀比亚德帮助斯巴达人的原因实际上是爱国主义,因为他本人的私敌也是城邦的敌人(亦比较8.1;9.4)。这一分析是粗略的,但毕竟,这正是我们能够从一位致力于将阿尔喀比亚德用作道德榜样的作者那里期待的。奈波斯的叙述为我们提供了一个样本,让我们看到普鲁塔克走了多远来对抗所有这类简单理解:从普鲁塔克的《阿尔喀比亚德传》中提取出道德教训并不容易。

---

[72] T. G. McCarty(1974)在页388－389对此有简短提及。

第四节 混乱的道德规范:阿尔喀比亚德

在最初讨论了阿尔喀比亚德的家族(1.1-3)、容貌(1.4-5)和声音(1.6-8)——这些都是普鲁塔克式列传开篇的常见特征——之后,普鲁塔克评论了他品性的反复无常,同时捡选出他"对荣誉的爱"和"对成为第一的爱"并予以特别关注(2.1):

> [230]他的品性后来表现出许多反复无常和变化不定的地方,正如我们在重大事件与多变的机运之中能期待的那样。就天性而言,他体内有许多强大的激情;但对胜利的爱,以及对成为第一的爱最为强烈,从他童年时期的轶事中就能清楚地看出来。

阿尔喀比亚德充满激情的天性,据说由接下来关于他童年时期野心的轶事而得到证明(2.2-7)。但对于目前的分析而言,值得注意的是,普鲁塔克注意到了在阿尔喀比亚德的内在天性($φύσις$)与他的成熟品性(developed character,$ἦθος$)之间的对立。普鲁塔克坚称,阿尔喀比亚德充满野心和激情的天性,并没有始终反映在他的品性中,也就是他的行为方式中。他的品性完全是难以预料的,他的一个一贯的方面恰恰就是他的反复无常。就像这里一样,普鲁塔克在其他地方偶尔也准备相信品性能够变化,这常常是作为环境($τύχη$)发生了巨大变化的结果。⑬ 事实上,在本列传最初的轶事部分结束

---

⑬ 例如《塞多留传》10.5-7。特别参看 Swain(1989a)页64-68,以及上文页74。

的地方(16.9),普鲁塔克宣称在阿尔喀比亚德的天性中有着"不平衡"(unevenness, ἀνωμαλίαν)——一个更加令人震惊的断言。在这篇列传的后面部分(23.3-6),[74]他将回到阿尔喀比亚德的多变这一主题上来。

那么,阿尔喀比亚德是反复无常的,很难说他的真正品性或天性是什么。在这一最初的品性描绘之后,普鲁塔克用了很长一节,记录了阿尔喀比亚德童年期、青年期和成年期的轶事(1-16)。这里选择和组织材料不是为了保存年代顺序,而首先是为了揭示阿尔喀比亚德的品性。[75] 与其童年有关的轶事部分(2.2-2.7)的第一小节,作为阿尔喀比亚德对胜利和卓越的热爱的例证而被特别引入(2.1)。事实上,它们所揭示的品性比普鲁塔克最初的概括所暗示的更加难以确定。[76] 我们看到他的野心(2.1-7;比较6.4,23.8,27.6,34.3)、他的暴怒(9.1-2)、他容易受奉承的影响(6.1;比较4.1,6.4)、他的勇武(2.3-4,7.4)、他的奢侈挥霍(11.1-12.1)、他在政治上的精明(13.1-9),以及他的军事和外交才能(14.1-15.8);特别是我们看到他能够如何赢得朋友并激发他们的忠诚(4.1-6.5,7.3-6,10.1-3)——他同雅典民众的关系以及他们对待他的方式,是后面叙事中的一个关键关注点(例如17-22,26.1-27.1,32.1-35.4)。但是,[231]在这一节中最重要的是,它的安排以及它的内容都暗示了对阿尔喀比亚德下任何道德判断的困难

---

[74] 关于"不平衡",比较下文页270-271有关《尼基阿斯与克拉苏传》1.4的部分。

[75] Russell(1966b)。关于普鲁塔克的叙事中的这一倾向,参下文附录2。

[76] Pelling(1996,页xliv-xlvii)认为这是一个例子,证明普鲁塔克倾向于在他的列传的开头先粗线条地描绘一个人(例如《吕山德传》2.4),然后随着列传的进展,逐渐改进、细化这种描绘。亦参Pelling(1988a)页269-270;(1988b)页12-13、25、42-43。

性。这里的结构松散且难以把握;它的时间顺序是混乱的,而且它背后有着许多不同的文学资料来源;读者有这样的印象:他面对的是大量不和谐的或常常是互相矛盾的摘录,这些摘录似乎并没有建立起关于处在它们中心的那个人的清晰图像。资料来源的多样性和矛盾性质反映了阿尔喀比亚德本人的矛盾性。列传的不平衡性反映了阿尔喀比亚德的不平衡性($ἀνωμαλία$),据普鲁塔克,这个人对任何人可以是任何东西。吊诡的是,形式与内容,手段与信息都在最先看上去似乎如此不和谐的一篇列传中完美地和谐了。

从一开始,阿尔喀比亚德的非道德性(amorality)就很清楚,在一次摔跤比赛中(2.2),他被指控咬了他的对手,"就像女人们做的那样"($καθάπερ\ αἱ\ γυναῖκες$)。他回答道:"不……而是像狮子所做的那样"($οὐκ\ ἔγωγε, …ἀλλ'\ ὡς\ οἱ\ λέοντες$)。这件事,只在这里和托名普鲁塔克的《王侯将相言行录》186d 处为人所知,⑰它不仅揭示了阿尔喀比亚德对胜利的渴望——这是把这件事写进来的明确理由——而且也显示他挑战了被接受的行为规范。稍微有些含混的是:它是否暗示阿尔喀比亚德以一种秘密的、女性的方式进行战斗?或者他的战斗有某种色情意味?后面,在他的传记中,阿尔喀比亚德将继续用非正统的手段来达到他的目的;这一点能够在他被流放的那段时间的两面派行为中清楚地看出来,在《科瑞欧拉努斯与阿尔喀比亚德传》5.2 处也得到明确陈述。阿尔喀比亚德的行为质疑并重新定义了男性与女性之间,以及人与动物之间的界限。阿尔喀比亚德混淆这类界限的倾向是一个将会反复出现的特征(比较8.1-2,23.6);在 2.5-7 处,阿尔喀比亚德在那里引起了对吹长笛的反对,他重新定义了对一位公民和一位外国人来说什么是可

---

⑰ 在《斯巴达人的格言》234d-e 处讲述了关于一位斯巴达无名氏同样的故事。

容许的。轶事部分结尾处(16.3)狮子意象的再次出现,不仅提供了一种巧妙的接受评判的意味,而且也暗示不能把任何判断人类行为的通常标准应用在阿尔喀比亚德身上。狮子拥有不同的标准。⑱

关于阿尔喀比亚德,普鲁塔克选择强调的主要事实之一,是他的同时代人对他进行道德评价的困难。⑲ 在其他列传中,同时代人所作出的判断常常提供了一把钥匙,指导我们理解普鲁塔克期望读者采取的反应方式,⑳[232]但在这篇列传中,所有这样的判断都明显是矛盾的和不确定的。这一点在16.1–9处的重要段落中尤为清楚,但若如此,整个开篇,轶事部分(1–16)既关注阿尔喀比亚德所激发的反应,也关注他本人的行动。所显现的并不是阿尔喀比亚德的内在一贯的图像,毋宁说,是在不同的光线与焦点中,从多个不同角度观察到的令人困惑的一系列阿尔喀比亚德的快照。这应该是把安提丰的指控写进来的理由(3.1–2)。这些指控确实引入了接下来关于阿尔喀比亚德的爱慕者那一小节,但普鲁塔克为什么把那些他显然相信是诋毁($λοιδορίαι$)因而丝毫没有可信度的东西写进来呢?答案是清楚的:他给了读者来自许多不同资料的、大量相互冲突的关于阿尔喀比亚德的观点。普鲁塔克避免作出明确的判断;轶事与判断被不加评论、原原本本地呈现出来,并形成了一个矛盾的、在很大程度上是成问题的阿尔喀比亚德形象。在普鲁塔克心目中,正是这幅图像的"不平衡性"成了看待阿尔喀比亚德的关键。

---

⑱ 而且常常与个人统治或僭政有关:希罗多德 5.56,5.92,6.131.2;阿里斯托芬《骑士》行 1037。参 Gribble(1994),页 2。

⑲ 也被 Gribble(1994,页 272–275)所注意。

⑳ 参上文,页 120 注 67。

在关于苏格拉底和阿尔喀比亚德的其他爱慕者的那一部分中(4.1 – 7.6),这是很清楚的。我们已经看到,与科瑞欧拉努斯的缺乏教育相比,阿尔喀比亚德跟随苏格拉底的教育在道德上多么值得称赞。但事情并非如此简单。阿尔喀比亚德继续拥有其他爱慕者(4.4 – 5.5;6.2 – 5)。他容易受到奉承的影响(4.1),甚至同苏格拉底的密切交往也没能治愈他,因此他不时地从苏格拉底身边逃到奉承他的人那里(6.1)。甚至阿尔喀比亚德对待他的其他爱慕者的方式也是矛盾的,并激起了矛盾的反应。阿尔喀比亚德傲慢地拒绝他的爱慕者安吕图斯的邀请,但后来又醉醺醺地赴宴,带走了一半金银器皿。安吕图斯的宾客们声称阿尔喀比亚德的行为无礼且傲慢(ὑβριστικῶς καὶ ὑπερηφάνως);安吕图斯本人却说他的举动"理智而富有人性"(ἐπιεικῶς…καὶ φιλανθρώπως),因为他没有全部拿走(4.5 – 6)。值得注意的是,在普鲁塔克的描写中,阿尔喀比亚德的行为似乎比萨提罗斯描写的更加蛮横无理(阿特奈奥斯 534e – f),在那里,阿尔喀比亚德把他拿的金杯银盏送给一位贫困的朋友。如果普鲁塔克采用事件的这一版本,它本来能够被弄得与下面这则轶事十分吻合(5.1 – 5)。在这则轶事中,阿尔喀比亚德帮助一位外邦的爱慕者:这里的主题可以是"对朋友慷慨",也可以是不合常规、蛮横无理的行为。事实上,这两则轶事形成鲜明的对立。一则轶事说明了对爱慕者的傲慢(ὕβρις),另一则说明了善意。

[233] 在后面的轶事中,蛮横无理的行为这一主题延续了下来。但在所有那些轶事中,结尾处都有一个转折。阿尔喀比亚德攻击一位学校教师(7.1),但他这样做的目的是为了捍卫荷马——希腊文化与教育的中心人物;对普鲁塔克来说,这值得赞扬。普鲁塔克评论道,伯利克勒斯最好寻找一种方法,不要向民众开出账单(7.3)。或许这是一位潜在的僭主的话;但在罗马帝国时期的希腊读者眼中,这样的评论是否会显得不道德却并不清楚,对他们来说,古典时

期的雅典意味着伯利克勒斯的统治而不是民主。[81] 阿尔喀比亚德由于英勇而赢得过一次奖励,但实际上他不配赢得它(7.4 – 6)。他打了希波尼科斯,然后又送上门让对方来打自己(8.1 – 2)。这展示了值得赞扬的悔改,还是由只适合于奴隶或女人地位的男性贵族做出的蛮横无理的假定?阿尔喀比亚德与娼妓们交往,当他的妻子试图和他离婚时,他用暴力带走了她;此后不久她便去世了。但是,普鲁塔克解释道,这样的暴力(βία)在当时并不被认为是违法或残暴的(8.5 – 6)。[82] 普鲁塔克这一少见的插话使阿尔喀比亚德行为的道德问题更加复杂,而不是解决了这一问题。接下来的章节展示了从阿尔喀比亚德进入公共生活时起的一些轶事,说明了他取悦民众的能力。但读者会怎样理解他剪去他的狗的尾巴(9.1 – 2)?阿尔喀比亚德在给国家捐钱时,让一只鹌鹑从他的长袍下面飞走,这时他赢得了热烈的欢呼。人们蜂拥着去抓那只鸟;抓到那只鸟的是"舵手安提奥科斯(Antiochos),他因此成了阿尔喀比亚德很喜爱的人"(10.1 – 2)——正是这个安提奥科斯不遵守命令,一时兴起去攻击吕山德(35.5 – 8),从而终结了阿尔喀比亚德的事业。阿尔喀比亚德是一位卓越的公共演说家,他的言辞拥有巨大的魅力(χάρις),但他常常需要停顿一下来寻找合适的字眼(10.3 – 4)。阿尔喀比亚德对斯巴达使节的欺骗似乎既没有引起称赞,也没有引起

---

[81] 普鲁塔克持续一贯地揭示了下述主题:阿尔喀比亚德放肆的个人生活及其逐渐培养起来的对僭政的恐惧(《阿尔喀比亚德传》7.3, 12.1, 13.3, 16.2, 16.7, 34.6 – 35.1, 39.9),阿尔喀比亚德形象的这一特征可以追溯到公元前五世纪:例如,托名柏拉图《阿尔喀比亚德后篇》141b – 142d;比较 Seager (1967)。参下文关于《阿尔喀比亚德传》6.3 处对修昔底德 6.15.4 的引用。

[82] 对托名安多基德斯来说,阿尔喀比亚德对待他的妻子的方式是肆心的一个直接例子(《诉阿尔喀比亚德》14 – 15)。

责备。⑧ 正如我们已经看到的那样,欺骗与诡计($ἀπάτη$与$δόλος$)——描述阿尔喀比亚德的欺骗所用的词语,并不一定带有贬义;⑭事实上,普鲁塔克接着用看起来似乎是称赞的口吻,强调了在随后的事件中阿尔喀比亚德差一点在[234]曼提涅亚(Mantineia)彻底击败斯巴达(15.1-2;比较《科瑞欧拉努斯与阿尔喀比亚德传》2.1-5)。稍后,阿尔喀比亚德将会用欺骗的手段为雅典攻下库芝科斯(Kyzikos)、塞林布里亚(Selymbria)和拜占庭(Byzantion)等城市(28.6-7,30.3-10,31.3-6)。

在结束关于阿尔喀比亚德的童年和初入政坛的介绍性轶事部分的那个关键章节中(16),对阿尔喀比亚德进行评判的不可能性被最为清晰地陈述了。这里充满了各种悖论。与他代表雅典一方熟练、成功的统治才能——关于这种才能,有些例子在前面的章节中已经叙述了——相结合的,是他的奢侈和女人气。那些声誉良好的人害怕他,怀疑他要实行僭政;民众的情绪经常变化(16.2-3)。普鲁塔克引用了(16.3)阿里斯托芬的话:"它想念他,但又恨他,并且想要拥有他($ποθεῖ μέν, ἐχθαίρει δέ, βούλεται δ' ἔχειν$)。"(《蛙》行1425)修昔底德已经说过(6.15.4),每个人($ἕκαστοι$)都因为阿尔喀比亚德的生活方式而对他心怀敌意,并且害怕他成为僭主。对于普鲁塔克来说,事情更加不确定:民众中的不同群体有着不同的观点。⑮普鲁塔克让下述问题继续晦昧难明:如果有的话,关于阿尔喀比亚德的何种看法是正确的——普鲁塔克说,雅典人(16.4)用最温和的名称来称呼阿尔喀比亚德的过错(faults,$ἁμαρτήματα$),称它们是胡闹

---

⑧ 参Russell(1966b),页44(亦见1995,页202)。

⑭ 参上文页171-173。

⑮ 比较Pelling(1992)页21-25。对比《尼基阿斯传》11.2,在那里普鲁塔克高兴地重复了修昔底德的判断。

和自我夸大(prank and self-aggrandisement, παιδιαί and φιλοτιμίαι)。我们不清楚,为了说明这一点而讲述的轶事是否会引起谴责。阿尔喀比亚德关押了画家阿伽塔科斯(Agatharchos),然后又让他带着礼物走了(16.5)。在托名安多基德斯的《诉阿尔喀比亚德》17——普鲁塔克可能读过它或至少分享着共同的资料来源——关于这个故事的叙述中,画家不是被释放的而是不得不逃跑的。普鲁塔克的版本模糊了下面的问题:我们要憎恶这次关押还是称赞这个礼物?⑧类似的困难在阿尔喀比亚德通过让一个米洛斯女子做他的情人而救她性命的故事中也会遇到(16.5)。因为普鲁塔克接下来写道(16.6):

> 事实上他们称这是富有人性的举动——除了这一事实,阿尔喀比亚德要为处决所有米洛斯成年人的屠杀负主要责任,因他支持这一判决。

ἐκάλουν(而不是ἐκάλεσαν ἄν)的语气与时态使读者继续猜测普鲁塔克是否认为阿尔喀比亚德的行动的前后不一[235]——救了一位囚犯但把所有其他人都判了死刑——在当时就被人注意到,⑧或者,正如严格的语法所暗示的,它是普鲁塔克本人的反思性观点。普鲁塔克明确说道,阿尔喀比亚德在涅米亚的图画中的姿势在他的同时代人中间既引起高兴也引起愤怒(16.7)。泰门祝贺阿尔喀比

---

⑧ 德摩斯梯尼(《诉梅狄阿斯》147)也是矛盾的,暗示了或许可以不那么负面地看待阿尔喀比亚德对阿伽塔科斯的关押以及他对合唱队领队陶勒阿斯(Taureas)的殴打,这件事在普鲁塔克《阿尔喀比亚德传》16.5处也有叙述。

⑧ 托名安多基德斯的演讲注意到这一矛盾(《诉阿尔喀比亚德》22-23),但它的日期并不确定。修昔底德没有把阿尔喀比亚德与雅典人屠杀米洛斯男子、把其他人卖作奴隶的决定联系在一起(5.116.4)。

亚德长大了(16.9);但理由令人震惊:阿尔喀比亚德将会成为雅典人的巨大祸害(a great evil, μέγα κακόν)。普鲁塔克又一次评论了这所引起的不同反应,并总结道:"因此,由于他的天性不稳定,关于他的意见(doxa)也不确定(οὕτως ἄκριτος ἦν ἡ δόξα περὶ αὐτοῦ διὰ τῆς φύσεως ἀνωμαλίαν)。"

那么,在许多方面,这篇列传不是关于阿尔喀比亚德本人的,而是关于对他的意见的——也就是,阿尔喀比亚德的声望以及其他人对他的看法。这个主题在这篇列传的一开头就被引入,当时普鲁塔克说(1.3),阿尔喀比亚德的意见得益于他同苏格拉底的交往。⑧ 普鲁塔克所讲述的关于阿尔喀比亚德的轶事聚焦于民众对他的反应。正是因为民众相信阿尔喀比亚德牵涉进了著名的厄琉西斯秘仪渎神事件,所以他才被迫流放(19.1–22.5)。普鲁塔克本人并没有说阿尔喀比亚德是否真的牵涉进来,但他确实指出了指控者陈述中的一个不准确的地方(20.8)。在流放期间,阿尔喀比亚德有一次去了斯巴达,在那里他给正同雅典作战的斯巴达人提出了建议。在那里,普鲁塔克选择性地提到阿尔喀比亚德模仿他的主人们的风俗和品性——既有好的也有坏的——的能力,并把他比作变色龙(23.3–6)。埃里亚努斯也把变色龙用作人类易变性的典范(《论动物》2.14)。早先普鲁塔克已经强调了阿尔喀比亚德在品性甚至天性方面的表面变化。这里,普鲁塔克进一步解释道:虽然阿尔喀比亚德确实改变了他的行为,但事实上他并没有完全改变他的品性(ἦθος)。当他看到他的天性(φύσις)很可能惹恼他的同伴时,更是如此,他采取了"人为创造的、适合于他们的外在表现"——这是一位

---

⑧ 关于阿尔喀比亚德的意见,比较伊索克拉底《论四马队》3。

奉承者(κόλαξ)的经典行为。⑧⑨ 阿尔喀比亚德表面上的品性变化，并不是不幸强加在他身上的；毋宁说，作为一位变色龙式的人物，他有能力调整他的行为来迎合他同伴们的心意，[236]无论他们是斯巴达人、爱奥尼亚人、色雷斯人、色萨利人，甚或是一位波斯总督(23.3-6)：

> (23.5)阿尔喀比亚德并没有如此轻易地把自己从一种性情转变为另一种，他也并没有接受他的品性中的每一个变化。但是，如果他坚持他的天性的话，他将会使那些他碰巧与之交往的人不舒服，因此他常常装出合他们心意的任何外表或样子，以求无过。(23.6)在斯巴达，无论如何，就外表而言，人们可以说："你不是阿喀琉斯的儿子，你就是阿喀琉斯本人"，吕库古所训练的人就是这样的，但就他的真正激情和私事而言，有人很可能会说："他始终是同一个女人。"

正如普鲁塔克接下来写的那样，阿尔喀比亚德引诱斯巴达国王阿基斯的妻子提麦娅，这件事证明了他就是那个荒唐无礼的自己(23.7-9)。

来自悲剧的引文在这里很重要。在宣称阿尔喀比亚德的行为像一位原型的斯巴达人时，普鲁塔克用了来自一部无名悲剧(*TrGF*

---

⑧⑨ 比较非常相似的《如何区分谄媚者和朋友》52e(以及 Paradiso 1996)，在那里阿尔喀比亚德在雅典、斯巴达、色雷斯以及爱奥尼亚的行为变化被用作证据，以证明他是一位谄媚者(κόλαξ)和蛊惑人心者(δημαγωγός)。并不清楚《阿尔喀比亚德传》与《如何区分谄媚者和朋友》哪一篇的写作时间更早，参 Jones(1966)，页66-68与页72。

Ⅱ.363)的关于阿喀琉斯的一句引文。⑩ 对阿喀琉斯——安提斯替尼无疑把阿尔喀比亚德与之相比较(残篇 V A 199 Giannantoni),其他人可能也这样做——的提及,在某种程度上令人不安地与对吕库古的提及以及整体的斯巴达语境并列在一起。但通过来自欧里庇得斯《奥瑞斯特斯》的引文(129),观点变得清楚了,"他始终是同一个女人"。在欧里庇得斯作品的语境中,这句引文是关于海伦的,埃勒克特拉谴责她只是在表面上假装为克吕泰墨涅斯特拉悲痛;因此,它适合于普鲁塔克的主题:阿尔喀比亚德改变其外在行为而非品性的能力。但更意味深长的是阴性形式的运用,这暗示了性别上的含混,阿尔喀比亚德跨越或混淆了性别的界限。这或许暗示了他放荡的私人生活,在关于他引诱提麦娅的例证性轶事中得到了充分的证明,这件事本身或许也暗示了一种僭主的天性:性欲方面的过度既同女人的天性有关,也同僭主的情欲相联系。⑪ 从一开始,阿尔喀比亚德的[237]女性气质在普鲁塔克的列传中就是核心性的,并与科瑞欧拉努斯排他性地迷恋男子气概(ἀνδρεία)形成对比:从有关阿尔喀比亚德的外表和咬舌音的那一小节(1.4–8),到说他像女人一样咬人的指控(2.3),到关于他的爱慕者的轶事(3–6章)。最清楚的是 16.1 处对他的描述:阿尔喀比亚德"放荡的生活方式;在饮酒和两性关系上的丑闻(περὶ πότους καὶἐρωταςὑβρίσματα);穿着紫色袍服掠过市场的女人气(θηλύτητας);目中无人地花钱;去掉三层战船上的甲板以便让他睡得更加舒服(μαλακώτερον);他的床铺在绳索

---

⑩ 可能来自索福克勒斯的《特洛伊的菲罗克忒忒斯》或《斯基罗斯人》。这句引文只在这里和《如何区分谄媚者和朋友》51c 处被作为证据,在那里,它被用来指那些谄媚者:他能够改变自己的行为并追求那些他想"通过模仿来进攻"的人。

⑪ 安提斯替尼在他的《居鲁士或论王权》中把阿尔喀比亚德的性行为与僭政渴望联系在一起:残篇 V A 141 Giannantoni。

上而不是铺在木板上;他制作了一面金质盾牌,上面没有家族祖先的图案,却刻着一个手挥霹雳的爱神"。⑫

阿尔喀比亚德与女性气质的这些联系,清楚地表明了23.6处的悲剧引文中提及阿喀琉斯的意义。关于阿喀琉斯的一个广为人知的故事与他在斯基罗斯岛上的行为有关。为了避免参加特洛伊战争,他穿着女人的衣服,藏在国王吕科墨德斯的女儿们之中。这是关于伪装、变化性,以及跨越性别差异的原型故事。⑬ 普鲁塔克在其他地方两次引用了处理这件事的一部佚失了的悲剧,很可能是欧里庇得斯的《斯基罗斯人》。⑭ 据推测,这出戏剧记叙道——像这个故事的其他版本一样,在躲藏期间,阿喀琉斯引诱了戴达美娅(Deidameia),吕科墨德斯的一个女儿。后来,在阿喀琉斯离开之后,戴达美娅生下一个儿子:涅俄普托勒摩斯。在原初语境中,第一句悲剧引文肯定是对涅俄普托勒摩斯说的:"你不是阿喀琉斯的儿子,你就是阿喀琉斯本人。"像阿喀琉斯一样,阿尔喀比亚德也能改变他外在的生活方式;像年轻时的阿喀琉斯一样,他能跨越性别的界限,但他的品性,像阿喀琉斯的品性一样,始终没变:在离开斯巴达之前,他让国王阿基斯的妻子怀孕了。⑮

在关于阿尔喀比亚德潜逃到斯巴达、帮助斯巴达反对雅典,以及模仿外国风俗习惯的叙述中(22.1 – 24.2),道德用语都是缺失的。普鲁塔克确实强调了阿尔喀比亚德反对雅典的行动的有效性

---

⑫ 一种大胆放肆、无与伦比的设计:参 Blanckenhagen(1964)。

⑬ 关于希腊男性文化概念中女性因素的研究,参 Loraux(1995)。

⑭ 《年轻人应当如何倾听诗人》34d;《如何区分谄媚者和朋友》72e(亦见 Nauck, *TrGF* Adesp. 9)。关于对这件事的叙述的不同版本,参 Roussel(1991),页 123 – 141。

⑮ 比较托名士麦那的彼翁描述阿喀琉斯对戴达美娅的引诱: ϑυμὸν δ' ἀνέρος εἶχε καὶ ἀνέρος εἶχεν ἔρωτα(《祝婚诗》21)。

(22.1;23.2;24.2)。道德判断是不受鼓励的,阿尔喀比亚德完全是叙述的主角。在这一方面,提萨斐尼斯对阿尔喀比亚德的狡猾的赞扬(24.5-6)可以是[238]读者的典范。当阿尔喀比亚德在公元前411年重新得到萨摩斯岛的雅典舰队的拥戴时,是非问题似乎特别模糊。阿尔喀比亚德操控了对民主派的镇压(25.5;26.1)。普鲁塔克告诉我们,他这样做并不是出于政治原则而是出于私利。确实,阿尔喀比亚德对寡头派声称他没有试图讨好大众,这仅仅是一个短期的姿态,考虑到在整篇列传中,他有很多次尝试这样做,并且成功了。在这段叙述中,唯一用到的道德用语是叛国者($\pi\varrho o\delta\acute{o}\tau\eta\varsigma$),它被意味深长地用在那个看出阿尔喀比亚德真正动机的寡头派将军身上(25.7;25.11)。⑯

最终,阿尔喀比亚德被召回雅典。在回到家乡之前,他赢得了一些引人瞩目的军事胜利。其中一次,当斯巴达舰队与雅典舰队之间的战斗已经在阿拜多斯附近打响时,他出人意料地带着一队舰船出现了。阿尔喀比亚德的参战使雅典人取得了胜利,但普鲁塔克利用这一事件进一步探讨阿尔喀比亚德的意见(doxa)这一主题:他写道,最初阿尔喀比亚德在两边都灌输了一种"矛盾的观点"(contradictory opinion,$\dot{\varepsilon}\nu\alpha\nu\tau\acute{\iota}\alpha\nu\ \delta\acute{o}\xi\alpha\nu$),因为双方都认为他是敌人(27.4)。⑰最后,正是由于人们不可能看到真正的"阿尔喀比亚德",才导致了他的败落。普鲁塔克非常清楚地表述了这一点(35.3):"似乎阿尔喀比亚德比其他任何人都更多地被他自己的意见所毁灭。"普鲁塔克接下来写道,雅典人认为阿尔喀比亚德可以做出任何事来;他们

---

⑯ 在修昔底德作品中,弗里尼科斯被他的对手们指控犯了叛国罪(8.51.2,54.3);普鲁塔克把这说成是一桩事实。

⑰ 这一细节在色诺芬《希腊史》1.1.2-7 或狄奥多罗斯 13.45.1-47.2 中都没有出现。参 Westlake(1985a),页 319。

没有给他足够的资源,并因失败而责备了他(35.3-4)。当阿尔喀比亚德的一位手下在一场战斗中失败时,他那时正在外面募集雅典城邦没有为他提供的钱财(35.5-8)。他的政敌们指控他粗心大意地信任他的酒友,把指挥权交给他们,指责他的放荡和酗酒(36.1-3)。这些是与僭政相联系的典型恶行。普鲁塔克的叙述表明,这些指控是不公平的,但重要的是雅典人"相信"它们($πεισθέντες$),并剥夺了阿尔喀比亚德的指挥权;他再次被流放,这次他再也没有回来(46.4-5)。普鲁塔克已经说过,他们不信任阿尔喀比亚德的根本原因是他们害怕他想成为僭主(35.1)。普鲁塔克告诉我们,他是否真想当僭主是不确定的($ἄδηλόν ἐστι$)。但事情总是这样,重要的是人们相信阿尔喀比亚德会怎么做。[98] [239]对阿尔喀比亚德拥有僭主野心的猜疑在他的整个生涯中都尾随着他,正如普鲁塔克已经明确说过的那样,这主要是由于他那奢侈、不合传统的生活方式(16.2;16.7)。在列传的前面部分,普鲁塔克已经引用了修昔底德评论这一不合传统的生活方式的短语(6.3:修昔底德 6.15.4)。正如 Christopher Pelling 已经指出的那样,普鲁塔克的读者被期待回忆起这句引语原来的语境:修昔底德把阿尔喀比亚德放荡的生活方式与一种流行的信念——他渴望成为僭主——联系起来。[99] 那么,确切地说,普鲁塔克的叙述显示出,阿尔喀比亚德丧失权力是他的意见的结果:雅典人相信他能够排除万难赢得战斗;当他失败时,他们相信这是因为他沉溺于僭主的恶行之中,他本人的生活方式对培育

---

[98] 比较 37.3,在那里,在伊哥斯波塔米战役之前,阿尔喀比亚德宣称要是他的帮助没有被拒绝的话,他本来能够迫使斯巴达人进行一场不利于他们的会战:"对有些人来说,他似乎仅仅是在吹牛,但对其他人来说,他的宣称似乎是有道理的。"

[99] Pelling(1992)页 18-19。比较 Russell(1966b)页 40-41(亦见 1995,页 196-197)。

这一信念起到了很大的作用。这是一个典型的普鲁塔克式分析,显示出使传主成功的东西也同样导致他的败落。在通常情况下,品性—品质既是一个人上升的原因也是他败落的原因。但在这里,阿尔喀比亚德在创造他本人的声望方面的成功将会毁灭他。⑩

后来正是他的声望,以及它所激发的希望与恐惧,导致他被人刺杀(38.3 – 6)。雅典人——现在他们已经投降了——"认识到当拯救的希望在他们手中时他们不曾采纳的理性思考":他们后悔他们对阿尔喀比亚德的愤怒,这种愤怒导致他们在他没有犯错的情况下将他流放,并使雅典失去了他们最伟大、最好战的将军。然而,一种模糊的希望仍然存在:阿尔喀比亚德可能会以某种方式回来帮助他的家乡城邦。但是,正如在这篇列传中经常出现的那样,正是阿尔喀比亚德激起的这类希望与恐惧决定了他的机运。斯巴达人意识到雅典人渴盼阿尔喀比亚德,他们安排了他在弗里吉亚(Phrygia)的遇刺。

普鲁塔克用关于阿尔喀比亚德在流放期间的死亡的两种叙述结束了这篇列传,其中一种叙述比另一种叙述的赞颂意味更浓厚(39.4 –9)。对于这两种叙述,普鲁塔克没有表现出明确的偏好。这两种叙述都承认,他在抵挡一队刺客的进攻时英勇死去,这队刺客放火烧了他住的房子。但在第一种说法中,他的遇刺是总督法那巴佐斯遵照吕山德的命令而安排的,因为阿尔喀比亚德被认为是民主派雅典抵抗力量危险的中心,[240]他们出于国家理由不得不除去他。即使在这幅相当迷人的图象中,也掺入了一丝疑虑。斯巴达

---

⑩ 比较庞培的权力导致他的败落的方式,当时它被用来帮助他的竞争对手们:《庞培传》46.3 – 4。在《庞培传》1.4 处介绍过,他非常乐意满足他的朋友们的要求,正是这一品质最终毁灭了他(例如 39.6, 47.4 – 10, 67.1 – 68.1)。关于同一种品性—品质既导致一个人的成功也导致他的败落,参上文页 123 注 79。

的统治者们之所以批准刺杀阿尔喀比亚德(38.6),"或是因为他们也害怕这个人的聪明与胆量($τὴν ὀξύτητα καὶ μεγαλοπραγμοσύνην τοῦ ἀνδρός$),或是因为他们想为阿基斯做件好事($τῷ Ἄγιδι χαριζομένων$)"。阿尔喀比亚德死时提曼德拉的在场,使读者回忆起他奢华的生活方式这一主题,提曼德拉是一位著名的妓女,是他在流放期间唯一的伴侣。提曼德拉风风光光($λαμπρῶς καὶ φιλοτίμως$)地安葬了他(39.7)。相当罕见地,普鲁塔克在这里利用了$φιλοτιμία$[爱荣誉]与善行之间的意义联想——在更一般性的希腊语中是很常见的。[101] 这里涉及的"荣誉"是提曼德拉对阿尔喀比亚德所做的事:在死时,一如在生时,阿尔喀比亚德追求并得到了荣耀。在阿尔喀比亚德之死的第二种说法中,他死亡的原因"不是法那巴佐斯,不是吕山德,也不是斯巴达人,而是阿尔喀比亚德自己"。这一叙述说,他引诱了当地的一位姑娘,她的兄弟们为了报复这一暴行($ὕβρις$)而杀害了他。《阿尔喀比亚德传》以这一替代性说法结束。即使在死亡问题上,关于阿尔喀比亚德的真相也很难确定,很难去定义,很难去判断。从这篇列传中得出简单的道德教训是不可能的。而且,或许这是普鲁塔克《列传》最伟大的力量;毕竟,阿尔喀比亚德这位卓越的个人主义者,怎么能成为其他事物的典范——除了个体性(individuality)本身?

---

[101] 参 Frazier(1988a),页 115–116。

第三部分

以对比手法写作

第八章 《对比列传》中的对比与多重对比

[243]在前面几章中,一个反复出现的主题是平行结构即《对比列传》的成对结构的重要性。每一卷都由两篇列传组成,在它们前面常常有一篇共同的序言,后面则常有一篇结束性的"比较"或"对比"(synkrisis, σύγκρισις)。这种对比结构鼓励读者去比较这两篇列传,换句话说,去进行他自己的"对比"活动。这种希腊与罗马人物的对比的文化含义将在最后一章讨论。在本章中,我们将要考察普鲁塔克《列传》对比结构的文学背景,以及普鲁塔克在他的其他著作中运用和讨论"对比"(synkrisis)的方式。最重要的,我们将要考察结束许多对列传的正式的"对比"(synkriseis)。它们是没有说服力的事后思考,列传本身内容的摘要,还是像将会论证的那样,它们被设计用来使读者提出新的、相当具有挑战性的道德问题?

第一节 "对比":文学背景

对比性的思考模式似乎在希腊精神中有着很深的根源。以对立术语来思考世界的倾向在前苏格拉底哲人以及希波克拉底的作品中非常强烈。例如,希波克拉底的医学论文以一系列对立范畴来思考人体,如热与冷、湿与干;为了良好的健康,它们应当处于平衡状态。① 公元前五至四世纪的希腊人,通过一系列互斥的两极对立来建构他们自己的身份:希腊人—蛮族、男人—女人、公民—异邦

---

① 参 Lloyd(1966),页 15–26。

人、自由民—奴隶。② "对比"成为道德品性描绘的一种重要手段。它是赞颂性演说(enkomia)——如伊索克拉底的《埃瓦戈拉斯》和色诺芬的《阿格西劳斯》——的重要特色,在那些演说中,传主们被拿来——对他们有利——与一位过去的或当代的波斯国王进行比较。③ [244]对比手法在赞颂性演说中的这种运用为亚里士多德和昆体良所推荐,后来也被修辞学家米南德推荐。④ 在其他修辞学家,如利巴尼奥斯(Libanios)和阿福索尼乌斯(Aphthonios)的修辞"基础练习"(elementary exercises, προγυμνάσματα)集里面也含有对比手法。⑤ 阿福索尼乌斯把"对比"定义为"一种对比的言辞(a speech of comparison, λόγος ἀντεξεταστικός),它把对比的对象与某个更伟大的或相当的东西并列在一起"(《修辞初阶》10,Spengel, ii. 42. 21 - 2)。⑥

通过对比手段来进行评价的希腊倾向在修辞性辩论(agon)中

---

② Cartledge(1993)。

③ 色诺芬《阿格西劳斯》9.1 - 5;伊索克拉底《埃瓦戈拉斯》37 - 39;比较《泛雅典娜集会辞》39 - 40。

④ 亚里士多德《修辞学》1368a19 - 26;昆体良《雄辩术原理》2.4.21;修辞学家米南德 II. 372. 21 - 25, 376. 31 - 377. 9。

⑤ 利巴尼奥斯《修辞初阶》10(Förster[b], viii. 334 - 360);赫莫杰尼斯《修辞初阶》8(Spengel, ii. 14 - 15);阿福索尼乌斯《修辞初阶》10(Spengel, ii. 42 - 44);西昂《修辞初阶》9(Spengel, ii. 112 - 115);尼科拉奥斯《修辞初阶》(Spengel, iii. 485 - 488)。比较 Focke(1923)页 328 - 339;Clark(1957)页 198 - 199。

⑥ 参 Leo(1901)页 149 - 151;Stiefenhofer(1914—1916)页 463 - 464;Focke(1923)页 339 - 351。史家们经常用"对比"来描述品性或进行评判。关于修昔底德,参 Cairns(1982);色诺芬的《希腊史》:Lévy(1990)页 136 - 138 与页 156 - 157;李维:Walsh(1961)页 86 - 87;维勒伊乌斯:Woodman(1977)页 42;塔西佗的《阿古利科拉传》:McGing(1982);《编年史》:Goodyear(1972)页 32 - 34;Paladini(1984)。Valgiglio(1992)页 4022 - 4023 处给出了其他一些例子。关于新喜剧:Wilner(1930)页 56 - 66;参见昆体良所提到的"生活类型"的比较(《雄辩术原理》2.4.24;比较提布卢斯 1.1;奥维德《爱经》1.9),以及 McKeown(1989)页 259 - 260。

也有所表现:在法庭上所作的双方都符合实情的成对的演讲,以及"舞台上的"文学竞赛——这种竞赛允许戏剧化地表现各种互相冲突的抉择、哲学或文学流派。⑦ 那些由主张相反观点的两篇演讲组成的著作有许多流传到了今天。早在公元前五世纪,在被归于安提丰的《四联剧》(Tetralogies)(《演说集》2－4)中,以及在可能由安提斯替尼所作的成对演讲中——它先提出了在争夺阿喀琉斯的武器时埃阿斯的虚构性论证,然后提出奥德修斯的论证——都能清楚地看出这一手法。⑧ 在公元二世纪,提尔的马克西莫斯(Maximos)写过成对的演说词,例如在某些抄本中题为《哪一种生活更好:实际生活还是理论生活?》的这一对(《演说集》15－16 Hobein)。⑨ 关于轮流呈现一场辩论中辩论双方观点的单篇演说词,也有一些例子。这一手法,在托名普鲁塔克的《水比火更有用吗?》中也能看到。⑩ 在老塞涅卡的《辩论集》中,[245]通过先收集一方的论证,然后再收集另一方的论证,从而探询了它们所提出的特别的法律难题与道德问题。

---

⑦ 最著名的是阿里斯托芬《云》中正理与歪理之间(行 889－1114),以及《蛙》中埃斯库罗斯与欧里庇得斯之间(行 830－1481)的辩论。"对比"成为文学批评中的一种重要手段。例如,西塞罗论李锡尼·克拉苏与安东尼乌斯(《布鲁图斯》161－165),凯基利乌斯与其他人论德摩斯梯尼与西塞罗(参下文注 20),仅剩片断的、可能是托名普鲁塔克所著的《对阿里斯托芬与米南德的比较》。

⑧ Frs. V A 53－54,Giannantoni。关于它们作者的真实性问题,参 Giannantoni(1990)页 257－264。

⑨ 比较普卢萨的狄翁的演说《论法律》(Περὶ νόμου)与《论习俗》(Περὶ ἔϑους),《演说集》75－76,它们或许也被人认为是一对作品。

⑩ 关于这篇文本的结构,参 Milazzo(1991),与已达成的共识相反,他为普鲁塔克的作者身份而辩护。

第二节　普鲁塔克的"对比":《伦语》

在普鲁塔克的许多非传记性著作中,也能看出他本人对比性思考的倾向。普鲁塔克的赞颂性展示演说运用了"对比",这是赞辞最重要的修辞手法之一。现存的两篇关于亚历山大大帝的演说词都比较了机运(fortune, τύχη)与德性(virtue, ἀρετή)在亚历山大一生中的作用(《论亚历山大的机运或者德性》),其目标是通过证明亚历山大的成功是由于他本人的品质而不是由于运气从而赞颂他。这是一个标准的修辞性论证。⑪ 普鲁塔克在这些演说词中也运用了赞辞常用的另一种"对比":与其他伟大人物进行比较。在第一篇演说词中,普鲁塔克把亚历山大同苏格拉底、柏拉图以及其他哲人进行比较,显示出他是所有哲人中最优秀的(例如 328a - 329d 与 333a - c)。在第二篇演说词中,普鲁塔克把他同其他君王进行比较,显示出他在赞助艺术方面胜过他们(333e - 334d);后来,普鲁塔克把他与许多政治家进行比较,显示出他在德性上胜过他们(343a - e)。在另一篇演说辞《论罗马人的机运或德性》中,普鲁塔克比较了在罗马帝国的成功中机运和德性的作用。在这个例子里,机运在罗马人的成功中被赋予正面角色,可能与在名称相似的《论亚历山大的机运或者德性》中它对亚历山大的持续性阻碍形成对比,这是一个发人深省、可能也是令人烦扰的含蓄"对比"。⑫

用"对比"来激发思考、提出问题的倾向是普鲁塔克的特色。

---

⑪　参下文,页 263。
⑫　参页 300 - 301。

普鲁塔克运用"对比"常常不是要证明等式的一边优越于另一边,而是要探询作为整体被提出的问题。[13] 一个很好的例子是他的《论迷信》一文,该文由迷信者(ὁ δεισιδαίμων)与无神论者(ὁ ἄθεος)之间的一个对比组成。这两类人都受到了批评,但无神论者受谴责的程度比迷信者低一些。然而,这篇文章的目的并不仅仅是对两种生活方式进行等级排序,而是要探询远离传统虔敬这一中间立场的危险(171f:ἐν μέσῳ κειμένην τὴν εὐσέβειαν)。刺激性的 [246] 对立既吸引了读者,也提供了讨论宗教实践的关键问题的途径。[14]

将"对比"用作讨论的工具而不是评判等级的手段,这种用法在著作《陆地和海洋里的动物哪个更聪明?》中更加清晰。这篇著作以一位奥托布洛斯——被认为可能是普鲁塔克的父亲——与他的同伴索克拉罗斯之间的对话开始。奥托布洛斯认为动物们确实拥有理性,斯多亚派相反的主张是错的(959a-965e)。这是这篇著作的主要论题,但这篇著作的大部分篇幅是两段舞台性演说辞,在演说辞中依次先论证了陆地动物的优越性(965e-975c),后论证了海洋动物的优越性(975c-985c)。这篇著作的目的不是为了证明某一方更好,而是要证明中心主题:所有动物都有理性。通过阐述这两类动物之间的差异,它们都拥有共同的品质、都拥有理性这一点变得很清楚。奥托布洛斯在他最初的阐述中也是这样说的。他认为,某些动物比其他动物更聪明这一事实,证明了它们在某种程度上都拥有理性(962d-963a)。他坚称,"眼下这个使得我们的年轻人辩论的论证证明了这一点"。"正是因为他们预设了

---

[13] 参 Swain(1992b),页 104-106。
[14] 事实上,普鲁塔克也能够从相反方向论证这一问题。在《伊壁鸠鲁的原则使幸福的生活不可能》中,他似乎认为迷信是两种恶中较轻微的。参 Babut(1969b)页 523;Nikolaidis(1991)页 164-167。

存在某种差异(διαφορά),所以一方主张陆地动物天生在德性方面更高级,而另一方主张海洋动物更高级。"(962d)在展示了含有双方论辩的两篇演说词之后,索克拉罗斯用来自索福克勒斯的一句引文作了总结:"那些努力互相反对的人们的言辞在中间焊接得多么好啊!因为当你们把你们刚才反驳对方的话合在一起的时候,你们将能很好地对付那些认为动物没有理性和智力的人。"(985c)⑮

事实上,普鲁塔克的名字似乎特别与这类论辩联系在一起,在这类论辩中,一个问题的两个方面都被摆出来,然后读者受邀去选择最好的那个。在智术师阿尔的法沃里努斯(Favorinus of Arles)(公元90—154)的一篇题为《论学术气质》(On the Academic disposition, Περὶ τῆς Ἀκαδημαϊκῆς διαθέσεως)的作品中,这种探讨问题的方法似乎也得到了提倡。意味深长的是,法沃里努斯的著作也被称为普鲁塔克(Πλούταρχος)。法沃里努斯的另一篇作品《反驳爱比克泰德》(Against Epiktetos)描写了斯多亚派哲人爱比克泰德[247]——意味深长地——与普鲁塔克的奴隶奥奈西莫斯的辩论。读者再次受邀去判断哪个是最好的;爱比克泰德似乎是这场辩论的失利一方。⑯

这种对"对比"的运用——把它作为探询共同特质的手段,不是用作评定等级的手段,而是用作理解的手段——是《对比列传》

---

⑮ 关于其他普鲁塔克文本中的"对比",参 Valgiglio(1992)页 4023 - 4024 处的简要研究。

⑯ 这些著作通过盖伦的《论最好的建议》(Περὶ ἀρίστης διδασκαλίας:1.42 -52,Kühn = 法沃里努斯,残篇 28, Barigazzi)才为人所知,这篇作品攻击了假定的法沃里努斯的立场不一,也在一般意义上攻击了学园派的"悬置判断"原则。参 Bowie(1997)页 2 - 3;Opsomer(1997),特别是页 18 - 23;Swain(1997)页 177 - 179。

的道德观中非常核心的部分,也是普鲁塔克对史撰写作最为原创性的贡献之一。普鲁塔克肯定曾经受过科尔奈利乌斯·奈波斯的著作的影响,后者把整卷罗马人物列传与非罗马人物列传进行了对比。不幸的是,只有《外族名将传》(*On eminent foreign leaders*)和《论拉丁史家》这本书中的两篇短篇传记(老加图与阿提库斯)流传了下来。因此,即使有,也不可能评估奈波斯如何把这种对比结构用作文学工具。普鲁塔克在《对比列传》中把"对比"用作历史著作的定义性结构的原则,以及他用它来论证和解构道德的仔细周密,似乎都无与伦比。⑰

令人惊讶的是,普鲁塔克对于他决定以对比方式写作希腊与罗马人物的平行列传,并没有给出明确的辩护。或许佚失的《伊巴密浓达与西庇阿传》中含有这样的方案性陈述。然而,在他的另一篇著作——论文《妇女的德性》——的开篇我们确实拥有关于在历史中运用对比结构的现存的辩护:

> 事实上,要了解男人的德性与妇女的德性之间的相似之处与不同之处,除了像那些艺术杰作一样,把他们的传记放在一起,把他们的事迹放在一起,[248]并考虑塞米拉米斯的华丽是否与塞索斯特里斯的华丽拥有相同的特质与模式之外,可能没有其他更好的方式……因为德性会获得某些其他差异,那是它们自己特有的色彩,因为每个个体的天性不同,德性会使自己适应所讨论的习惯,他们的身体气质、抚养经历与生活方式。因此,阿喀琉斯以一种方式勇敢,埃阿斯以另一种方式勇敢。奥德修斯的智慧与涅斯托尔的智慧不同,加图的公正也与阿格

---

⑰ 关于奈波斯著作中的"对比",参 Geiger(1985)页 94-95 与页 118-119。亦参下文页 290-291。

西劳斯的公正不同,厄瑞涅为她丈夫献身的方式与阿尔克斯提斯不同,科涅莉亚品行高尚的方式也与奥林匹亚丝的不同。但让我们不要关注这些产生许多不同的勇敢、智慧与公正的叙述,倘若他们独特的差异并没有阻止他们中的任何人获得适当的评价的话。(《妇女的德性》243b – d)

这里的语言和思想暗指柏拉图的《美诺》(71e – 73c),在那里苏格拉底认为不同的人可能显示出不同的德性,但德性最根本的特质仍然是相同的。在这里普鲁塔克改造了这一柏拉图式的到目前为止无异议的学说,为他接下来在妇女的德性行为上运用"对比"进行辩护。像勇敢、智慧和公正这样的德性,在不同的个体身上有着不同的表现;普鲁塔克宣称,通过对不同人物身上所表现的这些品质进行比较考察,获得的对这些差异的理解,可以使一个人更好地理解这些品质本身的核心含义。[18] 比较("对比"),或者如普鲁塔克所言,"把传记和传记放在一起、事迹和事迹放在一起",是理解作为整体的德性的本性以及它在个别人物身上的表现的重要手段。[19] 接下来的一系列叙述提供了以不同方式表现勇敢的许多例子。普鲁塔克暗示,通过相互比较,特别是通过把女性勇敢的事例与更广为人知的男性勇敢的事例进行比较,将能获得对勇敢本身性质的更好理解。

---

[18] 关于将探讨差异作为理解共同分有的事物的关键,比较《论道德德性》449d – f 与《漫谈录》732b – c,以及 Swain(1992b)页 105。

[19] 关于这一段落,参 Stadter(1965)页 9 – 12;Desideri(1992b)页 4475 – 4476。比较《福基翁传》3.6 – 8,在那里普鲁塔克宣称,虽然同一种品质在不同人身上以不同的方式表现出来,但就福基翁和加图而言,这些差异特别难于被发现。

第三节　普鲁塔克的"对比":《对比列传》

[249]普鲁塔克对"对比"的运用在《对比列传》中表现最鲜明,正如标题所暗示的那样,这部作品集是围绕着对希腊与罗马人物的大规模"对比"而建构的。普鲁塔克选择谁和谁对比,其背后的理由并不完全清楚。有时,这种配对(的理由)是相当明显的,如德摩斯梯尼与西塞罗、亚历山大与凯撒,以及少见的双人配对列传:阿基斯/克琉墨涅斯与格拉古兄弟,在普鲁塔克之前,人们已经把他们放在一起进行比较了。[20] 其中有几个人物,普鲁塔克在早于《列传》而写就的论说文中已经对他们做了比较。[21] 至于那六篇共和晚期罗马人物的列传,普鲁塔克似乎是把它们作为一个整体来创作的。到

---

[20] 关于西塞罗与德摩斯梯尼,参西塞罗《论最优秀的演说家》13。普鲁塔克自己也提到公元前一世纪的批评家卡拉克特的凯基利乌斯对他们风格所作的比较(普鲁塔克《德摩斯梯尼传》3.2;比较 Lammert 1916)。昆体良(10.1.105-112)和托名朗吉努斯《论崇高》(12.4-5)也比较过他们。参 Geiger(1995a),页294-297。西塞罗比较过阿基斯/克琉墨涅斯与格拉古兄弟(《论义务》2.80)。凯撒和亚历山大作为世界征服者被相提并论,在帝制早期的文献中很常见,例如:斯特拉波 13.1.27,C 594-595;维勒伊乌斯 2.41.1-2;卢坎《内战记》10.20-48。比较李维 9.16.19-9.19.17,以及把这两个人联系起来的轶事:苏维托尼乌斯《罗马十二帝王传》7.1;普鲁塔克《凯撒传》11.5-6。关于罗马征服者经常被拿来和亚历山大比较,参 Michel(1976),P. Green(1978),Samsaris(1990)。

[21] 阿里斯泰德与老加图(《论制怒》,463e);地米斯托克利与卡米卢斯(《"隐秘无闻的生活"是一个好准则吗》,1129b-c);吕库古与努马(残篇47,Sandbach)。

了作品集快结束的时候,普鲁塔克以罗马人物开始,然后选择希腊人物与之配对。㉒ 但对于大部分成对列传来说,我们无法确知谁的列传先被选择或者普鲁塔克如何作出这种配对。㉓ 虽然,看起来似乎清楚的是,普鲁塔克认为被选择的两个人有足够多的相似性,同时也有某些重要的差异,因此他们的列传在被放在一起讲述时,能够共同说明或探寻一个常见的道德问题或一系列道德问题。这两个人的外在境遇的相似性显然似乎是一个因素。普鲁塔克似乎通过提及降临到尼基阿斯和克拉苏身上的类似灾难而开始了《尼基阿斯与克拉苏传》:"对我来说,把尼基阿斯与克拉苏进行比较、把帕提亚人的灾难与西西里人的灾难进行比较,[250] 似乎合情合理……"(1.1)㉔但对普鲁塔克来说,对一个人行为的分析是理解和评价他的品性的主要途径。读者能够观察到两个人对相似考验的不同反应,因此,人生境遇的相似会促进对品性的这种比较。

本书的个案研究已经证明了将一对列传中的两篇放在一起阅读的重要性。近来,研究者的注意力集中于考察具体某一对列传,

㉒ 参页 21,注 22。

㉓ 普鲁塔克的某些表述乍看上去似乎表明,在某些情况下,他先选择罗马传主,然后选择与之配对的希腊人物(例如《忒修斯传》1.4–5;《阿基斯与克琉墨涅斯传》2.7–9;《客蒙传》3.1;《塞多留传》1.11),其他时候则相反(《普布利科拉传》1.1;《尼基阿斯传》1.1;《斐洛波门传》21.12;《弗拉米尼努斯传》1.1)。然而,也可能在这些表述中普鲁塔克仅仅想要指出某些相似性——这些相似性引导他对这两位传主进行配对——而不是要指出他先选择了谁。关于普鲁塔克的选择与传主配对的整体性问题,参 Ziegler(1949)页 261–262(亦见 1951,页 898–899);Geiger(1981),特别是页 85–99;Frazier(1987);Desideri(1992b)页 4478–4481;Valgiglio(1992)页 4028–4030。

㉔ 这个地方之前的文本可能佚失了某些文字,参页 22。

来说明配对通过何种方式影响我们对它们的理解。㉕ 这里重要的是模式和变化的原则:第一篇列传建立起一种模式,该模式在第二篇列传中被利用并有所变化。㉖ 正如普鲁塔克在《妇女的德性》中已经宣称的那样,通过把同一种德性或恶行的不同实例并列放置,将能得到关于那种品质的性质的更清晰的理解。《对比列传》的关注并不是评价哪位传主更好,而是更多地探询由这两篇列传共同提

㉕ 关于成对列传之间"对比"的作用,影响深远的讨论是 Erbse(1956)。关于这种"对比"的其他理论分析包括:Bucher - Isler(1972)页 74 - 78;Pelling(1986b);Brenk(1992)页 4375 - 4380;Desideri(1992b);Larmour(1992),页 4154 - 4174。下面是对具体某对列传的"对比"的研究。《忒修斯与罗慕洛传》:Larmour(1988)。《地米斯托克利与卡米卢斯传》。Stadter(1983—1984);Larmour(1992)页 4174 - 4200。《客蒙与卢库卢斯传》。Fuscagni(1989)页 43 - 52;Swain(1992c)。《伯利克勒斯与法比乌斯传》。Stadter(1975)。《尼基阿斯与克拉苏传》:Scardigli(1987a)。《德摩斯梯尼与西塞罗传》。Erbse(1956)页 406 - 413(亦见 1979,页 487 - 494);Moles(1988)页 19 - 26;Geiger(1995a)页 297 - 300。《亚历山大与凯撒传》。Erbse(1956)页 405 - 406(亦见 1979,页 486 - 487);Hamilton(1969)页 xxxiv;Harris(1970)页 193 - 197。《吕山德与苏拉传》: Stadter(1992a)。《阿格西劳斯与庞培传》: Hillman(1994);Harrison(1995)页 99 - 102。《佩洛皮达斯与马克卢斯传》:Georgiadou(1992a)。《埃米利乌斯与提摩勒昂传》:Talbert(1974)页 19 - 21;Geiger(1981)页 102 - 104;Swain(1989c);Desideri(1989)。《狄翁与布鲁图斯传》:Erbse(1956)页 413 - 416(亦见 1979,页 494 - 497)。《福基翁与小加图传》:Geiger(1988)页 254 - 256(亦见 1993,页 315 - 319);Bearzot(1993)页 85 - 88。《德米特里乌斯与安东尼传》:Harris(1970)页 197 - 199;Pelling(1986b)页 89 - 96,(1988b)页 18 - 26;Brenk(1992)页 4380 - 4402;Harrison(1995),页 95 - 99。《塞多留与攸门尼斯传》:Bosworth(1992)。《斐洛波门与弗拉米尼努斯传》:Pelling(1986b)页 84 - 89,(1989)页 208 - 213;Swain(1988);Walsh(1992);比较 Pelling(1997c)。关于《阿基斯、克琉墨涅斯与格拉古兄弟传》:Magnino(1991)页 55 - 72。关于《盖乌斯·格拉古传》与《提贝里乌斯·格拉古传》之间的相互作用(而不是《格拉古兄弟传》与《阿基斯与克琉墨涅斯传》之间):Ingenkamp(1992a)。

㉖ Pelling(1986b)页 93 - 96。

出的问题。如果我们要理解在普鲁塔克的处理中,他对来源资料的选择和利用背后的理论依据,那么,认识到《对比列传》的对比结构的重要性就极其重要;正如我们已经看到的那样,普鲁塔克经常对某一事件加以塑造变形,使其与配对列传中的一个事件形成对比。而且,对我们理解通过成对列传来传达道德真理或提出道德问题的方式而言,对对比结构的欣赏也非常重要。通过把来自不同时代和不同文化背景的两个个体的两篇列传放在一起,(读者的)注意力被集中在那些恒定不变的东西上:两位传主的品性[251]与道德地位。㉗ 这一点在正式的小序中被最为清晰地揭示出来,在现存的成对列传中,大约一半列传前面都有小序。小序倾向于关注两个人品性之间的相似之处,这种相似之处体现在他们对相似事件的反应之中。㉘ 本书的主要论题之一是说明跨越成对列传的"对比"如何协助普鲁塔克探询道德论题,以及有时——如在大部分我们已经考察过的文本中那样——有助于使德性与恶行之间的理想界限变得不稳定,有助于对简单的道德预设的质疑和再评价。正如我们已经看到的那样,鼓励读者把第二篇列传与第一篇进行比较,是普鲁塔克探询伦理问题的关键策略之一。

在单篇列传中,"对比"确实常常被小规模地用来揭示传主的品性,常常对传主有利,是一种修辞手法。㉙ 因此,在《凯撒传》的一

㉗ Jones(1971)页 103 – 109;比较 Deremetz(1990)页 54 – 62。Brenk(1992,页 4377 – 4379)提出"对比"的使用与柏拉图的灵魂不灭信念联系在一起;无论如何,它暗示了一种信念:同样的模式在历史中会反复发生。

㉘ 最引人注目的例子是《福基翁与小加图传》。比较《埃米利乌斯传》1.6;《德摩斯梯尼传》3.1;《佩洛皮达斯与马克卢斯传》1.2 – 3。

㉙ 关于内部"对比",参 Leo(1901)页 151 – 152;Russell(1966a)页 150 – 151;Wardman(1974)页 27 – 34;Frazier(1992)页 4512 – 4514;Valgiglio(1992)页 4024。Georgiadou(1992b,页 4620)也看出了普鲁塔克的外貌描写中的对比倾向。

个惊人的赞颂性部分中,凯撒被明确地与众多历史上的以及当时的罗马统帅进行比较,他超过了他们中的所有人(《凯撒传》17.3 – 5)。通过与在他之前的最伟大的统帅们进行明确比较,塞多留作为一位统帅的技艺,以及他糟糕的运气被揭示了出来(《塞多留传》1.8 – 10)。有时,他会含蓄地鼓励对比。因此,通过与梅特鲁斯的含蓄比较,塞多留作为一位统帅的技艺被揭示了出来(《塞多留传》13.1 – 3),而伯利克勒斯在军事上的坚定(sureness,$\dot{\alpha}\sigma\varphi\dot{\alpha}\lambda\varepsilon\iota\alpha$),则被含蓄地与托尔米德斯在喀罗尼亚战役中的愚勇形成对比(《伯利克勒斯传》18.1 – 3)。法比乌斯因为他忍受嘲笑的能力而被与第欧根尼进行了简短比较,(《法比乌斯传》10.1)。福基翁被与德马德斯相对比,后者不光彩地讨好马其顿人。㉚ 泡萨尼阿斯的叛变、傲慢和严厉使客蒙的温和和公正更加鲜明(《客蒙传》6.1 – 7)。在更大规模上,埃米利乌斯与他的马其顿对手珀尔修斯的含蓄比较,揭示了前者更加优秀的德性。特别是,珀尔修斯的吝啬(12.3 – 13.3)——与他的前任腓力和亚历山大的乐于花钱相反(12.9 – 11)——对照揭示了埃米利乌斯对希腊人的慷慨,以及他在金钱上的正直(28.1 – 13)。更加重要的是,珀尔修斯是命运变化无常的一个例子;[252]当这两个人相遇时,埃米利乌斯把珀尔修斯的命运看成是对他本人的警告(27.1 – 6)。当灾难确实降临到埃米利乌斯头上时——其形式是他的儿子们的死——他平静地接受它(36.1 – 9),正如他曾经说服珀尔修斯去做的那样(26.8 – 12)。㉛

那么,文本内部的普鲁塔克式"对比"严重依赖于修辞,特别是赞颂性和指责性的言辞。但它也以一种更加微妙的方式被使用,在

㉚ 参上文页 135 – 136。
㉛ Swain(1989c)页 324 – 325。比较《忒修斯传》中埃勾斯与忒修斯形成对比(特别是 3.5 – 7,12.2 – 6,17.1 – 4);Pérez Jiménez(1994)。

那里,其作用不是要证明谁更加优秀,而是鼓励反思。我们已经注意到,吕山德与卡利克拉提达斯之间的含蓄对比,如何起到提出并探询道德问题的作用。㉜ 与此相似,普鲁塔克使用历史事件之间以及人之间的"对比"来说明品性或鼓励反思。所以,普鲁塔克可能会构思一篇有两个主要高潮或焦点事件的列传,这两个高潮或焦点事件被含蓄地进行对比。因此,通过详细描述安东尼的帕提亚战役(《安东尼传》37–52)并压缩插入性叙事,他创造了同阿克兴战役的对比(59–69)。在这两次战役中,安东尼对克娄帕特拉的爱都导致灾难。在帕提亚,他作为统帅的才能使他能够挽回局势。他从阿克兴的逃离则恰好相反。㉝ 与之相似,庞培在公元前71和前62年两次回到罗马的经历也被含蓄地进行对比(《庞培传》21–23,43–49)。㉞ 在这两次经历中,庞培回来庆祝胜利,并遏止了民众担心他会通过武力攫取政权的恐惧(21.5–8,43.1–5)。第一个事件暗示了他在处理政治生活(23.1–6)以及与同僚争斗方面的无能,但庞培维持了他的尊严并成功离开罗马。在第二次回归中,这些暗示已经变成了现实,正如克拉苏和凯撒对他的统治所说明的那样。普鲁塔克在一处少见的第一人称插入语中沉思自问,如果庞培在他身处权力顶峰之时死了的话(46.1–4),那会好多少呢?

第四节 "正式的""对比"

普鲁塔克对先前和当时希腊思想的对比倾向的修改,最突出的

㉜ 特别是《吕山德传》5.7–8,6.2–3,7.5–6。参页164,页168–172,以及页180–181。

㉝ Pelling(1988b)页220–221。

㉞ Hillman(1992)页137,(1994)页259–260。

方面是大部分列传后面的总结性"对比"。㉟ [253] 到目前为止,关于这些所谓的"正式的""对比",人们说的很少,部分原因是,在我们已经详细讨论的四对列传中,有两对(《皮洛士与马略传》、《福基翁与小加图传》)后面没有。我们现在就要转向这些"正式的""对比"。在这里,即在一个简短的结束性小节中,前面两篇列传的传主被明确地、彼此相关地对比、评价。普鲁塔克那个时代修辞实践的影响是清晰的,特别是写下两篇依次为对立观点辩护或一篇依次呈现双方观点的演说辞的传统。大部分普鲁塔克的"对比"都是围绕着依次有利于两位传主之一的论辩而组织起来的。许多对比都在接近中点的地方有一个转折,论辩的方向在那里改变了:㊱每位人物依次有一个代表他这一方的事例。苏维托尼乌斯的《罗马十二帝

㉟ 普鲁塔克在引入某些结束性比较(closing comparisons)时用了 σύγκρισις 一词(例如《阿里斯泰德与老加图传》1.2;《尼基阿斯与克拉苏传》1.1;《吕山德与苏拉传》1.1;《弗拉米尼努斯传》21.15;《梭伦与普布利科拉传》1.1)。同根动词(συγκρίνειν)只意味着"并排放在一起",但也有可能普鲁塔克利用了原形动词 κρίνειν 的联想含义——区分或判断。无论如何, σύγκρισις 似乎暗示了对差异的探寻,而 παραβάλλειν 或它的同根词——它们常常出现在列传的开头(例如《忒修斯传》1.5;《普布利科拉传》1.1;《尼基阿斯传》1.1;《福基翁传》3.6;《阿基斯与克琉墨涅斯传》2.9;《格拉古兄弟传》1.1)和正式的对比中(例如《忒修斯与罗慕洛传》1.4;《客蒙与卢库卢斯传》3.5;《阿格西劳斯与庞培传》3.1;《斐洛波门与弗拉米尼努斯传》1.1)——暗示了同一性与平等(比较《客蒙与卢库卢斯传》1.5: ὁμοιῶσαι)。比较 Costanza(1956)页 130-132。但比较《伯利克勒斯与法比乌斯传》3.7,在那里 παραβάλλειν 与 ἀσύγκριτος 在同样的语境下被使用,以及《吕山德传》7.5 与《小加图传》3.10,在那里 παραβάλλειν 暗示了对差异的认识。对正式"对比"的讨论包括 Prieth(1908); Stiefenhofer(1914—1916); Focke(1923); Costanza(1956); Larmour(1992)页 4154-4162;Swain(1992b);Boulogne(1994)页 62-69。

㊱ 例如《忒修斯与罗慕洛传》3.3-4.1;《阿里斯泰德与老加图传》4.1;《客蒙与卢库卢斯传》2.6-3.1;《狄翁与布鲁图斯传》3.6;《吕山德与苏拉传》3.8-4.1。

王传》的某些篇章,如《提贝里乌斯传》、《盖乌斯传》和《尼禄传》等,也分有这种修辞结构,也像它们那样含有一个明确的转折点:在这些传记的前面一部分,其描写是相当正面的;在转折点之后,材料的汇集是出于贬损的目的。㊱

在大部分——而非全部——成对的对比列传的末尾都有正式的"对比"。《地米斯托克利与卡米卢斯传》、《皮洛士与马略传》、《福基翁与小加图传》和《亚历山大与凯撒传》没有正式的"对比"。为什么这些成对列传缺少正式的"对比",其原因并不清楚。最可能的解释是这些列传的"对比"只不过是遗失了。㊲ 过去的年代——那时像我们今天一样,也倾向于认为[254]它们在文学水准上低于前面的叙事部分——在传播这些章节时或许没那么仔细。关于这一点,《亚历山大与凯撒传》可以提供有力的证明。我们有理由认为《亚历山大传》的结尾和《凯撒传》的开头遗失了。《凯撒传》的文本似乎从句中(mid-sentence)开始,没有连接性小词(connective particle),因此文本肯定有错误。㊳ 而且,不同寻常地,这篇文本没有处理凯撒的家族或童年。《亚历山大传》的结尾——在抄

㊱ 《提贝里乌斯传》42.1;《卡里古拉传》22.1;《尼禄传》19.3。苏维托尼乌斯的《罗马十二帝王传》与攻击性或辩护性修辞演说有许多共同之处,比如,把例证汇集起来支持某一案例,以贬损或赞扬传主。例如,对奥古斯都(Wallace-Hadrill 1983,页110-112)与提图斯(Luck 1964)给予了赞颂性处理。另一方面,《尼禄传》中包含了许多谩骂的标准罗马主题:Lounsbury(1991);Barton(1994)。

㊲ Costanza(1956),特别是页134-153关于《亚历山大与凯撒传》的部分。

㊳ Pelling(1984a)页33。δέ这个词通常标志着一对列传从第一篇到第二篇的转折,它在《凯撒传》第一行中的缺失可以支持这一结论,虽然我们应当注意到《罗慕洛传》1.1,《阿尔喀比亚德传》1.1,《马克卢斯传》1.1与《安东尼传》1.1也缺少这个小词:参Watkins(1984)页1-2。

本中它紧接着《凯撒传》的开头——可能也遗失了。㊵ 公元十二世纪的拜占庭作家佐那拉斯（Zonaras）似乎曾经使用过普鲁塔克的《亚历山大与凯撒传》的一个节录本；㊶已遗失的《亚历山大传》结尾的一部分，似乎以改写的形式存在于佐那拉斯 4.14 处。㊷ 因此，这对列传的"对比"与该卷的其他佚失部分有着相同的命运，这是相当可能的；它可能一度构成了该卷的总结性部分。

然而，也有可能由于某些原因普鲁塔克没有写这四对列传的比较部分。㊸ 很清楚，关于成对列传中的顺序问题，他偶尔改变他通常的模式：在三对列传即《科瑞欧拉努斯与阿尔喀比亚德传》、《埃米利乌斯与提摩勒昂传》和《塞多留与攸门尼斯传》中，列传通常的顺序被颠倒了，罗马人物列传位于希腊人物列传的前面。这提醒我们不要假定就正式的"对比"而言，普鲁塔克不会打破他本人已经强加的结构。Christopher Pelling 已经提到，缺少"对比"的四对列传中，有三对的结尾在某种意义上是不同寻常的。《马略传》结尾处有一个很长的反思性段落（46.1-5），它既与皮洛士有关，也与马略有关，该段落的存在或许暗示了[255]《皮洛士与马略传》缺少正式

㊵ 比较 Ziegler(1935)页 387-390。

㊶ Manfredini(1992b 与 1993)。

㊷ Pelling(1973)。令人好奇的是，苏维托尼乌斯的《神圣的尤利乌斯传》的开篇，可能也含有致塞普提克乌斯·克拉鲁斯的献辞，这份献辞可能也佚失了：参 Townend(1959)页 285。

㊸ 很有可能，一篇佚失的普鲁塔克的"对比"，影响了阿庇安《内战史》第二卷结尾处对亚历山大和凯撒的长篇比较（《内战史》2.149-154）。比较《内战史》2.14 与《凯撒传》14.8（διαμαστροπεύομαι 的不同形式在这两篇著作中都出现了）；《内战史》2.27 与《凯撒传》30.2（ὥσπερ ἀθλητὴν ἀνδοβολοῦντες）。但亚历山大与凯撒的配对本身并不是不常见的。而且，如果阿庇安比较亚历山大与凯撒的决定受到普鲁塔克的文本的影响，他的目标可能是要弥补缺少正式"对比"的损失，因为受到已经存在的"对比"的影响。比较 Gabba(1956)页 226-228，他持怀疑态度是对的。

对比的一个理由。不同寻常的是,这一段落明确地对马略持批评态度,含蓄地对皮洛士持批评态度,这一特征常常为对比所保留。[44]《小加图传》的最后章节也具有不同寻常的戏剧性,并含有同《福基翁传》结尾的强烈的隐含"对比":尽管加图有他的哲学理想,但他并没有像福基翁那样平静地死去。这两篇列传都以关于传主子女的某些细节结束。这里,形势被扭转了:福基翁的儿子是个无能之辈,只因为从妓院里买了一位妓女而为人所知(《福基翁传》38.3-4);加图的儿子——虽然他同样放荡——死于腓立比的战斗之中,而他的女儿则成为布鲁图斯的妻子——布鲁图斯杀了加图的敌人凯撒,也英勇地离世(《小加图传》73.1-7)。这里的对比威胁到列传已经暗示的、福基翁相对于加图的优越性。这种不稳定性是正式对比本身非常重要的特征。《亚历山大与凯撒传》以凯撒的"伟大的守护精灵"(great guardian spirit, ὁ μέγας αὐτοῦ δαίμων)结束,它追踪并报复了所有刺杀凯撒的人(《凯撒传》69.2-14)。正如 Pelling 所提出的那样,如果《亚历山大传》的结尾被保存在佐那拉斯 4.14 处的话,那么《凯撒传》的结尾就和它形成一个强烈的含蓄对比。在保留下来的两篇列传的结尾中,死亡在空气中弥漫——一种充满预兆与超自然事物的气氛。在佐那拉斯的片断中,亚历山大在临终时试图把自己淹死在幼发拉底河中,目的是制造他本人升上天堂的神话。他的妻子阻止了他,既消除了他的矫饰,也消除了这种精灵性的气氛。相反,在《凯撒传》的结尾,这种神圣的气氛是被凯撒本人所打破的,但它在预兆、异象以及为凯撒之死而复仇的超自然力量的活动中爆发出来。正如 Pelling 所言,这里的对比是"公开而发

---

[44] 参上文,页 107-109。

人深省的"。㊺

这四对列传都是例外。在所有其他列传中,"对比"构成了普鲁塔克著作的固有部分:许多卷都以"正式的"小序开篇,这些小序介绍了与两篇列传都有关的某些主题,㊻并以"正式的""对比"终篇,以相互比照的方式评价了两位传主。[256]"对比"与正式的小序把普鲁塔克整卷著作的两条线索缠结在一起;在两篇列传中,这两条线索是独立发展的。从正式的小序到第一篇列传、从第一篇列传到第二篇、从第二篇列传到"对比"的转折常常有清楚的标志,但有一些证据表明,现代文本中所出现的、标志着这些转折的标题可能并不可靠。㊼无论如何,普鲁塔克的每卷著作必须被作为整体来阅读。一般来说,在有正式小序的地方,正式的小序揭示了两位传主之间的相似之处;"对比"则揭示了他们之间的差异,虽然有很多

㊺ Pelling(1997a)页 244－250。正如 Pelling 承认的那样,《地米斯托克利与卡米卢斯传》缺少正式的对比的原因是更难解释的(不妨参看下一条注释)。Erbse(1956)在页 403－406(亦见 1979,页 484－487)所提供的关于这四对列传的解释并不令人信服;亦比较 Van der Valk(1982)页 329;Larmour(1992)页 4174－4176。

㊻ 关于"卷册"(book, βιβλίον)一词,参《伯利克勒斯传》2.5;《狄翁传》2.7。在现存的 22 卷中,只有 13 卷有正式的小序:参 Stadter(1988),特别是页 283－293。人们有理由认为《地米斯托克利与卡米卢斯传》可能最初有一篇正式的导言,但它后来佚失了。正如 Costanza(1956)在页 133 指出的那样,连接性小词 δέ 作为它的第二个词,没有其他卷以这样的方式开篇。它的正式小序的佚失或许使得它的"对比"更加似是而非。

㊼ Ziegler(1907)页 128－132;Stiefenhofer(1914—1916)页 480－485。值得注意的是,只有一份粗劣的抄本包含第二篇生平与"列传"之间的标题。而且,Photios 引用了《塞多留与攸门尼斯传》2.5(Biblioth. God. 245,396b22－25),他只写"引自《攸门尼斯传》"(ἐκ τοῦ Εὐμένους)。

情况在相当程度上偏离了这一模式。㊽ 在[" 对比"]这个词的古代意义上,"对比"中的兴趣是伦理性的。也就是说,其关注的焦点在于对两位传主品性的分析与评价,在于那些揭示了他们品性的行动,而不在于他们生活的外在境遇。㊾

那么,这些"对比"评价并比较了两篇列传的传主,并鼓励读者——常常是明确地——对传主的行为作出判断。现代读者们常常对这些"对比"无动于衷,虽然那些质疑它们的真实性的尝试已经证明是不成功的。㊿ 在我们这个时代,明确的道德评判——至少在史撰或传记中——是不被高度评价的。但演说词,或据称记录了演说词的文学著作,或像这里这样,以演说词的形式所著的文学著作,是普鲁塔克那个时代文学的常见形式。历史人物常常是这些演说词的传主:老塞涅卡在他的著作《劝诫演说辞》(Suasoriae)中记录了许多这样的练习,在那些练习中演说者声称要给某位历史人物就某些决定或未来事件一些建议。许多希腊作家以取自历史的主题为题,创作了演说词,并声称要对与那些事件同时代的听众演讲。㊣ 所以普鲁塔克的最初的读者肯定不会像现代读者那样有同样的偏见,要去战胜修辞术,虽然下面这一点很可能会得到承认:[257]史撰叙述与修辞分析在一个文本中的结合,即使在那个时代,也是不

㊽ 值得注意的是,在没有正式小序的地方,有时也会指出传主之间的相似之处:参 Stiefenhofer(1914—1916)页 468 – 473,以及 Swain(1992b)页 106 – 110 处的批评。关于正式小序与之间的关系,亦参 Erbse(1956)页 398 – 403(亦见 1979,页 478 – 484);Larmour(1992)页 4157 – 4158。

㊾ 但境遇上的相似性有时在正式小序中也会被提及:《尼基阿斯传》1.1;《狄翁传》2.1 – 2;《德摩斯梯尼传》3.3 – 5;《塞多留传》1.1 – 12。

㊿ 例如 Hirzel(1912)在页 70 – 73 处所提出的:受到 Stiefenhofer(1914—1916)的反驳;亦比较 Costanza(1956)。

㊣ 例如埃利奥斯·阿里斯泰德斯(Ailios Aristeides),利巴尼奥斯(Libanios),索普拉托斯(Sopratos)。参 Russell(1983)页 106 – 128。

同寻常的,实际上也是独一无二的。

然而,现代批评家们常常认为"对比"是一个简单化的化约(reduction),把前面两段叙事纳入一个僵化的方案之中,该方案并没有公正对待前面叙事部分的复杂与微妙。[52] 这些"对比"确实没有对列传中所探询的主题和问题提供很好的总结:前面叙事中所出现的主题和兴趣与这些"对比"中所出现的主题和兴趣之间常常有着相当大的分歧。确实,有时候在"对比"与列传的主旨之间甚至会存在矛盾。本章接下来要集中关注的正是列传与"对比"之间的分歧和矛盾。在"对比"与它前面的列传之间缺少"匹配"这一点,在同一卷书中、在作为整体的普鲁塔克的道德意图中发挥着重要功能。这些"对比"不是被意图作为结束性总结的,那不是普鲁塔克本人呈现它们的方式。对他来说,"对比"揭示了两位传主之间的"差异",正如小序揭示了他们之间的"相似之处"一样。认为它们仅仅是叙事的道德意义的天真甚或失败的摘要是没有抓住要点,也是对它们和普鲁塔克不公正。在"对比"中,历史以不同于叙事的方式被建构。读者从两个不同的角度看到历史:正是这种分歧与差异使得"对比"如此发人深思,也正是它们导致读者反思是与非的问题。

第五节 轮流讨论一件事:"正式的""对比"中的平衡

我们现在来转向"对比"文本本身。正如我们已经提到的那样,许多"对比"就像成对的演说词,它们是围绕着有利于两位传主中的一位的论证而建构的。在接近中间的地方有一个明显的转折

---

[52] 例如 Moles(1988)页 20 与页 25;Pelling(1988b)页 19–20。

点,论证的方向在这里改变了。[53] 这种结构在《忒修斯与罗慕洛传》的"对比"中尤其可以清楚地看到。第一句话标志着从叙事到"对比"的转折(1.1):"这些就是我恰好知道的关于罗慕洛和忒修斯值得关注的事情。"[258]然后普鲁塔克开始讨论有关忒修斯的事,叙述中带有一系列清楚的标记点($\pi\rho\tilde{\omega}\tau o\nu\cdots\check{\varepsilon}\pi\varepsilon\iota\tau\alpha\cdots$)。然后是转向有利于罗慕洛的论证的转折点。普鲁塔克清楚地标出了这一改变:"所以人们将会把这些票投给忒修斯。但对罗慕洛来说,首先,这个伟大之举是有利于他的……"(3.3 – 4.1)。普鲁塔克接下来质疑罗慕洛是否确实要为他弟弟雷穆斯的死负责,普鲁塔克补充道,罗慕洛救了自己的母亲,也帮助了自己的祖父。与此形成对比的是,普鲁塔克比他叙事中所做的更加坚决地把忒修斯的父亲埃勾斯死亡的责任确定在他身上,这里普鲁塔克实际上指控他弑父,并排除了其他解释(5.1 – 2;比较《忒修斯传》22.1 – 4)。"对比"的结尾暗示了忒修斯的出生或许不为神所喜(6.7)。[54] 这里没有普遍性的结论,而是让读者自己做出最终评价。

在其他例子中,从有利于一位传主的论证到有利于另一位传主的论证的转折,处理得更加巧妙,其方式常常是通过对某个具体的道德判断进行再评价。例如,在《吕山德与苏拉传》的"对比"中就是这样。一开始,吕山德是受到偏爱的一方。在讨论两个人对待金钱的态度时发生了转折(3.8):吕山德更值得赞美,但他诚实地把战争的战利品交给城邦,实际上导致了他的国家的道德败坏。从这里开始,受到偏爱的是苏拉一方了。《客蒙与卢库卢斯传》的开篇是偏

---

[53] 比较 Van der Valk(1982)页 329 – 330;Walsh(1992)页 221 – 225;Boulogne(1994)页 62 – 69。

[54] 关于《忒修斯与罗慕洛传》,参 Larmour(1988);Pérez Jiménez(1994)页 230。

爱客蒙的。转折发生在对卢库卢斯与他的士兵的糟糕关系的讨论之后。普鲁塔克问道,“这一因素是否也被客蒙所分有?”(2.6)。他接下来写道,客蒙与他的公民的关系也不好;或许,这样的糟糕关系不可避免。普鲁塔克总结道:“所以这两个人在这一方面应当同样被认为是无罪的。”(2.7)在这个地方,开始了有利于卢库卢斯的一节。(55)

“对比”的这种平衡结构,为理解作者为什么把在叙事中根本没有出现的事件或解释写进来,提供了一把钥匙。在《尼基阿斯与克拉苏传》的“对比”中,普鲁塔克似乎给这样一个新细节加上了“事后反思”的标签。他是在讨论[259]这两个人的政治行动(2.1:τὰ πολιτεύματα)。普鲁塔克告诉我们,尼基阿斯没有做任何卑鄙之事,毋宁说,他本人被阿尔喀比亚德欺骗了。另一方面,克拉苏则不守信用,为人残暴。用来支持这一论断的事件当中有一件事,是克拉苏猛击一位发言反对他的元老院成员的嘴巴,普鲁塔克解释道,这件事“在我们的叙事中被忽略了”(《尼基阿斯与克拉苏传》2.3)。(56) 普鲁塔克的解释很可能是真实的,但其含义不止于此。

---

(55) 亦比较《阿里斯泰德与老加图传》(下文),以及《狄翁与布鲁图斯传》3.6处的类似转折(ἢ τοῦτ' ἀντιστρέφει πρῶτον;),在那里讨论的问题是布鲁图斯是凯撒的朋友。有些“对比”则没有这样清晰的区分,对两位传主的偏爱交织在一起。例如《吕库古与努马传》,《梭伦与普布利科拉传》,《伯利克勒斯与法比乌斯传》,《埃米利乌斯与提摩勒昂传》与《佩洛皮达斯与马克卢斯传》。无论如何,第一、二篇在某种意义上是不寻常的例子。《吕库古与努马传》同样关注他们所创立的国家以及他们个人。关于《梭伦与普布利科拉传》,参下文页260。

(56) ὅπερ ἡμᾶς ἐν τῇ διηγήσει παρελήλυθε. Pelling(1988b)页20处认为这些轶事是事后反思。他列举了七个这样的插曲:《尼基阿斯与克拉苏传》2.3(引用为4.4);《斐洛波门与弗拉米尼努斯传》2.6;《德摩斯梯尼与西塞罗传》4.4;《吕山德与苏拉传》2.7;3.5;《吕库古与努马传》1.10-11;《佩洛皮达斯与马克卢斯传》1.7-8。比较Erbse(1956)页416-419(亦见1979,页497-500);Pelling(1986b)页88-89;Larmour(1992)页4161-4162。

“对比”的修辞性质与结构，要求作者轮流使用有利于或不利于每位传主的论据。没有被选择写入叙事部分的轶事，现在或许能够在“对比”中发挥作用。

因此，我们现在能够更好地理解下面两个例子，在这两个例子中，新的细节被引入《吕山德与苏拉传》中。在第一个例子中，普鲁塔克引用了三件事来说明苏拉攫取最高权力后对待他的朋友的残暴。其中的两件——他剥夺了庞培的军事指挥权，以及他试图免去多拉贝拉的海军指挥权——在《苏拉传》中并没有被提及(2.7)。在第二个例子中，为了说明苏拉缺乏节制(σωφροσύνη)，特别是在金钱方面，普鲁塔克使用了一个事例，从实行放逐的时代以来迄今都不为人知。在拍卖一处被充公的财产时，有人在开价上超过了苏拉的一位密友，普鲁塔克写道，苏拉带着几分讽刺喊叫道，如果不让他随心所欲地处置他的“战利品”，这简直太不公平了(3.5)。(57) 这两个例子都被写入“对比”中赞颂吕山德、贬低苏拉的那一部分。为了达到这一目的，普鲁塔克使用了新的材料来抹黑苏拉的品性。

正如最后这些例子将清楚显示的那样，普鲁塔克并没有始终试图在“对比”中看到他的传主们的最佳品质，或者以与他在叙事中所做的同等程度的同情来呈现他们的缺点。这是一个更加挑剔、更具批评性的分析。我们可以把这与“对比”的文体来源和文体身份联系起来。我们已经看到，人们期待史学叙事的作者除了在绝对必要的情况之外，不要有更多的批评性。他不应当表现出任何恶意(malice，κακοήθεια)。(58) 但人们期待修辞性展示演说的演说者，毫不松懈地集结所有能够证明其论点的可能论证。所以在“对比”中，[260]两位传主常常都受到了批评，在叙事中几乎未作评论的、被忽

(57) Δεινά γ' …καὶ τυραννικὰ πάσχω：可能模仿了色诺芬《希腊史》1.7.12。

(58) 参页56－59。

视的行动或品性—品质被单独挑出来受到指责。但是,尽管作者的这种批评意愿更强,但两位传主整体而言显得还是相当平等。⁵⁹ 这种平等是普鲁塔克作品最显著的特征之一,虽然它可能并不十分惊人。当时的修辞学家西昂在他对作为修辞练习的"对比"的讨论中,主张在比较的对象之间不应当有巨大的不平衡。"那个想问阿喀琉斯与特尔西特斯谁更勇敢的人将是可笑的。"(《修辞初阶》9,Spengel, ii. 112. 27 – 29)⁶⁰事实上,流传下来的"对比"中没有一篇毫无保留地在总体上偏爱某一位传主或另一位。只有少数几篇,在结尾处给出了总体评价,但即使在这些例子中,某位传主是否比另一位更受偏爱也并不清楚。⁶¹ 确实,在少数情况下,一位传主较另一位传主整体上更受偏爱,在讨论中确实似乎很含蓄。最明显的例子是《梭伦与普布利科拉传》的"对比",在那里普布利科拉似乎显得在道德上优于梭伦。⁶² 但这些是例外。通常情况下,整体性的偏好既没有被表达出来,也不可识别。正如我们将会看到的那样,最引人注目的是《科瑞欧拉努斯与阿尔喀比亚德传》的"对比",在那篇"对比"中,虽然阿尔喀比亚德一直受到偏爱,但在最后的总结中,普鲁塔克突然扭转了局面,赞扬了科瑞欧拉努斯。

在对客蒙和卢库卢斯的比较中,平衡的处理也特别清楚。这里普鲁塔克在处理爱好奢侈的卢库卢斯时,他艰难地试图给予和客蒙

---

⁵⁹ 蒙田在他的《为塞涅卡和普鲁塔克辩护》(《随笔集》2.32)中注意到这一事实。

⁶⁰ 参上文页 244。比较 Focke(1923)页 330 – 332;Swain(1992b)页 102。

⁶¹ 《斐洛波门与弗拉米尼努斯传》3.5;《科瑞欧拉努斯与阿尔喀比亚德传》5.2;《吕山德与苏拉传》5.6;《阿基斯、克琉墨涅斯与格拉古兄弟传》5.7。

⁶² 《斐洛波门与弗拉米尼努斯传》中对弗拉米尼努斯的偏爱、《尼基阿斯与克拉苏传》中对尼基阿斯的偏爱,以及《德米特里乌斯与安东尼传》中对德米特里乌斯的偏爱较不明显。

同等程度的嘉许。正如我们已经看到的那样,在这篇列传中,普鲁塔克把卢库卢斯退休后投入到奢侈与享乐之中的做法,描写为哲学退隐的一种形式。卢库卢斯的房子成为希腊学问的中心。(63) 在"对比"中,普鲁塔克准备更多一些批判性,在"对比"的前半部分把卢库卢斯老年的行为用作批评他的论据。但普鲁塔克也暗示了一条可能的途径,通过这条途径,对于卢库卢斯的指责(他在老年的铺张浪费)或许可以进行更有利于他的重新解释:如果卢库卢斯像客蒙一样,在他的权力到达顶峰时死去,他或许会显得像客蒙一样好(《客蒙与卢库卢斯传》1.7-8)。[261]这一特别的论证有着某种出人意料或矛盾的意味,正如在这些章节中常见的那样;论证的智巧是它们的吸引力的一部分。那么,"对比"的前半部分偏爱客蒙,因此,在后半部分普鲁塔克主张卢库卢斯在战争中取得了更多成功(3.1-5)。这一论证相当可疑,部分原因是它基于成就的规模,而不是成就的重要性或取得这些成就所需要的技巧。但这是在许多"对比"中都反复出现的一种论证形式,在那些"对比"中,罗马人常常被评判为在军事事务上更加优秀。(64) 确实,普鲁塔克在这里所做的努力——把卢库卢斯描写得与客蒙不相上下——可能与卢库卢斯同普鲁塔克家乡喀罗尼亚的联系有关(比较《客蒙传》1.1-2.5),但它更多地与"对比"中处理的平衡性需要(the need for equality of treatment)有关。这种平衡性在这篇"对比"与这一卷的结束语中得到最为清晰的表达:"其结果是,如果有人观察了论证的所有方面,他将很难在他们之间作出判断(δυσδιαίτητον εἶναι τὴν κρίσιν),因为甚至神明似乎也对他们二位很关照,预先指明其中一位应当做什么、另一位应当避免什么。所以甚至诸神似乎都护佑了他们二位

(63) 参上文,页60。

(64) 例如《吕山德与苏拉传》4.1;《阿格西劳斯与庞培传》3.1。

天生优秀、神明一样的人。"(3.6)最后这句话不仅表明了他们的平等,而且为"对比"给出了一个出人意料的正面转折(positive twist)。(65) 这种结尾处的不和谐我们将会再次遇到。

处理的平衡性在对阿里斯泰德和老加图的比较中也相当清楚。这篇"对比"的前半部分更有利于加图。普鲁塔克明确地努力寻找有利于加图的论证,因此——像在"对比"中经常发生的那样——他看到了两个人生活的境遇所提供的优势或劣势。基于这一分析,加图可以被认为更优秀,因为他在获得高位的过程中经历了比阿里斯泰德激烈得多的竞争(《阿里斯泰德与老加图传》1.2-4)。更令人惊讶的是,加图于公元前191年在温泉关的小规模军事行动,也被认为优于阿里斯泰德在马拉松、萨拉米和普拉泰亚的胜利,这么说的理由是,加图——不像阿里斯泰德——在没有他人帮助的情况下获得了成功(2.1-3)。而且,加图在他的多次法庭辩论中也从来没有失败过,这多亏了他的雄辩,不像阿里斯泰德曾遭贝壳流放(ostracism)(2.4-5)。随后,讨论转移到家庭事务,加图再一次受到赞扬,与阿里斯泰德不同,加图给他的家人留有充足的生活来源(3.1-5)。正是在这段关于家庭事务的讨论中,转折发生了。[262]普鲁塔克问道:"难道不正是第一点引起人们的讨论吗?"(4.1)(66)他接着指出阿里斯泰德自足的贫困应该比加图对赚钱的渴望更值得赞扬(4.1-7)。这一点的转折也是整篇的转折:从这里开始,阿里斯泰德一直更受偏爱。现在普鲁塔克重新解释了这两个人的军事行动。在"对比"的前半部分中,加图显得更好,因为他不靠其他人的帮助而赢得了军事胜利。相反,在后半部分中,阿里斯泰德的胜利被说成是更伟大的,他同地米斯托克利的合作——与加图

(65) 比较 Lavery(1994)页272。

(66) ἢ τούτο πρῶτον ἀμφιλογίαν ἔχει;

同西庇阿的竞争相反——被挑出来予以特别赞扬(5.1－4)。在"对比"的最后一章,普鲁塔克回到这两个人的家事主题上来,他批评加图在晚年娶了一位出身低下的女人(6.1－3)。再一次,普鲁塔克显示出他能够按照"对比"的修辞结构所要求的那样去观察同样的主题——在这里是两个人的军事胜利与他们的家事——并且对它们进行解释或重新解释。

普鲁塔克为什么如此强调"对比"中处理的平衡性? 对这一问题的一个可能回答是把它看作某种文化纲领的一部分。把罗马传主和希腊传主描写成是平等的这一愿望可以被认为是证明罗马与希腊文化整体上的平等、调和罗马帝国的两个部分的努力的一部分。[67] 或者它可以被认为是宣称希腊文化优越性的一种手段。至关重要的与其说是单个希腊或罗马人物的比较价值,不如说是借以判断他们的希腊价值观的至高无上。我们将在下一章也即最后一章探讨这一问题。但保持平衡性更重要的原因肯定是,它使读者的注意力不是集中在单个人物身上——谁是更好的人?——而是集中在由他们的两篇列传所揭示的德性与恶行上,或更微妙地,集中在所揭示的选择与含混性上。因此,普鲁塔克在"对比"中拒绝偏袒某一位人物,这种拒绝使得"对比"没有仅仅成为一种评级或分级应用(execise),一种对那位被认为更加优秀的传主——不管是谁——的仪式性的颁奖。这里所强调的重点不在于两位传主之间的差异,而在于这两个人共同拥有的,以及他们在他们各自的特殊环境(milieu)中所展现出来的品质。通过阅读"对比",我们对德性、恶行以及道德的理解得到了拓展。

---

[67] Boulogne(1994)页 57－71 如此断言,但亦参 Swain 的述评(1996b)。

第六节　结尾的不和谐:"对比"与列传之间的矛盾

[263]普鲁塔克分析和比较了两位传主的哪些方面?"对比"有它们自己的主题规划(programme of themes),这些主题规划并非始终与列传的关注点紧密相关。这一规划常常涵括两个大的范畴,那就是军事与政治成就。⑱ 这些方面是凭它们自身被评价的,着眼于成功或失败,一般也作为品性的表征。在列传中常常也有对传主其他方面的评论,⑲虽然大多数评论常常被呈现为与他的政治或军事成就有关。再一次,我们可以在这里看到修辞术的影响。例如,修辞家米南德(II. 372. 25 – 27)推荐了一种类似的区分:在创作一篇颂辞(enkomion)时区分战争时期的行为与和平时期的行为。

"对比"最常见的关注是揭示传主在何种程度上要为他本人政治或军事上的成功或失败负责:他的城邦或家族给了他哪些优势;⑳他

---

⑱　这一双重兴趣大体上对应于许多列传中对战争时期的行动与和平时期的行动的区分。关于这一点,参 De Blois(1992)页 4583 – 4584。

⑲　例如对客蒙和卢库卢斯的"生活方式"(life – style, δίαιτα)的讨论,亦即对卢库卢斯挥霍无度的批评(《客蒙与卢库卢斯传》1.1 – 8)。

⑳　例如《埃米利乌斯与提摩勒昂传》1.2 – 2.7;《客蒙与卢库卢斯传》2.2;《吕山德与苏拉传》5.1 – 2;《斐洛波门与弗拉米尼努斯传》2.2 – 5;《塞多留与攸门尼斯传》1.3 – 5;《德米特里乌斯与安东尼传》1.1 – 3;《阿基斯、克琉墨涅斯与格拉古兄弟传》1.3 – 5。普鲁塔克在《吕库古与努马传》2.1 – 4 与《梭伦与普布利科拉传》4.4 – 5 处承认,传主们所生活的不同国度需要有不同的行为。亦比较上文页 98。

有没有同僚的帮助;⑦他是否有强大的竞争者或对手?⑫普鲁塔克对这些问题的兴趣与——在其他地方看到的——他对机运($\tau\acute{v}\chi\eta$)与德性($\dot{\alpha}\varrho\varepsilon\tau\acute{\eta}$)之间关系的兴趣相吻合。⑬这种兴趣在另一个并非无关的语境中能够最清楚地看到:展示性演说《论罗马人的机运或德性》与《论亚历山大的机运或者德性》。区分确实由传主所带来的成功与那些有运气成分的成功的尝试有着悠久的历史:自从亚里士多德以来,下面这种观点就是古代修辞理论的一条公理,即一个人由于运气而拥有的好东西——虽然在颂辞中可能会提到它们——其本身并不值得赞颂。⑭

[264]"对比"的另外一个关注点是,评价一位传主的成功或失败有多么重要:他的军事战役有多么重要;⑮他通过的法律或他建立的制度持续了多久。⑯正如我们在列传中已经注意到的那样,在这一方面,普鲁塔克的兴趣在于道德方面似是而非的可能性(morally paradoxical possibility):本身有德的行为实际上可能会伤害作为

---

⑦ 《梭伦与普布利科拉传》3.3;《佩洛皮达斯与马克卢斯传》2.2 - 3;《伯利克勒斯与法比乌斯传》1.1 - 5;《阿里斯泰德与老加图传》2.1 - 3;《德米特里乌斯与安东尼传》5.5;《尼基阿斯与克拉苏传》5.1 - 2。

⑫ 《阿里斯泰德与老加图传》1.2 - 4;《尼基阿斯与克拉苏传》2.4;《吕山德与苏拉传》1.2 - 7;《狄翁与布鲁图斯传》4.1 - 4;《塞多留与攸门尼斯传》1.6 - 9。

⑬ 《梭伦与普布利科拉传》3.5;《福基翁传》1.4 - 6,3.1 - 4;《狄翁传》1.3。

⑭ 例如《修辞学》1368a2 - 5;比较《伯利克勒斯传》2.3。在实践中,特别是在第二次智术师运动时期的演说家那里,对机运($\tau\acute{v}\chi\eta$)——在这一语境中与其说是定数不如说是机遇——的偏爱被呈现为机运本身就值得赞颂。参Pernot(1983)。关于普鲁塔克作品中$\tau\acute{v}\chi\eta$既作为机遇也作为定数,参上文,第四章注81。

⑮ 《客蒙与卢库卢斯传》3.1 - 5;《吕山德与苏拉传》4.1 - 9。

⑯ 《梭伦与普布利科拉传》3.1 - 5;《吕库古与努马传》4.8 - 12。

整体的城邦,⑦而坏行为反而有利于城邦。⑧ 另一个重要的主题是传主在性与金钱两方面的节制($\sigma\omega\varphi\rho\sigma\sigma\acute{\nu}\nu\eta$)与自制($\dot{\varepsilon}\gamma\varkappa\rho\acute{\alpha}\tau\varepsilon\iota\alpha$);⑦ 特别是,他是否接受贿赂,⑧ 以及他是否用自己的财富造福于他的国家。⑧ 其他主题包括:他死亡的方式——他是否抛弃了他的生命;⑫ 他是否英勇地死去?⑬ 还有,他对待权力的态度(特别是对僭政)如何;⑭ 他是否用过任何暴力手段对付他的同胞公民?⑮

这些主题并非总是在叙事中被强调:在《对比列传》的许多卷

---

⑦ 《吕山德与苏拉传》3.6-8;《科瑞欧拉努斯与阿尔喀比亚德传》2.1-3。

⑧ 《忒修斯与罗慕洛传》6.2-5;比较《阿格西劳斯与庞培传》2.3-4。

⑦ 《阿里斯泰德与老加图传》3.1-4.7,6.1-3;《科瑞欧拉努斯与阿尔喀比亚德传》5.2;《吕山德与苏拉传》3.1-8;《埃米利乌斯与提摩勒昂传》2.8-9;《阿基斯、克琉墨涅斯与格拉古兄弟传》1.3-8;《德米特里乌斯与安东尼传》3.1-4.6。

⑧ 《科瑞欧拉努斯与阿尔喀比亚德传》3.1-2;《德摩斯梯尼与西塞罗传》3.5-7;《伯利克勒斯与法比乌斯传》3.5-6;《尼基阿斯与克拉苏传》1.1-3;《埃米利乌斯与提摩勒昂传》2.1-9。

⑧ 《梭伦与普布利科拉传》1.7-8;《客蒙与卢库卢斯传》1.5-6;《伯利克勒斯与法比乌斯传》3.5;《尼基阿斯与克拉苏传》1.4;《狄翁与布鲁图斯传》1.5;《阿基斯、克琉墨涅斯与格拉古兄弟传》1.7-8。

⑫ 《吕山德与苏拉传》4.3-5;《佩洛皮达斯与马克卢斯传》3.1-8;《斐洛波门与弗拉米尼努斯传》1.7。

⑬ 《尼基阿斯与克拉苏传》5.4;《德摩斯梯尼与西塞罗传》5.1-2;《塞多留与攸门尼斯传》2.6-8;《阿基斯、克琉墨涅斯与格拉古兄弟传》3.1;《德米特里乌斯与安东尼传》6.3-4。

⑭ 《忒修斯与罗慕洛传》2.1-3;《梭伦与普布利科拉传》2.4-6;《吕库古与努马传》1.1-5;《埃米利乌斯与提摩勒昂传》2.1-7;《狄翁与布鲁图斯传》1.6-4.8。

⑮ 《吕库古与努马传》4.15;《德米特里乌斯与安东尼传》5.3-4;《阿基斯、克琉墨涅斯与格拉古兄弟传》4.1-5.6;《吕山德与苏拉传》2.1-7;《尼基阿斯与克拉苏传》2.1-3。关于对"对比"中所处理的论题的分析,亦参 Prieth(1908)页4-16;Scardigli(1987a)页19-22。

中,叙事中显得重要的主题,与那些在"对比"中获得关注的主题之间,存在着明显的二元对立。关于这一点,最引人注目的例子或许与教育或文化(παιδεία)有关。传主的教育程度与他对希腊文化的忠诚,尽管在叙事的评价体系中是中心性的,但它们在"对比"中并不是一个主要议题。关于传主的童年描写甚少,这一事实或许并不出人意料。"对比"比较了作为男人的两个人,作为充分成型的成年人的两个人;童年时期的品性成长与教育过程自然没有多少位置。[86] 如果教育在《列传》中的作用仅仅是作为一种解释 [265],解释为什么成年后传主的品性是那样,那么这一主题在"对比"中的消失将完全可以解释。但事实上在叙事中,教育与文化的作用不仅是作为一种解释,而且也作为一个评判品性的关键尺度。那么,普鲁塔克在"对比"中对这一主题的沉默便是引人注目的。

事实上,"对比"集中关注与前面叙事中所出现的主题完全不同的那些主题,这一现象并不鲜见。一个很好的例子是《伯利克勒斯与法比乌斯传》。这里,在列传中曾经如此重要的主题——这两个人的平静(πρᾳότης)、他们忍受大众之愚蠢和民主派对手的攻击的能力——在"对比"中并没有被提起。事实上,这篇"对比"的主要关注点是他们的军事活动。在对"对比"中确实重新出现的那些主题的强调中,也作出了其他改变。伯利克勒斯对雅典神庙建设所作的规划这个例子尤其有趣。叙事中用了整整两章来热情洋溢地描述卫城上的建筑(《伯利克勒斯传》12.1 – 13.13),这证明了即使伯利克勒斯的手段是蛊惑民心的,但它们也确实给雅典带来了好处。但描述的范围清楚地表明,这不仅仅是对伯利克勒斯政策的单纯辩

---

[86] 比较 Prieth(1908),特别是页 8 – 26,那里谈到了普鲁塔克在"对比"中讨论品性而无需提及行动——那种品性是从那些行动中推断出来的——的自由。

护,也是对伯利克勒斯之成就以及伯利克勒斯治下的雅典之成就的颂扬,这是普鲁塔克和他的同时代人如此依恋的古典主义的顶峰。⑧⑦"对比"中所期待的只是最后这一方面。伯利克勒斯的建筑规划被作为最后一个条目加以介绍,现在它被描写为伯利克勒斯全部成就的顶峰(《伯利克勒斯与法比乌斯传》3.7)。所有关于伯利克勒斯的动机的讨论,或任何可能的批评都被排除了。而且,"对比"忽略了看待建筑规划的另一种对立的方式——这种方式在《伯利克勒斯与法比乌斯传》小序中已经出现过。这些艺术作品在同德性作品的比较中遭到了贬低。通过提及斐狄阿斯——伯利克勒斯的建筑规划的主要设计者之一(2.1),伯利克勒斯的建筑规划也被含蓄地包括在这种贬低之中。因此,这篇列传似乎允许对伯利克勒斯的建筑规划作出下面这种可能的解释:那是远离政治家真正职责的肤浅消遣;政治家真正的职责是实践并教导德性,在倾向于蛊惑人心的情形下这种消遣会更加危险。[266]普鲁塔克批评了把从雅典假定的盟邦那里榨取来的年金用于建筑规划的做法(12.1 – 2; 14.1),这一批评或许鼓励了上述解释。⑧⑧ 这种可能性在"对比"中并没有得到反映。

所以,在叙事容许对同一事件作出几种不同解释的地方,普鲁

---

⑧⑦ 这里的长篇描述应当被看成是一种夸张修辞(auxesis):Stadter(1987)页265 – 266。在《雅典人的荣耀多是赢自战争还是源于智慧?》中,普鲁塔克论证道,行动优于艺术,伯利克勒斯的建筑规划被包括在他的军事业绩之中(348c,349d,351a);很清楚,建筑规划在普鲁塔克关于古典雅典的成就的观念中非常重要。

⑧⑧ 但请比较 Moles(1992)页293:正如小序中所阐述的那样,伯利克勒斯的建筑独一无二,因为它们"超越了普通艺术作品的限度";它们"自身就能被划入道德/政治(ἔργα)这一范畴"。Moles 把这一观点与 Ameling(1985,特别是页61 – 63)的观点——《伯利克勒斯传》中含有对当时的公益捐助(euergetism)的含蓄呼吁——联系起来。

塔克可能只为"对比"选择其中的一种。在少数情况下,这些新解释在实质方面与叙事相矛盾。关于这一点,《梭伦与普布利科拉传》4.1处有一个例子,在那里,普鲁塔克的论证是偏爱普布利科拉的,他明确质疑了前面列传中他本人的叙述,并倾向于让读者去查阅列传中没有叙述的普拉提亚的戴马科斯(Daïmachos of Plataia)的记述,后者的记述否认梭伦在同麦加拉的战争中有任何参与(与《梭伦传》8.1–11.1处相反)。但是,最经常地,"对比"与叙事之间的矛盾是在解释的层面上,在应当对特定行动或品性—品质所给出的评价的层面上。同一桩行动或同一种品性—品质在"对比"中会得到与前面叙事部分对它的处理完全不同的道德评价,或含蓄或明确;一位传主的行动可能在"对比"中受到偏爱,但这两部列传本身所暗示的意思是另外一位传主更好。关于叙事与"对比"之间的这类矛盾,我们已经注意到《吕山德与苏拉传》中有一些例子。但这是一个更加普遍的现象。

与前面的叙事保持一致——或是在细节观点上或是在隐含的道德判断上——并不是一件首要的事情。[89] 这种一致性的缺乏在普鲁塔克的书中发挥着重要功能,它迫使读者重新评价、重新思考所讨论的列传,以及对它们可能作出怎样的判断。普鲁塔克在其著作的其他地方,似乎并没有把一致性看作是压倒一切的目标,事实确实如此。普鲁塔克做了充分的准备,要在两篇不同的著作中支持或反驳同一个命题。因此,普鲁塔克能够既攻击也利用希罗多德的名言:女人在脱下内衣时也除去了她们的端庄。[90] 与此相似,普鲁

---

[89] Pelling(1986b,页88–90;1988b,页19–20)也注意到几个矛盾之处。

[90] 希罗多德,1.8.3。攻击这一格言:《对婚姻生活的建议》139c;运用这一格言:《年轻人应当如何倾听诗人》37d。关于不同文本之间的矛盾的这一例子以及更多的例子,参Nikolaidis(1991);Casertano(1992);Bannon(1995)页42–43。

塔克既支持也反对下述观念:激情是人类灵魂所必需的;他既赞成也不赞成地引用了柏拉图的描绘:"血气"是"灵魂的肌肉"。[91][267]换句话说,普鲁塔克最重要的目的是证明他正在论证的观点;在做这件事的过程中,他准备在某个文本中利用他在另一个文本中可能不同意的论证。这种在不同文本中为了不同目的而论证的意愿,或许在普鲁塔克对亚历山大大帝的处理中能够最为清晰地看到。《论亚历山大的机运或者德性》中的两篇演说辞,总体来说对亚历山大持肯定态度,他被描绘成卓越的哲人和领袖。关于亚历山大的传统的负面特征完全被忽略了或遭到了批驳。然而,在《亚历山大传》中,其形象的正面色彩明显要少一些。[92]所以,在某篇特定文本中的说服力比不同文本之间的一致性要更加重要。那么,对普鲁塔克论证方法的理解将有助于解释列传与"对比"之间的矛盾:当下的修辞要求使得普鲁塔克为同一枚硬币的两面而论证。但这只是答案的一部分。无论如何,这些矛盾发生在同一篇文本中。即使对最漫不经心的读者而言,它们也是极其明显的。这些矛盾使两位传主的道德地位成为需要解决的问题,并且使得对他们的列传的道德化理解更加困难。[93]

斐洛波门与弗拉米尼努斯

我们以《斐洛波门与弗拉米尼努斯传》为例。"对比"的开头一

---

[91] 参页 75 与页 213。

[92] 方法上的这种差别可能与两组文本的文体和目的有关。《论亚历山大的机运或者德性》中的两篇创作是修辞性展示演说,更具体地说,是颂辞;《列传》是传记性的叙事。参 Rubina Cammarota(1992)。

[93] 因此,例如,Larmour(1992,页 4176 - 4177)、Hamilton(1992,页 4206 - 4207)以及 Bosworth(1992,页 59 - 61)所提出的假设——是关于普鲁塔克想要在两篇列传中阐述的主题的良好指引——是不正确的。

章展开了对弗拉米尼努斯有利的论证。当然,这一章确实强调了叙事的主要关怀之———对希腊的公益捐赠问题。在这方面,弗拉米尼努斯显得要出色得多(1.1 – 3;比较 3.4)。而且,关于前面列传中已经暗示的内容,"对比"的这一小节确实似乎提供了良好且明确的阐述,在分析他们的错误或过失($ἁμαρτήματα$)时,这一小节在弗拉米尼努斯的爱荣誉($φιλοτιμία$)与斐洛波门的爱争斗($φιλονεικία$)之间作了区分。[94] 但普鲁塔克在接下来的几行里把这一对立推衍到叙事所支持的范围之外。除了"爱争斗"之外,他还把愤怒作为斐洛波门的关键品性加以强调。正如 Christopher Pelling 已经[268]论证的那样,这导致普鲁塔克把斐洛波门对斯巴达政制的破坏,以及对迈锡尼的草率进攻重新解释为愤怒的行动(1.6),这一解释与《斐洛波门传》本身并不一致(《斐洛波门传》16.4 – 8;18.1 – 14)。[95] 普鲁塔克也把斐洛波门的死亡——在斐洛波门让自己被迈锡尼人抓住之后——描绘成"出于愤怒和争吵而抛弃他的生命"($ὀργῇ καὶ φιλονικία$ [或 $φιλονεικία$])的结果。这让斐洛波门与弗拉米尼努斯形成对照,后者总是"利用理性并出于安全性的考虑"来处理军事事务(《斐洛波门与弗拉米尼努斯传》1.6 – 7)。对斐洛波门之死的这种判断在叙事中并没有出现,虽然考虑到普鲁塔克在其他地方所表达的、对于葬身沙场的统帅的看法,这种判断或许并不出人意料。[96]

直到现在,弗拉米尼努斯一直都是更受偏爱的。"对比"的其他很大一部分涉及标准的修辞主题:传主本人的成功在多大程度上

---

[94] 关于不赞成斐洛波门对其他希腊人发动战争的暗示,比较《斐洛波门传》3.1,17.7;《弗拉米尼努斯传》11.3 – 7。参 Pelling(1986b)页 85 – 88。

[95] Pelling(1986b)页 88 – 99。关于这篇,现在参看 Pelling(1997c)。

[96] 参页 30 与页 82。

取决于他们自己(2.1 – 3.3)。为了平衡性考虑,比起弗拉米尼努斯,斐洛波门更是被评价为他本人成功的唯一缔造者;考虑到前面部分普鲁塔克对斐洛波门的愤怒和争吵的严厉言辞,这么说并不出人意料。为了扭转形势,使局面有利于斐洛波门,一个对弗拉米尼努斯相当不公正的指控被写了进来,说他在库诺斯克法莱战役中是一个懦夫,这个指控是由一位名叫阿奇达莫斯的埃托利亚人提出来的(《斐洛波门与弗拉米尼努斯传》2.6)。关于这一指控,在叙事中没有任何暗示,但在这里,它用来支持有利于斐洛波门的论证。[97]

那么,这篇"对比"是一个很好的例子,说明了能够以何种方式明确表述并清晰呈现一对列传的重要伦理焦点,例如争吵和野心。它也展现出普鲁塔克如何能够从一件事中——例如斐洛波门之死——抽提出叙事部分不曾表述的解释,但这种解释依然与叙事非常吻合。另一方面,它表明——通过集中关注责任问题——"对比"与叙事之间的联系可能会多么微弱:"对比"可能会引入新的伦理棱镜,通过它们来观察历史。更加重要的是,这篇"对比"显示出普鲁塔克如何能够对某一事件——诸如占领斯巴达——作出彻底的、惊人的重新解释,而这种解释可能与叙事很不吻合。

但这篇"对比"的最后一句话才是最有趣、最富启迪的,普鲁塔克在那里给出了一个罕见的最终判断。[269]"在这次考察之后",普鲁塔克告诉我们,"既然差别是很难定义的($\delta\nu\sigma\vartheta\varepsilon\dot{\omega}\rho\eta\tau o\varsigma$),请想一想($\sigma\kappa\acute{o}\pi\varepsilon\iota$),如果我们给希腊人授予军事技能与统治术的王冠,给罗马人授予公正与仁慈的王冠,我们难道不是公正的仲裁者?"(3.5)。正如其他给出最终判断的情形一样,这一判断粗糙且令人失望。正如在这些判断中常常出现的那样,这一判断中也有着某种自相矛

---

[97] 比较《弗拉米尼努斯传》7.4 – 9.8,15.4。参 Walsh(1992)页 223 – 224。

盾:斐洛波门——被征服民族的斗士——由于他的军事才能胜过征服者本人而受到赞扬。⑱ 但比这个判断的粗糙更重要的是它的临时感(provisional nature)。邀请读者参与到判断当中来,以及第一人称动词的运用,这些都建立起一种复杂感,也建立起读者与作者之间的合作。普鲁塔克在这些列传中已经证明过同一个事件——罗马对希腊的征服——如何可能从两个不同的角度来观察。"对比"的结尾,以及它的邀请——邀请读者为了自己去核实这一粗糙的、令人惊讶的最终判断——都增添了这种临时感,并复杂化——而不是简化——了全卷,该卷的这一"对比"结尾构成了它的最后部分。我们已经提到对《吕山德与苏拉传》的结尾进行类似的开放式阅读的可能性。⑲

尼基阿斯与克拉苏

关于普鲁塔克在多篇"对比"中进行的那种重新评价(reassessment),尼基阿斯与克拉苏的"对比"提供了另一个研究案例。⑳ 开篇第一句话清楚地标识出从叙事到"对比"的转折,并给人这样一种印象——接下来的论证模式是有清晰标志的、评价性的:"首先,在对比中,若把尼基阿斯的财富与克拉苏的财富进行比较(παραβαλλόμενος),尼基阿斯获取财富的方式要更加无可指责(blameless, ἀμεμπτοτέραν)。"㉑在处理完这两个人获取和使用他们财

---

⑱ 一般而言,因为军事技艺和军事成功而受到称赞的是罗马传主,其部分原因常常是他的战役规模更大,而且要对抗更加危险的对手。

⑲ 参上文页 203–204。关于类似的、发人深思的结尾,比较《科瑞欧拉努斯与阿尔喀比亚德传》5.2(参下文)以及《阿基斯、克琉墨涅斯与格拉古兄弟传》5.7。

⑳ 关于这篇,比较 Nikolaidis(1988)页 329–333。

㉑ 关于关键术语"赞扬"(ἐπαινεῖν)与"指责"(ψέγειν),比较 4.1。

富的方式之后,普鲁塔克宣称:"关于财富就说这么多。但在他们的政治生涯($πολιτεύμασι$)中……"(2.1)从而开始了关于他们在战争与和平时期的治国之术的讨论。另一个转折以下面这个短语作为标志:"在他们实际统领军队($στρατηγίαις$)期间……"(5.1)由此[270]引入了一个小节,讨论他们在远征期间的个人行为——有别于他们的战略的个人行为——的那个小节。在讨论了他们对占卜术的态度之后——在这方面,尼基阿斯显得更优秀(5.3)——最后一小节这样开头(5.4):"但关于他们的死亡,克拉苏要更加无可指责(blameless, $ἀμεμπτότερος$)。"这里的用词呼应了开篇时的用词,并提供了一个内在的结束信号。

在这篇"对比"中,看起来相当清楚的是,普鲁塔克生性更偏爱尼基阿斯。在普鲁塔克对尼基阿斯结束了伯罗奔半岛战争第一阶段的赞扬中,这一点最为明显,这种态度也与普鲁塔克本人对希腊世界的统一性的高度忠诚相一致。"尼基阿斯对和平的爱",普鲁塔克宣称,"确实是神圣的,他结束战争的举动也是一个特别希腊式的政治行动($ἑλληνικώτερον πολίτευμα$),而且因为这一行动,把克拉苏与尼基阿斯进行比较($παραβαλεῖν$)是不对的——即使克拉苏曾经远征到里海或印度洋,把它们纳入到罗马帝国的版图之中,对他们进行比较也是不对的"(2.7)。普鲁塔克好几次用了$ἐπιεικῶς$[合情合理的]一词的同源词来缓和对尼基阿斯和他的行为的批评(《尼基阿斯与克拉苏传》1.1,3.6,5.3)。事实上,只有在对他们的军事行动的讨论中,以及在关于他们死亡的最后一小节中,"天平"才偏向克拉苏这边。⑩

---

⑩ 事实上,天平这一隐喻($ῥοπὴν ποιεῖν$或$ἔχειν$)在"对比"中出现过多次:《科瑞欧拉努斯与阿尔喀比亚德传》1.1;《吕山德与苏拉传》5.5;比较《政治准则》801c。

然而，值得注意的是，即使在那些偏爱尼基阿斯的小节中，普鲁塔克也仍然准备寻找材料来缓和这些判断，合理地对这两个人都持批评态度。所以在第一个关于财富的小节中，普鲁塔克宣称："没有人会赞许（no one would approve, οὐκ ἄν τις δοκιμάσειε）尼基阿斯获取财富的方式——他拥有的矿藏是强迫别人劳动而挖到的；但是，与之相比（in comparison, παραβαλλομένη），这要比克拉苏通过没收政敌财产和火灾来牟取暴利更好（1.1）。普鲁塔克随后列举了许多其他针对克拉苏的指控。普鲁塔克说道，虽然这些指控很可能不是事实，但人们毕竟提出了这些指控，而尼基阿斯从来没有因为营私舞弊而受到指控。但是，普鲁塔克以一种巧妙的暗示继续写道，"出于怯懦"，尼基阿斯在告密者身上花了大笔的钱从而获得他的诚实名声；正如普鲁塔克所言，尼基阿斯"天生不是一个胆大的人"（1.2：οὐκ εὖ πεφυκότι πρὸς τὸ θαρρεῖν）。尼基阿斯在花钱的方式上"更像一位政治家"（more statesman-like, πολιτικώτερος：也就是说，他更能造福于他的城邦），但克拉苏——普鲁塔克说道——以一种相当微弱的努力来进行平衡，在他的公民身上花了更多的钱（1.4）。普鲁塔克现在下了一个重要的评判，他说道，"如果有人在看到人们不光彩地获取财富，然后又白白地把它掷出去时，却认识不到恶（vice, κακίαν）是一种品性的不平衡（unevenness, ἀνωμαλίαν）和不一致（inconsistency, ἀνωμαλίαν），那我会非常惊讶"（1.4）。[271]这里有两个非常关键的问题。一方面，普鲁塔克似乎在暗示，读者在评判尼基阿斯和克拉苏时应当心怀同情，记住恶是一种品性的歪曲，一种缺陷。普鲁塔克保持了他在理解人性方面的人格形象（persona），他的 φιλανθρωπία[人道]。但是，另一方面，尼基阿斯和克拉苏的行为在这里被明确称为"恶"（κακία）。这一段应当与普鲁塔克在《客蒙与卢库卢斯传》小序中的断言进行对比，普鲁塔克在那里问道，错误是否应当被归类为"某种德性中的缺陷而不是纯粹的卑鄙邪恶"（《客蒙传》2.5)。这里的矛盾揭示了"对比"的道德观中的一个重要因素。普鲁塔克在文本的这一部分更具批评性,更多地用关于德性与恶行的是非分明(black – and – white)的术语来发言。

在下一章中,普鲁塔克继续保持着这种高度批评性的语调。他承认尼基阿斯的政治才能中"丝毫没有诡计、不公、暴力或冷酷"。"但是",普鲁塔克接着说道,"尼基阿斯被阿尔喀比亚德欺骗,在与民众打交道时小心翼翼"(2.1)。这一论点基本上是正面的,但它也暗示了对尼基阿斯脱离尘世的德性有更加负面的处理,这种处理稍后将会出现。普鲁塔克关于克拉苏的记述在整体上是谴责性的,正是在这里,他介绍了克拉苏的暴虐行为的其他细节(2.2 – 3)。[103] 但尼基阿斯也没有如此轻易地逃脱:"正如在这些事情上克拉苏的暴虐而专横,尼基阿斯在公共生活中的胆怯与懦弱,以及他把最重要的事务交给那些最坏的人,这些都应该受到指责。"(2.4)[104] 普鲁塔克心里所想的可能是,尼基阿斯在皮洛斯把指挥权交给克里昂——普鲁塔克在下一小节中将会更加充分地处理这一事件——以及他对大众的恐惧,这种恐惧在这篇列传中是尼基阿斯的主要性格特征之一。[105] 与尼基阿斯的胆怯相反,克拉苏在同凯撒和庞培的竞争中的勇敢受到了赞扬。普鲁塔克暗示,那些对手比"克里昂和许珀波洛斯(Hyperboloi)"更有价值(2.4)。[106] "因为在最重要的事

---

[103] 参上文页 258 – 259。

[104] οὕτως αὖ πάλιν ἐκείνου τὸ ψοφοδεὲς ἐν τῇ πολιτείᾳ καὶ ἄτολμον καὶ τοῖς κακίστοις ὑφιέμενον τῶν μεγίστων ἐπιλήψεως [Ziegler: 有些抄本中作 ἐπιλήψεων] ἄξιον。关于 ἐπίληψις,比较《年轻人应当如何倾听诗人》35d。尼基阿斯的胆怯字面意思是"对喧闹的恐惧",正如《尼基阿斯传》2.6 处那样。关于一位政治家对大众集会的喧闹的恐惧,比较《马克卢斯传》28.1 – 3。

[105] 参上文页 56 注 16。

[106] 正如 Nikolaidis(1988,页 329 – 330)所指出的那样,尼基阿斯最具煽动性的政治对手阿尔喀比亚德已经被忽略了。

务上(ἐπὶ μεγίστοις),[272]一个人不应当采取一条引人妒忌的路线,他所采取的路线应当在治国术上是辉煌的,并通过它的强大权势来抑制妒忌(2.5)。"[107]

到目前为止,克拉苏的情况比尼基阿斯的更糟。在讲述两个人的军事活动的这一小节,普鲁塔克似乎是在四处寻求对克拉苏有利的材料,或者,更准确地说,他以比对克拉苏更加不利的方式来描述尼基阿斯。这里的意图似乎又一次是想要追求处理的平衡性。考虑到下面这种修辞上的期待(rhetorical expectation),这毫不意外:当不相上下的两个人被比较时,这种比较能揭示出最多的东西。尼基阿斯因为在皮洛斯把指挥权交给克里昂而受到批评,普鲁塔克认为,他之所以这样做是出于怯懦以及对他本人安全的担心(3.1 - 6)。普鲁塔克把尼基阿斯与其他两个人——地米斯托克利和小加图——进行了比较,这种比较对尼基阿斯不利。在赞颂性修辞演说,或者说与这里更有关联的贬损性修辞演说中,这种"对比"手法的使用广为人知:这两个人不同于尼基阿斯,他们理解不让坏人染指公共事务的重要性(3.4)。[108] 普鲁塔克在这个地方提到了他在列传中并未提及的一件事:占领米洛斯(3.5)。[109] 这件事与列传中已经提到的两件事——占领米诺阿和库特拉(比较《尼基阿斯传》6.4)——一起被用来作为尼基阿斯确实执行的、相当容易的军事行动的例子,同他在皮洛斯不愿意接受更加困难的指挥权形成对比。在这里,普鲁塔克已经选择以最负面的方式,来描绘尼基阿斯在皮洛斯事件中所扮演的角色。在这篇列传中,在记叙了克里昂在此后

---

[107] δεῖ γὰρ ἐπὶ μεγίστοις οὐ τὸ ⟨ἂν⟩ επίφθονον, ἀλλὰ τὸ λαμπρὸν ἐν πολιτείᾳ λαμβάνειν, μεγέθει δυνάμεως ἐξαμαυροῦντα τὸν φθόνον.

[108] 参上文,页153。

[109] 修昔底德详细处理了这次占领以及其预备工作(5.84 - 116),但没有提到尼基阿斯也参与其中。

战役中的成功之后,普鲁塔克确实讨论了尼基阿斯对他本人声望所造成的损害;普鲁塔克告诉我们,人们认为尼基阿斯的做法比扔下他的盾牌还要糟糕。普鲁塔克也哀叹尼基阿斯以这样的方式帮助克里昂掌权(《尼基阿斯传》8.1-6)。但这篇列传也暗示了理解这一事件的另一种不那么负面的方式。实际叙事中强调的重点是克里昂自以为是的夸口以及出人意料的建议给他造成的困窘——这个建议最初是由民众提出的,即建议他本人掌握指挥权(《尼基阿斯传》7.3-6)。叙事中也暗示了,尼基阿斯不愿意进行那场由他对斯巴达的和平政策而引发的战争(《尼基阿斯传》7.2),这一政策在"对比"中受到了赞扬(2.7)。这样的论证在这里或许被接纳了。[273]但相反,皮洛斯事件被用来作为证据,证明尼基阿斯关注他本人的安全甚于城邦的安全。

而且,为了证明克拉苏的军事事业比尼基阿斯的更伟大,普鲁塔克选择了不拿克拉苏的帕提亚战役与尼基阿斯指挥的重要的西西里远征进行比较(普鲁塔克在列传的开头已经宣称它们特别旗鼓相当),而是拿帕提亚战役与尼基阿斯的三次较不重要的战役进行比较:在伯罗奔半岛海岸线上从埃吉纳居民(Aiginetan)手里夺取了泰里亚(Thyrea),在库特拉攻占了斯坎代亚(Skandeia),以及在色雷斯攻占了门德(Mende)(4.3)。修昔底德著作的第四卷提到了这些次要行动,普鲁塔克在列传中以相当含混的用词非常简略地提及它们;除了这些次要行动之外,普鲁塔克还从修昔底德著作的第三、四卷中,引用了更多尼基阿斯取得军事胜利的例子(《尼基阿斯传》6.4-7),⑩它们与当时其他雅典将军所遭受的失败形成对比。然而,在"对比"中,普鲁塔克忽略了尼基阿斯的其他胜利,并主动贬

---

⑩ 斯坎代亚(修昔底德4.54.1);泰里亚(4.56.2-4.57.5);门德(4.129-130)。

低这些胜利的重要意义。在列传中，普鲁塔克改写了修昔底德（的叙述），他说道，"尼基阿斯攻占了库特拉——一个居住着拉克岱蒙居民、十分有利于对付拉科尼亚的小岛，另外他还在色雷斯占领了许多地方，这些地方曾经发生过叛乱，他使它们重新回到联盟之中"。但在"对比"中，攻占库特拉以及在色雷斯镇压叛军的战役，被简化为对两个城镇的劫掠。对尼基阿斯的战役的不同描绘，仅仅与它们所在的两个小节的不同修辞目的有关。在列传中，普鲁塔克要证明尼基阿斯巨大的好运，并把他的军事胜利——与其他将军所遭受的失败相比较——用作证据来证明这一点。在"对比"中，在尼基阿斯必须要显得不如克拉苏的那一部分中，普鲁塔克试图贬低尼基阿斯的军事成功。这里，尼基阿斯的军事成功，被安排用来证明克拉苏有着比尼基阿斯更伟大的目标。正如我们已经提到的那样，西西里远征——一项有着巨大规模和勇气的事业——在这里被合宜地忽略了。

但任何要证明克拉苏的军事活动比尼基阿斯的更出色的努力，都必须面对一个严肃的反对意见，特别是如果西西里远征被贬低的话：当克拉苏入侵帕提亚地区时，他身为统帅的经历完全是一个悲剧。在处理这一事件时，普鲁塔克说道，克拉苏不应当因为在帕提亚的失败而受到指责，他只是试图去做庞培、凯撒和亚历山大受到称颂的事情（《尼基阿斯与克拉苏传》4.1 – 4）。这一观点是富有洞察力的，因为它认识到对军事活动的判断所关涉的方面。[274]普鲁塔克写道，人们通常——或许也是不公平地——只是以冒险行动的成败来进行判断。普鲁塔克从欧里庇得斯剧作中引用了两行来赋予这一观点以权威。在欧里庇得斯的《腓尼基妇女》中（行524 – 525），埃特奥克勒斯曾经宣称，"如果必须要行不义（For if injustice must be done, εἴπερ γὰρ ἀδικεῖν χρή），那么，为了成为僭主而行不义最为高贵"。普鲁塔克改写并拓展了这句话，他又一次把克拉苏的宏伟事业，与尼基阿斯的某些最微不足道的功绩进行比较："正如欧里庇得斯所言，如果人们必须要行不义，那些不能保持平静、不知道怎样享受在手边的好东西的人们，就不应该破坏斯坎代亚或门德，也不应该追捕那些离乡背井、像鸟儿一样在异邦躲藏的埃吉纳人。毋宁说，不义的行为应当要付出沉重的代价；人们不应该为了任何条件轻易放弃正义，仿佛那是微不足道或渺小的东西。"(4.3) 这是一个尤其清楚的特别辩护案例。普鲁塔克在他的著作的另外两个地方，特别反对了这种情绪和来自欧里庇得斯的这些诗行。[111] 普鲁塔克在其他地方确实关心探究一位统帅的任务有多么容易或多么困难，很显然，对抗蛮族的战争会比那些对付希腊人的战争——例如尼基阿斯的西西里远征——得到更高的评价。[112] 但在普鲁塔克笔下的任何其他地方，都没有把惨败描绘得比小胜更好。

因此，普鲁塔克努力地为克拉苏辩护。他对克拉苏的帕提亚战争持有令人惊讶的赞许态度，这种态度很可能——至少是部分地——来源于下面这种意愿：在作有利于罗马人克拉苏的论证时，他愿意采纳一种军国主义色彩更浓的态度。这种态度为了战争本身而赞美战争，普鲁塔克或许也认为这是罗马人更加典型的特征（比较《吕库古与努马传》4.10–13）。那么，在作有利于罗马人物的论证时，普鲁塔克很可能准备更多地采纳罗马人的价值观。但这一问题要更复杂。普鲁塔克选择用不满的语言（language of discontent）来刻画这两个人开始军事冒险时的动机，这种语言在《皮洛士与马略传》中就已为我们所熟悉。这暗示了，这两个人都不应该去发动战争，虽然，普鲁塔克也反常地论证道，一旦战争开始，人们不

---

[111] 《年轻人应当如何倾听诗人》18d–e；《健康呵护准则》125d–e。比较 Nikolaidis(1991) 页 158–159。

[112] 例如《阿格西劳斯传》14.2–4；《庞培传》70.3–6；《客蒙传》13.1。

妨大规模地开战。这当然是对列传中所描绘的尼基阿斯的动机的严重歪曲。

在对这两个人的死亡的比较中,普鲁塔克也强调了尼基阿斯更关注自身安全,这是一个新的强调,这一点似乎与《列传》相矛盾。[275]这或许是普鲁塔克寻找有利于克拉苏的论点这一努力中最令人惊讶的例证。在列传中,在解释尼基阿斯为什么在还有时间的时候,拒绝考虑从叙拉古撤军时,普鲁塔克甚至比修昔底德更加强调,尼基阿斯害怕在雅典被定罪以及他的迷信。普鲁塔克似乎并不赞成尼基阿斯的公开宣称:他更愿意死在敌人手上而不是死在同胞公民手上(22.2-3)。[113]但撤退一旦开始,普鲁塔克详细描述了尼基阿斯对自己部下的伟大的奉献精神:"尽管他疾病缠身,但他仍然做了许多健康强壮的人很难做到的事,忍受了许多健康强壮的人难以忍受的痛苦。所有人都清楚地看到,他之所以忠于职守不是为了他自己,也并非出于对生命的眷恋,而是为了他们,不愿意放弃他们得救的希望。"(26.4)与此相似,这篇《列传》中尼基阿斯的遗言是——如同在修昔底德作品中那样(7.85.1)——恳求人们的救助,不是为他自己而是为他的部下:"吉利普斯,你们是胜利者。请怜悯地对待——不是对我,我因为我的巨大成功已经获得了声望与荣耀——其他那些雅典人吧。"[114]然而,在"对比"的最后,克拉苏由于朋友的恳求以及敌人的欺骗而投降,他为此受到了称赞,尼基阿斯则因为希望保全自己而投降受到了批评(《尼基阿斯与克拉苏传》5.4)。

事实上,在其他"对比"中也有对传主死亡方式的重新评价。

---

[113] Nikolaidis(1988),页327-328。但亦请比较 Pelling(1992)页20-21处的评论。

[114] 比较 Scardigli(1987a)页19;Nikolaidis(1988)页330-333。

在对攸门尼斯死亡方式的处理中有类似的矛盾。在列传中(《攸门尼斯传》17-19),攸门尼斯被他叛变的部下俘虏了,在一次精彩的演讲中,他请求他们杀了他,而不要把他交给敌人。在攸门尼斯被交出以后,普鲁塔克借他之口所说的话似乎是对他的最终判断:他问道,为什么迟迟没有处死他;他的卫兵嘲笑他在战场上并没有英勇地面对死亡,他回答道:"是的,以宙斯的名义,我那时是这样做的。问问和我战斗的那个人。我知道我碰上的人当中没有人比我更好"(《攸门尼斯传》18.8)。然而,在"对比"中,攸门尼斯因为想要逃跑、愿意在被捕之后苟且偷生、为了活命去哀求俘虏他的人而受到批评(《塞多留与攸门尼斯传》2.6-8)。[115]

阿格西劳斯与庞培

列传与"对比"之间这种惊人的且发人深省的矛盾,在《阿格西劳斯与庞培传》中也能看到。在他们二人的列传中,阿格西劳斯和庞培都得到了相当正面的处理。[276]这两篇列传的前半部分都把他们描写得成功且富有德性。确实,《阿格西劳斯传》的前半部分整个采纳了色诺芬的赞颂性处理。在列传的后半部分,这两个人都遇到了危机,部分原因是他们没有能力控制他们自己的朋友和他们自己的激情。然而,在列传的结尾处,阿格西劳斯能够把他对荣誉的爱放在一边,并拯救了斯巴达;而庞培最终在政治领域是无能的——这一事实在列传的前面各部分已经有所暗示,他被自己的军队击败了。那么,在这两个人当中——他们总体来说都是有德之士——阿格西劳斯或许要更优秀。[116]

"对比"的开头就清楚地标志出从叙事部分到"对比"部分的转

---

[115] 关于安东尼之死,参下文。
[116] Hillman(1994)。

折,也指出了这部分文本的新目标:对两位传主之间的差异进行比较性的分析。"现在列传在我们面前,让我们快速地总结一下那些产生差别的事情,把它们并列放在一起。它们有下面这些。首先……"(1.1)第一人称动词的使用,以及后面几页有清晰要点的结构(clearly pointed structure),都透露出"对比"在文体起源上可能来源于修辞性展示演说(rhetorical display speech)。接下来的一系列编了号的观点详细描述了许多不同的方面,在这些方面,先是庞培可能被认为是更优秀的,然后是阿格西劳斯。最值得注意的是,描写这两个人的方式与前面列传采用的方式大为不同。首先,"对比"对他们二人的批评意味比之前浓得多。其次,一如既往,普鲁塔克把他们描写得旗鼓相当。"对比"的开篇偏爱庞培,他在我们所说的"道德"事务上——如何对待朋友、竞争对手和敌人,以及如何获取权力(1.2-2.2)——以及军事战役的规模和道义性(3.1-3)上都更加优秀。然后,普鲁塔克把阿格西劳斯描绘成一位更加高明的统帅和政治家(2.3-6,3.4-4.11)。

这导致了几个令人惊讶的突转。首先是在非军事事务上。庞培对苏拉的忠诚被描写成一个优点,与阿格西劳斯对吕山德的行为相反。但在列传中,普鲁塔克写道,庞培在为苏拉服务期间曾杀过人(《庞培传》10.2-10;16.6-7)。而且,普鲁塔克为庞培晚年因为婚姻关系在政治上犯下的一些过错进行了辩解;亦即,普鲁塔克解释道(《阿格西劳斯与庞培传》1.7),庞培这样做是"出于敬重或无知"($\delta\iota$' $\alpha i\delta\tilde{\omega}$…$\mathring{\eta}$ $\ddot{\alpha}\gamma\nu o\iota\alpha\nu$)。在列传中庞培的这种品质——没有能力抵抗他的朋友们、允许别人驱使他采取与他本人的判断相反的行动——正是他最大的弱点。[117] 进而,[277]对庞培的辩护——他做事帮助他的朋友——能够同样用于阿格西劳斯对斯佛德里阿斯和

---

[117] 例如《庞培传》39.6,46.1-47.10,61.4,67.1-10。

腓比达斯的支持,阿格西劳斯支持他们分别背信弃义地进攻雅典和忒拜。相反,普鲁塔克强调了斯佛德里阿斯事件中的爱欲因素,并把阿格西劳斯对腓比达斯的帮助归因于"愤怒和好斗"($\vartheta\upsilon\mu\tilde{\omega}\ \varkappa\alpha\grave{\iota}\ \varphi\iota\lambda o\nu\epsilon\iota\varkappa\acute{\iota}\alpha$)(1.5–7)。为了稍稍平衡一下,普鲁塔克转而赞扬阿格西劳斯。普鲁塔克先是赞扬了他的"补救措施",暂不实行关于战争中逃兵的法令,"从而证明他对他的朋友们的巨大权力"(2.3)。普鲁塔克接着写道:"我也把接下来这桩无与伦比的($\dot{\alpha}\mu\acute{\iota}\mu\eta\tau o\nu$)行动归于阿格西劳斯的政治德性,那就是,阿格西劳斯在接到消息公文(message-roll)之后放弃了他在亚洲的远征。"(2.5)然而,庞培因为他帮助城邦"只是为了让自己成为伟人"而受到了批评(2.6);公元前60年他一回到意大利就解散了他的军队这件事却被遗忘了(《庞培传》43.1–5)。

其次是在军事功绩上。普鲁塔克提出一个公平的观点:庞培成就的规模与阿格西劳斯成就的规模完全不同。普鲁塔克说道,即使是色诺芬,也不会把阿格西劳斯的胜利同庞培的胜利进行比较(3.1)。列传中阿格西劳斯被描绘成亚历山大的原型这件事(例如15.4)被遗忘了。庞培也因为他对待敌人的通情达理($\dot{\epsilon}\pi\iota\epsilon\acute{\iota}\varkappa\epsilon\iota\alpha$)而受到称赞。与此相反的是,阿格西劳斯想要奴役忒拜人、杀光迈锡尼的人;在这两个城邦中,建立迈锡尼的殖民者与他来自同一个国家,忒拜则是他家族的母邦(3.2)。这影射了斯巴达国王的神话祖先,人们相信斯巴达国王是出生于忒拜的赫拉克勒斯的后人,据推测,除了阿尔戈斯和斯巴达之外,赫拉克勒斯还建立了迈锡尼。[118]阿格西劳斯对迈锡尼的敌意破坏了共同血统的纽带这一论证,是特别没有说服力的:有好几个世纪,斯巴达的对外政策都始终如一地

---

[118] 事实上,正如普鲁塔克在《阿格西劳斯传》34.1处提到的那样,在公元前369年,迈锡尼被再次建立起来。

反对迈锡尼独立。普鲁塔克把这一点写进来,明显是作为一个微弱的努力来支持这一部分对阿格西劳斯的攻击。[119]

接下来是转折部分(3.4):"然而,如果在评价一位统帅的德性时,首先要看他在战争中最伟大、最重要的行动和思考,那么斯巴达人已经把罗马人甩($\dot{\alpha}\pi o\lambda \acute{\epsilon}\lambda o\iota \pi \epsilon$)得很远。"庞培现在受到了指责,因为他在本来能够打败凯撒的时候抛弃(3.5: $\dot{\epsilon} \xi \acute{\epsilon}\lambda \iota \pi \epsilon \nu$)了罗马,[120]另外他还被他的朋友们的抱怨所驱使,[278]"远离了他最安全的思考",并由此在错误的时刻发起了战斗(4.3;比较4.8)。在"对比"的后面部分,普鲁塔克的论证更符合读者阅读这两篇列传之后的期待,也对庞培更加不利。

在"对比"的结尾,普鲁塔克提到了这两个人在埃及的死亡,以及有利于庞培的发现(5.1—2)。但普鲁塔克在这里的处理有一个新奇的转折,普鲁塔克记叙道,埃及人把他们对庞培的杀害怪罪于阿格西劳斯,他们曾经信任过他,但他却背弃了他们。在《梭伦与普布利科拉传》的"对比"开篇,也论证过成对人物之间一种相似类型的现实的、历史性的联系。普鲁塔克在那里宣称——仅此一次——在这对列传中,第二个人物普布利科拉模仿了第一个人物梭伦,第一个人物为第二个人物"作了见证"。也就是说,正如普鲁塔克详细解释的那样,普布利科拉比梭伦时代的任何人都更符合梭伦本人的标准——关于一个人是否应当被认为是幸福的(《梭伦与普布利科拉传》1.1—8)。普鲁塔克总结道:"所以,如果说梭伦是最智慧的人的话,那么普布利科拉就是最幸福的人。因为梭伦当作最伟大、最美好的福佑来祈求的好东西,普布利科拉能够赢得它们并一

---

[119] 但它也有一个认真的论点:阿格西劳斯发动的战争是对抗其他希腊人的,对于这一罪行,普鲁塔克总是迅速地加以谴责。

[120] 一份抄本(V)在3.7处继续以 $\dot{\alpha}\pi o\lambda \iota \pi \grave{\omega} \nu$ 一词一语双关。

直享用到老"(1.8,暗指希罗多德,1.30-33)。普鲁塔克接下来论证道,普布利科拉对罗马社会的改革实际上模仿并推进了梭伦在雅典的"民主式"改革(2.1-6)。在成对人物之间的这些精巧的联系似乎带有这样的含义:传主们的配对不仅仅是悦人心智或揭示品性的,而是与作者文学建构之外的某些现实(reality)有关。它暗示了,成对的传主——梭伦与普布利科拉、阿格西劳斯与庞培——通过某种方式,作为在希腊和罗马社会中相同品性的代表而被联系起来:历史确实在重复自身。[121]

德米特里乌斯与安东尼

普鲁塔克愿意篡改前面列传中记叙的事实来支持"对比"中的论证,关于他的篡改方式,《德米特里乌斯与安东尼传》提供了另一个有趣的例证。在这里,"对比"并不是列传中重要主题的令人满意的概括,学者们常常对叙事与"对比"之间的矛盾相当困惑。[122] 这篇"对比"像许多"对比"一样,[279]在处理两位传主时都是相当负面的,正如阅读这篇列传的读者本来可能会期待的那样;这篇列传处理的是被介绍为恶行范例的两个人,"伟大天性"导致了这些恶行。"对比"的开篇对安东尼有利,它提出这样的论点:安东尼的崛起是由于他本人的努力,不像德米特里乌斯,他的地位是继承来的(1.1-6)。在"对比"的中间部分,天平则更有利于德米特里乌斯(2.1-4.2)。这里我们遇到"对比"与叙事之间的诸多不同点之一。普鲁塔克告诉我们:"虽然这两位在交好运时都粗野无礼($ὑβρισταί···εὐτυχοῦντες$),且沉溺于奢华和享乐,但没人能说,德米特

---

[121] Desideri(1992c)页74-77 与页86-87。

[122] 例如 Pelling(1986b)页89-90,(1988b)页19-20。他提出,"对比"中的不和谐元素仅仅是事后反思。

里乌斯因为忙于寻欢作乐和聚会而错失了行动机会;相反,他只在有大把闲暇的时候才纵情享乐……"(3.2)这句话确实与列传中的几个重要段落相一致,那些段落对德米特里乌斯的描绘方式是,在他精力充沛的战争行动与他和平时期奢侈的生活方式之间划了一道清晰的界线。㉓ 但它似乎与列传中讲述的一个故事相矛盾,这个故事只见于普鲁塔克的作品之中(《德米特里乌斯传》9.5-7)。这里,德米特里乌斯在他的军队围攻麦加拉时抛下自己的军队,只带着很少几个卫兵去和著名的美人克拉特西波丽丝(Kratesipolis)幽会。结果,在一次出其不意的进攻中他几乎丧命。普鲁塔克对这件事总结道(《德米特里乌斯传》9.7):"由于缺乏自制($ἐξ\ ἀκρασίας$),他以一种最为耻辱的方式才勉强逃脱,没有沦为俘虏。"㉔这里的用词强调了德米特里乌斯杰出的政治和军事行动——他刚刚解放了雅典并围困了麦加拉——与他不负责任的、对享乐的渴望之间的对立,而这种渴望几乎毁了一切。然而,在"对比"中,为了使德米特里乌斯与安东尼形成对照,这件事被遗忘了,在这一对照中德米特里乌斯必须显得更加优秀。

接下来的讨论仍然更偏爱德米特里乌斯,直到写他们情事的那一部分为止——那里的处理变得更加平衡。读者可能会期待,在那个地方安东尼将会受到偏爱,但实际上,"对比"的最后部分对他们的判断是相当混杂的。安东尼的婚姻给他带来了很大危害,而德米特里乌斯的婚姻则并非如此。这里普鲁塔克显示出对文化和时代差异非常敏感,他论证道,德米特里乌斯的王室婚姻相当值得接受,但安东尼的两次婚姻不是这样。为了平衡这一点,普鲁塔克随后讨

㉓ 2.3;19.4-5;19.10;44.8。比较狄奥多罗斯20.92.4。比较Andrei(1989)页58-59与页82-83。

㉔ Pelling(1986b,页92-93)注意到这一矛盾。

论了德米特里乌斯在雅典卫城的性放荡之举(4.3–5)。普鲁塔克在这两个人的性行为方面的结论是,[280]他们都因缺乏自制(ἀκρασία)而受害,但德米特里乌斯因为这种品质伤害了别人,安东尼则伤害了他自己(4.6)。

接下来仍然是对这两个人平等的——虽然是批评性的——处理。德米特里乌斯对待自己的家人比安东尼更好(5.1–2)。但是,尽管这两个人都违反了友谊誓言(5.3–4),但安东尼在拘捕亚美尼亚的阿塔瓦斯德斯时是有借口的,因为后者曾经在米底亚抛弃了他(比较《安东尼传》39.1,50.3–7)。[125] 但是,普鲁塔克坚称,德米特里乌斯没有理由去杀害马其顿的亚历山大。这是对《列传》中所描述的事件的惊人重释(《德米特里乌斯传》36.1–12)。在那里,普鲁塔克描写道,德米特里乌斯之所以杀害亚历山大是为了先发制人,破坏后者针对他的阴谋。然而,其他作者对这桩谋杀事件持更加负面的看法,这也是"对比"中呈现它的方式:完全是德米特里乌斯破坏了信任。[126] 普鲁塔克在这篇列传中,似乎试图一如既往地以对传主最富同情的方式来呈现事件。另一方面,在"对比"中,他能够自由地采纳另一种更具批评意味的解释。这两个对立版本之间的差异,迫使读者重新思考事件以及它的道德含义,事实上也重新思考对同一个事件提供不同解释的可能性。

那么,普鲁塔克挑战并颠覆他自己的叙述,似乎只是为了使读者对这两个人的判断变得不稳定。在"对比"的结束语中,情况正

---

[125] 在"对比"中,普鲁塔克错误地用阿塔巴诺斯这个名字来称呼阿塔瓦斯德斯。这大概只是一个错误,但它产生了这样的效果:增强了列传与"对比"之间的距离,以及缺乏和谐的印象。

[126] Andrei(1989)在页72–74处论证道,在《列传》中,德米特里乌斯的责任被贬低了,其目的是为了把他描绘成机运的牺牲品,对事件作出回应,而不是引发事件:这是作为整体的这对列传的一个主题。

是这样。普鲁塔克比较了两位传主面对死亡的方式,这是这些"对比"的一个标准主题(6.3–4)。"或许这两个人的死亡都不值得赞扬,"普鲁塔克宣称,"但德米特里乌斯的死更应该受到批评(ψεκτὸς δ' ὁ Δημητρίου μᾶλλον$)。"但是,虽然安东尼之死较之德米特里乌斯之死受到更多的偏爱,但普鲁塔克依然以一种非常负面的方式描述了它。在叙事中,没有丝毫关于对安东尼之死的批评的暗示;他的死是勇敢、高贵的,以美妙的遗言终结:他回顾了他一生的好运,尤其是他死得"并非不光彩,一个罗马人被另一个罗马人征服"(《安东尼传》77.7)。[127] 然而,在"对比"中,我们发现[281]普鲁塔克以相当不同的用词描述了安东尼之死:"安东尼以一种怯懦、可怜、丢脸的方式逃跑了,尽管那至少是在敌人抓住他之前。"(6.4)确实,正是在这里存在着同德米特里乌斯的对比,后者让自己被人俘虏,作为沦为口腹之欲的奴隶而死。但是,普鲁塔克仍然选择以一种惊人的负面的方式来描写安东尼之死。

关于对安东尼之死的这些不同处理,一种进路认为它们反映了《德米特里乌斯与安东尼传》中道德指示(moral register)的变化。正如已经提到的那样,在《安东尼传》的第二部分,道德指示在很大程度上是关闭了的;安东尼和克娄帕特拉更像小说的传主或悲剧的传主,而不是道德教导的范例(exempla)。[128] 普鲁塔克在"对比"中则回到了明确的道德训导,这一道德训导在《安东尼传》的结束语中已经有所预示,在那里,安东尼的后人被下溯到尼禄。"尼禄在我们这个时代($ἐφ'$ $ἡμῶν$)的统治愚蠢而疯狂,他杀了他的母亲并几乎

---

[127] 关于安东尼的遗言,参 Pelling(1988b)关于 77.7 部分的注。鉴于安东尼早年非罗马式的行为(例如 54.5:$μισορρώμαιον$),安东尼像一个罗马人那样地死去这一事实是意味深长的。比较 Swain(1990a)。

[128] 参页 61–62 与页 69–70。

毁灭了罗马帝国;在安东尼的后裔($\delta\iota\alpha\delta o\chi\tilde{\eta}\varsigma$)中,他是第五代。"(《安东尼传》87.9)[129]但是,道德指示的变化,无法完全解释对安东尼之死的描写方式的真正矛盾。普鲁塔克为我们提供了看待同一事件的两种不同方式,并向我们展示出,道德评价并非总是容易的,在某种程度上,基于不同观点,它可以被修正。[130]

科瑞欧拉努斯与阿尔喀比亚德

最后,我们要回到《科瑞欧拉努斯与阿尔喀比亚德传》。在这里,对于叙事部分所描写的事件,这篇"对比"也提供了惊人的重新解释——虽然这种重释是完全不同类型的。"对比"的基调是负面的,这与这些人物被提议的身份(proposed status)——误入歧途的"伟大天性"——完美吻合。一贯地,阿尔喀比亚德的境遇更好,从前面列传的阅读中读者本来也期待如此。例如,在评价他们的军事[282]事迹时,普鲁塔克宣称他们两个人都是伟大的统帅,但是阿尔喀比亚德要更伟大,因为他在海战和陆战中都赢得了胜利(1.2)。接下来是对他们的治国才能($\pi o\lambda\iota\tau\varepsilon i\alpha$)的讨论,在这一部分,阿尔喀比亚德因为讨好民众受到了指责,科瑞欧拉努斯则因为傲慢和缺乏教养而受到指责(1.3-4)。普鲁塔克总结道,他们二位的品性——

---

[129] 《德米特里乌斯传》53.8-9 与这一段很相似,在那里,德米特里乌斯的后人被连续追溯($\tau\alpha\tilde{\iota}\varsigma\ \delta\iota\alpha\delta o\chi\alpha\tilde{\iota}\varsigma$)到珀尔修斯,"在他的时代($\dot{\varepsilon}\varphi'\ o\tilde{\upsilon}$),罗马人征服了马其顿"。Brenk(1992,页4374-4375)看出"对比"中安东尼之死的怯懦与安东尼同尼禄的联系有关(关于普鲁塔克对尼禄的看法,参 Brenk 1987 与 1992,页4356-4375)。同《德米特里乌斯传》段落的对比,其作用是把尼禄与珀尔修斯联系起来,后者是一位希腊化时期的国王,对普鲁塔克来说,他是一个令人讨厌的人物,是有德的埃米利乌斯的反面(例如《埃米利乌斯传》19.3-10,23.1-11,26.1-12)。关于普鲁塔克与希腊化时期的国王们,参上文页115-116。

[130] 比较 Pelling(1988b)页19-26 与页325。

品质都不值得赞扬(ἐπαινετέον),但阿尔喀比亚德要"更不受指责"(ἀμεμπτότερος)。读者从列传中也可能得出这样的结论。这篇"对比"在很大程度上是坏品质或坏行动的对比,普鲁塔克明确提出,人们要如何比较偏激性情(extremes)这一难题:阿尔喀比亚德无原则的友善与科瑞欧拉努斯有原则的傲慢和高傲。阿尔喀比亚德做得最好。

但是,事实上,天平似乎比人们可能预期的更加不利于科瑞欧拉努斯。普鲁塔克记述了对阿尔喀比亚德欺骗斯巴达使节的批评(2.2),但是,如同在列传中一样(《阿尔喀比亚德传》15.1-2),普鲁塔克强调道,这件事给雅典带来了好处(2.3)。另一方面,科瑞欧拉努斯则因为欺骗受到了指责。普鲁塔克所指的那件事,与罗马人决定把沃斯基人赶出罗马城有关,也与后来的战争有关。在列传中,普鲁塔克已经提到,"有人"已经认为科瑞欧拉努斯要对罗马的行动负责,因为据说,他曾经给罗马送去一个欺骗性的信息,说沃斯基人准备出其不意地发动攻击(《科瑞欧拉努斯传》26.3)。然而,在"对比"中,普鲁塔克不加质疑地接受了科瑞欧拉努斯应当受到指责的说法,并将其归咎于他的愤怒(2.4-5)。这一次,他提到了他所参考的权威作者的名字,狄奥尼修斯,从而给这一负面传统赋予了更多的可信度。或许,"对比"中的这一段落应当被视为一种重新解释,在两个选项中选择了更加负面的那一个,而不是对《列传》的直接反驳。[130] 但下面这一点依然令人吃惊:阿尔喀比亚德的欺骗没有受到指责,但科瑞欧拉努斯生平中的类似事件却受到了指责。

"对比"的其余部分延续了对科瑞欧拉努斯的这种敌意,他反复地因为傲慢和不合群而受到指责。所有可能的论证都被收集起

---

[130] Russell(1963)页21(亦见1995,页358-359)。

来用于反对他。例如,普鲁塔克宣称,科瑞欧拉努斯不像阿尔喀比亚德那样,他没有为他的城邦带来任何成功,只是在反对他的城邦时获得了成功(4.1)。这似乎与科瑞欧拉努斯传前面几节的暗示相反,那里叙述了科瑞欧拉努斯为罗马赢得的许多军事胜利。人们或许也会认为它与"对比"的前面部分所言相反,在那里,普鲁塔克说道,这两个人给他们的国家所造成的伤害和帮助一样大(1.2)。但最令人震惊的重新解释的例子出现在"对比"[283]以及作为整体的全卷的结束语中。普鲁塔克在这里似乎削弱并挑战了前面的全部描绘——它一直在指责科瑞欧拉努斯。作为总结,普鲁塔克这样说科瑞欧拉努斯:"这些就是人们可能会指责他的事情。但其他所有方面都光彩夺目。关于节制($\sigma\omega\varphi\varrho o\sigma\acute{\upsilon}\nu\eta\varsigma$)和钱财上的自制($\chi\varrho\eta\mu\acute{\alpha}\tau\omega\nu$ $\mathring{\varepsilon}\gamma\varkappa\varrho\alpha\tau\varepsilon\acute{\iota}\alpha\varsigma$),拿他和最优秀、最正直的希腊人相比较是恰当的——不要与阿尔喀比亚德相比,以宙斯的名义,他在这些事情上最胆大妄为,最轻视那些美好的事物。"(5.2)首先,这一判断是关于两个人在钱财方面的行为,或许还包括性行为。但是,在列传中,阿尔喀比亚德在这两方面的行为既没有受到指责,也没有以负面方式出现过。在"对比"的先前部分,阿尔喀比亚德确实因为收受贿赂"不正当地"挣钱、把钱花在"奢侈与放荡"($\varepsilon\mathring{\iota}\varsigma$ $\tau\varrho\upsilon\varphi\grave{\eta}\nu$ $\varkappa\alpha\grave{\iota}$ $\mathring{\alpha}\varkappa o\lambda\alpha\sigma\acute{\iota}\alpha\nu$)方面而受到指责。但科瑞欧拉努斯不接受礼物的举动受到了更多的指责(3.1-2)。所以这一判断出现在作为整体的全卷结尾,是令人吃惊的彻底反转。我们可以认为这一有利于科瑞欧拉努斯的突然表决是一种尝试,在一直有利于阿尔喀比亚德的"对比"的结尾,稍微平衡一下局面。但这种一种形式主义的回答并没有减少最后判断与前面所有判断之间的对立。无论出于什么原因,最后的这一对立使得读者重新评价前面的列传和前面"对比"部分所支持的道德假设。哪个人更好?人们应当如何评价"清白"与和蔼可亲、倔强与欺骗?在最后的分析中——在最后这句话里——《科瑞欧拉努斯与阿尔喀比亚德对比》提出的问题比它所回答的更多。

结论

那么,我们或许可以认为《列传》与"对比"之间的不和谐在道德方案中有着重要功能。惊人的差异迫使读者扮演更为主动的角色,去评价他所读到的人物,以及那些人物的列传所提出的道德问题。使道德确定性(moral certainties)变得不稳定,是本书所考察的大部分成对列传的一个特征。那么,这些"对比"发挥着双重功能。一方面,它们为前面的文本提供了强有力的"封闭性"结尾;它们明确地提供了一种理解和评价所叙述事件的方式,援引了道德范畴,做出了判断,并标识出了结尾。但是[284],另一方面,这些"对比"反对普鲁塔克著作强有力的结尾;叙事部分与比较部分之间的不一致、带有不可靠性与矛盾性的生平(或列传)与"对比"单纯的道德评价之间的不一致,都迫使我们重新评价我们已经读过的一切;而且,远非简单地通过修辞的高超技巧(tour de force)为前面的列传画上圆满的句号,"对比"邀请读者重新关注叙事部分已经提出的道德问题,并提出了新的、令人困扰的道德问题。[132]《列传》本身的结尾倾向于回避道德问题,以一个平静的音符结束叙事;不和谐的主题是被回避的。如果在列传中已经提出了困难的道德问题,或者,传主已经受到了批评,那么,这些主题在最后几章中通常会回避。[133]"对比"重新揭开了这些困难的问题。例如,《布鲁图斯传》一直避免揭示关于布鲁图斯的政治忠诚、刺杀凯撒以及他本人的自杀等方

---

[132] 虽然,毫无疑问,最终比较确实有着结束的功能;亦比较留存下来的每一篇《诸凯撒列传》的结尾(《伽尔巴传》29.4–5;《奥托传》18.3)。比较阿庇安的《内战史》2.149–154(参上文注43)。

[133] Pelling(1997a),页232–236。

面的道德问题,⑭其中有的问题,特别是关于刺杀凯撒是否正确这一问题,在"对比"中被提出来了。⑮

人们或许会比较某些悲剧结尾的类似效果。例如,《俄底浦斯王》的最后几行(行 1524 – 1530)——如果是真作的话——把俄底浦斯描写为下述常见主题的范例:"没有一个人在死前可以被称为是幸福的。"(比较希罗多德 1.32.1 – 9)正如 Burton 所言:"因此,在这部剧的结尾,我们拥有了关于俄底浦斯这一παράδειγμα[范例]的最终呈现,他从幸福跌入悲惨之中;紧跟在这一παράδειγμα之后的是格言式的评论,这种评论既是传统的也是被期待的。"⑯但是紧接在前面悲剧的强烈与悲怆之后的评价对某些读者来说——古代读者与现代读者皆然——似乎显得有些陈腐,因而不合时宜。吊诡的是,这种最终的结束性格言表达像索福克勒斯作品中的其他手法一样发人深省。亦比较《特拉基斯少女》的最后一行,它同样是"总结性的",然而也令人困扰:"这些事情没有一件不是宙斯的所作所为。"(行 1278:κοὐδὲν τούτων ὅ τι μὴ Ζεύς)⑰

从史撰著作中能够举出一些例子,它们的结尾像普鲁塔克的一样,似乎在结束其他问题的同时又开启了新的问题。[285]例如,库提乌斯·鲁福斯对亚历山大品性的总结(库提乌斯 10.5.26 – 37),塔西佗对提贝里乌斯品性的总结(《编年史》6.51.1 – 3),以及狄奥·卡西乌斯对奥古斯都统治的总结(狄奥 56.43 – 45)。这些叙事作品的结尾都对前面的事件提供了终极的评价性观点,在某种意义

---

⑭ Pelling(1989),页 222 – 228。
⑮ Pelling(1997a),页 242 – 243。
⑯ Burton(1980)页 184;比较页 182 – 185。比较 D. H. Roberts(1987)与(1988)。
⑰ Pelling(1997a)页 236 – 237 指出了其他索福克勒斯悲剧不和谐的结尾。

上,为叙事部分提供了一个强有力的封闭性的结尾。但它们的评价与前面的叙事并不完全吻合。狄奥·卡西乌斯的总结似乎比他的叙事所引导我们期待的更有利于奥古斯都。特别是,他说道,奥古斯都把君主制与民主制混合起来了(56.43.4),他的这种说法——鉴于那是罗马人在奥古斯都死后的想法——似乎与他一贯的断言相矛盾:奥古斯都恢复共和国只不过是装样子而已(例如 53.11.1-12.3;16.1)。[138] 塔西佗在他的提贝里乌斯讣告中似乎也暗示,塞扬努斯的影响比他在 4-6 卷的叙事中所暗示的更加次要却更加有益。特别是,在第四卷开头,他把提贝里乌斯道德堕落的很多责任归到塞扬努斯身上(4.1-2);讣告暗示,塞扬努斯的存在具有一种再教育的作用。[139] 相似的是,讣告似乎也暗示提贝里乌斯的品性未曾改变,但他的邪恶在他生命的早期被隐藏了起来。但前面的段落,特别是《编年史》6.48.2 处阿尔伦提乌斯的演说——仅仅是几章之前——暗示道,提贝里乌斯的品性实际上确实变得更坏了(亦参《历史》1.50.4)。Koestermann 认为,塔西佗故意为读者呈现两个不同的提贝里乌斯形象,供读者选择。[140] 库提乌斯·鲁福斯对亚历山大的总结可与之比较。它与普鲁塔克的"对比"的相似之处在于仔细比较优点与缺点。但是,整体而言,前面的叙事对亚历山大是批评性的:亚历山大被描写为因权力而腐化。在总结中,评价要更加平衡一些,他的缺点(如饮酒)被淡化了(10.5.32,34)。[141]

---

[138] 但是亦参看 Rich(1989)页 104-108;亦比较 Manuwald(1979)页 140-162。关于这个例子,我受惠于 Pelling(1997a,页 237)。

[139] 比较 Martin(1981)页 139-143。关于调和叙事部分与讣告的努力,参 Woodman(1989)。

[140] Koestermann(1963),页 38。

[141] 关于亚历山大的饮酒,比较库提乌斯 6.2.1-2,8.1.22,1.43,2.1,4.29-30,6.14。

最后这一部分与前面那部分之间的不和谐,毋宁说是提出了问题而非解决问题——关于应当如何判断亚历山大:是伟大的领袖,还是僭主?

色诺芬的《居鲁士的教育》的结尾有着类似的、与前面文字不一致的感觉。最后一章(8.8)——在描写居鲁士的死之后——讨论了当时波斯的堕落,[286]这与前面对居鲁士的波斯的理想描绘形成鲜明对比,它本质上也含有同前面叙事的很多矛盾。[142]尾声的作用是暗示性地提出关于所有事物流逝性(passing nature)的一些重要问题:伟大人物逝世,他们的成就也随之而逝。这是一个令人困扰的信息,但它与一部旨在探询权力本性的著作并没有什么不一致。这部著作以对读者的呼吁来结尾,呼吁读者亲自查证波斯堕落的诸多事实。[143]

让我们总结一下,那些"对比"并没有为读者提供前面叙事部分的内容,或提出道德问题的摘要。毋宁说,它们给出了看待传主的一个新的视角,这个视角常常不同于叙事部分所给出的视角。其原因部分是由于"对比"的修辞结构:构建历史的两种不同方式不可避免地给出不同的图景。但是,叙事部分与"对比"部分之间的不一致似乎是有意的。而且,有时候文本实际上通过列传与"对比"之间未解决的矛盾,从而使人注意到这种不一致。读者得到关于传主的双重呈现,他通过两个不同的透镜去看历史。[144]何者正确

---

[142] Hirsch(1985)页 92-95。

[143] 正如人们可能认为的那样,最后一章的真伪是有争论的。参 Hirsch(1985)页 91-97;Due(1989)页 16-22;Tatum(1989)页 215-225。

[144] 关于这种双重呈现手法,亦参上文页 133-135,以及下文页 307-308。

这一问题被留给了读者,他们是"对比"的修辞冲突(agon)中的裁判;[145]通过频繁使用第一人称动词而在这些"对比"中建立起亲密的、合作性的语调,鼓励读者也参与作出最终判决。这一章证实了本书前面的发现:在涉及伦理问题的地方,普鲁塔克更倾向于提出问题,而不是提供简单的答案。

---

[145] 关于"对比"中有关法庭的隐喻,"选票":《忒修斯与罗慕洛传》3.3;《客蒙与卢库卢斯传》3.6。"第一名"($\pi\varrho\omega\tau\epsilon\tilde{\iota}ov$):《伯利克勒斯与法比乌斯传》3.7;《吕山德与苏拉传》5.6;《阿基斯、克琉墨涅斯与格拉古兄弟传》5.7。"王冠":《斐洛波门与弗拉米尼努斯传》3.5。在《论罗马人的机运或德性》中也有大量关于法庭的隐喻:317c,318a,318d,320a,323e。参 Swain(1989d)页 508。

第九章 对比主义的政治学

——《对比列传》中的希腊人与罗马人

[287]如果我们非要把对待希洛人的那种极其残忍与无法无天的行径归咎于吕库古的行政机构的话,我们就得承认:作为一个立法者,努马更像是希腊人,因为他使那些公认的奴隶们尝到了自由的尊严。(《吕库古与努马传》1.10)

在本章中,我将试图分析《对比列传》中普鲁塔克建构希腊与罗马身份(Greek and Roman identities)的方式。在这一建构中处于中心地位的是他对"对比"的运用,这是普鲁塔克对历史写作最为原创性的贡献之一。本研究有很大部分关注的是"对比"的文学效果。正如我们已经看到的那样,普鲁塔克使用成对的两篇对比列传,以及它们的小序和"对比",来探询一系列道德主题,这些主题贯穿了普鲁塔克的"整卷著作"。通过把来自不同背景与不同时代的两个人物放在一起,普鲁塔克能够集中关注他们的列传所提出的道德问题,而不是仅仅关注每一篇列传的历史细节。而且,"对比"对普鲁塔克的道德方案的贡献不是简单地通过成对的列传之间的相似之处,而是通过其差异:某个道德问题常常在一篇列传中被探询,然后在第二篇列传中被复杂化,或以一种不同的方式加以处理。"对比"的这种去平衡效应(destabilizing effect)在正式的"对比"中最为引人注目,正如最后一章所论证的那样,某些时候,这些"对比"会脱离前面那篇列传所建立的道德模式,并暗示一种看待所叙述行动的新方式。

但普鲁塔克的"对比"具有文化含义。在"对比"的观念背后有这样一种信念:历史重复着自身。对于认为历史有用的古代理论而言,这一信念是核心性的:学习历史的好处之一就是认识这些重复的模式。[288]《对比列传》的对比结构暗示,不仅历史确实在重复,而且希腊历史中的事件在罗马历史中也有它的平行对应。两种文化的历史被呈现为互为对方的镜像,被呈现为同样一些基本模式的对比例证。对于当时的公元二世纪有关希腊文化与罗马权力的论说而言,这样一种对希腊和罗马历史的呈现有着重要含义。以同样的用词来描述、评判罗马传主与希腊传主——这一事实使得对成对传主以及对作为整体的希腊与罗马的文化、历史进行比较成为可能,虽然同时它也揭示出它们之间的矛盾与不可化约的差异。

在普鲁塔克对"对比"的运用中至关重要的是身份(identity)与文化的建构。在任何时代,文化身份都不是固定的,而是可变和易变的,人们对其进行争论和建构。在公元二世纪,人们塑造、检验并占用希腊和罗马(文化)的身份,不仅仅通过历史写作。普鲁塔克本人的多篇德尔斐对话证明了罗马统治之下希腊形象的可变性。关于德尔斐以及整个希腊当时的繁荣,德尔斐对话给出了两种截然不同的图景:《论神谕的衰微》所描绘的是贫困,而《为什么皮提亚不再吟咏神谕?》描绘的是富足。① 而且,历史是文化建构最重要的场所。正如我们将会看到的那样,普鲁塔克在警告当时的希腊政治家们不要在错误的背景下祈求古代希腊历史的光荣时,他表现出他本人明确意识到这一辩论中历史的潜在重要性(《政治准则》814a

---

① 关于从中发现现实状况的努力,比较 Alcock(1993)。

-c)。《对比列传》通过对希腊与罗马的平行(或译"对比")历史的建构——这一历史通过"对比"这个聚焦透镜投射出来——而成为关于希腊性(Greekness)与罗马性(Romanness)含义的持续辩论的关键文献。

对普鲁塔克的朋友圈和交往圈——那些在他的著作中提到的人,或那些我们由于其他原因而与普鲁塔克联系起来的人——的群体传记学研究,或许证实了希腊与罗马的身份观念是有待争论的。② 塞奈基奥(Sosius Senecio)——普鲁塔克把《列传》、《漫谈录》以及论说文《如何意识到一个人德性的进步》题赠给他——是一个有趣的例子。他在帝国行政事务中显然是一位重要人物,[289]在公元99年和107年均担任过"常任"(ordinary)执政官。塞奈基奥的血统可能来源于说拉丁语的西部地区,但他也可能与希腊世界有着家族联系,普鲁塔克暗示性地把他描绘成一位精通希腊文学和文化的人。③ 他的生涯,特别是普鲁塔克对其人格形象(persona)的建构,显示出呈现罗马性(Romanness)的一种可能方式。与此相似,阿尔勒的法沃里努斯——普鲁塔克的一位朋友,也和罗马人奥卢斯·格利乌斯关系很好——在高卢的生涯显示出如何挪用并建构希腊身份(how Greek identity could be appropriated and constructed)。法沃里努斯最著名的一句名言是"虽然他是一个高卢人,但他说希腊

---

② 最深入的研究是 Puech(1992)。亦比较 Flacelière(1951);Ziegler(1951)页 665-696(亦见 1964,页 30-60);Jones(1967;1970;1972);Follet(1972);Puech(1981);Donini(1986)。

③ Senecio 现在被认为是无头铭文 *CIL* vi 1444(亦见 *ILS* 1022)的传主。其他证据显示他在斯巴达有门客,他的女儿和女婿在弗里吉亚有亲戚。Jones(1970)认为他有希腊血统。Halfmann(1979,页211)认为他有意大利或非洲血统,有些评论者与 Halfmann 的观点相反,特别是 Swain(1996a,页144-145与页426-427)。

语/是希腊人",这句话巧妙地捕捉到了下面这种感觉:文化身份既不是单一的,也不不是固定不变的。④ 同理,公元二世纪某些希腊人在罗马行政机构中任职,也不应该被当作是日益增长的精英阶层一体化、分离的希腊与罗马身份崩溃的证据。⑤ 这些人的生涯显然并不是典型性的,关于这些官员对他们所迁入的社会与文化的态度,并没有提供什么信息。⑥ 但是,更重要的是,他们证明了文化身份的复杂性,文化身份如何根据背景而改变。普鲁塔克像希腊精英阶层的许多成员一样,他是一位罗马公民,想必在某些背景下能够——虽然不是在他自己的文学著作中——把自己描绘为一位罗马人,然而,在其他背景下,确定无疑地是在他自己的文学著作中,得到强调的是希腊身份,以及少数情况下地方性的城邦(polis)身份。⑦

普鲁塔克把希腊历史与罗马历史进行对比的决定是革命性的。在那些早于普鲁塔克处理罗马历史的希腊作家中确实有一个悠久的传统——试图解释罗马[290]已经在世界中占据的统治地位。在公元前二世纪,波利比乌斯绘制了罗马崛起的图表,并对罗马的政

---

④ Γαλάτης ὢν ἑλληνίζειν(菲洛斯特拉托斯《智术师传》1.8.489)。关于法沃里努斯,参 Holford - Strevens(1988)页72 - 92;Gleason(1995),特别是页3 - 20。

⑤ 在罗马政府中的希腊人:Syme(1963,以及特别是1982修订版);Hopkins(1983)页184 - 193。比较佩加蒙的 Julii Quadrati(the Julii Quadrati of Pergamon):Halfmann(1979)页112 - 115;Habicht(1969)页43 - 53。阿里安:Syme(1982);Bosworth(1988)页16 - 24。统一的精英阶层:Jones(1971)页39 - 64、107 - 109、122 - 130;Babut(1975)页210;Dihle(1989)页205 - 206。

⑥ 比较 Barnish(1994,页173 - 174),关于群体传记学的局限。

⑦ 关于可变的身份,比较 Millar(1964)页182 - 192。公元八世纪的史家 Georgos Synkellos(659 Dindorf)宣称——并不令人信服——普鲁塔克本人在哈德良治下曾担任过行政长官。《苏达》(s. v. Πλούταρχος)宣称普鲁塔克在图拉真治下获得了领事的权力(Jones 1971,页29 - 30处翻译成荣誉领事,ornamenta consularia),这种说法更不可信。关于细节,参 Swain(1996a)页171 - 172。

制给予了特别关注。在公元前一世纪,"博学者"科奈利乌斯·亚历山大(Cornelius Alexander)和他的学生尤利乌斯·希吉努斯(Iulius Hyginus)都写过有关罗马的著述。⑧ 在奥古斯都治下,哈利卡纳苏斯的狄奥尼修斯写了他的《罗马古史》,把罗马早期的历史追溯到第一次布匿战争。但他们的著作并没有把罗马历史与希腊历史并排放在一起。其他希腊史家——或许是其中的大多数——更喜欢忽视罗马,他们要么回望亚历山大逝世之前希腊政治独立的那个时代,要么只写完全地方性的历史。⑨ 普鲁塔克背离了这些模式,他使罗马历史与希腊历史直接面对面。

如果我们要寻找把希腊历史与罗马历史进行对比处理的先驱,我们或许必须要追溯到罗马的世界史传统(Roman tradition of Universal History)。⑩ 无论如何,很显然,普鲁塔克在进行对比时,受到

---

⑧ 参 Wiseman(1979),页 160 – 161。朱巴(公元前一世纪至公元一世纪)用希腊文写了一部题为Ὁμοιότητες(阿特奈奥斯 170e)或 Περὶ Ὁμοιοτήτων(赫西基奥斯,在καρτή词条下)的著作,这本书可能是对希腊和罗马风俗、习惯的比较。参 Jocoby(1916)页 2394。《苏达》(在 Charax 词条下)记载帕加马史家 A. Claudius Charax(FGrH 103)在公元 147 年担任过补任执政官,他写了十三卷《希腊与罗马历史》(Ἑλληνικῶν τε καὶ ⟨Ῥωμαικῶν Jacoby⟩ ἱστοριῶν βιβλία μ´.)。关于他的生涯,参 Habicht(1959—1960)页 109 – 125;关于 Charax 更一般性的研究,参 Andrei(1984)。亦比较托名普鲁塔克的《希腊与罗马历史对比集》,这部作品的日期不详,虽然它可能是对普鲁塔克《对比列传》的拙劣模仿,或至少受到后者的影响。参 Babbitt(1936)页 253 – 255。

⑨ 比较 Bowie(1970)。

⑩ 例如奈波斯的《编年史》(Chronica)与阿提库斯的《编年志》(Liber Annalis)(这两部作品都作于公元前一世纪),以及维勒伊乌斯·帕特库鲁斯(公元一世纪)。比较 Desideri(1992b)页 4482 – 4484。关于世界史(universal history),参 Starr(1981)以及莫米里亚诺(1982);Alonso – Núnez(1990);Sacks(1981)页 96 – 121;Wiseman(1979)页 154 – 166。关于奈波斯的《编年史》,参 Geiger(1985)页 68 – 78;关于维勒伊乌斯,参 Woodman(1975)页 282 – 287。

了罗马史家科尔奈利乌斯·奈波斯《名人传》的影响(约出版于公元前35—前31年),这部著作把罗马人物的列传与非罗马人物的列传进行对比,在不同卷中进行处理。⑪ 奈波斯所处理的人物似乎主要是文学人物,在这一方面,我们可以认为奈波斯体现了当时罗马人想在文学上与希腊平起平坐的愿望。可能只有关于军事将领的这两卷处理了政治史或军事史。⑫ 无论如何,奈波斯的著作透露出罗马中心主义的世界观[291](比较《序言》;《佩洛皮达斯传》1.1;《汉尼拔传》13.4)。另一方面,普鲁塔克的《对比列传》是以希腊中心主义的视角来写的:把单个希腊人物与罗马人物进行对比的决定——这种对比手法比奈波斯的彻底得多——暗示了一种信心,相信希腊的政治与军事历史,能够与正在统治的帝国的政治与军事史平起平坐,希腊英雄与罗马英雄不相上下。对普鲁塔克来说,历史提供了一个受到保护的空间,屏蔽了希腊政治羸弱的不悦现实,在这个空间里或许能够按照希腊的世界观评价罗马历史,并自由地颂扬希腊文化。

除了每一对列传的文学结构与道德讯息之外,普鲁塔克的"对比"还有另外一层意义。普鲁塔克选择罗马人物与希腊人物作为他的比较对象,这种选择本身就暗示了他对希腊身份与罗马身份的理解。如何描绘两种文化之间的关系?普鲁塔克的目的是否像经常

---

⑪ 非罗马人似乎主要是希腊人,但并非只是希腊人:汉尼拔和哈米尔卡都出现在现存的唯一完整的一卷《外族名将传》中,参 Geiger(1985)页 84 - 115。关于奈波斯对普鲁塔克的影响,参 Geiger(1981)页 95 - 98,(1985)页 119 - 120,以及 Moles(1989)页 232 - 233 处的保留意见。

⑫ 罗马人试图把拉丁文学与希腊文学进行并列比较,这一点在昆体良《雄辩术原理》10.1.46 - 131 处得到最好的体现。比较卢克莱修 1.926 - 930;维吉尔《牧歌》6.1 - 2;卡图卢斯 95.1 - 2;普罗佩提乌斯 4.1.64,2.34.65 - 6,3.1.1 - 2;比较西塞罗《布鲁图斯》26 - 52。参 Kroll(1924)页 12 - 16。关于奈波斯佚失的那些卷的内容,参 Geiger(1979a,1985)页 88 - 92。

被宣称的那样,是为了使两个民族和解,对罗马人证明希腊人拥有的历史和英雄能与他们的相媲美,对希腊人证明罗马人在文明的精巧技艺方面与他们不相上下?⑬《对比列传》是否反映了一种信念,相信希腊文化与罗马文化根本上是一致的?⑭ 或者,另一方面,比较的方式是否是一种抵抗,把罗马历史挪到希腊框架中,在用古典的往昔(past)——这一往昔很快将在公元二世纪的希腊城邦中复兴——的德性和标准进行衡量时,巧妙地证明了罗马的低劣?简而言之,对一位生活在罗马帝国治下的希腊人来说,写作《对比列传》意味着什么?

第一节 普鲁塔克与罗马:政治准则

我们应当在论争与身份建构的背景下,看待普鲁塔克对罗马政府与文化的明确评论。普鲁塔克批评角斗士格斗(同时代的其他希腊作家也有这样的批评),当时的罗马人和早期教父也这样批评过,因此,这一批评不应当[292]在字面上被解释为一位希腊人对罗马文化的攻击,毋宁说它是为这些文化的组成内容划定界限的努力的一部分:希腊性与罗马性的界限与成分本身在那个时代就处于争论

---

⑬ Trench(1873)页 31-32;更近的研究有 Gabba(1959)页 369;Hommeyer(1963)页 156-157;Russell(1966a)页 140,(1982)页 29-30;Bucher–Isler(1972)页 89;Valgiglio(1992),特别是页 4047-4050。与他们意见相反的:Jones(1971)页 103-109;Babut(1975)页 208-209;比较 Dihle(1956)页 103;Barrow(1967)页 57-59。Wardman(1974),特别是页 39-41 处认为普鲁塔克的目的是鼓励希腊读者参与当地的政治事务。

⑭ 正如 Barigazzi(1984)的论证,特别是页 284-285;(1994),特别是页 33-54 与页 149-153。

之中。⑮ 与此相似,普鲁塔克对皇帝尼禄的批评绝非表明他是一位反罗马主义者,毋宁说它表明普鲁塔克对于刚刚过去的往昔,与塔西佗和苏维托尼乌斯分享着相同的态度——他们是普鲁塔克的同代人,时间上相隔不远。⑯ 有人曾经提出,普鲁塔克对希腊化时期的国王生前所享有的神圣荣誉称号进行了负面处理,这种负面处理或许可以被当作是对当时帝王崇拜的批评。⑰ 但是,意味深长的是,国王们并没有在生前就被奉作神;在处理罗慕洛(帝王崇拜的一位关键人物)死后被奉为神灵这件事时,普鲁塔克承认,在死后,某些有德之士的灵魂或许像罗慕洛的灵魂那样,上升到"神明那里"(《罗慕洛传》28.10)。或许我们可以说的最多的是,在普鲁塔克批评帝王神化的那些段落中,他运用往昔来探询与现实有关的问题。⑱

有几个段落曾经被认为是普鲁塔克默许或乐见罗马统治的表达。在对话《为什么皮提亚不再吟咏神谕?》的结尾,发言人西昂似乎承认对当下的情形感到满意。"世界一片和平宁静;战争停止了;

---

⑮ 普鲁塔克《陆地和海洋里的动物哪个更聪明?》959c;《谈肉食》997b-c。其他希腊的:例如普卢萨的狄翁《演说集》21.121-122;菲洛斯特拉托斯《阿波罗尼乌斯传》4.22。罗马的:西塞罗《论友人》7.1.3;塞涅卡《书简》7.2-5。比较 Swain(1996a)页 174 注 118。关于对角斗士搏斗的批评,亦参 Wiedemann(1992)页 128-164。

⑯ 关于苏维托尼乌斯和普鲁塔克论尼禄,参上文第八章注 37 与注 129。比较《论兄弟之爱》487e-488a 论帝王,可能是多密提安作为"僭主"。

⑰ 例如《阿里斯泰德传》6.2-5;《德米特里乌斯传》10.3-13.3,24.1-12,30.6-8,42.8-11。Scott(1929)宣称这些批评与帝王崇拜有关;与此观点相反的:Jones(1971)页 123-124 以及 Bowersock(1973)页 187-191。比较 Swain(1996a)页 182 注 146。

⑱ 比较狄奥·卡西乌斯通过他的虚构叙事对当时的崇拜进行的探询,他在 52.35-36 处安全地把梅塞纳斯对奥古斯都所说的话放在历史中。比较 Bowersock(1973)页 202-206;Reinhold(1988)页 207-208。

没有迁徙和城邦内乱,也没有僭政或希腊的其他毛病和问题需要进行特别或精细的治疗。"(408b – c)人们有时预设,西昂表达了普鲁塔克自己经过深思熟虑的观点。但这一宣告应当放在它的文学语境中来理解。其重点不是对罗马统治的满意,而是为什么希腊神谕圣所不再以韵文形式给出答语的原因:希腊比过去的年代更和平,因此向女祭司们提出的问题不再那么重要,值得用韵文回答。意味深长的是,罗马人并没有作为这种和平的创造者而被提及。而且,[293]在这篇对话或更早的《论神谕的衰微》中都没有提及罗马在德尔斐的掠夺和捐赠行为的巨大影响。普鲁塔克的德尔斐对话像泡萨尼阿斯的《希腊指南》一样,并没有暗示对罗马统治下的和平(pax romana)的消极接受,而暗示了对罗马侵扰的故意忽视。⑲

对罗马影响的这种拒斥感在《政治准则》中能够最为清楚地看到。普鲁塔克在这里明确处理了当时的政治生活,并直面了在罗马政治统治的背景下,希腊如何能够或不能够得到有效利用的问题。⑳《政治准则》几乎与《对比列传》写于同一时期,它是一篇建议性的论说文,首先对普鲁塔克的朋友墨涅马科斯发言,他是一位来

---

⑲ 关于泡萨尼阿斯对罗马纪念碑的沉默,以及他对希腊身份的建构,参 Elsner(1992)页 17 – 20,(1994)页 244 – 252;Bowie(1994)。Flacelière(1971)论证道,在《为什么皮提亚不再吟咏神谕?》中,普鲁塔克把最近在德尔斐的捐赠行为归功于"这一政策方面的领袖"(τὸν καθηγεμόνα ταύτης τῆς πολιτείας)。他暗指哈德良皇帝。然而,正如 Swain(1991)所论证的,这里更有可能指的是普鲁塔克自己。

⑳ 关于日期(公元 96 年到 114 年之间),参 Jones(1966)页 72。《政治准则》是普鲁塔克被研究最多的作品之一,它在马基雅维利身上产生了影响(Desideri 1995b)。最容易获得的、最晚近的研究是 Swain(1996a)页 162 – 183。更早的研究包括:Renoirte(1951);Carrière(1977);Panagopoulos(1977);Pavis d'Escurac(1981);Desideri(1986;1991);Caiazza(1993);Masaracchia(1995);Tirelli(1995)。用处小一些的研究有 Lavagnini(1992);Massaro(1995)。Valgiglio(1976)对其作过评述(主要是语言学方面)。

自萨迪斯的希腊人,且显然要在他自己的城邦里开始政治生涯。更广泛的读者群被构想为精英阶层与希腊人。㉑《政治准则》的焦点完全在地方性的希腊城邦以及它的政治生活方面:胸有大志的政治家应当如何对民众说话,他应当如何进入政治以及应怀有何种动机,他应当怎样和政治上的朋友与敌人相处,应当如何在城邦内各个层面上维持和谐。事实上,这篇论说文最引人注目的特点之一是它总体上没怎么提到罗马。在讨论一位年轻人借以开启他的政治生涯的大胆行为时,普鲁塔克指出——没有详细解释为什么——城邦事务不再包括战争与结盟。普鲁塔克接着说道,出任皇帝的使节是获取名声的一个可能途径,但更好的是法庭事务或把一个派别的力量限制在它自己的城邦中,或者更好的是,获得一位有权势的庇护人的支持(804c – 806f)。

[294]在这篇论说文接近中间的地方,普鲁塔克回到有限的城邦权力这一主题。他在这里更加明确地谈到这种限制的原因:

> 无论什么职务,在你即将担任的时候,你不能在心里只想到伯利克勒斯穿上将军斗篷时常提醒自己的那些思考:"注意,伯利克勒斯,你将要统治自由人,你将要统治希腊人,雅典的人民。"你必须也要对自己说:"你是进行统治的人,你自己也是被统治者,你统治的城市隶属于总督——凯撒的代理人。这些人不是平原上的持矛兵 [索福克勒斯《特拉基斯少女》行1058],这里也不是古代的萨迪斯,或有名的吕底亚军队。"既然

㉑ 在《政治准则》之外,墨涅马科斯并不为人所知。鉴于普鲁塔克在其他地方把著作题献给某个真实的人,因此墨涅马科斯不太可能只是一个文学虚构。参 Renoirte(1951)页 69 – 81。墨涅马科斯可能是《论流放》的接受者,正如在《政治准则》中所言,墨涅马科斯被认为是一位流放的萨迪斯人(600a; 601b),是政治生活的不稳定性的例证。

你看到他的靴子在你的头顶上,那么你应当更大方地整理你的斗篷(arrange your cloak),并从总督的观点看待演说家的讲坛,㉒不要对你的王冠有太多的自豪或自信。(《政治准则》813d-e)

在一幅暴力被抑制的强有力的形象中,普鲁塔克提醒墨涅拉科斯,在希腊政治家的头顶上立着罗马总督的军事之靴。罗马与罗马军队必须构成希腊政治家的政策与行为的精神背景。普鲁塔克接着写道,希腊政治家应当模仿演员,不要逾越"由统治者给予的权力的节奏和韵律(τοὺς ῥυθμοὺς καὶ τὰ μέτρα)"(813e-f)。㉓那么,希腊政治家必须意识到希腊城邦在更大的罗马帝国中的位置;他或许确实可以把自己看成伯利克勒斯的继承人,但他也是罗马皇帝的臣民。普鲁塔克接着写道,"被嘘声哄下舞台"(ἔκπτωσις)带来的不是观众的嘲笑,而是——用不为我们所知的一部悲剧里的话——"可怕的惩罚者,砍断脖子的斧头"(δεινὸς κολαστὴς πέλεκυς [295] αὐχένος τομεύς):这幅图像是否要从字面上加以理解仍然很不清楚,这是不祥的。ἔκπτωσις一词因其剧场联想而被选择——ἐκπίπτειν被用于一位被嘘声赶下舞台或讲台的演员或演讲者。除此之外,它还传达出激怒统治权力可能带来的非常真实的危险:ἐκπίπτειν通常指

㉒ βλέπειν ἀπὸ τοῦ στρατηγίου πρὸς τὸ βῆμα. 文本可能有错乱。本人的译文依据 Russell(1993)页 164。Swain(1996a,页 166)追随 Jones(1971,页 133),译为"从你的总部往外看到总督的审判席"。στρατηγός 一词可以用于一位地方长官(在 Swain 的书有所提及)或罗马总督(Mason 1974,页 155-158)。Jones 主张手稿中的文字应为 πολὺ φρόνημα πιστεύειν,他引用了《小加图传》11.8 作为对比,但 Ziegler 校订了后一篇文本。

㉓ 关于把政治家比作演员的比喻,参 Becchi(1995);Swain(1996a)页 178-179。

被流放。普鲁塔克接着写道,这样一种机运——无论事实上这可能是什么——降临到墨涅拉科斯的同伴萨迪斯人帕达拉斯身上,在他"忘记界限"(forgot the limits, ἐλαϑομένοις τῶν ὁρίων)的时候。㉔

　　普鲁塔克接着写道(814a),政治家不应该像某些人所做的那样,煽动普通民众,"劝说他们模仿他们祖先的行为、信心与英勇事迹,这些东西都不适合于当今的时代与境况"(ἀσυμμέτρους τοῖς παροῦσι καιροῖς καὶ πράγμασιν)。这样做是可笑的,但惩罚——普鲁塔克阴郁地警告道(814a)——"远远不是可笑的"(γέλωτά τε ποιοῦντες οὐκέτι γέλωτος ἄξια πάσχουσιν)。希腊历史是一个强有力的图腾,不要鲁莽地或在错误的环境中召唤它。普鲁塔克写道,在对民众发言时能安全使用的历史事例是那些促进城邦内部和谐与节制的事例,如公元前403年雅典宣布大赦那些参与寡头派政变的人。"但马拉松、欧里梅敦、普拉泰亚,以及所有其他使大众骄傲自满、鼻孔朝天的例子应当留在智术师学校里面"(814c),也就是说,应当留给精英阶层中的正式激辩,而不是留给普通民众的大众集会。考虑到普鲁塔克在《对比列传》和其他地方都强调过模仿历史人物的重要性,特别是普鲁塔克如此频繁关注的是过去的军事行动,这一建议引人注目。㉕ 也就是说,听众的组成,在什么背景下唤醒历史,显然都至关重要:用历史荣耀的传说来煽动大众,可能会导致暴乱和罗马的干预。普鲁塔克暗示,在文学沙龙或在历史著作中重新讲述,并理想化地描述古典历史是与之不同的。同样的历史、同样的事件,在不同的背景中可能有着不同的含义。

　　普鲁塔克现在转而谈论同罗马精英阶层成员的个人交往问题,关于这类交往,某些群体人物研究已经有所揭示。普鲁塔克说道:

㉔　比较825b-d及下文页298。

㉕　参上文,第一、第二章与页97-98。

"政治家应当始终在当地最有权势的一群人(the most powerful people up there, τῶν ἄνω δυνατωτάτων)中有一位朋友,作为他的施政(πολιτεία)的坚固保障;[296]因为罗马人自己在他们朋友的政治利益方面是最热心的。"(《政治准则》814c)这句话中ἄνω的使用似乎使罗马帝国类似于波斯帝国:㉖一语双关,既暗示了罗马的他者性(otherness)与威胁,但可能也通过迅速切换到遥远的往昔而缓和了隐含的批评。那么,在保护一个人的城邦或为它获得利益的时候,个人联系可以是最为重要的(814c–d),但这应当是参与罗马行政事务的限度。普鲁塔克接下来批评了那些在帝国行政部门谋求职位的人,他声称,这一行为将导致他们忽视他们"在家乡"(τὰ οἴκοι)的责任,也就是说,在他们自己城邦的责任(814d–e)。㉗普鲁塔克也批评了那些提请"统治者"(τοῖς κρατοῦσιν)裁决争端的人,那些争端本来应该在没有外界干预的条件下得到解决(814e–815c)。当然,在"风暴"降临到城邦的时候,政治家应该保持坚定。普鲁塔克这样说显然指的是动荡使罗马人反感的时候。普鲁塔克解释道:"尼禄治下降临到帕加马人(Pergamenes)身上的动乱,最近在多密提安治下降临到罗德斯岛人身上的动乱,以及更早色萨利人活活烧死了佩特拉

㉖ Jones(1971)页113注22;Swain(1996a)页176–177。

㉗ 参Swain(1996a)页168–171。在罗马机构中任职这件事可以为了不同的修辞目标,以不同的方式呈现。在《论心灵的平静》470c处,渴望这样的职位被用来作为缺乏心灵平静(εὐθυμία)的例子。《如何从敌人那里获益》的发言对象是科奈利乌斯·普尔切,他是一位在帝国行政机构中占据高位的希腊人(同上,页163)。在短文的开头,他的政治行动受到了赞扬,虽然,意味深长地,文中没有提到他的帝国官职(86b)。然而,在92d–e处,普鲁塔克采取了一种批评性的语调,鉴于"法庭与政府中可耻的、奴隶般的权力"(αἰσχρὰς καὶ ἀνελευθέρους δυνάμεις ἐν αὐλαῖς ἢ πολιτείαις)是阿谀奉承者的可能报酬;但是,接下来说,他想到的是波斯帝国(太监、妃嫔、总督辖地),从而缓和了这一批评。

欧斯之后在奥古斯都治下降临到色萨利人身上的动乱都是这样。"(815d)㉘在著作的剩余部分,普鲁塔克呼吁要维持城邦内部的和睦与和谐,包括政治家之间以及普通民众之间的和谐。这一呼吁背后是对罗马粗暴干预的可能性的认识。维持这种和谐是希腊政治家的主要工作。普鲁塔克在他的最后一章中总结道:

> [297]但最好的是事先就有所留意,以使得局部的不和永远不会发生,并认为这是——如其所是——政治家的技艺中最伟大、最精微的部分。关于城邦最大的那些福祉——和平、自由、繁荣、人口众多,以及和谐,就和平而言,民众并不需要政治家,至少现在是这样;因为所有战争——希腊人和蛮族的战争——都已离我们而去,并且消失了。而且关于自由,民众拥有的自由像统治者许可的那么多,或许更多的自由也不会更好;但是土地富饶的生产力,季节的温和特性,与他们的父母相像的孩子的出生[赫西俄德,《劳作与时日》行235],以及他们的子女的安全,这些事情都是明智的政治家将要祈求神明赐予他的公民的。(《政治准则》824b–e)

这一段曾经被某些人解释为默许甚至乐见罗马统治这一事实的陈述。但在这里表达这样的情绪并不是普鲁塔克的目的。毋宁说,他的目的是清楚地表明,留给希腊城邦的政治家的唯一的行动领域是维持内部秩序。而且,这种秩序的维持至关重要,因为如果

㉘ 关于在帕加马发生的事件,比较塔西佗《编年史》16.23.1。佩特拉欧斯是色萨利地区凯撒党人的领袖,在凯撒死后被处决了(凯撒《内战记》3.35.3;西塞罗《腓利比克之辩》13.33)。罗德岛上的事件在其他地方都没有被提及。

内部秩序遭到破坏,罗马人势必会进行干预。㉙一如既往,普鲁塔克并没有提及罗马人之名:他们威胁性地站在阴影里,如果精英的私人竞争在城邦中导致动荡的话,他们将准备进行暴力干预。

普鲁塔克接着写道,政治家要试图调解纠纷中的那些人:

> 然后他应当一个一个地教导他们,也要把他们放在一起进行教导,还要提到希腊事务的脆弱性。在希腊事务中,对明智的人来说更好的是享受,在宁静和谐中过他们的日子,因为机运没有为公开竞争留给我们任何奖赏。对于那些成功的人,有什么领导权力、什么光荣呢?那是一种什么权力啊!总督的一份小布告就[298]可能取消它或把它转移给另一个人。那种权力,即使它持续存在,难道不仍是一文不值?(824e–f)

希腊是脆弱的;罗马的权力潜在地是专制的。罗马的干预必须被避免。普鲁塔克接着写道,小的竞争可能会导致大的动荡。为了说明这一点,普鲁塔克援引了两个来自希腊历史上的例子:公元前四世纪在德尔斐发生的革命(νεωτερισμός),起于两个高贵的家族之间的竞争;在叙拉古发生的一个由爱生妒的例子——这件事可能发生于公元前485年,它导致了宗派主义(factionalism, στάσις)和政体的颠覆。这两桩事都取自《政治学》1303b17–1304a4,或许它与《政治学》都基于相同的资料来源,亚里士多德在那里警告了宗派斗争的危险。㉚普鲁塔克对历史事例的选择意味深长:希腊城邦独立时

㉙ 比较普卢萨的狄翁的演说中对内部和谐的呼吁(例如《演说集》34、38),以及当时铭文中对ὁμόνοια的强调(Sheppard 1984—1986)。比较埃利奥斯·阿里斯泰德,《论罗马》67–71。

㉚ 参Newman(1902)页319–321。关于德尔斐发生的事件,参Parke(1939)页234–235。

代的传说有用且有教益,在合适的情况下即使在民众面前或许也能使用它们。但它们必须与环境相吻合。普鲁塔克用来结束全文的例子对墨涅马科斯来说"离家不远"(close to home, οἰκεῖα παραδείγματα):在他自己的城邦萨迪斯中,帕达拉斯与第勒努斯之间的敌意导致了叛乱与战争,以及——虽然普鲁塔克没有详细解释——罗马人的报复(825b–d)。[31]

那么,在《政治准则》的语境中,罗马是一个外部的、具有潜在威胁的势力。这里丝毫没有两种平等文化平行存在的感觉。这一事实更加清楚地显示出普鲁塔克在《对比列传》中的方案的惊人特质。它也提醒人们,不要假定普鲁塔克在那里对对比结构的使用与他关于罗马和希腊文化关系的"真正"观点之间存在简单的联系。背景一如既往地重要。《政治准则》中出现的罗马的黑暗形象使我们做好准备,对《对比列传》作出更具问题性、更富竞争性的解读,《对比列传》在某种程度上可以被视为一份文化抵抗宣言。

第二节 以对比方式写作:《伦语》

普鲁塔克在《列传》中对罗马文化与希腊文化的对比式描绘,在他的非传记著作中的两个系列文本中已有所预示。第一个系列文本是《希腊问题》与《罗马问题》。然而,在这里,罗马文化与希腊文化并没有[299]被描绘为人的世界整体(the human cosmos)的对立两极:还存在着第三极,即佚失的《蛮族问题》(《拉姆普里阿斯目录》139号)。第三极的存在暗示了对罗马文化更具问题性的、更负

---

[31] 普鲁塔克所指的具体事件、事情发生的日期以及帕达拉斯的身份,现在都不为人所知。参 Hanfmann(1983)页144。

面的描绘,罗马文化处于希腊与蛮族之间的某个地方。那么,普鲁塔克在这些文本中远远没有假定希腊与罗马是一种单纯的、宽广的、文明化的文化的两个组成要素。而且,虽然普鲁塔克以对比方式呈现了这两种文化,但他把他本人和他的听众描绘成坚定的希腊人,一种文化的局内人(insiders)和另一种文化的局外人,尽管他们接触了后者并在其中受到了教育。正如标题所表明的那样,《希腊问题》(Αἴτια Ἑλληνικά)很明显从卡利马科斯的《起源》(Aitia)和古老的希腊原因论(aetiological)传统中借鉴了很多。㉜ 正如我们在阿特奈奥斯的《哲人席谈》以及普鲁塔克本人的《漫谈录》(Συμποσιακά)——其中记叙了一系列讨论(προβλήματα)的论题——中都能看到的那样,这种希腊的"古物学"(antiquarian)研究在公元前二世纪特别流行。《希腊问题》的叙述模式是涵括性的(inclusive);作者把他本人描绘成一位局内人。总体说来,问题与地方事务有关:"在伊塔卡的民众之中谁是 Koliadai,什么是 phagilos?"(14,294c)。在少数情况下,其关注的问题是更广泛的希腊文化,如(10,293a)"什么是躲羊草"(τί τὸ φυξίμηλον)?通过对地方性希腊习俗的原因学的这一探究行动,作者与读者被结合为同一个更广泛的希腊共同体的成员,罗马人从这个共同体中被排除出去。在《罗马问题》中,叙述模式是排他性(exclusive)的;普鲁塔克把他本人和读者描述成局外人。用一个模糊的"他们"作为主语来提出问题。例如:"他们[罗马人]为什么不娶那些和他们有近亲关系的女人?"(108,289d)。值得注意的是,在记叙罗马人对希腊竞技运动的批评时,普鲁塔克感到,他自己被迫进行干预来缓和这一批评(274d-e)。普鲁塔克解释了罗马风

㉜ Boulogne(1992)页 4683-4687。

俗,并翻译了拉丁语词和拉丁名称,㉝偶尔以第一人称提到希腊人。㉞ [300]我们或许会拿《罗马问题》与奥维德的《岁时纪》进行对比;在《岁时纪》中,叙述者、倾听者与读者都作为局内人被联系在一起,他们是同一个共同体的成员,对他们来说,祭典历表(ritual calendar)连结着过去和现在,提供了一种理解他们自己身份的方式。㉟ 那么,《希腊问题》和《罗马问题》把希腊文化与罗马文化描绘成不同的[文化],当把它们并列放置时,这种差异就显现了出来。在罗马风俗不同于希腊风俗的地方,普鲁塔克把罗马风俗挑出来,并对其进行评论,在普鲁塔克笔下,罗马风俗来源于希腊:希腊文化提供了衡量罗马的尺度。㊱

另一套预示了《对比列传》的对比主义的系列文本,是关于罗马与亚历山大的展示性演说。这些文本中的第一个系列,或许可以加上《论罗马人的机运或德性》的标题,作者可能想把它们与《论亚

㉝ 例如 13,266f;62,279b;72,281a。

㉞ 例如40,274b;57,278c-d。当然,在其他语境中,普鲁塔克也可能同样把自己描绘成罗马人。拉丁作家撒路斯特(例如《加图传》6.5)与塞涅卡(《书简》89.7),也都用第三人称指代罗马人:Bowersock(1968)页262。狄奥·卡西乌斯——他经常解释罗马制度(54.24.7-8;54.26.16-17;55.8.6-7)——也能把他自己描述为罗马人(例如39.38.1)。另一方面,路吉阿诺斯——他的身份始终是希腊人——在提到那些与蛮族作战的罗马士兵时,称他们为"我们的人"(《亚历山大》48)。同样,像普罗科匹厄斯这样解释基督徒行为的拜占庭史家,我们也不能断定他们要么本人是异教徒,要么为异教徒读者写作。比较 Alan 与 Averil Cameron(1964);Averil Cameron(1966)页470-472,(1985)页113-119。

㉟ 例如,在 1.277-288、529-538、587-616处。关于《岁时纪》的这一方面,参 Beard(1987)。

㊱ 比较 Boulogne(1994),页115-124。

历山大的机运或德性》中的一篇或两篇放在一起借阅读或聆听。㊲如果是这样的话,那么,亚历山大的帝国将会被拿来与罗马对比,对比主义的这一实例后来在《列传》中达到了极致。它是一个发人深省的对比。在关于罗马的演说辞的一个著名段落中(316e – 317c),普鲁塔克把罗马强行给世界带来秩序和稳定,比作柏拉图《蒂迈欧》中有秩序的宇宙的建立。㊳ 这一段落不能被理解为对罗马在希腊的统治的简单接受。最为显见的是,这篇演说辞是一种展示(epideixis),可能是一篇赞辞(enkomion),最初的听众与场景已不为人知,但在一篇以罗马人的德性与机运为主题的演说辞中赞颂罗马,这并不出人意料。这一比较或许确实是传统性的;埃利奥斯·阿里斯泰德斯在他的赞颂性演说《论罗马》中运用了这一手法(103 – 105)。㊴ 意味深长的是,赞颂罗马帝国的用语是古典希腊哲学的;罗马得到了赞扬,但是是用希腊术语赞扬的。而且,强调罗马为混乱中的世界提供了稳定,这一强调仅仅与亚历山大之后的希腊世界有关。[301]在《列传》中,普鲁塔克也把希腊化时期的历史描述成一段衰败、无序的时期,正如这里一样,甚至把它比作无序宇宙的混

㊲ 那些给前一篇文本加上标题的抄本把它题为《论罗马人的机运或德性》(Περὶ τῆς Ῥωμαίων τύχης ἢ ἀρετῆς) 或《罗马城邦是属于机运还是德性?》(Πότερον τὰ Ῥωμαίων πράγματα τύχης ἢ ἀρετῆς;)。然而,在《拉姆普里阿斯目录》中,它只简单地被题为《论罗马人的机运》(Περὶ τῆς Ῥωμαίων τύχης)。关于这两篇演说之间的"对比",比较 Swain(1989d)页 504 注 2。Schröder(1991)不那么令人信服地提出,普鲁塔克的每一篇关于亚历山大的演说辞,最初都有一篇主张相反观点的演说辞与之配对。

㊳ Dillon(1997),页 236 – 238。比较《论神罚的延迟》550d – e,在那里,神在宇宙中创造出秩序是为了激励人在他们的灵魂中创造出秩序。

㊴ 参 Oliver(1953)页 874 – 878、页 883 – 884 与页 946,以及 Swain(1996a)页 275 处的批评与参考文献。

乱(《德米特里乌斯传》5.1)。㊵ 事实上,普鲁塔克避免讨论罗马对希腊的征服或罗马对希腊城邦的统治;他在这方面的笔触,仅限于简短提及希腊化时期国王腓力五世与安提奥科斯的战败(323f;324c-d)。㊶ 那么,关于罗马的演说辞并没有把罗马描绘得比希腊更强大;毋宁说,从它与关于亚历山大的演说辞被并列放置这一语境来看,它表达了两种文化之间的可比较性——这种可比较性揭示或至少暗示了某些根本性的差异。值得注意的是,通过比较可以看到,对亚历山大帝国的文明化使命——把教化(paideia)带给蛮族——的强调在对罗马的处理中缺失了,在对罗马的处理中强调的重点更多的在军事德性以及天意(τύχη)的眷顾上面。㊷ 这篇演说辞以一个梦境结尾——亚历山大的军队与罗马军队之间发生了冲突,罗马得以占先一步(326a-c),只是由于机运的干预,除掉了亚历山大。这是一个值得注意的结尾,它简短地在两个帝国之间作了明确的对比,颠覆性地暗示罗马的胜利完全凭运气。㊸

正如在《希腊问题》与《罗马问题》中那样,在关于亚历山大和罗马的演说辞中,普鲁塔克把罗马历史、文化放在希腊历史、文化的旁边,从而鼓励对比、揭示差异。但是,正是在希腊框架中进行了这种对比。这一策略在《对比列传》中达到它最为完善的形式,在《对比列传》中,作者把罗马历史和希腊历史放在一起,并用希腊政治与

㊵　参上文页115。

㊶　Swain(1989d)页516。比较《斐洛波门与弗拉米尼努斯传》,普鲁塔克在那里确实谈到天意希望希腊被征服(参下文,307页)。关于《列传》中的天意与希腊的被征服,参 Swain(1989b)页279-298。

㊷　关于这篇论说文中"天意"的含义,参 Swain(1989d)页506-507;比较上文第四章注81。

㊸　对比李维9.16.19-9.19.17处对这一点的强烈否认。比较 Breitenbach(1969)。

哲学的话语来解释和评判二者。

第三节 以对比方式写作:《对比列传》

《对比列传》的对比结构以及将罗马传主与希腊传主并列放置的做法,都把聚光灯照在身份问题上。希腊与罗马是怎样被建构出来的?通过采纳这种极其新颖的历史写作手法,普鲁塔克能够[302]在久远往昔这一被保护的、安全的空间中探询身份问题。不同于哈利卡纳苏斯的狄奥尼修斯笔下的罗马人,普鲁塔克笔下的罗马人不是希腊人的后裔。狄奥尼修斯把罗马描绘成一个希腊城邦,由希腊人建立,由于它遵守希腊德性才逐渐走向成功。㊹ 通过强调罗马的希腊起源,罗马统治世界这一事实更加被人认可。然而,普鲁塔克笔下的罗马人也不是蛮族,他们被并排放在希腊人旁边,在某种意义上与希腊人势均力敌。显然,正如我们已经注意到的那样,在"对比"中,罗马人丝毫不输给希腊人。但是,读者正是从希腊中心主义的立场来看待普鲁塔克笔下的罗马人:普鲁塔克运用希腊的政治与伦理模式来提供描述罗马人行为的概念框架和评判罗马人行为的标准。正如在《希腊问题》与《罗马问题》中那样,在《对比列传》中,作者与听众都被构想为希腊人——在希腊历史方面知识渊博的局内人、罗马历史方面的局外人。比起希腊制度与希腊词汇,普鲁塔克花了更多心思来解释罗马制度与拉丁词汇。㊺ 对比结

㊹ 参 Hartog(1991);Gabba(1991)页 109-110。
㊺ 最为显著地在《忒修斯与罗慕洛传》中。比较《克拉苏传》7.1,普鲁塔克在那里解释了庞培的绰号"马格努斯"(Magnus)的含义。亦参《埃米利乌斯传》3.2;《凯撒传》37.3;《卡米卢斯传》13.1;《老加图传》16.1-3;《科瑞欧拉努斯传》19.1;《苏拉传》1.7,37.7。Cerezo Magán(1992)页 16-18 给出了更多的例子。

构使得对罗马历史的挪用更加明显:依据前一篇希腊列传所阐明的标准和主题来评判和分析每一位罗马传主。在此意义上,每一对列传中的两篇列传通常被放置的顺序具有文化意义:希腊列传建立了评价标准,罗马列传必须要依照它得到评判。应用于罗马人物和希腊人物身上的道德范畴毫无疑问是希腊的:罗马人按照希腊标准进行评判,罗马历史中的人物又被用作希腊道德与政治诫命的范例。

对希腊透镜——通过该透镜投射出他的罗马人的形象——的这种使用具有如下效果:既可以不时歪曲罗马政治家的动机以及罗马政治的运作方式,也暗示了——尽管是隐晦地——希腊文化与政治模式的普遍性。因此,正如 Christopher Pelling 已经论证的那样,普鲁塔克用"少数"(the few)和"多数"(the many)这样的术语来描绘罗马政治:由此,共和晚期罗马政治的复杂性被重铸成简单的二元对立。这导致普鲁塔克模糊了多个罗马民众集会的复杂性,没有区分它们不同的人员组成与不同的政治品性。在普鲁塔克的投射中,重要的是[303]被描绘成希腊城邦的议事会($βουλή$)的元老院与被描绘成潜在地不服统治的暴民的民众($δῆμος$)之间的对立,这一对立在许多希腊政治思想中是中心性的。这一框架导致普鲁塔克把罗马元老院内部的竞争性团体,平民派(populares)与贵族派(optimates)之间的争斗,等同于反对元老院的民众的争斗。与此相似的是,普鲁塔克淡化了晚期共和国的冲突中意大利农民与骑士阶层的作用,这两个群体与普鲁塔克的政治框架不吻合。阿庇安与此相反,他的解释受到古典希腊模式的影响要小得多。对普鲁塔克来说,罗马君主的目标是僭政,诸如追求荣耀(gloria)或关注高贵(dignitas)这样的愿望并没有被发展起来。[46] 与此相似,像古老习俗

---

[46] Pelling(1979)页 78,(1980)页 137,(1985)页 325 – 326,(1986a)页 163 – 187。

(mos maiorum)或敬重(pietas)这样的罗马概念被忽略了。

在《凯撒传》中能够清楚地看到,普鲁塔克用来投射他的罗马历史形象的透镜是起作用的。在这里,普鲁塔克使得凯撒的生涯符合希腊政治思想中一位常见的典范人物:凯撒是一位大众领导者,通过蛊惑人心的手段获取了权力,并用那种权力把自己武装成一位僭主;当民众起而反对他僭妄的统治方式时,他被谋杀了。那么,凯撒被鉴定为希腊文学中的两类"典型人物":蛊惑民心者和僭主,这两类人都带有明显负面的含义。[47] 在凯撒地位上升、获取权力的过程中,他被描绘成一位典型的希腊的蛊惑民心者:鼓动暴民反对元老院中更加节制、更加合法的领导者们。对凯撒僭政的暗示很早就出现了,[48]并且在他被任命为终身独裁官时达到了顶峰,普鲁塔克将这一任命描述为"公认的僭政"(an acknowledged tyranny, ὁμολογουμένη τυραννίς)(57.1),这一描述清楚地指向柏拉图在《王制》562a–576b 处对僭主生涯的讨论,僭主起初是民众的卫士,最后在"公认的僭政"中奴役民众。[49]

不仅罗马政治按照希腊模板进行了重新描画,而且希腊的诸德性——常常取自柏拉图或哲学的希腊共通语(koine)——构成了评价个人行为的标准。普鲁塔克以标准的希腊式灵魂二分——偶尔以柏拉图式的灵魂三分——来描述罗马传主的灵魂状态。对激情的控制,教育的重要性,柔和(douceur)的品质:普鲁塔克以这些希腊伦理的关怀来评价罗马传主们,他们也提供了这些希腊伦理关怀

---

[47] 关于蛊惑民心者与僭主作为普鲁塔克作品中的典型人物,参 Wardman(1974)页 49–57。普鲁塔克似乎把阿里斯托芬作品——尤其是《骑士》——中克里昂的形象作为所有蛊惑民心者的原型(比较《德米特里乌斯传》11.2)。参上文第五章注 61。

[48] 例如 4.8;比较 6.3、6.6、29.5、30.1。比较 35.8 处他的话。

[49] Pelling(1997b)页 221。

的例证。[304]马略是不满(μεμψιμοιρία)与贪婪(πλεονεξία)之危险的负面典型。加图并没有按照节制与调和硬与软的理想去生活，在与他对比的福基翁身上则体现了这一理想。科瑞欧拉努斯是一个充满血气(θυμοειδής)的人的典型，他无法控制自己的愤怒(ὀργή)。苏拉是一个野蛮的蛊惑民心者。法比乌斯·马克西穆斯是一位明智领袖的典范，他抵抗住了那些平民派领袖的攻击。在《伯利克勒斯与法比乌斯传》中凸显的与其说是这两篇传记的细节，倒不如说是它们共有的、希腊式的政治—道德主题：伟大领袖在面对不受控制的暴民和棘手的蛊惑民心者时的平静与理性(πραότης)。(50) 在《伽尔巴传》与《奥托传》中，"四帝之年"(Year of Four Emperors)所发生的事件被作为例证来说明失控激情的危险。(51) 通过把希腊价值观运用到罗马历史上，普鲁塔克把罗马历史转移到希腊文化传统之中。

对希腊价值观的这种运用——通过它来评判罗马传主——在涉及希腊教育问题的地方最为清楚。在《皮洛士传》(16.7)与《弗拉米尼努斯传》(5.6－7)中，普鲁塔克小心地指出希腊人的预期——罗马人是蛮族——落空了。像波里比乌斯以来的几乎所有希腊作者一样，普鲁塔克并没有称罗马人是蛮族(βάρβαροι)；"蛮族"，现在只用于那些既非希腊人也非罗马人的族群，因此普鲁塔克和狄奥尼修斯都把与罗马人打交道的那些非希腊人称为蛮族，(52)在

---

(50) 参 Stadter(1975;1987)。

(51) 参 Ash(1997)。

(52) 例如狄奥尼修斯《罗马古史》1.16.1，1.20.1；普鲁塔克《埃米利乌斯传》4.3；《马略传》14.1；《塞多留传》14.1。

某种意义上使他们成为与希腊人作战的"蛮族"波斯人的对应。㊼
罗马人或许不是蛮族,但那是因为他们已经采纳了希腊世界的文明标准;而使罗马人受到评判的正是希腊世界的标准。㊾ 正如 Simon Swain 已经论证的那样,一位罗马人达到的希腊化程度始终是一个问题,在某种程度上,人们假定希腊式教育所针对的对象不是希腊人。[305]某些罗马人,如科瑞欧拉努斯、老加图或马略,都抵制希腊主义的影响,相当危险地接近于蛮族主义。㊿

在普鲁塔克探询罗马对希腊的征服这一问题的两篇或两对列传中,这种对希腊文化模式的微妙拥护非常清楚。第一篇是《马克卢斯传》,传主是叙拉古的罗马征服者。普鲁塔克对他的处理丝毫不是"反罗马的"。在列传的开篇,普鲁塔克就强调了马克卢斯的好战天性,但也强调了他早年对希腊文学和文化的热爱:"他是如此热爱希腊教育($παιδείας$)与文学($λόγων$),以至于他敬重并称颂($τιμᾶν\ καὶ\ θαυμάζειν$)那些擅长这些方面的人"(1.3)。然而,普鲁塔

㊼ 比较对公元前 395 年的科林斯战争以及对庞培与凯撒之间战争的类似指责,指责它们把人们的注意力从征服东方中转移开来(《阿格西劳斯传》15.2 – 4;《庞培传》70.1 – 7)。把希腊人与蛮族用作道德术语(例如《尼基阿斯与克拉苏传》2.7;《吕山德传》27.7;《斐洛波门传》8.1;《凯撒传》2.4:$ἀπαιδεύτους\ καὶ\ βαρβάρους$;《阿尔塔薛西斯传》6.8)可以追溯到公元前五世纪或者更早(例如修昔底德,1.77.6)。在普鲁塔克的时代,这一联想性框架依然很活跃(例如 Chariton,5.2.6,6.4.10,6.5.8);Bowie(1991);Scobie(1973))。关于普鲁塔克对希腊人—蛮族这一对立范畴的运用,参 Nikolaidis(1986)。亦比较《苏达》把 $Ἕλλην$ 解释为 $φρόνιμος$,赫西基奥斯把 $Ἕλληνες$ 解释为 $φρόνιμοι\ ἤτοι\ σοφοί$。

㊾ 比较普卢萨的狄翁拒绝把罗马人归为蛮族人一类(尽管比较《演说集》32.40 与 45.1),但他确实认为希腊文化更好(比较 Bowie 1991,页 194 – 201)。关于埃利奥斯·阿里斯泰德斯,参 Swain(1996a)页 279 – 280。

㊿ Swain(1990b);在氏著(1996a)页 140 – 144 有部分概述;比较 Pelling(1989)。参上文页 76 – 77、页 108 – 110(马略)、页 206 – 212(科瑞欧拉努斯)。

克告诉我们,罗马人在这一时期发动的持续战争阻止马克卢斯进一步进行这种教育。

《马克卢斯传》中考察普鲁塔克对希腊与罗马文化之间关系的评价的关键时刻,是马克卢斯对希腊城邦叙拉古的洗劫与掠夺。这件事很容易被描绘成一桩野蛮的行动,㊉而普鲁塔克则把责任归于那些不服统治的士兵们,并显示出马克卢斯为城邦的机运和阿基米德之死感到悲伤,并为之落泪(19.1 – 12)。普鲁塔克接着写到,直到那时为止,人们害怕罗马人是因为他们的军事技能,"但罗马人并没有给出任何高雅(gentleness, εὐγνωμοσύνης)、人道(humanity, φιλανθρωπίας)以及总的说来政治德性(political virtue, πολιτικῆς ἀρετῆς)的典范"。然而,马克卢斯因为他的宽厚和仁慈,"在那个时候似乎成为第一个向希腊人证明罗马人特别公正的人"(20.1)。㊌利用从叙拉古带回来的那些战利品,马克卢斯"用那些拥有希腊式乐趣、魅力与说服力的景观使罗马变得丰富多彩"——这座城市直到那时为止都满是蛮族的武器和从罗马此前的战争中所得到的血腥的战利品(21.2 – 4)。普鲁塔克告诉我们,对罗马的这种希腊化不受某些罗马人的欢迎。"但是虽然如此,马克卢斯甚至自豪地对希腊人说到,他宣称他教会无知的罗马人去尊重并称颂(honour and admire, τιμᾶν καὶ θαυμάζειν)美丽、奇妙的希腊事物。"(21.7)那么,作为个人,马克卢斯表现得相当不错。马克卢斯远不是一个邪恶的掠夺者,他是一个仁慈、有德性的人。但是,这一叙述对于希腊与罗马文化的相对价值[306]的暗示是惊人的。在罗马历史的早期,罗马人除了战争之外不了解其他技艺,其结果是他们不了解希腊文

㊉ 如李维 25.40.1 – 3。参 Wardman(1974)页 130;Pelling(1989)页 201 – 205。

㊌ ὑποδεῖξαι τοῖς Ἕλλησι δικαιοτάτους [C Reiske; δικαιοτέρους] Ῥωμαίους.

化,也不能欣赏文学艺术和视觉艺术。马克卢斯显示出罗马人也可以是公正的,从而使希腊人大吃一惊,他还教会了某些罗马人——虽然不是全部——欣赏希腊文化。意味深长的是,这一切都是马克卢斯早年在希腊语言和文学方面的训练的结果。但是,正如普鲁塔克在列传开篇所强调的那样,马克卢斯的希腊教育是有限的;对普鲁塔克来说,好战是马克卢斯的品性特征,也是这个时代罗马人的普遍特征,希腊教育对它的缓和作用并不充分,正是好战最终导致马克卢斯被激情($ἔρως$;$πάϑος$)征服,对汉尼拔发起了草率和灾难性的攻击(28.3－6;比较《佩洛皮达斯与马克卢斯传》3.3)。㊽ 当然,与马克卢斯作对比的希腊传主佩洛皮达斯相当优秀的各种德性不需要这样的解释:他本人就是希腊人。㊾

在同一篇列传中普鲁塔克对希腊数学家阿基米德的处理上,也能清楚地看出希腊文化的优越性(《马克卢斯传》14－17)。阿基米德凭借他在军事工程方面的高超技艺成功地拦阻了庞大的罗马军队,使他们在海湾停留了一段时间。㊿ 然而,普鲁塔克强调说——这一强调可能是错的——阿基米德从事工程仅仅是作为真正研究几何学的副产品(《马克卢斯传》14.7－8;17.5－12)。普鲁塔克赞许地引用了柏拉图关于几何学比机械学优越的观点(14.9－11),甚至以非常柏拉图式的语言描绘了阿基米德。㉑ 这种贬低工程学、偏

㊽ Pelling(1989)页205－208。

㊾ Swain(1990b)页131－132以及页140－142(亦见1995,页239－240与页254－256)提到了这些德性中的一些。

㊿ 关于接下来所发生事情的细节,参Culham(1992)。正如她正确宣称的那样,普鲁塔克对叙拉古围城的处理不是"反罗马的",但它确实坚定地支持希腊工程学观念的优越性。

㉑ 前揭,页184－186。《马克卢斯传》14.9:阿基米德是创造者(the creator,$δημιουργός$);比较柏拉图《蒂迈欧》29d－30c、17.3:他是叙拉古人的身体($σῶμα$)的灵魂($ψυχή$);比较柏拉图《斐德若》245c－246a;《法义》896e－897b。

向于纯数学的倾向在希腊哲学传统中根深蒂固,而且,意味深长的是,这种倾向贬低罗马技艺的一个领域,而赞扬希腊技艺的一个领域。普鲁塔克似乎也把阿基米德以他的"富于灵感的"知识而赢得的真正的荣耀(δόξα),与这篇列传的传主马克卢斯显然更加暗淡的荣耀进行了对比(14.3),以及与关于阿基米德之发现的错误意见(δόξα)进行了对比(17.10)。[62] 罗马人马克卢斯确实攻下叙拉古这一事实被贬低了,且被归因于节庆期间夺取了一个塔楼(18.3-5)。阿基米德"尽他自己的能力,[307]使他本人和叙拉古未被征服"(18.1)。在这里,希腊似乎对罗马人赢得了一次胜利,一次文化上的胜利,尽管这篇列传的传主和军事行动中的胜利者是一位罗马人。

最后,关于普鲁塔克对希腊与罗马文化的建构,《斐洛波门与弗拉米尼努斯传》提供了一个特别有趣的例子。[63] 这里,在现存列传中唯一一次,普鲁塔克把两位生活于同一时代的希腊人和罗马人进行了对比,这一时代是公元前三世纪晚期和二世纪早期,罗马征服希腊的时期。而且,斐洛波门与弗拉米尼努斯实际上彼此交锋过。读者或许认为这件事会迫使普鲁塔克表达关于罗马征服的观点。但是,事实上,普鲁塔克在他们各自的列传中,对这两个人和他们的政策都成功地抱有同情。这一双重呈现使普鲁塔克不用作出评判,而同时又允许他探询无疑对当时人对待罗马统治的态度具有强烈暗示的问题。[64] 结论留给了读者——正如本书已经多次强调的那样,这是一个非常普鲁塔克式的策略。这一点在《斐洛波门传》17.2

---

[62] 前揭,页186-189。

[63] 关于这一语境中的《斐洛波门与弗拉米尼努斯传》,参 Swain(1996a)页145-150;比较 Pelling(1986b)页84-89。

[64] 关于类似的双重呈现,参上文页133-135与页286。普鲁塔克避免过于清晰地表露出对当时历史的暗示,参页67-68。

-3 处最为清楚,在那里,普鲁塔克似乎既暗示了罗马对希腊的征服是诸神所乐意的,⑥也赞颂了斐洛波门捍卫希腊自由时的个人勇气:

> 罗马人已经打败了安条克,他们现在更执着于希腊事务,罗马人用他们的军队包围了阿该亚人,因为那些蛊惑民心者已经秘密投靠了罗马人。在神的帮助下,罗马人的军队在各个方向浩浩荡荡地不断前进,多变的机运的终点即将到来。但是,斐洛波门像一位优秀的舵手一样,抗击风浪,有时他被迫对时代让步、屈服(τοῖς καιροῖς),但在大多数事情上,他坚持不懈,他的反应是努力把那些擅长言辞或行动的人拉向自由。(《斐洛波门传》17.2-3)

[308]斐洛波门受到了赞扬;同一个比喻——同怒海搏斗的舵手——也被用在小加图同不可抵抗的机运所作的搏斗中(《福基翁传》3.3-4)。⑥⑥ 福基翁和斐洛波门——虽然小加图并非如此——也都知道何时进行妥协,向时代让步(τοῖς καιροῖς)。这也是墨涅马科斯在《政治准则》中所敦劝的(814a)。在此意义上,斐洛波门可以作为独立与实用主义——当时的希腊人在处理同罗马的关系时都要采取的实用主义——相结合的典范。⑥⑦

普鲁塔克避免提到斐洛波门或弗拉米尼努斯谁更优秀,或谁的

---

⑥ 在《弗拉米尼努斯传》12.10 处也如此。参 Swain(1989b)页 284-285,(1996a)页 151-161。

⑥⑥ 参页 140。

⑥⑦ 在"对比"的结尾,普鲁塔克宣称弗拉米尼努斯对希腊人的仁慈以及斐洛波门捍卫希腊人自由时的勇敢都值得赞颂(《斐洛波门与弗拉米尼努斯传》3.4)。

路线方针更好。在"对比"的最后,这种精心制作的平衡感最为明显(《斐洛波门与弗拉米尼努斯传》3.5)。⑱ 确实,在列传的最后,弗拉米尼努斯对汉尼拔的追击被描绘成由过分的荣誉之爱所驱使,被描绘成是残酷的(《弗拉米尼努斯传》20.2–3;21.1)。但这里丝毫没有简单的罗马低劣(Roman inferiority)的感觉。确实,普鲁塔克已经提到,正是希腊式的"斗争之爱"(love of strife, φιλονεικία)导致了罗马的征服,它也为罗马的征服作了部分的辩护。普鲁塔克把好辩描绘成一个典型的希腊式的弱点(《弗拉米尼努斯传》11.3–7)。⑲ 与弗拉米尼努斯相反,斐洛波门因为他容易受到这种品质的影响而遭到批评(《斐洛波门与弗拉米尼努斯传》1.4);这个特别希腊式的缺陷也毁了斐洛波门本人的晚年(例如《斐洛波门传》18.1–3)。因此,普鲁塔克准备承认希腊人比罗马人更容易犯某些错误。但是意味深长的是,分析的道德框架是希腊式的。《对比列传》的对比性结构鼓励读者比较希腊传主与罗马传主;注意力被集中在他们的列传所揭示的德性与恶行,而不是时间、地点这些细节。但是在评判两位传主的时候,使用的是希腊的价值观:普鲁塔克对希腊和罗马历史的重述完全以希腊的价值观为基础。用来评判罗马传主的正是希腊的诸德性,通过这种方式,希腊文化的普遍性——微妙地——得到了宣扬。意味深长的是,普鲁塔克对一位罗马人所作的最高赞美是,称罗马人努马——吊诡地——与斯巴达人吕库古相比是一位"更加希腊的"(more Greek, ἑλληνικώτερον)的立法者(《吕库古与努马传》1.10)。⑳

---

⑱ 参页 268–269。

⑲ 参 Walsh(1992),尤其页 221–226;比较 Jones(1971)页 100–102。

⑳ 比较《尼基阿斯与克拉苏传》2.7:尼基阿斯结束了阿基达穆斯战争(Archidamian War)是一次"最希腊的政治行动"(ἑλληνικώτατον πολίτευμα)。

第九章 对比主义的政治学

[309]在《对比列传》中,普鲁塔克并没有宣扬希腊—罗马文化统一性或文化和谐的讯息。毋宁说,普鲁塔克探询了希腊主义(Hellenism)与罗马性(Romanness)的含义。如果说他的著作有某种文化讯息的话,它就在于在"对比"手法的帮助下,把一种希腊视角强加在罗马历史上。在此意义上,《对比列传》可以看作是对罗马权力的希腊式回应,一份抵抗声明。普鲁塔克拒绝宣扬、宣称关于希腊与罗马是否有优劣之分或不相上下的作者观点,这也是他的总体立场的特征。本书从头至尾已经强调了,普鲁塔克的文本通过哪些方式来抵抗过分简单、单一意义的历史呈现,而进行了复杂的、探询性的、富有挑战性的呈现:它们邀请读者进行挑战和深思。即使仅仅由于这一点——如果没有其他原因的话——它们也配得上与普鲁塔克本人如此深爱的古典希腊文学的最佳篇章平起平坐。

附录一

普鲁塔克与祖先

提及一位传主的祖先,可能是赞辞或传记的一个传统特征。但对普鲁塔克来说,这些资料的运用有着清晰的文学目标。因此,他经常在列传的开始几行提到某位人物,特别是传主的一位祖先。普鲁塔克用这个人为传主提供了榜样或反例,或提醒读者注意随着列传的进展将会变得重要的主题。

据说伯利克勒斯的曾祖父克里斯提尼终结了庇西斯特拉图的僭政(《伯利克勒斯传》3.2),并建立了一种"以最好的方式混合了和谐与稳靠的政制"(πολιτείαν ἄριστα κεκραμένην πρὸς ὁμόνοιαν καὶ σωτηρίαν)。这一点引出了伯利克勒斯的领导性质这一问题。这是列传前十五章的主题。① 伯利克勒斯的政制(πολιτεία)和他的祖先克里斯提尼的政制很相似,也是"贵族式的"(9.1;15.1:ἀριστοκρατική);它带来内部的和谐,正如伯利克勒斯像医生一样,用"救命的药"(life-saving drugs, 15.1:φάρμακα σωτήρια)治愈了城邦的疾病。伯利克勒斯对色雷斯人的克索涅索斯(Thracian Chersonesos)的远征也同样是救命的(σωτήριος),他用壁垒(bulwarks, ἐρύμασι)封锁住了地峡。伯利克勒斯死后,人们认为他本人的权力既不是君主式的,也不是僭主式的,但(39.4)它是"政制的安全壁垒"(σωτήριον ἔρυμα τῆς πολιτείας)。

---

① 比较 Breebaart(1971);Stadter(1987)页258-260。

在其他《列传》的开头也能看到类似的手法,在对[传主的]祖先的简短描述中预示了重要的品性或主题。德性(ἀρετή)与运气(chance,τύχη)之间的关系这一主题对《埃米利乌斯与提摩勒昂传》②来说是核心性的(例如《埃米利乌斯传》1.6),这一主题在埃米利乌斯的祖先那里已经有所预示,普鲁塔克说他们(《埃米利乌斯传》2.3)"通过德性而拥有好的机运"(δι' ἀρετήν…εὐτύχησαν)。③ 埃米利乌斯·保卢斯(《埃米利乌斯传》2.3)这个特别的例子——"坎奈的不幸"(the misfortune at Cannae, τὸ περὶ Κάννας ἀτύχημα)展现了他的智慧和勇敢——与埃米利乌斯有着特别的关联,后者在取得巨大成功之后,紧接着就是机运的巨大反转(比较《埃米利乌斯传》36.3-9)。还有许多其他例子。在《皮洛士传》开头,皮洛士就和他的祖先阿喀琉斯联系在一起(《皮洛士传》1.2-3;比较2.8);在列传的各个地方,普鲁塔克使用指向阿喀琉斯的影射来展现皮洛士的勇武,并赋予他英雄般的地位。④ 梭伦的父亲据说通过仁慈、慷慨的行动(2.1: εἰς φιλανθρωπίας τινας…καὶ χάριτας)减少了他自己的财产;这一说法的作用[311]是作为梭伦本人奢华生活的范例,⑤而且更为重要地,作为他对社会中的穷人富有同情心的认同的范例(3.1-3)。尤利乌斯·布鲁图斯弑杀暴君的行动是《布鲁图斯传》的开篇(1.1-2),从而为他的后裔马库斯提供了一个含蓄的典范,马库斯后来杀了凯撒。卢库卢斯的父亲被判偷盗,他的母亲有着不检点的名声(《卢库卢斯传》1.1),这些品性都引出卢库卢斯在他人

---

② Swain(1989c)。
③ 比较《提摩勒昂传》36.4: ἀρετῆς εὐτυχούσης. 关于 ἀρετὴ εὐτυχοῦσα 作为这对列传的一个主题,比较 Ingenkamp(1997)。
④ Mossman(1992)。
⑤ Albini(1997),页 64。

生的晚年声名狼藉、纵情享乐的问题。⑥ 吕山德和苏拉的祖先都为他们的列传提供了范例。⑦

　　有时,祖先们也提供了反面范例,与《列传》的传主形成对比。客蒙和他的祖父拥有相同的名字,但他的祖父因愚蠢而出名(4.4);事实上,客蒙在智力上胜过地米斯托克利(5.1)。庞培的父亲斯特拉波被罗马民众所痛恨,他明显与他的儿子相反,后者始终受人欢迎(《庞培传》1.1-4)。但这里有一个反讽。普鲁塔克告诉我们,庞培的父亲是如此受人痛恨,以至于死后他的躯体遭到虐待;但庞培最终也没有过得更好:他在埃及登陆的时候被人杀害,头被砍了下来,身体一丝不挂地躺在沙滩上(79.4-80.2)。科瑞欧拉努斯的祖先也提供了这样的反面范例。⑧

　　普鲁塔克对传主祖先的使用可能不仅仅是一种文学手法:他似乎已经准备相信这样的观念,即孩子确实遗传了他们的父亲的一部分天性(《论神罚的延迟》559c-e)。因此,在《安东尼传》的开头(1.1-3),证明安东尼的父亲对待朋友的慷慨的一件轶事预示了安东尼本人的慷慨,这一品性在整篇列传中都将很重要;⑨但这一品性或许也预示了尼禄——他确实是安东尼的后裔,在列传的结尾,普鲁塔克明确地向读者提醒了这一事实(《安东尼传》87.1-9)。⑩

---

⑥ 《卢库卢斯传》39.1-42.4;《客蒙与卢库卢斯传》1.2-8。参页59-60与页260-261。

⑦ 《吕山德传》2.1;《苏拉传》1.1-2。参页177-178与页198。

⑧ 《科瑞欧拉努斯传》1.1。参页206。

⑨ Pelling(1988b)页117;Brenk(1992)页4369。

⑩ 比较 Brenk(1992)页4348-4375。

附录二

普鲁塔克与年代学

普鲁塔克有时肯定能够作出合理的年代学论证(例如《忒修斯传》2.5-7与27.1-2),比如,他对阿提卡的年代系统与执政官名单都很熟悉(例如《阿里斯泰德传》5.9-10)。① 但年代上的精确性并非始终是他的首要关注:为了人物品性的描绘,普鲁塔克有时准备放弃这种精确性。在某些地方,这种把品性置于年代之上的优先处理非常明显。在《梭伦传》27.1处,普鲁塔克明显偏爱事件的一种说法(梭伦与克洛伊索斯会面)——该说法支持普鲁塔克关于传主品性的观念——而不是与之对立的清楚的年代学证据,这种偏爱令人吃惊:②

> 至于梭伦与克洛伊索斯的会晤,有人企图根据年代学来证明它是虚构的。但是既然一个故事如此著名,如此确凿有据,尤其是如此和梭伦的品格相符,如此和他的雅量与智慧相称,我就不能因遵守任何年代学的条规,主张把它否认了。所谓年代学的条规,到现在已经有成千的人加以修订,都没有能够消

---

① 关于年代系统,参 Bandian 与 Buckler(1975),特别是页227-228与页238-239。比较《伯利克勒斯传》27.4。

② 关于对《梭伦传》27.1与《地米斯托克利传》27.2更详细的讨论,比较 Pelling(1990b)页19-21。

除其中的矛盾,获得任何公认的定论。(《梭伦传》27.1)

与此相似的是在《吕库古传》中,普鲁塔克拒绝那些认为"秘密行动队"(Krypteia)的成立可以追溯到吕库古时代的明显证据,他的理由是它与吕库古的品性不符(《吕库古传》28.1-2,12-13)。③

普鲁塔克认为,关于早期《列传》中的历史时期更难获得年代上的精确[313](《忒修斯传》1.5),因此这一时期的年代学不可靠(《努马传》1.1-6;《卡米卢斯传》22.2);他的这一观点或许可以部分解释这些例子。④ 然而,甚至在写完全自立的(free-standing)《赫拉克勒斯传》时,普鲁塔克也选择把他的传记学兴趣延伸到这些历史时期中,这一举动本身就意味深长;普鲁塔克的做法与古代理论相吻合,那些理论倾向于把关于实际发生的事件与传统上认为发生过的事件的叙述都纳入到"历史"的轨道中。⑤ 但是道德关注之于年代学关注的优先性在整部《列传》的各个地方是常见的,尽管并非始终如此。普鲁塔克常常简单地根据戏剧理由而非年代学理由组织他的材料,这一策略被苏维托尼乌斯广泛使用,在修辞学

---

③ 当然,"秘密行动队"的发展要复杂得多:比较 Vidal-Naquet(1968),页 953-955(亦见 1981,页 153-155);Cartledge(1987),页 30-32;正如历史上的吕库古与那些被归到他身上的改革措施之间的关系那样。关于基于品性统一性的更多修辞性论证(例如亚里士多德《雅典政制》6.3),参《伯利克勒斯传》10.7;《德摩斯梯尼与西塞罗传》3.5-7。亦比较 Barbu(1934)页 139-143;Lombardi(1996)。

④ Paratore(1993)。

⑤ 参页 18-19。

中很常见。⑥ 例如,在《小加图传》25 处,普鲁塔克讨论了加图把他的妻子送给他的朋友霍腾修斯这件奇事。在这一章的结尾(25.13),普鲁塔克明确地说,他打破了年代顺序来描述这件事,其原因是它涉及普鲁塔克对加图与妇女的交往的分析,这件事本身被普鲁塔克描述为"揭示品性的小事"(24.1)。

但是,在许多时候,普鲁塔克并不是如此明确,所描述的事件的年代关系难以还原。在一篇列传中有两个主要部分,普鲁塔克特别倾向于把品性的揭示置于按年代顺序叙述之上。首先是在他描述传主进入政治舞台之前的早年生活时。因此,对于《伯利克勒斯传》22 章之前、⑦《阿尔喀比亚德传》16 章之前⑧以及《福基翁传》12 章之前所记叙的事件,很难建立它们的年代顺序。⑨ 其次,普鲁塔克常常在传主政治生涯达到顶峰时,中断按年代顺序的记叙,对传主进行一番描绘——这幅永恒的画像将留在读者的脑海中。⑩ 为了进行这样的描绘,在组织事件时必须要打破年代顺序或根本不提年代,像在《地米斯托克利传》19 - 22 中那样。⑪ 例如,从《吕山德传》15 - 18 章中建立对吕山德在公元前 405 年秋到 404 年秋之间的活动的叙述特别困难,⑫这一部分描绘了吕山德在其生涯顶峰时的

---

⑥ 例如在像伊索克拉底《埃瓦戈拉斯》与色诺芬《阿格西劳斯》这样的颂辞中。比较普鲁塔克对诗歌引文的使用,普鲁塔克在那里更关注引文能够揭示出传主的什么特征,而不是引文与引用语境之间的年代关系。参 Frazier (1988b)。

⑦ Steidle(1951)页 152 - 166。

⑧ Russell(1966b),与上文页 230 - 231。关于《科瑞欧拉努斯传》3.1 - 3,亦参氏著(1963)页 23 - 24(亦见 1995,页 362 - 363)。

⑨ 参页 135 - 136。

⑩ Polman(1974)。

⑪ Stadter(1983—1984)页 361 - 362。

⑫ Andrews(1971)页 217 - 226。

权力与傲慢。而且,在《吕山德传》19.3 处,普鲁塔克似乎打破年代顺序,再次讲述了一件事——米利都民主派的被杀,[314]这件事他在 8.1 - 3 处已经叙述过了。先前,他用这件事说明吕山德使用诡计;在这里,他用它来说明(19.2)吕山德的傲慢($ὑπεροψία$)与严厉($βαρύτης$)——它们在暴行中自行显露了出来。⑬ 伟大领袖堕落、变得越来越像独裁者是整篇《亚历山大与凯撒传》的中心主题,⑭这一主题主导了《亚历山大传》的 48 - 55 章。在那里,普鲁塔克似乎把展示亚历山大暴虐行为的若干事件放在一起。给读者的印象是普鲁塔克让它们一个接一个地发生,例如,他把安提帕特罗斯背叛性地与埃托利亚人谈判描绘成是处决帕门尼翁的结果,是紧接在它之后发生的(公元前 330 年),暗示它们有时间和原因上的联系;事实上谈判发生在 6 年之后的公元前 324 年(《亚历山大传》49.14 - 15)。⑮ 与此相似,克雷托斯的被杀发生在公元前 328 年,即帕门尼翁死去的两年之后,尽管普鲁塔克说"此后不久"(not much later, 50.1:$οὐ πολλῷ δ' ὕστερον$)。

---

⑬ 参页 189。在米利都的屠杀发生在公元前 405 年早些时候(Bommelaer 1981,页 80)。事实上,在 19.3 处所描述的事件可能是普鲁塔克错误地混淆了发生在塔索斯岛上的不同事件(狄奥多罗斯 13.104.7,比较 Piccirilli 1993a,页 25 - 27;奈波斯《吕山德传》2.2 - 3;波利艾努斯 1.45.4;参 Bommelaer 1981,页 157),尽管普鲁塔克似乎认为这是发生在米利都的事件。亦参页 182 - 183 与《吕山德传》2.7 - 8 有关的部分。

⑭ Harris(1970)页 193 - 197。

⑮ Hamilton(1969),对应处的笺注。比较 Moles(1988)页 37,关于普鲁塔克在《西塞罗传》中的"频繁的年代自由"。关于逻辑联系被呈现得好像它们在时间上有联系,比较《小加图传》51.6,Pelling(1980)页 127 - 129 以及他引用的文献。

参考文献

以下是脚注中引用过的所有现代作品的列表。古代作家版本列于序言中。期刊名缩写从 *L'Année Philologique* 标准。

关于《对比列传》的文献综述包括：Garzetti(1953)，Averincev(1964)，Alsina(1990)，Tsagas(1990)，Podlecki and Duane(1992)，Titchener(1992)。关于《对比列传》和《伦语》：Del Re(1953)，Alsina(1961—1962)，Flacelière(1968)。只关于《伦语》：Harrison(1992a)

Aalders, G. J. D. (1968), *Die Theorie der gemischten Verfassung im Altertum* (Amsterdam).
—— (1982), *Plutarch's Political Thought* (Verhandelingen der Koninklijke Nederlandse Akademie van Wetenschappen, Afd. Letterkunde, N.R. 116: Amsterdam, Oxford, and New York).
Adam, J. (1902), *The Republic of Plato*, 2 vols. (Cambridge).
Affortunati, M., and Scardigli, B. (1992), 'La vita "plutarchea" di Annibale: Un imitazione di Donato Acciaiuoli', *A&R* NS 37: 88–105.
Africa, T. (1982), 'Worms and the Death of Kings: A Cautionary Note on Disease and History', *ClAnt* 1: 1–17.
Aguilar, R. M. (1990–1), 'La mujer, el amor y el matrimonio en la obra de Plutarco', *Faventia* 12–13: 307–25.
Ahl, F. (1984), 'The Art of Safe Criticism in Greece and Rome', *AJPh* 105: 174–208.
Albini, F. (1997), 'Family and the formation of character in Plutarch'. In Mossman (1997), 59–71.
Alcock, S. E. (1993), *Graecia Capta: The Landscapes of Roman Greece* (Cambridge).
Alessandrì, S. (1985), 'Le civette di Gilippo (Plut., *Lys.*, 16–17)', *ASNP* ser. 3, 15: 1081–93.
Alfinito, L. (1992), 'Sull' epicureismo di Cassio in Plutarco, *Vita di Bruto*, 37', *Vichiana*, ser. 3, 3: 227–36.
Allen, W. S. (1987, 3rd edn.; 1st edn. 1968), *Vox Graeca: A Guide to the Pronunciation of Classical Greek* (Cambridge).
Alonso-Núñez, J. M. (1990), 'The Emergence of Universal Historiography from the 4th to the 2nd Centuries B.C'. In Verdin, Schepens, and De Keyser (1990), 173–92.
Alsina, A. (1961–2), 'Ensayo de una bibliografía de Plutarco', *EClás* 6: 515–33.
—— (1990), 'Bibliografía de Plutarco'. In *La Historiografía Griega* (*Anthropos* Supplement 20: Barcelona), 128–31.
Ambrosini, R. (1991), 'Funzione espressiva della sintassi nella lingua di Plutarco'. In D'Ippolito and Gallo (1991), 19–34.
Ameling, W. (1985), 'Plutarch, Perikles 12–14', *Historia* 34: 47–63.

Ampolo, C. (1990), 'Inventare una biografia: Note sulla biografia greca ed i suoi precedenti alla luce di un nuovo documento epigrafico', *Quaderni Storici* 25: 213–24.
—— and Manfredini, M. (1988) (eds.), *Plutarco: Le Vite di Teseo e di Romolo* (Fondazione Lorenzo Valla: Milan).
Amyot, J. (1559), *Plutarchus: Les vies des hommes illustres grecs et romains*, 2 vols. (Antwerp).
Anderson, G. (1976), *Lucian: Theme and Variation in the Second Sophistic* (*Mnemosyne* Supplement 41: Leiden).
—— (1993), *The Second Sophistic. A Cultural Phenomenon in the Roman Empire* (London and New York).
Andrei, O. (1984), *A. Claudius Charax di Pergano: Interessi antiquari e antichità cittadine nell' età degli Antonini* (Bologna).
—— (1989), 'Demetrio Poliorcete secondo Plutarco: da una "grande" natura a "grandi" vizi'. In Andrei and Scuderi (1989), 35–93.
—— and Scuderi, R. (1989) (eds.), *Plutarco. Vite parallele: Demetrio–Antonio* (Biblioteca Universale Rizzoli: Milan).
Andrewes, A. (1971), 'Two Notes on Lysander', *Phoenix* 25: 206–26.
Angeli Bertinelli, M. G., Carena, C., Gabriella, M., Manfredini, M., and Piccirilli, L. (1993) (eds.), *Plutarco: Le Vite di Nicia e di Crasso* (Fondazione Lorenzo Valla: Milan).
Annas, J. (1993), *The Morality of Happiness* (Oxford).
Ash, R. (1997), 'Severed heads: Individual portraits and irrational forces in Plutarch's *Galba* and *Otho*'. In Mossman (1997), 189–214.
Aulotte, R. (1965), *Amyot et Plutarque: La tradition des Moralia au XVIe siècle* (Geneva).
Avenarius, G. (1956), *Lukians Schrift zur Geschichtsschreibung* (Meisenheim am Glan).
Averincev, S. S. (1964), 'Biograficheskie sochineniya Plutarkha v zarubezhnoi nauke XX veka' (The Biographical works of Plutarch in foreign scholarship in the twentieth century), *VDI* 89: 202–12 (in Russian).
—— (1965), 'Podbor geroev v "Paralel'nykh Zhizneopisaniyakh" Plutarkha i antichnaya biograficheskaya traditsiya' (The Choice of Heroes in Plutarch's 'Parallel Lives' and Ancient Biographical Tradition), *VDI* 92: 51–67 (in Russian).
Babbitt, F. C. (1936), *Plutarch's Moralia iv* (London and Cambridge, Mass.).
Babut, D. (1969*a*), *Plutarque de la vertu éthique* (Bibliothèque de la Faculté des Lettres de Lyon 15: Paris).
—— (1969*b*), *Plutarque et le Stoicisme* (Paris).
—— (1975), 'Ἱστορία οἷον ὕλη φιλοσοφίας: histoire et réflexion morale dans l'oeuvre de Plutarque', *REG* 88: 206–19.
—— (1981), 'A propos des enfants et d' un ami de Plutarque: essai de solution pour deux énigmes', *REG* 94: 47–62.

Bacon, F. (1605), *De dignitate et augmentis scientarum*, 9 vols. (London). Trans. G. Wats (1639) as *Of the advancement and proficiencie of learning: or the partition of sciences* (Oxford).
Badian, E. (1958), *Foreign Clientelae (264–70 BC)* (Oxford).
—— (1976), 'Lucius Sulla: The Deadly Reformer'. In A. J. Dunston (ed.), *Essays on Roman Culture (The Todd Memorial Lectures*, 35–74: Toronto and Sarasota).
—— (1981), 'The Deification of Alexander the Great'. In H. J. Dell (ed.), *Ancient Macedonian Studies in honor of Charles F. Edson* (Thessaloniki), 27–71.
—— and Buckler, J. (1975), 'The Wrong Salamis?', *RhM* 118: 226–39.
Balsdon, J. P. V. D. (1951), 'Sulla Felix', *JRS* 41: 1–10.
Bannon, C. J. (1995), 'Fraternal and Political Ethics in Plutarch's *Lives*'. In Gallo and Scardigli (1995), 41–50.
Barbu, N. I. (1934), *Les Procédés de la peinture des caractères et la vérité historique dans les biographies de Plutarque* (Paris). Reprinted Rome, 1976 (Studia Philologica 19).
Barigazzi, A. (1984), 'Plutarco e il corso futuro della storia', *Prometheus* 10: 264–86. Reprinted in *Studi su Plutarco* (Studi e testi 12: Florence), 303–30.
Barnes, J. (1989), 'Antiochus of Ascalon'. In Griffin and Barnes (1989), 51–96.
Barnish, S. J. B. (1994), 'Late Roman Prosopography Reassessed', *JRS* 84: 171–7.
Barrett, C. K. (1961), *Luke the Historian in Recent Study* (London).
Barrow, R. H. (1967), *Plutarch and his Times* (London).
Barthelmess, J. A. (1977), 'Recent Studies on the Influence of Plutarch', *CLS* 14: 186–91.
—— (1986), 'Recent Work on the *Moralia*'. In Brenk and Gallo (1986), 61–81.
Barton, T. S. (1991), 'Power and Knowledge: Studies in Astrology, Physiognomics and Medicine under the Roman Empire'. Dissertation, Cambridge.
—— (1994), 'The *inventio* of Nero: Suetonius'. In J. Elsner and J. Masters (eds.), *Reflections of Nero: Culture, History & Representation* (Chapel Hill, NC, and London), 48–63.
Beard, M. (1987), 'A Complex of Times: No More Sheep on Romulus' Birthday', *PCPhS* 33: 1–15.
Bearzot, C. (1984), 'Focione φίλος τοῦ βασιλέως: il tema dell' amicizia con Alessandro nella tradizione biografica focioniana'. In Sordi (1984), 75–90.
—— (1985), *Focione tra storia e trasfigurazione ideale* (Milan).
—— (1993), 'Il confronto tra Focione e Catone' and 'Introduzione' to *Focione*. In Bearzot, Geiger, and Ghilli (1993), 85–8 and 91–152. Contains much material published in ead. 1985.
—— Geiger, J., and Ghilli, L. (1993) (eds.), *Plutarco. Vite Parallele: Focione–Catone Uticense* (Biblioteca Universale Rizzoli: Milan).
Becchi, F. (1975), 'Aristotelismo ed antistoicismo nel 'De virtute morali' di Plutarco', *Prometheus* 1: 160–80.

Becchi, F. (1978), 'Aristotelismo funzionale nel 'De virtute morali' di Plutarco', *Prometheus* 4: 261–75.
—— (1981), 'Platonismo medio ed etica plutarchea', *Prometheus* 7: 125–45 and 263–84.
—— (1990a), 'La nozione di ὀργή e di ἀοργησία in Aristotele e in Plutarco', *Prometheus* 16: 65–87.
—— (1990b) (ed.), *Plutarco: La virtù etica* (Corpus Plutarchi Moralium 5: Naples).
—— (1995), 'La saggezza del politico e la saggezza dell' attore: una questione di *Quellenforschung*'. In Gallo and Scardigli (1995), 51–63.
Bellemore, J. (1995), 'Cato the Younger in the East in 66 BC', *Historia* 44: 376–9.
Benediktson, D. T. (1994), 'Plutarch on the Epilepsy of Julius Caesar', *AncW* 25: 159–64.
Berardi, E. (1990), 'Plutarco e la Religione: L' εὐσέβεια come giusto mezzo fra δεισιδαιμονία e ἀθεότης', *CCC* 11: 141–70.
Bergen, K. (1962), *Charakterbilder bei Tacitus und Plutarch* (Inaugural-Dissertation zur Erlangung des Doktorgrades der Philosophischen Fakultät der Universität zu Köln: Cologne).
Bergua Cavero, J. (1995), *Estudios sobre le tradución de Plutarco en España (siglos XIII–XVII)* (Saragossa).
Bernini, U. (1985), 'Il "progetto politico" di Lisandro sulla regalità spartana e la teorizzazione critica di Aristotele sui re spartani', *SIFC* ser. 3, 3 (year 78): 205–38.
—— (1988), 'Λυσάνδρου καὶ Καλλικρατίδα σύγκρισις. Cultura, etica e politica spartana fra quinto e quarto secolo a. c.', *Memorie dell' Istituto Veneto di Scienze, Lettere ed Arti* 41. 2: 1–247.
Berry, E. G. (1961), *Emerson's Plutarch* (Cambridge, Mass.).
Birley, R. A. (1988) (ed.), *Ronald Syme: Roman Papers iv* (Oxford).
Blanckenhagen, P. H. von (1964), 'The Shield of Alcibiades'. In L. F. Sandler (ed.), *Essays in Memory of Karl Lehmann* (New York), 38–42.
Blignières, A. de (1851), *Essai sur Amyot et les traducteurs français au XVIe siècle: précédé d'un éloge d'Amyot* (Paris). Reprinted Geneva, 1968.
Bloesch, H. (1943), *Agalma: Kleinod, Weihgeschenk, Götterbild: Ein Beitrag zur frühgriechischen Kultur- und Religionsgeschichte* (Berne).
Blomqvist, K. (1997), 'From Olympias to Aretaphila: women in politics in Plutarch'. In Mossman (1997), 73–97.
Bommelaer, J-F. (1981), *Lysandre de Sparte: Histoire et Traditions* (Bibliothèque des écoles françaises d'Athènes et de Rome 240: Athens and Paris).
Borzsák, I. von (1973), 'Spectaculum: Ein Motiv der "tragischen Geschichtsschreibung" bei Livius und Tacitus', *ACD* 9: 57–67.
Boswell, J. (1791), *The Life of Samuel Johnson, LL.D: comprehending an account of his studies and numerous works* (London). Numerous editions.

Bosworth, A. B. (1980), *A Historical Commentary on Arrian's History of Alexander, i, Commentary on Books I–III* (Oxford).
—— (1988), *From Arrian to Alexander: Studies in Historical Interpretation* (Oxford).
—— (1992), 'History and Artifice in Plutarch's *Eumenes*'. In Stadter (1992*b*), 56–89.
Boulogne, J. (1992), 'Les "Questions Romaines" de Plutarque', *ANRW* 2. 33. 6, 4682–4708.
—— (1994), *Plutarque: Un aristocrate grec sous l'occupation Romaine* (Lille).
—— (1996), 'Plutarque et la médicine', *ANRW* 2. 37. 3, 2762–92.
Bowersock, G. W. (1968), review of D. Nörr (Munich, 1966), *Imperium und Polis in der hohen Prinzipatszeit*. In *JRS* 58: 261–2.
—— (1969), *Greek Sophists in the Roman Empire* (Oxford).
—— (1973), 'Greek Intellectuals and the Imperial Cult in the Second Century AD'. In W. den Boer (ed.), *Le Culte des souverains dans l'empire romain* (Fondation Hardt pour l'Étude de l'antiquité classique. Entretiens 19: Geneva), 177–212.
—— (1994), *Fiction as History: Nero to Julian* (Berkeley).
Bowie, E. L. (1970), 'The Greeks and their Past in the Second Sophistic', *P&P* 46: 3–41. Reprinted in M. I. Finley (ed.), *Studies in Ancient Society* (London and Boston, 1974), 166–209.
—— (1991), 'Hellenes and Hellenism in Writers of the *Early Second* Sophistic'. In Saïd (1991), 183–204.
—— (1994), 'Past and Present in Pausanias'. In J. Bingen (ed.), *Pausanias historien* (Fondation Hardt pour l'Étude de l'antiquité classique. Entretiens 41: Geneva), 207–30.
—— (1997), 'Hadrian, Favorinus, and Plutarch'. In Mossman (1997), 1–15.
Bowra, C. M. (1940), 'The Fox and the Hedgehog', *CQ* 34: 26–9.
Bradford, A. S. (1977), *A Prosopography of Lacedaemonians from the Death of Alexander the Great, 323 BC, to the Sack of Sparta by Alaric, AD 396* (Vestigia. Beiträge zur alten Geschichte 27: Munich).
—— (1994), 'The duplicitous Spartan'. In A. Powell and S. Hodkinson (eds.), *The Shadow of Sparta* (London and New York), 59–85.
Bradley, K. R. (1985), 'Ideals of marriage in Suetonius' *Caesares*', *RSA* 15: 77–95.
Braund, D. (1993), 'Dionysiac Tragedy in Plutarch, *Crassus*', *CQ* NS 43: 468–74.
Breebaart, A. B. (1971), 'Plutarch and the Political Development of Pericles', *Mnemosyne*, ser. 4, 24: 260–72.
Breitenbach, H. R. (1969), 'Der Alexanderexkurs bei Livius', *MH* 26: 146–57.
Brenk, F. E. (1975), 'The Dreams of Plutarch's Lives', *Latomus* 34: 336–49.
—— (1977), *In Mist Apparelled: Religious Themes in Plutarch's Moralia and Lives* (Leiden).
—— (1987), 'From Rex to Rana: Plutarch's Treatment of Nero'. In A. Ceresa-Gastaldo (ed.), *Il Protagonismo nella storiografia classica* (Pubblicazioni del

Dipartimento di archeologia, filologia classica e loro tradizioni, Università di Genova, NS 108: Genoa), 121–42.

Brenk, F. E. (1988), 'Plutarch's *Erotikos*: The Drag Down Pulled Up', *ICS* 13: 457–71.

—— (1992), 'Plutarch's Life "Markos Antonios": A Literary and Cultural Study', *ANRW*, 2. 33. 6, 4347–4469 and (indices) 4895–4915.

—— (1995*a*), 'The Boiotia of Plutarch's *Erotikos* beyond the shadow of Athens'. In Christopoulu (1995), 1109–17.

—— (1995*b*), 'Heroic Anti-Heroes. Ruler Cult and Divine Assimilations in Plutarch's "Lives" of Demetrius and Antonius'. In Gallo and Scardigli (1995), 65–82.

—— and Gallo, I. (1986) (eds.), *Miscellanea Plutarchea (Atti del I convegno di studi su Plutarco, Roma, 23 novembre 1985, Quaderni del Giornale Filologico Ferrarese* 8: Ferrara).

Brożek, M. (1963), 'Noch über die Selbstzitate als chronologischen Wegweiser in Plutarchs Parallelbiographien', *Eos* 53: 68–80.

Bruce, I. A. F. (1987), 'Theopompus, Lysander and the Spartan Empire', *AHB* 1: 1–5.

Brunt, P. A. (1952), 'Thucydides and Alcibiades', *REG* 65: 59–96.

—— (1979), 'Cicero and Historiography'. In M. J. Fontana (ed.), φιλίας χάριν: *miscellanea di studi classici in onore di Eugenio Manni* (Rome), i. 309–40. Reprinted in *Studies in Greek History and Thought* (Oxford, 1993), 181–209.

—— (1994), 'The Bubble of the Second Sophistic', *BICS* 39: 25–52.

Bucher-Isler, B. (1972), *Norm und Individualität in den Biographien Plutarchs* (Noctes Romanae 13: Berne and Stuttgart).

Buckler, J. (1992), 'Plutarch and Autopsy', *ANRW* 2. 33. 6, 4788–4830.

—— (1993), 'Some Thoughts on Ploutarkhos' Approach to History'. In J. M. Fossey (ed.), *Boeotia Antiqua 3. Papers in Bioitian History, Institutions and Epigraphy in Memory of Paul Roesch* (Amsterdam), 69–77.

Bultmann, K. R. (1921), *Geschichte der synoptischen Tradition: Forschungen zur Religion und Literatur des Alten und Neuen Testaments* (Göttingen). Revised edns. 1931, 1958, 1961. English trans. of the 2nd edn. by J. Marsh as *The History of the Synoptic Tradition* (Oxford, 1963): this trans. revised and supplemented, 1972.

Burke, P. (1966), 'A survey of the popularity of ancient historians 1450–1700', *H&T* 5: 135–52.

Burn, A. R. (1954), 'A Biographical Source on Phaiax and Alkibiades? ([Andokides] IV and Plutarch's *Alkibiades*)', *CQ* NS 4: 138–42.

Burridge, R. A. (1992), *What are the Gospels? A Comparison with Graeco-Roman Biography* (Society for New Testament Studies. Monograph Series 70: Cambridge).

Burton, R. W. B. (1980), *The Chorus in Sophocles' Tragedies* (Oxford).

Caiazza, A. (1993) (ed.), *Precetti Politici* (Corpus Plutarchi Moralium 14: Naples).

Cairns, F. (1982), 'Cleon and Pericles: A suggestion', *JHS* 102: 203–4.
Calero Secall, I. (1990), 'Las *Bacantes* de Euripides en Plutarco'. In A. Pérez Jiménez and G. del Cerro Calderon, *Estudios sobre Plutarco: Obra y Tradición* (*Actas del I Symposion Español sobre Plutarco, Fuengirola 1988*: Malaga), 159–65.
Cameron, Alan (1995), *Callimachus and His Critics* (Princeton).
—— and Cameron, Averil (1964), 'Christianity and Tradition in the Historiography of the Later Roman Empire', *CQ* NS 14: 316–28.
Cameron, Averil (1966), 'The "Scepticism" of Procopius', *Historia* 15: 466–82.
—— (1985), *Procopius and the Sixth Century* (London).
Canfora, L. (1982), 'L' "Apologie" d'Alcibiade', *REG* 95: 140–4.
—— Garzetti, A., and Manetti, D. (1987) (eds.), *Plutarco. Vite parallele: Nicia–Crasso* (Biblioteca Universale Rizzoli: Milan). Second edn. 1991.
Carena, C., Manfredini, M., Piccirilli, L. (1990) (eds.), *Plutarco: Le Vite di Cimone e di Lucullo* (Fondazione Lorenzo Valla: Milan).
Carney, T. F. (1958), 'The death of Marius', *AClass* 1: 117–22.
—— (1960), 'Plutarch's Style in the *Marius*', *JHS* 80: 24–31.
—— (1961a), 'The Death of Sulla', *AClass* 4: 64–79.
—— (1961b), 'The Flight and Exile of Marius', *G&R* NS 8: 98–121.
—— (1962), *A Biography of C. Marius; An Inaugural Lecture* (*Proceedings of the African Classical Associations* Supplement 1).
—— (1967), 'The Changing Picture of Marius in Ancient Literature', *Proceedings of the African Classical Associations* 10: 5–22.
Carr, E. H. (1961), *What is History?* (The George Macaulay Trevelyan Lectures delivered in the University of Cambridge January–March 1961). Second edn., ed. R. W. Davies (London, 1986).
Carrière, J.-C. (1977), 'A propos de la *Politique* de Plutarque', *DHA* 3 (Centre de recherches d'histoire ancienne 25): 237–51.
Carsana, C. (1990), *La teoria della "costituzione mista" nell' età imperiale romana* (Biblioteca di Athenaeum 13: Como).
Cartledge, P. A. (1987), *Agesilaos and the crisis of Sparta* (London).
—— (1993), *The Greeks: A Portrait of Self and Others* (Oxford). Revised edn. 1997.
Casabona, J. (1966), *Recherches sur le vocabulaire des sacrifices en grec des origines à la fin de l'époque classique* (Aix-en-Provence).
Casertano, G. (1992), 'Un discorso plutarcheo sull' amore tra ideologia e moralismo', *Vichiana*, ser. 3, 3: 220–6.
Cerezo Magán, M. (1992), 'Plutarco y Polibio: Problemática de un bilingüismo activo', *Sintagma* 4: 15–21.
Cesa, M., Prandi, L., and Raffaelli, L. M. (1993) (eds.), *Plutarco. Vite parallele: Coriolano–Alcibiade* (Biblioteca Universale Rizzoli: Milan).
Chamoux, F. (1974), 'La prophétesse Martha'. In *Mélanges d'histoire ancienne offerts à William Seston* (Paris), 81–5.
Cherniss, H. (1976), *Plutarch's Moralia xiii Part ii* (Loeb Classical Library: Cambridge, Mass., and London).

Chitty, S. C. (1859), *The Tamil Plutarch: A Summary Account of the Lives of the Poets and Poetesses of Southern India and Ceylon from the earliest to the present times with Select Specimens of their Compositions* (Colombo). Second edn. 1946 with notes by T. P. Meenakshisundaram. Reprinted New Delhi, 1982.

Christopoulou, A. C. (1995), Επετηρίς της Εταιρείας Βοιωτικών Μελετών, τόμος Β΄, τεύχος Β΄. Β΄ Διεθνές Συνέδριο Βοιωτικών Μελετών, Λιβαδειά, 6–10 Σεπτεμβρίου 1992 (Athens).

Citti, V. (1983), 'Plutarco, *Nic.* 1, 5: storiografia e biografia'. In A. Mastrocinque (ed.), *Omaggio a P. Treves* (Padua), 99–110.

Clark, D. L. (1957), *Rhetoric in Greco-Roman Education* (New York and London).

Clay, D. (1972), 'Epicurus' Κυρία Δόξα XVIII', *GRBS* 13: 59–66.

Collingwood, R. G. (1946), *The Idea of History* (Oxford). Revised edn. (1993) with Lectures 1926–1928, edited and with an introduction by J. van der Dussen.

Conquest, R. (1991), *Stalin: Breaker of Nations* (London).

Corbellini, C. (1976), 'La presunta guerra tra Mario e Cinna e l'episodio dei Bardiei', *Aevum* 50: 154–6.

Cornford, F. M. (1907), *Thucydides Mythistoricus* (London).

Costanza, S. (1956), 'La synkrisis nello schema biografico di Plutarco', *Messana: Studi diretti da Michele Catalano* 4: 127–56.

Cournos, J. (1928), *A Modern Plutarch: being an account of Some Great Lives in the Nineteenth Century, together with Comparisons between the Latin and Anglo-Saxon Genius* (London).

Criniti, N. (1979), 'Per una storia del plutarchismo occidentale', *NRS* 63: 187–203.

Culham, P. (1992), 'Plutarch on the Roman siege of Syracuse: The primacy of science over technology'. In Gallo (1992*b*), 179–97.

De Blois, L. (1992), 'The Perception of Politics in Plutarch's Roman "Lives"', *ANRW* 2. 33. 6, 4568–4615.

—— and Bons, J. A. E. (1992), 'Platonic Philosophy and Isocratean Virtues in Plutarch's *Numa*', *AncSoc* 23: 159–88.

—— —— (1995), 'Platonic and Isocratean Political Concepts in Plutarch's *Lycurgus*'. In Gallo and Scardigli (1995), 99–106.

Decker, J. de (1951), 'Semantische Beschouwing', *Hermeneus* 22: 142–6.

De Lacy, P. (1952), 'Biography and Tragedy in Plutarch', *AJPh* 73: 159–71.

—— (1974), 'Plato and the Intellectual Life of the Second Century AD'. In G. W. Bowersock (ed.), *Approaches to the Second Sophistic: Papers Presented at the 105th Annual Meeting of The American Philological Association* (Pennsylvania), 4–10.

Della Corte, F. (1967), *Suetonio: eques romanus* (Florence). First edn. 1958.

Del Re, R. (1953), 'Gli studi plutarchei nell' ultimo cinquantennio', *A&R* ser. 3, 3: 187–96.

Delvaux, G. (1988), 'Retour aux sources de Plutarque', *LEC* 56: 27–48.

—— (1993), 'Valère Maxime, cité par Plutarque, via Paetus Thraséa', *Latomus* 52: 617–22.

Den Boer, W. (1985), 'Plutarch's Philosophic Basis for Personal Involvement'. In Eadie and Ober (1985), 373–85.

Denniston, J. D. (1966), *The Greek Particles* (Oxford). First edn. 1934; 2nd edn. 1954. Reprinted with corrections 1959 and 1966.

Denton, J. (1993), 'Plutarco come lo leggeva Shakespeare: la traduzione delle *Vite Parellele* di Thomas North (1579)'. In Cesa, Prandi, and Raffaelli (1993), 57–78.

Deremetz, A. (1990), 'Plutarque: histoire de l'origine et genèse du récit', *REG* 103: 54–78.

de Romilly, J. (1977), *The Rise and Fall of States According to Greek Authors* (Ann Arbor).

—— (1979), *La Douceur dans la pensée grecque* (Collection des Universités de France: Paris).

—— (1988a), 'Plutarch and Thucydides or the Free Use of Quotations', *Phoenix* 42: 22–34.

—— (1988b), 'Rencontres avec Plutarque', *ICS* 13. 2: 219–29.

Desideri, P. (1984), 'Il *De Genio Socratis* di Plutarco un esempio di "storiografia tragica"?', *Athenaeum* NS 62 (year 72), 569–85.

—— (1985), 'Ricchezza e vita politica nel pensiero di Plutarco', *Index* 13: 391–405.

—— (1986), 'La vita politica cittadina nell' impero: lettura dei *Praecepta gerendae rei publicae* e dell' *An seni res publica gerenda sit*', *Athenaeum* NS 64 (year 74), 371–81.

—— (1989), 'Teoria e prassi storiografica di Plutarco: una proposta di lettura della coppia Emilio Paolo–Timoleonte', *Maia* 41: 199–215.

—— (1991), 'Citazione letteraria e riferimento storico nei "Precetti politici" di Plutarco'. In D'Ippolito and Gallo (1991), 225–33.

—— (1992a), 'I Documenti di Plutarco', *ANRW* 2. 33. 6, 4536–67.

—— (1992b), 'La formazione delle coppie nelle "Vite" plutarchee', *ANRW* 2. 33. 6, 4470–86.

—— (1992c), 'Scienza nelle *Vite* di Plutarco'. In Gallo (1992b), 73–89.

—— (1995a), '"Non scriviamo storie, ma vite" (Plut. *Alex.* 1. 2): la formula biografica di Plutarco', *Testis Temporum: Aspetti e problemi della storiografia antica* (*Incontri del Dipartimento di Scienze dell' Antichità dell' Università di Pavia* 8), 15–25.

—— (1995b), 'Plutarco e Machiavelli'. In Gallo and Scardigli (1995), 107–22.

Detienne, M., and Vernant, J.-P. (1974), *Les Ruses de l'intelligence: La mètis des grecs* (Paris). English trans. by J. Lloyd (1978), *Cunning Intelligence in Greek Culture and Society* (Sussex and New Jersey).

Devillers, Q. (1993), 'Le Rôle des passages relatifs à Germanicus dans les *Annales* de Tacite', *AncSoc* 24: 225–41.

Dibelius, M. (1919), *Die Formgeschichte des Evangeliums* (Tübingen). Second edn. 1933; 3rd edn., reprinted with a supplement by G. Iber, 1966. English trans. of the 2nd edn. by B. L. Woolf as *From Tradition to Gospel* (London, 1934).

Di Gregorio, L. (1979), 'Lettura diretta e utilizzazione di fonti intermedie nelle citazioni pluarchee dei tre grandi tragici. I', *Aevum* 53: 11–50.
—— (1980), 'Lettura diretta e utilizzazione di fonti intermedie nelle citazioni pluarchee dei tre grandi tragici. II', *Aevum* 54: 46–79.
Dihle, A. (1956), *Studien zur griechischen Biographie* (Abhandlungen der Akademie der Wissenschaften in Göttingen. Philologische-historische Klasse 3, Folge 37: Göttingen).
—— (1989), *Die griechische und lateinische Literatur der Kaiserzeit: Von Augustus bis Justinian* (Munich).
Dillery, J. (1995), *Xenophon and the History of his Times* (London and New York).
Dillon, J. (1997), 'Plutarch and the end of History'. In Mossman (1997), 233–40.
Dionisotti, A. C. (1988), 'Nepos and the Generals', *JRS* 78: 35–49.
D'Ippolito, G., and Gallo, I. (1991) (eds.), *Strutture formali dei "Moralia" di Plutarco* (*Atti del III Convegno plutarcheo, Palermo, 3–5 maggio 1989*: Naples).
Dittmar, H. (1912), *Aischines von Sphettos: Studien zur Literaturgeschichte der Sokratiker* (Berlin).
Dodds, E. R. (1959), *Plato: Gorgias* (Oxford).
Donini, P. L. (1974), *Tre studi sull' aristotelismo nel II secolo d. C.* (Historica, Politica, Philosophica. Il Pensiero Antico. Studi e testi 7: Turin).
—— (1986), 'Plutarco, Ammonio e l'Academia'. In Brenk and Gallo (1986), 97–110.
Dorey, T. A. (1967) (ed.), *Latin Biography* (London).
Döring, K. (1979), *Exemplum Socratis: Studien zur Socratesnachwirkung in der kynisch-stoischen Popularphilosophie der frühen Kaiserzeit und im frühen Christentum* (*Hermes* Einzelschriften 42: Wiesbaden).
Dover, K. J. (1968), *Aristophanes: Clouds* (Oxford).
—— (1988), 'Anecdotes, Gossip and Slander'. In *The Greeks and their Legacy: Collected Papers, ii. Prose Literature, History, Society, Transmission, Influence* (Oxford), 45–52.
Dryden, J. (1684–8), *Plutarch's Lives. Translated from the Greek by several hands*, 5 vols. (London).
Ducrey, P. (1968), *La Traitement des prisonniers de guerre dans la Grèce antique des origines à la conquête romaine* (Paris).
Due, B. (1987), 'Lysander in Xenophon's *Hellenica*', *C&M* 38: 53–62.
—— (1989), *The Cyropaedia: Xenophon's aims and methods* (Aarhus).
Dunbar, N. (1995), *Aristophanes: Birds* (Oxford).
Dunkle, J. R. (1967), 'The Greek Tyrant and Roman Political Invective of the Late Republic', *TAPhA* 98: 151–71.
—— (1971–2), 'The Rhetorical Tyrant in Roman Historiography: Sallust, Livy and Tacitus', *CW* 65: 12–20.
Durling, R. J. (1993), *A Dictionary of Medical Terms in Galen* (Leiden, New York, and London).

Dušanić, S. (1996), 'Plato and Plutarch's Fictional Techniques: The Death of the Great Pan', *RhM* 139: 276–94.
Eadie, J. W., and Ober, J. (1985) (eds.), *The Craft of the Ancient Historian: Essays in Honour of Chester G. Starr* (Lanham, NY, and London).
Eckstein, A. M. (1995), *Moral Vision in* The Histories *of Polybius* (Berkeley).
Edwards, C. (1993), *The Politics of Immorality in Ancient Rome* (Cambridge).
Edwards, M. J. E. (1995) (ed.), *Greek Orators, iv. Andocides* (Warminster).
Elsner, J. A. S. (1992), 'Pausanias: a Greek Pilgrim in the Roman World', *Past and Present* 135: 3–29.
——(1994), 'From the pyramids to Pausanias and Piglet: monuments, travel and writing'. In S. Goldhill and R. Osborne (eds.), *Art and Text in Ancient Greek Culture* (Cambridge), 224–54.
Erbse, H. (1956), 'Die Bedeutung der Synkrisis in den Parallelbiographien Plutarchs', *Hermes* 84: 398–424. Reprinted in id. (1979), 478–505.
——(1961), 'Die Architektonik im Aufbau von Xenophons Memorabilien', *Hermes* 89: 257–87. Reprinted in id. (1979), 308–40.
——(1979), *Ausgewählte Schriften zur klassischen Philologie* (Berlin and New York).
Evans, E. C. (1935), 'Roman Descriptions of Personal Appearance in History and Biography', *HSPhh* 46: 43–84.
——(1941), 'The Study of Physiognomy in the Second Century AD', *TAPhA* 72: 96–108.
——(1945), 'Galen the Physician as Physiognomist', *TAPhA* 76: 287–98.
——(1969), 'Physiognomics in the Ancient World', *TAPhS* 59. 5: 1–101.
Ewbank, L. C. (1982), 'Plutarch's Use of Non-literary Sources in the "Lives" of Sixth- and Fifth-Century Greeks'. Dissertation, University of North Carolina at Chapel Hill.
Fairweather, J. A. (1974), 'Fiction in the Biographies of Ancient Writers', *AncSoc* 5: 231–75.
——(1984), 'Traditional Narrative, Inference and Truth in the *Lives* of the Greek Poets'. In F. Cairns (ed.), *Papers of the Liverpool Latin Seminar, Fourth Volume, 1983* (ARCA Classical and Medieval Texts, Papers and Monographs 11), 315–69.
Fantham, E. (1972), *Comparative Studies in Republican Latin Imagery* (Toronto).
Federici, F. (1828), *Degli scrittori greci e delle italiane versioni delle loro opere: Notizie* (Padua).
Fenik, B. (1968), *Typical Battle Scenes in the Iliad. Studies in the Narrative Techniques of Homeric Battle Description* (*Hermes* Einzelschriften 21: Wiesbaden).
Ferrarese, P. (1974), 'La spedizione di Pericle nel Ponto Eusino'. In M. Sordi (ed.), *Propaganda e persuasione occulta nell' antichità* (*Contributi dell' Istituto di storia antica* 2: Milan), 7–19.
——(1975), 'Caratteri della tradizione antipericlea nella "Vita di Pericle" di Plutarco'. In M. Sordi (ed.), *Storiografia e propaganda* (*Contributi dell' Istituto di storia antica* 3: Milan), 21–30.

Ferrari, F. (1996), 'La teoria delle idee in Plutarco', *Elenchos* 17: 121–42.
Fisher, N. R. E. (1992), *Hybris: A Study in the Values of Honour and Shame in Ancient Greece* (Warminster).
Flacelière, R. (1946), 'Plutarque et les Oracles Béotiens', *BCH* 70: 199–207.
—— (1948), 'Sur quelques passages des *Vies* de Plutarque. 1. Thésée–Romulus II. Lycurge–Numa', *REG* 61: 67–103 and 391–429.
—— (1951), 'Le poète stoïcien Sarapion d'Athènes, ami de Plutarque', *REG* 64: 325–7.
—— (1968), 'État présent des études sur Plutarque'. In *Actes du VIIIe Congrès Budé (Paris, 5–10 avril 1968)* (Paris), 483–505.
—— (1970), 'Héraclès ou Héraclite'. In *Hommages à M. Delcourt* (Collection Latomus 114) (Brussels), 207–10.
—— (1971), 'Hadrien et Delphes', *CRAI* 1971: 168–85.
—— (1974), 'La Théologie selon Plutarque'. In *Mélanges de philosophie, de littérature et d'histoire ancienne offerts à Pierre Boyancé* (Rome), 273–80.
—— (1980), 'Tacite et Plutarque'. In *Mélanges de littérature et d'épigraphie latines, d'histoire ancienne et d'archeologie: Hommages à la memoire de P. Wuilleumier* (Paris), 113–19.
—— and Irigoin, J. (1987), 'Introduction Générale'. In *Plutarque: Oeuvres Morales Tome I, 1re partie* (Collection des Universités de France: Paris).
Focke, F. (1923), 'Synkrisis', *Hermes* 58: 327–68.
Follet, S. (1972), 'Flavius Euphanès d'Athènes, ami de Plutarque'. In *Mélanges de linguistique et de philologie grecques offerts à Pierre Chantraine* (Paris), 35–50.
Fornara, C. W. (1983), *The Nature of History in Ancient Greece and Rome* (Berkeley).
Foucault, M. (1985), *The Use of Pleasure* (*The History of Sexuality*, ii: New York). Trans. R. Hurley. First published as *L' Usage des plaisirs* (Paris, 1984).
—— (1986), *The Care of the Self* (*The History of Sexuality*, iii: New York). Trans. R. Hurley. First published as *Le Souci de soi* (Paris, 1984).
Fowler, A. (1982), *Kinds of Literature: An Introduction to the Theory of Genres and Modes* (Oxford).
Fowler, D. P. (1989), 'First Thoughts on Closure: Prospects and Problems', *MD* 22: 75–122.
Fox, M. (1993), 'History and Rhetoric in Dionysius of Halicarnassus', *JRS* 83: 31–47.
Fraenkel, E. (1957), *Horace* (Oxford).
Franco, C. (1991), 'Trittico plutarcheo (*Nicia* 1. 5; *Demetrio* 27. 5–7; *Artaserse* 1. 2)', *Prometheus* 17: 125–31.
Fraser, P. M., and Matthews, E. (1997) (eds.), *A Lexicon of Greek Personal Names*, iiiA. *The Peloponnese, Western Greece, Sicily, and Magna Graecia* (Oxford).
Frazier, F. (1987), 'A propos de la composition des couples dans les "Vies parallèles" de Plutarque', *RPh* 61: 65–75.

Frazier, F. (1988a), 'A propos de la "philotimia" dans les "Vies": quelques jalons dans l'histoire d'une notion', *RPh* 62: 109–27.

—— (1988b), 'Remarques à propos de l'usage des citations en matière de chronologie dans les *Vies*', *ICS* 13. 2: 297–309.

—— (1990), 'Introduction' to 'La gloire des Athéniens (De gloria Atheniensium)'. In F. Frazier and C. Froidefond (eds.), *Plutarque: Oeuvres Morales. Tome V, 1re partie: La Fortune ou la vertu d'Alexandre, La gloire des Athéniens* (Collection des Universités de France: Paris), 159–84.

—— (1992), 'Contribution à l'étude de la composition des "Vies" de Plutarque: l'élaboration des grandes scènes', *ANRW* 2. 33. 6, 4487–4535.

—— (1995), 'Principes et décisions dans le domaine politique d'après les *Vies* de Plutarque'. In Gallo and Scardigli (1995), 147–71.

Frézouls, E. (1991), 'L' hellénisme dans l'épigraphie de l'Asie Mineure romaine'. In Saïd (1991), 125–47.

Friedrich, W. H. (1938), 'Cato, Caesar und Fortuna bei Lucan', *Hermes* 73: 391–421.

Frost, F. J. (1980), 'Plutarch and Clio'. In S. M. Burstein and L. A. Okin (eds.), *Panhellenica: Essays in Ancient History and Historiography in honor of Truesdell S. Brown* (Lawrence, Kans.), 155–70.

Fuhrmann, F. (1960), 'Das Vierkaiserjahr bei Tacitus: Über den Aufbau der Historien Buch I–III', *Philologus* 104: 250–78.

—— (1964), *Les Images de Plutarque* (Paris).

Furley, W. D. (1989), 'Andokides IV ("Against Alkibiades"): fact or fiction?', *Hermes* 117: 138–56.

Fuscagni, S. (1989), 'Introduzione' to *Cimone*. In Fuscagni, Mugelli, and Scardigli (1989), 35–134.

—— Mugelli, B., and Scardigli, B. (1989) (eds.), *Plutarco. Vite parallele: Cimone–Lucullo*. (Biblioteca Universale Rizzoli: Milan). Second edn. 1993.

Gabba, E. (1956), *Appiano e la storia delle guerre civili* (Florence).

—— (1959), 'Storici greci da Augusto ai Severi', *RSI* 71: 361–81.

—— (1991), *Dionysius and The History of Archaic Rome* (Berkeley).

Galinsky, K. (1988), 'The Anger of Aeneas', *AJPh* 109: 321–48.

Gallo, I. (1967), 'La *Vita di Euripide* di Satiro e gli studi sulla biografia antica', *PP* 22: 134–60.

—— (1992a), 'Ecdotica e critica testuale nei "Moralia" di Plutarco'. In id. (1992c), 11–37.

—— (1992b) (ed.), *Plutarco e le scienze* (*Atti del IV Convegno plutarcheo, Genova-Bocca di Magra, 22–25 aprile 1991*: Genoa).

—— (1992c) (ed.), *Ricerche plutarchee* (Università degli Studi di Salerno. Quaderni del dipartimento di scienze dell' antichità 12: Naples).

—— and Scardigli, B. (1995) (eds.), *Teoria e prassi politica nelle opere di Plutarco* (*Atti del V Convegno plutarcheo, Certosa di Pontignano, 7–9 giugno 1993*: Naples).

Gallotta, B. (1987), *Germanico* (Centro ricerche e documentazione sull' antichità classica. Monografie 10: Rome).

Gamberale, L. (1995), 'Un probabile errore di latino in Plutarco, *Tib. Gracch.* 13, 6', *RFIC* 123: 433–40.

García Valdés, M. (1994) (ed.), *Estudios sobre Plutarco: Ideas Religiosas* (*Actas del III Simposio Internacional sobre Plutarco, Oviedo 30 de abril a 2 de mayo de 1992*: Madrid).

Garoufalias, A. P. (1979; 1st edn., in Greek, Athens 1946), *Pyrrhus King of Epirus* (London).

Garzetti, A. (1953), 'Plutarco e le sue "Vite Parallele": Rassegna di studi 1934–1952', *RSI* 65: 76–104.

—— (1954) (ed.), *Plutarchi Vita Caesaris* (Florence). Second edn. 1968.

Gehrke, H.-J. (1976), *Phokion: Studien zur Erfassung seiner historischen Gestalt* (Zetemata 64).

Geiger, J. (1971), 'A Commentary on Plutarch's Cato Minor'. Dissertation, Oxford.

—— (1975), 'Zum Bild Julius Caesars in der römischen Kaiserzeit', *Historia* 24: 444–53.

—— (1979a), 'Cornelius Nepos, *De Regibus Exterarum Gentium*', *Latomus* 38: 662–9.

—— (1979b), 'Munatius Rufus and Thrasea Paetus on Cato the Younger', *Athenaeum* NS 57 (year 67), 48–72.

—— (1981), 'Plutarch's Parallel Lives: The Choice of Heroes', *Hermes* 109: 85–104. Reprinted in Scardigli (1995a), 165–90.

—— (1985), *Cornelius Nepos and Ancient Political Biography* (*Historia* Einzelschriften 47: Stuttgart).

—— (1988), 'Nepos and Plutarch: From Latin to Greek Political Biography', *ICS* 13: 245–56.

—— (1993), 'Introduzione' to *Catone* (Italian trans. by M. Grottanelli). In Bcarzot, Geiger, and Ghilli (1993), 273–319.

—— (1995a), 'Introduzione' to *Cicerone* (Italian trans. by M. Grottanelli). In Geiger, Ghilli, Mugelli, and Pecorella Longo (1995), 293–313.

—— (1995b), 'Plutarch on Hellenistic Politics: the case of Eumenes of Cardia'. In Gallo and Scardigli (1995), 173–85.

—— Ghilli, L., Mugelli, B., and Pecorella Longo, C. (1995) (eds.), *Plutarco. Vite Parallele: Demostene–Cicecro* (Biblioteca Universale Rizzoli: Milan).

Gentili, B., and Cerri, G. (1978), 'L' idea di biografia nel pensiero greco', *QUCC* 27: 7–27. English trans. in id. (1988), 61–85.

—— —— (1988), *History and Biography in Ancient Thought* (London Studies in Classical Philology 20: Amsterdam). First published (1983) as *Storia e biografia nel pensiero antico* (Bibl. di Cult. Mod. 878: Rome and Bari).

Georgiadou, A. (1988), 'The *Lives of the Caesars* and Plutarch's Other *Lives*', *ICS* 13. 2: 349–56.

Georgiadou, A. (1992a), 'Bias and Character-portrayal in Plutarch's Lives of Pelopidas and Marcellus', *ANRW* 2. 33. 6, 4222–57.
—— (1992b), 'Idealistic and Realistic Portraiture in the Lives of Plutarch', *ANRW* 2. 33. 6, 4616–23.
Giachetti, A. F. (1910), 'Contributo alla storia del volgarizzamento del sec. XIV delle *Vite Parallele* di Plutarco', *Rivista delle Biblioteche e degli Archivi* 21: 1–18.
Gianakaris, C. J. (1970), *Plutarch* (Twayne's World Authors Series 111: New York).
Giangrande, G. (1988), 'Problemi testuali nei "Moralia"'. In A. Garzya, G. Giangrande, and M. Manfredini (eds.), *Sulla tradizione manoscritta dei "Moralia" di Plutarco* (Quaderni del Dipartimento di Scienze dell' Antichità dell' Università di Salerno 2: Salerno), 55–101.
—— (1991), 'Linguaggio e struttura nelle "Amatoriae narrationes"'. In D'Ippolito and Gallo (1991), 273–94.
—— (1992a), 'La lingua dei *Moralia* di Plutarco: normativismo e questioni di metodo'. In I. Gallo and R. Laurenti (1992) (eds.), *I Moralia di Plutarco tra Filologia e Filosofia. Atti del giornata plutarchea di Napoli, Istituto Suor Orsola Benincasa, 10 aprile 1992* (Strumenti per la ricerca plutarchea: Naples), 29–46.
—— (1992b), 'Testo e lingua nel *De Alexandri fortuna aut virtute* plutarcheo'. In Gallo (1992c), 39–84.
Giannantoni, G. (1990), *Socratis et Socraticorum Reliquiae*, iv (Elenchos. Collana di testi e studi sul pensiero antico diretta da Gabriele Giannantoni 18: Naples).
—— (1997), 'L' *Alcibiade* di Eschine e la letteratura socratica su Alcibiade'. In G. Giannantoni and M. Narcy (eds.), *Lezioni Socratiche* (Elenchos. Collana di testi e studi sul pensiero antico diretta da Gabriele Giannantoni 26: Naples), 349–73.
Gill, C. (1983), 'The Question of Character Development: Plutarch and Tacitus', *CQ* NS 33: 469–87.
—— (1985), 'Plato and the Education of Character', *AGPh* 67: 1–26.
—— (1986), 'The Question of Character and Personality in Greek Tragedy', *Poetics Today* 7: 251–73.
—— (1990), 'The Character-Personality Distinction'. In C. B. R. Pelling (ed.), *Characterization and Individuality in Greek Literature* (Oxford), 1–31.
—— (1994), 'Peace of Mind and Being Yourself: Panaetius to Plutarch', *ANRW* 2. 36. 7, 4599–4640.
—— (1996), *Personality in Greek Epic, Tragedy, and Philosophy: The Self in Dialogue* (Oxford).
Gleason, M. W. (1995), *Making Men: Sophists and Self-Presentation in Ancient Rome* (Princeton).
Goar, R. J. (1987), *The Legend of Cato Uticensis from the First Century BC to the Fifth Century AD with an Appendix on Dante and Cato* (Collection Latomus 197: Brussels).
Goldhill, S. (1995), *Foucault's Virginity: Ancient Erotic Fiction and the History of Sexuality* (Cambridge).

Gomme, A. W. (1945) (ed.), *A Historical Commentary on Thucydides*, i. *Introduction and Commentary on Book I* (Oxford).
—— and Sandbach, F. H. (1973), *Menander: A Commentary* (Oxford).
González González, M. (1994), 'Ecos de Plutarco en los versos de Cavafis'. In García Valdés (1994), 651–8.
Goodyear, F. R. D. (1970), *Tacitus* (Greece and Rome New Surveys in the Classics 4: Oxford).
—— (1972) *The Annals of Tacitus, Books 1–6, edited with a Commentary*, i. *Annals 1. 1–54* (Cambridge).
Gossage, A. J. (1967), 'Plutarch'. In Dorey (1967), 45–77.
Gould, J. (1955), *The Development of Plato's Ethics* (Cambridge).
Gray, V. J. (1986), 'Xenophon's "Hiero" and the Meeting of the Wise Man and Tyrant in Greek Literature', *CQ* NS 36: 115–23.
—— (1987a), '*Mimesis* in Greek Historical Theory', *AJPh* 108: 467–86.
—— (1987b), 'The Value of Diodorus Siculus for the Years 411–386 BC', *Hermes* 115: 72–89.
—— (1989), *The Character of Xenophon's* Hellenica (London).
Green, D. C. (1978), *Plutarch "revisited": eine Studie über Shakespeares lezte Römertragödien und ihre Quelle*. English trans. (Salzburg, 1979), *Plutarch Revisited: A Study of Shakespeare's Last Roman Tragedies and their Source.*
Green, P. (1978), 'Caesar and Alexander: Aemulatio, Imitatio, Comparatio', *AJAH* 3: 1–26.
Gribble, D. (1994), 'Alcibiades and Athens: a Study in Literary Presentations'. Dissertation, Oxford.
Griffin, M. T., and Barnes, J. (1989) (eds.), *Philosophia Togata: Essays in Philosophy and Roman Society* (Oxford).
Grossman, G. (1950), 'Politische Schlagwörter aus der Zeit des Peloponnesischen Krieges' (Inaugural Dissertation, Basle: Zurich).
Grube, G. M. A. (1961), *A Greek Critic: Demetrius on Style* (*Phoenix* Supplement 4: Toronto).
Guerrini, R., Santoni, A., and Stadter, P. A. (1991) (eds.), *Plutarco. Vite parallele: Periclo–Fabio* (Biblioteca Universale Rizzoli: Milan).
Guthrie, W. K. C. (1969), *A History of Greek Philosophy*, iii. *The Fifth-Century Enlightenment* (Cambridge).
Habicht, Chr. (1959–60), 'Zwei neue Inschriften aus Pergamon', *Istanbuler Mitteilungen* 9–10: 109–27.
—— (1969), *Altertümer von Pergamon*, viii. 3. *Die Inschriften des Asklepieions* (Deutsches Archäologisches Institut: Berlin).
—— (1970), *Gottmenschentum und griechische Städte*, 2nd edn., with a supplement (Munich). First edition 1956 (Zetemata 14).
Halfmann, H. (1979), *Die Senatoren aus den östlichen Teil des Imperium Romanum bis zum Ende des 2. Jahrhunderts n. Chr.* (Hypomnemata 58: Göttingen).

Hamilton, C. D. (1992), 'Plutarch's "Life of Agesilaus"', *ANRW* 2. 33. 6, 4201–21.
—— (1994), 'Plutarch and Xenophon on Agesilaus', *AncW* 25: 205–12.
Hamilton, J. R. (1969), *Plutarch: Alexander. A Commentary* (Oxford).
Hammond, N. G. L. (1938), 'The two battles of Chaeronea (338 BC and 86 BC)', *Klio* 31: 186–218.
Hanfmann, G. M. A. (1983), *Sardis from Prehistoric to Roman Times: Results of the Archaeological Exploration of Sardis 1958–1975* (Assisted by W. E. Mierse) (Cambridge, Mass., and London).
Hardy, E. G. (1890) (ed.), *Plutarch's Lives of Galba and Otho with introduction and explanatory notes* (London and New York). Pages ix–lx of the introduction are reprinted as 'Plutarch, Tacitus and Suetonius, on Galba and Otho', in *Studies in Roman History* (London, 1906), 295–334.
Harris, B. F. (1970), 'The Portrayal of Aristocratic Power in Plutarch's *Lives*'. In id. (ed.), *Auckland Classical Essays presented to E. M. Blaiklock* (Auckland and Oxford), 185–202.
Harrison, G. W. M. (1992a), 'The Critical Trends in Scholarship on the Non-Philosophical Works in Plutarch's "Moralia"', *ANRW* 2. 33. 6, 4646–81.
—— (1992b), 'Plutarch, *Vita Antonii* 75. 3–4: Source for a Poem by Kavafis', *A&R* NS 37: 207–9.
—— (1995), 'The Semiotics of Plutarch's Συγκρίσεις: The Hellenistic Lives of Demetrius–Antony and Agesilaus–Pompey', *RBPh* 73: 91–104.
Harrison, J. E. (1922, 3rd edn.; 1st edn. 1903), *Prolegomena to the Study of Greek Religion* (Princeton). Reprinted Cambridge, 1991.
Hartog, F. (1980), *Le Miroir d'Hérodote: Essai sur la représentation de l'autre* (Paris). English trans. by J. Lloyd (1988), *The Mirror of Herodotus: The Representation of the Other in the Writing of History* (Berkeley).
—— (1991), 'Rome et la Grèce: Les choix de Denys d'Halicarnasse'. In Saïd (1991), 149–67.
Hatzfeld, J. (1951; 1st edn. 1940), *Alcibiade: Étude sur l'histoire d'Athènes à la fin du Ve siècle* (Paris).
Heinze, R. (1890), 'Ariston von Chios bei Plutarch und Horaz', *RhM* 45: 497–523.
Helmbold, W. C., and O'Neil, E. N. (1959), *Plutarch's Quotations* (Philological Monographs published by the American Philological Association 19: Baltimore).
Herbert, K. B. J. (1957), 'The Identity of Plutarch's Lost *Scipio*', *AJPh* 78: 83–8.
—— (1958), 'Ephorus in Plutarch's Lives: A source Problem'. Resumé of Harvard Dissertation, 1954, *HSPh* 63: 510–13.
Hershbell, J. P. (1982), 'Plutarch and Democritus', *QUCC* NS 10: 81–111.
—— (1992), 'Plutarch and Stoicism', *ANRW* 2. 36. 5, 3336–52.
—— (1993), 'Plutarch and Herodotus—The Beetle in the Rose', *RhM* 136: 143–63.
Hesk, J. (1997), 'Deception, Democracy and Ideology: The Rhetoric of Self-Representation in Classical Athenian Culture'. Dissertation, Cambridge.

Hillard, T. W. (1987), 'Plutarch's Late-Republican Lives: Between The Lines', *Antichthon* 21: 19–48.
Hillman, T. P. (1992), 'Plutarch and the First Consulship of Pompeius and Crassus', *Phoenix* 46: 124–37.
—— (1994), 'Authorial Statements, Narrative, and Character in Plutarch's *Agesilaus–Pompeius*', *GRBS* 35: 255–80.
Hirsch, S. W. (1985), *The Friendship of the Barbarians: Xenophon and the Persian Empire* (Hanover and London).
Hirzel, R. (1912), *Plutarch* (Leipzig).
Holden, H. A. (1886), Πλουτάρχου Σύλλας: *Plutarch's Life of Lucius Cornelius Sulla with introduction, notes and lexicon* (Cambridge).
Holford-Strevens, L. (1988), *Aulus Gellius* (London).
Hommeyer, H. (1963), 'Beobachtungen zu den hellenistischen Quellen der Plutarch-Viten', *Klio* 41: 145–57.
Hopkins, K. (1983), *Death and Renewal: Sociological Studies in Roman History*, ii (Cambridge).
Hopkinson, N. (1988), *A Hellenistic Anthology* (Cambridge).
Hornblower, J. (1981), *Hieronymus of Cardia* (Oxford).
Howard, M. W. (1970), *The Influence of Plutarch in the Major European Literatures of the Eighteenth Century* (University of North Carolina Studies in Comparative Literature 50: Chapel Hill).
Huart, P. (1968), *Le Vocabulaire de l'analyse psychologique dans l'oeuvre de Thucydide* (Paris).
Humbert, S. (1991), 'Plutarque, Alexandre et l'Hellénisme'. In Saïd (1991), 169–82.
Hunter, R. L. (1983), *A Study of Daphnis & Chloe* (Cambridge).
Hunter, V. J. (1973), *Thucydides the Artful Reporter* (Toronto).
Hyde, W. W. (1921), *Olympic Victor Monuments and Greek Athletic Art* (Washington).
Immerwahr, H. R. (1960), '*Ergon*: History as a Monument in Herodotus and Thucydides', *AJPh* 81: 261–90.
Ingenkamp, H. G. (1971), *Plutarchs Schriften über die Heilung der Seele* (Hypomnemata 34: Göttingen).
—— (1988), 'Der Höhepunkt der deutschen Plutarchrezeption: Plutarch bei Nietzsche', *ICS* 13: 505–29.
—— (1992a), 'Plutarchs "Leben der Gracchen": Eine Analyse', *ANRW* 2. 33. 6, 4298–4346.
—— (1992b), 'Plutarch und die konservative Verhaltensnorm', *ANRW* 2. 33. 6, 4624–44.
—— (1997), 'Ἀρετὴ εὐτυχοῦσα (Plut. Tim. 36) und die Last der Leichtigkeit', *RhM* 140: 71–89.
Irigoin, J. (1982–3), 'La Formation d'un *corpus*: un problème d'histoire des textes dans la tradition des *Vies parallèles* de Plutarque', *RHT* 12–13: 1–12.

—— (1986), 'Le Catalogue de Lamprias: Tradition manuscrite et éditions imprimées', *REG* 99: 318–31.

Jacoby, F. (1916), 'Iuba II', *RE* 9, coll. 2384–95.

Jannaris, A. N. (1897), *An historical Greek grammar chiefly of the Attic dialect as written and spoken from classical antiquity down to the present time founded upon ancient texts, inscriptions, papyri and present popular Greek* (London).

Jones, C. P. (1966), 'Towards a Chronology of Plutarch's Works', *JRS* 56: 61–74. Reprinted in Scardigli (1995a), 75–123.

—— (1967), 'Julius Naso and Julius Secundus', *HSPh* 72: 279–88.

—— (1970), 'Sura and Senecio', *JRS* 60: 98–104.

—— (1971), *Plutarch and Rome* (Oxford).

—— (1972), 'Two Friends of Plutarch', *BCH* 96: 263–7.

—— (1982), 'Plutarch, Lucullus 42, 3–4', *Hermes* 110: 254–6.

Jones, R. M. (1916), *The Platonism of Plutarch* (Menasha, Wis.). Reprinted in *The Platonism of Plutarch and selected papers* (New York and London, 1980).

Jouanna, J. (1978), 'Le Médecin modèle du législateur dans les *Lois* de Platon', *Ktèma* 3: 77–91.

Kane, J. (1990), 'Greek Values in Xenophon's *Hellenica*'. In A. Loizou and H. Lesser (eds.), *Polis and Politics: Essays in Greek Moral and Political Philosophy* (Aldershot), 1–11.

Keaveney, A., and Madden, J. A. (1982), 'Phthiriasis and its Victims', *SO* 57: 87–99.

Kebric, R. B. (1977), *In the Shadow of Macedon: Duris of Samos* (Historia Einzelschriften 29: Wiesbaden).

Keen, A. G. (1996), 'Lies about Lysander'. In F. Cairns and M. Heath (eds.), *Papers of the Leeds International Latin Seminar, ix. Roman Poetry and Prose, Greek Poetry, Etymology, Historiography* (Leeds), 285–96.

Kelly, T. (1985), 'The Spartan Scytale'. In Eadie and Ober (1985), 141–69.

Kerényi, K. (1962), 'Ἄγαλμα, εἰκών εἴδωλον'. Italian trans. by O. M. Nobile in *Demitizzazione e Immagine* (Archivio di Filosofia 1–2: Padua), 161–71.

Klibansky, R., Panofsky, E., and Saxl, F. (1964), *Saturn and Melancholy: Studies in the History of Natural Philosophy, Religion and Art* (London).

Klotz, A. (1934), 'Die Quellen der plutarchischen Lebensbeschreibung des Marcellus', *RhM* 83: 289–318.

—— (1935a), 'Über die Quelle Plutarchs in der Lebensbeschreibung des Q. Fabius Maximus', *RhM* 84: 125–53.

—— (1935b), 'Die Quellen Plutarchs in der Lebensbeschreibung des Titus Quinctius Flamininus', *RhM* 84: 46–53.

—— (1938), 'De Plutarchi vitae Caesarianae fontibus', *Mnemosyne* ser. 3, 6: 313–19.

—— (1941), 'Zu den Quellen der plutarchischen Lebensbeschreibung des Camillus', *RhM* 90: 282–309.

Knox, P. E. (1985), 'Wine, Water, and Callimachean Polemics', *HSPh* 89: 107–19.

Koestermann, E. (1963), *Cornelius Tacitus: Annalen*, i. Buch 1–3 (Heidelberg).
Kokolakis, M. (1960), 'Lucian and the tragic performances in his time', *Platon* 12: 67–109.
Konstantinovic, I. (1989), *Montaigne et Plutarque* (Travaux d'humanisme et Renaissance 231: Geneva).
Korus, K. (1977), 'Plutarch wobec greckiej Tradycji Wykształcenia Ogólnego' (Polish with German summary: 'Plutarchs Stellung in der Tradition der griechischen Allgemeinbildung'), *Eos* 65: 53–76.
Krenkel, W. A. (1980), 'Sex und politische Biographie', *Wissenschaftliche Zeitschrift der Wilhelm-Pieck-Universität Rostock, Gesellschaft- und Sprachwissenschaftliche* 29. 5: 65–76.
Krentz, P. (1989) (ed.), *Xenophon: Hellenika I–II. 3. 10* (Warminster).
Krevans, N. (1993), 'Fighting against Antimachus: the *Lyde* and the *Aetia* Reconsidered'. In M. A. Harder, R. F. Regtuit, and G. C. Wakker (eds.), *Callimachus* (Hellenistica Groningana. Proceedings of the Groningen Workshops on Hellenistic Poetry: Groningen), 149–60.
Kroll, W. (1924), *Studien zum Verständnis der römischen Literatur* (Stuttgart). Reprinted 1964.
Kuhn, R. (1976), *The Demon of Noontide: Ennui in Western Literature* (Princeton).
Kühner, R. (1904), *Ausführliche Grammatik der griechischen Sprache* (3rd edn., ed. B. Gerth), ii (Hanover and Leipzig).
Lammert, F. (1916), 'Appian, Plutarch und Cäcilius von Kale Akte', *Berliner PhilologischeWochenschrift* 36, coll. 477–80.
Larmour, D. H. J. (1988), 'Plutarch's Compositional Methods in the *Theseus* and *Romulus*', *TAPhA* 118: 361–75.
—— (1992), 'Making Parallels: *Synkrisis* and Plutarch's "Themistocles and Camillus"', *ANRW* 2. 33. 6, 4154–4200.
Lasso de la Vega, J. S. (1961–2), 'Traducciones españolas de las "Vidas" de Plutarco', *EClás* 6: 451–514.
Lattimore, R. (1939), 'The Wise Adviser in Herodotus', *CPh* 34: 24–35.
Lausberg, H. (1960), *Handbuch der literarischen Rhetorik: Eine Grundlegung der Literaturwissenschaft*, 2 vols. (Munich).
Lavagnini, B. (1989), 'In Plutarco, *Vita Luculli* 29, 16–20 la fonte di una poesia di Kavafis', *A&R* NS 33: 144–6. Reprinted as 'In Plutarco, *Vita Luculli* XXIX, 16–20 l'ispirazione di una poesia di Kavafis', in *Studi di filologia classica in onore di Giusto Monaco* (Palermo, 1991), iv. 1805–7.
—— (1992), 'Il fascino discreto di Plutarco', *A&R* NS 37: 1–5.
Lavery, G. B. (1994), 'Plutarch's *Lucullus* and the Living Bond of Biography', *CJ* 89: 261–73.
Le Corsu, F. (1981), *Plutarque et les femmes dans les Vies parallèles* (Paris).
Leo, F. (1901), *Die griechisch-römische Biographie nach ihrer litterarischen Form* (Leipzig).

Levene, D. S. (1992), 'Sallust's *Jugurtha*: An "Historical Fragment"', *JRS* 82: 53–70.
Lévêque, P. (1957), *Pyrrhos* (Paris).
Levi, M. A. (1955), *Plutarco e il V secolo* (Milan).
Lévy, E. (1990), 'L'Art de la déformation historique dans les *Helléniques* de Xénophon'. In Verdin, Schepens, and De Keyser (1990), 125–57.
Lewis, R. G. (1991*a*), 'Suetonius' "Caesares" and their Literary Antecedents', *ANRW* 2. 33. 5, 3623–74.
—— (1991*b*), 'Sulla's Autobiography: Scope and Economy', *Athenaeum* NS 69 (year 79), 509–19.
—— (1993), 'Imperial Autobiography, Augustus to Hadrian', *ANRW* 2. 34. 1, 629–706.
Lieberich, H. (1898), *Studien zu den Proömien in der griechischen und byzantinischen Geschichtschreibung*, i. *Die griechischen Geschichtschreiber* (Programm des Kgl. Realgymnasiums München). Reprinted (1899) as dissertation, Munich.
Littman, R. J. (1970), 'The Loves of Alcibiades', *TAPhA* 101: 263–76.
Lloyd, G. E. R. (1966), *Polarity and Analogy: Two Types of Argumentation in Early Greek Thought* (Cambridge). Reprinted Bristol, 1987 and 1992.
Lombardi, M. (1996), 'Il principio dell' εἰκός nel racconto biografico plutarcheo', *RCCM* 38: 91–102.
Loraux, N. (1995), *The Experiences of Tiresias: The Feminine and the Greek Man*, trans. Paula Wissing (Princeton).
Lotze, D. (1964), *Lysander und der Peloponnesische Krieg* (Abhandlungen der sächsischen Akademie der Wissenschaften zu Leipzig. Philologisch-historische Klasse 57. 1: Berlin).
Lounsbury, R. C. (1991), '*Inter quos et Sporus erat*: The Making of Suetonius' "Nero"', *ANRW* 2. 33. 5, 3748–79.
Luce, T. J. (1971), 'Design and Structure in Livy: 5. 32–55', *TAPhA* 102: 265–302.
—— (1989), 'Ancient Views on the Causes of Bias in Historical Writing', *CPh* 84: 16–31.
—— (1991), 'Tacitus on "History's Highest Function": *praecipuum munus annalium* (Ann. 3. 65)', *ANRW* 2. 33. 4, 2904–27.
Luck, G. (1964), 'Über Suetons "Divus Titus"', *RhM* 107: 63–75.
McCarty, T. G. (1974), 'The Content of Cornelius Nepos' *De Viris Illustribus*', *CW* 67: 383–91.
McCarty, W. (1989), 'The Shape of the Mirror: Metaphorical Catoptrics in Classical Literature', *Arethusa* 22: 161–95.
McGing, B. L. (1982), '*Synkrisis* in Tacitus' *Agricola*', *Hermathena* 132: 15–25.
McKeown, J. C. (1989), *Ovid: Amores. Text, Prolegomena and Commentary in four volumes*, ii. *A Commentary on Book One* (Leeds).
Mader, G. (1993), 'Ἀννίβας ὑβριστής: Traces of a "Tragic" Pattern in Livy's Hannibal Portrait in Book XXI?', *AncSoc* 24: 205–24.

Magnino, D. (1991) (ed.), *Plutarco: Vite parallele: Agide e Cleomene–Tiberio e Caio Gracco* (Biblioteca Universale Rizzoli: Milan).

—— and La Penna, A. (1987) (eds.), *Plutarco: Vite parallele: Alessandro–Cesare* (Biblioteca Universale Rizzoli: Milan). Seventh edn. 1995.

Malkin, I. (1990), 'Lysander and Libys', *CQ* NS 40: 541–5.

Manfredini, M. (1987), 'La tradizione manoscritta delle *Vite*'. In Canfora, Garzetti, and Manetti (1987), 25–35; Magnino and La Penna (1987), pp. x–xx. Reprinted in Andrei and Scuderi (1989), 16–26; Fuscagni, Mugelli, and Scardigli (1989), 16–26; Magnino (1991), 73–83; Guerrini, Santoni, and Stadter (1991), 51–61; Cesa, Prandi, and Raffaelli (1993), 79–89; Bearzot, Geiger, and Ghilli (1993), 57–67; Geiger, Ghilli, Mugelli, and Pecorella Longo (1995), 57–67; Pelling (1997c), 57–67.

—— (1992a), 'Il Plutarco di Planude', *Studi Classici e Orientali* 42: 123–5.

—— (1992b), 'Due codici di *excerpta* plutarchei e l'*Epitome* di Zonara', *Prometheus* 18: 193–215.

—— (1993), 'Due codici di *excerpta* plutarchei e l'*Epitome* di Zonara (II parte)', *Prometheus* 19: 1–25.

—— and Piccirilli, L. (1980) (eds.), *Plutarco: le Vite di Licurgo e di Numa* (Milan).

Manuwald, B. (1979), *Cassius Dio und Augustus: Philologische Untersuchungen zu den Büchern 45–56 des dionischen Geschichtswerkes* (Palingenesia 14: Wiesbaden).

Marasco, G. (1976) (ed.), *Plutarco: Vita di Nicia* (Rome).

—— (1983), 'Note ellenistiche', *Prometheus* 9: 221–31.

Marinatos, N. (1980), 'Nicias as a Wise Advisor and Tragic Warner in Thucydides', *Philologus* 124: 305–10.

Marincola, J. M. (1994), 'Plutarch's Refutation of Herodotus', *AncW* 25: 191–203.

Martin, H. M. (1960), 'The Concept of Praotēs in Plutarch's *Lives*', *GRBS* 3: 65–73.

—— (1961), 'The Concept of *Philanthropia* in Plutarch's *Lives*', *AJPh* 82: 164–75.

—— (1992), review of Stadter (1989). In *AJPh* 113: 297–300.

—— (1995), 'Moral Failure Without Vice in Plutarch's Athenian *Lives*', *Ploutarchos* 12. 1: 13–18.

Martin, R. H. (1981), *Tacitus* (London). Reprinted 1989 and, with corrections, 1994.

—— and Woodman, A. J. (1989), *Tacitus: Annals, Book IV* (Cambridge).

Masaracchia, A. (1995), 'Tracce aristoteliche nell' *An seni res publica gerenda sit* e nei *Praecepta gerendae rei publicae*'. In Gallo and Scardigli (1995), 227–34.

Mason, H. J. (1974), *Greek Terms for Roman Institutions: A Lexicon and Analysis* (American Studies in Papyrology 13: Toronto).

Massaro, D. (1995), 'I *Praecepta gerendae rei publicae* e il realismo politico di Plutarco'. In Gallo and Scardigli (1995), 235–44.

Mayor, J. B. (1910; 1st edn. 1892), *The Epistle of Saint James: The Greek Text, with introduction, notes and comments* (London). Reprinted 1913 with a supplement.

Mazzarino, S. (1966), *Il pensiero storico classicso, ii.* 2. Reprinted as vol. iii, 1983 (Biblioteca Universale Laterza: Rome and Bari).
Meichsner, I. (1983), *Die Logik von Gemeinplätzen: Vorgeführt an Steuermannstopos und Schiffsmetapher* (Bonn).
Meijering, R. (1987), *Literary and Rhetorical Theories in Greek Scholia* (Groningen).
Mewaldt, J. (1907), 'Selbstcitate in den Biographieen Plutarchs', *Hermes* 42: 564–78.
Meyer, E. (1899), *Forschungen zur alten Geschichte, ii* (Halle).
—— (1921–3), *Ursprung und Anfänge des Christentums*, 3 vols. (Stuttgart and Berlin).
Michel, D. (1967), *Alexander als Vorbild für Pompeius, Caesar und Marcus Antonius* (Collection Latomus 94: Brussels).
Milazzo, A. M. (1991), 'Forme e funzioni retoriche dell' opuscolo "Aqua an ignis utilior" attribuito a Plutarco'. In D'Ippolito and Gallo (1991), 419–33.
Millar, F. (1964), *A Study of Dio Cassius* (Oxford).
—— (1988), 'Cornelius Nepos, "Atticus", and the Roman Revolution', *GR* NS 35: 40–55.
Miola, R. S. (1983), *Shakespeare's Rome* (Cambridge).
—— (1985), '*Julius Caesar* and the Tyrannicide Debate', *RenQ* 38: 271–89.
Mittelstadt, M. C. (1967), 'Tacitus and Plutarch: some interpretive methods', *Rivista di Studi Classici* 15: 293–304.
Moles, J. L. (1985a), 'The Interpretation of the "Second Preface" in Arrian's "Anabasis"', *JHS* 105: 162–8.
—— (1985b), 'Plutarch, Brutus and the Ghost of Caesar', *PCA* 82: 19–20.
—— (1988) (ed.), *Plutarch: The Life of Cicero* (Warminster).
—— (1989), review of Geiger (1985). In *CR* NS 39: 229–33.
—— (1992), review of Stadter (1989). In *CR* NS 42: 289–94.
—— (1993a), 'On Reading Cornelius Nepos with Nicholas Horsfall', *LCM* 18, 76–80.
—— (1993b), 'Truth and Untruth in Herodotus and Thucydides'. In C. Gill and T. P. Wiseman (eds.), *Lies and Fiction in the Ancient World* (Exeter), 88–121.
—— (1994), 'Xenophon and Callicratidas', *JHS* 114: 70–84.
Momigliano, A. (1931), 'Sulla storiografia greca del IV secolo a. C. 1: Teopompo', *RFIC*, NS 9: 230–42 and 335–54. Reprinted in *Terzo Contributo alla Storia degli Studi Classici e del Mondo Antico* (Rome, 1966), i. 367–92.
—— (1971a), *The Development of Greek Biography* (Cambridge, Mass.). Reprinted in an expanded edition, 1993.
—— (1971b), *Second Thoughts on Greek Biography* (Mededelingen der Koninklijke Nederlandse Akademie van Wetenschappen, Afd. Letterkunde, nieuwe reeks, deel 34, no. 7: London and Amsterdam). Reprinted in *Quinto Contributo alla Storia degli Studi Classici e del Mondo Antico* (Rome, 1975), i.

33–47, and in id. (1993), *The Development of Greek Biography* (see previous item), 105–21.

Momigliano, A. (1982), 'The origins of universal history', *ASNP*, ser. 3, 12: 533–60. Reprinted in *Settimo Contributo alla Storia degli Studi Classici e del Mondo Antico* (Rome, 1984), 77–103, and in *On Pagans, Jews, and Christians* (Middletown, Conn., 1987), 31–57.

Montaigne, M. E. de (1580), *Essais* (Bordeaux). Numerous editions.

Montano, A. (1991), 'Ἁρμονία e ὁμολογία nei *Coniugalia Praecepta* di Plutarco', *Elenchos* 12: 331–8.

Moreno, L. A. G. (1992), 'Paradoxography and Political Ideals in Plutarch's *Life of Sertorius*'. In Stadter (1992b), 132–58.

Morgan, M. G. (1979), 'Catullus 112: A *Pathicus* in Politics', *AJPh* 100: 377–80.

Mossman, J. M. (1988), 'Tragedy and epic in Plutarch's *Alexander*', *JHS* 108: 83–93. Reprinted in Scardigli (1995a), 209–28.

—— (1991), 'Plutarch's Use of Statues'. In M. A. Flower and M. Toher (eds.), *Georgica: Greek Studies in Honour of George Cawkwell* (*BICS* Supplement 58), 98–119.

—— (1992), 'Plutarch, Pyrrhus and Alexander'. In Stadter (1992b), 90–108.

—— (1997) (ed.), *Plutarch and his Intellectual World: Essays on Plutarch* (London).

Muecke, F. (1982), 'A Portrait of the Artist as a Young Woman', *CQ* NS 32: 41–55.

Mueller, H.-F. (1995), 'Images of Excellence: Visual Rhetoric and Political Behavior'. In Gallo and Scardigli (1995), 287–300.

Murray, P. (1996) (ed.), *Plato on Poetry. Ion; Republic 376e–398b9; Republic 595–608b10* (Cambridge).

Neu, J. (1971), 'Plato's Analogy of State and Individual: The *Republic* and the Organic Theory of the State', *Philosophy* 46: 238–54.

Newman, W. L. (1902), *The Politics of Aristotle, iv. Essays on Constitutions Books VI–VIII—Text and Notes* (Oxford).

Nikolaidis, A. G. (1980), 'Γύρω ἀπὸ τὴν ὀρθογραφία τῶν λέξεων πρᾶος (πρᾷος) καὶ φιλόνικος (φιλόνεικος)', *Hellenica* 32: 364–70.

—— (1982), 'Aristotle's Treatment of the Concept of πραότης', *Hermes* 110: 414–22.

—— (1982–4), 'Ὁ σκοπός τῶν Βίων τοῦ Πλουτάρχου καί οἱ διάφορες συναφεῖς θεωρίες', *Archaiognosia* 3: 93–114.

—— (1986), 'Ἑλληνικός—βαρβαρικός: Plutarch on Greek and Barbarian Characteristics', *WS* 119, n.f. 20: 229–44.

—— (1988), 'Is Plutarch Fair to Nikias?', *ICS* 13. 2: 319–33.

—— (1991), 'Plutarch's contradictions', *C&M* 42: 153–86. A shorter version appears in *AncW* 25 (1994), 213–22.

—— (1995), 'Plutarch's Heroes in Action: Does the End Justify the Means?' In Gallo and Scardigli (1995), 301–12.

Nisbet, R. G. M., and Hubbard, M. (1970), *A Commentary on Horace: Odes Book I* (Oxford).

Nock, A. D. (1930), 'Σύνναος Θεός', *HSPh* 41: 1–62. Reprinted in Stewart (1972), 202–51.

—— (1933), 'The Vocabulary of the New Testament', *JBL* 52: 131–9. Reprinted in Stewart (1972), 341–7.

Norden, E. (1898), *Die Antike Kunstprosa vom VI. Jahrhundert v. Chr. bis in die Zeit der Renaissance* (Leipzig).

North, T. (1579), *The Lives of the noble Grecians and Romanes, compared together by that grave, learned Philosopher and Historiographer Plutarke of Chaeronea: translated out of Greeke into French by I. Amyot and into Englishe by T. North* (London).

Norton, G. (1906), *Le Plutarque de Montaigne: Selections from Amyot's translation of Plutarch arranged to illustrate Montaigne's essays* (Boston).

Oakley, S. P. (1985), 'Single Combat in the Roman Republic', *CQ* NS 35: 392–410.

Ogilvie, R. M., and Richmond, I. (1967) (eds.), *Cornelii Taciti De Vita Agricolae* (Oxford).

Oliver, J. H. (1953), 'The Ruling Power: A Study of the Roman Empire in the Second Century after Christ through the Roman Oration of Aelius Aristides', *TAPhS* NS 43. 4: 870–1003.

Opsomer, J. (1994), 'L'Âme du monde et l'âme de l'homme chez Plutarque'. In M. García Valdés (1994), 33–49.

—— (1997), 'Favorinus versus Epictetus on the philosophical heritage of Plutarch: A debate on epistemology'. In Mossman (1997), 17–39.

Padel, R. (1995), *Whom Gods Destroy: Elements of Greek and Tragic Madness* (Princeton).

Paladini, M. L. (1984), 'A proposito del parallelo Alessandro Magno–Germanico Cesare in Tacito'. In Sordi (1984), 179–93.

Palmer, M. (1982), 'Alcibiades and the Question of Tyranny in Thucydides', *Canadian Journal of Political Science* 15: 103–24.

Panagopoulos, C. (1977), 'Vocabulaire et mentalité dans les *Moralia* de Plutarque', *DHA* 3 (Centre de recherches d'histoire ancienne 25): 197–235.

Paradiso, A. (1996), 'Plut. Alc. 23,3 e *Quom. adul. ab amico internoscatur* 52E', *RhM* 139: 373–5.

Paratore, E. (1993), 'Il giudizio sulla tradizione nelle *Vite* plutarchee di Teseo e Romolo'. In R. Pretagostini (ed.), *Tradizione e innovazione nella cultura greca da Omero all' età ellenistica: Scritti in onore di Bruno Gentili*, 3 vols. (Rome), iii. 1077–87.

Parke, H. W. (1939), *A History of the Delphic Oracle* (Oxford).

Patterson, C. (1992), 'Plutarch's "Advice on Marriage": Traditional Wisdom through a Philosophic Lense', *ANRW* 2. 33. 6, 4709–23.

Pauw, D. (1980), 'Impersonal Expressions and Unidentified Spokesmen in Greek and Roman Historiography and Biography', *AClass* 23: 83–95.

Pavis d'Escurac, H. (1981), 'Périls et chances du régime civique selon Plutarque', *Ktèma* 6: 287–300.
Pecorella Longo, C. (1995), 'Introduzione' to *Demostene*. In Geiger, Ghilli, Mugelli, and Pecorella Longo (1995), 87–150.
Pédech, P. (1951), 'Polybe et l'"Éloge de Philopoemen"', *REG* 64: 82–103.
—— (1964), *La Méthode Historique de Polybe* (Paris).
Pelling, C. B. R. (1973), 'Plutarch, "Alexander" and "Caesar": Two New Fragments', *CQ* NS 23: 343–4.
—— (1979), 'Plutarch's method of work in the Roman Lives', *JHS* 99: 74–96. Reprinted with a postscript (312–18) in Scardigli (1995a), 265–318.
—— (1980), 'Plutarch's adaptation of his source-material', *JHS* 100: 127–40. Reprinted in Scardigli (1995a), 125–54.
—— (1984a), 'Notes on Plutarch's *Caesar*', *RhM* 127: 33–45.
—— (1984b), 'Plutarch on the Gallic Wars', *CB* 60: 88–103.
—— (1985), 'Plutarch and Catiline', *Hermes* 113: 311–29.
—— (1986a), 'Plutarch and Roman Politics'. In I. S. Moxon, J. D. Smart, and A. J. Woodman (eds.), *Past Perspectives. Studies in Greek and Roman Historical Writing* (Cambridge), 159–87. Reprinted in Scardigli (1995a), 319–56.
—— (1986b), 'Synkrisis in Plutarch's Lives'. In Brenk and Gallo (1986), 83–96.
—— (1988a), 'Aspects of Plutarch's Characterisation', *ICS* 13. 2: 257–74.
—— (1988b) (ed.), *Plutarch: Life of Antony* (Cambridge).
—— (1989), 'Plutarch: Roman Heroes and Greek Culture'. In Griffin and Barnes (1989), 199–232.
—— (1990a), 'Childhood and Personality in Greek Biography'. In id. (ed.), *Characterization and Individuality in Greek Literature* (Oxford), 213–44.
—— (1990b), 'Truth and Fiction in Plutarch's *Lives*'. In Russell (1990), 19–52.
—— (1992), 'Plutarch and Thucydides'. In Stadter (1992b), 10–40.
—— (1993), 'Tacitus and Germanicus'. In T. J. Luce and A. J. Woodman (eds.), *Tacitus and the Tacitean Tradition* (Princeton), 59–85.
—— (1995a), 'The Moralism of Plutarch's *Lives*'. In D. Innes, H. Hine, and C. B. R. Pelling (eds.), *Ethics and Rhetoric: Classical Essays for Donald Russell on his Seventy-Fifth Birthday* (Oxford), 205–20. Also published in Italian, as 'Il moralismo delle *Vite* di Plutarco', in Gallo and Scardigli (1995), 343–61.
—— (1995b), 'Plutarch's Method of Work in the Roman Lives'. Reprinted with a postscript in Scardigli (1995a), 265–318 (Oxford). Originally published without postscript in *JHS* 99: 74–96.
—— (1996), 'Prefazione'. In F. Albini (ed.), *Plutarco: Vita di Coriolano; Vita di Alcibiade* (I grandi libri Garzanti: Milan), pp. xx–lviii.
—— (1997a), 'Is Death the End? Closure in Plutarch's *Lives*'. In D. H. Roberts, F. M. Dunn, and D. Fowler (eds.), *Classical Closure: Reading the End in Greek and Latin Literature* (Princeton), 228–50.
—— (1997b), 'Plutarch on Caesar's fall'. In Mossman (1997), 215–32.

Pelling, C. B. R. (1997c) (ed.), *Plutarco: Vite Parallele: Filopemene–Tito Flaminino* (Biblioteca Universale Rizzoli: Milan). Italian trans. by F. Albini and E. Melandri.

—— (1999), 'Modern Fantasy and Ancient Dreams'. In C. Sullivan and B. White (eds.), *Writing and Fantasy* (London and New York), 15–31.

Pérez Jiménez, A. (1992), 'Alle frontiere della scienza: Plutarco e l'astrologia'. In Gallo (1992b), 271–86.

—— (1994), 'Plutarch: The Irresponsibility of Aegeus', *AncW* 25: 223–31.

—— (1995), '*Proairesis*: las formas de acceso e la vida pública y el pensiamento politico de Plutarco'. In Gallo and Scardigli (1995), 363–81.

Pernot, L. (1983), 'Chance et destin dans la rhétorique épidictique grecque à l'époque impériale'. In F. Jouan (ed.), *Visages du destin dans les mythologies: Mélanges Jacqueline Duchemin* (*Actes du colloque de Chantilly 1er–2 mai 1980*: Paris), 121–9.

Perrin, B. (1916), *Plutarch's Lives*, iv. *Alcibiades and Coriolanus; Lysander and Sulla* (Loeb Classical Library: Cambridge, Mass., and London).

—— (1918), *Plutarch's Lives*, vi. *Dion and Brutus; Timoleon and Aemilius Paulus* (Loeb Classical Library: Cambridge, Mass., and London).

Peter, H. (1865), *Die Quellen Plutarchs in den Biographieen der Römer* (Halle). Reprinted Amsterdam, 1965.

Piccirilli, L. (1977), 'Cronologia relativa e fonti della *Vita Solonis* di Plutarco', *ASNP* ser. 3, 7: 999–1016.

—— (1980), 'Cronologia relativa alle fonti delle *Vitae Lycurgi et Numae* di Plutarco'. In φιλίας χάριν: *miscellanea di studi classici in onore di Eugenio Manni* (Rome), v. 1751–64.

—— (1985), 'Le *Vite* dello storico Tucidide: Un terzo tipo di biografia greca', *AALig* 42: 133–44.

—— (1989), 'La tradizione "nera" nelle biografie plutarchee degli Ateniesi del sesto e del quinto secolo'. In A. Ceresa-Gastaldo (ed.), *Gerolamo e la biografia letteraria* (Pubblicazioni del Dipartimento di archeologia, filologia classica e loro tradizioni, NS 125: Genoa), 5–21.

—— (1990a), 'Introduzione'. In Carena, Manfredini, and Piccirilli (1990), pp. ix–xl.

—— (1990b), 'Nicia in Filisto e in Timeo', *RFIC* 118: 385–90.

—— (1990c), 'Nicia in Plutarco', *AALig* 47: 351–68.

—— (1993a), 'In margine alla plutarchea "Vita di Lisandro"', *CCC* 14: 25–9.

—— (1993b), 'Introduzione' to *Nicia*. In Angeli Bertinelli *et al.* (1993), pp. ix–xxviii.

Podlecki, A. J. (1988), 'Plutarch and Athens', *ICS* 13. 2: 231–43.

—— and Duane, S. (1992), 'A Survey of Work on Plutarch's Greek Lives, 1951–1988', *ANRW* 2. 33. 6, 4053–4127.

Polman, G. H. (1974), 'Chronological Biography and *Akmē* in Plutarch', *CPh* 69: 169–77.

Powell, C. A. (1972), '*Deum Ira, Hominum Rabies*', *Latomus* 31: 833–48.
Prandi, L. (1992), 'Introduzione' to *Alcibiade*. In Cesa, Prandi, and Raffaelli (1993), 255–317.
Prieth, K. (1908), 'Einige Bemerkungen zu den parallelen Biographien Plutarchs mit besonderer Berücksichtigung der συγκρίσεις', *VII. Jahresbericht des Städt. Gymnasiums in Wels für das Schuljahr 1907/08*, 1–36.
Proctor, D. (1980), *The Experience of Thucydides* (Warminster).
Puech, B. (1981), 'Soclaros de Tithorée, ami de Plutarque, et ses descendants', *REG* 94: 186–92.
—— (1992), 'Prosopographie des amis de Plutarque', *ANRW* 2. 33. 6, 4831–93.
Quet, M.-H. (1979), 'Rhétorique, culture et politique: Le fonctionnement du discours idéologique chez Dion de Pruse et dans les *Moralia* de Plutarque', *DHA* 4 (Centre de recherches d'histoire ancienne, vol. 28): 51–117.
Ramage, E. S. (1991), 'Sulla's Propaganda', *Klio* 73: 93–121.
Ramón Palerm, V. (1992), *Plutarco y Nepote: Fuentes e interpretación del modelo biográfico plutarqueo* (Saragossa).
—— (1994), 'El "Cato" de Cornelio Nepote y los orígenes de la biografía política grecolatina', *QS* 39: 279–87.
Rawlings, H. R. (1981), *The Structure of Thucydides' History* (Princeton).
Rawson, E. (1972), 'Cicero the Historian and Cicero the Antiquarian', *JRS* 62: 33–45. Reprinted in *Roman Culture and Society. Collected Papers* (Oxford, 1991), 58–79.
—— (1985), *Intellectual Life in the Late Roman Republic* (London).
Reams, L. E. (1984), 'Sulla's Alleged Early Poverty and Roman Rent', *AJAH* 9: 158–74.
Reardon, B. P. (1971), *Courants littéraires grecs des IIe et IIIe siècles après J.-C.* (Paris).
Reinhold, M. (1975) (ed.), *The Classick Pages: Classical Reading of Eighteenth-Century Americans* (Pennsylvania).
—— (1984), 'Plutarch's Influence in America from Colonial Times to 1890'. In *Classica Americana: The Greek and Roman Heritage in the United States* (Detroit), 250–64.
—— (1988) (ed.), *From Republic to Principate: An Historical Commentary on Cassius Dio's Roman History Books 49–52 (36–29 BC)* (Atlanta).
Renehan, R. (1981), 'Plutarch *Lysander* 2: An Addendum', *CPh* 76: 206–7.
Renoirte, T. (1951), *Les "Conseils politiques" de Plutarque: une lettre ouverte aux Grecs à l'époque de Trajan* (Louvain).
Resta, G. (1962), *Le epitomi (delle Vite parallele) di Plutarco nel Quattrocento* (Padua).
Rich, J. W. (1989), 'Dio on Augustus'. In Averil Cameron (ed.), *History as Text: The Writing of Ancient History* (London), 86–110.
Ritzenstein, R. (1906), *Hellenistische Wundererzählungen* (Leipzig). Reprinted Stuttgart, 1963.

Robert, L. (1927), 'Études d'épigraphie grecque', *RPh*, ser. 3, 1: 97–132. Reprinted in *Opera Minora Selecta: Épigraphie et antiquités grecques*, ii (Amsterdam, 1969), 1052–87.
—— (1940), *Les gladiateurs dans l'Orient grec* (Limoges). Reprinted Amsterdam, 1971.
—— (1967), 'Sur des inscriptions d'Éphèse; fêtes, athlètes, empereurs, épigrammes', *RPh*, ser. 3, 41: 7–84. Reprinted in *Opera Minora Selecta: Épigraphie et antiquités grecques*, v (Amsterdam, 1989), 347–424.
Roberts, D. H. (1987), 'Parting Words: Final Lines in Sophocles and Euripides', *CQ* NS 37: 51–64.
—— (1988), 'Sophoclean Endings: Another Story', *Arethusa* 21: 177–96.
Roberts, J. T. (1987), 'Paradigm Lost: Tritle, Plutarch and Athenian Politics in the Fourth Century', *AHB* 1. 2: 34–5.
Robertson, A., and Plummer, A. (1911), *A Critical and Exegetical Commentary on the First Epistle of St Paul to the Corinthians* (The International Critical Commentary: Edinburgh). Second edn. 1914.
Rohde, E. (1876), *Der griechische Roman und seine Vorlaüfer* (Leipzig). Third edn. 1914. Fourth edn. with foreword by K. Kerényi, Hildesheim, 1960.
Rosalia, A. De (1991), 'Il latino di Plutarco'. In D'Ippolito and Gallo (1991), 445–59.
Rose, H. J. (1924), *The Roman Questions of Plutarch* (Oxford).
Rose, J. J. (1988), 'The Concept of *Arete* in Plutarch's *Parallel Lives*'. Dissertation, University of New Jersey, New Brunswick.
Rosenmeyer, T. G. (1992), 'Beginnings in Plutarch's *Lives*'. In F. M. Dunn and T. Cole (eds.), *Beginnings in Classical Literature* (*YClS* 29: Cambridge), 205–30.
Ross, D. (1951), *Plato's Theory of Ideas* (Oxford).
Roussel, M. (1991), *Biographie légendaire d'Achille* (Amsterdam).
Rubina Cammarota, M. (1992), 'Il *De Alexandri Magni fortuna aut virtute* come espressione retorica: il panegirico'. In Gallo (1992c), 105–24.
Rudd, N. (1966), *The Satires of Horace* (Cambridge).
Russell, D. A. (1963), 'Plutarch's Life of Coriolanus', *JRS* 53: 21–8. Reprinted in Scardigli (1995a), 357–72.
—— (1966a), 'On Reading Plutarch's *Lives*', *G&R* NS 13: 139–54. Reprinted in Scardigli (1995a), 75–94.
—— (1966b), 'Plutarch, "Alcibiades" 1–16', *PCPhS* 192: 37–47. Reprinted in Scardigli (1995a), 191–207.
—— (1973), *Plutarch* (London).
—— (1981), *Criticism in Antiquity* (London).
—— (1982), 'Plutarch and the Antique Hero', *The Yearbook of English Studies* 12 (Heroes and the Heroic: Special Number), 24–34.
—— (1983), *Greek Declamation* (Cambridge).
—— (1990) (ed.), *Antonine Literature* (Oxford).

Russell, D. A. (1993), *Plutarch: Selected Essays and Dialogues* (The World's Classics: Oxford).

—— (1997), Plutarch, *Amatorius* 13–18. In J. Mossman (ed.), *Plutarch and his Intellectual World: Essays on Plutarch* (London), 99–111.

—— and Wilson, N. G. (1981) (eds.), *Menander Rhetor: Edited with Translation and Commentary* (Oxford).

Rutherford, R. B. (1994), 'Learning from History: Categories and Case-Histories'. In R. Osborne and S. Hornblower (eds.), *Ritual, Finance, Politics: Athenian Democratic Accounts Presented to David Lewis* (Oxford), 53–68.

Sacks, K. (1981), *Polybius on the Writing of History* (University of California Publications, Classical Studies 24: Berkeley).

—— (1990), *Diodorus Siculus and the First Century* (Princeton).

—— (1994), 'Diodorus and his Sources: Conformity and Creativity'. In S. Hornblower (ed.), *Greek Historiography* (Oxford), 213–32.

Saïd, S. (1991) (ed.), *ΈΛΛΗΝΙΣΜΟΣ. Quelques jalons pour une histoire de l'identité grecque* (Actes du Colloque de Strasbourg 25–7 octobre 1989: Leiden).

Ste Croix, G. E. M. de (1975), 'Aristotle on History and Poetry (*Poetics* 9, 1451a36–b11)'. In B. Levick (ed.), *The Ancient Historian and his Materials. Essays in honour of C. E. Stevens on his seventieth birthday* (Farnborough), 45–58. Reprinted in A. O. Rorty (ed.), *Essays on Aristotle's Poetics* (Princeton, 1992), 23–32.

Saller, R. P. (1980), 'Anecdotes as Historical Evidence for the Principate', *G&R* NS 27: 69–83.

Salvioni, L. (1982), 'Le "madri dell' ira" nelle *Vite* di Plutarco', *Quaderni del Giornale Filologico Ferrarese* 5: 83–92.

Samsaris, D. K. (1990), 'Ο Μέγας Αλέξανδρος ως πρότυπο Ρωμαίων στρατηγών και αυτοκράτορων. Μια πρώτη αποτίμηση του φαινομένου της ρωμαϊκής *imitatio Alexandri*', *Dodone* 19: 253–62.

Sandbach, F. H. (1969) (ed.), *Plutarch's Moralia, xv. Fragments* (Loeb Classical Library: Cambridge, Mass., and London).

—— (1982), 'Plutarch and Aristotle', *ICS* 7: 207–32.

Sanders, L. J. (1991), 'Dionysius I of Syracuse and the Origins of the Ruler Cult in the Greek World', *Historia* 40: 275–87.

Sansone, D. (1980), 'Plutarch, Alexander and the Discovery of Naphtha', *GRBS* 21: 63–74.

—— (1981), 'Lysander and Dionysius (Plut. *Lys.* 2)', *CPh* 76: 202–6.

—— (1988), 'Notes on Plutarch: *Pericles* and *Fabius*', *ICS* 13: 311–18.

Scardigli, B. (1977), 'Echi di atteggiamenti pro e contro Mario in Plutarco', *CS* 14: 185–253.

—— (1979), *Die Römerbiographien Plutarchs* (Munich).

—— (1987*a*), 'Il confronto fra Nicia e Crasso'. In Canfora, Garzetti, and Manetti (1987), 13–22.

—— (1987*b*), 'La fortuna di Plutarco e le *Vite*'. In Canfora, Garzetti, and Manetti

(1987), 5–13. Reprinted in Fuscagni, Mugelli, and Scardigli (1989), 5–13; Magnino and La Penna (1987), pp. i–ix; Andrei and Scuderi (1989), 5–13; Guerrini, Santoni, and Stadter (1991), 39–47.

Scardigli, B. (1995*a*) (ed.), *Essays on Plutarch's* Lives (Oxford).

—— (1995*b*), 'Introduction'. In Scardigli (1995*a*), 1–46. A revised and expanded version of her general introduction to Magnino (1991), 5–54. Reprinted in Cesa, Prandi, and Raffaelli (1993), 5–55; Bearzot, Geiger, and Ghilli (1993), 5–55; Geiger *et al.* (1995), 5–55; Pelling (1997*c*), 5–55.

Schaefer, H. (1957), 'Das Eidolon des Leonidas'. In K. Schauenburg (ed.), *Charites: Studien zur Altertumswissenschaft* (Bonn), 223–33.

Schenkeveld, D. M. (1964), *Studies in Demetrius* On Style (Amsterdam).

Schmid, W. (1887–97), *Der Atticismus in seinem Hauptvertretern von Dionysius von Halikarnass bis auf den zweiten Philostratus*, 5 vols. (Stuttgart). Reprinted Hildesheim, 1964.

Schmidt, L. (1882), *Die Ethik der Alten Griechen*, 2 vols. (Berlin).

Schneeweiss, G. (1979), 'History and Philosophy in Plutarch: Observations on Plutarch's *Lycurgus*'. In G. W. Bowersock, W. Burkert, and M. C. J. Putnam (eds.), *Arktouros: Hellenic Studies presented to B. M. W. Knox on the occasion of his 65th birthday* (Berlin and New York), 376–82.

—— (1985), 'τὴν τοῦ ἀρίστου καὶ δοκιμωτάτου μνήμην ὑποδεχόμενος ἀεὶ τῇ ψυχῇ . . . Gegenstand und Absicht in den Biographien Plutarchs'. In W. Suerbaum and F. Maier (eds.), *Festschrift . . . Fr. Egermann* (Munich), 147–62.

Schoppe, C. (1994), *Plutarchs Interpretation der Ideenlehre Platons* (Münsteraner Beiträge zur klassischen Philologie 2: Münster and Hamburg).

Schröder, St. (1991), 'Zu Plutarchs Alexanderreden', *MH* 48: 151–7.

Scobie, A. (1973), 'Barbarians in the Greek Romances'. In id., *More Essays on the Ancient Romance and its Heritage* (Beiträge zur Klassischen Philologie 46: Meisenheim am Glan), 19–34.

Scott, K. (1929), 'Plutarch and the Ruler Cult', *TAPhA* 60: 117–35.

—— (1938), 'Ruler Cult and Related Problems in the Greek Romances', *CPh* 33: 380–9.

Seager, R. J. (1967), 'Alcibiades and the Charge of Aiming at Tyranny', *Historia* 16: 6–18.

—— and Tuplin, C. J. (1980), 'The freedom of the Greeks of Asia: on the origins of a concept and the creation of a slogan', *JHS* 100: 141–54.

Sellers, M. N. S. (1994), *American Republicanism: Roman Ideology in the United States Constitution* (Basingstoke and London).

Shackford, M. H. (1929), *Plutarch in Renaissance England, with Special Reference to Shakespeare*. Reprinted Folcroft, Pa., 1973, and Norwood, Pa., 1977.

Sheppard, A. R. R. (1984–6), '*Homonoia* in the Greek Cities of the Roman Empire', *AncSoc* 15–17: 229–52.

Sherman, N. (1989), *The Fabric of Character: Aristotle's Theory of Virtue* (Oxford).

Shochat, Y. (1981), 'Tacitus' attitude to Galba', *Athenaeum* NS 59 (year 69), 199–204.
Simpson, P. (1988), 'Aristotle on Poetry and Imitation', *Hermes* 116: 279–91.
Smith, B. H. (1968), *Poetic Closure: A Study of How Poems End* (Chicago and London).
Smith, R. E. (1940), 'Plutarch's Biographical Sources in the Roman Lives', *CQ* 34: 1–10.
—— (1944), 'The Sources of Plutarch's Life of Titus Flamininus', *CQ* 38: 89–95.
Smits, J. (1939) (ed.), *Plutarchus' Leven van Lysander: Inleiding–tekst–commentaar* (Amsterdam).
Sordi, M. (1984) (ed.), *Alessandro Magno tra storia e mito* (Ricerche dell' Istituto di Storia Antica dell' Università Cattolica di Milano 1: Milan).
—— (1991), 'L'ultimo Mario e la sua immagine'. In ead. (ed.), *L'immagine dell' uomo politico: vita pubblica e morale nell' antichità* (Contributi dell' Istituto di storia antica 17: Milan), 151–8.
Spanneut, M. (1994), '*Apatheia* ancienne, *apatheia* chrétienne, Ière partie: L' *apatheia* ancienne', *ANRW* 2. 36. 7, 4641–4717.
Spawforth, A. J. (1994), 'Symbol of Unity? The Persian-Wars Tradition in the Roman Empire'. In S. Hornblower (ed.), *Greek Historiography* (Oxford), 233–47.
—— and Walker, S. (1985), 'The World of the Panhellenion. I. Athens and Eleusis', *JRS* 75: 78–104.
Spence, J. (1759), *A Parallel in the Manner of Plutarch: between a most celebrated Man of Florence; and One, scarce ever heard of, in England* (2nd edn., London).
Spencer, T. J. B. (1964), *Shakespeare's Plutarch* (Harmondsworth).
Stadter, P. A. (1965), *Plutarch's Historical Methods: An Analysis of the* Mulierum Virtutes (Cambridge, Mass.).
—— (1975), 'Plutarch's Comparison of Pericles and Fabius Maximus', *GRBS* 16: 77–85. Reprinted in Scardigli (1995a), 155–64.
—— (1983–4), 'Searching for Themistocles: a review article'. Review of F. J. Frost (ed. 1980, Princeton), *Plutarch's Themistocles: A Historical Commentary*. In *CJ* 79: 356–63.
—— (1987), 'The Rhetoric of Plutarch's *Pericles*', *AncSoc* 18: 251–69.
—— (1988), 'The Proems of Plutarch's *Lives*', *ICS* 13. 2: 275–95.
—— (1989) (ed.), *A Commentary on Plutarch's* Pericles (Chapel Hill, NC, and London).
—— (1992a), 'Paradoxical Paradigms: Lysander and Sulla'. In id. (1992b), 41–55.
—— (1992b) (ed.), *Plutarch and the Historical Tradition* (London and New York).
Stanton, G. R. (1973), 'Sophists and Philosophers: Problems of Classification', *AJPh* 94: 350–64.
Starr, R. J. (1981), 'The Scope and Genre of Velleius' History', *CQ* NS 31: 162–74.

Steidle, W. (1951), *Sueton und die antike Biographie* (Zetemata 1: Munich).
—— (1990), 'Zu Plutarchs Biographien des Cicero und Pompeius', *GB* 17: 163–86.
Stein, R. H. (1991), *Gospels and Tradition: Studies on Redaction Criticism of the Synoptic Gospels* (Grand Rapids, Mich.).
Stephanus, H. (1572), *Plutarchi Chaeronensis quae extant opera, cum latina interpretatione*, 13 vols. (Geneva).
Stewart, Z. (1972) (ed.), *Arthur Darby Nock: Essays on Religion and the Ancient World*, i (Oxford).
Stiefenhofer, A. (1914–16), 'Die Echtheitsfrage der biographischen Synkriseis Plutarchs', *Philologus* 73, n.f. 27: 462–503.
Stolz C. (1929), *Zur relativen Chronologie der Parallelbiographien Plutarchs* (Lund).
Strachey, G. L. (1918), *Eminent Victorians* (London). Numerous editions.
Strasburger, B. H. (1938), *Caesars Eintritt in die Geschichte* (Munich). Reprinted Darmstadt, 1965, and in id., *Studien zur alten Geschichte I* (ed. W. Schmitthenner and R. Zoepffel) (Hildesheim and New York, 1982), i. 181–327.
Stuart, D. R. (1928), *Epochs of Greek and Roman Biography* (Berkeley).
Süss, W. (1910), *Ethos: Studien zur älteren griechischen Rhetorik* (Leipzig and Berlin).
Swain, S. C. R. (1988), 'Plutarch's *Philopoemen* and *Flamininus*', *ICS* 13. 2: 335–47.
—— (1989a), 'Character Change in Plutarch', *Phoenix* 43: 62–8.
—— (1989b), 'Plutarch: Chance, Providence and History', *AJPh* 110: 272–302.
—— (1989c), 'Plutarch's Aemilius and Timoleon', *Historia* 38: 314–34.
—— (1989d), 'Plutarch's De Fortuna Romanorum', *CQ* NS 39: 504–16.
—— (1990a), 'Cultural Interchange in Plutarch's *Antony*', *QUCC* NS 34: 151–7.
—— (1990b), 'Hellenic culture and the Roman heroes of Plutarch', *JHS* 110: 126–45. Reprinted in Scardigli (1995a), 229–64.
—— (1990c), 'Plutarch's Lives of Cicero, Cato and Brutus', *Hermes* 118: 192–203.
—— (1991), 'Plutarch, Hadrian, and Delphi', *Historia* 40: 318–30.
—— (1992a), 'Novel and Pantomime in Plutarch's *Antony*', *Hermes* 120: 76–82.
—— (1992b), 'Plutarchan Synkrisis', *Eranos* 90: 101–11.
—— (1992c), 'Plutarch's Characterization of Lucullus', *RhM* 135: 307–16.
—— (1996a), *Hellenism and Empire. Language, Classicism and Power in the Greek world AD 50–250* (Oxford).
—— (1996b), review of Boulogne (1994). In *Ploutarchos* 12. 2: 16–20.
—— (1997), 'Plutarch, Plato, Athens, and Rome'. In J. Barnes and M. Griffin (eds.), *Philosophia Togata*, ii. *Plato and Aristotle at Rome* (Oxford), 165–87.
Sweet, W. E. (1951), 'Sources of Plutarch's *Demetrius*', *Classical Weekly* 44: 177–81.
Syme, R. (1958), *Tacitus*, 2 vols. (Oxford).
—— (1963), 'The Greeks under Roman Rule', *Proceedings of the Massachusetts Historical Society* 72, 1957–60, 3–20. Reprinted in E. Badian (ed.), *Ronald Syme:*

Roman Papers, ii (Oxford, 1979), 566–81. A revised version appeared as *Greeks Invading the Roman Government* (The Seventh Stephen J. Brademas, Sr., Lecture: Brookline, Mass., 1982), reprinted in Birley (1988), 1–20.

Syme, R. (1982), 'The Career of Arrian', *HSPh* 86, 181–211. Reprinted in Birley (1988), 21–49.

Talbert, R. J. A. (1974), *Timoleon and the Revival of Greek Sicily 344–317 BC* (Cambridge).

Tarn, W. W. (1913), *Antigonos Gonatas* (Oxford).

Tatum, J. (1989), *Xenophon's Imperial Fiction: On The Education of Cyrus* (Princeton).

Tatum, W. J. (1991), 'Lucullus and Clodius at Nisibis (Plutarch, *Lucullus* 33–34)', *Athenaeum* NS 69 (year 79), 569–79.

—— (1996), 'The Regal Image in Plutarch's *Lives*', *JHS* 106: 135–51. First published in shorter form, as 'The Image of the King in Plutarch's *Lives*', in Gallo and Scardigli (1995), 423–31.

Taylor, W. C. (1846), *The Modern British Plutarch, or Lives of Men Distinguished in the Recent History of England for their Talents, Virtues or Achievements*. Reprinted Freeport, NY, 1972.

Teza, E. (1902–3), 'Plutarco nella traduzione italiana di B. A. Jaconello', *AIV* 62, 1–15.

Theander, C. (1951), *Plutarch und die Geschichte* (Årsberättelse. Bulletin de la Société Royale des Lettres de Lund, 1950–1: Lund).

—— (1958), 'Zur Zeitfolge der Biographien Plutarchs', *Eranos* 56: 12–20.

—— (1959), 'Plutarchs Forschungen in Rom: Zur mündlichen Überlieferung als Quelle der Biographien', *Eranos* 57: 99–131.

Thévenaz, P. (1938), *L' Ame du monde: Le Devenir et la matière chez Plutarque avec une traduction du traité "De la Genèse de l'Ame dans le Timée"* (1re partie) (Collection d'études anciennes: Neuchâtel and Paris).

Tigerstedt, E. N. (1965), *The Legend of Sparta in Classical Antiquity*, i (Stockholm Studies in History of Literature 9: Stockholm).

Tirelli, A. (1995), 'L' intelletuale e il potere: pedagogia e politica in Plutarco'. In Gallo and Scardigli (1995), 439–55.

Titchener, F. B. (1991), 'Why did Plutarch Write About Nicias?', *AHB* 5. 5: 153–8.

—— (1992), 'Critical Trends in Plutarch's Roman Lives, 1975–1990', *ANRW* 2. 33. 6, 4128–53.

Toohey, P. (1987), 'Plutarch, *Pyrrh.* 13: ἅλυς ναυτιώδης', *Glotta* 65: 199–202.

—— (1988), 'Some Ancient Notions of Boredom', *ICS* 13: 151–64.

—— (1990), 'Some Ancient Histories of Literary Melancholia', *ICS* 15: 143–61.

Torraca, L. (1998), 'Problemi di lingua e stile nei "Moralia" di Plutarco', *ANRW* 2. 34. 4, 3487–3510.

Tosh, J. (1991; 1st edn., 1984), *The Pursuit of History: Aims, Methods and New Directions in the Study of Modern History* (London and New York).

Townend, G. B. (1959), 'The Date of Composition of Suetonius' *Caesares*', *CQ* NS 9: 285–93.
—— (1964), 'Cluvius Rufus in the *Histories* of Tacitus', *AJPh* 85: 337–77.
—— (1967), 'Suetonius and his Influence'. In Dorey (1967), 79–111.
—— (1987), 'C. Oppius on Julius Caesar', *AJPh* 108: 325–42.
Trapp, M. B. (1990), 'Plato's *Phaedrus* in Second-Century Greek Literature'. In Russell (1990), 141–73.
Trench, R. C. (1873), *Plutarch: His Life, His Lives and His Morals* (four lectures) (London).
Tritle, L. A. (1987), 'Leosthenes and Plutarch's View of the *Strategia*', *AHB* 1. 1: 6–9.
—— (1992), 'Plutarch's "Life of Phocion": An Analysis and Critical Report', *ANRW* 2. 33. 6, 4258–97.
Tsagas, N. M. (1990), *Mise à jour bibliographique des 'Vies parallèles' de Plutarque* (Athens).
Tsekourakis, D. (1983), Οἱ Λαϊκοφιλοσοφικὲς πραγματεῖες τοῦ Πλουτάρχου. Ἡ σχέση τους μὲ τὴ "διατριβὴ" καὶ μὲ ἄλλα παραπλήσια γραμματειακὰ εἴδη (Ἀριστοτέλειο Πανεπιστήμιο Θεσσαλονίκης, Ἐπιστημονικὴ Ἐπετηρίδα Φιλοσοφικῆς Σχολῆς 34: Thessaloniki).
—— (1989), 'Die Ursachen von Krankheiten bei Plutarch', *Hellenica* 40: 257–69.
Tucker, R. A. (1988), 'What actually happened at the Rubicon?', *Historia* 37: 245–8.
Tuplin, C. J. (1984), 'Pausanias and Plutarch's *Epaminondas*', *CQ* NS 34: 346–58.
Turchi, M. (1984), 'Motivi della polemica su Alcibiade negli oratori attici', *PP* 39: 105–19.
Valgiglio, E. (1975), 'L' autobiografia di Silla nelle biografie di Plutarco', *StudUrb (B)* 49: 245–81.
—— (1976), *Plutarco: Praecepta Gerendae Reipublae* (Testi e documenti per lo studio dell' antichità 52: Milan).
—— (1987), 'Ἱστορία e βίος in Plutarco', *Orpheus* NS 8: 50–70.
—— (1991), 'Dall' ἵστωρ omerico al βίος plutarcheo'. In A. Buttita *et al.* (eds.), *Studi di filologia classica in onore di Giusto Monaco* (Palermo), i. 17–35.
—— (1992), 'Dagli "Ethicà" ai "Bioi" in Plutarco', *ANRW* 2. 33. 6, 3963–4051.
Van der Stockt, L., (1990), 'L' expérience esthétique de la mimèsis selon Plutarque', *QUCC* NS 36: 23–31.
—— (1992), *Twinkling and twilight: Plutarch's reflections on literature* (Verhandelingen van de Koninklijke Academie voor Wetenschappen, Letteren en Schone Kunsten van België, Klasse der Letteren, Jaargang 54, 1992, Nr. 145: Brussels).
Van der Valk, M. (1982), 'Notes on the Composition and Arrangement of the Biographies of Plutarch'. In M. Naldini (ed.) *Studi in onore di Aristide Colonna* (Perugia), 301–37.
Vander Waerdt, P. A. (1985), 'Peripatetic Soul-Division, Posidonius, and Middle Platonic Moral Psychology', *GRBS* 26: 373–94.

Verdin, H., Schepens, D., and De Keyser, E. (1990) (eds.), *Purposes of History: Studies in Greek Historiography from the 4th to the 2nd Centuries BC* (Studia Hellenistica 30: Leuven).

Vessey, D. W. T. C. (1971), 'The Reputation of Antimachus of Colophon', *Hermes* 99: 1–10.

Vidal-Naquet, P. (1968), 'Le chasseur noir et l'origine de l éphébie athénienne', *Annales (ESC)* 23: 947–64. Trans. (1968) by J. Lloyd as 'The Black Hunter and the origin of the Athenian Ephebeia', *PCPhS* 194, NS 14: 49–64. Reprinted in R. L. Gordon (ed.), *Myth, Religion and Society: Structuralist Essays by M. Detienne, L. Gernet, J.-P. Vernant and P. Vidal-Naquet* (Cambridge, 1981), 147–62. An Italian trans. of a revised version appeared as 'Il Cacciatore nero' in M. Detienne (ed.), *Il Mito: Guida storica e critica* (Bari, 1975), 53–72 and 245–52. French version reprinted in revised form in *Le chasseur noir. Formes de pensée et formes de société dans le monde grec* (Paris 1981; 1983), 151–75. This version appeared in an English trans. by A. Szegedy-Maszak in *The Black Hunter: Forms of Thought and Forms of Society in the Greek World* (Baltimore and London, 1986), 106–28.

Vukobrat, S. (1995), 'The Plutarchan anecdotal principle in modern English biography'. In Christopoulou (1995), 1131–4.

Walbank, F. W. (1951), 'The Problem of Greek Nationality', *Phoenix* 5: 41–60. Reprinted in *Selected Papers: Studies in Greek and Roman History and Historiography* (Cambridge, 1985), 1–19.

—— (1967) (ed.), *A Historical Commentary on Polybius,* ii (Oxford).

—— (1972), *Polybius* (Berkeley, Los Angeles, and London).

—— (1990), 'Profit or Amusement: Some Thoughts on the Motives of Hellenistic Historians'. In Verdin, Schepens, and De Keyser (1990), 253–66.

Walcot, P. (1977), 'Odysseus and the Art of Lying', *AncSoc* 8: 1–19.

Wallace-Hadrill, A. (1983), *Suetonius: The Scholar and his Caesars* (London; New Haven, 1984).

Walsh, J. J. (1992), 'Syzygy, Theme and History: A Study in Plutarch's *Philopoemen* and *Flamininus*', *Philologus* 136: 208–33.

Walsh, P. G. (1961), *Livy: His Historical Aims and Methods* (Cambridge).

Wardman, A. E. (1955), 'Plutarch and Alexander', *CQ* NS 5: 96–107.

—— (1967), 'Description of Personal Appearance in Plutarch and Suetonius: The use of Statues as Evidence', *CQ* NS 17: 414–20.

—— (1971), 'Plutarch's Methods in the *Lives*', *CQ* NS 21: 254–61.

—— (1974), *Plutarch's Lives* (London).

Watkins, O. D. (1984), 'A commentary on Plutarch's *Life of Pompey,* chapters 1–46. 4'. Dissertation, Oxford.

Weiss, R. (1953), 'Lo studio di Plutarco nel Trecento', *PP* 8: 321–42. Reprinted in *Medieval and Humanist Greek* (Padua, 1977), 204–26.

Weissenberger, B. (1895), *Die Sprache Plutarchs von Chaeronea und di pseudo-plutarchischen Schriften* (Straubing). Italian trans. by G. Indelli, with preface

by I. Gallo, *La lingua di Plutarco di Cheronea e gli scritti pseudoplutarchei* (Naples, 1994).
Weizsäcker, A. (1931), *Untersuchungen über Plutarchs biographische Technik* (Problemata. Forschungen zur Klassischen Philologie 2: Berlin).
Westlake, H. D. (1938), 'The Sources of Plutarch's Timoleon', *CQ* 32: 65–74.
—— (1939), 'The Sources of Plutarch's *Pelopidas*', *CQ* 33: 11–22.
—— (1968), *Individuals in Thucydides* (Cambridge).
—— (1985a), 'Abydos and Byzantium: The Sources for Two Episodes in the Ionian War', *MH* 42: 313–27.
—— (1985b), 'The Influence of Alcibiades on Thucydides, Book 8', *Mnemosyne* 38: 95–108.
—— (1985c), 'The Sources for the Spartan Debacle at Haliartus', *Phoenix* 39: 119–33.
Wheeler, E. L. (1988), *Stratagem and the Vocabulary of Military Trickery* (*Mnemosyne* Supplement 108: Leiden).
White, H. V. (1978), 'The Historical Text as Literary Artifact'. In R. H. Canary and H. Kozicki (eds.), *The Writing of History: Literary Form and Historical Understanding* (Madison and London), 41–62.
Whitehead, D. (1983), 'Competitive Outlay and Community Profit: φιλοτιμία in Democratic Athens', *C&M* 34: 55–74.
Wiedemann, T. (1992), *Emperors and Gladiators* (London and New York).
Wilamowitz-Moellendorf, U. von (1926), 'Plutarch als Biograph', *Reden und Vorträge* 2: 247–79. Reprinted in an Italian trans. by L. La Penna in Guerrini, Santoni, and Stadter (1991), 5–38. Also in an English trans. by Juliane Kerkhecker in Scardigli (1995a), 47–74.
Wilner, O. L. (1930), 'Contrast and Repetition as Devices in the Technique of Character Portrayal in Roman Comedy', *CPh* 25: 56–71.
Wiseman, T. P. (1979), *Clio's Cosmetics: Three Studies in Greco-Roman Literature* (Leicester).
Wolman, H. B. (1972), 'The Philosophical Intentions of Plutarch's Roman *Lives*'. In *Studi Classici in onore di Quintino Cataudella* (Catania), ii. 645–78.
Woodhead, A. G. (1960), 'Thucydides' Portrait of Cleon', *Mnemosyne* ser. 4, 13: 289–317.
Woodman, A. J. (1975), 'Questions of Date, Genre and Style in Velleius: Some Literary Answers', *CQ* NS 25: 272–306.
—— (1977) (ed.), *Velleius Paterculus: The Tiberian Narrative (2. 94–131)* (Cambridge).
—— (1989), 'Tacitus' Obituary of Tiberius', *CQ* 39: 197–205.
Yaginuma, S. (1992), 'Plutarch's Language and Style', *ANRW* 2. 33. 6, 4726–42.
Ziegler, K. (1907), *Die Überlieferungsgeschichte der vergleichenden Lebensbeschreibungen Plutarchs* (Leipzig). Reprinted Aalen, 1974.
—— (1908), 'Plutarchstudien', *RhM* 63: 239–53.
—— (1927), 'Plutarchstudien', *RhM* 76: 20–53.

Ziegler, K. (1935), 'Plutarchstudien', *RhM* 84: 369–90.
—— (1949), *Plutarchos von Chaironeia* (Stuttgart). Second edn. 1964. Reprinted (1951) as 'Plutarchos 2', *RE* 21. 1, coll. 636–962.
—— (1973, 2nd edn.; 1st edn., 1926), *Plutarchus Vitae Parallelae*, iii. 2 (Teubner: Leipzig).
Ziehen, J. (1898), 'Sullas Phthiriasis', *Philologus* 57: 189–91.
Zimmerman, R. (1930), 'Die Quellen Plutarchs in der Biographie des Marcellus', *RhM* 79: 55–64.

以下书目出现较晚,我未及查阅,特此致歉:

Angeli Bertinelli, M. G., Manfredini, M., Piccirilli, L., and Pisani, G. (1997) (eds.), *Plutarco: Le Vite di Lisandro e di Silla* (Fondazione Lorenzo Valla: Milan).
Cerezo Magán, M. (1996), *Plutarco: Virtudes y vicios de sus héroes biográficos* (Edicions de la Universitat de Lleida, Studi generali 5: Lleida).
Fernández Delgado, J. A., and Pordomingo Pardo, F. (1996) (eds.), *Estudios sobre Plutarco: Aspectos formales* (*Actas del IV Simposio Español sobre Plutarco, Salamanca, 26 a 28 de Mayo de 1994*: Madrid).
Frazier, F. (1996), *Histoires et morale dans les Vies parallèles de Plutarque* (Collection d'études anciennes 124: Paris).
Gallo, I. (1995) (ed.), *Seconda miscellanea filologica* (Università degli Studi di Salerno. Quaderni del dipartimento di scienze dell' antichità 17: Naples).
—— (1996) (ed.), *Plutarco e le religione* (*Atti del VI Convegno plutarcheo, Ravello 29–31 maggio 1995*: Naples).
Luppino Manes, E., and Marcone, A. (1996) (eds.), *Plutarco. Vite Parallele: Agesilao–Pompeo* (Biblioteca Universale Rizzoli: Milan).
McGrail, M. A. (1997) (ed.), *Shakespeare's Plutarch* (Poetica 48: Tokyo).
Marincola, J. M. (1997), *Authority and Tradition in Ancient Historiography* (Cambridge).
Montes Cala, J. G., Sánchez Ortiz de Landaluce, M., and Gallé Cejudo, R. J. (1999) (eds.), *Plutarco, Dioniso y el Vino* (*Actas del VI Simposio Español sobre Plutarco, Cadiz 14–16 de mayo de 1998*: Madrid).
Pérez Jiménez, A. García López, J., and Aguilar, R. Mª (1999) (eds.), *Plutarco, Platón y Aristóteles* (*Actas del V Congreso Internacional de la I.P.S., Madrid-Cuenca, 4–7 de mayo de 1999*: Madrid).
Pérez Jiménez, A. and Casadesús, F. (2001) (eds.), *Estudios sobre Plutarco: Misticismo y religiones mistéricas en la obre de Plutarco* (*Actas del VII Simposio Español sobre Plutarco. Palma de Mallorca, 2–4 nov. 2000*: Madrid and Málaga).
Porter, S. E. (1997) (ed.), *Handbook of Classical Rhetoric in the Hellenistic Period 330 BC–AD 400* (Leiden).
Schmid, T. S. (1999), *Plutarque et les Barbares. La rhétorique d'une image* (Collection d'Études Classiques 14) (Louvain and Namur).
Schrader, C., Ramón, V., and Vela, J. (1997) (eds.), *Plutarco y la Historia* (Actas

del V Simposio Español sobre Plutarco. Zaragoza, 20–22 de junio de 1996: Zaragoza).

Strobach, A. (1997), *Plutarch und die Sprachen: ein Beitrag zur Fremdsprachenproblematik in der Antike* (Palingenesia 64: Stuttgart).

Van der Stockt, L. (1996) (ed.), *Plutarchea Lovaniensia: A Miscellany of Essays on Plutarch* (Studia Hellenistica 32: Leuven).

—— (2000) (ed.), *Rhetorical Theory and Praxis in Plutarch* (Acta of the IVth International Congress of the International Plutarch Society, Leuven, July 3–6, 1996: Collection d'Études Classiques 11) (Louvain and Namur).

Ziegler, K. (2000), *Plutarchus Vitae Parallelae 1.1. Addenda et corrigenda*. Fifth edition, ed. H. Gärtner (Munich and Leipzig).

位置索引

注：展开论述用粗体，有时长度足以成章。此类论述中的个别段落未作独立引文。

ACTS OF THE APOSTLES (see also LUKE–ACTS)
12:23: 197 n. 150

AELIAN
On animals
2. 14: 235
6. 24: 175 n. 63
V. H.
1. 25: 136 n. 19
4. 3: 17 n. 11
11. 9: 136 n. 19

AGATHIAS SACHOLASTIKOS
Palatine Anthology
16. 331: vii

AILIOS ARISTEIDES
10, 77, 256 n. 51, 304 n. 54
Panath.
225–31: 77
On Rome
67–71: 297 n. 29
103–5: 300

PS.-AILIOS ARISTEIDES
Orations
35. 1–2: 21 n. 26

AINEIAS TAKTIKOS
On how to withstand a siege
39–40: 172 n. 44
fr. 52, 56–8 Schöne: 172 n. 44

AISCHINES OF SPHETTOS
Alkibiades
223

AISCHYLOS
Persians
181–99: 191
Fragments
TrGF III F 393: 32 n. 56

AISOP
Fab.
6: 175 n. 69
119: 175 n. 68
192: 175 n. 63

ANAXANDRIDES (or -AS)
FGrH 404 F 3–5: 165 n. 19

ALKAIOS
fr. 333 Page: 32 n. 56

ANDOKIDES
Orations
3. 33–34: 171 n. 43

PS-ANDOKIDES
Against Alkibiades (=Andokides, *Or.* 4) 223
14–15: 233 n. 82
17: 234
22–23: 235 n. 87

ANTIPHON:
Orations
2–4 Blass: 244
fr. 66 Blass: 232

ANTISTHENES (Giannantoni)
frs. V A 53–4: 172 n. 47, 244

Alkibiades
(frs. V A 198–202): 223 n. 56
fr. V A 198: 223 n. 56, 224 n. 62
fr. V A 199: 236
fr. V A 200: 217 n. 39
Kyros or on Kingship
fr. V A 141 Giannantoni: 236 n. 91

APHTHONIOS
Progymn.
1, Spengel, ii, 21, 2–3: 163 n. 9
2, Spengel, ii, 22, 6–7: 19 n. 16
10, Spengel, ii, 42–4: 244

APPIAN 303
BC
1. 73: 128 n. 98
1. 97: 198 n. 155
1. 101: 197 nn. 150, 152
2. 14: 254 n. 43
2. 27: 254 n. 43
2. 99: 137 n. 24
2. 110: 79 n. 26
2. 149–54: 254 n. 43, 284 n. 132
4. 16: 26 n. 39
BM
38–9: 203 n. 167

ARCHILOCHOS
fr. 174, 185, 201 West: 175 n. 69:

ARISTOPHANES
Ach.
307–8: 172 n. 49
410–13: 56 n. 20
Birds
71–2: 226 n. 64
Clouds 174 n. 62
102–4: 143 n. 45
362–363: 143 n. 45
559: 163 n. 8
889–1114: 244 n. 7
Frogs
830–1481: 56 n. 20, 244 n. 7
905–6: 163 n. 8
1420–57: 222
1425: 234

Knights
134: 149 n. 61, 303 n. 47
193: 149 n. 61
249: 174 n. 57
304–7: 149 n. 61
637: 149 n. 61
1037: 231 n. 78
1377–80: 223 n. 53
Lysistrata
629: 172 n. 49
1269–70: 175 n. 63
Peace
622–4: 172 n. 49
1063–7: 172 n. 49
1189–90: 200 n. 160
Thesm.
149–50: 56 n. 20
773, scholia on: 170 n. 37
Wasps
44–6: 225
Wealth
249, scholia on: 165 n. 19

ARISTOPHANES OF BYZANTION
249 Nauck = Syrian, *In Hermog.* 2.
23. 10–11 Rabe[a]: 34 n. 62

ARISTOTLE
7, 29, 39–40, 43–5, 67, 72 nn. 1–2, 73,
85, 87, 90, 92, 152, 178, 196, 244,
263
Ath. Pol.
6. 3: 312 n. 3
34. 2–3: 186 n. 108
58. 1: 127 n. 96
EE
1220a38–1220b7: 74 n. 6
Ethics
1095a14–1102a4: 103
1104b4–1105b13: 44 n. 96
1104b12–13: 44
1105a10–12: 44
Hist. Anim.
488b20–1: 175 n. 68
556b–557a: 197 n. 151
631b2: 110 n. 30

MM
  1185b38–1186a8: 74 n. 6
NE 39 n. 78, 72 n. 2
  1095a14–1102a4: 103
  1103a11–b25: 74 n. 6
  1104a2: 28 n. 46
  1105a7–8: 213 n. 24
  1107b14–16: 28 n. 46
  1107b21–1108a2: 83 n. 39
  1111b4–1112a17: 39 n. 78
  1125b1–25: 83 n. 39
  1125b26: 87
  1150b25–8: 178 n 76
Poetics
  1447a13–1148a25: 44
  1447a16–18: 45 n. 98
  1450a15–22: 45
  1450a27–9: 17 n. 11
  1450b8–10: 39 n. 78
  1451a16–35: 45
  1451b4–11: 19 n. 16, 29
  1451b5–7: 44
  1451b10–11: 227
  1454b8–10: 44
Politics
  1237b37–8: 92 nn. 80, 81
  1269b41: 195
  1288b1–2: 90 n. 72
  1293b30–1294a25: 90 n. 72
  1296a2–3: 92 n. 81
  1303b17–1304a4: 298
  1312b35–6: 92 n. 81
  1314b30–6: 95 n. 96
  1339b11–1340b19: 44
  1340a15–16: 44 n. 96
  1340a32–5: 16 n. 8
  1388b12 and 30–1: 175 n. 63
Post An.
  97b15–25: 179 n. 79
Prior An.
  70b1–37: 93 n. 84
Rhetoric
  1368a2–5: 263 n. 74
  1368a19–26: 244 n. 4
  1393a23–1393b4: 50 n. 108
  1402a23: 174 n. 62

Lost works
  'Fondations and Constitutions' 19
PS.-ARISTOTLE
Problems
  953a10–954a40: 178–9, 197
  953a10–32: 48 n. 103
  955a32: 37 n. 73
Physiog.
  806a30: 17 n. 11
  808a12–16: 214 n. 25
  812a13–21: 166, 175 n. 68
  812b3–4: 166
  814b1–9: 17 n. 11
Rhet ad Alex.
  1462b7: 185 n. 101
ARISTOXENOS 19
ARRIAN 10
Anabasis
  6. 13. 4: 82 n. 34
Discourses of Epiktetos
  2. 14. 7: 156 n. 85
  2. 14. 21: 32
  3. 24. 106: 156 n. 85
  3. 26. 8: 156 n. 85
ARULENUS RUSTICUS 142 n. 41
ASKLEPIADES OF MYRLEIA
apud Sextos Empeirikos, *Adv. Gramm.*
  1. 252–3: 18–19
ASKLEPIADES OF SAMOS
Anth. Pal.
  9. 63: 190
ATHENAIOS
Deipnosophistai 3, 299
  168e: 19 n. 18
  170e: 290 n. 8
  274c: 19 n. 18
  274e–f: 60 n. 28
  534b: 228
  534c: 223 n. 56
  534e–f: 232

543a: 60 n. 28
543b–c: 178 n. 74

AULUS GELLIUS 3, 289
Attic Nights
  2. 8. 1: 3
  3. 6. 1–3: 3
  4. 11. 12–13: 3
  7. 8. 1: 83 n. 38

BIAS
apud, Stobaios *Flor.* 21. 11 (1, 317 Meineke): 32

BION OF BORYSTHENES 104

PS.-BION OF SMYRNE
Epithalamios
  21: 237 n. 95

CATULLUS
  95. 1–2: 290 n. 12

CAVAFY
King Demetrios 125 n. 91

CHARITON
Chaireas and Kallirrhoe
  1. 1. 1–2: 170 n. 38
  5. 2. 6, 6. 4. 10, 6. 5. 8: 304 n. 53

CICERO
De Opt. Gen.
  13: 249 n. 20
De Inv.
  1. 27: 19 n. 16
Par. Stoic.
  2: 155
Brutus
  26–52: 290 n. 12
  112: 19
  191: 190
  161–5: 244 n. 7
In Ver.
  1. 14: 95 n. 96
  2. 1. 82: 95 n. 96

Pro Mur.
  31: 95 n. 97
  61–2: 157 n. 88
Pro Arch.
  30: 16 n. 9
Dom. Sua:
  49, 92: 95 n. 97
Harr. Resp.
  9, 38, 42: 95 n. 97
Pro Sest.
  16–17: 95 n. 97
Prov. Cons.
  6: 95 n. 96
Phil.
  13. 13: 296 n. 28
Republic
  2. 45–6: 95 n. 96
  2. 69: 32, 92 n. 80
De Fin.
  1. 10, 36: 52 n. 3
  1. 17–19, 57–63: 107 n. 21
  5. 7, 20: 156 n. 8
Tusc.
  1. 71–2: 142 n. 41
  5. 95: 107 n. 21
De Offic.
  1. 84: 170 n. 40
  2. 80: 249 n. 20
Ad Fam.
  1. 9. 16: 128 n. 100
  5. 12. 4: 52 n. 3
  7. 1. 3: 292 n. 15
Ad Att.
  2. 1. 8: 140
apud Donatus, *De Com.*
  5: 33 n. 61

PS.-CIC.
Rhet. ad Herenn.
  1. 8, 13: 19 n. 16
  4. 28, 39: 42 n. 86
  4. 53, 67: 16 n. 7

CIL
　vi. 1444: 289 n. 43

A. CLAUDIUS CHARAX (FGrH 103)
Greek and ⟨?Roman⟩ histories 290 n. 8

CLEM. ALEX.
Paid.
　1. 88, 150 Potterius: 33 n. 56
Stromata
　7. 45. 3, 858 Potterius: 157 n. 88

CORINTHIANS, FIRST EPISTLE TO
　15:10: 38 n. 77

CORNELIUS ALEXANDER 'POLYHISTOR'
290

CORNELIUS NEPOS
De viris illustribus 7, 20, 228–9, 247, 290–1
Preface to the book 'On eminent foreign leaders': 96 n. 101, 229, 291
Lys.
　2. 2–3: 314 n. 13
　3: 198 n. 155
Alk.
　3. 5. 1–4, 7. 2–5, 8. 1, 9. 4, 10. 5, 11.1, 11. 3–6: 228–9
Thras.
　1. 1–2: 53 n. 6:
Pel.
　1. 1: 20 n. 21, 291
Epam.
　1. 1–2: 229
Eum.
　8. 1–3: 53 n. 6, 67 n. 52
Phok. 133
Hann.
　13. 4: 291
Atticus
　2. 3: 20 n. 21
Chronica 290 n. 10

CURTIUS RUFUS 65, 284–5
　6. 2. 1–2: 285 n. 141
　8. 1. 22, 8. 1. 43, 8. 2. 1, 8. 4. 29–30, 8. 6. 14: 285 n. 141
　10. 5. 26–37: 284–5

DEMETRIOS OF PHALERON 134 n. 11, 142, 149 n. 63

PS.-DEMETRIOS OF PHALERON
On Style
　171, Spengel, iii, 299–300: 16 n. 7
　227, Spengel, iii, 311, 26–7: 164 n. 10

DEMOKRITOS
On tranquillity of mind 105
　frs. 68 [55] B 166 Diels-Kranz: 31
　frs. 68 [55] B 191 and 202 Diels-Kranz: 107 n. 21
　apud Diog. Laert. 9. 45: 106 n. 20

DEMOSTHENES
Orations
　18. 26 (*On the crown*): 38 n. 76
　21. 143–50 (*Against Meidias*): 223–4
　21. 147 (*Against Meidias*): 234 n. 86
　23. 197 (*Against Aristokrates*): 16 n. 9
　60. 15 (*Funeral Speech*): 21 n. 26

DIO CASSIUS
　37. 52. 2: 80 n. 29
　39. 38. 1: 299 n. 34
　43. 11. 6: 137 n. 24
　52. 35–36: 292 n. 18
　53. 11. 1–12. 3: 285
　53. 16. 1: 285
　54. 24. 7–8: 299 n. 34
　54. 26. 16–17: 299 n. 34
　55. 8. 6–7: 299 n. 34
　56. 43–5: 284–5
　57. 19. 4: 20 n. 20
　69. 4. 6: 190

DIODOROS 9 n. 39
　1. 1. 4: 52 n. 2
　1. 5. 2: 28 n. 46
　4. 5: 26 n. 39
　4. 31. 1: 158 n. 92

5. 31. 1: 125 n. 89
10. 9. 1: 186 n. 103
12–13 (on Nikias): 26
12–14 (on Alkibiades): 223
13. 45. 1–47. 2: 238 n. 97
13. 104. 7: 314 n. 13
14. 3. 4–7: 186 n. 103
14. 10. 2–3: 183
14. 10. 12: 183 n. 96
14. 13: 198 n. 155
14. 70. 2: 183 n. 96
16–18 (on Phokion): 133, 142
17. 15: 146 n. 51
19. 81. 4: 125 n. 90
20. 17. 5: 173
20. 92. 3: 125 n. 90
20. 92. 4: 279 n. 123
26. 1. 1: 17 n. 11
34/35. 2. 23: 197 n. 152

DIODOROS THE PERIEGETE
(*FGrH* 372): 192 n. 131

DIOGENES LAERTIOS
1. 33: 108 n. 22
4. 10: 216 n. 32
6. 84: 19
9. 45: 106 n. 20
9. 68: 106 n. 20
10. 37: 106 n. 20

DION OF PROUSA
10, 77, 90 n. 70, 304 n. 54
Orations
4. 16–32: 84
4. 123: 84 n. 47
4. 130–1: 84 n. 47
21. 121–2: 292 n. 15
32. 3: 77
32. 40: 304 n. 54
45. 1: 304 n. 54
48. 8: 77
74. 15: 176
75–76: 244 n. 9

DIONYSIOS OF HALIKARNASSOS
9, 57–8, 290, 302, 304

Ad Amm.
4: 186 n. 105
Ad Pomp.
3. 6: 57–8
3. 15: 52 n. 3
6: 28 n. 47
6. 7: 24
Ant. Rom.
1. 1. 2–4: 56–7
1. 1. 2: 26 n. 39
1. 2. 1: 33
1. 4. 1–6. 2: 25 n. 36
1. 5. 4: 28 n. 46
5. 48. 1: 18 n. 15
6. 70. 2: 125 n. 89
6. 92–8. 62: 205, 214, 221, 282
6. 93: 220 n. 41
7. 66. 5: 28 n. 46
7. 67. 2: 214
7. 68. 73: 218
8. 29. 4: 218
11. 1. 5: 26 n. 39, 28 n. 46
16: 115 n. 50
Lysias
7, 1. 14. 17 Us.-Rad: 42 n. 84
Thucydides 57
Lost works
De Imit. 57

DIONYSIOS OF HERAKLEIA
On exercise (Περὶ ἀσκήσεως): 157 n. 89

DIONYSIOS THRAX, scholia on
449. 11 Hilgard: 19 n. 16
173. 3–4 Hilgard: 34 n. 62

DONATUS
De Com.
5: 33 n. 61

DOURIS OF SAMOS
42 n. 85, 101, 113 n. 34, 125, 224 n. 58
FGrH 76 F 1: 40 n. 80
FGrH 76 F70: 125 n. 93

ENNIUS
    fr. 99, 195–202 Jocelyn: 112 n. 42

EPHOROS
    40 n. 80, 57, 184 n. 97, 223
    FGrH 70 F 71: 172

EPIKOUROS:
Ad Herod.
    p. 4 Usener: 106 n. 20
    p. 32 Usener: 106 n. 20
    fr. 210 Usener: 33 n. 60
    fr. 422 Usener: 109 n. 23
    fr. 496 Usener/103 Diano: 112 n. 42
    fr. 108 Diano: 110 n. 32

EPIKTETOS
Discourses (by Arrian)
    2. 14. 7: 156 n. 85
    2. 14. 21: 32
    3. 24. 106: 156 n. 85
    3. 26. 8: 156 n. 85
Ench.
    8: 156 n. 85
s. v. also Favorinus, *Against Epiktetos*

EUDOXOS OF RHODES 19

EURIPIDES
Alk.
    1, scholia on: 165 n. 19
    766: 174 n. 56
Andr.
    445–53: 172 n. 57
Her.
    357–8: 170 n. 37
Hipp.
    428–30: 33 n. 56
    1400: 174 n. 57
Orestes
    129: 236
Phoen.
    524–5: 274
    531–4: 196
Supp.
    447–55: 95 n. 96

Lost plays of (?) Euripides
Skyrians
    fr. Adesp. 9 Nauck *TrGF*: 237

FAVORINUS 246–7, 289
On the Academic disposition (or *Plutarch*): 246–7
Against Epiktetos: 246–7
apud Philostratos, *Vit. Soph.* 1. 8. 489: 289 n. 4
FGrH 1 F 1: 25 n. 36
FGrH 70 F 71: 172
FGrH 76 F 1: 40 n. 80
FGrH 76 F70: 125 n. 93
FGrH 115 F 20: 178 n. 74
FGrH 115 T 20a: 24, 27, 28 n. 47, 57–8
FGrH 115 F 24: 25 n. 36
FGrH 115 F 74–5: 167 n. 28
FGrH 115 F 192: 176 n. 71, 183 n. 96
FGrH 372: 192 n. 131
FGrH 373: 192 n. 131
FGrH 404 F 3–5: 165 n. 19
FGrH 434 F 1. 2. 4–5: 197 n. 150

GALEN 93, 196 n. 146
De Opt. Doct.
    1. 40–52 Kühn: 247 n. 16
De Plac. Hipp. et Plat.
    5. 5 Kühn: 93 n. 84
    5. 464 Kühn: 93 n. 84
De Morb. Temp.
    7. 424. 3 Kühn: 195
De Typis
    7. 463. 9 Kühn: 195

HEKATAIOS
FGrH 1 F 1: 25 n. 36

HELIODOROS
    2. 35. 2: 127 n. 87

HELIODOROS THE PERIEGETE (*FGrH* 373) 192 n. 131

HERAKLEIDES PONTIKOS
    fr. 91 Voss: 190

HERAKLEITOS (THE PRE-SOKRATIC)
fr. 70 Marcovich: 213, 214–15

HERAKLEITOS
Hom. Prob. 61. 5: 110 n. 32

HERILLOS OF CARTHAGE
On exercise (Περὶ ἀσκήσεως) 157 n. 89

HERMIPPOS OF SMYRNE 142

HERODOTOS 19, 52, 53 n. 4, 57–8
preface: 47, 36 n. 69
1. 8. 3: 266
1. 30–3: 113, 278
1. 32. 1–9: 284
1. 51. 3: 36 n. 68
1. 82. 7–8: 164 n. 15
1. 93. 2: 36 n. 68
2. 44. 5: 127 n. 97
3. 41. 1: 36 n. 68
3. 80. 5: 95 n. 96
4. 205: 197 n. 150
5. 56: 231 n. 78
5. 75: 187 n. 107
5. 92: 231 n. 78
6. 58. 3: 168 n. 30
6. 98. 2: 187 n. 109
6. 103. 2: 190 n. 122
6. 131. 2: 231 n. 78
7. 10–18: 113
7. 10. ε. 2: 113 n. 44
7. 16. α. 2: 113 n. 44
7. 18. 2–4: 113 n. 44
7. 24: 112 n. 29
7. 182: 110 n. 30
8. 3. 1: 89–90 n. 67
8. 28: 112 n. 29
8. 144. 2: 89–90 n. 67
9. 54. 1: 172 n. 50

HERMOGENES
Progymnasmata
8, Spengel, ii, 14–15: 244 n. 5
9, Spengel, ii, 15: 37 n. 74

HESIOD
Theogony
933–7: 92 n. 82
975–7: 92 n. 82
Works and Days
235: 297
705: 110 n. 29

HESYCHIOS
s. v. καρτή 290 n. 8
s. v. Ἕλληνες 304 n. 53

HIPPOKRATES 196 n. 146, 243
Seventeenth Letter
IX, 362, 8–11 Littré: 104
Aphor.
3. 27. 5= IV, 500 Littré: 195 n. 143

PS.-HIPPOKRATES
De Morb. Sacro
18. 1=VI, 394 Littré: 178 n. 76

HOMER
13 n. 3, 19, 26, 44, 121, 190, 233
Iliad
6. 506: 191–2
11. 482: 175
12. 243: 124
13. 516: 143 n. 47
15. 263–8: 191–2
22. 373: 88
23. 175–6: 127 n. 97
Odyssey 33 n. 61
3. 163: 175
4. 230: 226
13. 293: 175
15. 357: 110 n. 29
Hymn to Aphrodite
262–3: 168 n. 29

HORACE
Ep.
1. 8, 1. 11: 112 n. 42
Odes
2. 1. 12: 143 n. 45

Satires
  1: 104
IG
  v. 1432, 33: 181 n. 88
  xii. 5, 278: 181 n. 88
ILS
  1022: 289 n. 43
ISOKRATES 185
Areop.
  18: 110 n. 30
De Bigis 222–3
  3: 235 n. 88
  22: 28 n. 46
  29: 217 n. 39
  39: 21 n. 26
Busir.
  4: 223 n. 54
Ad Demon.
  34: 44 n. 93
Evag.
  37–9: 243 n. 3
  47–50: 185
  73: 16 n. 9
  77: 68 n. 56
Ad Nicocl.
  29: 211 n. 19
  35: 44 n. 93
  36: 16 n. 9
  39: 211 n. 19
Panathen. 185 n. 102
  39–40: 243 n. 3
Paneg.
  81: 89–90 n. 67
  86: 185 n. 102
Phil.
  127: 89–90 n. 67
Ad Phil.
  46: 28 n. 46
  146: 38 n. 76
JAMES, EPISTLE TO
  1:23: 33 n. 56

JEROME
Comm. in Zach.
  3. 14. 47, 1522 Migne: 19
JOHN, GOSPEL OF
  12:44: 38 n. 77
  20:30: 21 n. 26
  21:25: 21 n. 26
JOSEPHUS
Jewish Antiquities
  1. 11 (203): 19
  13. 3. 3 (72): 19
  13. 5. 9, (173): 19, 28 n. 47
  13. 10. 6 (298): 19
  17. 3. 3 (60): 52 n. 2
Life
  65 (339): 58
  74 (412): 19
JUBA
Likenesses 290 n. 8
JULIAN
Orations
  1. 1 Spanheim: 21 n. 26
JULIUS CAESAR
Anticato 143 n. 46, 152 n. 79
BC
  3. 35. 2: 296 n. 28
JULIUS HYGINUS 290
JUSTIN
  Preface 4: 52 n. 2
KALLIMACHOS
Aitia 229
Epigrams
  28 Pfeiffer: 23 n. 30
Hymn to Apollo
  105–12: 23 n. 30
  fr. 398 Pfeiffer: 190
KORINTHIANS, *see* CORINTHIANS
KTESIAS 30

LAMPRIAS CATALOGUE
1–2, 20 n. 19, 300 n. 37. *See also*
PLUTARCH, lost works

LIBANIOS 256 n. 51
Progym. 10, Förster[b] viii, 334–60: 244
Antiochikos 6, Förster[b] i, 439: 21 n. 26
Defence of Sokrates, Förster[b] v, 13–121:
  223 n. 55

LIVY 26, 244 n. 6
Preface 10: 52 n. 2
1. 35. 2: 186 n. 106
1. 55. 5: 186 n. 106
2. 34. 10: 217 n. 38
5. 32. 6–55. 5: 54
9. 3. 9: 186 n. 106
9. 16. 19–19. 17: 249 n. 20, 301 n. 43
21. 1–3: 26 n. 40
21. 3: 113
21. 10: 113
22. 43. 4: 186 n. 106
25. 40. 1–3: 305 n. 56
30. 23–30: 113
Epitome of Book 81: 203

PS.-LONGINOS
On the Sublime 40 n. 80
12. 4–5: 249 n. 20
15. 2: 42 n. 84

LONGOS
4. 17. 2: 125 n. 88

LUCAN 138 n. 28
1. 185–203: 80
2. 380–91: 155
10. 20–48: 249 n. 20

LUCIAN 10
Alex. 60
3: 16 n. 10
48: 299 n. 34
59: 197 n. 150
61: 21 n. 26
Demon.
67: 21 n. 26

De Hist.
51: 33 n. 61
59: 58 n. 24
Gall.
10: 125 n. 88
24: 125 n. 89
Imag. 163 n. 8
3: 16 n. 10
6: 17 n. 11
Jup. Trag.
41: 125 n. 89
Peregr.
1: 86 n. 55
33: 109 n. 28
38: 86 n. 28

LUCRETIUS
DNA
1. 926–30: 290 n. 12
3. 1060–67: 112 n. 42

LUKE-ACTS: 9 n. 39

LUKE, GOSPEL OF
8:43: 195 n. 143

LYKOURGOS OF BOUTADAI
Against Leokrates
40: 126 n. 94

LYSIAS
Orations
12. 71–6: 168 n. 109
12. 78: 115 n. 49
14: 223
14. 16, 30: 223 n. 54
frs. 30–1 Gernet-Bizos: 223

MARK, GOSPEL OF
5:25: 195 n. 143
9:37: 38 n. 77

MATTHEW, GOSPEL OF
9:20: 195 n. 143
10:20: 38 n. 77

MAXIMOS OF TYRE
Orations
   15–16 Hobein: 244
   15. 1a–d Hobein: 104

MENANDER 32 n. 56, 34 n. 62, 244 n. 7
Epitrep.
   535: 174 n. 58

MENANDER RHETOR
   2. 368. 10–12: 21 n. 26
   2. 368. 23–369. 2: 21 n. 26
   2. 372. 21–5: 244
   2. 372. 25–7: 263
   2. 376. 31–377. 9: 244
   2. 378. 17–26: 185
   2. 392. 28–31: 3, 13

MEMNON OF HERAKLEIA
   FGrH 434 F 1. 2. 4–5: 197 n. 150

MUNATIUS RUFUS 142

NIKOLAOS OF MYRA
Progymn.
   1, Spengel, iii, 453, 19–20: 163 n. 9
   10, Spengel, iii, 485–488: 244 n. 5

OGIS
   220, 5–8: 181 n. 88

OPPIAN
Halieutika
   2. 107–19: 175

OPPIUS
Life (?) of Caesar: 7 n. 31, 80 n. 29, 86 n. 52, 98 n. 107

OVID
Amores
   1. 9: 244 n. 6
Fasti 300
Met.
   90–9: 167 n. 28

PANAITIOS
On tranquillity of mind 105

PAUSANIAS
Guide to Greece 293
   1. 20. 7: 197 n. 150, 203 n. 167
   2. 10. 1: 127 n. 97
   2. 11. 7: 127 n. 97
   4. 33. 4: 197 n. 150
   7. 17. 3: 49 n. 105
   8. 34. 3: 127 n. 97
   9. 2–4: 197 n. 150
   9. 33. 6: 203 n. 167

PETRONIUS
Sat.
   88: 17 n. 11

PHAINIAS OF ERESOS 20

PHILEMON COM.
   fr. 74 Kassel-Austin: 112 n. 41

PHILISTOS 22–26

PHILO
De Vit. Cont.
   78 (pp. 483–4 M): 33 n. 56

PHILOSTRATOS
Life of Apollonios
   1. 2–3: 23 n. 32
   4. 22: 292 n. 15
   5. 2: 195
   5. 9: 125 n. 89
   5. 32: 47 n. 99, 195
   6. 27: 167 n. 28
   8. 7. 6: 164 n. 15
Vit. Soph.
   1. 8. 489: 289 n. 4

PHOTIOS
Bibliotheca
   161, 104a23–b33: 3 n. 10
   176, 121a41–b3: 40 n. 80
   245, 396b22–25: 256 n. 47

PHRYNICHOS (?)
   TrGF II. 408a: 226

PINDAR
Isthmian
  4. 45–7: 174–5
Nem.
  5. 1 ff: 16 n. 9
  7. 14: 33 n. 56
Pyth.
  3. 19–23: 115 n. 49
Fragments
  fr. 205 Maehler: 128
  fr. 210 Maehler: 212–3

PLATO 36–7, 40, 43–5, 47–9, 72–98,
  179 n. 81, 192 n. 131, 206–13,
  217–18, 223–7, 251 n. 27, 303
Alkibiades I 224–5
  104a: 216 n. 34, 225 n. 63
  105b: 216 n. 34
  133c ff: 35 n. 64
Apology
  30a: 227
Epistles
  4, 321c: 211, 218
Euthydemos 174 n. 62
Gorgias 224
  491d–e: 211 n. 19
  493d–494c: 109 n. 24
  494d: 163 n. 8
  503d–505b: 93 n. 86
  509d–510a: 35 n. 54
  525e: 48 n. 103
Hippias Minor 172 n. 47
  365b: 172 n. 47
  375e: 48 n. 103
Kratyllos
  408c: 125 n. 88
Kriton
  43b–c: 144
  44d: 48 n. 103
Laws
  644c: 163 n. 8
  649d–652: 15 n. 6
  692e–693a: 185 n. 100
  711d–712a: 90 n. 68

  736c: 117
  761e: 152 n. 72
  792e: 74 n. 6
  831b: 216 n. 30
  863e: 175 n. 66
  896e–897b: 306 n. 61
  905b: 33 n. 61
Menexenos
  238c–d: 90 n. 72
Menon
  71e–73c: 248
Phaidon 144, 152
  58a–c: 144
  116b–118a: 143–4
  255d: 218
Phaidros 79 n. 25
  231d: 211 n. 19
  233c: 211 n. 19
  233e: 38 n. 76
  245c–246a: 306 n. 61
  247c: 110 n. 33
  253c–254e: 78–9, 85, 88–9, 110 n. 33
  255d: 33 n. 61, 218
  255e–256a: 79, 110 n. 33
Protagoras
  337d: 60 n. 20
Republic 43–5, 73, 140, 150 n. 64, 156
  n. 85, 224–7
  349b–350c: 104
  365c: 175 nn. 63, 69
  374d–417b: 76
  375b–c: 87
  382c: 171 n. 43
  382d: 176 n. 70:
  387d–388a: 82 n. 33
  392c–398b: 43 n. 90
  410b–412a: 87 n. 58
  410d: 92 n. 81
  411b: 75 n. 10, 213, 266
  412a: 92 n. 79
  419b–c: 173 n. 52
  429b–430b: 76 n. 13
  435 ff: 91 n. 73
  439e–441c: 87
  439e–440d: 73
  439e: 87 n. 57

440d–424d: 211
441e–444a: 76 n. 13
441e–442a: 87 n. 58
442a–c: 73
443d–444a: 92 n. 79
445d: 90 n. 72
466b: 196 n. 145
470b–471c: 89–90 n. 67
473c–e: 90 n. 68
478e–480a: 37 n. 72
487a: 208 n. 10
491b–492a: 47–9, 60–1, 156, 207–9, 220, 224
491c: 92 n. 81
492a: 210, 227
492e–493a: 209, 210, 224, 227
493e–494a: 224
494b–495b: 224–6
495b: 49, 206, 226
526a–576b: 303
540d: 90 n. 72
544e: 90 n. 72
545a: 83, 92 n. 81
548a: 171 n. 43
548b–c: 76 n. 13
548c: 83
549a–b: 76 n. 13
549b: 92 n. 79
562c–d: 193 n. 134
573d: 95 n. 96
580d–583a: 36 n. 66
587c–d: 90 n. 72
588b–d: 167 n. 27
588e–591d: 78 n. 24
591c–d: 92 n. 79
598d–602b: 97 n. 104
602c–605b: 43
603e–604d: 82 n. 33
606a: 76 n. 13

Sophist:
221–2: 216 n. 30
231d: 216 n. 30

Symposium: 143, 157, 216–18, 224
174a: 143 n. 45
204c–221b: 227
215a: 163 n. 8
215e: 216 n. 34

216a–b: 216 n. 34
217a–219d: 143
217b–c: 216
218c: 175 n. 66
219c–221c: 217–18
220a–221b: 143
223b–d: 143 n. 46

Timaios: 2, 91, 300
21b–d (Proklos' comment on): 190
28b: 115 n. 55
29d–30c: 306 n. 61
31b–32b: 115 n. 55
69b–71d: 93 n. 84
88b: 93 n. 84

PS.-PLATO

Alkibiades II
141a–c: 225 n. 63
141b–142d: 233 n. 81

PLAUTUS

Epidic. 383–6: 33 n. 56

PLINY THE ELDER

NH
7. 138: 197 n. 150
11. 114: 197 n. 150
26. 138: 197 n. 150
34. 16: 163 n. 8
34. 58: 17 n. 11
34. 70: 17 n. 11
35. 100: 17 n. 11

PLINY THE YOUNGER

Epistles
3. 13: 143 n. 46
5. 5. 3: 142 n. 41
8. 12. 4: 142 n. 41

PLUTARCH

Parallel Lives

Theseus and Romulus: 2, 2 n. 6, 4, 250 n. 25, 302 n. 45

Thes.
1. 1–5: 18
1. 1: 2 n. 5, 23 n. 30
1. 2: 33 n. 58

1. 4–5: 249 n. 23
1. 4: 18 n. 14
1. 5: 253 n. 35, 313
3. 5–7: 252 n. 31
6. 8–9: 51, 84
12. 2–6: 252 n. 31
12. 5: 186 n. 106
17. 1–4: 252 n. 31
17. 1–2: 120 n. 67
22. 1–4: 258
25. 5: 51, 84
36. 1–6: 137 n. 25

Rom.
1. 1: 254 n. 39
17. 2: 186 n. 106
18. 6: 186 n. 106
21. 5: 186 n. 106
28. 10: 292

Thes.-Rom. synk. 257–8
1. 1: 26 n. 39, 206 n. 3
1. 4: 253 n. 35
1. 6: 227 n. 65
2. 1–3: 264 n. 85
3. 1: 25 n. 95
3. 3.-4. 1: 253 n. 36
3. 3: 286 n. 45
6. 2–5: 264 n. 78
6. 2–3: 132

Lykourgos and Numa 2 n. 6, 54
Lyk.
4. 4: 93 n. 86, 186 n. 106
4. 12: 109 n. 26
5. 11: 92 n. 80
7. 1: 92 n. 80
7. 5: 92 n. 80
14. 1: 77 n. 15
15. 8: 187 n. 108
16. 10: 185 n. 102
17. 5–6: 174, 185 n. 102
22. 1: 191 n. 125
25. 5: 75 n. 11
28. 1–2: 312
28. 12–13: 312
30. 4: 90 n. 68
31. 3: 77 n. 15
31. 10: 142 n. 43

Num.
1. 1–6: 313
1. 1: 142 n. 13
3. 6–7: 90
4. 12: 131 n. 3
8. 10: 126 n. 95
16. 4: 37 n. 34
20. 7–12: 90 n. 68
20. 8–12: 90 n. 72, 150
22. 1: 137. n. 25

Lyk.-Num. synk. 258 n. 55
1. 1–5: 264 n. 84
1. 1: 206 n. 3
1. 10–11: 259 n. 56
1. 10: 287, 308
2. 1–4: 263 n. 70
4. 8–12: 264 n. 76
4. 9: 76 n. 13
4. 10–13: 274
4. 15: 89, 264 n. 85

Solon and Publicola
Sol.
2. 1–3. 3: 310–1
5. 5: 186 n. 106
7. 2: 186 n. 106
7. 5–6: 82 n. 33
8. 1–11: 266
15. 1: 94 n. 92
15. 2: 174 n. 60
18. 1: 92 n. 80
20. 8: 187 n. 108
21. 1: 76
22. 1–3: 131
27. 1–9: 113
27. 1–3: 184 n. 99
27. 1: 312

Pub.
1. 1: 249 n. 23, 253 n. 35
23. 4–5: 137 n. 25

Sol.-Pub. synk. 258 n. 55, 260
1. 1–8: 278
1. 1: 253 n. 35
1. 7–8: 264 n. 81
2. 4–6: 264 n. 84
3. 1–5: 264 n. 76
3. 2: 93 n. 86

3. 3: 263 n. 71
3. 5: 263 n. 75
4. 1: 266
4. 4–5: 263 n. 70

Themistokles and Camillus 2 n. 6, 103, 250 n. 25, 253, 255 nn. 45, 46

Them.
2. 1–3: 20 n. 20
2. 2: 97
2. 5–7: 312
2. 7: 62
3. 2: 196 n. 145
3. 4–5: 51, 84
6. 1–2: 153 n. 76
6. 5: 89 n. 67
10. 1: 126 n. 95
11. 1: 89 n. 65
19–22: 313
19. 1–3: 173–4 n. 55
21. 7: 175 n. 63
22. 3: 164 n. 11, 170 n. 38
27. 1–2: 312
27. 2: 312 n. 2
31. 5: 109 n. 28
32. 1–4: 42 n. 85
32. 1–3, 6: 137 n. 25
32. 4–6: 137 n. 25
32. 6: 137 n. 25

Cam.
7. 1: 190 n. 119
9. 3: 93 n. 86
13. 1: 302 n. 45
19. 6: 187 n. 110
22. 2: 313
40. 1: 83 n. 38

Perikles and Fabius Maximus 2 n. 4, 14 n. 5, 64–5, 66, 81–2, 222 n. 48, 250 n. 25, 304

Per. 42 n. 85, 64, 67 n. 53, 77 n. 19, 90, 265–6
1–2: 31 n. 53, 34–45 *passim*, 46 n. 99, 148, 169, 266
1. 4: 169 n. 36
2. 1: 265
2. 3: 263 n. 74

2. 5: 2 n. 4, 33 n. 58, 90 n. 68, 110 n. 31, 225 n. 46
3. 2: 92 n. 80, 310
3. 3–4: 164 n. 11
4. 6: 190 n. 118
5. 1: 78 n. 22
6. 1: 188
6. 2–5: 188 n. 113
7–14: 90
7. 4: 154 n. 77
7. 6: 190 n. 118
7. 7: 93 n. 86:
7. 8: 192 n. 129, 194 n. 134
9. 1: 90, 310
10. 7: 312 n. 3
12. 1–13. 3: 265
13. 16: 18 n. 14
15. 1–3: 90
15. 1: 25 n. 35, 310
15. 3: 184 n. 99
18. 1–3: 251
19. 1: 310
22. 4: 63 n. 39
27. 4: 312 n. 1
28. 2: 42 n. 35
30. 1–32. 6: 64
30. 1: 186 n. 106
30. 2: 186 n. 106
31. 1: 83 n. 38
33. 6: 81–2
36. 7–9: 82 n. 33
39. 4: 310

Fab.
1. 1: 18 n. 14, 26 n. 39
3. 6: 81
4. 3: 190 n. 18
4. 4–5. 1: 131 n. 3
5. 4: 81, 174 n. 60
5. 5: 109 n. 24
5. 7: 82
10. 1: 251
16. 6: 20 n. 21
16. 8: 82
17. 7: 78 n. 22, 214 n. 25
19. 3: 82
25. 3: 83 n. 37
27. 3–4: 137 n. 25

Per.-Fab. synk.: 250 n. 25, 258 n. 55, 265–6
1. 1–5: 98 n. 108, 263 n. 71
1. 1: 18 n. 14
1. 4: 192 n. 129
1. 5: 82
3. 5–6: 184 n. 99, 264 n. 80
3. 5: 264 n. 81
3. 7: 253 n. 35, 265, 286 n. 145

Coriolanus and Alkibiades: 9, 56, 62–5, 70–1, 103, **chapter 7 *passim*,** 254

Cor. 3, 77, 89, 96, 110, 121, **chapter 7 *passim*,** 304, 305
1. 1: 311
1. 3–2. 2: 121 n. 68
1. 3: 48 n. 102
1. 4: 121 n. 69
1. 6: 63–4
4. 1–2: 84 n. 42
11. 2–6: 130 n. 105, 187 n. 111
11. 6: 187 n. 108
12. 5: 93 n. 87
14. 2–6: 187 n. 111
15. 4–7: 121 n. 69
15. 4: 83 n. 40, 92 n. 76, 92 n. 78, 94 n. 91
21. 6: 83 n. 38
21. 7: 77
26. 3: 282
31. 5: 109 n. 24
32. 4–8: 187 n. 111
32. 5–8: 39–40
34. 3: 80 n. 30, 195 n. 142
38. 1–7: 187 n. 111

Alk. 25 n. 37, **chapter 7 *passim*,** 313
1. 1: 254 n. 39
2. 1: 110 n. 31
2. 1–7: 20 n. 20
4. 1: 164 n. 11
14. 6–15. 2: 173 n. 55
15. 1–2: 282
16. 1–9: 187 n. 111
23. 3–9: 187 n. 111
23. 3–6: 175 n. 66
31. 8: 181
32. 2: 125 n. 93

Cor.-Alk. synk. 206 n. 3, 260, **281–3**
1. 1: 26 n. 39, 270 n. 102
2. 1–3: 264 n. 77
2. 1–5: 173 n. 55
2. 4–6: 214 n. 28
2. 4: 205 n. 3, 220 n. 41
3. 1–2: 264 n. 80
4. 2: 205 n. 2
4. 4: 214 n. 28
5. 1: 214 n. 28
5. 2: 260 n. 61, 264 n. 79, 269 n. 99

Aemilius Paulus and Timoleon 14 n. 5, 64, 206 n. 3, 250 n. 25, 254

Aem. 6 n. 27, 139, 251–2, 310
1. 1–6: 28, 30–4, 35–6, 45, 65
1. 1: 18 n. 14
1. 5: 18 n. 14
1. 6: 2 n. 5, 251 n. 28, 310
3. 2: 302 n. 45
3. 6: 228
4. 3: 304 n. 52
4. 4: 92 n. 80
5. 10: 18 n. 14, 55
12. 3–13. 3: 251
17. 1–13: 131 n. 3
17. 7–13: 188
19. 3–10: 281 n. 129
22. 4: 83 n. 37
23. 1–11: 281 n. 129
26. 1–12: 281 n. 129
26. 8–28. 13: 251–2
36. 1–9: 82 n. 33, 252
39. 11: 142 n. 43

Tim. 4, 6 n. 27, 32 n. 54, 132
1. 1: 142 n. 23
3. 5: 91 n. 75
6. 1–5: 137 n. 27
6. 1: 81
8. 1–8: 188
15. 1: 187 n. 108
15. 11: 27 n. 45, 33 n. 58
24. 3: 32 n. 54
28. 2–4: 188
35. 1: 185 n. 100
36. 3: 190

36. 4: 310 n. 3
37. 4: 32 n. 54

Aem.-Tim. synk. 258 n. 25
  1. 1–5: 98 n. 108
  1. 1: 18 n. 14
  1. 2–2. 7: 263 n. 70
  2. 1–9: 264 n. 80
  2. 1–7: 264 n. 84
  2. 8–9: 184 n. 99, 264 n. 79
  2. 10: 82 n. 33

Pelopidas and Marcellus 250 n. 25
Pel.
  1. 1–2. 12: 201
  1. 1: 20 n. 21
  2. 2–3: 170 n. 40
  4. 5–8: 98 n. 105
  7. 2: 51
  19. 1–5: 92
  19. 2: 94 n. 91
  19. 5: 51
  21. 6: 212
  29. 8: 126
  29. 11: 226 n. 64
  30. 8–13: 184 n. 99
  31. 3–4: 188 n. 113
  31. 5–6: 84 n. 43
  32. 9–11: 84 n. 43
  32. 9: 82
  35. 1–12: 137 n. 25

Marc. 305–7
  1. 3: 305
  14. 1–18. 5: 306–7
  19. 1–21. 7: 305
  21. 7: 64 n. 41
  24. 2: 93 n. 86
  28. 3–6: 306
  28. 6: 84 n. 42
  30. 5: 228 n. 71

Pel.-Marc. synk. 258 n. 314
  1. 1: 18 n. 14, 206 n. 3
  1. 2–3: 251 n. 28
  1. 4–2. 3: 98 n. 108
  1. 6: 173 n. 55
  1. 7–8: 259 n. 56
  2. 2–3: 263 n. 71

3. 1–8: 264 n. 82
3. 3: 306
3. 6–8: 82 n. 34
3. 8: 202

Aristeides and Cato Major 54
Arist.
  2. 3–4: 97
  2. 3: 196 n. 145
  2. 6–7. 7: 132
  5. 9–10: 312
  6. 1–5: 55, 116 n. 56, 292 n. 17
  13. 2: 132
  22. 3–4: 132
  23. 1: 78 n. 21
  24. 1–7: 184
  25. 1–3: 132–3
  25. 10: 16 n. 8

Cato Maj. 6 n. 27
  7. 3: 9
  8. 12–14: 116 n. 60
  10–14: 98
  23. 1–3: 77
  27. 3: 192 n. 129
  27. 7: 137 n. 25

Arist.-Cato Maj. synk. 258 n. 55, 261-2
  1. 1: 26 n. 39, 141 n. 38
  1. 2: 253 n. 35
  2. 1–3: 263 n. 72
  3. 2–5: 184
  3. 1–4. 7: 264 n. 79
  4. 1: 253 n. 36
  4. 4: 187 n. 108

Philopoimen and Flamininus 56, 63, 67–8, 121, 134–5, 250 n. 25, 301 n. 41, 307–8

Phil. 22 n. 27
  2. 1–6: 164 n. 11
  3. 1–5: 121 n. 68
  3. 1: 51, 83 n. 37, 267 n. 94
  8. 1: 77, 304 n. 53
  8. 3: 92 n. 80
  13. 9: 173
  15. 6–12: 184 n. 99
  16. 2–17. 7: 67–8, 267–8
  17. 2–3: 134, 307–8

17. 7: 83 n. 38, 267 n. 94
18. 1–3: 308
18. 2: 93 n. 87
20. 3: 78 n. 22
21. 3–9: 137 n. 25
21. 12–*Flam.* 1. 1: 249 n. 23

Flam. 6 n. 27
1. 1: 249 n. 23
1. 4: 121 n. 68
5. 6–7: 77, 304
7. 4–9. 8: 268 n. 97
7. 4: 109 n. 24
11. 3–7: 67, 89 n. 67, 115, 120 n. 67, 308
12. 10: 134, 307 n. 65
15. 4: 268 n. 97
17. 3–8: 16 n. 6
20. 1–2: 84 n. 42
20. 2–21. 1: 308
21. 15: 18 n. 14, 253 n. 35

Phil.-Flam. synk. 260 n. 62, 267–9
1. 1: 253 n. 35
1. 2: 89 n. 67
1. 4: 308, 83 n. 37
1. 7: 82 n. 34, 264 n. 82
2. 1–6: 98 n. 108
2. 2–5: 263 n. 70
2. 2: 139 n. 33
2. 4: 173
2. 6: 259 n. 56
3. 4: 134–5, 308 n. 67
3. 5: 204 n. 169, 260 n. 61, 286 n. 145, 308

Pyrrhos and Marius 9–10, 56, 62–63, 65, 70, **chapter 4** *passim*, 131, 253–5, 274

Pyrrh. **chapter 4** *passim*,
1. 1: 18 n. 14
1. 2–3: 310
1. 4: 77
2. 8: 310
4. 7: 154 n. 77
14. 14: 80
16. 7: 304

Mar. 62 n. 35, 77, 96, **chapter 4** *passim*, 304, 305

1. 1: 254 n. 39
2. 1: 78 n. 22, 92 n. 76, 92 n. 78, 164 n. 11
2. 4: 84 n. 42
6. 6: 214 n. 39
8. 3: 199 n. 158
14. 1: 304 n. 52
24. 2: 93 n. 86
28. 1–3: 271 n. 104
28. 2: 81 n. 31
32. 4: 167 n. 26
34. 6: 84 n. 42
35. 8–40. 14: 62 n. 35
42. 4: 132
44. 4: 196 n. 146
45. 10–12: 84 n. 42, 197 n. 149
46. 1–5: 254–5

Lysander and Sulla 2 n. 6, 9, 62–3, 70–1, 129, 131, **chapter 6** *passim*, 205, 250 n. 25

Lys. 84, **chapter 6** *passim*
2. 1: 311 n. 7
2. 2–4: 84 n. 44
2. 4: 84 n. 45, 230 n. 76
2. 5: 49 n. 105
2. 7–8: 314 n. 13
5. 7–7. 6: 252
7. 5: 253 n. 35
8. 1–3: 313
15–18: 313
17. 11: 63 n. 39
19. 1–2: 84 n. 45
19. 2–3: 313–14
22. 1–5: 16 n. 6
23. 3: 55, 84 n. 45, 89 n. 66
23. 7: 84 n. 45
25. 2: 126 n. 95
26. 6: 126 n. 92
27. 7: 304 n. 53
30. 2: 58 n. 24
30. 5–6: 137 n. 25
30. 8: 18 n. 14, 142 n. 43

Sulla **chapter 6** *passim*, 304
1. 1–2: 311
1. 1: 142 n. 43
1. 7: 302 n. 45

4. 6: 89 n. 66
12. 11: 90 n. 72
21. 8: 63 n. 39
30. 4: 210 n. 13, 214 n. 26
30. 5–6: 25 n. 35
31. 1: 228
37. 7: 302 n. 45

Lys.-Sulla synk. **200–4**, 258–9, 266, 269
  1. 1: 253 n. 35
  1. 2–7: 263 n. 70
  2. 1–7: 264 n. 86
  2. 7: 259 n. 56
  3. 1–8: 264 n. 79
  3. 5: 259 n. 56
  3. 6–8: 264 n. 77
  3. 8–4. 1: 253 n. 36
  4. 1–9: 264 n. 75
  4. 1: 261 n. 64
  4. 3–5: 82 n. 34, 264 n. 86
  5. 1–2: 263 n. 70
  5. 5: 270 n. 102
  5. 6: 260 n. 61, 286 n. 145

Kimon and Lucullus 59–60, 250 n. 25
Kim. 6 n. 26
  1. 1–2. 5: 261
  1. 1–2. 2: 59
  2. 2–3: 16 n. 9
  2. 2: 16 n. 7, 33 n. 58
  2. 3–5: 31 n. 53, 55–6, 59–60, 96, 159, 162, 271
  2. 3: 28 n. 46
  2. 5: 18 n. 14
  3. 1: 89 n. 67, 249 n. 23
  3. 3: 110 n. 67
  4. 4: 311
  5. 1: 311
  6. 1–7: 251
  10. 7: 60 n. 30
  13. 1: 274 n. 112
  15. 12: 92
  17. 9: 84 n. 46, 89 n. 65
  18. 1: 89 n. 67
  19. 3–4: 89 n. 64
  19. 5: 143 n. 43

Luc. 7 n. 7
  1. 1: 143 n. 43, 311

1. 5–6: 77
2. 4–5: 185
3. 4–8: 202 n. 165
6. 4: 154 n. 77
19. 5: 203 n. 167
28. 2: 60 n. 30, 199 n. 158
38. 3–4: 110 n. 30, 118 n. 64, 189 n. 117
39. 1–42. 4: 60, 260, 311
42. 3: 60 n. 30
43. 2: 228 n. 71
43. 3–4: 137 n. 25

Kim.-Luc. synk. **258**, 260–1
  1. 1–8: 263 n. 69
  1. 1: 134 n. 14, 206 n. 3
  1. 2–8: 311 n. 6
  1. 5–6: 264 n. 81
  1. 5: 253 n. 35
  2. 2: 263 n. 70
  2. 6–3. 1: 253 n. 36
  2. 6–7: 258
  2. 7: 93 n. 86
  3. 1–5: 264 n. 75
  3. 5: 253 n. 35
  3. 6: 286 n. 145

Nikias and Crassus 2 n. 6, 14 n. 5, 54, 56, 62–3, 250 n. 25
Nik. 56 n. 16, 96
  1. 1: 23 n. 28, 249 n. 23, 249–50, 253 n. 35, 256 n. 49
  1. 5: 18 n. 14, 22–30, 57, 214 n. 27
  2. 2–3: 180 n. 84
  2. 3: 149 n. 61
  2. 4: 94 n. 92
  2. 6: 271 n. 104
  6. 4–8. 6: 272–3
  8. 5–6: 153 n. 76, 180 n. 84
  9. 1: 226, 227
  11. 2: 234 n. 85
  17. 4: 139 n. 32
  22. 2–3: 275
  23. 1–9: 188 n. 113
  26. 4–6: 120 n. 67
  26. 4: 275
  27. 5: 275

Crass. 123 n. 83
  2. 8: 90 n. 72
  3. 3: 169 n. 31
  7. 1: 302 n. 45
  8. 3: 308 n. 70
  19. 5: 170 n. 40
  27. 6: 23 n. 30, 120 n. 67

Nik.-Crass. synk 260 n. 62, **269–75**
  1. 1–3: 264 n. 80
  1. 1: 253 n. 35
  1. 2: 56 n. 16
  1. 4: 264 n. 81
  2. 1–3: 258–9, 264 n. 85
  2. 3: 259 n. 56
  2. 4–3. 6: 153 n. 76
  2. 4: 56 n. 16, 263 n. 72
  2. 6: 56 n. 16
  2. 7: 304 n. 53, 308 n. 70
  3. 4: 153 n. 76
  3. 5: 180 n. 84
  3. 6: 56 n. 16
  4. 1–2: 105 n. 19
  4. 3–4: 132
  5. 1–2: 263 n. 71
  5. 1: 56 n. 16
  5. 4: 264 n. 83

Sertorius and Eumenes 30 n. 50, 206 n. 2, 250 n. 25

Sert. 138–9
  1. 1–12: 256 n. 49
  1. 1–8: ix
  1. 1–2: 53 n. 4
  1. 8–10: 139, 173, 251
  1. 11: 249 n. 23
  10. 3: 173 n. 55, 174
  10. 5–7: 230 n. 73
  11. 2: 126 n. 95, 173 n. 55, 174 n. 61
  13. 1–3: 251
  14. 1: 304 n. 52
  18. 3: 140 n. 35
  20. 1: 126 n. 95
  27. 6–7: 137 n. 25

Eum. 101 n. 2
  1. 1: 18 n. 14, 101 n. 2
  8. 1–3: 53 n. 6
  8. 2–3: 67 n. 52
  9. 1–2: 25 n. 35
  13. 5–6: 116 n. 60
  17–19: 275
  19. 3: 137 n. 25

Sert.-Eum. synk.
  1. 1: 26 n. 39, 206 n. 3
  1. 3–5: 263 n. 70
  1. 6–9: 263 n. 72
  2. 1–5: 105 n. 19
  2. 5: 256 n. 47
  2. 6–8: 264 n. 83, 275

Agesilaos and Pompey 2 n. 6, 250 n. 25, 275–6

Ages. 84–5, 96 n. 100
  1. 2–3: 191
  2. 1–3. 9: 164 n. 11
  2. 3: 84 n. 45
  5. 5–7: 84
  5. 5: 188 n. 114
  6. 6–9: 176 n. 73
  7. 1–8. 7: 85
  7. 4: 84 n. 45
  8. 5–7: 89 n. 66
  8. 5: 55, 84 n. 45
  9. 2: 85
  9. 3: 173
  10. 1: 173 nn. 52–3
  11. 6: 85
  11. 6–10: 96
  15. 2–4: 89 n. 67, 96 n. 100, 115, 274 n. 112, 304 n. 53
  15. 4: 277
  17. 4–5: 187
  23. 11–24. 3: 85
  28. 1–8: 85
  30. 2–6: 131–2
  30. 2: 93 n. 86
  34. 1: 277 n. 118
  37. 9–11: 180–1
  40. 3: 176 n. 73

Pomp. 69, 252
  1. 1–4: 311
  1. 4: 239 n. 100
  2. 1: 78 n. 22, 90 n. 72
  8. 7: 24

10. 2–10: 276
16. 6–7: 276
21–23: 252
23. 6: 110 n. 31
23. 5–6: 121
28. 4–7: 181 n. 90
29. 1–31. 13: 85. n. 48
29. 4: 89 n. 66
31. 1: 25 n. 35
37. 4: 19 n. 18
38. 2: 60 n. 30
39. 6: 239 n. 100, 276 n. 117
40. 3: 176 n. 73
43–49: 252
43. 1–5: 252, 277
46. 1–47. 10: 276 n. 117
46. 1–4: 121 n. 69
46. 4: 110 n. 31
46. 8: 149 n. 61
47. 4–10: 239 n. 100
48. 8: 149 n. 61
53. 10: 116 n. 59
55. 4: 93 n. 86
61. 4: 81, 276 n. 117
67. 1–68. 1: 239 n. 100
67. 1–10: 276 n. 117
67. 5: 176 n. 73
67. 7: 81
69. 7: 109 n. 24
70. 1–7: 120 n. 67, 304 n. 53
70. 1–3: 116 n. 59
70. 3–6: 274 n. 112
79. 4–80. 2: 311

Ages.-Pomp. synk. 275-8
1. 2: 206 n. 3
2. 1–2: 164 n. 11
2. 3–4: 131–2, 264 n. 78
2. 3: 93 n. 86, 174 n. 60
3. 1: 253 n. 35, 261 n. 64
3. 2–3: 181 n. 90
4. 3–11: 81
4. 8: 81 n. 32

Alexander and Caesar 2 n. 6, 14 n. 5, 86 n. 51, 85–7, 96 n. 100, 103, 249, 250 n. 25, 253–5, 314

Alex. 16 n. 6, 64, 65, 76, 85–6, 98 n. 107, 102, 120 n. 83, 267 n. 92
1. 1–3: 5 n. 24, **14–22**, 24, 25, 26, 29, 94, 96, 135
2. 2: 186 n. 106
2. 3: 88 n. 62, 187
3. 5–6: 88 n. 62, 187
4. 1–7: 17 n. 11
4. 1–3: 164 n. 11
4. 5–7: 88 n. 62, 93, 187
4. 7–9. 4: 85
4. 10: 16 n. 6
5. 1–6: 20 n. 20
5. 4: 16 n. 6
5. 7–8: 65 n. 47
6. 1–8: 20 n. 20
6. 6: 85, 109 n. 24
7. 1–8. 5: 65 n. 47
7. 1–2: 85
13. 2: 85
14. 5: 16 n. 6
21. 1–22. 6: 96
21. 1–7: 98 n. 107
21. 6: 186 n. 106
21. 7: 211 n. 19
21. 11: 170 n. 38
24. 10–14: 98 n. 107
26. 1–7: 65 n. 47
26. 14: 83 n. 40, 85
35. 1–16: 187
35. 16: 187 n. 108
38. 4–8: 88 n. 62, 187
39. 1–13: 98 n. 107
42. 3–4: 86
42. 5–10: 98 n. 107
43. 5–7: 98 n. 107
44. 3–5: 98 n. 107
47. 6: 65 n. 47
48. 3: 190 n. 119
48–55: 314
49. 14–50. 1: 314
51. 10: 86
59. 1–5: 98 n. 107
59. 6–7: 175
60. 14–15: 98 n. 107
72. 4: 127 n. 97
75. 2: 109 n. 24
75. 5: 42 n. 85

Caes. 3, 4, 6 n. 27, 16 n. 61, 21, 67,
  85–7, 94–5, 97, 135 n. 16, 303
  1. 1: 254
  2. 4: 304 n. 43
  3. 2–3: 86
  4. 7–8: 86
  4. 8: 303 n. 48
  4. 9: 17 n. 11
  5. 8–9: 86
  5. 9–6. 3: 86 n. 54
  6. 3: 303 n. 48
  6. 6: 303 n. 48
  7. 1–4: 86
  8. 3–4: 186 n. 106
  9. 1–10. 11: 135 n. 17
  9. 2: 149 n. 61
  11. 3–6: 86
  11. 5–6: 249 n. 20
  12. 4: 98 n. 107
  14. 8: 254 n. 43
  15–27: 21, 67, 98
  15–17: 186 n. 106, 187 n. 111
  15. 3–5: 251
  17. 2: 17 n. 11, 79 n. 26, 86
  18. 5: 98 n. 107
  22. 6: 86
  23. 2: 86
  28. 6: 93 n. 86, 149
  29. 5: 303 n. 48
  30. 1: 303 n. 48
  30. 2: 254 n. 43
  32. 6–8: 79–80, 114 n. 48
  33. 6: 81
  34. 7–8: 98 n. 107
  35. 8: 303 n. 48
  37. 3: 302 n. 45
  43. 3–6: 188
  48. 3–4: 98 n. 107
  53. 6: 79 n. 26
  54. 4: 98 n. 107
  57. 1: 303
  57. 8: 98 n. 107
  58. 4–5: 86
  60. 1: 86
  66. 3: 81 n. 31
  69. 2–14: 137 n. 25, 255
  69. 4–5: 188

Phokion and Cato Minor 2 n. 6, 9, 63,
  70, 129, **chapter 5** *passim*, 162,
  205, 248 n. 19, 250 nn. 25 and 28,
  253, 255, 304, 308
Phok. 94, **chapter 5** *passim*, 251, 304
  1–12: 313
  1–3: 63
  1. 4–6: 263 n. 73
  2. 6–9: 90 n. 68, 93, 188 n. 114
  3. 1–4: 263 n. 73
  3. 3–4: 308
  3. 6–8: 248 n. 19
  3. 6: 253 n. 36
  5. 1: 164 n. 11
  5. 10: 15 n. 6
  6. 1: 92 n. 76
  6. 2: 82 n. 34
  9. 1–10: 16 n. 6
  18. 1–8: 184 n. 99
  37. 1–2: 120 n. 67
  38. 3–4: 255
Cato Min. 4, **chapter 5** *passim*, 209
  1. 3–3. 10: 20 n. 20
  3. 10: 253 n. 35
  9. 5: 90 n. 72
  9. 9–10: 209 n. 12
  9. 10: 32, 36 n. 64
  11. 8: 294 n. 22
  12. 2: 41 n. 83
  20. 1: 93 n. 86
  23. 1: 78 n. 21
  24. 1: 15 n. 6, 16, 135, 163–4, 164 n.
    10, 313
  25. 1–13: 313
  26. 5: 120 n. 67
  37. 10: 15 n. 6, 135
  46. 1: 92 n. 77
  47. 2: 93 n. 86
  51. 6: 314 n. 15
  55. 4: 80 n. 30
  68. 6: 80 n. 30
  73. 1–7: 255

*Agis and Kleomenes and Tiberius and
  Caius Gracchus* 249, 250 n. 25
Ag./Kleom.
  1. 1–2. 8: 84

1. 1–2: 84 n. 47
1. 3–4: 90 n. 68
2. 5–6: 90 n. 68
2. 7–9: 249 n. 23
2. 9: 2 n. 5, 110 n. 31, 253 n. 35
23(2). 2–6: 155–6
23(2). 3–5: 84 n. 44
23(2). 6: 49 n. 105
31(10). 7: 93 n. 86
34(13). 2–3: 116 n. 56
34(13). 3: 90 n. 72, 116 n. 58
34(13). 9: 90 n. 72
37(16). 7: 116 n. 58, 125
37(16). 8: 56 n. 15
45(24). 3: 90 n. 72
60(39). 1: 139 n. 32

Gracchi 250 n. 25
   1. 1: 18 n. 14, 143 n. 43, 253 n. 35
   2. 2: 78 n. 22
   4. 5–6: 98 n. 105
   4. 5: 36 n. 64, 51
   21. 3: 228 n. 71
   23(2). 1–3: 98 n. 105

Ag./Kleom.-Gracchi synk.
   1. 1: 253 n. 35
   1. 2: 206 n. 3
   1. 3–8: 264 n. 79
   1. 3–5: 263 n. 70
   1. 7–8: 264 n. 81
   3. 1: 264 n. 83
   4. 1–5. 6: 264 n. 85
   4. 2–3: 131 n. 1
   4. 3: 93 n. 86
   5. 7: 260 n. 61, 269 n. 99, 286 n. 145

Demosthenes and Cicero 2 n. 4, 133 n. 7, 249, 250 n. 25

Dem. 133–4
   1. 1: 2 n. 5
   1. 3: 36 n. 67, 208 n. 9
   2. 1–4: 1 n. 1
   2. 1–2: 23
   2. 1: 18 n. 14
   2. 2–4: 8 n. 35
   3. 1: 2 n. 4, 33 n. 58, 133 n. 7, 251 n. 28
   3. 2: 249 n. 20

3. 3–5: 53 n. 4, 256 n. 49
4. 1: 18 n. 14
5. 1–5: 51
11. 3: 23 n. 30
11. 7: 15
13. 1–14. 1: 133
14. 1: 134 n. 11
14. 3–6: 90
23. 4–6: 146 n. 51
25. 1–26. 4: 184 n. 99
30. 5–31. 6: 137 n. 25
30. 5: 137 n. 25
31. 7: 2 n. 5, 142 n. 43

Cic. 4, 76 n. 13, 176 n. 73, 314 n. 15
   1. 1: 142–3 n. 43
   1. 6: 187 n. 108
   2. 1–5: 20 n. 20
   32. 4: 188
   32. 5–7: 77, 128 n. 100
   32. 7: 76 n. 13
   48. 2: 176 n. 73, 186 n. 106
   49. 2–6: 137 n. 25
   49. 2: 164 n. 10

Dem.-Cic. synk.
   1. 1: 18 n. 14, 26 n. 39
   1. 4: 15 n. 6
   3. 2–4. 1: 184 n. 99
   3. 2: 25 n. 35
   3. 5–7: 264 n. 80, 312 n. 3
   4. 4: 259 n. 56
   5. 1–2: 264 n. 83

Demetrios and Antony. 2, 2 n. 6, 14 n. 5, 45–9, 55–6, 60–5, 162, 210, 250 n. 25, 280 n. 126, 281

Demetr. 3, 101–2, 116–18, 125
   1. 1–8: 45–9, 55, 60–5, 101
   1. 1–3: 31 n. 53, 34
   1. 4: 36 n. 67
   1. 5–7: 33 n. 58
   1. 6: 18 n. 14, 162
   1. 7–8: 116
   1. 7: 79 n. 25
   1. 8: 97 n. 102, 116
   2. 2: 164 n. 11
   2. 3: 116 n. 62, 279 n. 123
   4. 5: 49 n. 104

5. 1: 115, 188 n. 114, 301
6. 4: 116
8. 1: 116
9. 5–7: 97 n. 102, 116 n. 62, 279
9. 7: 125
10–13: 292 n. 17
10. 1–2: 116
10. 2–13. 3: 116 nn. 56 and 58
11. 2: 180 n. 84, 303 n. 47
11. 5: 149 n. 61
11. 11–13: 125
14. 4: 61 n. 34
17. 10: 116 n. 62
18. 1–7: 116 n. 57
18. 1–5: 116–17
18. 5: 125
18. 6–7: 117 n. 63
19–20: 187 n. 111
19. 4–5: 116 n. 62, 279 n. 123
19. 10: 116 n. 62, 279 n. 123
20. 2: 49 n. 104
21. 4–5: 170 n. 40
24: 292 n. 17
25. 4–5: 117
25. 6–8: 116 n. 56
30: 292 n. 17
32. 7: 117
32. 8: 79 n. 25, 117
35. 3–6: 117
36. 1–12: 280
41. 1: 117
41. 5–7: 116 n. 57, 125, 125 n. 89
41. 5–8: 164 n. 11
42: 292 n. 17
42. 8–11: 55, 117 n. 63
44. 7: 80 n. 30
44. 8: 279 n. 123
44. 9: 125, 164 n. 11
45. 3–4: 163 n. 8
52. 2–4: 117–18
52. 3–4: 113 n. 44
53. 8–9: 281 n. 12
53. 10: 143 n. 43

Ant. 3, 61–2, 69–70, 125, 252
1. 1–3: 311
1. 1: 254 n. 39
2. 6: 149 n. 61

4. 7–9: 187 n. 111
6. 6–7: 61
9. 5: 23 n. 30
14. 4–5: 61
14. 5: 78
19. 4: 61
24. 1–12: 187 n. 111
25. 1: 61
26. 1–3: 125 n. 93
29. 1: 79 n. 25
36. 1–7: 97 n. 102
36. 1–2: 78, 79 n. 25, 96–7
37–52: 252
37. 6: 79
39. 1: 280
50. 3–7: 280
50. 5: 79
53. 5–11: 97 n. 102
54. 5: 280 n. 127
56. 6: 134 n. 14
59–69: 252
68. 6–8: 1 n. 1
70. 1–8: 187 n. 111
77. 7: 280
87. 1–9: 137 n. 25, 311
87. 9: 281

Demetr.-Ant. synk. 260 n. 62, 278–81
1. 1–3: 263 n. 70
1. 4: 61 n. 34
2. 3: 116
3. 1–5: 97 n. 102
3. 1–4. 6: 264 n. 79
3. 1–2: 116
5. 3–4: 264 n. 85
5. 5: 263 n. 71
6. 3–4: 264 n. 83

Dion and Brutus 2 nn. 4 and 6, 134, 137, 150 n. 64, 250 n. 25

Dion 4, 132
1. 1: 2 n. 5
1. 3–2. 6: 138
1. 3: 48 n. 102, 263 n. 73
2. 1–2: 256 n. 49
2. 1: 39 n. 78
2. 2–6: 188 n. 113

2. 7: 2 n. 4, 33 n. 58, 187 n. 108, 255
    n. 46
8. 4: 211 n. 18
14. 5: 154 n. 77
21. 9: 27 n. 45, 187 n. 108
24. 1–10: 188 n. 113
24. 10: 131 n. 3
32. 8: 48 n. 102
37. 7: 93 n. 86
52. 5: 211 n. 18
52. 6: 91 n. 75
53. 4: 92 n. 80
55. 1–4: 80 n. 29

Brut. 3, 4, 156 n. 86, 192 n. 127, 284
1. 1–2: 311
1. 3: 91 n. 75, 92 n. 78, 94 n. 91,
    211 n. 17
12. 3: 149 n. 63
15. 5–9: 82 n. 33
23. 3–7: 192 n. 127
36. 1–7: 188 n. 113
37. 7: 188 n. 113
47. 7: 134 n. 14
48. 2–5: 188 n. 113
55. 2: 93 n. 86

Dion-Brut. synk.
1. 5: 264 n. 81
1. 6–4. 8: 264 n. 84
2. 2: 93 n. 86, 134 n. 14, 149
3. 6–11: 134
3. 6: 253 n. 36, 258 n. 55
4. 1–4: 263 n. 72
5. 2: 163 n. 8

Lives of the Caesars (esp.
    Galba–Otho–Vitellius) 2, 4, 6 n.
    27, 19–20, 28–9, 93 n. 8, 159–60,
    284 n. 132, 304

Galba
1. 1–7: 93 n. 88
1. 3: 93 n. 90, 94 n. 91
1. 4: 48 n. 102
1. 7–8: 125 n. 89
2. 5: 28–9
3. 4: 158
6. 4: 79 n. 25, 93 n. 88
15–19: 159 n. 95

16. 1–5: 158
19–21: 20
21. 2: 158
22. 7–23. 1: 20
23. 5: 214 n. 25
27. 1: 158
29. 1–5: 158–9
29. 4–5: 284 n. 132

Otho
18. 3: 284 n. 132

Other *Lives*
Arat. 2 n. 7, 68
1. 3–5: 68
4. 1: 93 n. 90
10. 5: 110 n. 31
15. 3: 125 n. 89
24. 5–6: 89 n. 67
29. 7–8: 214 n. 25
40. 4: 214 n. 25
54. 7–8: 68

Art. 2 n. 7, 29–30, 68
6. 8: 304 n. 53
8–11: 29–30
8. 1: 42 n. 84
8. 4: 80

Moralia
De Aud. Poet.
15d–16a: 44
17e–18f: 42
18d–e: 274 n. 111
25b–d: 56 n. 15
26a: 56 n. 15
28a: 174 n. 58
31d: 79 n. 25
34d: 237 n. 94
35d: 271 n. 104
37d: 266 n. 90
42b: 32
44b: 41 n. 83

Quomodo Adulat. 235 n. 89
49e: 92 n. 76
51a–53b: 119
51c: 119, 236 n. 90
52e: 227–8, 235 n. 89
58b: 42 n. 86

69f–70a: 211 n. 18
72e: 237 n. 94
73e: 31 n. 52
Prof. in Virt. 155
  75a: 288
  79b–d: 36 n. 65
  79c–e: 31–2
  79c: 31 n. 52
  81a: 96
  81f–82a: 178 n. 76
  83a–b: 79 n. 25
  84b–c: 51, 84
  84b: 32
  84d: 216–17 n. 34
  84e–85a: 32
  84f–85a: 136
  85c–d: 33 n. 60
De Cap. ex Inim.
  86b: 296 n. 27
  91b–c: 171 n. 43
  92d–e: 296 n. 27
Consol. ad Apoll.
  119d: 33 n. 59
De Tuenda Sanit.
  125b: 79 n. 25
  125d–e: 274 n. 111
Con. Praec. 50, 94
  139c: 266 n. 90
  142b: 92 n. 76
De Superstit. 138, 245
  171f: 245
Ap. Lac.
  229a: 183
  229f: 174 n. 59, 183 n. 95
  234d–e: 231 n. 77
Mul. Virt.
  242f–243e: 36 n. 65
  243a–b: 36 n. 67
  243b–d: 247–8, 250
  243d: 23
Quaest. Rom. 187, 298–300, 301, 302
  266f: 299 n. 33
  274b: 299 n. 34
  278c–d: 299 n. 34
  279b: 299 n. 33
  281a: 299 n. 33
Quaest. Graec. 187, 298–300, 301, 302
  292f–293a: 165 n. 19
De Fort. Rom. 245, 263, 300
  316e–317c: 115 n. 55, 188 n. 114, 300
  317c: 214 n. 25, 286 n. 145
  318a: 286 n. 145
  318d: 286 n. 145
  320a: 286 n. 145
  320e: 174 n. 60
  323e: 286 n. 145
  323f: 301
  324c–d: 301
  326a–c: 301
  326a–b: 189
Alex. Fort. 65, 185 n. 100, 245, 263, 267, 300
  328d–e: 44 n. 92
  330e: 15 n. 6
  333c: 124 n. 84
  333d–335e: 190
  334b: 46 n. 99
  334d: 35 n. 64
  335b: 164 n. 11
  335f: 36 n. 67
  336f–337a: 116 n. 60
  337d–e: 116 n. 57, 125 n. 89
  337f: 211 n. 19
  338a–c: 116 n. 58
  344b: 58 n. 26
Bellone an Pace 66, 97–8
  346f–347a: 45 n. 98
  346f: 42 n. 86
  348c: 265 n. 87
  349d: 265 n. 87
  350d: 185 n. 102
  351a: 265 n. 87
De Is. et Osir.
  360d: 116 n. 58
  369c: 88 n. 63
De Pyth. Orac. 288, 293
  397f: 166 n. 22
  398b: 88 n. 63
  401c–d: 89 n. 67

404a: 211 n. 19
408b–c: 292
409c: 293 n. 19
De Defect. Orac. 288
　410b: 50 n. 106
　416d: 163 n. 8, 188 n. 114
　419a–e: 79 n. 25
　419e–420c: 189
　419e: 41 n. 83
　420b: 88 n. 63
　421c: 189
　426d: 88 n. 63
　435e: 88 n. 63
An Virt. Doc. 36 n. 67
　440a–b: 36 n. 67
De Virt. Moral. 13 n. 2, 72–6, 155
　440d–444c: 72–4
　440d: 91 n. 74
　441d–442a: 91 n. 74
　442d: 79 n. 25
　442e–f: 94 n. 93
　444e: 91
　445b–c: 79 n. 25
　446c–d: 94
　446d: 91, 106 n. 20
　446f–448c: 80
　448d: 87
　448e: 217 n. 36
　449d–f: 248 n. 18
　449f: 75 n. 10, 213 n. 23
　450e–451b: 92
　450f: 37 n. 73, 212 n. 22
　451b–452d: 75, 84 n. 42, 157
　451d–f: 91 n. 74
　451d: 213 n. 23
　451f: 94
　452d: 84 n. 44, 216 n. 32
De Cohib. Ira 2, 74 n. 8, 87–9, 203, 212–13
　453a–454a: 74 n. 8, 88–9
　453c: 79 n. 25
　455b: 78 n. 22
　456f: 158, 212
　457a–d: 213
　457d: 178 n. 76, 214–15
　458d–e: 89

458e: 178 n. 76
459a–460c: 151 n. 69
459b: 79 n. 25
462e–f: 158
462e: 34 n. 63
463e: 249 n. 21
De Tranq. An. 50, 105–9
　465a–473d: 105–7
　465c–466a: 66 n. 50
　467d–e: 50
　469d: 108
　470b: 116
　470c: 296 n. 27
　473b–c: 107, 109
　474d: 107
　475a: 109 n. 25
De Frat. Amore
　478f–479b: 93
　481b–c: 87
　482c: 158
　487e–488a: 292 n. 16
De Garrul.
　511e: 74 n. 6
　513a–b: 190
De Cup. Divit.
　523d–524a: 159
　525b–c: 136 n. 19
　527a–f: 159
De Vit. Pud.
　529a: 94 n. 91, 210 n. 13
　532d: 83 n. 37
De Ipsum Laud. 50
　542e–543a: 131 n. 3
　545e: 56 n. 15
De Sera Num. 136
　550d–e: 214 n. 25, 300 n. 38
　551a: 214 n. 25
　551d–555d: 49 n. 105, 60
　551d: 74 n. 7, 210
　551e: 39 n. 78
　552b–d: 207–8
　552b: 226
　552c: 214 n. 25
　559c–e: 311
　562b: 74 n. 7

De Gen. Soc. 42 n. 85, 43, 141–2
   575b–c: 43, 49 n. 105, 139
   588f: 79 n. 25
De Exil.
   600a: 293 n. 21
   601b: 293 n. 21
Quaest. Conv. 288, 299
   632c–d: 46 n. 99
   642d: 18 n. 14
   673f: 174 n. 58
   697e: 110 n. 31
   724b: 83 n. 38
   732b–c: 248 n. 18
   748a: 42 n. 36
Amat. 79 n. 25, 94, 217 n. 37
   749a: 79 n. 25
   751d–e: 79 n. 25
   754d–e: 158 n. 92
   762e: 226 n. 64
   764a: 79 n. 25
Max. cum Princ. 66, 150 n. 64
   776b: 170 n. 39
   776c: 40 n. 79
   778a–b: 170 n. 39
Ad Princ. Inerud. 2
   780a–b: 109 n. 26
   780b–c: 211 n. 19
   780d: 227
   780f: 116
   799f–780b: 116 n. 56
An Seni 66 n. 50, 156 n. 85
   785c–d: 84 n. 42
   785e: 110 n. 32
   785f–786a: 60 n. 28
   788f: 88 n. 62, 212 n. 22
   791c: 84 n. 42
   792b–c: 60 n. 28
   793d: 84 n. 42
   794a: 84 n. 42
Praec. Ger. 2, 50, 67, 89, **293–8**
   799a–b: 37 n. 73
   800c: 214 n. 25
   801c: 270 n. 102
   802e–803b: 147 n. 54
   803b: 190

   804b–c: 147 n. 54
   804c–806f: 293
   805a: 67
   806e: 203 n. 167
   809b–810a: 89 n. 65
   811c: 1 n. 1
   813d–815d: 294–6
   813d–814c: 67
   814a–c: 288
   814a: 308
   814b: 37 n. 73
   814e–815b: 67
   815a–b: 93 n. 87
   816a–817c: 89 n. 65
   816e: 131 n. 3
   818b: 93 n. 87
   818d–e: 93 n. 87
   819f: 38 n. 77, 60 n. 32, 84 n. 46
   820b–f: 16 n. 9
   823f–825f: 89
   823f–825a: 220
   824b–825d: 296–8
   824c–d: 67
   825d: 93 n. 87
De Herod. Malig. 58
   855b: 149 n. 61
   855c–856d: 59
   857a: 58
De Facie 203
Terrest. an Aquat. **246**
   959c: 292 n. 15
   962d–963a: 246
   964d–e: 56 n. 15
   964e: 166 n. 23
   967d: 33 n. 61
   971a: 175 n. 68
   985c: 246
Brut. Anim. (also known as *Gryllos*)
   172
   987b: 208 n. 9
   987c: 172
   989b–f: 109 n. 23
   989c: 106 n. 20
De Esu Carn.
   997b–c: 292 n. 15

Plat. Quaest. 72 n. 1
　1001c–d: 163 n. 8
　1001e: 37 n. 72
　1008c–d: 79 n. 25
　1009b: 79 n. 25
De Procr. An. 2, 72 n. 1, 91
　1023c: 37 n. 72
　1025a–c: 91 n. 74
　1026a–c: 91 n. 74
De Stoic. Repugn. 155 n. 82
　1045a: 158 n. 92
　1047c: 18 n. 14
　1053d: 37 n. 73
Stoicos absurdiora poetis dicere 155 n. 82
Non Posse 66 n. 50, 246 n. 14
　1092e–f: 49 n. 105
　1093b–c: 19
　1093b: 195 n. 142
　1095f: 46 n. 99
　1101d: 23 n. 30, 131 n. 3
　1102d: 23 n. 30
　1104a–b: 131 n. 3
Adv. Col.
　1115e: 163 n. 8
　1123b: 178 n. 76
De Lat. Viv. 66 n. 50
　1129b–c: 35 n. 64, 50 n. 106, 249 n. 21
De Prim. Frig. 2
De Am. Prol. 34 n. 63
De Comm. Not. 155 n. 82

Lost works: in order of their occurrence in the Lamprias Cataloque (s.v.), fr. nos. are those of Sandbach.
　Epameinondas–Scipio (Lamp. Cat. 7, frs. 1–2): 4 n. 19, 14 n. 4, 247
　Tiberius (Lamp. Cat. 27, frs. 6–8): 20 n. 20
　Herakles (Lamp. Cat. 34, frs. 6–8): 2 n. 7, 313
　Hesiod (Lamp. Cat. 35): 2 n. 7, 193–4 n. 137
　Pindar (Lamp. Cat. 36, fr. 9): 2 n. 7, 193–4 n. 137
　Krates (Lamp. Cat. 37, fr. 10): 2 n. 7, 193–4 n. 137
　Daïphantos (Lamp. Cat. 38, fr. 11): 2 n. 7
　Aristomemes (Lamp. Cat. 39, fr. 12): 2 n. 7
　To Chrysippos on Justice (Lamp. Cat. 59): 155 n. 82
　Where are the Forms? (Lamp. Cat. 67): 37 n. 72
　How has matter participated in the Forms, that it makes the first bodies? (Lamp. Cat. 68) 37 n. 72
　On common usage, against the Stoics (Lamp. Cat. 78): 155 n. 82
　On anger (Lamp. Cat. 93, fr. 148): 212 n. 21
　　fr. 148. 19: 212 n. 21
　On the three names, which is most important? (Lamp. Cat. 100): 130 n. 105
　How to judge true history (Lamp. Cat. 124): 18 n. 14
　Barbarian questions (Lamp. Cat. 139): 299
　On days (Lamp. Cat. 150, fr. 142): 187 n. 110
　Selections from and refutations of Stoics and Epicureans (Lamp. Cat. 148): 155 n. 82
　Causes of current Stoic doctrines (Lamp. Cat. 149): 155 n. 8
　To Chrysippos on the first consequent (Lamp. Cat. 152): 155 n. 8
　To the Stoics on what lies in our power (Lamp. Cat. 154): 155 n. 8
　On the descent into the cave of Trophonios (Lamp. Cat. 181): 193–4 n. 137

Defence of Sokrates (Lamp. Cat. 189):
 141–2
On the condemnation of Sokrates
 (Lamp. Cat. 190): 141–2
On the Festival of Images at Plataia
 (Lamp. Cat. 201, frs. 157–8):
 193–4 n. 137
 fr. 157. 2: 178 n. 76
Other fragments
On Hesiod's Works and Days
 fr. 47: 249 n. 21

PSUEDO-PLUTARCH
De Lib. Educ.
 2f–3b: 74 n. 86
 5b: 110 n. 30
 14a: 32
Reg. et Imp.
 172d: 15 n. 6, 33 n. 56
 186d: 231
 188f: 136 n. 19
 218e: 183
Aquane an ignis 244
Inst. Lac.
 238a–b: 75 n. 11
Consol. ad Apoll.
 119d: 33 n. 59
Vitae dec. orat.
 835a (Andokides): 223 n. 53:
Com. Aristoph. et Men. 244 n. 7
Parallel. Graec. et Rom. 290 n. 8
De Vita et Poesi Homeris
 2. 216 Bernardakis: 42 n. 86
 7. 460 Bernardakis: 42 n. 86

POLEMON OF ATHENS 227

POLEMON OF LAODIKAIA 93
 i, 244 Förster[a]: 166
 i, 246 Förster[a]: 166

POLYAINOS
 1. 45. 3: 186 n. 103
 1. 45. 4: 314 n. 13
 3. 9. 32: 173

POLYBIOS: 290, 304
Histories
 1. 35. 1–10: 53 n. 6
 2. 14. 7: 33 n. 57:
 2. 68. 2: 196 n. 145
 3. 57. 4: 28 n. 47
 4. 8. 3: 173 n. 54
 5. 75. 2: 174
 6. 5. 2: 28 n. 47
 6. 7. 7–8: 95 n. 96
 7. 1. 1: 110 n. 30
 9. 2. 4: 28 n. 47
 9. 2. 5–6: 53
 9. 14. 1–4: 33 n. 57
 9. 25. 2: 33 n. 57
 10. 21. 2–8: 21–2
 10. 21. 4: 36 n. 64
 10. 33. 6: 196 n. 145
 11. 4. 7: 196 n. 145
 12. 3. 1–16. 14: 25 n. 36
 12. 23. 1–28a10: 25 n. 36
 12. 28. 1–28a10: 33 n. 57
 12. 28. 2: 90 n. 68
 15. 36. 3–7: 35 n. 64
Philopoimen 21–2

POLYKRATES
Attack on Sokrates: 223

POSEIDONIOS: 101 n. 1
 fr. 153 E–K (= Galen, *De Plac. Hipp. et Plat.* 5. 464 Kühn): 93 n. 84
 fr. 287 E–K (= Diog. Laert. 9. 68): 106 n. 20

PROKLOS
Comm. on Plato's Timaios
 1. 90. 21–24 Diehl, on 21b–d
  (=Herakleid. Pont. fr. 91 Voss): 190

PROKOPIOS 299 n. 34

PROPERTIUS
 2. 34. 65–6: 290 n. 12
 3. 1. 1–2: 290 n. 12
 4. 1. 64: 290 n. 12

QUINTILIAN
Inst. Orat.
  2. 4. 21: 244
  2. 4. 24: 244 n. 6
  3. 5. 11: 158 n. 91
  6. 2. 29: 42 n. 84
  8. 2. 11: 16 n. 7
  8. 3. 83: 16 n. 7
  9. 2. 58: 37 n. 74
  10. 1. 31: 47 n. 101
  10. 1. 105–12: 249 n. 20
  10. 1. 46–131: 290 n. 12

RUTILIUS RUFUS
Histories 19 n. 18, 101, 128 n. 100

SALLUST 128 n. 100
Jugurtha 54
  95. 4: 54
Catiline 54, 128 n. 100
  6. 15: 299 n. 34
  15. 5: 214 n. 25
Histories 128 n. 100

SATYROS 224 n. 58
Life(?) of Euripides (*P. Oxy.* IX 1176 and XXVII 2465): 7
  apud Athenaios 534b: 228–9
  apud Athenaios 534e–f: 232

SCHOLIA
On Aristoph. *Wealth* 249: 165 n. 19
On Aristoph. *Thesm.* 773: 170 n. 37
On Aristoph. *Peace* 1189–90: 200 n. 160
On Dionysios Thrax 173. 3–4 Hilgard: 34 n. 62
On Dionysios Thrax 449. 11 Hilgard: 19 n. 16
On Euripides, *Alk.* 1: 165 n. 19
On Lucian, *Gall.* 24 (94. 8–9, Rabe[b]): 125 n. 89

SCRIPTORES HISTORIAE AUGUSTAE
Vita Hadriani
  16. 2: 190
SEG
  37. 320: 174 n. 59

SENECA THE ELDER
Suasoriae 256
Controversiae 244–5

SENECA THE YOUNGER 65, 260 n. 59
De Clem.
  1. 1: 32
De Const. Sap.
  2. 1: 155
  7. 1: 155
De Ira 88
  3. 5. 4: 151 n. 69
De Tranq. An.
  1. 9: 143 n. 46
  17. 4: 143 n. 46
Ep. Moral.
  7. 2–5: 292 n. 15
  11. 8–10: 33 n. 60
  24. 22: 112 n. 42
  24. 26: 112 n. 42
  67. 7: 142 n. 41
  71. 16–17: 142 n. 41
  89. 7: 299 n. 34
  98. 12: 142 n. 41
  104. 27–33: 142 n. 41
NQ
  1. 17. 4: 32 n. 56

SERVIUS
Comm. in Verg. Ecl.
  6. 13: 167 n. 28

SEXTOS EMPEIRIKOS
Adv. Dogm.
  2. 148–158: 16 n. 8
Adv. Eth. (=*Adv. Math.* 33)
  141: 106 n. 20
Adv. Gramm
  253: 18
  263: 19 n. 16

Pyrrh.
 2. 99–101: 16 n. 8
SGDI
 4. 36. 34–5, p. 690: 174 n. 59
*SIG*³
 829A: 1 n. 1

SIMONIDES
 fr. 111 Page: 191
 apud *Bellone an Pace* 346f and
  Quaest. Conv. 748a: 42 n. 86

SOLON
 11. 5–8 West: 175 n. 63

SOPHOKLES
Ant. 69
 36: 144 n. 49
OT 123
 1524–30: 284
Phil.
 442: 190 n. 120
Trach.
 1058: 294
 1278: 284

Fragments
TrGF IV 867: 246
TrGF IV 869: 85

SOPRATOS
Orations 256 n. 51

SOUDA
 s.v. Ἕλλην: 304 n. 53
 s.v. Ζηνόβιος: 128 n. 10
 s.v. πανοῦργος: 174
 s.v. Πλούταρχος: 289 n. 7
 s.v. Χάραξ: 290 n. 8:

STEPHEN OF BYZANTION
 s.v. Ὠκεανός: 115 n. 50

STOBAIOS
Flor.
 21. 11 (i, 317 Meineke): 32
 55. 5 (ii, 332–3 Meineke): 112 n. 41

STRABO
 7. 3. 7, C 301: 175 n. 66
 13. 1. 27, C 594–5: 249 n. 20

SUETONIUS
De vita Caesarum: 7–8, 20, 21, 94–6,
  98, 253, 313
Divus Iulius 67
 1. 1: 254 n. 42
 2: 94
 7. 1: 86, 249 n. 20
 7. 2: 80 n. 29
 24. 3–25. 2: 98 n. 106
 31–3: 80
 34. 1–36: 98 n. 106
 45. 1: 79 n. 26
 49. 1–52. 3: 94
 50: 95
 57–70: 98 n. 106
Divus Augustus 253 n. 37
 9. 17. 3: 98 n. 106
 19. 1–2: 98 n. 106
 20–23. 2: 98 n. 106
 21. 1–3: 98 n. 106
 24. 1–25. 4: 98 n. 106
 68–69. 2: 94
 71. 1: 94
Tiberius 253
 16. 1–17. 1: 198 n. 106
 18. 1–19: 198 n. 106
 42. 1: 253 n. 37
 43. 1–45: 94
Caius 253
 22. 1: 253 n. 37
 43–47: 98 n. 106
Divus Claudius
 17. 1–3: 98 n. 106
Nero 60, 125, 253, 292
 18: 98 n. 106
 19. 3: 253 n. 37
 28–9: 96 n. 99
Galba 20, 159–60
 4. 1: 20 n. 20
 12. 1–13: 159
 20. 1: 159

Otho 20
  12. 1: 95 n. 97

Divus Vesp.
  8. 4: 98 n. 106

Divus Titus 253 n. 37

SVF
  1. 246: 112 n. 42
  1. 409: 157 n. 89
  1. 422: 157 n. 89
  2. 158: 157 n. 87
  3. 140 ff: 157 n. 87
  3. 639: 157 n. 88
  3. 728: 158 n. 92
  3. 743–56: 158 n. 92

SYNKELLOS
  659 Dindorf: 289 n. 7

SYRIAN
In Hermog.
  2. 23. 10–11 Rabe[a]: 24 n. 62

TACITUS 19, 95–6, 159–60, 161 n. 4, 292

Ann.
  3. 65: 47, 52 n. 2, 244 n. 6
  4. 1–2: 285
  4. 20: 158 n. 94
  4. 32–3: 26–7
  5. 31: 192 n. 129
  6. 10. 3: 158 n. 94
  6. 20: 20 n. 20
  6. 27. 4: 158 n. 94
  6. 48. 2: 285
  6. 51. 1–3: 284–5
  13. 30. 2: 95 n. 97
  15. 37. 4: 96 n. 99
  15. 64: 142 n. 41
  16. 22: 142 n. 41
  16. 23. 1: 296 n. 28
  16. 34–5: 142 n. 41

Hist.
  1. 2: 26
  1. 3: 52 n. 2
  1. 18: 159
  1. 20: 159
  1. 41: 159
  1. 50. 4: 285
  3. 51: 52 n. 2

Agric. 244 n. 6
  2. 1: 142 n. 41
  10–17: 21 n. 22
  42. 4: 158 n. 94
  46. 3: 16 n. 9

TELES
On self-sufficiency 104
  6. 13–15 Hense: 104
  7. 7–8 Hense: 104
  12–13 Hense: 105 n. 18
  32. 5 ff Hense: 113 n. 44
  43 Hense: 105 n. 18

THALES
  fr. A. 1. 33 Diels–Kranz: 108 n. 22

THEOKRITOS
Idylls
  10. 8: 115 n. 49

THEON
Progym.
  1, Spengel, ii, 59, 21–2: 163 n. 9
  9, Spengel ii, 112–15: 244 n. 5
  9, Spengel, ii, 112. 27–9: 260

THEOPHRASTOS
Characters 69
  17: 103–4

On Style
  139 Mayer: 16 n. 7
  fr. 136 Wimmer: 132

THEOPOMPOS COM.
  fr. 33. 3 Kassel–Austin: 32 n. 56
  fr. 66 Kassel–Austin: 193

THEOPOMPOS 40 n. 80, 193 n. 133, 194 n. 137, 201 n. 161, 223, 228 n. 71
  FGrH 115 T 20a: 24, 27, 28 n. 47, 57–8
  FGrH 115 F 20: 178 n. 74

FGrH 115 F 24: 25 n. 36
FGrH 115 F 74–75: 167 n. 28
FGrH 115 F 192: 176 n. 71, 183 n. 96

THRASEA PAETUS 142, 158

THUCYDIDES 22–6, 52, 53 n. 4, 56 n.
16, 57, 69 n. 58, 110–11, 115, 222,
228 n. 71, 244 n. 6
1. 1. 1–3: 26, 186
1. 1. 3: 41 n. 83
1. 20–21: 25 n. 36
1. 20. 3: 164 n. 15
1. 21. 1: 41 n. 83
1. 22. 1: 26, 28 n. 46
1. 22. 2–3: 41 n. 83
1. 22. 4: 18, 41 n. 83, 53
1. 23. 1–3: 186–7
1. 42. 2–4: 111 n. 36
1. 77. 6: 304 n. 53
1. 78. 1–84. 2: 111
1. 95. 3: 176
1. 120. 3–4: 111 n. 36
1. 138. 2–3: 186
2. 4. 7: 69 n. 58
2. 35: 21 n. 26
2. 39. 1: 172 n. 49
2. 63. 2: 115 n. 53
2. 65. 6–9: 90 n. 71
2. 65. 10: 180 n. 84
3. 36. 6: 180 n. 84
3. 37. 2: 115 n. 53
3. 39. 3–4: 111
3. 45. 1–7: 111
3. 45. 5–6: 111 n. 37
3. 82: 69 n. 58, 174 n. 57
3. 86: 186 n. 104
4. 17–65: 111 n. 38
4. 27–8: 180
4. 28. 2: 180 n. 83
4. 28. 5: 180 n. 84
4. 54–7: 273 n. 110
4. 108. 7: 165
4. 129–30: 273 n. 110
5. 4–5: 223 n. 53
5. 9. 5: 174 n. 60
5. 43. 2: 225 n. 63
5. 84–116: 272 n. 109

5. 116. 4: 235 n. 87
6. 6–15: 113 n. 44, 115 nn. 49, 51
6. 13. 1: 112 n. 39
6. 15. 3–4: 222, 233 n. 81
6. 15. 4: 234, 239
6. 16. 1–17. 1: 225 n. 63
6. 24. 3–4: 115 n. 51
6. 30. 2: 115 n. 51
6. 45. 5: 115 n. 51
6. 53. 3–60. 1: 222
6. 90. 2: 115 n. 51, 225 n. 63
7. 85. 1: 275
7. 87: 186 n. 104
8. 38. 1: 170 n. 4
8. 51. 2: 238 n. 96
8. 54. 3: 238 n. 96
8. 86. 4: 222

TIBERIUS RHETOR
De Fig.
14, Spengel iii, 65, 28–9: 16 n. 7

TIBULLUS
1. 1: 244 n. 6

TIMAIOS: 22, 25 n. 36, 26, 58 n. 24, 228 n. 71

TIMON
fr. 63–4 Di Marco (=Sext. Empeir. *Adv. Math.* 11. 141): 106 n. 20

PS.-TRYPHON
746–7, Spengel iii, 199, 15–20: 16 n. 7

TrGF II F 363: 236
TrGF II F 408a: 226
TrGF III F 393: 32 n. 56
TrGF IV F 867: 246
TrGF IV F 869: 85
TrGF fr. Adesp. 9 Nauck: 237

VALERIUS MAXIMUS 47, 53, 124
3. 1. 2–3. 2. ext. 9: 53

VELLEIUS PATERCULUS 244 n. 6, 290 n. 10
2. 24. 4: 202 n. 164
2. 33. 4: 60 n. 28

2. 41. 1–2: 249 n. 20
2. 45. 5: 152 n. 73

VIRGIL
Eclogues
   6. 1–2: 290 n. 12
   6. 13–26: 167 n. 28

XENOKRATES
   fr. 2 Heinze: 216 n. 32

XENOPHON
Agesilaos 249, 276–7, 313 n. 6
   1. 1: 21 n. 26
   1. 12: 173
   1. 17: 173
   1. 29: 173 n. 52
   6. 5: 173
   9. 1–5: 243 n. 3
   10. 2: 211 n. 19

Anabasis
   1. 2. 13: 167 n. 28
   1. 8. 1–29: 29–30
   1. 8. 26–27: 29–30
   2. 6. 7: 173 n. 51

Hellenika 9 n. 39, 57, 169, 244 n. 6
   1. 1. 2–7: 238 n. 97
   1. 4. 13–17: 222
   1. 5. 2–7: 180
   1. 6. 3: 180 n. 83
   1. 6. 7: 169 n. 33
   1. 6. 33: 170 n. 40
   1. 7. 12: 259 n. 57
   1. 7. 35: 137 n. 23
   2. 1. 15: 186 n. 103
   2. 1. 26: 180 n. 83
   2. 1. 28: 186 n. 103
   2. 1. 31: 181 n. 89
   2. 2. 23: 193
   2. 3. 2: 186 n. 103
   2. 3. 7: 186 n. 103
   2. 3. 56: 26 n. 39
   3. 1. 8: 172 n. 50
   3. 4. 11–12: 173 n. 52

   4. 8. 1: 26 n. 39
   5. 1. 4: 27 n. 44
   5. 2. 32: 181 n. 87
   5. 4. 1: 53 n. 6
   5. 4. 32: 181 n. 87
   5. 4. 48: 173 n. 52
   7. 2. 1: 26 n. 39
   7. 5. 21: 26 n. 39

Hieron 113 n. 44

Hipparch.
   4. 7–5. 15: 171

Kyneg.
   13. 9: 216 n. 30

Kyropaidia 19, 285–6
   1. 6. 1–2. 1. 1: 171–2
   1. 6. 11: 208 n. 8
   1. 6. 27–40: 171 n. 43
   8. 8: 285–6

Lak. Pol.
   4. 1–6: 83 n. 98

Memorabilia 223
   1. 1–2: 223 n. 55
   1. 2. 1: 143 n. 45
   1. 2. 12: 223
   1. 3. 5–13: 143 n. 45
   1. 6. 2: 38 n. 76, 143 n. 45
   3. 10. 1–8: 17 n. 11
   4. 1. 4: 48 n. 103
   4. 2. 15–17: 171 n. 43
   5. 1–5: 211 n. 19

Oik.
   12. 9–14: 211 n. 19
   21. 10: 90 n. 72

Symposium
   1. 1: 15 n. 6

ZENO
SVF i, 246: 112 n. 42

ZONARAS
Epitome of Histories 3
   4. 14: 254–5

希腊词索引

ἄγαλμα 168, 170
ἄγαν 209, 220–1
ἀγωγή 21
ἀγωγός 34, 40, 148 n.
ἀγών 15–16, 138, 145–6, 209
ἀγωνίζεσθαι 152
ἀδικεῖν 146, 274
ἄθεος 245
αἷμα 194–7, 202
αἴσθησις 34, 45, 107, 149 n.
αἰσχρός 46, 158, 164, 182, 296 n.
αἴτιος 185
ἄκαμπτος 157
ἀκμή 22, 139 n., 189 n.
ἀκολασία 283
ἀκόλαστος 200
ἀκρασία 92 n., 178 n., 195 n., 279–80
ἄκρατος, esp. 91–2; also 48, 160, 166, 193 n., 208–10
ἀκρίβεια 129, 132
ἀκριβῶς 28 n.
ἀκύμων 105–6
ἀλογιστία 106
ἄλογον, τό 75
ἄλογος 73–4, 105, 172 n.
ἄλυς 112
ἀλωπεκῆ 171
Ἀλώπεκον 176
ἁμαρτάνειν and compounds of 204
ἁμάρτημα 234, 267
ἁμαρτία 59, 142
ἄμεμπτος 269–70, 282
ἀμεμφής 59
ἀμίμητος 277
ἀμνήμων 108
ἀνάγκη 59, 131 n.
ἀνάγκη πολιτική 59
ἀναλογίζεσθαι 80

ἀναλογισμός 117
ἀνδρεία and ἀνδρία, esp. 209–13; also 83 n., 87, 91, 170, 203, 221, 237
ἀνδριάς 162, 166, 170 n.
ἄνεσις 195
ἀνήκεστος 196
ἀνθεῖν 140
ἀνόητος 106–8, 118
ἀνομοιότης 229, 247
ἀνομολογία 270
ἀντίταγμα, ἀντιτάττεσθαι 60 n.
ἀντίχειρ 181 n.
ἀνυπεύθυνος 152
ἀνυπόδητος 143
ἄνω 295–6
ἀνωμαλία 60 n., 220, 230–1, 235, 270
ἀνώμαλος 167
ἀξιόλογος 26–7, 34
ἄξιος ἀκοῆς 23
ἄξιος γέλωτος 295
ἄξιος ἐπιλήψεως 271
ἄξιος λόγου 28–9
ἄξιος μνήμης 26 n., 34, 257–8
ἄξιος σπουδῆς 34–5, 297
ἄξιος τῆς Λακεδαίμονος 170
ἄξιος τιμῆς 137
ἀξίωμα 119, 129, 152, 226
ἀοργησία 87–9
ἀπάθεια 72, 74, 76, 156–7, 209
ἀπαθής 156
ἀπαίδευτος 304 n.
ἀπάτη 171–4, 233
ἀπληστία 106, 110 n.
ἁπλοῦς 168, 171–3, 210–11
⟨ἀπο⟩καλύπτεσθαι 25
ἀπομιμεῖσθαι 175
ἀπόντα, τά, 105–7, 114–15
ἀργεῖν 207–8

ἀρετή, esp. 13–14; also 15, 24, 31, 34–5, 43, 47–8, 50 n., 51 n., 59, 84, 91, 98, 118, 137, 140, 148, 149 n., 152, 168, 184, 198, 208, 210–11, 216, 226, 245, 247, 263, 300 n., 310
 see also πολιτικὴ ἀρετή, ἠθικὴ ἀρετή
ἀριθμός, ἀριθμητός 194
ἀριστοκρατικός 90, 119, 310
ἀρκεῖν 104 n., 121
ἁρμονία 92–3
ἀρχαιοτροπία 140, 160
ἄρχειν 191, 210–11, 294
ἀρχή 25 n., 40
ἀσθένεια 210, 212–13
ἀσθενής 48, 79, 137
ἄσκησις 157
ἀσύγκριτος 253 n.
ἀσύμμετρος 140, 195
ἀσφάλεια 251
ἀτενής 157, 210–11
ἄτοπος 158 n.
ἀτρεμεῖν 112, 178 n.
ἄτρεπτος 149–50, 156, 157 n., 209–10, 214 n., 215
αὐθάδεια 154, 210–11
αὐλή 105, 296 n.
αὔξησις 88, 265 n.
αὐστηρός 141, 145
αὐτομάτως 88 n.
αὐτονομία 192 n.
ἀφανίζεσθαι 170 n.
ἄφετος 192
ἀφίεσθαι 192
ἄφυκτος 123, 128, 130
ἄχρηστος 27 n.

βάδην 143 n., 215
βαρβαρικός 305
βάρβαρος 90, 296, 304
βασιλικός 90
βάσκανος 57
βέβαιος 128, 156
βέλτιστοι, οἱ 120
βῆμα 294 n.
βία 90, 233
βιβλίον 14, 47, 255 n.

βίος 2, 13–15, 17–22, 30, 33, 46–7, 66, 105, 118, 247
βουλή 220 n., 303

γαληνισμός, γαληνός, ἐγγαληνίζειν 106 n.
γέλως 295
γενναῖος 134, 171–3, 206, 208
γεύειν, γεῦμα 193, 287
γῆρας 109–10, 120
γλαυκός 166
γράμματα 109

δαιμόνιον 188
δαίμων 53 n., 196, 255, 307
δαμασίμβροτος 191
δέ 142, 254–5 n.
δεινότης 173, 178–9, 186
δεισιδαίμων 245
δημαγωγός 228, 235 n., 303, 307
δημιουργός 35, 306 n.
δῆμος 118–19, 154, 192 n., 210, 220 n., 296, 303
δημόσιος φόνος 144 n.
διάθεσις 22, 57
δίαιτα 263 n.
διακριβοῦν 187
διαποικίλλειν 175
διαφεύγειν 23
διάφορος 166–7
διήγησις 259 n.
δίκαιος 46, 129, 132–3, 141, 147 n., 152, 168, 173, 247, 305 n.
δικαιοσύνη 46, 146, 157 n., 170, 209, 247, 269
δοκιμάζειν 270
δόλος 171–3, 233
δόξα, esp. 238, 306; also 78, 86–7, 105, 110 n., 118, 120, 137, 148, 158 n., 235, 297
 see also κενὴ δόξα
δοξομανία 83
δοῦλος 226 n.
δρᾶμα 126
δυναστεία 111
δυσδιαίτητος 261
δυσθεώρητος 269

δυσμίμητος 152
Δώριος 168

ἐγγαληνίζειν, see γαληνισμός
ἐγκεκραμένος 140, 210–11
ἐγκράτεια 92 n., 96, 203, 209, 264, 283
ἐγκώμιον 22
ἐγχαλινοῦν 192 n.
ἔθος 39, 73–4, 244 n., 247
εἰδοποιεῖν 15, 17
εἴδωλον 31, 84 n., 168
εἰκάζειν 167
εἰκονίζειν 163 n.
εἰκονικός 163
εἰκών 16, 163–4, 167, 170 n.
ἐκβαρβαροῦν, 185
ἐκκαλύπτειν 24
ἐκνευρίζειν 75 n.
ἐκπίπτειν 294
ἔκπτωσις 294
ἐλευθερία 192 n., 193, 202, 296–7, 307
ἐλλείμματα ἀρετῆς 59–60, 271
Ἕλλην 296, 304 n.
ἑλληνίζειν 289 n.
ἑλληνικός 270, 287, 297, 305, 308
ἐλπίς 103, 106, 108–9, 111, 113–15, 117–18, 224–5
ἐμμελής 92–3, 139–40
ἐμμένειν 128, 215, 275
ἐμπαθής 29, 147, 209, 213–14
ἔμφασις 16, 57 n.
ἐμφύλιος 89 n., 196
ἐναγισμός 127
ἐνάργεια 29, 41
ἐναργῶς 107
ἐνδεής 206
ἐνέδρα 171 n.
ἐνεργάζεσθαι 148
ἐνεργός 31, 88
ἐνθουσιασμός 152
ἐξανθεῖν, 166 n.
ἐξαπατᾶν 175
ἐξετασμός 24
ἕξις 74, 89
ἐξοκέλλειν 109–10, 123 n.
ἐξουσία 25 n., 46
ἐξυβρίζειν 192 n.

ἐπαινεῖν 46, 51–2, 134 n., 269 n.
ἐπαινετέος 282
ἔπαινος 81, 118–19
ἐπαίρειν 111, 113 n., 114, 117–18
ἐπανόρθωσις 31, 46
ἐπιείκεια 277
ἐπιεικής 93, 114, 139, 219, 232, 270
ἐπιθεῖναι τελευτήν 109
ἐπιθυμητικόν, τό 73
ἐπίληψις 271 n.
ἐπιφανής 46
ἐραστής 143, 210–11, 217 n.
ἔργον 29, 36, 39, 41, 266 n.
ἔρως 78, 86, 111, 114–15, 121, 217, 227, 237, 306
ἔρως βασιλείας 86
ἔρως δόξης 86
ἔρως τῶν ἀπόντων 114–15
ἐρωτικός 47
ἔσοπτρον 30, 32
εὐδαιμονία 103
εὐήνιος 88
εὐθυμία 105, 296 n.
εὐτυχεῖν, εὐτυχία 111 n., 114, 120, 138, 279, 310
εὐφυής 48, 207
εὐφυΐα 49 n., 88, 216, 226
εὐχέρεια 175, 195
ἐφίεσθαι 106, 114, 115 n.

ζῆλος 31, 34, 38, 50 n., 51, 75, 86, 148, 163
ζηλοῦν 32
ζηλωτής 51
ζωγραφία 42
ζωγράφοι 15

Ἠθικά, τά, 1
ἠθικὴ ἀρετή 13–14, 72, 74
ἠθοποιεῖν 39
ἠθοποιΐα 37
ἦθος, esp. 13–14, 39, 73–4; also 16, 17 n., 44, 54, 90–1, 119 n., 128, 135, 140, 156 n., 163–4, 173, 207–8, 229–30, 235–6, 312
ἡλικία 208 n., 223 n.
ἡρωικός 168

ἡσυχία 112, 120, 297

θαῦμα 149 n.
θαυμάζειν 32, 35, 51, 140, 148, 168, 209, 305
θαυμαστής 143
θεατής 38, 41, 43, 47
θεατρικῶς 180
θεῖος 186
θεραπεία 75, 89, 118–19, 170, 206
θεραπεύειν 88, 178 n.
θεραπευτικός 177
θεωρητικὸς βίος 66
θρασύνεσθαι 192 n.
θρασύς 145, 192
θρασύτης 149 n., 192 n.
θυμοειδές, τό 73, 76, 83, 85, 88, 92
θυμοειδής 93, 210–11, 304
θυμός, esp. 73, 87–89; also 75, 80, 82, 85, 109–10, 126–7, 145, 208–14, 237 n., 266, 277

ἰᾶσθαι 196
ἱστορεῖν 18 n., 23 n., 34, 127, 177
ἱστορία 13–14, 17–23, 33–4, 37, 41–2, 50 n., 290 n., 313
see also πραγματικὴ ἱστορία
ἱστορικόν, τό 17–22
ἱστορικός, ὁ 23 n.

κάθαρσις 44
καθεστώς 140, 207–8, 214
καθηγεμών 293 n.
καινὰ πράγματα, see πράγματα καινά
καιροί 140, 295, 307–8
κακία 15, 24, 46–7, 59–61, 210, 270–1
κακοήθεια 58–9, 259
καλός 164
καλόν, τό 37, 118, 133, 151·
καλύπτεσθαι 25
καρπός 140, 208, 226
καταμεμειγμένος 166
κατανόησις ἤθους 24
καταπραΰνειν 144 n.
κατειργασμένος 88
κεκολασμένος 201
κεκραμένος 91, 310

κενόδοξος 212
κενός 107–8, 180, 225
  κενὴ δόξα 118
κενότης 116 n.
κεραννύναι 156 n.
κηλίς 175
κλέπτειν 171 n.
κολακεία 226
κολακεύειν 169 n.
κόλαξ 227–8, 235
κοσμεῖν 31–2
κρᾶσις 91, 93, 139–40, 247, 297
κρατεῖν ἑαυτοῦ 210–11
κρατοῦντες, οἱ 296–7
Κρητικός 173
κρίσις 40 n., 46, 81, 213, 261
κυβερνήτης 307

Λακωνικός 172 n., 175, 201
λέγεται, λέγουσι 186 n.
λιμήν 110
λογισμός, esp. 78–82; also 30, 75, 88, 114, 152, 195 n., 213–15, 239, 294
λόγος 45, 73–5, 81, 85, 88, 90, 105–6, 108–9, 172 n., 208–11, 216, 219, 305
  λόγος ἀντεξεταστικός 244
  λόγος ἐπιβατήριος 185

μακεδονίζειν 134 n.
μαλακία 210
μαλακός 88, 212, 237
μαλακότης 208
μανία 104, 152
  see also δοξομανία
μαρτυρεῖν 48, 206–7, 278
μεγάλαι φύσεις 47, 177, 206–8, 226
μεγάλα πράγματα 46, 103, 111, 114
μεγαλαυχία 83
μεγαλοψυχία 179 n.
μέγεθος 16–17
μειρακιώδης 196, 200
μελαγχολία 176–9, 197
μελαγχολικός 177–9
μεμιγμένος 141
μεμορμένον, τό 124
μεμψιμοιρία 103–4, 123 n., 304
μέν 142

μεσότης 73–4, 87
μεταβολή 188–9, 229, 236
μετακόσμησις 189
μετάπτωσις 188
μετέωρος 188
μετριοπάθεια 72 n.
μέτριος 58 n., 209–11, 214, 221
μετριότης 147, 153
μέτρον 294
μηχανή 171 n., 172
μικρολογία 159
μιμεῖσθαι 42, 50–1, 68, 148
μίμησις 37–44, 50–1, 236 n.
  see also δυσμίμητος
μισοπονηρία 158
μισορρώμαιος 280 n.
Μοῦσαι 109
μῦθος 17–19, 163 n.
μυθώδης 17–19

ναυτιώδης 112
νεανικῶς 85
νεῖκος 83 n., 84, 214 n.
νεμεσητός 124 n., 127
νέμεσις 53 n., 124, 127
νεῦρον 213, 266
νεωτερισμός 298
Νίκαι 167 n.
νίκη 83 n.
νομή 191–2
νόμος 75
νομός 191
νόσημα 194–7
νοῦς 34

ὄγκος 118–19, 129, 190–1
οἴδημα 210–12
οἰκεῖος 45, 68, 81, 112, 156 n., 208, 226, 247, 298
οἴκοι 296
ὀλέθριος 188, 196
ὁμοιότης 15, 47, 247, 290 n.
ὁμόνοια 111 n., 220, 296–7, 310
ὀξύς 166
ὀξύτης 145, 207, 240
ὀργή 79, 82, 87–9, 114, 151, 205, 213–14, 219, 268, 304

ὀργιλότης 87
ὀρέγεσθαι 111 n., 113, 118–19
ὁρίζειν 112, 171
ὅριον 295
ὁρμή 35, 38–40, 145, 157 n., 208–9, 213
ὅρμος 110
ὅρος 74, 112 n., 115, 120
οὐκ . . . ἀλλά 38
οὐκέτι 173 n.

παθεῖν, see πάσχειν
παθητικός 73, 105
πάθος, esp. 24–5, 72–5, 79; also 22, 28–9, 81, 84 n., 86, 90, 97, 151, 212, 215, 219, 229, 236, 306
παιδαγωγία 48, 74–5
παιδεία, esp. 75–7; also 62, 65, 90–1, 108–9, 177, 185 n., 205–6, 209–11, 264, 305
παιδιά 14, 234
πανουργία 172
πανοῦργος 172–5
παραβάλλειν 171, 253 n., 269–70
παράδειγμα 31, 32, 46, 50–2, 68, 90 n., 284, 298
παράλληλοι βίοι 33 n.
παρελθεῖν 22, 28–9, 259
παρόν, τό, παρόντα, τά, 104–8, 111 n., 112–14, 117, 120
πάσχειν 29, 48, 108, 127, 140, 210, 213, 219, 259 n., 295
περιττός 159, 179
πικρία 130, 210–11
πικρός 166, 193, 219
πίστις 23 n., 137
πλάσμα 17–19, 236
πλάστης 167
πλάττειν 73, 167 n., 168, 312
πλεῖστοι, οἱ 191
πλέον, τό 111 n., 115 n.
πλεονεξία, esp. 104; also 90, 93, 103–5, 109–12, 116, 120, 304
πλήρης 108–9
ποθεῖν 168
ποικιλομήτης 175
ποικίλος 175
πολιτεία 19, 90, 92, 109, 119, 134 n.,

140, 271 n., 272 n., 282, 287, 293 n., 295, 296 n., 310
πολίτευμα 259, 269–270, 308 n.
πολιτικός 46, 158 n., 270
   πολιτικὴ ἀρετή 210, 305
   πολιτικὴ δεινότης 178–9
   πολιτικὴ τέχνη 296
   see also ἀνάγκη πολιτική
πολλοί, οἱ 23
πολύτροπος 172 n.
ποτικός 47, 93
ποτόν 193
πράγματα καινά 103, 112, 117, 120
πραγματεία 19
πραγματικὴ ἱστορία 19 n., 28–9
πρακτικός 35, 40
   πρακτικὸς βίος 66
πράξεις 14–15, 18–19, 21, 23–5, 28 n., 31, 35, 81, 88, 109, 114–15, 121, 247
πρᾶξις 45
πρᾶος 88, 146, 151, 156 n., 210–11
πραότης (and πρᾳότης), esp. 77–8; also 87–8, 114, 210–11, 213–14, 304
πρέπειν 57, 109, 312
πρεσβευτής 183
προαίρεσις 37–40, 138
προαιρετικός 40
πρόβλημα 158 n., 300
προβληματώδης 158
πρόθυμος 146
προτρέπειν 68
πρυτανεῖον 60 n.
πρωτεῖον 203, 286 n.
πρῶτος 86, 114, 121, 127, 224, 258 n., 262 n.

ῥεῖν, 225–6
ῥεῦμα 194–7, 208, 215
ῥοπή 270 n.
ῥυθμός 139–40, 294
ῥύσις 195

σεμνός 93, 139
σημεῖον 16, 163–4
σίδηρον 131 n.
σιτίον 197 n.
σιτλίον 197 n.

σκηνή 125
σκοπεῖν 41
σκυτάλη 164 n.
σοφία 173, 312
σοφιστής 174
σοφιστικῶς 174 n.
στασιάζειν 296
στάσις 93, 111 n., 196
στέγειν 108 n.
στέφανος 286 n.
στρατηγεῖν 180
στρατηγία 109, 203, 269
στρατήγιον 294
στρατηγός 175, 294 n.
συγκρίνειν 253 n.
σύγκρισις 243, 252–3 n.
συζυγία 46
συμμετρία 74
συμφέρει 132
συμφέρον, τὸ 129 n., 131–3, 180–1, 204
συνεστηκώς 214
συνυποκρίνεσθαι 126
σχολή 112, 118
σῶμα 82, 306 n.
σωτηρία 181, 310
σωφροσύνη 46, 77–8, 147, 203, 259, 264
σώφρων 178 n., 201, 297
   σώφρονες, οἱ 23 n.

ταμιεῖον 106, 108 n.
ταράττειν 115
τέρψις 35 n., 52
τέχνη 36, 42–3, 45–6, 171 n., 185, 247, 296
τις 190 n.
τραγικός 124–5
τραγῳδία 125 n.
τράξ 124, 167
τραχύς 166–7
τρόπος 22, 24, 54, 154, 168, 236
τυραννικός 259 n., 271
τυραννίς 115 n., 196, 303
τύραννος 82, 175, 292 n., 303
τύχη, esp. 123, 137–8; also 35, 47, 85, 108, 111–12, 114, 121, 124, 229–30, 245, 263, 297, 300 n., 307, 310

ὕβρις 53 n., 63, 111, 112 n., 116, 124, 167, 192 n., 223, 232, 233 n., 240
ὕβρισμα 237
ὑβριστής 47, 279
ὑβριστικός 175, 232
ὑγρός 118–19
ὑπέκκαυμα 84, 86
ὑπεκρεῖν 107–8
ὑπελθεῖν 153–4
ὑπεραγαπᾶν 157
ὑπερβολή 152

φαντασία 39
φασί 186 n.
φάτνη 191
φθεῖρες 197
φθόνος 221, 272 n.
φιλανθρωπία, esp. 77–8; also 56, 59, 271, 305, 310
φιλάνθρωπος 46, 141, 145, 147 n., 151, 154, 219, 232, 234
φιλαρχία 109–10, 121
φιλαυτία 106
φιλοβάρβαρος 58
φιλοδοξία 83–4, 118–20, 216
φιλονεικία, esp. 83; also 56 n., 97, 110 n., 111 n., 116 n., 134, 214, 267, 268, 308
φιλόνεικος 84
φιλονικία, esp. 83; also 85–6, 110 n., 111 n., 177–80, 208–10, 214 n., 268, 277
φιλόνικος 177, 210–11, 215, 229
φιλόπρωτος 83, 215, 229
φιλοσοφεῖν 77 n.
φιλοσοφία 50 n., 81, 91, 216, 217 n.
φιλόσοφος 90 n., 147
φιλόστοργος 147 n.
φιλοτιμία, esp. 83, 86; also 75, 80, 110 n., 120, 155, 167, 177–80, 194, 196, 205, 216, 234, 240, 267
φιλότιμος 43, 84, 86, 177, 240
φοβερός 126, 147, 163, 166

φονεύειν 128
φόνος 127, 194
φρονεῖν 86, 294, 297
φρόνημα 117, 190–1, 210–11, 225, 294
φρόνιμος 106, 304 n.
  φρόνιμοι, οἱ 153
φυσικὸς λόγος 188
φύσις, esp. 74, 229–30; also 48–9, 62, 74, 118–19, 156 n., 158 n., 177, 206, 208–9, 224–5, 235–6, 247
  see also μεγάλαι φύσεις

χαρακτήρ 140, 247
χάρις, esp. 140, 228; also 58 n., 92, 118–19, 129–30, 137, 147, 148 n., 154, 157 n., 180, 226, 228, 233, 305, 310
Χάριτες 109
χειμών 123
χείρ 181 n.
χειροήθης 75 n., 88
χλαμύς, χλαμύδιον 125–6, 294
χολή 178 n.
χρεία 169 n., 171, 177
χρειῶδες, τό 168
χρήσιμος 34, 36
χωρεῖν δι' αἵματος 196

ψέγειν 47, 52, 206, 269 n.
ψεκτός 280
ψεύδεσθαι, ψευδής, ψεῦδος 171–4
ψῆφος 286 n.
ψόγος 81, 119, 137
ψοφοδεής 271 n.
ψυχή 15–16, 24, 40, 44, 48, 78, 90, 105, 163–4, 210–13, 266, 306 n.

Ὠκεανός 115 n.
ὠμός 109–10, 287
ὠμότης 130, 212
ὠφέλεια 35 n., 52
ὠφέλιμος 40 n., 46

名词索引

注：古代作者名和普鲁塔克《对比列传》以及其他同名作品中的主题词名在此并未普遍包括。与以下人物相关的引用可据"位置索引"查索引。同样，现代作者人名可据"现代作者索引"查索到。

Abydos, battle of 238
Academy 143
Acciaivoli, Donato 4 n.
Achaian League 68, 89 n.
Achilles 112, 121–2, 124, 127 n., 172 n., 179 n., 236–7, 244, 248, 260, 310
Adeimantos 48
Aegeus 258
Aemilius = Aemilius Paullus, L. (cos. 182 BC):
  in *De Tranq. An.* 50
  see also index locorum
Aemilius Paullus, L. (cos. 219, 216 BC) 82, 310
Africa 4, 121, 127, 154, 176, 197, 225, 289
Agamemnon 176 n.
Agatharchos (painter) 234
Agesilaos = Agesilaos II of Sparta:
  and Lysander 176, 186 n., 194
  as a proto-Alexander 96 n., 277
  in *Mul. Virt.* 248
  in *Prof. in Virt.* 32
  in *De Ipsum Laud.* 50
  prone to φιλοτιμία 84
  see also index locorum
Agis II of Sparta 236–7, 240
Agis = Agis IV of Sparta, esp. 106
  in *De Tranq. An.* 50
  see also index locorum
Agis/Kleomenes and the Gracchi, early *synkriseis* of 249 n.
Aigina 273–4
Aigospotamoi, battle of 180 n., 181, 186–7, 199, 238 n.

Aischylos:
  in Eur. *Frogs* 56 n., 244 n.
  see also index locorum
Ajax 172 n., 244, 248
  and *melancholia* 179
Akanthians, treasury of 163
Akropolis
  Demetrios on 279
  Periklean buildings on 265
Aktion, battle of 252
Aldine edition 30 n., 109
Alexander = Alexander III ('the Great') of Macedon, esp. 65, 76, 85–6, 144 n., 189, 245, 251; see also index locorum
  and Phokion 135, 146
  compared with Crassus 273
  compared with Sokrates and Plato 245
  Greek history ends with 290
  in Curtius Rufus 284–5
  in *De Ipsum Laud.* 50
  in *De Tranq. An.* 50
Alexander and Caesar:
  compared in Appian 254 n.
  early *synkriseis* of 249 n.
Alexander of Pherai 82, 84
Alexander V of Macedon 280
Alexandria (in Egypt) 1
Alkestis 248
Alkibiades, chapter 7 *passim*
  assimilated to Achilles 236–7
  and Lysander 185
  and Nikias 259, 271 n.
  and Sokrates 143

Alkibiades, (cont.):
    deception of Spartan ambassadors 233, 282
    in earlier literature 49, 222–6
    in *De Sera Num.* 207
    tyrannical aspirations of 207, 222, 231, 233, 236, 238–9
    see also index locorum
Alkibiades, son of Alkibiades 222–3
Amisos 203
Ammon 191
Amyot, Jacques 3
Anaxagoras 187–8, 190
Androkleides 175
Annius, P. (murderer of M. Antonius) 130
Antigone, wife of Pyrrhos 122 n.
Antigonos Gonatas 122
Antigonos Monophthalmos 117, 122
Antilochos (poet) 190
Antioch (in Syria) 152
Antiochos III ('the Great') of Syria 67, 301
Antiochos (helmsman of Alkibiades) 233
Antipatros of Macedon 133, 144, 146, 314
Antipatros of Tarsos 106–8, 128
Antipatros of Tyre 157
Antonius Creticus, M. (father of Antony) 311
Antonius, M. (cos. 99 BC) 129–30, 244 n.
Antony = Mark Antony (cos. 44 BC), esp. 96–7
    see also Parthian Campaign; index locorum
Anytos 217, 232
Aphrodite 92
Apollo Thourios 200
Apollodoros of Phaleron 143
Apollonides the Stoic 149 n.
Archedamos (not Archedemos) of Aitolia 268
Archelaos (general of Mithridates) 195–6, 199
Archidamos II of Sparta 111

Archidemos (speaker in *De Gen. Soc.*) 43
Archimedes 306–7
Ares 92, 130 n.
Aretes, corruption of Aristas 183 n.
Arginousai, battle of 137 n., 170
Argos 115, 123–4, 163, 277
Ariadne 227 n.
Aristas 183 n., 186
Aristeides:
    in *Prof. in Virt.* 32
    and Cato Major, early *synkriseis* of 249 n.
    see also index locorum
Aristion (tyrant of Athens) 196–7
Aristoboulos (historian of Alexander) 102 n.
Aristokletos (father of Lysander) 177–8
Aristonous of Korinth (harpist) 190
'Aristos', corruption for Aristas 183 n.
Aristotle, influence on Plutarch, esp. 73, 85
    see also index locorum, index of themes
Aristoxenos 19
Arkadia 173, 228 n.
Armenia 280
Artabanos 113
    mistake for Artavasdes 280 n.
Artavasdes 79, 280
Artaxerxes = Artaxerxes II of Persia, esp. 29, 243
    see also index locorum
Aspasia 97
Athenodoros 148, 157
Athens 106, 131–3, 136, 138, 142, 146–7, 150, 173 n., 181, 186 n., 189, 192–3, 195–7, 202–3, 217, 219, 222, 233, 238, 275, 277–9, 282, 295
    Agesilaos and 277
    Demetrios and 279
    Periklean building programme 67 n., 265
    Plutarch and 9, 67 n., 97–8, 142 n., 192 n., 233, 265 n.
    victories over 188, 192–4, 202–3

Atossa 191
Attike, invasions of 81
Attius Varus, P. 154
Augustus 20 n., 34, 284–5, 290, 296
Aulus Gellius 289
Autoboulos (father of Plutarch) 246
Autolykos 193

Bacon, Francis 4 n.
Bakkhiadai 163
Bellerophon 179
Berenike I of Egypt 122 n.
Biblioteca Universale Rizzoli 10 n.
Black Sea 120
Bocchus I of Mauretania 167
Boiotia 195–6, 199
  Plutarch and 193–4
Boswell, James 4
Boukephalas 85
Brasidas 163, 165
Britain 21 n.
Brutus = M. Iunius Brutus:
  and Caesar 258 n.
  maries Cato Minor's daughter 255
  see also index locorum
Brutus, L. Junius (the tyrannicide) 311
Brutus, M. Iunius (father of Brutus) 196
Byzantion:
  Alkibiades and 234
  Phokion and 146, 148

Caepio (brother of Cato Minor) 147
Caesar = C. Julius Caesar, esp. 94–5, 98, 255
  and Brutus 284
  and Cato Minor 135–7, 149–55, 158
  and Crassus 271, 273
  and Pompey 252, 277
  as demagogue and tyrant 303
  his monarchy as divinely ordained 134, 149
  see also Gallic Wars; index locorum
Calpurnius Piso Frugi Licinianus (adopted son of Galba) 159
Camillus = M. Furius Camillus:
  compared with Galba 160
  in *Non Posse* 50 n.
  see also index locorum
Campus Martius 120
Cannae, battle of 82, 310
Capitol 167
Carthage 114, 124
Caspian Sea 270
Catiline 54, 136, 151, 196
Cato Major = M. Pocius Cato Censorinus:
  in *De Ipsum Laud.* 50
  in *Mul. Virt.* 248
  see also index locorum
Cato Minor = M. Porcius Cato Uticensis, chapter 5 *passim*
  see also index locorum
Cato (son of Cato Minor) 255
Catulus, Q. Lutatius (cos. 102 BC) 127–8
Cavafy 4 n., 125 n.
Chabrias 145
Chaironeia 1, 23 n., 59, 199–200, 261
  battle of (338 BC) 146, 200
  battle of (86 BC) 199
Chaldean 166
Chares 146
Chersonesos, Thracian 310
Cicero = M. Tullius Cicero (cos. 63):
  and Cato Minor 154 n.
  see also index locorum
Cinna, Cornelius L. (cos. 86 BC) 126, 128, 132
Clodius Pulcher, P. (aed. 56 BC) 95 n., 149 n., 153
Coriolanus = Cn. Marcius Coriolanus, chapter 7 *passim*
  see also index locorum
Corioli 218
Cornelia (mother of the Gracchi) 248
Cornelius Lentulus, Cn. (cos. 201 BC) 82
Cornelius Nepos (biographer), esp. 290–1
  see also index locorum, index of themes

名词索引 527

Cornelius Pulcher, Cn. (addressee of *De Cap. ex Inim.*) 296 n.
Cornelius Rufinus, P. (cos. 290, 277 BC, ancestor of Sulla) 198
Cossutianus Capito 142 n.
Crassus = M. Licinius Crassus:
   compared with Caesar, Pompey, and Alexander 273
   dominates Pompey 252
   see alos index locorum; Parthian Disaster
For L. Licinius Crassus, see Licinius
Cretan character 173
Cruserius 178 n.
Cures 91
Cyprus 195 n.
   Cato Minor and 152

Daïmachos of Plataia 266
Deidameia (daughter of Lykomedes) 237
Dekeleia 219
Delian League, transfer of treasury 133
Delion, battle of 143, 217
Delos 144, 187 n.
Delphoi 1, 176 n., 194, 288, 292–3, 298
   Akanthian treasury at 162
   Lysander and 162, 165
   Sulla robs 194, 198
Demades 135, 146 n., 251
Demetrios = Demetrios I ('Poliorketes') of Maecdon, esp. 116–18, 125
   see also index locorum
Demetrios of Phaleron 137 n., 149 n.
Demosthenes:
   and Cicero, early *synkriseis* of 244 n., 249 n.
   in *De Ipsum Laud* 50
   see also index locorum
Derkylidas 172–3
Derkylos (not Derkyllos) 146
Diodotos 111
Diogenes 251
Dionysios I of Syracuse 57, 176 n., 182, 184

Dionysos 200
Diophanes 67
Dioskouroi 186–7
Dolabella, Cn. Cornelius (cos. 81 BC) 259
Domitian 2, 296
Dorian 172–3
Douris of Samos 101, 125
Dryden, J. 4
Dyrrachion 188

Egypt
   Agesilaos and Pompey in 181, 278
   Egyptian land compared with Alkibiades 226
Eirene 248
Elektra 236
Eleusis 219
   see also Mysteries
Empedokles 179
Epameinondas 2, 51, 106
   in *Non Posse* 50 n.
   in *Prof. in Virt.* 32
   see also index of themes s.v. Plutarch, lost works
Ephesos 182, 185
Ephoros:
   in Dionysios of Hallikarnassos 57
   see also index locorum
Eros 237
Eteokles 274
Etruscan 189
Eualkos of Sparta 127
Euboia 135, 145–6
Eudoxos 19
Eunous 197 n.
Euphrates, river 255
Euripides, esp. 7, 56 n., 244 n.
   see also index locorum
Eurymedon, battle of 295
Euthydemos 174 n.

Fabricius Luscinus, C. (cos. 282, 278 BC) 50, 106, 129, 160
Favonius, M. (admirer of Cato Minor) 143
Fimbria 202

Flamininus = T. Quinctius
    Flamininus, (cos. 198 BC), esp. 67
    see also index locorum
Fondazione Lorenzo Valla 10 n.
Fonteius Capito, C. (suff. cos. 33 BC)
    78
Fundanus (speaker in De Cohib. Ira)
    88

Galba, esp. 20, 159–60
    see also index locorum
Gallic sack of Rome 54
Gallic Wars of Caesar 21, 67, 98
German Wars of Marius 118, 122–3,
    128–9
Graces 109–10
Gryllos 208 n.
Gylippos 184, 201, 275

Hades 24
Hadrian 190, 289 n., 293 n.
Haliartos, battle of 176, 178 n.,
    199–200
Hamilcar 290 n.
Hannibal 4 n., 81–2, 113–14, 122, 290
    n., 306, 308
Hanno 113–14
Harmony (daughter of Ares and
    Aphrodite) 92
Harpalos 184 n.
Hektor 124, 191
Helen 236
Helots 46
Hephaistion 127 n.
Hera 84 n.
Herakleidai 177–8
Herakles 51, 158 n., 277
    and *melancholia* 177–9
Herodotos, see index locorum, index
    of themes
Hieronymos of Kardia 122 n.
Hipparete (wife of Alkibiades), 233
Hippias 172 n.
Hipponikos (uncle of Alkibiades), 233
Homer:
    Alkibiades and 233
    Plutarch's views of 44

see also index locorum
Hortensius Hortalus, Q. (cos. 69 BC)
    158, 313
Hyperbolos 271

Idomeneus 143 n.
Indian Ocean 270
Iolaos (assistant of Herakles) 158 n.
Ionia:
    Alkibiades and 235–6
    Lysander's arrival in 184
Ipsos, battle of 121
Ismenias (flute player) 46 n.
Ithake 299
Ixion 84 n.

Jugurtha 54, 118
Julii Quadrati 289 n.
Junius, see Brutus
Justus of Tiberias 58

Kallikratidas 164, 168–72, 181, 252
Kallirhoe 170 n.
Kallistratos 51
Kambyses of Persia 172
Kappadokia 120
Kassandros 146
Kerameikos 202
Kilikia 106
Killes (general of Ptolemy I) 116
Kineas 112–14, 118, 123
Kissoussa, spring of 200
Klearchos 30, 80
Kleisthenes 310
Kleitarchos 102 n.
Kleitos 314
Kleombrotos (speaker in De Defect.
    Orac.) 50 n., 189
Kleon 111, 149 n., 153 n., 180, 271–2,
    303 n.
Kleon of Halikarnassos 174
Kleopatra 61–2, 78, 96–7, 252, 281
Klytaimnestra 236
Koliadai 299
Koraes, Adamantios 10
Korinth 111 n., 163
Korinthian War 304 n.

Koroneia, battle of 251
Kotyrta, in Lakonia 174 n.
Kounaxa, battle of 29
Kratesipolis 125, 279
Kratidas 174
Kritias 223
Kriton 144
Kroisos 113, 312
Kynoskephalai, battle of 268
Kyros I of Persia 243, 285–6
Kyros, brother of Artaxerxes II 30, 82, 171–2, 180, 185, 194
Kythera 272–3
Kyzikos 234

Lakonic 200
Lake Regillus, battle of 218
Lamprias Catalogue 1–2
  see index locorum
Lebadeia 194 n., 199
Leuktra, battle of 131–2, 166 n.
Lex Apuleia 128
Libya, as object of desire 114–15
Licinius Crassus, L. (cos. 95 BC) 244 n.
Licinius Murena, L. (cos. 62 BC) 147
Loeb edition 30 n.
Lucullus = L. Licinius Lucullus (cos. 74 BC), esp. 59–60
  Pompey's rivalry with 85 n.
  see also index locorum
Lydia 294
Lykomedes 237
Lykourgos:
  and Numa, early *synkriseis* of 249 n.
  compared to Solon 131
  in *Alk.* 236
  in *Lys.* 163–4, 166
  in *Prof. in Virt.* 32
  see also index locorum
Lysander, chapter 6 *passim*
  and murder of Alkibiades 239–40
  prone to φιλοτιμία 84
  see also index locorum
Lysimachos 112

Machiavelli 293 n.
Maecenas 292 n.
Makedonia:
  Cato Minor in 148
  Phokion's struggle with 133, 138
  Pyrrhos' wars in 114–15
Mantineia, battle of 233–4
Marathon, battle of 51, 261, 295
Marcellus = M. Claudius Marcellus (cos. 222, 210, 208 BC):
  in *Fabius* 82
  see also index locorum
Marcia, wife of Cato Minor 157–8
Marcius Censorinus (ancestor of Coriolanus) 206
Marius = C. Marius (cos. 107, 104–10, 86 BC), chapter 4 *passim*
  and Sulla 167, 188, 196, 201
  in Sallust 54
  see also German Wars, index locorum
Marius, C. (son of Marius) 127–30
Mars 130 n.
Martha (prophetess of Marius) 126
Media 280
Megara 64, 266, 279
Melian Dialogue 57
Melos 234–5, 272
Mende 273
Menelaos, Harbour of 176 n.
Menemachos 293–5, 298, 308
Messene 268, 277
Mestrius Florus, L. (cos. AD 67/8, patron of Plutarch) 1
Metellus Creticus, Q. Ceacilius (cos. 69 BC) 85 n.
Metellus Nepos, Q. (cos. 57 BC) 149, 152
Metellus Numidicus, Q. Caecilius (cos. 109 BC) 54, 105 n., 119–20, 122 n., 128–9
Metellus Pius, Q. Caecilius (cos. 80 BC) 251
Metellus Pius Scipio, Q. Caecilius (cos. 52 BC) 150 n., 151, 154
Miletos 175, 313
Miltiades the Elder 190 n.

Miltiades the Younger 51
Minoa 272
Minturnae 124, 129
Minucius Rufus, M. (cos. 221) 82
Mithridates VI of Pontos 120, 195–6, 202
Montaigne, Michel de 4 n., 260 n.
Munatius Rufus (friend of Cato Minor) 152
Muses 109–10
Mysteries, Eleusinian 219, 235
Mytileneans 111

'Navarchs Monument' 165 n.
Nemea 235
Neoptolemos (son of Achilles) 237
Neoptolemos of Epeiros (son of Alketas) 111
Nero 157, 160, 281, 292, 296, 311
Nestor 248
Nietzche 4 n.
Nikanor (general of Kassandros) 133, 146
Nikeratos of Herakleia 190
Nikias, esp. 25–6, 56
    as wise advisor 115
    compared with Kallikratidas 180
    Peace of 270
    see also index locorum; Sicilian Expedition
Nikomedes of Bithynia 94
North, Thomas 3
Notion, battle of 185, 233
Numantia 121
Nymphs 168

Octavius, (cos. 87 BC) 129, 132
Odysseus 106 n., 172, 175, 244, 248
Olympias (mother of Alexander the Great) 248
Olympic Games 190 n.
Onesimos (?slave of Plutarch) 247
Orchomenos, battle of (86 BC) 63 n., 195
Ostia 127
Otho, esp. 20, 159
    see also index locorum

Oxford World Classics 10 n.

Panopeus 199
Pantauchos 121
Papirius Carbo, Cn. (cos. 85, 84, 82 BC) 176
Parapotamioi 199
Pardalas 295, 298
Paris 191
Parmenion 314
Parthian campaign of Antony 79, 252
Parthian disaster of Crassus 132, 249–50, 273–5
Patroklos 127 n.
Pausanias (King of Sparta 445–426 and 408–395 BC) 192
Pausanias (Regent of Sparta) 59, 200, 251
Peisistratidai 222, 310
Pellene 68
Peloponnese 115, 124, 173
Peloponnesian War 26, 187, 270
Penguin Classics 10 n.
Pergamon 290 n., 296
Perikles:
    his demagogic period 90
    in De Ipsum Laud. 50
    in Praec. Ger. 294
    see also index locorum
Peripatos 66
Perseus of Macedon 251–2, 281 n.
Persia:
    Alkibiades and 229, 236
    as barbarian 304
    in Kyropaidia 285–6,
    Roman Empire assimilated with 296
Petraios 296
Phaiax 223 n.
Pharax 176 n., 183 n.
Pharnabazos 176, 190, 239–40
Pharsalos, battle of 116 n., 154, 188
Pheidias 265
Philip II of Macedon 59, 85, 117, 133, 135, 146, 251
Philip V of Macedon 59, 68, 301
Philippoi, battle of 144, 255

Philistos:
    in Dionysios of Halikarnassos 57
    see also index locorum
Philokles 181
Philologos (freedman of Cicero)
    176 n.
Phoibidas 181, 277
Phokion, chapter 5 passim
    in De Ipsum Laud. 50
    in Prof. in Virt. 32
    see also index locorum
Phrygia:
    Alkibiades' death in 239
    Sosius Senecio's possible
        connections with 289 n.
Phrynichos (Athenian general) 220
    n., 238
Piso, see Calpurnius
Planoudes, Maximos 3
Plataia 194 n.
    battle of 261, 295
Plato, influence on Plutarch, esp.
    72–4, 76
    and melancholia 177, 179
    compared with Alexander 245
    contrasted with Marius 107, 128
    in Non Posse 50 n.
    in Prof. in Virt. 32
    see also index locorum, index of
        themes
Ploutarchos of Eretria 145
Polydamas 124
Polykrates of Samos 175
Polykrates of Sikyon 68
Pompeius Strabo, Cn. (cos. 89 BC,
    father of Pompey) 259, 311
Pompey = Cn. Pompeius Magnus
    (cos. 70, 55 BC), esp. 81, 252,
    275–8
    and Cato Minor 135, 138, 149, 152–3
    and Lucullus 60 n.
    compared with Crassus 273
    see also index locorum
Pompeius Magnus, Cn. (elder son of
    Pompey) 144 n.
Porcia (daughter of Cato Minor, wife
    of Brutus) 255

Porcius, see Cato
Potidaia 217–18
Praeneste 129
Protagoras 174 n.
Ptolemy I (Soter) 116
Ptolemy (King of Cyprus) 152
Ptolemy (son of Pyrrhos) 127
Pylos 180, 271–3
Pyrrhos of Epeiros, chapter 4 passim
    see also index locorum
Pythagoras 73

Quirites 91

Remus 258
Rhadamanthys 200
Rhodes 296
Rome 21, 26–7, 50, 54, 67, 89, 106, 115,
    122, 127–9, 132, 139, 148–9, 152–4,
    188, 196–7, 202, 206, 210, 217–19,
    252, 277, 282, 289–90, 300, 302,
    305–6, 308
    conquest of Greece 134, 269
    Plutarch and 1, 4, 9, 66, 245, 288
    see also general index
Romulus, 'dregs of' 140
Roxane, wife of Alexander 255

Sabines 91, 132
Salamis (in Cyprus):
    battle of 195 n.
    Evagoras' return to 185
Salamis (in Saronic Gulf), battle of
    261
Samos 165, 238
Sardis 293–5, 298
Saturninus, Appuleius, L (trib. pleb.
    103 BC) 120, 128
Satyrs 167–8
Scipio Africanus (the Elder), P.
    Cornelius (cos. 205 BC) ?2, 4 n.,
    160, ?247, 262
Scipio Africanus (the Younger) = P.
    Cornelius Scipio Aemilianus
    Africanus (Numantinus) (cos.
    147 BC) ?2, 51, 118, 121–2, ?247
For Metellus Scipio see Metellus

Scribonius Curio, C. (cos. 76 BC) 152
Second Sophistic 10, 263 n.
Seianus 285
Seleukos I 117
Selymbria 218, 234
Septicius Clarus 254 n.
Servilius (praet. 88 BC) 196
Sesostris (legendary king of Egypt) 248
Shakespeare 3–4
Sicilian expedition 25, 111, 115, 273–5
Sicily:
  Alkibiades and 225
  associations with *hubris* 111, 115, 225
  associations with excess 176 n.
  Pyrrhos and 114–15, 122, 132
  Timoleon's conquest of 188
  tyrants of 20
Sidon 117
Silenoi 167–8
Sisyphos 172 n.
Skandeia 273–4
Skyros 237
Social War (91–87 BC) 143
Soklaros 246
Sokrates:
  Alkibiades and 205, 215–20, 223–7, 232, 235
  as a sophist 174 n.
  compared with Alexander 245
  in *Prof. in Virt.* 32
  melancholia and 177, 179,
  Phokion and Cato Minor and 141–5
  Plutarch's interest in 141–2, 248
Solon 113
Sosius Senecio, Q. (cos. AD 99, 107) 2, 66, 288–9
Sparta 46, 77 n., 163–5, 172–6, 179–81, 183–4, 187 n., 191, 200–1, 273, 276–7, 289 n.
  Alkibiades and 235–7
  krypteia 173 n., 312
  Philopoimen and 268
  prone to φιλοτιμία 83–5, 155
  Sosius Senecio's connection with, 289 n.

Spartiates 176 n., 177–8
Sphairos of Borysthenes 155
Sphakteria 153 n.
Sphodrias 277
Stalin 5 n.
Statyllios (or Statilius?) (friend of Cato Minor) 149, 150 n., 157 n.
Stephanus (= Étienne), H. 3
Stesilaos of Keos 97
Stilpo 106
Stoic Paradoxes 144, 155 n. 157
Strachey, Lytton 5
Stratokles 149 n.
Sulla = L. Cornelius Sulla Felix, chapter 6 *passim*
  Pompey and 276
  in Sallust 54
  see also index locorum
Sulla (speaker in *De Cohib. Ira* and *De Facie*) 88–9, 203
Sulpicius Rufus, P. 188, 198
Syracuse 275, 298, 305–7
  sack of 64 n., 77 n.
Syria 78

Tarentum 112
Tarquinius Superbus 218
Taureas 234 n.
Thasos 314 n.
Theban Sacred Band 92
Thebes 85, 92, 181
  Agesilaos and 277
  liberation of 43, 51, 173 n.
Themistokles:
  and Aristeides 132, 262
  and Camillus, early *synkiseis* of 249 n.
  as 'great nature' 62
  compared with Kimon 311
  in *De Ipsum Laud.* 50
  in *Non Posse* 50 n.
  in *Prof. in Virt.* 51
  inspired by Miltiades 51, 84
  see also index locorum
  Thucydides on 186
Theon (speaker in *De Pyth. Orac.*) 292

Theopompos:
  in Dionysios of Halikarnassos 57
  see also index locorum
Theramenes 181, 193
Thermopylai, battle of (191 BC) 98, 261
Thersites 260
Thessaly 296
  Alkibiades and 235–6
Thibron 192 n.
Thirty Tyrants 202, 223, 295
Thourion 200
Thrace 147, 273, 310
  Alkibiades and 228 n., 229, 236
Thrasyboulos 51
Thucydides
  and moralism 69 n.
  in Dionysios of Halikarnassos 57
  see also index locorum, index of themes
Thyrea 273–4
Tiberius 20 n., 284–5
Timaia (wife of Agis II) 236–7
Timandra 240
Timon of Athens 235
Timophanes (tyrant of Korinth) 81

Tissaphernes 173, 237
Titus Latinius 218
Tolmides 251
Trajan 67 n., 289 n.
Trebia, battle of 81
Trojan War 237
Trophonios 194 n.
Tydeus (Athenian general) 181 n.
Tyre 117
Tyrrhenos 298

Utica 137, 149

Vercellae, battle of 127
Vespasian 47 n.
Vitellius 20
Volsci 214, 219, 220 n., 282

Xenokrates 143, 150, 156
Xenophon
  in Dionysios of Halikarnassos 57
  see also index locorum, index of themes
Xerxes 113

Zenobios 128 n.

现代作者索引

Aalders, G. J. D. 56, 89, 90, 92, 116, 193
Adam, J. 10, 83, 224
Affortunati, M. 4
Africa, T. 197
Aguilar, R. M. 94
Ahl, F. 16
Albini, F. 311
Alcock, S. E. 288
Alessandrì, S. 184
Alfinito, L. 81
Allen, W. S. 83
Alonso-Núñez, J. M. 290
Alsina, A. 315
Ambrosini, R. xiii
Ameling, W. 266
Ampolo, C. 18, 227
Amyot, J. 3–4, 35, 41
Anderson, G. 77, 125
Andrei, O. 62–4, 101–2, 116, 125, 279–80, 290
Andrewes, A. 313
Annas, J. 103
Ash, R. 304
Aulotte, R. 3
Austin, C. 32, 112
Avenarius, G. 52
Averincev, G. 13, 315

Babbitt, F. C. xiii, 290
Babut, D. 1, 8, 39, 72, 75–6, 93, 149, 155–7, 246, 289, 291
Badian, E. 165, 195, 198, 202, 312
Balsdon, J. P. V. D. 198
Bannon, C. J. 266
Barbu, N. I. 312
Barigazzi, A. 247, 291

Barnes, J. 60
Barnish, S. J. B. 289
Barrett, C. K. 9
Barrow, R. H. 4, 155, 291
Barthelmess, J. A. 4–5
Barton, T. S. 93, 96, 253
Beard, M. 300
Bearzot, C. 133, 135–7, 142, 144, 147, 250
Becchi, F. 72, 87–8, 294
Bellemore, J. 152
Benediktson, D. T. 79
Berardi, E. 126, 131, 188
Bergen, K. 74
Bergua Cavero, J. 3
Bernardakis, G. N. 183
Bernini, U. 164, 168
Berry, E. G. 4
Bizos, M. 223
Blanckenhagen, P. H. von 237
Blignières, A. de 3
Bloesch, H. 170
Blomqvist, K. 97, 164
Bommelaer, J.-F. 163, 165, 178, 180, 182, 314
Bons, J. A. E. 90, 185
Borzsák, I. von 42
Bosworth, A. B. 250, 267, 289
Boulogne, J. 93, 253, 257, 262, 299, 300
Bowersock, G. W. 19, 192, 292, 299
Bowie, E. L. 77, 192, 247, 290, 293, 304
Bowra, C. M. 175
Bradford, A. S. 174
Bradley, K. R. 95
Braund, D. 123

现代作者索引 535

Breebaart, A. B. 90, 310
Breitenbach, H. R. 301
Brenk, F. E. xiii, 50, 65, 74, 79–80, 94, 110, 123–4, 137, 161, 188–9, 198, 202–3, 250–1, 281, 311
Brożek, M. 2
Bruce, I. A. F. 201
Brunt, P. A. 52, 174, 222
Bucher-Isler, B. 54, 83, 190, 250, 291
Buckler, J. 8, 23, 193, 195, 312
Bultmann, R. K. 6
Burke, P. 3
Burn, A. R. 223
Burridge, R. A. 6, 17
Burton, R. W. B. 284

Caiazza, A. 293
Cairns, F. 244
Cameron, Alan 190, 299
Cameron, Averil 299
Canfora, L. 222
Carney, T. F. 103, 122, 130, 196, 197
Carr, E. H. 8, 293
Carrière, J.-C. 90
Carsana, C. 92
Cartledge, P. A. ix, 165, 173, 180, 187, 200, 243, 312
Casabona, J. 127
Casertano, G. 266
Cerezo Magán, M. 302
Cerri, G. 17, 40, 42, 44, 52
Chamoux, F. 126
Cherniss, H. xiii, 155
Chitty, S. C. 5
Citti, V. 23
Clark, D. L. 244
Clay, D. 106
Cobet, C. G. 167
Collingwood, R. G. 8
Conquest, R. 5
Corbellini, C. 101, 128
Cornford, F. M. 112
Costanza, S. 103, 253, 255–6
Cournos, J. 5
Criniti, N. 3
Cruserius, H. 178
Culham, P. 306

De Blois, L. 90, 119, 132, 178, 185, 263
Decker, J. de 175
De Lacy, P. xiii, 62, 79, 123, 125, 164, 180
Della Corte, F. 159
Del Re, R. 315
Delvaux, G. 8, 142
Den Boer, W. 30
Denniston, J. D. 38
Denton, J. 3
Deremetz, A. 251
de Romilly, J. 8, 77–8, 111
Desideri, P. 17, 23, 30, 42–3, 50, 139, 184, 188, 248–50, 278, 290, 293
Detienne, M. 175
Devillers, Q. 161
Diano, C. 110, 112
Dibelius, M. 6
Diels, H. 107
Dihle, A. 74, 289, 291
Dillery, J. 90
Dillon, J. 300
Di Marco, M. 106
Dindorf, W. 289
Dionisotti, A. C. 67
Dittmar, H. 217, 223
Dodds, E. R. 93–4, 223
Donini, P. L. 72, 288
Döring, K. 142
Dover, K. J. 174, 183
Duane, D. 315
Ducrey, P. 181
Due, B. 169, 286
Duff, J. N. ix
Dunbar, N. 226
Dunkle, J. R. 95
Durling, R. J. 195
Dušanić, S. 79

Eckstein, A. M. 196
Edelstein, L. 93, 106
Edwards, C. 95
Edwards, M. J. E. 223
Elsner, J. A. S. 293
Erbse, H. 8, 10, 102–3, 223, 250, 255–6, 259
Evans, E. C. 17, 93, 166

Ewbank, L. C. 23

Fairweather, J. A. 183
Fantham, E. 32
Federici, F. 3
Fenik, B. 121
Fernández Delgado, J. A. x
Ferrarese, P. 6
Ferrari, F. 37
Fisher, N. R. E. 95, 111
Flacelière, R. 1–2, 8, 50, 178, 193, 227, 288, 293, 315
Focke, F. 244, 253, 260
Follet, S. 288
Fornara, C. W. 40, 42, 47, 52
Förster, R. 166, 244
Foucault, M. 94, 211
Fowler, A. 53
Fowler, D. P. 186
Fox, M. 9, 57, 174, 176
Fraenkel, E. 104
Franco, C. 24
Fraser, P. M. 174
Frazier, F. 51, 80, 83, 86, 97, 114, 131–2, 135, 153, 180, 192, 240, 249, 251, 313
Frézouls, E. 77, 84
Friedrich, W. H. 138
Frost, F. J. 13
Fuhrmann, F. 6, 79, 93, 192
Furley, W. D. 223
Fuscagni, S. 60, 250

Gabba, E. 254, 291, 302
Galinsky, K. 87
Gallo, I. xiii, 7
Gallotta, B. 161
Gamberale, L. 8
Garoufalias, A. P. 113
Garzetti, A. 315
Gehrke, H.-J. 142
Geiger, J. 2, 7–8, 17, 20, 31, 96, 116, 141–2, 147, 157–8, 206, 228, 247, 249–50, 290
Gentili, B. 17, 40, 42, 44, 52
Georgiadou, A. 17, 20, 164, 250–1
Gernet, L. 223
Giachetti, A. F. 3

Gianakaris, C. J. 4
Giangrande, G. xiii
Giannantoni, G. 172, 217, 223, 236, 244
Gill, C. 13, 70, 73–4, 76, 92, 105, 107, 228
Gleason, M. W. 93, 289
Goar, R. J. 155
Goldhill, S. 94, 217
Gomme, A. W. 7–8, 133, 174
González González, M. 4
Goodyear, F. R. D. 21, 244
Gossage, A. J. 4, 67
Gould, J. 36
Gray, V. J. 9, 40, 113, 199
Green, D. C. 3
Green, P. 249
Gribble, D. 223–4, 231
Grossman, G. 172
Grube, G. M. A. 16
Guthrie, W. K. C. 174

Habicht, Chr. 165, 289–90
Halfmann, H. 289
Hamilton, C. D. 194, 267
Hamilton, J. R. 16–17, 250, 314
Hammond, N. G. L. 199
Hanfmann, G. M. A. 298
Hardy, E. G. 8
Harris, A., ix
Harris, B. F. 86, 250, 314
Harrison, G. W. M. 3–4, 250, 315
Harrison, J. E. 127
Hartog, F. 168, 302
Hatzfeld, J. 224
Heinze, R. 105, 216
Helmbold, W. C. xiii, 143, 185, 217
Hense, O. 104–5, 113
Herbert, K. B. J. 14, 172
Hershbell, J. B. 58, 105, 155
Hesk, J. 171–2, 175–6
Hilgard, A. 19, 34
Hillard, T. W. 2, 6
Hillman, T. P. 85, 110, 121, 250, 252, 276
Hirsch, S. W. 286
Hirzel, R. 4, 256

Hobein, H. 104, 244
Holden, H. A. 8, 195, 199
Holford-Strevens, L. 289
Hommeyer, H. 291
Hopkins, K. 23, 289
Hopkinson, N. 23
Hornblower, J. 122
Howard, M. W. 4
Huang, T.-T. ix
Huart, P. 111
Hubbard, M. 122
Humbert, S. 65, 185
Hunter, R. L. ix, 125
Hunter, V. J. 111
Hyde, W. W. 163

Immerwahr, H. R. 36
Ingenkamp, H. G. 4, 54, 88, 250, 310
Irigoin, J. 2

Jacoby, F. 290, see also index locorum, *FGrH*
Jocelyn, H. D. 112
Jones, C. P. 1–2, 8, 14, 22, 25, 38, 60, 63, 66, 88–9, 96, 105, 133–4, 193, 235, 251, 288–9, 291–4, 296, 308
Jones, R. M. 72, 143–4, 217
Jouanna, J. 93

Kane, J. 172
Kassel, R. 32, 112
Keaveney, A. 197
Kebric, R. B. 42, 101, 125
Keen, A. G. 186
Kelly, C. M. ix
Kelly, T. 164
Kerényi, K. 170
Klibansky, R. 179
Klotz, A. 8
Knox, P. E. 190
Koestermann, E. 285
Kokolakis, M. 125
Konstantinovic, I. 4
Koraes, A. 10, 294
Korus, K. 44
Kranz, W. 107
Krenkel, W. A. 95

Krentz, P. 186
Krevans, N. 190
Kroll, W. 290
Kuhn, R. 103, 112
Kühn. C. G. 38, 93, 195, 247
Kühner, R. 38

Lammert, F. 249
Larmour, D. H. J. 250, 253, 255–6, 258–9, 267
Lasso de la Vega, J. S. 3
Lattimore, R. 113
Lausberg, H. 16
Lavagnini, B. 4, 293
Lavery, G. B. 60, 261
Le Corsu, F. 164
Leo, F. 6–7, 126, 146, 187, 244, 251
Levene, D. S. 54
Lévêque, P. 113
Lévy, E. 9, 244
Lewis, R. G. 8, 203
Lieberich, H. 25
Lindskog, Cl. xiii
Littman, R. J. 217
Littré, E. 104, 178, 195
Lloyd, G. E. R. 243
Lombardi, M. 312
Loraux, N. 237
Lotze, D. 165
Lounsbury, R. C. 253
Luce, T. J. 47, 54, 58
Luck, G. 253

McCarty, W. 32
McCarty, T. G. 229
McGing, B, J. C. 244
McKeown, J. C. 244
Madden, J. A. 197
Mader, G. 114
Maehler, H. 213
Magnino, D. 250
Malkin, I. 191
Manfredini, M. 3, 185, 227, 254
Manuwald, B. 285
Marasco, G. 56, 113
Marcovich, M. 213, 215
Marinatos, N. 115

Marincola, J. M. 58
Martin, H. M. 37, 55–6, 60, 64, 77–8
Martin, R. H. 25–7
Masaracchia, A. 293
Mason, H. J. 294
Massaro, D. 293
Matthews, E. 174
Mayer. A. 16
Mayor, J. B. 32
Mazzarino, S. 18
Meichsner, I. 122
Meijering, R. 19, 34
Meineke, A. 32, 112
Mewaldt, J. 2
Meyer, E. 6
Michel, D. 249
Michelakis, P. ix
Migne, J.-P. 19
Milazzo, A. M. 244
Millar, F. 67, 289
Miola, R. S. 3–4
Mittelstadt, M. C. 6
Moles, J. L. ix, 7, 15, 21, 25, 36, 41, 53, 67, 76, 128, 137, 169, 176, 188, 228, 250, 257, 266, 290, 314
Momigliano, A. 7, 66, 201, 290
Montano, A. 94
Moreno, L. A. G. 128
Morgan, M. G. 95
Mossman, J. M. x, 62, 65, 103, 112, 121, 123, 125, 127, 163–5, 310
Muecke, F. 56
Mueller, H.-F. 42
Murray, P. 44

Nauck, A. 34, 237
Neu, J. 91
Newman, W. L. 298
Nikolaidis, A. G. 13, 56, 77, 83, 87, 132, 212, 246, 266, 269, 271, 274–5, 304
Nisbet, R. G. M. 122
Nock, A. D. 170
Norden, E. 21
Norton, G. 4

Oakley, S. P. 122
Ogilvie, R. M. 21

Oliver, J. H. 300
O'Neil, E. N. 143, 185, 217
Opsomer, J. ix, 72, 79, 88, 91, 247

Padel, R. 179
Page, D. L. 32, 191
Paladini, M. L. 244
Palmer, M. 222
Panagopoulos, C. 293
Panofsky, E. 179
Paradiso, A. 235
Paratore, E. 313
Parke, H. W. 298
Patterson, C. 94
Pauw, D. 186
Pavis d'Escurac, H. 293
Pecorella Longo, C. 184
Pédech, P. 22, 28
Pelling, C. B. R. ix, 2–3, 8, 10, 16, 21–2, 25, 56, 60–2, 67–9, 77, 83, 102, 120, 123, 126, 135–7, 139, 149–50, 153, 156, 161–2, 164, 169–70, 176, 178–9, 186–7, 197, 206–7, 211, 214, 220–1, 227–8, 230, 234, 239, 250, 252, 254–5, 257, 259, 266–8, 275, 278–81, 284–5, 302–3, 305–7, 311–12, 314
Pérez Jiménez, A. 39, 188, 252, 258
Pernot, L. 264
Perrin, B. xiii, 30, 195
Peter, H. 128, 205
Pfeiffer, R. 23, 190
Piccirilli, L. 2, 7–8, 21, 26, 56, 62–4, 174, 185, 227, 314
Plummer, A. 38
Podlecki, A. J. 23, 192, 315
Pohlenz, M. xiii
Polman, G. H. 7, 189, 313
Pordomingo Pardo, F., x
Prandi, L. 223–4
Preston, R. ix
Prieth, K. 253, 264
Proctor, D. 111
Puech, B. 288

Quet, M.-H. 93

Rabe, H. 34, 125

现代作者索引 **539**

Radermacher, L. 42
Ramage, E. S. 203
Ramón Palerm, V. 7
Rawlings, H. R. 53
Rawson, E. 187
Reams, L. E. 198
Reardon, B. P. 77
Reinhold, M. 4, 292
Reiske, J. J. 35
Renehan, R. 182–3
Renoirte, T. 293
Resta, G. 3
Rich, J. W. 285
Richmond, I. 21
Ritzenstein, R. 19
Robert, L. 181, 190
Roberts, D. H. 284
Roberts, J. T. 140
Robertson, A. 38
Rosalia, A. De 8
Rose, H. J. 8
Rose, J. J. 13
Rosenmeyer, T. G. 7
Ross, D. 37
Roussel, M. 237
Rubina Cammarota, M. 102, 267
Rudd, N. 104
Russell, D. A. xiii, 4, 8, 41, 44, 47, 56, 74, 162, 205, 207, 214, 216–18, 221, 224, 228, 230, 233, 239, 251, 256, 282, 291, 294, 313
Rutherford, R. B. 69

Sacks, K. 9, 16, 28, 40, 42, 290
Ste Croix, G. E. M. de 44
Saller, R. P. 183
Salvioni, L. 207
Samsaris, D. K. 249
Sandbach, F. H. xiii, 2, 14, 39, 174, 178, 194, 212, 249
Sanders, L. J. 165
Sansone, D. 3, 17, 93, 178, 182–3, 187
Saxl, F. 179
Scardigli, B. 4, 39, 101, 142, 250, 264, 275
Schaefer, H. 168
Schenkeveld, D. M. 16

Schmid, W. xiii
Schmidt, L. 83
Schneeweiss, G. 13, 77
Schöne, R. 172
Schoppe, C. 37
Schröder, St. 300
Scobie, A. 304
Scott, K. 170, 292
Seager, R. J. 95, 193, 233
Sellers, M. N. S. 4
Shackford, M. H. 3
Sheppard, A. R. R. 89, 297
Sherman, N. 39
Shochat, Y. 159
Simpson, P. 45
Sintenis, C. xiii
Smith, B. H. 186
Smith, R. E. 6
Smits, J. 169, 172
Sordi, M. 101
Spanheim, E. F. 21
Spanneut, M. 76
Spawforth, A. J. 192
Spence, J. 5
Spencer, T. J. B. 3
Spengel, L. 16, 19, 37, 163–4, 244, 260
Stadter, P. A. ix, 2, 8, 14, 36–7, 77, 90, 103, 161–2, 164–5, 167, 170, 193, 196–7, 248, 250, 255, 265, 304, 310, 313
Stanton, G. R. 174
Starr, R. J. 290
Steidle, W. 2, 87, 313
Stein, R. H. 9
Stiefenhofer, A. 206, 244, 253, 256
Stoltz, C. 2
Strachey, G. L. 5
Strasburger, B. H. 6
Strobach, A. 8
Stuart, D. R. 8
Süss, W. 95
Swain, S. C. R. 1, 7, 31, 60, 62, 64, 74, 76–7, 105, 123, 129, 134, 139, 150, 188, 192, 207, 220, 230, 245, 247–8, 250, 253, 256, 260, 262, 280, 286, 289, 292–4, 296, 300–1, 304–7, 310
Sweet, W. E. 101

Syme, R. 142, 289

Talbert, R. J. A. 31, 250
Tarn, W. W. 113
Tatum, J. 286
Tatum, W. J. 117, 164
Taylor, W. C. 5
Terkourafi, M. x
Teza, E. 3
Theander, C. 2, 8
Thévenaz, P. 106
Tigerstedt, E. N. 172
Tirelli, A. 293
Titchener, F. B. 56, 315
Toohey, P. 112, 178
Torraca, L. xiii
Tosh, J. 8
Townend, G. B. 6–8, 86, 98, 159, 186, 254
Trapp, M. B. 79
Trench, R. C. 291
Tritle, L. A. 140, 142
Tsagas, N. M. 315
Tsekourakis, D. 93, 105, 113
Tucker, R. A. 80
Tuplin, C. J. 14, 193
Turchi, M. 223

Usener, H. 33, 42, 106, 109, 112

Valgiglio, E. 5, 18–19, 21, 37, 41, 50–1, 147, 203, 206, 244, 246, 249, 251, 291, 293
Van der Stockt, L. x, 42, 45
Van der Valk, M. 2, 187, 206, 255, 257
Vander Waerdt, P. A. 73
Vernant, J.-P. 175
Vessey, D. W. T. C. 190
Vidal-Naquet, P. 173, 312
Voss, O. 190
Vukobrat, S. 5

Walbank, F. W. 22, 36, 40, 90
Walcot, P. 172
Walker, S. 192
Wallace-Hadrill, A. 8, 95–6, 98, 253
Walsh, J. J. 8, 56, 83, 134, 250, 257, 268, 308
Walsh, P. G. 244
Wardman, A. E. ix, 21, 39, 65, 74, 83, 89, 92, 121, 150, 164, 184, 192, 251, 291, 303, 305
Watkins, O. D. 254
Weiss, R. 3
Weissenberger, B. xiii
Weizsäcker, A. 7
West, M. L. 175
Westlake, H. D. 6, 194, 222, 238
Wheeler, E. L. 171
White, H. V. 8
Whitehead, D. 180
Whitmarsh, T. ix, 169
Wiedemann, T. 292
Wilamowitz-Moellendorf, U. von 8
Wilner, O. L. 244
Wiseman, T. P. 290
Wolman, H. B. 13
Woodhead, A. G. 180
Woodman, A. J. 25–7, 244, 285, 290

Yaginuma, S. xiii

Ziegler, K. xiii, 1–3, 8, 13, 20, 35, 77, 83, 108, 206, 214, 226, 249, 254, 256, 271, 288, 294
Ziehen, J. 197
Zimmerman, R. 8

主题索引

Academy 146
  see also Plato; Platonism, contemporary
Actors 116, 125, 293–4
After-thoughts 257, 278
Agesilaos–Pompey synkrisis 275–8
  see also index locorum
Agriculture, *see* Plant metaphors
Alexander–Caesar prologue 14–21
  see also index locorum
Alexander the Great, presentations of 65, 76, 85–6, 102, 267, 300–1, 314
  see also index locorum
Ambiguity, moral, *esp.* 70–1, 83–7, 131–4, 161–2; *also* 129, 154, 164–5, 168–71, 174, 177–84, 189–91, 193, 197, 222, 226, 228, 231, 236, 239–40, 262, 296, and chapters 5–8 *passim*
Ambition, *esp.* 83–7, 267, 308; *also* 110–11, 116, 162, 179–80, 194, 205, 210, 212–16, 219, 227, 229–30
Ancestors, Plutarch's use of, *esp.* 310–11; *also* 178, 198, 206, 254
Anecdotes, *esp.* 5, 15–16, 182–4; *also* 34, 85, 94–8, 108, 135, 190–3, 230–7, 259, 311
Anger, *esp.* 87–9; *also* 74, 78, 151, 158, 178–9, 197, 205, 210–15, 219, 267–8, 282, 304
Animals 34, 48, 75, 78, 92, 108, 172, 208, 231, 235, 246
  see also Chameleons; Foxes; Horses; Lions
Antiquarianism 187, 299
Antony, not wholly bad 61–2

see also index locorum
Apatheia 72, 74, 76, 156–7, 209
Apophthegms, *see* Sayings, reveal character
Aporia, see Hesitation, scenes of
Appearance as guide to character, *esp.* 16, 164; *also* 78, 125–6, 145, 166–7, 251 n.
  see also Clothes; Statues
Appropriateness as a criterion for the historian 57, 312
Aratos prologue 68
  see also index locorum
Aristocracy 90, 310
Aristotle, Plutarch's relation to 39 n., 44–5, 72 n., 74 n.
  see also index locorum
Art, works of 35–8, 43, 97–8, 169–70, 265–6
Assemblies, Roman 302
Astronomical phenomena, *see* Eclipses, Portents
Athenian Empire 132–3, 265–6
Athletes, athletics 190, 299
Atticism, xiii n., 83 n., 174
Audience:
  constructed as Greek 293, 299–300, 302
  expectations of 53, 185–6, 234–5
Authorial intervention 53–5, 148–9, 176, 203, 232, 251, 299, 309
  see also Onlookers as mouthpiece for author

Barbarians 146, 169, 185, 274, 298–9, 301–2, 304–5
Battle-narratives 199

see also Generals; Warfare, Plutarch's interest in
Benefaction 67, 240, 266–7, 305
Bereavement 82, 127, 147, 151, 252
Bile, see Humoural theory
Biography:
  blurred boundaries of 17–22, 96
  of philosophers and literary men 7, 66, 82, 290
  Plutarch's influence on the modern genre 4–5
Bios, see Biography; Life (Bίος), multiple meanings of
Boredom 112
Bribery 129, 194, 198 n., 217, 264, 283
Brothers 81, 93, 147, 151, 240, 258
Burial 199, 240
  see also Posthumous honour or dishonour
Bystanders, see Onlookers

Caesar:
  his monarchy as divinely ordained 134, 149, 153–4
  Plutarch's presentation of, esp. 79–80, 86–7, 303
  see also index locorum
Calendar 187–9, 300, 312
Calmness, esp. 77–8; also 81, 87, 143–6, 211, 213–14, 251–2, 265, 304
Career, natural pattern of 189, 293, 303, 313
  see also Characterization; Entry into politics or adult life; Patronage
Caution, cautiousness 31, 141, 251, 271
  see also Calmness; Generals, dying in battle
Chameleons 175 n., 219, 235
Chance, see Fortune
Character:
  ancient conceptions of 13–15, 73–4, 119, 256
  moulding or formation of 37, 39, 73–4
  Plutarch's concern with 5, 14–17, 24–8, 30, 54, 256 and passim
Character- and personality-viewpoint, 13 n., 69–70, 228 n.
Character-change, esp. 230; also 25 n., 119, 154, 228–30, 235–7, 285
Characterization:
  at height of power 189, 313
  by reaction, see Onlookers, as mouthpiece for the author
  indirect 7, 16 n.
  initial 110, 177–8, 206–11, 229–30
Charm, and the lack of it, esp. 228; also 90, 129–30, 140, 147, 154, 209, 211–12, 215–21, 233, 282, 305
  see also Flattery, Flatterers
Childhood 85, 151, 157 n., 228 n., 230, 254, 264, 313
  see also Education; Entry into politics or adult life
Children of the subject, esp. 130, 182–4; also 127–8, 136–7, 144 n., 222–3, 255
  see also Ancestors, Plutarch's use of; Bereavement
Choice of subjects 58–9, 249
Chronology:
  of Plutarch's works, esp. 2, 63, 65; see also 88 n., 105, 128 n., 133
  not the highest priority, esp. 312–14; see also 50, 135, 175, 182–3
Civil war, esp. 89; also 194, 196, 218, 230, 249, 267 n., 298
Classicism, Plutarch's, esp. 58–9, 265; also 55, 89, 97–8, 192–3, 233
  see also Atticism
Clemency 181 n., 277, 305
Closure, esp. 136–7, 283–6; also 130, 184, 186, 231, 270
Clothes 116–17, 124–6, 143, 181
Co-operation, esp. 89–90; also 111 n., 215, 219–20, 261, 293, 296–8
  see also Rivalry
Coincidence ix, 53 n., 139
Commemoration, a function of history 47
Compromise 131–4, 139–41, 154–6, 160, and chapter 5 passim, 307–8
Conflation of episodes 218 n., 313 n.

Conflation of episodes (*cont.*):
  see also Chronology, not the highest priority
Conquest of Greece, Roman 115, 134–5, 269, 301, 305–8
Constitutional debate 90
Contemplative Life 66, 75
Contemporary relevance 66–8, 288, 307–8
Contentiousness, *see* Rivalry
Contradictions within Plutarchan *corpus* 75, 213, 246, 266–7, 274
  see also Discordant endings; *Synkrisis*, 'formal'; Variation
Coriolanus–Alkibiades Lives, chapter 7 *passim*
  synkrisis 281–3
  see also index locorum
Corn Dole 152
Cornelius Nepos, Plutarch's use of 228–9, 247, 290–1
Cosmic imagery, *see* Universe, comparisons with and metaphors of
Council–People dichotomy 213–15, 220–1, 302–3
  see also Demagogues; Roman History, distortions of; Tyrants
Court-room metaphors 286
Creativity, Plutarch's 5–9, 101–2, 161
Criteria for inclusion 26–30, 56–60, 312
  see also Selectivity; Sources
Cultural identity, chapter 9 *passim*
Cunning, *see* Deception
Cyclical nature of history 53, 96 n., 250–1, 277, 287–8
Cynicism 103–5

Dates, *see* Calendar
Death:
  of a relative, *see* Bereavement
  of the subject, *esp.* 136–7, 264; *also* 32, 120–1, 129, 142–4, 157, 176, 184, 188, 197, 201–3, 239–40, 255, 268, 270, 274–5, 278, 280–1, 311; *see also* Posthumous honour or dishonour; Burial

place or manner of, linked to character 176, 197, 202
Deception, *esp.* 171–6; *also* 154 n., 233–4, 237, 271, 282
Dedication to Sosius Senecio 2
Deeds:
  revealing character 5, 13–15, 21–2, 25–7, 110, 118, 249–50, 264 n.
  the stuff of history 15, 18–19, 21–2, 54
Deification, *esp.* 116, 292; *also* 86, 165, 170, 186, 189, 255
Delusions 86–7, 120–1
Demagogues 81, 90, 119–20, 149, 227–8, 265, 303–4
Demetrios–Antony
  prologue 45–9
  synkrisis 278–81
  see also index locorum
Democracy, *esp.* 92, 133–4; *also* 51, 173, 194, 202, 221–3, 233, 238–9, 278, 285, 314
Depression 178 n.
  see also Boredom; *Melancholia*
Descendants, *see* Children of the subject; Posthumous honour or dishonour
Descriptive moralism 68–70, 161, 221 n.
Deterrent Lives 45–9, 55–65, 101, 148–9, 208
Dialogue 7, 112–14
Diatribes 103–5, 113 n.
Dictatorship 303
Digressions, *esp.* 186–7; *also* 92, 164, 200, 222
Dionysios of Halikarnassos:
  as a source for Plutarch 92, 115 n., 205, 214, 218, 220 n., 221, 282
  his views on the historian 56–8
  see also index locorum
Discontent, *esp.* 103–7; *also* chapter 4 *passim*, 274, 296 n., 304
Discordant endings 137, 155 n., 255, 257, 260–1, 263–86.
Disease, literal and metaphorical 194–7

see also Medicine, metaphors of
Display speeches 97–8, 245–7, 259–60, 263, 267, 276, 300
  see also Enkomion
Distortions, see Greek history; Roman history
Divine retribution 136–7, 207, 210
  see also Gods, intervention into history
Divine worship, see Deification
Divorce 104, 157, 233
Double-presentation 133–5, 286, 307
  see also Synkrisis, 'formal'; Paired or double speeches
Douceur 77–8, 303
Dramatic irony, see Tragic irony and patterning
Dreams and visions 80 n., 188 n., 197
Dress, see Clothes
Drunkenness:
  Plutarch's treatment of 93, 117, 143, 167, 238, 178 n., 285
  reveals character 15 n., 32 n.
Dying words, see Last words

Earthquakes 187–8
Eclipses 187–8
Editions of Plutarch xiii, 3–4
Education, esp. 73–7, 90–2, 264–5; also 62–5, 85, 108–10, 121, 128, 150, 205–11, 215–17, 220–1, 223 n., 232–3, 301
  see also Hellenism
Eidologische–chronologische distinction 7
Elections 119, 151–4, 206, 210
Emperors 94–6, 142 n., 159–60, 292–3
  see also Caesar, his monarchy as divinely ordained
Emulation of predecessors, see Predecessors
Engineering 306
Enkomion:
  overlap with and influence on biography, esp. 17, 19, 21–2; also 31, 96, 98, 134, 158–9, 161–2, 185–7, 265, 310–11, 313

influence on Plutarchan synkrisis 243–4, 251–3, 263, 267, 272, 276
  see also Display speeches; Paired or double speeches
Entry into politics or adult life 184–5, 217–18, 233–4, 293, 313
  see also Childhood; Patronage
Envy:
  by one's peers 104, 131 n., 165, 271–2
  by the gods 113, 138
  by the people 87, 205, 221–2
Ephors 174, 191
Epic associations 121–2, 124, 127, 143 n., 191–2, 197, 310
  see also index nominum, s.v. Achilles, Hektor
Epicureanism 81, 88 n., 105, 107
Epideixis, see Display speeches
Epilepsy as a πάθος 79 n.
Episodic nature of Plutarch's narrative 135–6
Equites 303
Erotic imagery 143, 216–17, 226–7, 231, 236–7
  see also Sex
Euergetism, see Benefaction
Examples, Plutarch's use of 31–2, 50–4, 56, 64–5, 68, 90 n., 110 n., 117, 223–4, 227–8, 234, 248, 250, 288, 295, 298
Exempla literature 53–4
Exile 43, 51, 62 n., 76 n., 128, 184 n., 205, 207, 213, 218–19, 220–2, 231, 235, 238–40, 293 n., 295
Expediency, esp. 131–5; also 129, 146–7, 152–4, 159, 162, 180–2, 192, 202–4, 264, 272–3, 277, 281, and chapters 5 and 6 passim
Extremism, to be avoided 155–60
  see also Compromise; Inflexibility; Stoicism
Eyes, reveal character 17 n., 166

Face, mobility of the features 214
  see also Appearance as guide to character

Families 93
  see also Ancestors; Brothers;
    Children of the subject; Fathers;
    Mothers
Fate, esp. 123–4, 137–9; also 85, 103–4,
    115, 121, 128–30, 149, 219, 245, 297,
    307–8
Fathers 32, 206–7, 246, 258, 310–11
  see also Ancestors; Children of the
    subject
Femininity, constructions of, esp.
    95–7; also 164 n., 231, 236–7, 243,
    247–8, 266
  see also Masculinity, constructions
    of
Fiction, relationship to history 18–19,
    168
Fire, see Heat, linked with passions or
    spirit (θυμός)
First-person verbs 35–6, 61, 252, 269,
    276, 286, 299
Flattery, Flatterers, esp. 119, 178–9,
    226–8; also 57, 68, 71, 128–9,
    135–6, 140 n., 153–4, 167, 169–70,
    190, 194, 216, 224, 230, 232, 235–6,
    251, 282, 296 n.
Flood imagery, see Water imagery
Flute-playing 46, 92, 231
Forgetfulness 106–7
Forms, doctrine of 37 n., 43
Fortune, esp. 123, 263; also 35, 43, 48,
    58 n., 75, 85, 106, 108, 114, 116 n.,
    117, 120, 127, 137–9, 142, 154, 212,
    216, 245, 263, 273, 279, 300–1, 310
  changes of 32, 42 n., 50, 107, 117,
    123–4, 179 n., 230, 251–2, 280 n.,
    310
  see also Fate
Foxes 174–6, 200–1
Freedom 67, 134–5, 192–3, 202, 287,
    297, 307–8
Friendship, esp. 135, 239 n., 276–7; also
    85–6, 88, 119, 143–4, 146, 152–3,
    157–9, 227–8, 230–2, 258–9, 275–6,
    280, 295–6, 311, 313
  see also Flattery, Flatterers;
    Plutarch, his circle

Frugality 55, 135, 179, 182–4, 198, 261–2
  see also Wealth

Galba-Otho prologue 28–9
  see also index locorum
Generals:
  dying in battle 30, 82, 170, 201–2,
    264, 268, 306
  problems adapting to civilian life
    119–21, 252, 276
  topoi associated with 148, 171–3,
    203
Genitive, use of 190
Genres:
  blurred boundaries of 17–22
  function of 53, 187
Gentleness, see Calmness
Gladiators 291–2
Glory 83–87, 108–9 n., 119–20
Gods, intervention into history, esp.
    39–40, 136–8, 149, 255, 307; also
    53 n., 131, 134, 152, 186–9, 207,
    209–10, 227, 261
  see also Fortune; Miracles; *Nemesis*;
    Portents; Spirits; Superstition
Good, the (τὸ καλόν) 37–8, 40
Gospels 6
Great natures, esp. 47–9, 60–5, 205–8,
    224–8; also 70, 116, 121, 155–6, 162,
    179, 278–9, 281
Greed, esp. 104, 110–12; also 116–17,
    120, 136 n., 198, 278–9, 281, 303–4
  see also Discontent; Wealth
Greek history, distortions of 146,
    312–14
  see also 263–83 *passim*
Grief, see Bereavement

Habituation, role of 39, 73–5, 89
Hair 126, 164
Happiness, theme of much
    philosophical debate 102–3
Harmony, see Co-operation; Music,
    metaphors of
Heat, linked with passions or spirit
    (θυμός) 88, 93, 187

Hellenism:
  influence in Rome 63–4, 77 n., 210, 305–6
  high valuation of, *esp.* 76–7, chapter 9 *passim*; also 58–60, 65, 85, 89, 109–10, 142, 176, 185, 192–3, 233, 260, 262, 270, 274
Hellenistic biography 6–8
Hellenistic kings, Plutarch's presentations of, *esp.* 115–17; also 63, 122, 189, 281 n., 292, 300–1
Herodotos:
  corrections of 164 n., 187 n., 266
  Dionysios' favourable presentation of 57
  Plutarch's unfavourable presentation of 58
Heroes, deified 168–70
Hesitation, scenes of 79–80, 113–14
Historia (ἱστορία), two meanings of 33, 41
Historiography, overlap of Plutarchan biography with 20–1, 52–3
History:
  ancient conceptions of, *esp.* 17–22, 52–3, 57–9; also 47, 96, 259, 313
  periods and themes traditionally covered 63–4, 289–90
Homosexuality, *see* Sex
Honour, love of, *see* Ambition
Horses:
  metaphor for the passions, *esp.* 62, 78–9, 85, 167
  metaphor for rivalry 51
  Spartans compared to 191–2
Hubris:
  in Plutarch 113–14, 116, 124, 167, 232–3, 240, 279, 303
  in Thucydides 110–11
Human nature, never wholly good 56, 59, 64
Humanity, *see* Philanthropia
Humoural theory 92–3, 178–9, 243

Imitation, *see* Mimesis
Imperial cult, *see* Deification
Inconsistency of character 119, 167, 220–1, 227–31, 235, 270–1
  see also Character-change
Incorruptibility, *see* Wealth
Inflexibility 150, 156–7, 209–15
  see also Compromise
Inherited characteristics, *see* Ancestors
Intermediate sources, Plutarch and 6–8
Invitations to audience 9, 27, 33, 53, 64, 69–71, 133, 173, 203–4, 221, 227, 246–7, 262, 268–9, 284, 286, 309
  see also First-person verbs
Irrational, the, *esp.* 73–5; also 43, 78–9, 83, 87, 91–2, 94, 104–6, 108, 131
  see also Passions; Reason; Reasonings
Irresolution 79–82
  see also Hesitation, scenes of
Isokrates, Plutarch's use of 185, 222–3
  see also index locorum
It is said, *see* Unnamed sources

Jokes 15–16, 234

Katharsis 44
Kimon–Lucullus prologue 59, 159, 271
  see also index locorum
Kings, kingliness 90 n., 116–17
  see also Hellenistic kings, Plutarch's presentations of; Kingship, desire for; Philosopher-kings
Kingship, desire for 86–7, 168 n., 178, 187 n., 197 n.

Lack of fit, *see* Contradictions within Plutarchan *corpus*; Discordant endings; *Synkrisis*, 'formal'
Lamprias Catalogue 1–2
  see also index locorum
Last words 159, 275, 280–1
Latin, Plutarch's knowledge of 8, 128 n., 299, 302
Life (βίος), multiple meanings of 17, 33–4, 283–4
  see also Biography
Lions 174–6, 200–1, 231

Literature, benefits of 31–2, 42–5
Lives of the Caesars 19–20, 28–9
  see also index locorum
Lost works of Plutarch 2
  see also index locorum
Lucullus, Plutarch's favourable presentation of 59–60, 260–1
Luxury 60, 95, 104, 118, 176 n., 178 n., 194, 234, 239, 260, 279, 283
  see also Wealth
Lysander–Sulla, chapter 6 *passim*
  see also index locorum

Madness 152, 178–9
  see also Delusions
Maggots 197
Malice, accusations of 56–9, 97, 259
Manuscripts of Plutarch 3–4
  see also Text, corruptions and emendations of
Marriage:
  no cure for discontent 104, 106
  Plutarch's presentation of 157–8, 184, 262, 299; see also Sex
  political and dynastic 122 n., 135, 153, 276, 279–80
Masculinity, constructions of, *esp.* 95–7, 209–13; *also* 91, 221, 231, 233, 237, 243
  see also Femininity, constructions of
Mathematics 306
Mean, the 145
  see also Moderation
Meanness, see Parsimony
Medicine, metaphors of, *esp.* 92–4, 194–7; *also* 88–9, 131, 149, 153, 277, 292, 310
Melancholia 177–9, 197
Meteorites 187–9
Military achievements, revealing of character? 15–17, 98
  see also Warfare, Plutarch's interest in
Mimesis, *esp.* 37–45, 50–1, 148–9, 209; *also* 33–4, 47, 161, 235–6
Miracles 129

Mirrors 32–4
Mistakes of Plutarch 8 n., 280 n., 314 n.
Mixed constitution 92 n.
Mixing, metaphorical and real, *esp.* 89–94; *also* 139–41, 145–7, 160, 211, 304, 310
Moderation 58, 75, 133, 139–40, 145, 147, 152–4, 209, 211, 214, 219, 221, 245–6, 295, 304
  see also Compromise; Mixing
Moralia:
  unity with the *Lives* 5
  use of historical examples in 50
Moralism:
  in ancient historiography, *esp.* 52–55
  not a transcultural term 13, 69; see also Character
  Plutarch's concern with 5 and *passim*
Mothers 80 n., 206, 214–15, 258, 281
  see also Ancestors; Children of the subject
Music:
  Aristotle on 44
  metaphors of 91–4
Mysticism 31
Myth, relationship to history 18–19, 313
Mythology, Plutarch's use of 2, 167, 195 n., 200, 277, 312–13

Names 130, 205 n., 302
Naphtha 187
National Interest, see Expediency
Nature (φύσις), distinct from character (ἦθος) 74, 119, 179, 230, 235
  see also Character-change; Great natures
Negative examples 45–9, 56, 60–1, 63–4, 101, 228, 251–2
  see also Deterrent Lives
Nemesis 124, 127–8
Nepos, see Cornelius Nepos

Nikias–Crassus
   prologue 22–28, 30
   synkrisis 269–75
   see also index locorum
Nikias, Plutarch's negative portrait of 25–6, 56
Novels, similarity of some Lives with 62, 69–70, 281

Oaths 175–6, 186 n.
Old, the 84, 110, 118, 120, 123, 212
Omens 124, 126–7
Onlookers as mouthpiece for author, *esp.* 55, 120; also 114, 116 n., 138, 144, 152–3, 191, 227, 231–5, 285
Openings of Lives, *see* Prologues
Optimates 303
Oracles 199–200
Order of Lives within a pair 30 n., 205–6, 249, 254, 302
Orphans 206–7
Orthography 77 n., 83
Ostracism 223, 261

Painting, painters 15–17, 42–3, 167, 234
Paired or double speeches 243–7, 253, 257–62
Panhellenism 89
Paradox 25 n., 26–7, 162, 168 n., 172, 179, 183, 194, 198–9, 201, 214–15, 220, 231, 234, 259–60, 264, 269, 308
Parallel Lives, composition and publication of 2, 249
   see also Chronology of Plutarch's works; Order of Lives within a pair
Parsimony 159
Passions:
   necessary for the exercise of virtue 73, 75–6, 87, 213, 266
   Plutarch's presentation of, chapter 3 *passim*; also 29–30, 39, 43, 59, 69–70, 108–10, 147, 151, 209, 211–15, 303–4
Patronage 122, 293, 295–6
People, the, *esp.* 89–90, 220–1, 302–4; also 69, 81–82, 97, 115, 119, 265, 271, 31
   see also Demagogues
Perikles, Plutarch's presentation of 64, 81, 90, 97, 265–6
   see also index locorum
Perikles–Fabius prologue 34–45
   see also index locorum
Peripatetic:
   biography 6–8
   school 72 n., 87
Persian Empire, as code for Roman 295–6
Personality-viewpoint, *see* Character- and personality-viewpoint
Phaidros, allusions to 78–9, 85, 88–9
   see also index locorum
Philanthropia:
   Plutarch's construction of, *esp.* 77–8
   Plutarch's *persona* of 56–60, 78, 94–7, 271
   see also index of Greek words
Philopoimen–Flamininus synkrisis 267–9
   see also index locorum
Philosopher-kings, 90 n., 150 n., 156 n.
Philosophical biography, *see* Biography of philosophers and literary men
Philosophy 31, 40 n., 48–9, 50 n., 60 n., 66, 72–3, 76 n.-77 n., 103, 106, 128, 141, 144–5, 147, 149–51, 155–8, 216, 224–6, 245, 267, 300–1
   see also Epicureanism; Platonism; Stoicism
Phtheiriasis, *see* Maggots
Phokion–Cato Minor, chapter 5 *passim*
   see also index locorum
Physiognomics 17 n., 93, 166
Piccirilli, Luigi, his tripartite classification of the *Lives* 62–3
Pigs 106 n., 208
Plans, *see* Reasonings
Plant metaphors 48–9, 140, 207–8, 226

Plato:
　Plutarch's criticisms of 43–5, 245, 266
　Plutarch's relation to, *esp.* 72–7, and chapter 3 *passim*; also 2, 32, 36–7, 40, 43–5, 117, 143–4, 211, 213, 216–18, 223–7, 248, 251 n., 266, 300, 303, 306
　see also Great natures; index locorum
Platonism, contemporary 72 n., 247
Pleasure, contrasted with utility 31–2, 35–7, 41, 46, 52–3
Plutarch:
　his circle 203, 288–9, 293
　life and works 1–2, 289 n.
Poetry, Plutarch's views of 42–5
Poets 190
Polarities 243
Political analysis, not the highest priority 90, 135–6
Political Precepts, *esp.* 293–8
　see also index locorum
Politics, the true calling of the philosopher 66, 75
Populares 303
Portents 123–4, 187–9, 255
　see also Eclipses
Posthumous honour or dishonour 136–7, 168 n., 184, 240, 311
Poverty 169, 198, 261–2, 310–11
　see also Wealth
Power, reveals character 25 n.
Pragmatic history 28–9
Predecessors:
　literary, polemic against and corrections of 22–3, 25, 164 n.
　of Plutarchan subjects, emulation of 51, 84, 86
Private life 15–16, 263, 280, 313
　see also Sex
Programmatic statements, chapter 1 *passim*
Prologues 14 and chapter 1 *passim* 102–3, 243, 251, 255–6
Pronunciation 83
Prophecies and predictions 20 n.

　see also Omens; Portents
Protreptic moralism 68
Pyrrhos–Marius, chapter 4 *passim*
　see also index locorum

Quotations 313

Rashness, Plutarch's criticisms of, *see* Generals, dying in battle
Reason, the rational, *esp.* 73–82 and chapter 3 *passim*, 105–6, 108–110; *also* 18, 29–30, 39–41, 43, 45, 47, 62, 69–70, 117, 131, 140, 148, 152, 178 n., 208–9, 211, 213–16, 221–2, 246, 253
Reasonings (λογισμοί), *esp.* 30, 78–82; *also* 91, 114, 152, 215, 239, 268, 277, 294
Reception of the *Lives* 1–9, 253–4
Recusatio 21
Reincarnation 251 n.
Relativism 131–4, 229, 233, 263 n., 279
　see also Ambiguity, moral
Reputation 61, 120, 128, 132, 148, 180, 229, 235, 238–40, 272, 275, 306, 311
Research 18, 24, 33, 41–2, 108
Revelation of character 15, 24–8, 214
Rhetoric:
　its influence on biography 95–6, 256–7.
　modern distrust of 256–7
　Plutarch's recommendations on 147 n.
　schools of 95, 185, 223, 243–4, 251, 260, 263, 276
　techniques of, used by Plutarch 16 n., 185, 201, 243–5, 251–86 *passim*, 312 n., 313
　see also Display Speeches; *Enkomion*; Paired or double speeches; *Synkrisis*; Vituperation
Ring-composition 130, 231
　see also Closure
Rivalry, *esp.* 83–5; *also* 51, 89, 97, 111 n., 116 n., 121, 127–8, 134, 151, 214, 263, 297–9, 308
　see also Ambition; Co-operation

Roman administration, careers in
    288–9, 295–6
Roman Empire 66–7, 270, 281, 300–1,
    and chapter 9 *passim*
Roman history, distortions of 119,
    218, 220–1, 263–83 *passim*, 302–3
Roman intervention in Greece 67–8,
    294–8
    see also Conquest of Greece,
        Roman
Romans:
    and education 76–7, 176 n., 220–21,
        303–6; *see also* Education
    not barbarians 289–9, 302
Rome:
    origins of 302
    Plutarch and, chapter 9 *passim*

Sacrifice 109, 127, 191
Sayings, reveal character 15–16, 32 n.,
    135, 174–6, 192
Scales, metaphors of 270
Scientific history 6
Secretaries, Plutarch and 8
Selectivity 4–5, 8–9
    see also Criteria for inclusion;
        Sources
Self-control 49, 91–2 n., 94–7, 132,
    147, 157, 203, 209, 211, 264,
    279–80, 283
    see also Calmness; Passions;
        Reason, the rational; Sex
Series of biographies 2, 19–20
Sex 94–7; *also* 116, 144 n., 167–8, 178
    n., 194–7, 216–17, 236–7, 240, 264,
    277, 279–80, 283, 298
Shakespeare, Plutarch's influence on
    3–4
Ship imagery 122, 307–8
    see also Water imagery
Single combat 121–2, 127
Skytale 164, 277
Sophists 3, 174, 216 n., 223, 246, 263–4
    n., 295, 299
Soul, bi- and tri-partite division of,
    esp. 72–6, 83–9, 303; *also* 40, 43,
    105–6, 211–15

Sources:
    claim to superior sources 23, 29–30
    non-literary 23
    Plutarch's use of, *esp.* 6–9, 101–2,
        161; *also* 86, 108, 113, 122, 125,
        128 n., 133–4, 142, 158–9, 173,
        178 n., 180, 184–6, 193–4, 198,
        201 n., 203, 205, 212, 214, 217–19,
        222–9, 231–2, 234, 238–9, 266, 273,
        278, 282
    see also Unnamed sources
Source-criticism 6–9
Spartan character 84–5, 155, 169,
    172–4, 176, 179–81, 191, 200–1
Spartan tradition 164–5, 181
Spectators:
    metaphor for readers 38–9, 41, 43
    as mouthpiece for author, *see*
        Onlookers
Spirit ($Θυμός$), spirited ($Θυμοειδής$)
    73, 76, 83, 85, 87–9, 93, 211–13, 304
Spirits 31, 138, 219, 255
Stage imagery, *see* Tragic imagery and
    language
Statesmanship 89–90, 97
Statues 16, 162–70
Stoic Opposition 142 n., 157
Stoicism, *esp.* 155–8; *also* 72–3, 75–6,
    88, 105, 151, 246
Strife, love of, *see* Ambition; Rivalry
Style, Plutarch's xiii, 184–5
    see also Atticism; Tautology
Success and failure, linked to same
    traits 123, 210, 220, 239, 276
    see also Great natures
Suetonius:
    compared with Plutarch 20–1, 67,
        80, 94–8
    Suetonian biography 6–8
Suicide 142, 151, 157, 284
Superlatives 186, 189
Superstition 126, 131, 187–8, 245, 255
Synkrisis:
    in the *Moralia* 245–9
    between paired Lives, *esp.* 249–51;
        also 10, 102–3, 141–3, 147, 243,
        287–8 and chapters 4–8 *passim*;

see also Order of Lives within a pair
Synkrisis (*cont.*):
  'formal' 200–3, 243, 252–87 *passim*
  'formal', missing ones 102–3, 107, 252–5
  internal, *esp.* 251–2; also 98, 107–8, 128–30, 135–6, 145–6, 160, 164, 168–71, 183–4, 198
  literary background to 243–5, 247, 259–60, 276
  missed opportunities for 166 n., 198 n.
Syphilis 197

Tacitus, programmatic statements 26–27
  see also index locorum
Tautology 110 n.
Text, corruptions and emendations of 22, 25, 38, 43, 109, 139, 167 n., 174, 178 n., 182–3, 193 n., 197, 206 n., 210 n., 214, 226, 249–50, 253–6, 294, 300, 305 n.
Texts of Plutarch, *see* Editions of Plutarch
They say, *see* Unnamed sources
Third-person verbs 299
Thucydides:
  and *hubris*, *see* Hubris
  Plutarch's use of 23, 25–6, 180, 187; *see also* index locorum
Titles of Plutarchan texts 256, 300
Tragedy, similarity of some Lives with 9, 61–2, 69–70, 123–4, 221, 281, 284, 309
Tragic:
  imagery and language 62, 65, 116–17, 123–6, 158, 176, 180, 294–5
  irony and patterning 123–4
Tragic History 41–2, 125
Translations of Plutarch xiii, 3–4
Transliteration xiii–xiv
Trickery, *see* Deception
'Types' of character, Greek 54, 119, 227–8, 303

see also Demagogues; Flattery, Flatterers; Tyrants
Tyrants:
  Alkibiades' tyrannical ambitions 207, 222, 231, 233, 236, 238–9
  a Plutarchan 'type', *esp.* 303; also 154, 264, 285, 292, 310, 314
  sexual lusts of 95–6, 236
  tyrannicide 284, 310–11
  wise men and 112–15

United States, Plutarch's influence in 4
Universal History 66, 290–1
Universe
  comparisons with and metaphors of 115, 139–40, 150, 188, 300–1
  soul as microcosm of 91
Unnamed sources 186
Utility of history 27–8, 31–2, 35–7, 41, 43–4, 46, 52–3

Variation
  across different works 65, 98, 102, 298; *see also* Contradictions within Plutarchan *corpus*
  within *Parallel Lives* 20–1, 54, 135
Vengeance, *see* Posthumous honour or dishonour
Vice, as 'shortcoming in virtue' 59–60, 271
Victory, love of, *see* Ambition
Virtue, as an art 36, 45
Visions, *see* Dreams and visions
Vituperation (negative biographies or speeches) 60, 96, 222–3, 253, 272
  see also Deterrent Lives; Negative examples
Vividness 29, 36, 41–2
Vulgate tradition (on Alexander) 102 n.

Walk, as indication of character 214
War-crimes 175, 181, 194–6, 234–5
Warfare, Plutarch's interest in, *esp.* 97–8, 263–4; also 67, 237–8, 251, 261–2, 272–3, 295

see also Deception; Expediency;
Military achievements, revealing
of character?
Water imagery 105–10, 122–3, 194–7,
225–6
Wealth 135–6, 179, 182–4, 201, 251, 258,
261–2, 264, 269–71, 283, 311
see also Bribery; Poverty
Wine, comparisons with 145
see also Drunkenness; Mixing,
metaphorical and real
Wise Man and Tyrant 112–15
Women 95, 104, 132, 158 n., 163 n.,
164 n., 168 n., 191, 212, 231, 234,
247–8, 262, 266, 299, 313
see also Femininity, constructions of

Word-play 83 n., 124–5, 131 n., 138 n.,
164, 172 n., 182, 203–4, 209,
216 n., 277
Words, *see* Sayings, reveal character
Worms, *see* Maggots
Wrestling 216–17, 231

Xenophon, Plutarch's use of 19,
29–30, 169, 180, 186, 193, 276
see also index locorum

Yoke 191
Young, the 44, 50–1, 55, 84, 179, 210

Zoroastrianism 138

图书在版编目（CIP）数据

普鲁塔克的《对比列传》：探询德性与恶行/（英）达夫(Tim Duff)著；万永奇译.--北京：华夏出版社，2017.7
（西方传统：经典与解释）
书名原文：Plutarch's Lives：Exploring Virtue and Vice
ISBN 978-7-5080-9206-5

Ⅰ.①普… Ⅱ.①达… ②万… Ⅲ.①古希腊罗马哲学－研究 Ⅳ.①B502.49

中国版本图书馆CIP数据核字(2017)第115929号

© T. E. Duff 1999

"Plutarch's Lives：Exploring Virtue and Vice, First Edition" was originally published in English in 1999. This translation is published by arrangement with Oxford University Press.
All rights reserved.

版权所有，翻印必究。
北京市版权局著作权合同登记号：图字01-2013-5078号

普鲁塔克的《对比列传》——探询德性与恶行

作　者	[英]达夫
译　者	万永奇
责任编辑	王霄翎
责任印制	刘　洋
出版发行	华夏出版社
经　销	新华书店
印　刷	三河市少明印务有限公司
装　订	三河市少明印务有限公司
版　次	2017年7月北京第1版 2017年8月北京第1次印刷
开　本	880×1230　1/32
印　张	18.375
字　数	450千字
定　价	109.00元

华夏出版社　地址：北京市东直门外香河园北里4号　邮编：100028
　　　　　　网址：www.hxph.com.cn　电话：(010)64663331(转)
若发现本版图书有印装质量问题，请与我社营销中心联系调换。

西方传统：经典与解释
Classici et Commentarii
HERMES
刘小枫○主编

古今丛编

孟德斯鸠的自由主义哲学
——《论法的精神》疏证 [美]潘戈 著

莫尔及其乌托邦 [德]考茨基 著

试论古今革命 [法]夏多布里昂 著

托兰德与激进启蒙 刘小枫 编

图书馆里的古今之战 [英]斯威夫特 著

但丁：皈依的诗学 [美]弗里切罗 著

在西方的目光下 [英]康拉德 著

大学与博雅教育 董成龙 编

探究哲学与信仰
——基尔克果与苏格拉底 [美]郝岚 著

民主的本性
——托克维尔的政治哲学 [法]马南 著

梅尔维尔的政治哲学
——《切雷诺》及其解读 李小均 编/译

席勒美学的哲学背景 [美]维塞尔 著

果戈里与鬼 [俄]梅列日科夫斯基 著

自传性反思 [德]沃格林 著

黑格尔与普世秩序 [美]希克斯 等著

新的方式与制度
——马基雅维利的《论李维》研究
[美]曼斯菲尔德 著

科耶夫的新拉丁帝国 [法]科耶夫 等著

《利维坦》附录 [英]霍布斯 著

或此或彼（上、下） [丹麦]基尔克果 著

海德格尔式的现代神学 刘小枫 选编

双重束缚 [美]基拉尔 著

古今之争中的核心问题
——施米特的学说与施特劳斯的论ą [德]迈尔 著

论永恒的智慧 [德]苏索 著

宗教经验种种 [美]詹姆斯 著

尼采反卢梭 [美]凯斯·安塞尔-皮尔逊 著

舍勒思想评述 [美]弗林斯 著

诗与哲学之争 [美]罗森 著

神圣与世俗 [罗]伊利亚德 著

论古人的智慧 [英]培根 著

但丁的圣约书 [美]霍金斯 著

古典学丛编

探究希腊人的灵魂 [美]戴维斯 著

尤利安文选 马勇 编/译

论月面 [古罗马]普鲁塔克 著

雅典谐剧与逻各斯
——《云》中的修辞、谐剧性及语言暴力
[美]奥里根 著

莱园哲人伊壁鸠鲁 罗晓颖 选编

《劳作与时日》笺释 吴雅凌 撰

希腊古风时期的真理大师 [法]德蒂安 著

古罗马的教育 [英]葛怀恩 著

古典学与现代性 刘小枫 编

表演文化与雅典民主制
[英]戈尔德希尔、奥斯本 编

西方古典文献学发凡 刘小枫 编

古典语文学常谈 [德]克拉夫特 著

古希腊文学常谈 [英]多佛 等著

撒路斯特与政治史学 刘小枫 编

希罗多德的王霸之辨 吴小锋 编/译

第二代智术师
——罗马帝国早期的文化现象 [英]安德森 著

英雄诗系笺释 [古希腊]荷马 著

统治的热望
——修昔底德笔下的阿尔喀比亚德和帝国政治
[美]福特 著

论埃及神学与哲学
——伊希斯与俄赛里斯 [古希腊]普鲁塔克 著

凯撒的剑与笔 李世祥 编/译

伊壁鸠鲁主义的政治哲学
[意]詹姆斯·尼古拉斯 著

修昔底德笔下的人性 [加]欧文 著

修昔底德笔下的演说 [美]斯塔特 著

古希腊政治理论 [美]格雷纳 著

神谱笺释 吴雅凌 撰
赫西俄德：神话之艺
　　[法]居代·德·拉孔波 等著
赫拉克勒斯之盾笺释 罗逍然 译笺
《埃涅阿斯纪》章义 王承教 选编
维吉尔的帝国 [美]阿德勒 著
塔西佗的政治史学 曾维术 编

古希腊诗歌丛编
诗歌与城邦 [美]费拉格、纳吉 主编
阿尔戈英雄纪（上、下）
　　[古希腊]阿波罗尼俄斯 著
俄耳甫斯教祷歌 吴雅凌 编译
俄耳甫斯教辑语 吴雅凌 编译

古希腊肃剧注疏集
希腊肃剧与政治哲学 [美]阿伦斯多夫 著

古希腊礼法
希腊人的正义观 [英]哈夫洛克 著

廊下派集
廊下派的城邦观 [英]斯科菲尔德 著

希伯莱圣经历代注疏
希腊化世界中的犹太人 [英]威廉逊 著
第一亚当和第二亚当 [德]朋霍费尔 著

新约历代经解
属灵的寓意 [古罗马]俄里根 著

基督教与古典传统
加尔文与现代政治的基础 [美]汉考克 著
无执之道
　　——埃克哈特神学思想研究 [德]文森 著
恐惧与战栗 [丹麦]基尔克果 著
托尔斯泰与陀思妥耶夫斯基
　　[俄]梅列日科夫斯基 著
论宗教大法官的传说 [俄]罗赞诺夫 著
海德格尔与有限性思想（重订版）
　　刘小枫 选编
上帝国的信息 [德]拉加茨 著
基督教理论与现代 [德]特洛尔奇 著
亚历山大的克雷芒 [意]塞尔瓦托·利拉 著

中世纪的心灵之旅
　　——波纳文图拉神学著作选 [意]圣·波纳文图拉 著

德意志古典传统丛编
穆佐书简 [奥]里尔克 著
纪念苏格拉底——哈曼文选 刘新利 选编
夜颂中的革命和宗教
　　——诺瓦利斯选集卷一 [德]诺瓦利斯 著
大革命与诗话小说
　　——诺瓦利斯选集卷二 [德]诺瓦利斯 著
黑格尔的观念论 [美]皮平 著
浪漫派风格——施莱格尔批评文集 [德]施莱格尔 著

美国宪政与古典传统
美国1787年宪法讲疏 [美]阿纳斯塔普罗 著

品达注疏集
幽暗的诱惑
　　——品达、晦涩与古典传统 [美]汉密尔顿 著

欧里庇得斯集
自由与僭越
　　——欧里庇得斯《酒神的伴侣》绎读 罗峰 编译

阿里斯托芬集
《阿卡奈人》笺释 [古希腊]阿里斯托芬 著

色诺芬注疏集
居鲁士的教育 [古希腊]色诺芬 著
色诺芬的《会饮》 [古希腊]色诺芬 著

柏拉图注疏集
哲学的奥德赛——《王制》引论 [美]郝兰
爱欲与启蒙的迷醉
　　——论柏拉图的《会饮》 [美]贝尔格 著
为哲学的写作技艺一辩
　　——《斐德若》疏证 [美]伯格 著
柏拉图式的迷宫——《斐多》义疏 [美]伯格 著
哲学如何成为苏格拉底式的 [美]朗佩特 著
苏格拉底与希琵阿斯 王江涛 编译
理想国 [古希腊]柏拉图 著
谁来教育老师——《普罗塔戈拉》发微 刘小枫 编
立法者的神学
　　——柏拉图《法义》卷十绎读 林志猛 编
柏拉图对话中的神 [德]薇依 著

厄庇诺米斯　[古希腊]柏拉图 著
智慧与幸福
——柏拉图的《厄庇诺米斯》　程志敏 选编
论柏拉图对话　[德]施莱尔马赫 著
柏拉图《美诺》疏证　[美]克莱因 著
政治哲学的悖论
——苏格拉底的哲学审判　[美]郝岚 著
神话诗人柏拉图　张文涛 选编
阿尔喀比亚德　[古希腊]柏拉图 著
叙拉古的雅典异乡人
——柏拉图《书简七》探曲　彭磊 选编
阿威罗伊论《王制》　[阿拉伯]阿威罗伊 著
《王制》要义　刘小枫 选编
柏拉图的《会饮》　[古希腊]柏拉图 等著
苏格拉底的申辩（修订版）　[古希腊]柏拉图 著
苏格拉底与政治共同体　[美]尼科尔斯 著
政制与美德——柏拉图《法义》疏解　[美]潘戈 著
《法义》导读　[法]卡斯代尔·布舒奇 著
论真理的本质　[德]海德格尔 著
哲人的无知　[德]费勃 著
米诺斯　[古希腊]柏拉图 著

亚里士多德注疏集
亚里士多德《政治学》中的教诲　[美]潘戈 著
品格的技艺　[美]加佛 著
亚里士多德哲学的基本概念　[德]海德格尔 著
《政治学》疏证　[意]托马斯·阿奎那 著
尼各马可伦理学义疏
——亚里士多德与苏格拉底的对话　[美]伯格 著
哲学之诗
——亚里士多德《诗学》解诂　[美]戴维斯 著
对亚里士多德的现象学解释　[德]海德格尔 著
城邦与自然——亚里士多德与现代性　刘小枫 编
论诗术中篇义疏　[阿拉伯]阿威罗伊 著
哲学的政治
——亚里士多德《政治学》疏证　[美]戴维斯 著

普鲁塔克集
普鲁塔克的《对比列传》　[英]达夫 著

普鲁塔克的实践伦理学　[比利时]胡芙 著

莎士比亚绎读
莎士比亚的历史剧　[英]蒂利亚德 著
莎士比亚戏剧与政治哲学　彭磊 选编
莎士比亚的政治盛典　[美]阿鲁里斯/苏利文 编
丹麦王子与马基雅维利　罗峰 选编

洛克集
上帝、洛克与平等　[美]沃尔德伦 著

卢梭集
论哲学生活的幸福　[德]迈尔 著
致博蒙书　[法]卢梭 著
政治制度论　[法]卢梭 著
哲学的自传
——卢梭的《孤独漫步者的遐思》　[法]戴维斯 著
文学与道德杂篇　[法]卢梭 著
设计论证
——卢梭的《社会契约论》　[美]吉尔丁 著
卢梭的自然状态　[美]普拉特纳 等著
卢梭的榜样人生
——作为政治哲学的《忏悔录》　[美]凯利 著

莱辛注疏集
汉堡剧评　[德]莱辛 著
关于悲剧的通信　[德]莱辛 著
《智者纳坦》研究版　[德]莱辛 等著
启蒙运动的内在问题
——莱辛思想再释　[美]维塞尔 著
莱辛剧作七种　[德]莱辛 著
历史与启示——莱辛神学文选　[德]莱辛 著
论人类的教育
——莱辛政治哲学文选　[德]莱辛 著

尼采注疏集
尼采引论　[德]施特格迈尔 著
尼采与基督教
——尼采的《敌基督》论集　刘小枫 编
尼采眼中的苏格拉底　[美]丹豪瑟 著
尼采的使命
——《善恶的彼岸》绎读　[美]朗佩特 著

尼采与现时代
——解读培根、笛卡尔与尼采　[美]朗佩特 著

动物与超人之间的绳索　[德]A.彼珀 著

施特劳斯集

原著

论僭政（重订本）——色诺芬《希耶罗》义疏
[美]施特劳斯 科耶夫 著

苏格拉底问题与现代性（增订本）
——施特劳斯讲演与论文集：卷二

犹太哲人与启蒙
——施特劳斯演讲与论文集：卷一

霍布斯的宗教批判

斯宾诺莎的宗教批判

门德尔松与莱辛

哲学与律法——论迈蒙尼德及其先驱

迫害与写作艺术

柏拉图式政治哲学研究

论柏拉图的《会饮》

柏拉图《法义》的论辩与情节

什么是政治哲学

古典政治理性主义的重生（重订本）

回归古典政治哲学——施特劳斯通信集

苏格拉底与阿里斯托芬

研究作品

论源初遗忘
——海德格尔、施特劳斯与哲学的前提
[美]维克利 著

政治哲学与启示宗教的挑战　[德]迈尔 著

阅读施特劳斯　[美]斯密什 著

施特劳斯与流亡政治学　[美]谢帕德 著

隐匿的对话
——施米特与施特劳斯　[德]迈尔 著

驯服欲望
——施特劳斯笔下的色诺芬撰述　[法]科耶夫 等著

施米特集

施米特对自由主义的批判　[美]麦考米特 著

宪法专政
——现代民主国家中的危机政府　[美]罗斯托 著

施米特对自由主义的批判　[美]约翰·麦考米克 著

伯纳德特集

古典诗学之路（第二版）
——相遇与反思：与伯纳德特聚谈　[美]伯格 编

弓与琴（重订本）
——从柏拉图解读《奥德赛》　[美]伯纳德特 著

神圣的罪业　[美]伯纳德特 著

布鲁姆集

巨人与侏儒（1960-1990）

人应该如何生活——柏拉图《王制》释义

爱的设计——卢梭与浪漫派

爱的戏剧——莎士比亚与自然

爱的阶梯——柏拉图的《会饮》

伊索克拉底的政治哲学

大学素质教育读本

古典诗文绎读 西学卷·古代编（上、下）

古典诗文绎读 西学卷·现代编（上、下）

中国传统：经典与解释
Classici et Commentarii
刘小枫 陈少明◎主编

周易古经注解考辨 / 李炳海 著
浮山文集 / [明]方以智 著
药地炮庄 / [明]方以智 著
药地炮庄笺释·总论篇 / [明]方以智 著
青原志略 / [明]方以智 编
冬灰录 / [明]方以智 著
冬炼三时传旧火 / 邢益海 编
《毛诗》郑王比义发微 / 史应勇 著
宋人经筵诗讲义四种 / [宋]张纲 等撰
道德真经藏室纂微篇 / [宋]陳景元 撰
道德真经四子古道集解 / [金]寇才质 撰
皇清经解提要 / [清]沈豫 撰
经学通论 / [清]皮锡瑞 著
松阳讲义 / [清]陆陇其 著
起凤书院答问 / [清]姚永朴 撰
周礼疑义辨证 / 陈衍 撰
《铎书》校注 / 孙尚扬 肖清和 等校注
韩愈志 / 钱基博 著
论语辑释 / 陈大齐 著
《庄子·天下篇》注疏四种 / 张丰乾 编
荀子的辩说 / 陈文洁 著
古学经子 / 王锦民 著
经学以自治 / 刘少虎 著
从公羊学论《春秋》的性质 / 阮芝生 撰

刘小枫集
古典学与古今之争［增订本］
这一代人的怕和爱［第三版］
沉重的肉身［珍藏版］
圣灵降临的叙事［增订本］
罪与欠
儒教与民族国家
拣尽寒枝
施特劳斯的路标
重启古典诗学
共和与经纶
设计共和
现代性与现代中国：现代性社会理论绪论
诗化哲学［重订本］
拯救与逍遥［修订本］
走向十字架上的真
卢梭与我们
西学断章
现代人及其敌人
好智之罪：普罗米修斯神话通释
民主与爱欲：柏拉图《会饮》绎读
民主与教化：柏拉图《普罗塔戈拉》绎读
巫阳招魂：《诗术》绎读

编修[博雅读本]
凯若斯：古希腊语文读本［全二册］
古希腊语文学述要
雅努斯：古典拉丁语文读本
古典拉丁语文学述要
危微精一：政治法学原理九讲
琴瑟友之：钢琴与古典乐色十讲

经典与解释辑刊

1. 柏拉图的哲学戏剧
2. 经典与解释的张力
3. 康德与启蒙
4. 荷尔德林的新神话
5. 古典传统与自由教育
6. 卢梭的苏格拉底主义
7. 赫尔墨斯的计谋
8. 苏格拉底问题
9. 美德可教吗
10. 马基雅维利的喜剧
11. 回想托克维尔
12. 阅读的德性
13. 色诺芬的品味
14. 政治哲学中的摩西
15. 诗学解诂
16. 柏拉图的真伪
17. 修昔底德的春秋笔法
18. 血气与政治
19. 索福克勒斯与雅典启蒙
20. 犹太教中的柏拉图门徒
21. 莎士比亚笔下的王者
22. 政治哲学中的莎士比亚
23. 政治生活的限度与满足
24. 雅典民主的谐剧
25. 维柯与古今之争
26. 霍布斯的修辞
27. 埃斯库罗斯的神义论
28. 施莱尔马赫的柏拉图
29. 奥林匹亚的荣耀
30. 笛卡尔的精灵
31. 柏拉图与天人政治
32. 海德格尔的政治时刻
33. 荷马笔下的伦理
34. 格劳秀斯与国际正义
35. 西塞罗的苏格拉底
36. 基尔克果的苏格拉底
37. 《理想国》的内与外
38. 诗艺与政治
39. 律法与政治哲学
40. 古今之间的但丁
41. 拉伯雷与赫尔墨斯秘学
42. 柏拉图与古典乐教
43. 孟德斯鸠论政制衰败
44. 博丹论主权
45. 道伯与比较古典学
46. 伊索寓言中的伦理
47. 斯威夫特与启蒙